Preussisches Baupolizeirecht.

Unter besonderer Berücksichtigung

der Baupolizeiordnung für den Stadtkreis Berlin

vom 15. August 1897

für den praktischen Gebrauch

dargestellt

von

Dr. jur. Constanz Baltz,

Ober-Regierungsrath,

vordem Dirigent der Bauabtheilung des Kgl. Polizei-Präsidiums zu Berlin.

Zweite vermehrte und verbesserte Auflage.

Berlin.

J. J. Heines Verlag.

1900.

Vorwort.

Aus der Praxis heraus für die Praxis ist das vorliegende Buch geschrieben. Das Preußische Baupolizeirecht, das es in einer allgemein leicht verständlichen Fassung zur Darstellung bringen will, bildet ein literarisch bisher wenig bearbeitetes Gebiet des öffentlichen Rechtes, aber doch ein Gebiet von allgemeinster Bedeutung und allgemeinstem Interesse. Von jeher hat sich die verwaltungsrechtliche und praktische Beurtheilung der diesem Rechtsgebiete angehörenden Fragen als besonders schwierig erwiesen, nicht nur vermöge des fast unlösbaren Zusammenhanges der Baupolizei mit anderen Gebieten der polizeilichen Thätigkeit und ihrer innigen Berührung mit der nach eigenen Gesetzen und Regeln schaffenden Bautechnik, sondern vor Allem wegen der auf diesem Rechtsgebiete besonders scharf einander widerstreitenden privaten und öffentlichen Interessen. Allerdings vermindert sich diese Schwierigkeit Dank der stetig fortschreitenden Rechtssprechung des Oberverwaltungsgerichts je länger je mehr, denn wohl kaum auf irgend einem anderen Gebiete des öffentlichen Rechts hat die Rechtssprechung des höchsten Verwaltungsgerichtshofes so grundlegend und so aufbauend, ja man kann geradezu sagen so Recht bildend gewirkt, wie auf demjenigen der Baupolizei.

Gleichwohl herrscht auch jetzt noch in vielen an der Handhabung der Baupolizei betheiligten oder interessirten Kreisen eine nicht selten zu schweren wirthschaftlichen Schädigungen führende Unkenntniß der maßgebenden Bestimmungen und Rechtsgrundsätze und in Folge dessen eine bedenkliche Unsicherheit in der Beurteilung baupolizeilicher Fragen. Neben der unverkennbaren Schwierigkeit der Materie trägt hieran zweifellos das Fehlen eines geeigneten Handbuches Schuld, das, bei strenger Scheidung der privatrechtlichen und öffentlich-rechtlichen Rechtsnormen, neben der verwaltungsrechtlichen Seite der baupolizeilichen Fragen auch ihre praktische Behandlung nach dem Gesichtspunkte der Angemessenheit und Zweckmäßigkeit, neben dem baupolizeilichen Charakter der einzelnen Bestimmungen auch wenigstens bis zu einem gewissen Grade ihren bautechnischen Inhalt berücksichtigt.

Einen Beitrag zur Ausfüllung dieser Lücke der Literatur zu liefern, ist die Aufgabe, die sich der Verfasser gestellt hat. Das vorliegende Werk soll ein Handbuch sein zur Orientirung über die wichtigsten allerorten wiederkehrenden Fragen des Baupolizeirechts für die zur Verwaltung der Baupolizei im Preußischen Staate berufenen Behörden, wie für das bauende Publikum, für Bauherren, Architekten und Bauunternehmer, für Rechtsanwälte und Richter.

Die Darstellung des in Preußen geltenden Baupolizeirechts erforderte naturgemäß auch ein Eingehen auf die in dies Gebiet eingreifenden Rechtsnormen des Deutschen Reiches, während andererseits die Besprechung materieller landesrechtlicher Bestimmungen baupolizeilichen Inhalts im Wesentlichen auf diejenigen des Allgemeinen Landrechts beschränkt werden konnte, da in den Gebieten des gemeinen und des französischen Rechts keine speziellen Normen über die Bebauung von Grundstücken vorhanden sind und sich demnach in den betreffenden Landestheilen die Gültigkeit baupolizeilicher Vorschriften lediglich nach dem § 10 II. 17 des Allgemeinen Landrechts und dem Polizeiverwaltungsgesetze richtet. Von einem Abdruck und einer Besprechung des Reichsrayongesetzes vom 21. Dezember 1871 und des Straßen- und Baufluchtengesetzes vom 2. Juli 1875 ist Abstand genommen, jenes mit Rücksicht auf das beschränkte Gebiet seiner Anwendbarkeit, dieses im Hinblick auf den eingehenden Kommentar von R. Friedrichs, der zur Zeit im Wesentlichen auch noch für die Praxis genügt. Selbstverständlich haben indeß die für die Handhabung der Baupolizei wichtigen Bestimmungen des letzteren Gesetzes an geeigneten Stellen des Werkes eine eingehende Berücksichtigung gefunden.

Für die Gestaltung der örtlichen Baupolizeirechte im Preußischen Staate und vielleicht auch über dessen Grenzen hinaus wird aller Wahrscheinlichkeit nach die neue für den Stadtkreis Berlin erlassene Baupolizeiordnung vom 15. August 1897 auf lange Jahre hinaus von bestimmendem Einfluß sein. Schon der Umstand allein, daß sie das Ergebniß der eingehendsten zwischen den betheiligten Ministerien gepflogenen Verhandlungen darstellt, an denen neben den Vertretern des Magistrats, sowie der namhaftesten baukünstlerischen und baugewerblichen Vereinigungen der Reichshauptstadt auch der Verfasser vermöge seiner dienstlichen Stellung Theil nehmen durfte, verleiht ihr eine über den begrenzten Kreis ihrer Gültigkeit weit hinausgehende vorbildliche Bedeutung und ließ sie besonders geeignet erscheinen, einem auch für die Baupolizeibehörden und Bauinteressenten außerhalb Berlins bestimmten Handbuche des Baupolizeirechts als Grundlage zu dienen.

Berlin, im August 1897.

Dr. jur. Constanz Baltz.

Vorwort zur zweiten Auflage.

Die freundliche Aufnahme, welche das vorliegende Werk in den Kreisen der Praxis wie der Wissenschaft gefunden hat, machte schon kaum zwei Jahre nach dem Erscheinen desselben die Bearbeitung einer zweiten Auflage nothwendig. Das unmittelbar bevorstehende Inkrafttreten des Bürgerlichen Gesetzbuches für das deutsche Reich mußte ohnehin die erneute Durcharbeitung eines Gebietes des öffentlichen Rechtes nahelegen, das wie das Baupolizeirecht so zahlreiche und vielseitige Berührungspunkte mit dem Privatrechte und den privaten Interessen bietet. Vielfach bot sich daher auch bei der erneuten Durchsicht der ersten Auflage Gelegenheit auf die in Betracht kommenden Bestimmungen des neuen Gesetzbuches zu verweisen, wenn dasselbe auch die öffentlich-rechtlichen baupolizeilichen Bestimmungen des Allgemeinen Landrechts, welche die Grundlage des Preußischen Baupolizeirechts bilden, im Wesentlichen ebenso unberührt gelassen hat wie die privatrechtlichen Bestimmungen des Nachbarrechts.

Die Anordnung des Werkes ist dieselbe geblieben; indeß ist insbesondere auf eine Erweiterung des allgemeinen Theiles sowie in den Anmerkungen zur Berliner Baupolizeiordnung auf eine rechtsgrundsätzliche Erörterung einzelner Bestimmungen und der von ihnen berührten Gebiete Bedacht genommen.

Die Rechtssprechung des Kgl. Oberverwaltungsgerichts ist bis einschließlich des 34. Bandes der Entscheidungen sowie des 20. Jahrganges des Preußischen Verwaltungsblattes berücksichtigt.

Von den Erweiterungen, die das Werk erfahren hat, seien an dieser Stelle nur die Baupolizeiordnung für den Stadtkreis Charlottenburg vom 22. August 1898 (S. 339), sowie die Abschnitte über die Errichtung und den Betrieb von Aufzügen (S. 343) und den Arbeiterschutz im Baugewerbe (S. 350) hervorgehoben. Auch die Aufnahme (S. 76) wenigstens des Textes des Baufluchtliniengesetzes vom 2. Juli 1875 hat sich bei der praktischen Benutzung des Buches als ein Bedürfniß herausgestellt.

Breslau, im December 1899.

Dr. jur. Constanz Baltz.

Inhalt.

Einleitung.

I. Theil.

Reichsrechtliche Bestimmungen.

II. Theil.

Landesrechtliche Bestimmungen.

A.

B.

Seite

E.

Gesetz über die Zuständigkeit der Verwaltungs- und Verwaltungsgerichtsbehörden vom 1. August 1883.

III. Theil.

Das örtliche Baupolizeirecht der Stadt Berlin.

A.

Die örtliche Straßen-Baupolizei.

Literatur.

J. Biermann, Privatrecht und Polizei in Preußen, (1897). — J. Bochmann, die Baupolizei im Gebiete des Allgemeinen Landrechts (Berlin 1887), ferner Rechtsgrundsätze aus den in der offiziellen Sammlung der Entscheidungen des O. V. G. nicht veröffentl. Entscheidungen dieses Gerichtshofes für 1888 bis 1891 und Mittheilungen aus der Rechtsprechung der Verwaltungsgerichte. — M. v. Brauchitsch, die neuen Preußischen Verwaltungsgesetze Bd. I, 14. Aufl., Bd. IV 12. Aufl. — Doehl, Repertorium des Baurechts und der Baupolizei (Berlin 1867). — R. Friedrichs, das Gesetz über die Anlegung und Veränderung von Straßen und Plätzen in Städten und ländlichen Ortschaften v. 2. Juli 1875, 4. Aufl., herausgegeben von Dr. von Strauß und Torney. — Grein, die Rechtsverhältnisse der Nachbarn in Bauangelegenheiten, ferner Baurecht nach den Vorschriften des Allgemeinen Landrechts. — K. Hilse, Baupolizeiordnung für den Stadtkreis Berlin vom 15. Januar 1887. — Illing-Kautz, Handbuch für preußische Verwaltungsbeamte, 7. Aufl. — Landmann, die Gewerbeordnung für das deutsche Reich, 2. Aufl. — Leuthold, die Baupolizei in Stengels Wörterbuch des deutschen Verwaltungsrechts I, S. 126. — M. v. Oesfeld, die Rechtsgrundsätze in Preußischen Bausachen. — Oppenhoff, das Strafgesetzbuch für das deutsche Reich, 12. Aufl. — K. Parey, die Baupolizeiordnung für den Stadtkreis Berlin vom 15. Januar 1887, und Rechtsgrundsätze des Kgl. Preußischen Ober-Verwaltungsgerichts. — L. v. Rönne, die Baupolizei des Preußischen Staates, 3. Ausgabe. — H. Rosin, das Polizeiverordnungsrecht in Preußen, 2. Aufl. — E. Schepp, das öffentliche Recht im Bürgerlichen Gesetzbuche.

Einleitung.

I.

Begriff und Begrenzung der Baupolizei.

Die Baupolizei bildet einen besonderen Zweig der allgemeinen Polizei. In ihren Aufgaben und Zielen fortschreitend wie die Baukunst mit der kulturellen Entwicklung des Landes äußert sie ihre Wirkungen weit über den engen Kreis des bauenden Publikums hinaus unterschiedslos auf alle Schichten der Bevölkerung und die verschiedensten Gebiete ihrer materiellen und ethischen Interessen. Vermöge der allgemeinen Unentbehrlichkeit und des vergleichsweise hohen Werthes der ihrer Fürsorge unterstellten Objecte, der Bauwerke, und bei dem wesentlichen Einflusse, den die Errichtung und die Beschaffenheit dieser Objecte auf die allgemeine Ordnung, Sicherheit und Gesundheit ausübt, greift die Baupolizei wie kaum ein anderer Zweig der polizeilichen Thätigkeit tief und vielseitig in die wirthschaftlichen und sanitären, und nicht in letzter Linie auch in die sittlichen und socialen Verhältnisse aller Klassen hinein.

In Preußen werden die Befugnisse der Polizei und damit auch der Baupolizei vornehmlich auf den § 10 II 17 A. L. R. gestützt, welcher lautet:

> „Die nöthigen Anstalten zur Erhaltung der öffentlichen Ruhe, Sicherheit und Ordnung und zur Abwendung der dem Publiko oder einzelnen Mitgliedern desselben bevorstehenden Gefahr zu treffen, ist das Amt der Polizei,"

und zwar ist dieser § nicht nur eine Vorschrift für die Landestheile, in welchen das A. L. R. Gültigkeit hat, sondern, wie das Oberverwaltungsgericht wiederholt anerkannt hat (O. V. G. E. Bd. VII S. 391, Bd. XV S. 434, Bd. XXX S. 213 und vom 11. December 1890 P. V. Bl. XII S. 353), ebenso wie die in dem Gesetze über die Polizeiverwaltung vom 11. März 1850 (G. S. S. 265) enthaltenen allgemeinen Grundsätze gemeines und allgemeines Preußisches Recht. Die in Praxis und Theorie gegenwärtig herrschende Meinung erblickt in jener landrechtlichen Bestimmung eine allgemeine auf alle polizeilichen Functionen bezügliche Begriffsbestimmung der Polizei, deren Aufgabe sich demnach in der Gewährung von Sicherheit im allgemeinsten Sinne erschöpft. Auch in dem Gesetze über die Polizeiverwaltung vom 11. März 1850 (für die neuen Provinzen vgl. Verordnung vom 20. September 1867, G. S. S. 1529, für Lauenburg das Lauenburgsche Gesetz v. 7. Januar 1870, offizielles Wochenblatt S. 13), ist von dem Gesetzgeber keineswegs beabsichtigt, die Befugnisse der Polizeibehörden über den bisherigen, im § 10 a. a. O. gegebenen Rahmen hinaus zu erweitern oder gar auf das gesammte Gebiet der Wohlfahrtspflege zu erstrecken. Weder in der grundlegenden landrechtlichen Bestimmung noch in dem Gesetze vom 11. März 1850 ist demnach eine allgemeine Ermächtigung der Polizei zur Pflege der Wohlfahrtsinteressen zu finden,[1]) vielmehr ist auf diesem Gebiete eine Zuständigkeit derselben nur auf Grund besonderer gesetzlicher Bestimmungen anzunehmen, wie eine solche beispielsweise im § 1 Absatz 4 des Baufluchtengesetzes vom 2. Juli 1875 (G. S. S. 561) bezüglich der Zulässigkeit der Anordnung von Vorgärten mit zu finden ist. (Vgl. dagegen Rosin, das Polizeiverordnungsrecht in Preußen §§ 21 und 26.) Auch die §§ 66 und 71 A. L. R. I 8, gehören hierher insofern, als sie der Polizeibehörde die Ermächtigung ertheilen, gegen grobe Verunstaltungen der Städte und öffentlichen Plätze einzuschreiten. Bei der innigen Berührung der Baupolizei mit der Baukunst, die nicht allein zur Befriedigung wirthschaftlicher Bedürfnisse, sondern nicht minder zur Pflege und Förderung idealer Interessen der Wohlfahrt, der Anmuth und Schönheit berufen ist, und bei der un-

[1]) Von diesem Gesichtspunkte aus ist, was das baupolizeiliche Gebiet anbetrifft, die Polizeiverordnung des Polizeipräsidiums zu Berlin vom 10. März 1879, welche für die Bebauung der Umgegend des Siegesdenkmals auf dem Kreuzberge bei Berlin aus aesthetischen Rücksichten Höhenbeschränkungen einführte, durch das O. V. G. E. vom 14. Juni 1882 (Entsch. Bd. IX S. 353), welches für die Praxis der Verwaltungsbehörden wesentlich bestimmend geworden ist, für rechtsungültig erklärt worden. Andererseits sind die scheinbar zum Theil wenigstens in das Gebiet der Wohlfahrtspflege hinübergreifenden Bestimmungen der Baupolizeiordnung für die Vororte von Berlin vom 5. December 1892 über die landhausmäßige Bebauung für rechtsgültig erachtet worden (O. V. G. E. Bd. XXVI S. 323), desgleichen die durch die Polizeiverordnung vom 27. April 1894 für einen größeren Komplex von Grundstücken im Westen Berlins (die sogenannten Schöneberger Wiesen u. s. w.) eingeführten Baubeschränkungen (Vgl. III. Theil Nr. 20). Auch eine Polizeiverordnung oder polizeiliche Verfügung, welche die Verwendung einer den Augen schädlichen Farbe zum Anstriche von Gebäuden verbietet, beruht keineswegs auf rein aesthetischen Rücksichten, bewegt sich vielmehr durchaus auf dem der Wirksamkeit der Polizei durch § 10 II 17. A. L. R. bezw. § 6 des Polizeiverwaltungsgesetzes vom 10. März 1850 anvertrauten Gebiete, indem sie eine der Gesundheit drohende Gefahr abwenden will. Ob der Anstrich eines Gebäudes die Bewohner der gegenüberliegenden Häuser oder die auf der betreffenden Straße verkehrenden Menschen blendet, ist allerdings lediglich eine Thatfrage, die nach sachverständigem Gutachten zu entscheiden sein wird. (O. V. G. E. vom 3. April 1891, P. V. Bl. XII S. 601.)

verkennbaren und leicht erklärlichen Neigung der Ersteren, auch bei der Erfüllung der ihr gestellten Aufgaben aesthetischen Erwägungen und Rücksichten einen bestimmenden Einfluß einzuräumen, gewinnt gerade auf dem baupolizeilichen Gebiete der Hinweis auf jene der polizeilichen Thätigkeit überhaupt gezogene Grenzlinie eine besondere practische Bedeutung.

Wie nun die Aufgabe der Polizei im Allgemeinen sich auf die Abwehr der durch Naturereignisse oder Rechtsverletzungen herbeigeführten Gefahren und Nachtheile erstreckt, — eine Aufgabe, die sie theils vorbeugend (praeventiv) theils beseitigend (repressiv) erfüllt, — so liegt der Baupolizei im Besonderen ob, solche Anordnungen und Einrichtungen zu treffen, daß nicht allein die das Leben, die Gesundheit und das Eigenthum der Staatsbürger aus baulichen Veranstaltungen und Veränderungen drohenden Gefahren und Unglücksfälle vermieden und abgewendet werden, sondern daß auch jeder Verletzung sonstiger öffentlicher Interessen vorgebeugt werde. Innerhalb dieses weiten Rahmens bezieht sich die Baupolizei aber nicht nur auf Hochbauten, sondern auf bauliche Anlagen im weitesten Sinne des Wortes, also auch auf Brücken-, Straßen- und Tiefbauten, sodaß beispielsweise selbst bei Entwässerungsanlagen sehr wohl eigentliche baupolizeiliche Interessen, etwa in Ansehung der Construktion, des Baumaterials u. s. w. berührt werden können. (O. V. G. E. Bd. V S. 360.)

Allerdings ist das Gebiet der Baupolizei kein scharf begrenztes. Dasselbe berührt sich vielfach mit anderen Gebieten des Verwaltungsrechtes, da der Zweck der baupolizeilichen Rechtsnormen zum großen Theil auf eine solche Herstellung der baulichen Anlagen gerichtet ist, wie sie im Interesse der öffentlichen Gesundheitspflege, der öffentlichen Ordnung und des Verkehrs, sowie der Sicherheit gegen Feuersgefahr gefordert werden muß. Wenn insbesondere im § 6 des Polizeiverwaltungsgesetzes vom 11. März 1850:

a) der Schutz der Personen und des Eigenthums;
b) Ordnung, Sicherheit und Leichtigkeit des Verkehrs;
e) das öffentliche Interesse in Bezug auf die Aufnahme und Beherbergung von Fremden; die Wein-, Bier- und Kaffee-Wirthschaften pp.;
f) Sorge für Leben und Gesundheit;
g) Fürsorge gegen Feuersgefahr bei Bauausführungen;

als zu den Gegenständen der ortspolizeilichen Vorschriften gehörig bezeichnet werden, so liegt auf der Hand, daß die Baupolizei nicht nur auf dem zuletzt bezeichneten Gebiete ihre Thätigkeit zu entwickeln hat, daß dieselbe vielmehr auch auf all' jenen übrigen der ortspolizeilichen Fürsorge unterstellten Gebieten öffentlich-rechtlicher Interessen bald mehr, bald weniger zur Mitwirkung berufen erscheint. Dieser innere sachliche Zusammenhang der Baupolizei mit zahlreichen anderen polizeilichen Gebieten ist ein gradezu unlösbarer, sodaß sich eine strenge Scheidung dessen, was zur Baupolizei und was zur allgemeinen Polizei gehört, kaum aufstellen läßt. (O. V. G. E. Bd. XXIII S. 315 u. XXVII S. 386.) In den Baupolizeiordnungen treten im Allgemeinen sogar die rein baupolizeilichen Vorschriften, d. h. diejenigen, welche sich auf die technische Konstruktion und die Festigkeit der Bauten beziehen, wesentlich hinter diejenigen Bestimmungen zurück, welche vorzugsweise auf gesundheits- oder feuerpolizeilichen Rücksichten beruhen. Fallen doch in diese Gebiete gerade die grundlegenden Vorschriften über die zulässige Bebauung der Grundstücke, über die Höhe der Gebäude, über Licht und Luft, über die Beschaffenheit der zum dauernden Aufenthalt von Menschen bestimmten Räume, ferner die Bestimmungen über Brandmauern, Feuerstätten, Schornsteine u. s. w. Und doch gehört gerade die Handhabung dieser Bestimmungen so recht eigentlich zum Ressort der Baupolizei. Auch mit dem Ressort der Wegepolizeibehörde hat die Baupolizeibehörde mancherlei Berührungspunkte. Wenn jene bei ihren den Bau und die Unterhaltung der öffentlichen Wege betreffenden Anordnungen die Interessen des Verkehrs und der Sicherheit vorzugsweise zu berücksichtigen hat, so verfolgt doch auch diese in ganz erheblichem Maße Zwecke der Verkehrs-, Sicherheits- und Ordnungspolizei. So würde die Baupolizeibehörde als solche zweifellos befugt sein, die Erlaubniß zu einem Bau mitten auf einer unbestritten öffentlichen Straße zu versagen. Anders liegt allerdings die Sache, wenn der Antragsteller behauptet, das zu bebauende Gelände sei nicht Theil eines öffentlichen Weges, sondern stehe in seinem unbeschränkten Privateigenthum. Dann enthält die den Baukonsens versagende Verfügung inhaltlich eine Inanspruchnahme des Platzes für den öffentlichen Verkehr. Zum Erlaß einer derartigen Verfügung ist nach § 55 des Zuständigkeitsgesetzes nur die Wegepolizeibehörde befugt, und würde gegen eine derartige Verfügung derselben das im § 56 a. a. O. geordnete singuläre Rechtsmittelverfahren Platz zu greifen haben. Wo also die Wege- und die Baupolizei von verschiedenen Behörden verwaltet werden, würde in Fällen der vorbezeichneten Art zunächst die erstere sich über das Baugesuch schlüssig zu machen und entweder selbst auf Grund des § 56 zu verfügen haben, oder aber es könnte nunmehr im Einverständnisse mit ihr die Baupolizeibehörde den Konsens versagen, allerdings unter der ausdrücklichen Hervorhebung, daß die Konsensverweigerung auf einer (mit den Rechtsmitteln des § 56 a. a. O. angreifbaren) Verfügung der Wegepolizeibehörde beruhe. O. V. G. E. Bd. XXXII S. 338. (Aus dem gleichen Grunde sind daher aus einer Baugenehmigung grundsätzlich solche Bedingungen fortzulassen, welche sich inhaltlich als eine unter Ziffer 1 des § 56 Z. G. fallende Anordnung der Wegepolizeibehörde darstellen.) Schon dies eine Beispiel läßt erkennen, daß die Frage, welchem besonderen polizeilichen Gebiete eine einzelne Verfügung oder Anordnung ressortmäßig zuzurechnen ist, an denjenigen Orten eine besondere Bedeutung gewinnt, wo die verschiedenen Zweige der örtlichen Polizei verschiedenen Organen (einerseits königlichen, andererseits städtischen Behörden) übertragen sind; hier greifen entsprechend den vielfach in einander greifenden Zweigen der Polizei überhaupt auch die Ressortverhältnisse jener verschiedenen, zur Handhabung der Ortspolizei berufenen Organe so mannigfach in einander über, daß die Abgrenzung der besonderen Zuständigkeit sich nicht immer ohne Schwierigkeit bestimmen läßt. Und doch kann bei der Theilung der örtlichen Polizeigewalt unter mehrere Behörden regelmäßig immer nur eine der in Betracht kommenden Behörden zum Erlaß einer bestimmten ortspolizeilichen Verfügung für zuständig erachtet werden. (Vgl. O. V. G. E. Bd. V S. 366, Bd. XXIII S. 315, Bd. XXVII S. 386.) Unter allen Umständen ist neben der amtlichen Thätigkeit der eigentlich berufenen Bau-, Wege- pp. Polizeibehörde ein mit dieser Thätigkeit concurrirendes Einschreiten eines anderen polizeilichen Organs für unzulässig zu erachten (vgl. O. V. G. E. vom 25. November 1891 I 1278) und entbehren danach die auf einer derartigen Competenzüberschreitung beruhenden polizeilichen Verfügungen der an sich unzuständigen Polizeibehörde der rechtlichen Gültigkeit.

Bei der Theilung der örtlichen Polizeigewalt unter mehrere Behörden wird nun die Entscheidung für die Abgrenzung der Baupolizei (einschließlich der Straßenbaupolizei) von der allgemeinen Polizei bei dem unlösbaren sachlichen Zusammenhange der ersteren mit zahlreichen anderweiten polizeilichen Gebieten, im Einzelfalle nicht daraus entnommen werden können, ob ausschließlich oder vorzugsweise baupolizeiliche oder gesundheitspolizeiliche oder sicherheitspolizeiliche oder anderweite polizeiliche Motive maßgebend für den Erlaß der angefochtenen Verfügung gewesen sind. Denn baupolizeilichen Anordnungen liegt, wie bereits oben bemerkt, häufig genug ein gesundheitspolizeiliches oder sicherheitspolizeiliches Motiv zu Grunde, ohne daß man deshalb an dem Charakter der Anordnung als einer baupolizeilichen zweifeln könnte. Andererseits kann wiederum nicht entscheidend sein, daß gerade eine bauliche Maßnahme vorgeschrieben — daß eine bauliche Anlage verlangt oder eine bauliche Abänderung aufgegeben — wird; denn die Nothwendigkeit einer solchen kann sich auch auf Gebieten ergeben, die nicht zur Baupolizei gehören. Hiernach kommt einer polizeilichen Verfügung nicht schon um deswillen allein der Charakter einer baupolizeilichen Anordnung zu, weil sie eine bauliche Maßnahme betrifft. (Vgl. O. V. G. E. Bd. XXVII S. 386.)

Was demgegenüber die positive Begrenzung des Gebietes der Baupolizei anbetrifft, so wird dieselbe im Wesentlichen aus dem Begriffe und den Aufgaben der Letzteren abzuleiten sein; und hiervon ausgehend wird im einzelnen Zweifelsfalle zu bestimmen sein, welche der in Betracht kommenden örtlichen Polizeibehörden gerade zum Erlasse einer thatsächlich erlassenen Verfügung zuständig war. Daß beispielsweise die Entwässerung der bebauten Grundstücke, die auch in den meisten Baupolizeiordnungen der Baupolizei ausdrücklich zugewiesen ist, recht eigentlich zu den Aufgaben derselben gehört, kann einem Zweifel nicht wohl unterliegen (vgl. O. V. G. E. a. a. O.), während andererseits bei einer Kanalisation einzelner Stadttheile mittelst Thonrohrleitungen zur Abführung des Tages- und Wirthschaftswassers aus den öffentlichen Straßen und den angrenzenden Grundstücken in öffentliche Flußläufe die baupolizeilichen Interessen in der Regel hinter die selbstständigen wasser-, straßen-, gesundheitspolizeilichen Interessen soweit zurückzutreten pflegen, daß eine concurrirende Zuständigkeit der Baupolizeibehörde ausgeschlossen erscheint. (O. V. G. E. Bd. V S. 360.) Die aus gesundheitlichen Rücksichten sich ergebende Fürsorge, daß die Wohnungen trocken sind und daß nur zum dauernden Aufenthalt von Menschen wirklich geeignete Räume auch zu diesem Zwecke verwendet werden, ist in zahlreichen Baupolizeiordnungen ausdrücklich der Baupolizeibehörde zugewiesen. Wo es an einer diesbezüglichen, die Zuständigkeit der Baupolizei begründenden Bestimmung fehlt, werden die die Räumung oder Instandsetzung von Wohnräumen bezweckenden Verfügungen, sofern die Unbewohnbarkeit auf Mängel der baulichen Anlage und Einrichtung zurückzuführen ist oder sofern zur Beseitigung des gesundheitsschädlichen Zustandes bauliche Vorkehrungen zu treffen sind, von der Baupolizeibehörde, andernfalls, beispielsweise, wenn Räume in Folge von Feuchtigkeit oder üblen Gerüchen sich als unbewohnbar erweisen, von der die Gesundheitspolizei verwaltenden Polizeibehörde zu erlassen sein.

In Berlin, wo mit Ausnahme der Straßenbaupolizei die Allgemeine Polizei und mit ihr die Baupolizei von dem Kgl. Polizei-Präsidium verwaltet wird, giebt nur die Abgrenzung der Zuständigkeiten der beiden Baupolizeibehörden (des Königlichen Polizei-Präsidiums, Abtheilung III, und der Oertlichen Straßenbau-Polizeiverwaltung) in Einzelfällen zu Schwierigkeiten Veranlassung, wenn auch die Grenzlinien beider durch Anweisungen und Praxis im Allgemeinen scharf gekennzeichnet sind. (Vgl. III. Theil Nr. 1.)

Wo allerdings die besondere Natur eines polizeilich zu ordnenden Gegenstandes es mit sich bringt, daß Anordnungen durchaus verschiedener Art mit einander verbunden werden und ihr innerer Zusammenhang sowie die Nothwendigkeit einer einheitlichen Entscheidung dazu führt, über dieselben, obwohl sie einzeln genommen einer abweichend geordneten Kontrole unterliegen, in einem Verfahren zu befinden, wird für dieses bestimmend sein, welche Anordnung als die hauptsächlichste, den Charakter der ganzen Maßnahme beherrschende erscheint; diese Anordnung ist entscheidend für das gegen die Gesammtverfügung zu ergreifende zulässige Rechtsmittel. (O. V. G. E. Bd. XIII S. 316.)

Schließlich mag, um auch nach dieser Richtung hin den Wirkungskreis und die Aufgaben der Baupolizei zu begrenzen, darauf hingewiesen werden, wie eine ganze Reihe von Sätzen des privaten Nachbarrechts inhaltlich auf dasselbe gerichtet sind, wie gewisse analoge baupolizeiliche Bestimmungen z. B. hinsichtlich unzulässiger oder gefahrdrohender Anlagen auf dem Grundstücke des Nachbars, der Vertiefung des Nachbargrundstücks, der Einräumung eines Nothweges (Bürgerl. Gesetzbuch §§ 907, 908, 909, 917), hinsichtlich der Entfernung der baulichen Anlagen von der Nachbargrenze, der Ausnutzung gemeinsamer Mauern, des Fensterrechts u. s. w. (vgl. A. L. R. I. 8 §§ 120—191, I. 9. §§ 340—342, I. 22 §§ 55—62 in Verbindung mit Art. 124 des Einführungsgesetzes zum B. G. B.). Sie unterscheiden sich von einander nur dadurch, daß diese der öffentlichen Gewalt, jene dem Einzelnen die betreffenden Befugnisse einräumen und daß Erstere dem Einzelnen gegenüber ohne Ansehen der Person durchgeführt werden müssen, während es dem Einzelnen frei steht, ob und in welchem Umfange er von seinem privaten Rechte dem betheiligten Dritten gegenüber Gebrauch machen will oder nicht.

II.

Die Quellen des Baupolizeirechts.

Das Baupolizeirecht (Baurecht im objectiven Sinne) umfaßt die Rechtsgrundsätze der öffentlichen Gewalt gegenüber den Bauenden wie den Bauten.

Der Natur der Sache nach liegen die Quellen des Baupolizeirechts vorzugsweise im Ortsrechte, in Ortspolizeiverordnungen und Ortsstatuten;

die verschiedenartige historische Entwicklung des Gesammtanbaues einer Ortschaft, die Verschiedenheit des Klimas, der zur Verfügung stehenden Baustoffe, der Lebensgewohnheiten und Bedürfnisse und nicht in letzter Linie auch der wirthschaftlichen Verhältnisse weisen von vornherein auf eine mehr örtliche Regelung der Baupolizei hin, denn nur hier können jene Verschiedenheiten und Eigenarten gebührende Berücksichtigung finden. Aus diesen Gründen hat auch die Königliche Staatsregierung die wiederholt gegebene Anregung, ein allgemeines Baupolizeigesetz für die Monarchie zu erlassen erst neuerdings wiederum als weder dem Bedürfnisse entsprechend noch zweckmäßig abgelehnt, zumal da ein solches Gesetz doch nur ganz allgemeine Gesichtspunkte und Grundsätze würde enthalten können, auch die Gesetzgebung den vielfach neu und schnell auftretenden Bedürfnissen nicht in genügender Weise zu folgen vermöchte. Nach wie vor bleiben daher die Ortsrechte die vornehmlichsten Quellen des Baupolizeirechts. Neben den Ortsrechten, und gleichzeitig die gemeinsame Rechtsgrundlage für dieselben bildend, kommen als weitere Quellen des Baupolizeirechts in Preußen die allgemeinen landesrechtlichen, und zwar vorzugsweise die landrechtlichen Bestimmungen in Betracht, während sich das Reichsrecht, insbesondere auch das Bürgerliche Gesetzbuch, mit diesem Gebiete nicht in grundsätzlicher Weise, sondern nur in gelegentlicher Verbindung mit anderen Rechtsmaterien beschäftigt hat.

Dieser Eintheilung der Rechtsquellen folgt die Anordnung des Werkes, wenn auch in umgekehrter Reihenfolge, indem dasselbe im ersten Theile die reichsrechtlichen, im zweiten die landesrechtlichen Bestimmungen behandelt, während der dritte Theil das gesammte örtliche Baupolizeirecht der Stadt Berlin, insbesondere die neue Baupolizeiordnung für den Stadtkreis Berlin zur Darstellung bringt. Der Umstand, daß die Bestimmungen der letzteren aus den eingehendsten Verhandlungen der sämmtlichen betheiligten Ministerien unter Zuziehung der berufensten Vertreter des Baugewerbes wie der Baukunst hervorgegangen sind, verleihen dieser Verordnung eine weit über die Grenzen Berlins hinausgehende allgemeine vorbildliche Bedeutung. Die in ihr enthaltenen Vorschriften werden zwar nicht für alle Städte ohne Weiteres maßgebend sein können, sie werden aber bei dem Entwurfe ähnlicher Verordnungen als Anhalt dienen können und insofern von Werth sein, als danach der Umfang der polizeilichen Einwirkung ermessen und eine entsprechende Fassung gewählt werden kann. (Vgl. Min.=Erl. vom 6. Oktober 1853, M.=Bl. S. 243.) Da sodann zur Erläuterung von Begriff und Inhalt der einzelnen Bestimmungen des Berliner Baupolizei=

rechts die gesammte das Bauwesen betreffende Rechtssprechung des Oberverwaltungsgerichts eine umfassende Berücksichtigung gefunden hat, werden auch außerhalb Berlins sowohl die zur Handhabung der Baupolizei berufenen Behörden als auch das bauende Publikum in jenen Erläuterungen nicht nur ein erwünschtes Material zur Beurtheilung und Auslegung der dort geltenden baupolizeilichen Bestimmungen finden, sondern aus ihnen auch die Anregung zu Abänderungen und Verbesserungen des heimischen Baurechts entnehmen können.

I. Theil.

Reichsrechtliche Bestimmungen.

I.

Bestimmungen des Bürgerlichen Gesetzbuches.

Die in den §§ 903 bis 905 des am 1. Januar 1900 in Kraft tretenden Bürgerlichen Gesetzbuches über den Inhalt des Eigenthums gegebenen Bestimmungen bilden in Zukunft auch für das preußische Staatsgebiet die Grundlagen des privaten wie des öffentlichen Baurechts. Das Recht zum Bauen, mit dessen Inhalt und dessen Beschränkungen sich das private Baurecht wie das Baupolizeirecht beschäftigen, ist ein Ausfluß des Eigenthumsrechts an Haus und Boden.

§ 903.

Der Eigenthümer einer Sache kann, soweit nicht das Gesetz oder Rechte Dritter entgegenstehen, mit der Sache nach Belieben verfahren und Andere von jeder Einwirkung ausschließen.

§ 904.

Der Eigenthümer einer Sache ist nicht berechtigt, die Einwirkung eines Anderen auf die Sache zu verbieten, wenn die Einwirkung zur Abwendung einer gegenwärtigen Gefahr nothwendig und der drohende Schaden gegenüber dem aus der Einwirkung dem Eigenthümer entstehenden Schaden unverhältnißmäßig groß ist. Der Eigenthümer kann Ersatz des ihm entstehenden Schadens verlangen.

§ 905.

Das Recht des Eigenthümers eines Grundstücks erstreckt sich auf den Raum über der Oberfläche bis auf den Erdkörper unter der Oberfläche. Der Eigenthümer kann jedoch Einwirkungen nicht verbieten, die in solcher Höhe oder Tiefe vorgenommen werden, daß er an der Ausschließung kein Interesse hat.

Unter Gesetz (§ 903) ist nach Art. 2 E. G. jede Rechtsnorm zu verstehen, also nicht nur Reichsrecht sowie privates und öffentliches Landesrecht (Mot. III 258ff.), sondern auch die auf gesetzlicher Delegation beruhenden Ortsstatuten und Polizeiverordnungen (s. Rosin, Polizeiverordnungsrecht S. 12ff.).

Das Bürgerliche Gesetzbuch, welches in den an die obigen Bestimmungen sich anschließenden §§ 906 bis 924 von den die thatsächliche Verfügung über das Grundstück betreffenden Beschränkungen nur diejenigen berücksichtigt, welche die in dem Eigenthum liegenden Befugnisse im Interesse des privaten Rechtslebens begrenzen, will damit diese Materie nicht erschöpfend regeln, will vielmehr nur das für alle lokalen Verhältnisse geltende Maß von Eigenthumsbeschränkungen feststellen und überläßt es den landesgesetzlichen Vorschriften, das Eigenthum an Grundstücken zu Gunsten der Nachbarn nach anderen Beschränkungen zu unterwerfen. (Art. 124. E. G.) Dadurch sind also die privatrechtlichen Bestimmungen des Allgemeinen Landrechts über das Nachbarrecht, insbesondere die §§ 125, 128, 130, 131, 133, 137—148, 174, 185, 187 I 8, §§ 340—342 I 9, §§ 55—62 I 22 in soweit aufrecht erhalten, als sie die im B. G. B. geregelten Beschränkungen nicht verschärfen. (Prot. S. 3613f. 8890.) Weiter geht jedoch die Zuständigkeit der Landesgesetzgebung hinsichtlich der privatrechtlichen Beschränkungen des Eigenthums nicht, insbesondere also auch nicht hinsichtlich der baulichen Ausnutzung eines Grundstücks.

Etwas weitere Grenzen sind der Landesgesetzgebung hinsichtlich der im öffentlichen Interesse erfolgenden Eigenthumsbeschränkungen gezogen.

Wenn auch die Behandlung der im Privateigenthume stehenden Sachen im Allgemeinen dem Belieben des Berechtigten freigegeben ist, so wird doch durch eine unzweckmäßige Benutzung oder eine ungenügende Bekämpfung der von der Sache ausgehenden Gefahren das Staatsinteresse in Mitleidenschaft gezogen. Wie weit der Staat in seiner Aufsicht über die private Sachherrschaft im Interesse der öffentlichen Verwaltung gehen soll, ist eine je nach der Zeitrichtung und den örtlichen Verhältnissen verschieden zu beantwortende Frage. Der einzelne Eingriff rechtfertigt sich durch Zweckmäßigkeitsgründe, welche nach Zeit und Ort wechseln. Eine einheitliche Regelung ist deshalb von vorn herein ausgeschlossen. (Vgl. Stenogr. Ber. des Reichstags 1895/97 Bd. I S. 838.) Auf diesen Erwägungen beruht der im Art. 111 E. G. hinsichtlich der landesgesetzlichen, öffentlich-rechtlichen Eigenthumsbeschränkungen gemachte Vorbehalt.

Art. 111.

Unberührt bleiben die landesgesetzlichen Vorschriften, welche im öffentlichen Interesse das Eigenthum in Ansehung thatsächlicher Verfügungen beschränken.

Hiernach ist also auch da, wo es sich um das öffentliche Interesse handelt, der Landesgesetzgebung nicht die Macht eingeräumt, den rechtlichen Inhalt des Eigenthums zu beschränken, also in den privaten Rechtsverkehr, dessen möglichste Einheitlichkeit das Bürgerliche Gesetzbuch erstrebt, einzugreifen. Nur in Ansehung thatsächlicher Verfügungen kann das Eigenthum durch landesgesetzliche Vorschriften, d. h. durch Gesetz, Ortsstatut, Polizeiverordnung beschränkt werden; und zwar bleiben nach Art. 3 E. G. nicht nur die diesbezüglichen bisher bestehenden landesrechtlichen Rechtsnormen in Kraft, sondern es können auch neue derartige Vorschriften erlassen werden. Solche im öffentlichen Interesse statuirte Beschränkungen in der thatsächlichen Verfügung über das Grundeigenthum enthalten nun insbesondere die öffentlich-rechtlichen Eigenthums- und Baubeschränkungen des Allgemeinen Landrechts, dessen in den §§ 35 bis 82 I 8 enthaltenen Bestimmungen somit nach wie vor auch nach dem Inkrafttreten des Bürgerlichen Gesetzbuches unverändert in Kraft bleiben, nicht minder die in Ausführung derselben erlassenen baupolizeilichen Vorschriften in ihrem lokalen Geltungsgebiet. Aber auch abgesehen von diesen speziellen, theils allgemein-landesrechtlichen, theils ortsrechtlichen Einschränkungen der Baufreiheit, ergiebt sich die wesentlichste im öffentlichen Interesse allgemein gebotene Einschränkung der thatsächlichen Verfügung über das Eigenthum und damit auch über seine bauliche Ausnutzung aus dem im § 10 II 17. A. L. R. festgesetzten Inhalt der Polizeigewalt, vermöge deren dem Eigenthümer die öffentlich-rechtliche Verpflichtung obliegt, sein Grundstück dauernd so zu unterhalten, daß polizeilich zu schützende öffentlich-rechtliche Interessen nicht beeinträchtigt oder gefährdet werden. (Siehe hierzu II. Theil des Werkes B. Anmerk. 1 zu § 37 I 8 A. L. R.)

II.

Bestimmungen des Reichsstrafgesetzbuches über die strafbare Verletzung baupolizeilicher und bautechnischer Vorschriften pp.

§ 222.

Wer durch Fahrlässigkeit den Tod eines Menschen verursacht, wird mit Gefängniß bis zu drei Jahren bestraft.

Wenn der Thäter zu der Aufmerksamkeit, welche er aus den Augen setzte, vermöge seines Amtes, Berufes oder Gewerbes besonders verpflichtet war, so kann die Strafe bis auf fünf Jahre erhöht werden.

§ 305.

Wer vorsätzlich und rechtswidrig ein Gebäude, ein Schiff, eine Brücke, einen Damm, eine gebaute Straße, eine Eisenbahn oder ein anderes Bauwerk, welche fremdes Eigenthum sind, ganz oder theilweise zerstört, wird mit Gefängniß nicht unter Einem Monat bestraft.

Der Versuch ist strafbar.

§ 330.

Wer bei der Leitung oder Ausführung eines Baues wider die allgemein anerkannten Regeln der Baukunst dergestalt handelt, daß hieraus für Andere Gefahr entsteht, wird mit Geldstrafe bis zu neunhundert Mark oder mit Gefängniß bis zu Einem Jahre bestraft.[1])

§ 367.

Mit Geldstrafe bis zu einhundertfunfzig Mark oder mit Haft wird bestraft:

12. wer auf öffentlichen Straßen, Wegen oder Plätzen, auf Höfen, in Häusern und überhaupt an Orten, an welchen Menschen verkehren, Brunnen, Keller, Gruben, Oeffnungen oder Abhänge dergestalt unverdeckt oder unverwahrt läßt, daß daraus Gefahr für Andere entstehen kann;
13. wer trotz der polizeilichen Aufforderung es unterläßt, Gebäude, welche den Einsturz drohen, auszubessern oder niederzureißen;[2])
14. wer Bauten oder Ausbesserungen von Gebäuden, Brunnen, Brücken, Schleusen oder anderen Bauwerken vornimmt, ohne die von der Polizei angeordneten oder sonst erforderlichen Sicherungsmaßregeln zu treffen;[3])
15. wer als Bauherr, Baumeister oder Bauhandwerker einen Bau oder eine Ausbesserung, wozu die polizeiliche Genehmigung erforderlich ist, ohne diese Genehmigung oder mit eigenmächtiger Abweichung von dem durch die Behörde genehmigten Bauplane ausführt oder ausführen läßt.[4])

§ 368.

Mit Geldstrafe bis zu sechszig Mark oder mit Haft bis zu vierzehn Tagen wird bestraft:[5])

3. wer ohne polizeiliche Erlaubniß eine neue Feuerstätte errichtet oder eine bereits vorhandene an einen anderen Ort verlegt;

4. wer es unterläßt, dafür zu sorgen, daß die Feuerstätten in seinem Hause in baulichem und brandsicherem Zustande unterhalten, oder daß die Schornsteine zur rechten Zeit gereinigt werden.[6])

§ 369.

Mit Geldstrafe bis zu einhundert Mark oder mit Haft bis zu vier Wochen werden bestraft:

3. Gewerbetreibende, welche in Feuer arbeiten, wenn sie die Vorschriften nicht befolgen, welche von der Polizeibehörde wegen Anlegung und Verwahrung ihrer Feuerstätten, sowie wegen der Art und der Zeit, sich des Feuers zu bedienen, erlassen sind.

---

[1]) Der Ausdruck „Bau" ist nicht auf den sog. Hochbau einzuschränken, er umfaßt auch die einen solchen vorbereitenden Erdarbeiten, sowie überhaupt den Wasser-, Brücken- und Straßenbau. Demgemäß sind Fehler „bei der Ausführung eines Baues" auch die bei Ausschachtung der Baugrube begangenen. Auch auf die Aufstellung der Baugerüste findet der § Anwendung. Getroffen wird von dem § nicht bloß der Baumeister oder Bauhandwerker, sondern Jeder, der sich mit der „Leitung oder Ausführung eines Baues" befaßt, bezw. sich bei der Ausführung oder Leitung eines Baues betheiligt, unter dieser Voraussetzung also auch der Bauherr. Erk. d. R. G. I. Straff. vom 9. October 1890 (1747/90). Das Handeln umfaßt auch Unterlassungen. Ob „wider die allgemein anerkannten Regeln der Baukunst" gehandelt ist, ist eine thatsächliche, durch Gutachten von Sachverständigen klar zu stellende Frage. Die Gefahr muß „für Andere", d. h. für ihre Person (Leben, Gesundheit) entstanden sein, Gefahr für das Eigenthum genügt nicht. (Vgl. Oppenhoff, Das Strafgesetzbuch für das deutsche Reich, Anm. zu § 330 B. P. O. § 36 Anm. 5. Wenn ein Mauerwerk zwar nicht für sich allein, wohl aber in der Belastung mit dem Gebälk gefährlich ist, so kann der Erbauer, der von dieser demnächstigen Belastung wußte, gemäß § 330 wegen Verstoßes gegen die Regeln der Baukunst strafbar sein (R. G. E. v. 7. März 1898, Eger, Eisenbahnrechtl. Entsch. Bd. XV S. 127).

[2]) Die Nichtbefolgung der von der zuständigen Ortspolizeibehörde ausgegangenen individuellen Aufforderung ist als solche strafbar; der Strafrichter hat nicht zu untersuchen, ob die angeordnete Maßregel nach dem baulichen Zustande nothwendig war. (Vgl. II. Th. B. § 38 I 8 A. L. R.)

[3]) Die Anordnung kann allgemein durch P. V. oder für den Einzelfall durch polizeiliche Verfügung getroffen sein. Unter Sicherungsmaßregeln sind solche zu verstehen, welche bestimmt sind, das Publikum oder auch die Arbeiter (beispielsweise bei Dachdeckerarbeiten) vor Unfällen zu schützen, z. B. das Anbringen von Planken, Umwehrungen, Warnungszeichen pp. Die Haftpflicht des Bauenden in Folge Verletzung der Vorschrift des § 367 Nr. 14 R. St. G. B. erstreckt sich nicht nur auf Unterlassung der erforderlichen Sicherungsmaßregeln bei der eigentlichen Bauthätigkeit, sondern überhaupt auf die Unterlassung von Sicherungsmaßregeln, demzufolge ein Schaden, welcher auf den Bau als Ursache zurückzuführen ist, eingetreten ist. (Erk. d. R. G. III. Civils. vom 23. September 1887 u. des VI. Civils. v. 9. Febr. 1888, Pr. V. Bl. IX 255.) Eine Vernachlässigung dieser Gesetzesbestimmung macht ihn gemäß § 26 I 6 A. L. R. für allen Schaden verantwortlich, welcher durch Beobachtung des Gesetzes hätte vermieden werden können. (Erk. d. R. G. vom 27. November 1890 — IV 190/90 — Pr. V. Bl. XII S. 188.)

[4]) Eine außerordentlich wichtige Bestimmung, um die Baupolizeibehörde dauernd von dem jeweiligen Zustande der in ihrem Bezirke vorhandenen Bauwerke in Kenntniß zu

erhalten. Jede der genannten Personen haftet selbstständig; die Uebernahme der Verantwortlichkeit durch eine derselben, sowie die Zusage des Einzelnen, das Mangelnde nachzuholen, macht die Anderen nicht straffrei. Dagegen trifft die Strafandrohung nur den den Bau „ausführenden" (leitenden) Bauhandwerker, nicht den unter Leitung eines Meisters arbeitenden Gesellen.

Fehlt die polizeiliche Genehmigung, so begründet schon der Beginn der Bauarbeiten die Strafbarkeit aus Nr. 15 des § 367 R. St. G. B. und nicht bloß einen straflosen Versuch. Bezüglich der Verjährung dieser Uebertretung sprechen sich die Urtheile der Gerichtshöfe verschieden aus. Einerseits wird die Verjährung der Strafverfolgung nicht von der Vollendung des Baues, sondern erst von Beseitigung des durch den Bau geschaffenen ordnungswidrigen Zustandes, insbesondere also von der nachträglichen Ertheilung der Bauerlaubniß ab gerechnet. (Erk. des Oberlandesger. Dresden vom 17. Februar 1890, Pr. V. Bl. XI S. 563.) Andererseits — und dieser Auffassung tritt der Verfasser bei — wird deducirt, daß strafbar nicht das Vorhandensein eines ohne Genehmigung der zuständigen Behörde aufgeführten Bauwerkes sei, sondern nur die Thätigkeit des Bauens ohne die erforderliche obrigkeitliche Genehmigung. Danach ist das Delikt mit der Vollendung des Baues abgeschlossen und beginnt von diesem Zeitpunkte ab die Verjährung. Vgl. Anm. 5 und Oppenhoff a. a. O., Anm. zu § 367 Nr. 15.

Ein Bauherr, welcher nach dem ihm ertheilten Bauconsens baut, kann nicht deshalb zur strafrechtlichen Verantwortung gezogen werden, weil dieser Bauconsens in Folge eines Versehens der Polizeibehörde mit dem örtlichen Baurechte nicht im Einklange stand. Ein solcher Irrthum berechtigt zwar die Polizeibehörde, den Consens zurückzufordern und zu berichtigen. So lange dies aber nicht geschehen ist, hat der Bauherr das Recht, nach dem Consens zu bauen und kann sich durch den Gebrauch dieses Rechtes nicht strafbar machen. (Entsch. des Kam.-Ger.-Straffen. vom 11. April 1895.)

[5]) Die Vorschriften der Ziffern 3 und 4 ergänzen einander zu dem Zwecke, daß alle Feuerstätten, neu errichtete wie bereits bestehende, immer und unter allen Umständen in brandsicherem Zustande erhalten werden. Unter der in Ziffer 4 geforderten „Unterhaltung" ist daher nicht bloß die Reparatur, sondern überhaupt die Unterhaltung des vorgeschriebenen Zustandes bei Vornahme von Aenderungen jeder Art zu verstehen. (Erk. d. R. G. I. Straff. vom 26. Juni 1882, Pr. V. Bl. III S. 383.) Die nach Ziffer 3 mit Strafe bedrohte Uebertretung verjährt in drei Monaten nach Errichtung oder Verlegung der Feuerstätte. Das Fortbestehen der neuen Anlage ist an sich nicht strafbar. Dies schließt indeß die zwangsweise polizeiliche Beseitigung nicht aus und läßt auch noch nach 3 Monaten die Anwendung von Zwangsmitteln aller Art zu. Erk. d. R. G. IV. Straff. vom 29. März 1892.

[6]) Getroffen wird Derjenige, der zur Zeit die Verfügungsgewalt über das Haus hat. Das ist der Eigenthümer selbst dann, wenn er den Besitz durch einen Andern, z. B. einen Miether ausüben läßt, oder wenn die Räume kraft eines Nutzungsrechts von einem Dritten besessen werden, selbst wenn letzterer privatrechtlich verpflichtet sein sollte, die Räume in brandsicherem Zustande zu unterhalten. Das Maß der aufzuwendenden „Sorge" ist nach dem Begriffe eines „guten Hausvaters" zu bemessen. Vgl. B. G. B. § 276, ferner Oppenhoff a. a. O. Anm. zu § 368, 3 und 4, auch II. Theil B. des Werkes Anm. 1 zu § 37 I 8 A. L. R.

III.
Bestimmungen der Reichsgewerbeordnung.

1.
Anlagen, welche einer besonderen Genehmigung[1]) bedürfen.[2])

§ 16.

Zur Errichtung von Anlagen, welche durch die örtliche Lage oder die Beschaffenheit der Betriebsstätte für die Besitzer oder Bewohner der benachbarten Grundstücke oder für das Publikum überhaupt erhebliche Nachtheile, Gefahren oder Belästigungen herbeiführen können, ist die Genehmigung der nach den Landesgesetzen zuständigen Behörde[3]) erforderlich.

Es gehören dahin:

Schießpulverfabriken, Anlagen zur Feuerwerkerei und zur Bereitung von Zündstoffen aller Art, Gasbereitungs- und Gasbewahrungsanstalten, Anstalten zur Destillation von Erdöl, Anlagen zur Bereitung von Braunkohlentheer, Steinkohlentheer und Koaks, sofern sie außerhalb der Gewinnungsorte des Materials errichtet werden, Glas- und Rußhütten, Kalk-, Ziegel- und Gypsöfen, Anlagen zur Gewinnung roher Metalle, Röstöfen, Metallgießereien, sofern sie nicht bloße Tiegelgießereien sind, Hammerwerke, chemische Fabriken aller Art,[4]) Schnellbleichen, Firnißsiedereien, Stärkefabriken, mit Ausnahme der Fabriken zur Bereitung von Kartoffelstärke, Stärkesyrupsfabriken, Wachstuch-, Darmsaiten-, Dachpappen- und Dachfilzfabriken, Leim-, Thran- und Seifensiedereien, Knochenbrennereien, Knochendarren, Knochenkochereien und Knochenbleichen, Zubereitungsanstalten für Thierhaare, Talgschmelzen, Schlächtereien, Gerbereien, Abdeckereien, Poudretten- und Düngpulverfabriken, Stauanlagen für Wassertriebwerke (§ 23), Hopfen-Schwefeldörren, Asphaltkochereien und Pechsiedereien, soweit sie außerhalb der Gewinnungsorte des Materials errichtet werden, Strohpapierstofffabriken, Darmzubereitungsanstalten, Fabriken, in welchen Dampfkessel oder andere Blechgefäße durch Vernieten hergestellt werden, Kalifabriken, Anstalten zum Imprägniren von Holz mit erhitzten Theerölen, Kunstwollefabriken, Anlagen zur Herstellung von Celluloid und Dégrasfabriken, Fabriken, in welchen Röhren aus Blech durch Vernieten hergestellt werden, sowie die Anlagen zur Erbauung eiserner Schiffe, zur Herstellung eiserner Brücken oder sonstiger eiserner Bauconstruktionen,[5]) die Anlagen zur Destillation oder zur Verarbeitung von Theer und von Theerwasser. Anlagen, in welchen aus Holz oder ähnlichem Fasermaterial auf chemischem Wege Papierstoff hergestellt wird (Cellulosefabriken), Anlagen, in welchen Albuminpapier hergestellt wird, Anstalten zum Trocknen und Einsalzen ungegerbter Thierfelle, sowie die Verbleiungs-, Verzinnungs- und Verzinkungsanstalten, die Anlagen zur Herstellung von Gußstahlkugeln mittels Kugelschrotmühlen (Kugelfräsmaschinen).

Das vorstehende Verzeichniß kann, je nach Eintritt oder Wegfall der im Eingang gedachten Voraussetzung, durch Beschluß des Bundesraths, vorbehaltlich der Genehmigung des nächstfolgenden Reichstags, abgeändert werden.

---

[1]) Der Ausdruck „besondere Genehmigung" ist gewählt, um dem Mißverständnisse vorzubeugen, als sei bei den gewerblichen Anlagen, welche § 16 nicht aufzählt, die allgemeine baupolizeiliche Genehmigung künftig nicht mehr nöthig.

[2]) Durch die in der R. G. O., insbesondere in den §§ 16, 24, 27 enthaltenen Satzungen sind die Polizeibehörden nicht behindert, im Rahmen ihrer landesgesetzlichen Befugnisse durch Verordnungen und Verfügungen die Herstellung solcher in jenen §§ nicht aufgeführten Anlagen — gewerblicher und nicht gewerblicher Art — zu verbieten und zu beschränken, deren Betrieb gefahrbringend oder für das auf Straßen, Wegen und Plätzen verkehrende Publikum mit Nachtheilen oder Belästigungen verbunden ist. (O. V. G. E. Bd. X S. 260, Bd. XI S. 318, Bd. XVIII S. 302 und XXIII S. 268.) Dagegen dürfen die in § 16 erwähnten und gemäß den Vorschriften der G. O. genehmigten Anlagen weiteren polizeilichen Beschränkungen nicht unterworfen werden, als in der Genehmigungsurkunde enthalten sind. Nur insofern sind nachträgliche Aenderungen und Ergänzungen der speciellen Bedingungen bezüglich der Einrichtung und des Betriebs der Anlage zulässig, als es sich um den Schutz der Arbeiter handelt, wie dies nunmehr durch § 120d der Gewerbeordnungsnovelle vom 1. Juni 1891 außer allen Zweifel gestellt ist. (Vgl. Landmann, Die Gewerbeordnung für das deutsche Reich. 2. Aufl. S. 159.) Im Uebrigen aber, also zum Schutze der Nachbaren oder des Publikums können einer auf Grund des § 18 R. G. O. genehmigten Anlage keine neuen erschwerenden Bedingungen, insbesondere also auch keine baupolizeilichen auferlegt werden, so lange nicht eine der im § 25 des Gesetzes bezeichneten Aenderungen eingetreten ist. Dagegen ist es zulässig, sofern sich die aus dem Betriebe der Anlage für das Publikum wie die Nachbarschaft möglicher Weise entwickelnden Nachtheile zur Zeit der Genehmigung noch nicht übersehen lassen, den Vorbehalt weiterer Bedingungen für den Fall, daß sich solche als erforderlich herausstellen, in die Concessionsurkunde unter besonderer Motivirung aufzunehmen.

[3]) In Preußen entscheiden in erster Instanz die Kreis-(Stadt-)Ausschüsse, Magistrats- oder Bezirksausschüsse, in zweiter Instanz der Minister für Handel und Gewerbe. §§ 109, 110, 113, 161 Z. G., § 36 L. V. G., §§ 28 ff. der Ausführungsanweisung v. 19. Juli 1884, M. Bl. S. 164.

[4]) Auch Anlagen zur Herstellung von Acetylengas, sofern sie fabrikmäßig betrieben werden. (M. Erl. vom 2. November 1897, M. Bl. S. 262.)

[5]) D. h. Hochbau- in erster Linie Dachconstruktionen, nicht aber Maschinen- oder Wagenbauconstructionsanlagen, Gutachten der Kgl. Technischen Deputation für Gewerbe vom 22. Dezember 1896.

§ 17.

Dem Antrage auf die Genehmigung einer solchen Anlage müssen die zur Erläuterung erforderlichen Zeichnungen und Beschreibungen beigefügt werden.

Ist gegen die Vollständigkeit dieser Vorlagen nichts zu erinnern, so wird das Unternehmen mittelst einmaliger Einrückung in das zu den amtlichen Bekanntmachungen der Behörde (§ 16) bestimmte Blatt zur öffentlichen Kenntniß gebracht, mit der Aufforderung, etwaige Einwendungen gegen die neue Anlage binnen vierzehn Tagen anzubringen. Die Frist nimmt ihren Anfang mit Ablauf des Tages, an welchem das die Bekanntmachung enthaltende Blatt ausgegeben worden, und ist für alle Einwendungen, welche nicht auf privatrechtlichen Titeln beruhen, präklusivisch.

§ 18.

Werden keine Einwendungen eingebracht, so hat die Behörde zu prüfen, ob die Anlage erhebliche Gefahren, Nachtheile oder Belästigungen für das Publikum herbeiführen könne.[1]) Auf Grund dieser Prüfung, welche sich zugleich auf die Beachtung der bestehenden bau-, feuer- und gesundheitspolizeilichen Vorschriften erstreckt, ist die Genehmigung zu versagen, oder, unter Festsetzung der sich als nöthig ergebenden Bedingungen, zu ertheilen. Zu den letzteren gehören auch diejenigen Anordnungen, welche zum Schutze der Arbeiter gegen Gefahr für Gesundheit und Leben nothwendig sind.[2]) Der Bescheid ist schriftlich auszufertigen und muß die festgesetzten Bedingungen enthalten; er muß mit Gründen versehen sein, wenn die Genehmigung versagt oder nur unter Bedingungen ertheilt wird.

---

[1]) Zu §§ 16 bis 24 vgl. Ziffer 8 bis 28 der Anweisung v. 9. August 1899 zur Ausführung der Gewerbeordnung Titel I, II, IV, V. Alle Anträge auf Ertheilung der Genehmigung zur Errichtung oder Veränderung gewerblicher Anlagen (§§ 16, 25) und alle sich darauf beziehenden Eingänge sind als schleunige Angelegenheiten zu behandeln und im Geschäftsgange als solche zu bezeichnen. — Der Antrag ist anzubringen, wenn die Anlage innerhalb eines Landgemeindebezirks oder selbstständigen Gutsbezirks errichtet werden soll, bei dem Landrath; wenn sie innerhalb eines Stadtbezirks errichtet werden soll, und die Beschlußfassung dem Stadtausschuß oder dem Magistrat zusteht, bei dieser Behörde, andernfalls bei der Polizeibehörde des Stadtbezirks. (Z. G. §§ 109, 110, 113, 161). Bzgl. der Vollständigkeit der in 3 Exemplaren einzureichenden Vorlagen (Beschreibung, Situationszeichnung und Bauplan), welche von den Behörden, bei denen der Antrag eingereicht wird, zu prüfen ist, sind die Vorschriften unter 9 bis 11 der A. A. zu beachten.

Die Prüfung der Anträge ist nicht nur auf die Beachtung der gewerbepolizeilichen Vorschriften (vgl. technische Anleitung v. 15. Mai 1895, M. Bl. S. 196), sondern auch der bestehenden bau-, feuer- und gesundheitspolizeilichen, aber auch der sonstigen polizeilichen Vorschriften (verkehrspolizeilichen, wasserpolizeilichen Rayonbeschränkungen), zu erstrecken. Aus dieser Bestimmung in Verbindung mit den Materialien zur R. G. O. ergiebt sich, daß die Ertheilung der gewerbepolizeilichen Genehmigung zugleich die Ertheilung des Baukonsenses in sich schließt, und daß die unter §§ 16, 23, 24 R. G. O. fallenden Anlagen keines besonderen Baukonsenses bedürfen (M. E. v. 14. December 1877 IV 19555 und v. 2. März 1880, M. Bl. S. 80), und daß demnach den Verwaltungsbeschlußbehörden, welche nach §§ 109 und 110 Z. G. über die Genehmigung gewerblicher Anlagen zu beschließen haben, insoweit auch die Handhabung der Baupolizei übertragen ist. Zur Prüfung nach den bezeichneten vielseitigen Gesichtspunkten wird das eine Exemplar der Vorlagen dem Baubeamten, das zweite dem Gewerbeaufsichtsbeamten und das dritte (bei den in Ziffer 12 A. A. bezeichneten Anlagen) dem Medizinalbeamten zur schleunigen Abgabe ihrer Gutachten und Bescheinigung der Prüfung auf den Vorlagen vorgelegt. An Stelle des Baubeamten der allgemeinen Bauverwaltung kann ein Beamter der Stadtgemeinde oder des Kreisverbandes, welcher die gleiche Qualifikation besitzt, zugezogen werden. In Städten mit Kgl. Baupolizeiverwaltung, ist das für den Baubeamten bestimmte Exemplar der Baupolizeibehörde (in Berlin Pol.-Präsidium Abth. III) zu übersenden, welche es unter Bezeichnung ev. gefundener Anstände binnen 8 Tagen zurückzusenden, ev. im Vorverfahren Einspruch zu erheben hat. Die Gesuche sind an der Hand der betreffenden Baupolizeiordnung zu prüfen und sind die etwaigen baupolizeilichen Bedingungen mit in die gewerbliche Konzessionsurkunde aufzunehmen. Aber auch wenn dies nicht besonders geschehen ist, haben auch die gewerblichen Anlagen durchaus den allgemeinen baupolizeilichen Vorschriften zu entsprechen. Da, wo zur Herstellung der Baulichkeiten ein Dispens von den baupolizeilichen Vorschriften erforderlich ist, wird die zur Ertheilung der gewerbepolizeilichen Genehmigung berufene Behörde auch über den Dispens zu befinden haben. — Die Beschlußfassung über das Gesuch erfolgt stets durch das Kollegium der Beschlußbehörde. — Für Dampfkesselanlagen behält es bei den Vorschriften der Anweisung, betr. die Genehmigung und Untersuchung der Dampfkessel v. 15. März 1897 (M. Bl. S. 55) und der Erlasse v. 20. und 22. März 1897 (M. Bl. S. 53 und 81) sowie v. 28. Novbr. 1897 (M. Bl. S. 277) sein Bewenden. — Die Genehmigungen unterliegen nicht der Baupolizeigebührenordnung (vgl. Theil III Nr. 21), sind indeß stempelpflichtig nach Tarifstelle 22d des Pr. Stempelsteuergesetzes vom 31. Juli 1895 (G. S. S. 413.)

*) Insbes. §§ 120a bis c und die auf Grund des § 120e R. G. O. erlassenen Vorschriften S. 32, Anm. 2.

§ 19.

Einwendungen, welche auf besonderen privatrechtlichen Titeln beruhen, sind zur richterlichen Entscheidung zu verweisen, ohne daß von der Erledigung derselben die Genehmigung der Anlage abhängig gemacht wird.

Andere Einwendungen dagegen sind mit den Parteien vollständig zu erörtern. Nach Abschluß dieser Erörterung erfolgt die Prüfung und Entscheidung nach den im § 18 enthaltenen Vorschriften. Der Bescheid ist sowohl dem Unternehmer, als dem Widersprechenden zu eröffnen.

§ 19a.

in der Fassung der dem Reichstage unter dem 2. März 1899 vorgelegten, z. Z. noch nicht angenommenen Novelle zur Abänderung der Gewerbeordnung.

In dem Bescheide kann der Unternehmer auf seine Gefahr unbeschadet des Rekursverfahrens die unverzügliche Ausführung der baulichen Anlagen gestattet werden, wenn er dies vor Schluß der Erörterungen beantragt. Die Gestattung kann von einer Sicherheitsleistung abhängig gemacht werden.[1])

[1]) Vergl. die Begründung im Aktenstück Nr. 165 des Reichstages S. 1233ff.

§ 20.

Gegen den Bescheid ist Rekurs an die nächstvorgesetzte Behörde zulässig, welcher bei Verlust desselben binnen vierzehn Tagen, vom Tage der Eröffnung des Bescheides an gerechnet, gerechtfertigt werden muß.[1])

Der Rekursbescheid ist den Parteien schriftlich zu eröffnen und muß mit Gründen versehen sein.

[1]) Vgl. M. E. vom 14. Juli 1896, betr. die Einreichung von Lageplänen bei Rekursbeschwerden gegen die Beschlüsse auf Genehmigung von Anlagen gemäß der §§ 16 und 25 der Gewerbeordnung (M. Bl. S. 145).

§ 22.

Die durch unbegründete Einwendungen erwachsenden Kosten fallen dem Widersprechenden, alle übrigen Kosten, welche durch das Verfahren entstehen, dem Unternehmer zur Last.

In den Bescheiden über die Zulässigkeit der neuen Anlage wird zugleich die Vertheilung der Kosten festgesetzt.

§ 24.

Zur Anlegung von Dampfkesseln,[1]) dieselben mögen zum Maschinenbetriebe bestimmt sein oder nicht,[2]) ist die Genehmigung der nach den Landesgesetzen zuständigen Behörde[3]) erforderlich. Dem Gesuche sind die zur Erläuterung erforderlichen Zeichnungen und Beschreibungen beizufügen.

Die Behörde hat die Zulässigkeit der Anlage nach den bestehenden bau-, feuer- und gesundheitspolizeilichen Vorschriften,[4]) sowie nach denjenigen allgemeinen polizeilichen Bestimmungen zu prüfen, welche von dem Bundesrath über die Anlegung von Dampfkesseln erlassen werden. Sie hat nach dem Befunde die Genehmigung entweder zu versagen, oder unbedingt zu ertheilen, oder endlich bei Ertheilung derselben die erforderlichen Vorkehrungen und Einrichtungen vorzuschreiben.

Bevor der Kessel in Betrieb genommen wird, ist zu untersuchen, ob die Ausführung den Bestimmungen der ertheilten Genehmigung entspricht. Wer vor dem Empfange der hierüber auszufertigenden Bescheinigung den Betrieb beginnt, hat die im § 147 angedrohte Strafe verwirkt.

Die vorstehenden Bestimmungen gelten auch für bewegliche Dampfkessel.[5])

Für den Rekurs und das Verfahren über denselben gelten die Vorschriften der §§ 20 und 21.

[1]) Vgl. für Preußen Gesetz, den Betrieb der Dampfkessel betr., vom 3. Mai 1872 (G. S. S. 515), den M. Erl. nebst Anweisung betr. die Genehmigung und Untersuchung der Dampfkessel, nebst Gebührenordnung vom 15. März 1897 (M. Bl. S. 55) und M. Erl. betr. den Umfang der technischen Vorprüfung bei Anlegung von Dampfkesseln, vom 28. November 1897 (M. Bl. S. 277), vom 22. März 1897, M. Bl. S. 81; für das Reich Bekanntmachung des Reichskanzlers, betr. allgemeine polizeiliche Bestimmungen über die Anlegung von Dampfkesseln vom 5. August 1890 (R. G. Bl. S. 163); die auf einer Vereinbarung der verbündeten Regierungen des Reichs in der Bundesrathssitzung vom 3. Juli 1890 beruhenden Bestimmungen über die Genehmigung, Prüfung und Revision der Dampfkessel. Vgl. ferner bez. der Stempelpflicht der Dampfkesselconcessionen u. s. w. Pr. Stempelsteuergesetz vom 31. Juli 1895, G. S. S. 413, Tarifstelle 22e.

[2]) Nicht als Dampfkessel zu betrachten sind Dampfkochgefäße, Dampfüberhitzer, Dampfbehälter und Dampfkochkessel, § 22 der Bekanntmachung vom 5. August 1890, siehe Anm. 1; die Zulässigkeit der Aufstellung solcher Dampfapparate bemißt sich nach den landesrechtlichen allgemeinen bau-, feuer- pp. polizeilichen Vorschriften. Vgl. M. Erl. v. 14. April 1888 und v. 11. August 1889, betr. Sicherheitsvorrichtungen bei Anlegung von Dampfkocheinrichtungen, M. Bl. S. 137, v. 16. August 1893, betr. die Anbringung von Standrohren bei Dampfkochkesseln, M. Bl. 1894 S. 90.

[3]) Vgl. Zuständigkeitsgesetz §§ 109 und 110. Danach beschließt der Bezirksausschuß über Anträge auf Genehmigung zur Errichtung oder Veränderung gewerblicher Anlagen, soweit die Beschlußnahme darüber nicht — was bezüglich der meisten der nach § 16 R. G. O. genehmigungspflichtigen Anlagen der Fall ist — nach § 109 Z. G. dem Kreis- (Stadt-) Ausschusse, in den einem Landkreise angehörigen Städten mit mehr als 10000 Einwohnern dem Magistrat überwiesen ist. Für Berlin ist demnach der Stadtausschuß, bezw. der Bezirksausschuß zuständig (§ 161 Z. G).

[4]) Vgl. Anm. 1 zu § 18 R. G. O.

[5]) Bezüglich der beweglichen Dampfkessel (d. h. solcher, die zum Betrieb ohne feste Betriebsstätte construirt werden) ist unter Nr. II 4 der Bestimmungen vom 3. Juli 1890 (siehe Anm. 1) Folgendes verordnet. „Bevor ein beweglicher Kessel in dem Bezirke einer Ortspolizeibehörde in Betrieb genommen wird, ist der letzteren von dem Betriebsunternehmer oder dessen Stellvertreter unter Angabe der Stelle, an welcher der Betrieb stattfinden soll, Anzeige zu erstatten.“ Einer polizeilichen Genehmigung bedarf es also zur Inbetriebnahme eines beweglichen Dampfkessels an einem veränderten Standorte nicht mehr. Es wird jedoch in Berlin vorausgesetzt, daß der Schornstein mit einem wirksamen Funkenfänger und die Feuerung mit einem verschließbaren, während des Betriebes mit Wasser gefüllten Aschkasten versehen ist, daß nicht rauchbelästigendes Brennmaterial (Koks, Anthracitkohle) verwendet und die Bedienung der Lokomobile einem zuverlässigen und sachkundigen Wärter übertragen wird. Die Nichterfüllung einer dieser Voraussetzungen würde unter Umständen ein polizeiliches Einschreiten auf Grund des § 10 II 17 A. L. R. rechtfertigen. In Berlin werden die die beweglichen Dampfkessel, insbesondere also die Lokomobilen, betreffenden Angelegenheiten von den Polizei-Hauptmannschaften bearbeitet.

§ 25.

Die Genehmigung zu einer der in den §§ 16 und 24 bezeichneten Anlagen bleibt so lange in Kraft, als keine Aenderung [1]) in der Lage oder Beschaffenheit der Betriebsstätte vorgenommen wird, und bedarf unter dieser Voraussetzung auch dann, wenn die Anlage an einen neuen Erwerber übergeht, einer Erneuerung nicht. Sobald aber eine Veränderung der Betriebsstätte vorgenommen wird, ist dazu die Genehmigung der zuständigen Behörde nach Maßgabe der § 17 bis 23 einschließlich, beziehungsweise des § 24 nothwendig. Eine gleiche Genehmigung ist erforderlich bei wesentlichen Veränderungen in dem Betriebe einer der im § 16 genannten Anlagen. Die zuständige Behörde kann jedoch auf Antrag des Unternehmers von der Bekanntmachung (§ 17) Abstand nehmen, wenn sie die Ueberzeugung gewinnt, daß die beabsichtigte Veränderung für die Besitzer oder Bewohner benachbarter Grundstücke oder das Publikum überhaupt neue oder größere Nachtheile, Gefahren oder Belästigungen, als mit der vorhandenen Anlage verbunden sind, nicht herbeiführen werde.[2])

Diese Bestimmungen finden auch auf gewerbliche Anlagen (§§ 16 und 24) Anwendung, welche bereits vor Erlaß dieses Gesetzes bestanden haben.[3])

---

[1]) Die Aenderung muß eine wesentliche sein. O. V. G. E. Bd. X S. 277, Bd. XXIV S. 317.

[2]) Vgl. M. Erl. v. 9. Januar 1880, M. Bl. S. 33.

[3]) Ueber die Bedeutung dieser Bestimmung vgl. R. G. E. (f. Civils.) Bd. XIX S. 353.

§ 26.

Soweit die bestehenden Rechte zur Abwehr benachtheiligender Einwirkungen, welche von einem Grundstücke aus auf ein benachbartes Grundstück geübt werden, dem Eigenthümer oder Besitzer des letzteren eine Privatklage gewähren, kann diese Klage einer mit obrigkeitlicher Genehmigung errichteten gewerblichen Anlage gegenüber niemals auf Einstellung des Gewerbebetriebes, sondern nur auf Herstellung von Einrichtungen, welche die benachtheiligende Einwirkung ausschließen, oder, wo solche Einrichtungen unthunlich oder mit einem gehörigen Betriebe des Gewerbes unvereinbar sind, auf Schadloshaltung gerichtet werden.[1])

---

[1]) Vgl. B. G. B. §§ 906 und 907, E. G. Art. 32 sowie die nachbarrechtlichen Bestimmungen des A. L. R., soweit sie noch in Kraft sind; siehe oben S. 10. Vgl. Neukamp im Verw. Archiv V S. 233, Schepp, das öffentliche Recht im B. G. B. S. 70.

§ 27.

Die Errichtung oder Verlegung solcher Anlagen, deren Betrieb mit ungewöhnlichem Geräusch verbunden ist, muß, sofern sie nicht schon nach den Vorschriften der §§ 16 bis 25 der Genehmigung bedarf, der Ortspolizeibehörde angezeigt werden. Letztere hat, wenn in der Nähe der gewählten Betriebsstätte Kirchen, Schulen oder andere öffentliche Gebäude, Krankenhäuser oder Heilanstalten vorhanden sind, deren bestimmungsmäßige Benutzung durch den Gewerbebetrieb auf dieser Stelle eine erhebliche

Störung erleiden würde, die Entscheidung der höheren Verwaltungsbehörde darüber einzuholen, ob die Ausübung des Gewerbes an der gewählten Betriebsstätte zu untersagen oder nur unter Bedingungen zu gestatten sei.[1])

---

[1]) Dieser § bezieht sich nur auf solche gewerbliche Anlagen, welche in den §§ 16 und 25 nicht erwähnt sind. Nach § 111 Z. G. beschließt der Bezirksausschuß (und zwar auch für den Stadtkreis Berlin. § 161 Z. G.) auf Antrag der Ortspolizeibehörde darüber, ob die Ausübung eines Gewerbes in Anlagen, deren Betrieb mit ungewöhnlichem Geräusch verbunden ist, an der gewählten Betriebsstätte zu untersagen oder nur unter Bedingungen zu gestatten ist. Der Beschluß des Bezirksausschusses bildet die Voraussetzung für ein polizeiliches Einschreiten. Die verbotswidrige Ausübung des Gewerbes kann durch die polizeilichen Zwangsmittel verhindert werden. (O. V. G. E., Bd. XXV, S. 393.)

Die die baulichen Veränderungen betreffenden, Seitens der Ortspolizeibehörde auf Grund des Beschlusses des Bezirksausschusses gemachten Auflagen sind nicht dahin zu verstehen, daß diese Veränderungen unter allen Umständen auszuführen sind, sondern dahin, daß der Gewerbebetrieb bei Ausführung der baulichen Veränderungen vorläufig weiter gestattet, im anderen Falle verboten werde. O. V. G. E. vom 23. April 1898, Pr. V. Bl. XX, S. 37. Vgl. B. G. B. § 906.

Die unterlassene Anzeige kann die Ortspolizeibehörde nicht nachträglich erzwingen, sie hat in einem solchen Falle vielmehr nur die nachträgliche Entscheidung der höheren Verwaltungsbehörde zu veranlassen. O. V. G. E. Bd. XIV, S. 319, R. G. E. (f. Civilf.) Bd. VI, S. 218.

§ 147.

Mit Geldstrafe bis zu dreihundert Mark und im Unvermögensfalle mit Haft wird bestraft.

2. Wer eine gewerbliche Anlage, zu der mit Rücksicht auf die Lage der Beschaffenheit der Betriebsstätte oder des Lokals eine besondere Genehmigung erforderlich ist (§§ 16 und 24), ohne diese Genehmigung errichtet, oder die wesentlichen Bedingungen, unter welchen die Genehmigung ertheilt worden, nicht inne hält oder ohne neue Genehmigung eine wesentliche Veränderung der Betriebsstätte oder eine Verlegung des Lokals oder eine wesentliche Veränderung in dem Betriebe der Anlage vornimmt.

2.

Die Errichtung von Privat-Kranken-, Privat-Entbindungs- und Privat-Irrenanstalten, insbesondere die bauliche Einrichtung derselben.

§ 30.

(Absatz c und d, Reichsgesetz vom 6. August 1896, R. G. Bl. S. 685.)

Unternehmer[1]) von Privat-Kranken-[2]), Privat-Entbindungs- und Privat-

Irrenanstalten bedürfen einer Concession der höheren Verwaltungsbehörde.[3])
Die Concession ist nur dann zu versagen:

a) wenn Thatsachen vorliegen, welche die Unzuverlässigkeit des Unternehmers in Beziehung auf Leitung oder Verwaltung der Anstalt darthun,

b) wenn nach den von dem Unternehmer einzureichenden Beschreibungen und Plänen die baulichen und die sonstigen technischen Einrichtungen der Anstalt den gesundheitspolizeilichen[4]) Anforderungen nicht entsprechen,

c) wenn die Anstalt nur in einem Theile eines auch von anderen Personen bewohnten Gebäudes untergebracht werden soll und durch ihren Betrieb für die Mitbewohner dieses Gebäudes erhebliche Nachtheile oder Gefahren hervorrufen kann,

d) wenn die Anstalt zur Aufnahme von Personen mit ansteckenden Krankheiten oder von Geisteskranken bestimmt ist und durch ihre örtliche Lage für die Besitzer oder Bewohner der benachbarten Grundstücke erhebliche Nachtheile oder Gefahren hervorrufen kann.

Vor Ertheilung der Concession sind über die Fragen zu c und d die Ortspolizei- und die Gemeindebehörden zu hören.

---

[1]) Die Unternehmer von Anstalten der fraglichen Art bedürfen neben der gewerbepolizeilichen rein persönlichen Concession auch der besonderen baupolizeilichen, ev. gebührenpflichtigen Genehmigung, sofern neue bauliche Anlagen geschaffen oder an bestehenden Veränderungen vorgenommen werden. Die baulichen Anlagen müssen den baupolizeilichen Bestimmungen in vollem Umfange genügen.

[2]) Eine Privatkrankenanstalt ist nur anzunehmen, wenn Betten für die darin zu behandelnden Kranken vorhanden sind. O. V. G. E. Bd. XXXI S. 284, 288.

[3]) Die nähere Bestimmung trifft § 115 Z. G., welcher lautet:

§ 115.

Ueber die Anträge auf Ertheilung:

a) der Concession zu Privat-Kranken-, Privat-Entbindungs- und Privat-Irrenanstalten (§ 30 Absatz 1 der Reichsgewerbeordnung) beschließt der Bezirksausschuß.

Gegen den die Concession (Erlaubniß) versagenden Beschluß findet innerhalb zwei Wochen der Antrag auf mündliche Verhandlung im Verwaltungsstreitverfahren statt.

Für die im Verwaltungsstreitverfahren in den Fällen zu a zu treffenden Entscheidungen sind die von den Medicinalaufsichtsbehörden innerhalb ihrer gesetzlichen Zuständigkeit getroffenen allgemeinen Anordnungen über die gesundheitspolizeilichen Anforderungen, welche an die baulichen und sonstigen technischen Einrichtungen der unter a bezeichneten Anlagen zu stellen sind, maßgebend.

[4]) Maßgebend ist hierfür der M. Erl. vom 19. August 1895, betr. Anlage, Bau und Einrichtung von öffentlichen und Privat-Kranken-, Entbindungs- und Irren-Anstalten (M. Bl. S. 211). Auf Grund desselben wurde zunächst die „Sigmaringer Polizeiverordnung“ vom 13. November 1895 erlassen, der inzwischen weitere Polizeiverordnungen fast für sämmtliche Provinzen der Monarchie, wenn auch unter theilweiser Abschwächung einzelner sehr

weitgehender Bestimmungen der Sigmaringer Verordnung, gefolgt sind. Für den Umfang der Provinz Brandenburg und den Stadtkreis Berlin ist unter dem 8. Juli 1828 die nachstehende

Polizeiverordnung über Anlage, Bau und Einrichtung von öffentlichen und Privat-Kranken-, Entbindungs- und Irren-Anstalten

erlassen worden:

Auf Grund der §§ 6, 12 und 15 des Gesetzes über die Polizeiverwaltung vom 11. März 1850 (G. S. S. 265) und der §§ 137, 139 des Gesetzes über die allgemeine Landesverwaltung vom 30. Juli 1883 (G. S. S. 195) wird hiermit für den Umfang der Provinz Brandenburg unter Zustimmung des Provinzialraths und für den Stadtbezirk Berlin nachstehende Polizeiverordnung erlassen:

Im Sinne dieser Verordnung werden die in der Ueberschrift genannten Anstalten unterschieden:

als große Anstalten mit mehr als 150 Betten,
mittlere mit 150 bis 50 Betten,
kleine mit weniger als 50 Betten.

Für die Anlage, den Bau und die Einrichtung von öffentlichen und Privat-Kranken-, Entbindungs- und Irren-Anstalten, sowie für den Umbau und die Erweiterung bestehender Anstalten dieser Art gelten folgende Vorschriften:

I. Anlage und Bau.

§ 1.

1. Die Krankenanstalt muß thunlichst frei und entfernt von Betrieben liegen, welche geeignet sind, den Zweck der Anstalt zu beeinträchtigen. Der Baugrund muß in gesundheitlicher Beziehung einwandfrei sein.

2. Die Frontwände der Krankengebäude müssen untereinander mindestens 20 m und von anderen Gebäuden mindestens 10 m entfernt bleiben.

3. Vor den Fenstern der Krankenzimmer muß mindestens ein solcher Freiraum verbleiben, daß die Umfassungswände und Dächer gegenüberliegender Gebäude nicht über eine Luftlinie hinausgehen, welche in der Fußbodenhöhe der Krankenzimmer von der Frontwand aus unter einem Neigungswinkel von 45 Grad gegen die Horizontale gezogen wird.

Wenn diese Fenster benachbarten, nicht zur Anstalt gehörigen Grundstücken gegenüberliegen, so sind an der Grenze dieser Grundstücke Gebäude von der größten, nach den örtlichen Bauordnungen zulässigen Höhe auch dann als vorhanden anzunehmen, wenn die Grenzen unbebaut oder nicht bis zur zulässigen Höhe bebaut sind.

4. Wenn für große und mittlere Anstalten die geschlossene Bauweise — nicht das Pavillonsystem — gewählt wird, müssen die Höfe, auch soweit eine etwaige Bebauung an der Nachbargrenze in Frage kommt, mindestens nach einer Seite offen bleiben.

5. Bei kleinen Anstalten dürfen keine Krankenräume an ringsumbaute Höfe gelegt werden.

§ 2.

Flure und Gänge müssen mindestens 1,80 m breit sein, die Gänge in der Regel einseitig angelegt werden. Mittelgänge sind nur unter der Bedingung zulässig, daß sie reichliches Licht unmittelbar von außen erhalten, mindestens 2,50 m breit und gut lüftbar sind.

In Privatkranken- u. s. w. Anstalten mit nicht mehr als 30 Betten genügt eine Breite von 2 m für die Mittelgänge.

§ 3.

1. Die für die Aufnahme von Kranken bestimmten Räume müssen mindestens 1 m über dem höchsten bekannten Grundwasserstande liegen und in der ganzen Grundfläche gegen das Eindringen von Bodenfeuchtigkeit gesichert sein.

2. Räume, deren Fußboden unter der anschließenden Erdoberfläche liegt, dürfen mit Kranken nicht belegt werden.

3. Krankenzimmer, welche das Tageslicht nur von einer Seite erhalten, dürfen nicht nach Norden liegen.

4. Die Wände in Operations- und Entbindungszimmern (siehe § 17), sowie in solchen Räumen, in welchen Personen mit ansteckenden Krankheiten untergebracht werden, sind zur Erleichterung der Desinfektion glatt und bis zu einer Höhe von mindestens 2 Metern abwaschbar herzustellen.

§ 4.

1. Die Treppen sollen mindestens 1,30 m breit sein, die Stufen mindestens 28 cm Auftrittsbreite und höchstens 18 cm Steigung haben. In großen und mittleren Anstalten müssen die Treppen feuersicher hergestellt werden. Die Treppenhäuser müssen Licht und Luft unmittelbar von außen erhalten.

2. Die Fußböden aller von Kranken benutzten Räume sind möglichst wasserdicht herzustellen.

§ 5.

Die Krankenzimmer, alle von den Kranken benutzten Nebenräume, Flure, Gänge und Treppen müssen mit Fenstern versehen werden; die Fensterfläche soll in Krankenzimmern mindestens ein Siebentel der Bodenfläche betragen.

§ 6.

1. Die Höhe der Zimmer soll in der Regel wenigstens 3,5 m betragen.

2. In Zimmern für mehrere Kranke ist für jedes Bett
a) eines Erwachsenen ein Luftraum von mindestens 30 cbm,
b) eines Kindes ein Luftraum von mindestens 25 cbm
zu fordern.

In Einzelzimmern muß der Luftraum mindestens 40 cbm betragen.

In gemeinsamen Krankenzimmern von 4 m Höhe und mehr müssen wenigstens 7,5 qm, in Einzelzimmern von dieser Höhe mindestens 10 qm Bodenfläche auf jedes Bett (Lagerstelle) entfallen.

3. Mehr als 30 Betten (Lagerstellen) dürfen in einem Krankenzimmer nicht aufgestellt werden.

II. Innere Einrichtung.

§ 7.

1. In jeder Krankenanstalt muß für jede Abtheilung oder für jedes Geschoß mindestens ein geeigneter Tageraum für zeitweise nicht bettlägerige, in gemeinsamer Pflege befindliche Kranke eingerichtet werden, dessen Größe auf mindestens 2 qm für das Krankenbett zu bemessen ist.

2. Außerdem muß in großen und mittleren Anstalten ein mit Gartenanlagen versehener Erholungsplatz[1]) von mindestens 10 qm Fläche für jedes Krankenbett vorgesehen werden.

§ 8.

Für Irrenanstalten gilt anstatt der Bestimmungen in dem § 6 Nr. 1 und 2 und § 7 Folgendes:

1. In Anstalten mit mehr als 10 Betten müssen ausnahmslos Tageräume und Erholungsplätze vorgesehen werden.

2. Bei Anstalten, welche Tageräume haben, darf die Größe des Luftraumes in den Schlafzimmern für den Kopf nicht unter 20 cbm bei 3 bis 4,50 m lichter Höhe betragen; außerdem müssen in den Tageräumen bei gleicher Höhe mindestens 4 qm Grundfläche für den Kopf vorhanden sein.

Bei Kranken unter 14 Jahren genügen für den Kopf in den Schlafzimmern 15 cbm Luftraum, in den Tageräumen 3 qm Grundfläche.

3. Anstalten, welche keine Tageräume haben, müssen für jeden Kranken mindestens 30 cbm Luftraum, bei Personen unter 14 Jahren mindestens je 25 cbm Luftraum darbieten.

---

[1]) Vgl. O. V. G. E. Bd. XXXI, S. 284. Hiernach kann auf Grund des § 30 R. G. O. ein Garten gefordert werden.

4. Bettlägerigen Kranken (welche bei Berechnung des Bedarfs an Tageraum in Wegfall kommen können) ist im Schlafzimmer mindestens 30 cbm Luftraum zu gewähren. Für jeden lauten, sich vernachlässigenden oder nicht sauberen Kranken müssen

a) wenn er bettlägerig ist, in den Schlafzimmern mindestens 30 cbm Luftraum,
b) wenn er nicht bettlägerig ist, mindestens 5 qm Grundfläche in den Tageräumen vorhanden sein.

Bei Kranken solcher Art unter 14 Jahren genügen für den Kopf in den Schlafzimmern 25 cbm Luftraum und für jeden nicht Bettlägerigen in den Tageräumen 4 qm Grundfläche.

5. Zur Absonderung störender Kranker muß mindestens ein Einzelraum vorhanden sein, dessen Luftraum nicht unter 40 cbm betragen darf.

6. Auf dem Erholungsplatz (§ 7, Ziffer 2), welcher mindestens 30 qm Fläche für den Kopf enthalten muß, ist für schattige Plätze Sorge zu tragen.

§ 9.

Allen Krankenzimmern muß während der Heizperiode frische Luft in einer die Kranken nicht belästigenden Weise zugeführt werden. Die verbrauchte Luft muß in geeigneter Weise abgeführt werden.

§ 10.

Die Fenster der Krankenzimmer, der von den Kranken benutzten Nebenräume, der Flure, Gänge und Treppen müssen leicht zu öffnen sein und mit Lüftungseinrichtungen versehen werden.

§ 11.

Für alle Krankenzimmer, von Kranken benutzten Nebenräume, Flure und Gänge muß eine genügende Erwärmung und Lufterneuerung vorgesehen werden. Hierbei ist der Belästigung durch strahlende Wärme, jeder Ueberhitzung der Luft an den Heizflächen und jeder Beimengung von Rauchgasen vorzubeugen, sowie die Staubentwickelung bei der Bedienung der Heizeinrichtung möglichst zu verhüten.

§ 12.

1. Für jedes Krankenbett müssen mindestens 200 Liter gesundheitlich einwandfreies Wasser täglich geliefert werden können.

2. Die Wasserbezugsquelle, sowie die dazu gehörige Leitung sind nach Lage und Fassung gegen jede Verunreinigung durch Krankheits- oder Abfallstoffe zu sichern.

§ 13.

1. Die Entwässerung und die Entfernung der Abfallstoffe muß in gesundheitlich unschädlicher Weise erfolgen.

2. Die Fäkalien sind entweder mittels Abfuhr oder mittels Schwemmung unter Wahrung der Reinheit der Luft in den Gebäuden und unter Verhütung der Bodenverunreinigung zu beseitigen.

3. Abtrittsgruben, sofern deren Anlage nach den Vorschriften der jeweilig bestehenden Baupolizeiverordnungen überhaupt gestattet ist, sind nur für kleine Anstalten in einem Abstand von wenigstens 5 m von dem Krankengebäude und wenigstens 10 m von jedem Brunnen unter der Bedingung zulässig, daß ihre Sohle und ihre Umfassungswände aus Klinkern mit Cementmörtel gemauert, sowie mit einer Schicht fetten Thones in einer Stärke von wenigstens 25 cm umgeben werden, oder daß gußeiserne Tanks in die Abtrittsgrube eingelassen sind.

4. Trockene Abfälle und Kehricht sind in dichten verschließbaren Gruben oder Behältern zu sammeln und so oft abzufahren, daß keine Ueberfüllung der Behälter eintritt.

5. Ansteckungsverdächtige Auswurfsstoffe müssen sofort unschädlich beseitigt werden.

§ 14.

Die Aborte sind von den etwa anstoßenden Krankenzimmern durch Doppelthüren oder durch einen Vorraum zu trennen, welcher, wie der Abort selbst, hell, lüftbar und heizbar sein muß.

In Privatkranken- u. s. w. Anstalten mit nicht mehr als 30 Betten ist die Heizbarkeit des Abortes und seines Vorraumes nicht erforderlich.

§ 15.

In jeder Krankenanstalt ist bei einer Belegzahl bis zu 30 Betten mindestens ein Baderaum für ein Vollbad, bei einer größeren Belegzahl für mindestens je 30 Betten ein Baderaum zu beschaffen.

§ 16.

1. In Krankenanstalten, in welchen chirurgische Operationen ausgeführt zu werden pflegen, ist bei einer Belegzahl von mehr als 50 Betten mindestens ein besonderes Operationszimmer einzurichten.

2. Ein solches kann auch bei kleineren Anstalten nach Lage der Verhältnisse verlangt werden.

§ 17.

In Entbindungsanstalten mit mehr als vier Betten ist ein besonderes Entbindungszimmer einzurichten.

III. Nebengebäude.

§ 18.

Für große und mittlere Anstalten sind die Wirthschaftsräume in einem besonderen Gebäude unterzubringen.

§ 19.

1. Jede Krankenanstalt muß eine eigene, ausschließlich für deren Insassen bestimmte Waschküche haben.

2. Infizirte Wäsche darf ohne vorherige Desinfektion nicht außerhalb der Anstalt gereinigt werden.

§ 20.

Für große und mittlere Anstalten ist eine geeignete Desinfektionseinrichtung vorzusehen, sofern nicht am Orte oder in dessen Nachbarschaft eine öffentliche Desinfektionsanstalt zur Verfügung steht.

§ 21.

1. Zur Unterbringung von Leichen ist in allen Anstalten ein besonderer Raum herzustellen, welcher lediglich diesem Zweck dient und dem Anblick der Kranken möglichst entzogen ist.

2. Für große und mittlere Anstalten ist ein besonderes Leichenhaus mit Sektionszimmer erforderlich.

IV. Unterbringung der Kranken.

§ 22.

In allen Anstalten müssen männliche und weibliche Kranke, abgesehen von Kindern bis zu zehn Jahren, in getrennten Räumen, in großen und mittleren Anstalten in getrennten Abtheilungen untergebracht werden.

§ 23.

1. Für Kranke, welche an ansteckenden, insbesondere akuten Krankheiten leiden, sind in großen und mittleren Krankenanstalten ein oder mehrere Absonderungshäuser, in kleinen Anstalten, soweit in diese solche Kranke aufgenommen werden, mindestens abgesonderte Räume, wenn möglich in besonderen Stockwerken, vorzusehen.

2. In Irrenanstalten muß mindestens ein Zimmer für ansteckende Krankheiten zu Gebote stehen.

§ 24.

In öffentlichen, sowie in großen und mittleren Privat-Krankenanstalten muß für die vorübergehende Unterbringung eines Geisteskranken ein geeigneter Raum mit der erforderlichen Einrichtung vorhanden sein.

§ 25.

Zur Feststellung von ansteckenden Krankheiten ist in großen und mittleren öffentlichen Anstalten eine eigene Beobachtungsstation einzurichten.

§ 26.

Auf bestehende Anlagen erstrecken sich die Bestimmungen dieser Verordnung nicht, sie sollen auch bei einem Umbau oder einer Erweiterung bestehender Anlagen auf vorhandene Theile, welche vom Umbau nicht berührt werden, keine Anwendung finden. Ein Umbau oder Erweiterungsbau ist unzulässig, wenn dadurch in den vorhandenen Theilen die den vorstehenden Bestimmungen nicht entsprechenden Zustände verschlechtert werden.

V. Schluß- und Strafbestimmungen.

§ 27.

Die Vorschriften der örtlichen Baupolizeiverordnungen bleiben insoweit in Kraft, als sie nicht durch die vorstehenden Bestimmungen abgeändert werden.

§ 28.

Von den Bestimmungen des § 1 Ziffer 1—5, der §§ 2, 3 Ziffer 3, §§ 4, 7, 12 Ziffer 1, §§ 16, 18, 19 Ziffer 1 und des § 21 Ziffer 2 kann der Regierungspräsident (für Berlin und Charlottenburg der Polizeipräsident in Berlin), von den Bestimmungen des § 6 Ziffer 1 der Minister der geistlichen, Unterrichts- und Medizinal-Angelegenheiten im Einverständniß mit dem Minister des Innern in besonderen Fällen Ausnahmen zulassen.

Für die in der Stadt Berlin zu errichtenden Privat-Kranken- u. s. w. Anstalten mit nicht mehr als 30 Betten kann der Polizeipräsident in Berlin auch Ausnahmen von der Bestimmung im § 8 Ziffer 6 zulassen.

§ 29.

Zuwiderhandlungen gegen diese Polizeiverordnung werden, sofern nach den bestehenden Gesetzen keine höhere Strafe verwirkt ist, mit Geldstrafe bis zu 60 Mk. geahndet.

Daneben bleibt die Polizeibehörde befugt, die Herstellung vorschriftsmäßiger Zustände herbeizuführen.

Potsdam, den 8. Juli 1898.

Der Oberpräsident, Staatsminister.
von Achenbach.

3.

Beschaffenheit der zum Gast- und Schankwirthschaftsbetriebe bestimmten Räumlichkeiten.

§ 33.

Wer Gastwirthschaft, Schankwirthschaft oder Kleinhandel mit Branntwein oder Spiritus betreiben will, bedarf dazu der Erlaubniß.[1])

Diese Erlaubniß ist nur dann zu versagen:

1. wenn gegen den Nachsuchenden Thatsachen vorliegen, welche die Annahme rechtfertigen, daß er das Gewerbe zur Förderung der Völlerei, des verbotenen Spiels, der Hehlerei oder der Unsittlichkeit mißbrauchen werde,
2. wenn das zum Betriebe des Gewerbes bestimmte Lokal wegen seiner Beschaffenheit oder Lage den polizeilichen Anforderungen[2]) nicht genügt.

---

[1]) Wenn das Lokal wesentlichen Aenderungen unterworfen wird, ist ein neuer Antrag und eine neue Prüfung erforderlich. O. V. G. E. Bd. II S. 328, Bd. IV S. 314, Bd. VIII S. 275 und 278, Bd. X S. 247, auch darf der Betrieb nicht auf weitere Räum-

lichkeiten ausgedehnt werden. O. V. G. E. Bd. V S. 278, Erl. v. 11. Juli 1884 (M. Bl. S. 240). Wegen Aenderung des Betriebslokales kann nur die Fortsetzung des Betriebes untersagt, nicht aber die Erlaubniß entzogen werden. O. V. G. E. Bd. XXXI S. 291. Die Konzessionirung zum Gast- und Schankwirthschaftsbetriebe vor Fertigstellung des Lokales ist rechtsgrundsätzlich keineswegs ausgeschlossen. O. V. G. E. Bd. I S. 291.

*) S. O. V. G. E. Bd. I S. 291, 301, Bd. IV S. 305, Bd. V S. 286, Bd. VII S. 292. Nach der O. V. G. E. vom 19. Januar 1898 Nr. III 86 würde die Regelung der polizeilichen Anforderungen zwar durch die Landesgesetzgebung, nicht aber im Wege einer Polizeiverordnung erfolgen können. Demgemäß ist die diesbezügliche für Berlin erlassene Polizeiverordnung vom 19. September 1891 für ungültig erklärt worden, welche die polizeilichen Anforderungen an Gastwirthschafts- pp. Lokale in Berlin zu dem Zwecke regelt, um den Stadt- und den Bezirksausschuß so zu binden, daß im einzelnen Falle die Konzession von ihnen versagt werden müsse, wenn jenen Anforderungen nicht genügt und nicht von der Polizeibehörde eine Ausnahme zugelassen sei.

Der Erl. des Ressortministers v. 26. August 1886 (M. Bl. S. 182), betr. „die Anforderungen, welche in baulicher und gesundheitlicher Beziehung an die Gast- und Schankwirthschaften zu stellen sind", soll den zur Ertheilung der Konzession berufenen Behörden nur zum Anhalt dienen, nicht aber die gleichmäßige, von der Verschiedenheit der thatsächlichen Verhältnisse völlig absehende Anwendung unabänderlicher Normen vorschreiben. Vgl. auch O. V. G. E. Bd. XIX S. 324. und Pr. V. Bl. XVI. S. 44. Ist somit der Verwaltungsrichter an die Bestimmungen etwaiger die polizeilichen Anforderungen an Gastwirthschafts- pp. Lokale regelnden Polizeiverordnungen nicht gebunden, sodaß er dieselben bei seinen Entscheidungen nicht nur überschreiten (vgl. O. V. G. E. v. 3. Dezember 1883, Pr. V. Bl. V. S. 300 und vom 25. September 1884, Pr. V. Bl. VI S. 35), sondern auch unter dieselben herabgehen darf, so hat der Erlaß derartiger Polizeiverordnungen im Grunde genommen keinen Zweck mehr. Es genügt vielmehr eine öffentliche Bekanntmachung der Polizeibehörde, durch welche das Publikum Kenntniß erhält von den Grundsätzen, nach denen die Polizeibehörde im Anhalt an den M. Erl. vom 26. August 1886 (M. Erl. S. 182) bei der Begutachtung (R. G. O. § 33, Abs. 3) der Anträge auf Erlaubniß zum Betriebe der Gastwirthschaft pp. verfährt. Den baupolizeilichen Vorschriften des Ortes muß indeß auch jedes zum Gastwirthschafts- pp. Betriebe bestimmte Lokal entsprechen. O. V. G. E. Bd. IV. S. 309. Da die zum Gast- und Schankwirthschaftsbetrieb bestimmten Räume zweifellos als zum dauernden Aufenthalte von Menschen bestimmte Räume anzusehen sind, so müssen sie auch den an solche Räume in der örtlichen Baupolizeiordnung gestellten Anforderungen genügen; denn diese charakterisiren sich gar nicht als gewerbepolizeiliche, zur Regelung des Schankgewerbebetriebes oder seiner Voraussetzungen bestimmte. Trifft die Bauordnung nur besondere Bestimmungen für Wohnungen, so finden diese auf lediglich zum Schankwirthschaftsbetriebe bestimmte Räume, die nicht unter den Begriff „Wohnungen" fallen, keine Anwendung. O. V. G. E. Bd. IV. S. 305.

4.
Beschaffenheit der Arbeitsräume.

§ 120a.

Die Gewerbeunternehmer sind verpflichtet, die Arbeitsräume, Betriebsvorrichtungen, Maschinen und Geräthschaften so einzurichten und zu unterhalten und den Betrieb so zu regeln, daß die Arbeiter gegen Gefahren für

Leben und Gesundheit soweit geschützt sind, wie es die Natur des Betriebs gestattet.

Insbesondere ist für genügendes Licht, ausreichenden Luftraum und Luftwechsel, Beseitigung des bei dem Betriebe entstehenden Staubes, der dabei entwickelten Dünste und Gase sowie der dabei entstehenden Abfälle Sorge zu tragen.

Ebenso sind diejenigen Vorrichtungen herzustellen, welche zum Schutze der Arbeiter gegen gefährliche Berührungen mit Maschinen oder mit Maschinentheilen oder gegen andere in der Natur der Betriebsstätte oder des Betriebes liegende Gefahren, namentlich auch gegen die Gefahren, welche aus Fabrikbränden erwachsen können, erforderlich sind.

Endlich sind diejenigen Vorschriften über die Ordnung des Betriebes und das Verhalten der Arbeiter zu erlassen, welche zur Sicherung eines gefahrlosen Betriebes erforderlich sind [1]) [2]).

---

[1]) Die auf Grund des § 120a polizeilicherseits zu stellenden Anforderungen werden nur in verhältnißmäßig seltenen Fällen bereits bei Ertheilung der Baugenehmigung zum Ausdruck gebracht werden können, denn einerseits wird die Baugenehmigung dem Grundstückseigenthümer, bezw. dem Bauherrn ertheilt, während die auf Grund des § 120a zu stellenden Anforderungen an den Gewerbeunternehmer zu richten sind, andererseits sind aber Grundstückseigenthümer und Gewerbeunternehmer keineswegs immer dieselbe Person. Vielfach werden auch Gebäude und Räume ganz allgemein für gewerbliche Betriebe irgend welcher Art errichtet, ohne daß der Bauherr im Voraus weiß, welcher Art das gewerbliche Unternehmen sein wird, das demnächst in den gemietheten Räumen betrieben werden soll. Abgesehen von denjenigen Gesundheitsschädigungen und Gefahren, welche auf die Eigenart des besonderen gewerblichen Betriebes zurückzuführen sind, bieten indeß in Berlin wenigstens die zwingenden Bestimmungen der B. P. O. über die Beschaffenheit der zum dauernden Aufenthalt von Menschen bestimmten Räume, sowie die nach polizeilichem Ermessen an die Beschaffenheit gewerblicher Betriebsstätten zu stellenden, über die Vorschriften des Titels I der B. P. O. hinausgehenden Anforderungen der Baupolizeibehörde immerhin eine genügende Handhabe, um bei der Herstellung einer für gewerbliche Zwecke bestimmten baulichen Anlage die Erfüllung der wesentlichsten Bedingungen des § 120a der R. G. O., vor Allem die Schaffung von Luft und Licht, von vornherein sicher zu stellen und auf diese Weise späteren, mit erheblichen Kosten verbundenen Abänderungen der gewerblichen Betriebsstätten thunlichst vorzubeugen. Handelt es sich um größere gewerbliche Anlagen für einen im Voraus bestimmten besonderen Betrieb, wird es sich gleichwohl empfehlen, den Gewerbeinspektionen das baupolizeilich geprüfte Project vor Ertheilung der Baugenehmigung zur Begutachtung und Bezeichnung der auf Grund des § 120a R. G. O. vom gewerbepolizeilichen Standpunkte aus noch etwa zu stellenden Bedingungen vorzulegen, die, soweit sie zugleich baupolizeilichen Inhalts sind, in den Bauschein aufzunehmen sind. Jedenfalls liegt es im eigenen Interesse der Arbeitgeber, bei Errichtung oder Veränderung ihrer Anlagen die Gewerbeaufsichtsbeamten zu Rathe zu ziehen, damit zur Vermeidung nachträglicher Weiterungen und unnöthiger Kosten die erforderlichen Einrichtungen von vornherein getroffen werden können. Erl. d. M. f. H. u. G. v. 25. Januar 1897 — B. 11923/96.

[2]) Reichsgewerbeordnung.

§ 120b.

Die Gewerbeunternehmer sind verpflichtet, diejenigen Einrichtungen zu treffen und zu unterhalten und diejenigen Vorschriften über das Verhalten der Arbeiter im Betriebe zu erlassen, welche erforderlich sind, um die Aufrechterhaltung der guten Sitten und des Anstandes zu sichern.

Insbesondere muß, soweit es die Natur des Betriebes zuläßt, bei der Arbeit die Trennung der Geschlechter durchgeführt werden, sofern nicht die Aufrechterhaltung der guten Sitten und des Anstandes durch die Einrichtung des Betriebes ohnehin gesichert ist.

In Anlagen, deren Betrieb es mit sich bringt, daß die Arbeiter sich umkleiden und nach der Arbeit sich reinigen, müssen ausreichende, nach Geschlechtern getrennte Ankleide- und Waschräume vorhanden sein[1]).

Die Bedürfnißanstalten müssen so eingerichtet sein, daß sie für die Zahl der Arbeiter ausreichen, daß den Anforderungen der Gesundheitspflege entsprochen wird und daß ihre Benutzung ohne Verletzung von Sitte und Anstand erfolgen kann.

---

[1]) Die Prüfung, ob die vorhandenen Einrichtungen den gesetzlichen Erfordernissen entsprechen, ist den Polizeibehörden übertragen. Vgl. § 147 4. Kammerg. E. v. 12. Oktober 1896, P. V. Bl. XVIII, S. 98.

§ 120c.

Gewerbeunternehmer, welche Arbeiter unter achtzehn Jahren beschäftigen, sind verpflichtet, bei der Einrichtung der Betriebsstätte und bei der Regelung des Betriebes diejenigen besonderen Rücksichten auf Gesundheit und Sittlichkeit zu nehmen, welche durch das Alter dieser Arbeiter geboten sind.

§ 120d.

Die zuständigen Polizeibehörden sind befugt, im Wege der Verfügung für einzelne Anlagen die Ausführung derjenigen Maßnahmen anzuordnen, welche zur Durchführung der in §§ 120a bis 120c enthaltenen Grundsätze erforderlich und nach der Beschaffenheit der Anlage ausführbar erscheinen. Sie können anordnen, daß den Arbeitern zur Einnahme von Mahlzeiten außerhalb der Arbeitsräume angemessene, in der kalten Jahreszeit geheizte Räume unentgeltlich zur Verfügung gestellt werden.

Soweit die angeordneten Maßregeln nicht die Beseitigung einer dringenden, das Leben oder die Gesundheit bedrohenden Gefahr bezwecken, muß für die Ausführung eine angemessene Frist gelassen werden.

Den bei Erlaß dieses Gesetzes bereits bestehenden Anlagen gegenüber können, so lange nicht eine Erweiterung oder ein Umbau eintritt, nur Anforderungen gestellt werden, welche zur Beseitigung erheblicher, das Leben, die Gesundheit oder die Sittlichkeit der Arbeiter gefährdender Mißstände erforderlich oder ohne unverhältnißmäßige Aufwendungen ausführbar erscheinen.

Gegen die Verfügung der Polizeibehörde steht dem Gewerbeunternehmer binnen zwei Wochen die Beschwerde an die höhere Verwaltungsbehörde zu. Gegen die Entscheidung der höheren Verwaltungsbehörde ist binnen vier Wochen die Beschwerde an die Centralbehörde zulässig; diese entscheidet endgültig. Widerspricht die Verfügung den von der zuständigen Berufsgenossenschaft erlassenen Vorschriften zur Verhütung von Unfällen, so ist zur Einlegung der vorstehend bezeichneten Rechtsmittel binnen der dem Gewerbeunternehmer zustehenden Frist auch der Vorstand der Berufsgenossenschaft befugt.

§ 120e.

Durch Beschluß des Bundesraths können Vorschriften darüber erlassen werden, welchen Anforderungen in bestimmten Arten von Anlagen zur Durchführung der in den §§ 120a bis 120c enthaltenen Grundsätze zu genügen ist.[2])

Soweit solche Vorschriften durch Beschluß des Bundesraths nicht erlassen sind, können dieselben durch Anordnung der Landes-Centralbehörden oder durch Polizeiverordnungen der zum Erlaß solcher berechtigten Behörden erlassen werden. Vor dem Erlaß solcher Anordnungen und Polizeiverordnungen ist den Vorständen der betheiligten

Berufsgenossenschaften oder Berufsgenossenschafts-Sektionen Gelegenheit zu einer gutachtlichen Aeußerung zu geben. Auf diese finden die Bestimmungen des § 79 Absatz 1 des Gesetzes betreffend die Unfallversicherung der Arbeiter vom 6. Juli 1884 (Reichs-Gesetzbl. S. 69) Anwendung.

Durch Beschluß des Bundesraths können für solche Gewerbe, in welchen durch übermäßige Dauer der täglichen Arbeitszeit die Gesundheit der Arbeiter gefährdet wird, Dauer, Beginn und Ende der zulässigen täglichen Arbeitszeit und der zu gewährenden Pausen vorgeschrieben und die zur Durchführung dieser Vorschriften erforderlichen Anordnungen erlassen werden.

Die durch Beschluß des Bundesraths erlassenen Vorschriften sind durch das Reichs-Gesetzblatt zu veröffentlichen und dem Reichstage bei seinem nächsten Zusammentritt zur Kenntnißnahme vorzulegen.

---

²) Als derartige reichsgesetzliche Vorschriften kommen in Betracht:

1. Bekanntmachung vom 8. Juli 1893, betr. die Einrichtung und den Betrieb von Anlagen zur Anfertigung von Zündhölzern unter Verwendung von weißem Phosphor (R. G. Bl. S. 209), zur Ausführung des Reichsgesetzes, betr. die Anfertigung und die Verzollung von Zündhölzern vom 13. Mai 1884 (R. G. Bl. S. 49).

2. Bekanntmachung vom 8. Juli 1893, betr. die Einrichtung und den Betrieb der Bleifarben- und Bleizuckerfabriken. (R. G. Bl. S. 213). Vgl. dazu R. G. v. 12. April 1886 (R. G. Bl. S. 69).

3. Bekanntmachung vom 8. Juli 1893, betr. die Einrichtung und den Betrieb der zur Anfertigung von Cigarren bestimmten Anlagen (R. G. Bl. S. 218).

4. Bekanntmachung vom 2. Februar 1897, betr. die Einrichtung und den Betrieb von Anlagen zur Herstellung von Alkali-Chromaten (R. G. Bl. S. 11).

5. Bekanntmachung vom 31. Juli 1897, betr. die Einrichtung und den Betrieb der Buchdruckereien und Schriftgießereien (R. G. Bl. S. 614).

6. Bekanntmachung vom 11. Mai 1898, betr. die Einrichtung und den Betrieb von Anlagen zur Herstellung elektrischer Akkumulatoren aus Blei oder Bleiverbindungen (R. G. Bl. S. 176).

7. Bekanntmachung vom 25. April 1899, betr. die Einrichtung und den Betrieb gewerblicher Anlagen, in denen Thomasschlacke gemahlen oder Thomasschlackenmehl gelagert wird (R. G. Bl. S. 267).

§ 139b.

Die Aufsicht über die Ausführung der Bestimmungen der §§ 105a, 105b Absatz 1, 105c bis 105h, 120a bis 120e, 134 bis 139a ist ausschließlich oder neben den ordentlichen Polizeibehörden besonderen von den Landesregierungen zu ernennenden Beamten¹) zu übertragen. Denselben stehen bei Ausübung dieser Aufsicht alle amtlichen Befugnisse der Ortspolizeibehörden, insbesondere das Recht zur jederzeitigen Revision der Anlagen zu. Sie sind, vorbehaltlich der Anzeige von Gesetzwidrigkeiten, zur Geheimhaltung der amtlich zu ihrer Kenntniß gelangenden Geschäfts- und Betriebsverhältnisse der ihrer Revision unterliegenden Anlagen zu verpflichten.

---

¹) Den Beamten steht die Beaufsichtigung der Bauten nicht zu, denn § 139b findet auf Bauten gemäß § 154, Abs. 4 um deswillen keine Anwendung, weil die hierzu erforderliche mit Zustimmung des Bundesraths zu erlassende Kaiserliche Verordnung bisher nicht ergangen ist. Erl. des Reichskanzlers vom 4. November 1896.

§ 147.

Mit Geldstrafe bis zu dreihundert Mark und im Unvermögensfalle mit Haft wird bestraft:

4. wer den auf Grund des § 120d endgültig erlassenen Verfügungen oder den auf Grund des § 120e erlassenen Vorschriften zuwiderhandelt.

IV.

Reichsgesetz, betr. die Beschränkungen des Grundeigenthums in der Umgebung von Festungen, vom 21. Dezember 1871 (R. G. Bl. S. 459)

von dessen Abdruck und Besprechung mit Rücksicht auf das beschränkte Gebiet seiner Anwendbarkeit an dieser Stelle abgesehen wird.

II. Theil.

Landesrechtliche Bestimmungen.

A.

Das Recht der Baufreiheit und seine Beschränkungen durch Gesetz, Verordnung und Verfügung.

Die allgemeinen landesgesetzlichen Grundlagen des Baupolizeirechts finden sich in den §§ 35 bis 82 des Titels 8 Theil I des Allgemeinen Landrechts. Der § 65 daselbst, welcher lautet:

„In der Regel ist jeder Eigenthümer seinen Grund und Boden mit Gebäuden[1]) zu besetzen oder seine Gebäude zu verändern wohl befugt“,

enthält den fundamentalen Rechtsgrundsatz, auf dem das preußische private wie öffentliche Baurecht sich aufbaut: das Recht der Baufreiheit. Er befindet sich in voller Uebereinstimmung mit dem § 903 des Bürgerlichen Gesetzbuches, wonach der Eigenthümer einer Sache, soweit nicht das Gesetz die Rechte Dritter entgegenstehen, mit der Sache nach Belieben verfahren und andere von jeder Einwirkung ausschließen kann. Die Berechtigung des Eigenthümers, den Grund und Boden zur Errichtung von Gebäuden (im weitesten Sinne) zu benutzen oder vorhandene Gebäude beliebig zu verändern, wird als die Baubefugniß oder das Baurecht im subjectiven Sinne bezeichnet. Wer bauliche Anlagen mit dem Grund und Boden dauernd in Verbindung bringen will, muß über den Grund und Boden mit Ausschließung Anderer, aus

[1]) Vgl. § 27 B. P. O. Anm. 4.

eigener Macht zu verfügen berechtigt sein. Dies ist zunächst nur der Eigenthümer und in Folge dessen ist auch die Baubefugniß ein Ausfluß des Eigenthums an Grund und Boden. Sie kann sich deshalb auch nicht weiter erstrecken als das Eigenthum selbst, d. h. die Baubefugniß des Grundeigenthümers reicht nicht weiter als sein Eigenthumsrecht. Das Recht des Eigenthümers eines Grundstückes erstreckt sich aber nicht nur auf den Raum über der Oberfläche, sondern auch auf den Erdkörper unter der Oberfläche. Dagegen kann der Eigenthümer Einwirkungen nicht verbieten, die in solcher Höhe oder Tiefe vorgenommen werden, daß er an der Ausschließung kein Interesse hat. B. G. B. § 905. Daneben bleibt das öffentliche Recht maßgebend, soweit es den Grundeigenthümer zu Gunsten gewisser öffentlicher Einrichtungen, z. B. Telegraphen- oder Telephoneinrichtungen noch weiter beschränkt. Vgl. den unter dem 10. März 1899 dem Reichstage vorgelegten Entwurf eines Telegraphenwegegesetzes, Aktenstück Nr. 170. Mit der Ueberschreitung der ihm hiernach gezogenen Grenzen auf, unter oder über der Oberfläche des Grundstücks überschreitet er die Grenzen seines Rechts und greift in die Rechtssphäre eines Dritten ein. Dagegen wird er, wenn er in Benutzung seines Eigenthums und durch die ihm als Eigenthümer zustehende Veränderung seines Grundstücks zugleich die Integrität des Nachbars gefährdet, lediglich hieraus demselben nicht verantwortlich (Erk. d. R. G. vom 24. März 1881, Gruchot, Beitr. Bd. XXVI S. 99), es sei denn, daß es sich um die Ueberschreitung gesetzlicher Eigenthumsbeschränkungen (vgl. B. G. B. §§ 904 bis 924 und die nachbarrechtlichen Bestimmungen des All. Landrechts handelt.[*])

Innerhalb der Grenzen seines Eigenthums kann der Eigenthümer nach den aus dem Eigenthum an Grund und Boden fließenden Befugnissen so

---

[*]) Die privatrechtlichen Rechtsverhältnisse der Nachbarn in Bauangelegenheiten werden in denjenigen Stadttheilen Berlins, welche beim Inkrafttreten des Allgemeinen Landrechts (vom 1./6. 1794) bereits zu Berlin gehörten (Urth. d. Reichsgerichts v. 6. Oktober 1897 — Nr. 80/97 V — Pr. V. Bl. XIX S. 94) auch jetzt noch zunächst nach der alten Bauordnung vom 30. November 1641, dem durch die Verordnung vom 6. August 1763 bestätigten Gutachten der kurmärkischen Kriegs- und Domänenkammer vom 3. Juli 1763 und die Special-Bau-Observanzen für Berlin (abgedruckt bei Grein, Baurecht pp., Anhang S. 1 bis 16) beurtheilt und kommen die betreffenden landrechtlichen Vorschriften in Berlin nur subsidiarisch zur Anwendung. (Vgl. Grein a. a. O. S. 31, Erk. des Obertribunals vom 26. Februar 1861, Entsch. Bd. 45 S. 79, auch P. V. Bl. XIV S. 602.) Die baupolizeilichen Vorschriften der genannten Rechtsquellen sind dagegen für aufgehoben bezw. antiquirt zu erachten. In den neueren Stadttheilen (wie Moabit, Wedding, Gesundbrunnen, dem südlich vom Landwehrkanal belegenen Gebiete, der Hasenhaide, dem Thiergarten) gelten die Vorschriften des Allgemeinen Landrechts. Bezüglich der §§ 139 und 140 A. L. R. I 8 vgl. § 5 Anm. 1 der B. P. O.

nahe an die Grenze und so hoch bauen, als er es für gut findet (§ 141 I 8) und soweit er nicht in seiner Baubefugniß rechtlich beschränkt ist.

Die Vermuthung, daß das Eigenthum im Allgemeinen uneingeschränkt ist (B. G. B. § 903) trifft, soweit es sich um die aus dem Eigenthumsrecht fließende Baubefugniß handelt, nicht zu. Bei der weitgehenden Bedeutung, welche die Errichtung der Gebäude für die Sicherheit und Gesundheit der Staatsbürger nicht minder wie für die verschiedensten Gebiete ihrer materiellen und ethischen Interessen hat, und bei dem wesentlichen Einflusse der Bebauung des einen Grundstücks auf die Gesammtverhältnisse der benachbarten, kann es nicht gänzlich in die Willkür des Grundeigenthümers gestellt bleiben, wo und wie er auf seinem Grundstücke bauen will, vielmehr erfordern das Gemeinwohl wie die nachbarlichen Interessen eine gewisse Einschränkung der Baufreiheit zu ihren Gunsten.

Von den gesetzlichen [3]) Grundeigenthumsbeschränkungen des Allgemeinen

---

[3]) Gesetzliche Beschränkungen der Baufreiheit sind, abgesehen von dem bereits im ersten Theile erwähnten Reichsgesetz betr. die Beschränkungen des Grundeigenthums in der Umgebung von Festungen vom 21. December 1871 (R. G. Bl. S. 459), in folgenden Gesetzen enthalten:

a. Gesetz betr. die Anlegung und Veränderung von Straßen und Plätzen in Städten und ländlichen Ortschaften vom 2. Juli 1875 (G. S. S. 561). Abgedruckt im Abschnitt C dieses Theiles. Vgl. dazu den Commentar von R. Friedrichs, vierte Auflage, herausgegeben von von Strauß u. Torney, und Brauchitsch, Die neuen Verwaltungsgesetze zwölfte Auflage, Bd. IV S. 339.

b. Gesetz betr. die Vertheilung der öffentlichen Lasten bei Grundstückstheilungen und die Gründung neuer Ansiedlungen, vom 25. August 1876, §§ 13 bis 20. (G. S. S. 405.) Vgl. dazu Brauchitsch a. a. O. S. 361.

c. §§ 47 und 48 des Feld- und Forstpolizeigesetzes vom 1. April 1880 (G. S. S. 230), welche lauten:

§ 47.

Wer in der Umgebung einer Waldung, welche mehr als einhundert Hectar in räumlichem Zusammenhange umfaßt, innerhalb einer Entfernung von fünfundsiebzig Metern eine Feuerstelle errichten will, bedarf einer Genehmigung derjenigen Behörde, welche für die Ertheilung der Genehmigung zur Errichtung von Feuerstellen zuständig ist. Vor der Aushändigung der Genehmigung darf die polizeiliche Bauerlaubniß nicht ertheilt werden. (Vgl. O. V. G. E. Bd. X S. 322.)

§ 48.

Die Genehmigung der Behörde (§ 47) darf versagt oder an Bedingungen, welche die Verhütung von Feuersgefahr bezwecken, geknüpft werden, wenn aus der Errichtung der Feuerstelle eine Feuersgefahr für die Waldung zu besorgen ist.

Die Genehmigung darf nicht versagt werden, wenn die Feuerstelle innerhalb einer im Zusammenhange gebauten Ortschaft, oder vom Waldeigenthümer, oder in der Ausführung eines Enteignungsrechts errichtet werden soll; jedoch darf die Genehmigung an Bedingungen geknüpft werden, welche die Verhütung von Feuersgefahr bezwecken.

(Vgl. die Ausführungsinstruktion vom 10. März 1877 — M. Bl. S. 103.)

Landrechts, welche auch nach dem Inkrafttreten des Bürgerlichen Gesetzbuches (siehe oben S. 10/11) die Grundlagen für das preußische Baupolizeirecht bilden, kommen hier nur die „zum Besten des gemeinen Wesens", d. h. also die im öffentlichen Interesse gegebenen, somit öffentlichrechtlichen in Betracht, welche in den §§ 35 bis 82 A. L. R. I. 8 enthalten sind.

Diese Baubeschränkungen zum Besten des gemeinen Wesens unterscheiden sich von denen zum Besten des Nachbars wesentlich dadurch, daß sie Rechtsverbindlichkeiten und zwar öffentlich-rechtlicher Natur nur zwischen dem Staat und dem eingeschränkten Eigenthümer begründen, und nur der Staat kann durch seine Behörden den Eigenthümer anhalten, bei der Ausführung eines Baues die zum Besten des gemeinen Wesens gesetzlich statuirten Beschränkungen innezuhalten, ohne daß einem Dritten, insbesondere dem Nachbar des Bauenden, ein Widerspruchs- oder Klagerecht gegen einen unter Verletzung derartiger Beschränkungen ausgeführten Bau zustände.

Die gesetzlichen Beschränkungen der Baufreiheit zum Besten des gemeinen Wesens zerfallen in drei Gruppen:

d. Gesetz über das Deichwesen, vom 28. Januar 1848 (G. S. S. 54), für die Provinzen Schleswig-Holstein und Hannover vgl. Gesetz vom 11. April 1872 (G. S. S. 377). Dazu Z. G. § 97. Bezüglich des Verhältnisses der Deichpolizei zur Baupolizei vgl. M. Erl. vom 30. August 1897, M. Bl. S. 191. Unter den deichähnlichen Erhöhungen im Sinne des Gesetzes sind nicht nur Dämme und dammartige Anschüttungen, sondern auch Baulichkeiten jeder Art wie Mauern, Brückenpfeiler, Zäune u. s. w. zu verstehen. Vgl. dagegen das O. V. G. E. vom 30. Januar 1899 — Nr. IV 186, wonach unter Abweichung von der bisherigen Rechtsprechung und Praxis Gebäude als solche nicht unter den § 1 des Deichgesetzes fallen sollen. Bauliche Anlagen bedürfen außer der deichpolizeilichen Genehmigung nach Maßgabe der örtlichen Baupolizeiverordnungen der Erlaubniß der Ortspolizeibehörde. Letztere ist bei allen Anlagen im Ueberschwemmungsgebiete stets von dem Nachweise der deichpolizeilichen Genehmigung des Bezirksausschusses abhängig zu machen. Vgl. M. Erl. vom 23. October 1897, betr. die Vorbeugung von Hochwasserschäden, M. Bl. S. 279. In einer Baupolizeiordnung kann für das Ueberschwemmungsgebiet von Flüssen und sonstigen Wasserläufen, abgesehen von den Fällen, in denen die Bestimmungen des Deichgesetzes Platz greifen, eine den ungehinderten Wasserabfluß sichernde und Gesundheitsgefahren ausschließende Entfernung der Baulichkeiten von den Wasserläufen vorgeschrieben werden und liegt das polizeiliche Einschreiten, welches eine Abänderung oder Beseitigung derartiger Baulichkeiten bezweckt, der Baupolizeibehörde ob. O. V. G. E. vom 1. November 1897 — IV 1837 und M. E. v. 13. April 1898 — III b 694. Ebenso kann durch polizeiliche Verfügung auf Grund des § 10 II. 17 A. L. R. gegen die Errichtung und Wiederherstellung gefährdender Anlagen im Inundationsgebiete eingeschritten werden. Vgl. den M. Erl. vom 30. August 1897 Ziffer 3 sowie das oben angezogene O. V. G. E. vom 30. Januar 1899.

1. Pflichten des Eigenthümers wegen Unterhaltung und Wiederherstellung von Gebäuden. (§§ 35 bis 64 A. L. R. I. 8.) Siehe Abschnitt B I.
2. Einschränkungen des Eigenthümers bei der Errichtung neuer und der Veränderung bestehender Gebäude. (§§ 66 bis 72 a. a. O.) Siehe Abschnitt B. II.
3. Spezielle Beschränkungen der Baufreiheit. (§§ 73 bis 82 a. a. O.) Siehe Abschnitt B. III.

Neben diesen gesetzlichen Beschränkungen kommen die durch Polizeiverordnungen eingeführten weiteren Beschränkungen der Baufreiheit in Betracht. Ueber deren rechtliche Zulässigkeit namentlich im Verhältniß zum Art. 9 der Verfassungsurkunde findet sich Folgendes zu bemerken.

Wenn in diesem Artikel, welcher lautet:

> „Das Eigenthum ist unverletzlich. Es kann nur aus Gründen des öffentlichen Wohls gegen vorgängige, in dringenden Fällen wenigstens vorläufig festzustellende Entschädigung nach Maßgabe des Gesetzes entzogen oder beschränkt werden“

von einer Beschränkung des Eigenthums die Rede ist, so können darunter nur solche Maßregeln der Verwaltung verstanden werden, welche den Eigenthümer in der Ausübung einer an sich in seinem Eigenthumsrechte liegenden Befugniß hindern. Vgl. O. V. G. E. v. 9. 6. 1886, P. V. Bl. VII S. 352, v. 18. 6. 1892 — I 666, v. 10. 5. 1895 — I 652, v. 16. 10. 1896 — I 833. Daß jedoch diejenigen Anordnungen, welche von der Polizei im sicherheitspolizeilichen Interesse und insbesondere zum Schutze gegen Gefahren für Gesundheit oder Leben innerhalb ihrer durch das Gesetz gewährten Befugnisse getroffen werden, auch dann, wenn sie die Beseitigung eines polizeiwidrigen Zustandes der Sache oder die Unterlassung derartiger Benutzungshandlungen verlangen, als Beschränkungen des Eigenthums im Sinne des Art. 9 der Verfassung oder des § 2 des Enteignungsgesetzes nicht anzusehen sind, ist in den Entscheidungen des O. V. G. wiederholt eingehend dargelegt. (Vgl. Bd. VIII S. 329, Bd. XI S. 367, Bd. XIII S. 314, Bd. XIX S. 372, Bd. XXI 413, Bd. XXIII S. 349.) „Das Privatrecht und insbesondere das verfassungsmäßig garantirte Eigenthum schließt als solches und an und für sich ein polizeiliches Einschreiten keineswegs aus.“ (O. V. G. E. Bd. XXIII S. 351.) Denn mag immerhin das Eigenthum die volle Verfügung über den betreffenden Gegenstand nach allen denkbaren Richtungen hin in sich schließen, so sind für die Ausübung dieses vollen Verfügungsrechts dem Eigenthümer doch Grenzen gezogen und müssen naturgemäß gezogen sein, weil der Mensch nicht für sich allein, sondern neben anderen Menschen und innerhalb einer größeren Gemeinschaft lebt. (Vgl. S. 10.) In Folge dessen berühren sich einestheils die Rechtssphären verschiedener Personen oder Rechtssubjekte und anderentheils treffen höhere, allgemeinere Interessen mit denen des Privateigenthums zusammen. Nur innerhalb der dadurch der Ausübung des Eigenthumsrechts gesteckten Schranken erkennt die Rechtsordnung, insbesondere auch die durch das Bürgerliche Gesetzbuch geschaffene, das Eigenthum als Recht an. Wenn demnach einerseits Maßregeln der Verwaltungsbehörden, welche den Eigenthümer in diese rechtlich bestehenden Schranken zurückweisen, nicht unter den Begriff von Beschränkungen des Eigenthums im Sinne des Art. 9 fallen, folgt andererseits das Recht der Polizeibehörde, für die Ausübung der im Eigenthum liegenden Befugnisse diejenigen Normen vorzuschreiben, deren Innehaltung der Schutz der der Polizei anvertrauten Interessen erheischt, nicht nur aus dem Inhalte der Polizeigewalt an sich, wie er eine für das ganze Staatsgebiet zutreffende Begriffsbestimmung im § 10 II 17 A. L. R. gefunden hat, sondern ist auch im Gesetz über die Polizeiverwaltung vom 11. März 1850 (G. S. S. 265) anerkannt, wenn dasselbe im § 6 unter den Gegenständen der ortspolizeilichen Vorschriften die „Sorge für Leben und Gesundheit" (Buchstabe f) sowie die „Fürsorge gegen Feuersgefahr und sonstige Unsicherheit bei Bauausführungen" (Buchstabe g) aufzählt. (Vgl. O. V. G. E. Bd. VIII S. 327, XI S. 365, XXIII S. 349, Förster, Theorie und Praxis des heutigen gemeinen Preußischen Privatrechts 3. Aufl. Bd. 3, S. 144, Rönne Staatsrecht der Preußischen Monarchie, 4. Aufl. Bd. II S. 100, Anm. 2, Rosin a. a. O. § 23.) Auf diese letzte Bestimmung stützt sich also insbesondere das Recht der Polizeibehörden, allgemein geltende Einschränkungen des Eigenthümers bei dem Bauen vermittelst Polizeiverordnung einzuführen. Die demgemäß für einzelne Orte oder größere Bezirke erlassenen Baupolizeiordnungen[4]) enthalten demnach begrifflich eine mehr oder weniger scharf einschneidende Beschränkung der aus dem Eigenthumsrechte an Grund und Boden sich ergebenden Baufreiheit. (O. V. G. E. Bd. XXIV S. 351.)

---

[4]) Bezüglich der zur Rechtsgültigkeit erforderlichen Form der Polizeiverordnungen vgl. Brauchitsch a. a. O. Bd. I, vierzehnte Aufl., Anm. 275 zu § 140 L. V. G. S. 170, jetzt vor Allem Rosin a. a. O. S. 254 ff. Die Bezeichnung als „Baupolizeiordnung" statt Baupolizeiverordnung oder Polizeireglement genügt. (O. V. G. E. Bd. XXVII S. 414.) Die Verwaltungsgerichte sind zur Prüfung der Rechtsgültigkeit auch der Baupolizeiordnungen berufen, insbesondere auch in Beziehung darauf, ob die verordnende Behörde in den Grenzen ihrer sachlichen Zuständigkeit verblieb. (O. V. G. E. Bd. VIII S. 327, IX S. 353.) Die Prüfung der Nothwendigkeit und Zweckmäßigkeit ist auch hier ausgeschlossen. (O. V. G. E. Bd. XI S. 376.)

Zur Durchführung ihres Rechts und ihrer Pflicht, für die Ausübung der im Eigenthum liegenden Befugnisse diejenigen Normen vorzuschreiben, deren Innehaltung der Schutz der der Polizei anvertrauten Interessen erheischt, ist dieselbe indeß keineswegs etwa auf den Erlaß allgemein gültiger Polizeiverordnungen beschränkt, vielmehr kann eine durch die Wahrnehmung berechtigter polizeilicher Interessen überhaupt begründete polizeiliche Anordnung auch in der Form einer polizeilichen Verfügung getroffen werden. (Vgl. O. V. G. E. Bd. II S. 431, Bd. XI S. 366, 370, Bd. XII S. 391, vom 29. Juni 1889 P. V. Bl. X S. 602.) Es entspricht dies auch dem allgemeinen verwaltungsrechtlichen Grundsatze, daß Alles, was Gegenstand einer Polizeiverordnung sein kann, auch zum Gegenstande einer polizeilichen Verfügung gemacht werden kann (O. V. G. E. Bd. I S. 322, Bd. II S. 432, Bd. XI S. 365, Bd. XII S. 384, Bd. XIII S. 395). Bezüglich des positiven Rechtsgrundes, auf den sich die polizeiliche Verfügung bei ihrem Eingriffe in die Rechtssphäre des Einzelnen stützen muß, ist daran festzuhalten, daß im Rechtsstaate die Verwaltung eine Handlung, Leistung oder Unterlassung nur unter den im Gesetz festgestellten Voraussetzungen und nur im Umfange des Gesetzes fordern darf. (Vgl. Rosin a. a. O. S. 18.) Allerdings kann die Ermächtigung der Verwaltungsbehörden zu gebietenden und verbietenden Verfügungen nicht bloß durch ein spezielles, die Verfügung nach Voraussetzung und Inhalt wörtlich deckendes Gesetz, sondern auch in umfassenderer Abstraction durch allgemeinere Rechtsgrundsätze, welche dem behördlichen Ermessen freieren Spielraum lassen, ja, wie besonders auf dem Gebiete der Polizei, durch weitreichende Generalklauseln begründet sein. Eine derartige Generalklausel für die Polizeibehörden ist, so weit es sich um die Verwaltung der Sicherheitspolizei und die Durchführung der Polizeigesetze handelt, in dem § 10 II. 17 A. L. R. enthalten. Demnach bildet auch diese Generalklausel, soweit ihre Tragweite reicht, für sich ein ausreichendes positives Fundament für polizeiliche Verfügungen (vgl. O. V. G. E. Bd. XII S. 400 und vom 29. Juni 1889, P. V. Bl. X S. 602, Rosin a. a. O. S. 23).

Aus dem Vorstehenden ergiebt sich, daß, sofern eine baupolizeiliche Verfügung sich nicht direct auf ein Gesetz oder eine Polizeiverordnung zu stützen vermag, sie nach Gegenstand und Inhalt der im § 10 II. 17 A. L. R. bezw. § 6 des Polizeiverwaltungsgesetzes gegebenen Vorschrift des Gesetzes entsprechen muß oder mit anderen Worten, daß die Voraussetzungen gegeben sein müssen, unter welchen jene allgemeine gesetzliche Ermächtigung das polizeiliche Einschreiten überhaupt für zulässig erklärt.

Ist allerdings auf einem Gebiete das Maß der Beschränkungen des Einzelnen im öffentlichen Interesse durch Polizeiverordnung bestimmt worden, so daß also der betreffende Gegenstand in jener Verordnung eine erschöpfende Regelung gefunden hat, so müssen sich die zur Durchführung der Polizeiverordnung erlassenen polizeilichen Verfügungen auch im Rahmen derselben bewegen, und es darf mittelst polizeilicher Verfügung im Einzelfalle nicht über jenes allgemein bestimmte Maß hinausgegangen werden. (O. V. G. E. Bd. X S. 26, auch Bd. I S. 399.)

Anknüpfend an diesen Rechtsgrundsatz ist über die rechtliche Zulässigkeit baupolizeilicher Verfügungen im Verhältniß zu den Bestimmungen der örtlichen Baupolizeiordnungen auf zweierlei hinzuweisen:

Einmal ist in der für einen bestimmten Ort oder Bezirk erlassenen Baupolizeiordnung keineswegs im Allgemeinen oder auch nur in der Regel eine vollständige Zusammenfassung des gesammten Baupolizeirechts ihres Geltungsbereichs zu finden; auch enthält eine Baupolizeiordnung keineswegs eine behördliche Kundgebung in dem Sinne, daß die Polizei zur Erfüllung ihrer Aufgabe im Gebiet des Bauwesens mit den daselbst aufgestellten Grundsätzen in jeder Hinsicht auszukommen vermöge, sodaß also ein Zurückgreifen der Polizei auf A. L. R. § 10 II. 17 nicht nur bezüglich der durch die Baupolizeiordnung geordneten, sondern auch bezüglich der durch sie zu ordnen gewesenen, aber thatsächlich nicht geordneten Verhältnisse grundsätzlich ausgeschlossen wäre. (Vgl. dagegen Hilse, Baupolizeiordnung für den Stadtkreis Berlin vom 15. Januar 1887, Einleitung S. 7.) Eine derartige Auffassung würde die Aufgabe der Polizei verkennen; die in einer Baupolizeiordnung nicht erfolgte Regelung eines einzelnen an sich der baupolizeilichen Einwirkung unterliegenden Gebietes kann die Polizeibehörde in ihren auf allgemeinen Gesetzen beruhenden Befugnissen nicht beschränken. (O. V. G. E. Bd. VII S. 314, 321.) Gewisse sicherheitspolizeiliche Rücksichten, wie beispielsweise solche, welche das Bewohnen eines bestimmten Grundstücks von vornherein als mit einer unmittelbaren Gefahr für Leben und Gesundheit verbunden erscheinen lassen und welche demnach die Polizei sowohl zur Versagung der Baugenehmigung wie auch später zu einem jederzeitigen Einschreiten berechtigen (vgl. O. V. G. E. a. a. O. und Bd. XXIX S. 390), entziehen sich einer speziellen Aufzählung und allgemeinen Regelung durch Polizeiverordnung naturgemäß überhaupt völlig.

Andererseits behandeln die Baupolizeiordnungen die von ihnen an sich berührten Gebiete keineswegs in jedem Falle auch erschöpfend. Soweit letzteres der Fall, darf allerdings, wie schon oben ausgeführt, auch durch eine einzelne polizeiliche Verfügung nicht über das allgemein für ausreichend erachtete Maß der Beschränkung hinausgegangen werden. Ob ein in einer B. P. O. an sich geregeltes Gebiet als erschöpfend geregelt anzusehen ist, kann allerdings unter Umständen zweifelhaft sein. Im Allgemeinen wird indeß wohl davon auszugehen sein, daß es in der Absicht des Gesetzgebers gelegen hat, eine erschöpfende Behandlung der von einer B. P. O. überhaupt berührten Materie insoweit eintreten zu lassen, als es sich um die Anwendung der baupolizeilichen Vorschriften auf regelmäßig oder häufiger wiederkehrende und mit größerer oder geringerer Wahrscheinlichkeit vorauszusehende Verhältnisse handelt. Abnorme, nur ganz ausnahmsweise vorkommende Veranstaltungen und Einrichtungen liegen dagegen außerhalb des Rahmens der durch die B. P. O. geregelten Materie. Von diesem Gesichtspunkte aus hat das O. V. G. beispielsweise das Polizei-Präsidium zu Berlin für berechtigt erachtet, für Ställe in Hofunterkellerungen auf Grund der subsidiären Bestimmung des § 10 II. 17 A. L. R. Forderungen zu stellen, welche über die in den §§ 20 bezw. 23 der B. P. O. vom 15. Januar 1887 allgemein für Stallanlagen getroffenen Bestimmungen hinausgingen. (O. V. G. E. vom 25. October 1892, P. V. Bl. XIV S. 163.)

Besteht nach den gegebenen Darlegungen die Aufgabe der Baupolizei wesentlich in der Ausübung der staatlichen Aufsicht hinsichtlich der Innehaltung der der Baufreiheit durch Gesetz oder Verordnung im öffentlichen Interesse auferlegten Beschränkungen, (vgl. O. V. G. E. IX S. 262) und in der Ergreifung der hierzu erforderlichen Maßregeln, so werden die zur Handhabung der Baupolizei berufenen Behörden sich doch bei ihrer Geschäftsführung stets gegenwärtig halten müssen, daß die Baufreiheit und nicht die Baubeschränkung der das preußische Baurecht beherrschende Rechtsgrundsatz ist. Nur wenn sie sich voll und ganz von dieser Rechtsauffassung durchdringen lassen, wenn sie des Weiteren bestrebt sind, ihrer Aufgabe Hand in Hand mit der Baukunst, mit ihren Fortschritten und ihrer Entwicklung, nicht im Gegensatze zu ihr gerecht zu werden, werden sie dieselbe im Geiste des Gesetzgebers zu erfüllen vermögen.

B.

Die gesetzlichen Beschränkungen der Baufreiheit.

I.

Unterhaltung und Wiederherstellung bestehender Gebäude.

Allgemeines Landrecht Theil I Titel 8 §§ 35 bis 64.

§ 35.

Statüen und Denkmäler, die auf öffentlichen Plätzen errichtet worden, darf Niemand, wer er auch sei[1]) beschädigen, oder ohne obrigkeitliche Erlaubniß[2]) wegnehmen oder einreißen.[3]) [4]).

---

[1]) Das Verbot trifft demnach auch die Gemeinde selbst, welche auf gemeine Kosten ein Denkmal hat errichten lassen.

[2]) Vgl. A. K. O. vom 4. October 1815 betr. die zur Veränderung an öffentlichen Gebäuden und Denkmälern einzuholende Genehmigung (G. S. S. 206) und die in den §§ 16 und 30 des Zuständigkeitsgesetzes enthaltene, und dadurch auf das gesammte Staatsgebiet ausgedehnte altländische Vorschrift:

„Gemeindebeschlüsse über die Veräußerung oder wesentliche Veränderung von Sachen, welche einen besonderen wissenschaftlichen, historischen oder Kunstwerth haben, insbesondere von Archiven oder Theilen derselben, unterliegen der Genehmigung des Regierungspräsidenten".

Bezüglich der Beschränkung der evangelischen Kirchengemeinden vgl. Art. 24 No. 2 des Gesetzes betr. die evang. Kirchenverfassung in den acht östlichen Provinzen der Monarchie vom 3. Juni 1876 (G. S. S. 125) und Art. 1 der Allerh. Verordn. betr. die Ausübung der Rechte des Staates gegenüber der evang. Landeskirche der acht älteren Provinzen der Monarchie vom 9. September 1876 (G. S. S. 395), wonach die „Veräußerung von Gegenständen (d. h. nicht nur beweglichen), welche einen geschichtlichen, wissenschaftlichen oder Kunstwerth haben", an die Genehmigung des Ministers der geistlichen Angelegenheiten gebunden ist, desgl. bezüglich der kath. Kirchengemeinden § 50 No. 2 des Gesetzes über die Vermögensverwaltung in den kath. Kirchengemeinden vom 20. Juni 1875 (G. S. S. 241) und Art. 1 No. 1 der Allerh. Verordn., betr. die Ausübung der Aufsichtsrechte des Staats bei der Vermögensverwaltung in den kath. Kirchengemeinden vom 27. September 1875. (G. S. S. 571.) Die Beachtung dieser Vorschriften ist neuerdings den Behörden durch M. E. vom 3. April 1896 (P. B. Bl. XVII S. 389) eingeschärft.

[3]) Erlaß betr. theilweise Neueindeckung der Dächer an alten Baudenkmälern vom 3. Januar 1896 (C. Bl. f. d. U. V. S. 197). Bezüglich der Wahrung der Interessen der Denkmalspflege bei baulichen Veränderungen an Kirchen vgl. Erl. vom 6. März 1897 (a. a. O.).

[4]) Zur Aufstellung von Denkmälern für Mitglieder des Kgl. Hauses allerorten sowie überhaupt zur Aufstellung von öffentl. Denkmälern in Berlin, Potsdam und Charlottenburg bedarf es der Allerhöchsten Genehmigung. (Gutes wetterbeständiges Material.) Vgl. M. Erl. v. 17. Juni 1897, M. Bl. d. i. V. S. 107 und vom 29. Juni 1898.

§ 36.[1])

Noch weniger dürfen ohne dergleichen Erlaubniß, Gebäude in den Städten, die an Straßen oder öffentliche Plätze stoßen, zerstört oder vernichtet werden.

[1]) Die §§ 36—58 handeln nach ihrer Stellung in der Gesammtheit der §§ 33—72, nach ihrem Zusammenhange und inhaltlich lediglich von der Erhaltung und Wiederherstellung schon vorhandener Gebäude, und bieten deshalb keine Handhabe dafür, die Errichtung neuer Gebäude auf bisher unbebauten oder anderweit bebaut gewesenen Grundstücken im Wege obrigkeitlichen Zwanges der Vollendung entgegenzuführen. Die auf die Bebauung solcher Grundstücke bezüglichen Bestimmungen sind vielmehr erst in dem folgenden, mit § 65 beginnenden Abschnitte zu finden. O. V. G. E. Bd. VI S. 318. Vgl. E. P. O. § 36.

§ 37.

Dergleichen Gebäude[1]) muß der Eigenthümer, soweit es zur Erhaltung der Substanz und Verhütung alles Schadens und Nachtheils fur das Publikum[2]) nothwendig ist, in baulichem Stande unterhalten.[3])

[1]) a) Das Recht und die Pflicht der Polizeibehörde, dem unveränderten Fortbestande eines Grundstücks, welches etwa durch seine Feuergefährlichkeit oder durch die Baufälligkeit eines darauf befindlichen Hauses oder durch seine sonstige Beschaffenheit das Publikum mit Gefahr bedroht, in dieser das Gemeinwohl schädigenden Verfassung mit zweckdienlichen Maßregeln entgegen zu treten, folgt aus der allgemeinen Bestimmung des § 10 II 17 A. L. R., und soweit es sich um die äußere Erhaltung der an Straßen oder öffentlichen Plätzen stehenden Gebäude in baulichem Zustande handelt — denn nur auf solche bezieht sich der § 37 I 8 A. L. R. (Erk. des Reichsger. VI Civilf. v. 27. Januar 1887 VI 327/86 Pr. V. Bl. VIII S. 293) — speciell aus diesem §. O. V. G. E. vom 28. März 1896 IV 583 und vom 8. Mai 1896, Pr. V. Bl. XVIII S. 164, auch O. V. G. E. Bd. VI S. 321.

b) Diese Maßregeln können sich in erster Linie gegen den Eigenthümer — den Inhaber der thatsächlichen und rechtlichen Herrschaft über das Grundstück — richten, der auch nach Außen hin überall als dessen Vertreter erscheint und sich überdies schon durch den Besitz eines das Publikum schädigenden Objects, innerhalb des Gemeinwesens mit dem Gemeinwohl in Collision setzt und diesem zu weichen gezwungen werden kann (§§ 73, 74 der Einleitung zum A. L. R.). (Vgl. Erk. d. R. G. V Civilf. v. 25. Januar 1899, Pr. V. Bl. XX S. 322). Dem Eigenthümer als solchem liegt die öffentlich-rechtliche Pflicht ob, sein Grundstück in einem solchen Zustande zu erhalten bezw. umzugestalten, daß polizeilich zu schützende öffentliche Interessen nicht beeinträchtigt oder gefährdet werden, mag die unzulässige Beschaffenheit durch den Eigenthümer selbst, durch Dritte oder durch Zufall entstanden sein. Dieser Satz hat in dieser allgemeinen Fassung zwar eine ausdrückliche Bestätigung durch die Gesetzgebung nicht gefunden; es ergiebt sich indeß ohne Weiteres aus der Erwägung, daß ohne ihn eine geordnete menschliche Gemeinschaft überhaupt nicht bestehen kann; er liegt übrigens aber auch unverkennbar einer Reihe von positiven gesetzlichen Vorschriften, wie z. B. insbesondere auch den §§ 37 ff. und 66 ff. A. L. R. I 8 zu Grunde. (Vgl. R. G. E. v. 10. Juni 1896, Entsch. f. Civilf. Bd. 37, S. 331. O. V. G. E. Bd. VII S. 351, Bd. VIII S. 330, Bd. X S. 180, Bd. XII S. 310, Bd. XIII S. 326, Bd. XVI S. 393, Bd. XVIII S. 414, Bd. XXX S. 213 und v. 24. Juni 1886 Pr. V. Bl. VIII S. 113, v. 21. April 1888 das. X S. 80,

v. 23. November 1889 das. XI S. 287, v. 10. September und 2. Decbr. 1891 das. XIII S. 66 und 247, v. 27. Juni 1894 das. XVI S. 186.) Aus der vorbezeichneten Verpflichtung des Eigenthümers läßt sich aber nicht die weitere Verpflichtung für ihn folgern, sein Eigenthum zu Gunsten des Gewerbebetriebes dritter Personen in Stand zu setzen und zu erhalten. O. V. G. E. v. 20. Nov. 1897 Pr. V. Bl. XIX S. 271.

Der vorentwickelte Rechtsgrundsatz findet bei der Anwendung auf Verhältnisse, für welche die öffentlich-rechtlichen Pflichten des Eigenthümers als solchen durch special-gesetzliche Bestimmungen geregelt sind, an diesen seine Schranke. (O. V. G. E. Bd. XVI S. 321, Bd. XVIII S. 414, Bd. XXX S. 216 u. Pr. V. Bl. XIX S. 271.)

Der Eigenthümer ist übrigens nicht nur verpflichtet, sich selbst jeder einen polizeimäßigen Zustand störenden Handlung zu enthalten, sondern auch verpflichtet, seine Wohnungsgenossen und, sofern es sich um vermiethete Räume handelt, die Miether und deren Haus- und Wirthschaftsgenossen an der Störung des gebotenen Zustandes zu hindern und in dieser Beziehung zu controliren. Er braucht selbstverständlich nur Diligenz zu praestiren und Alles in seinen Kräften stehende zur Aufrechterhaltung des polizeimäßigen Zustandes zu thun, um sich vor einer etwa angedrohten Executivstrafe zu schützen. (O. V. G. E. v. 27. Juni 1894 Pr. V. Bl. XVI S. 186.) Strafrechtlich wird der Eigenthümer eines Grundstücks durch die seinen Bediensteten ertheilte ausdrückliche Weisung zur Befolgung einer auf seinem Grundstücke zu beachtenden Polizeiverordnung noch nicht von Strafe befreit, wenn die Verordnung von seinen Bediensteten übertreten wird. Von seiner Verantwortlichkeit für die durch Nichtbefolgung seiner Anweisung begangenen Polizeiübertretungen würde er sich nur durch den Nachweis befreien können, daß er seiner Ueberwachungspflicht in vollem Umfange genügt habe oder daß ihm dies durch von seinem Willen unabhängige Umstände unmöglich gemacht worden ist. Als ein solcher Umstand kann es aber nicht betrachtet werden, daß er in einem anderen Stadttheile wohnt und dort sein Geschäft betreibt. (Erk. d. Kammergerichts, Straff. v. 20. December 1888, Jahrb. f. Entsch. d. K. G. Bd. IX Nr. 50 S. 167.)

c) Neben dem Eigenthümer ist die Polizei aber auch befugt, sich an den Urheber des polizeiwidrigen Zustandes zu halten und ihm die Beseitigung desselben aufzugeben, also unter dieser Voraussetzung unter Umständen auch an den Miether. Der Urheber haftet auch der Polizei gegenüber für die Folgen seiner That. (O. V. G. E. v. 10. September 1891, Pr. V. Bl. XIII S. 351, O. V. G. E. Bd. XI S. 234, auch Bd. III S. 340.) Dagegen ist ein polizeiliches Einschreiten gegen den unbetheiligten Nachbar — abgesehen von dem Falle eines Nothstandes — nicht zulässig. (O. V. G. E. Bd. XII S. 306.) Vgl. B. G. B. §§ 904, 907 bis 909, 917.

Auch demjenigen, der, ohne Eigenthümer zu sein, verfügungsberechtigt über ein Grundstück ist, wie der Pächter (vgl. B. P. O. § 1 Anm. 4c) desselben, kann eine baupolizeiliche Verfügung die ordnungsmäßige Herstellung von Baulichkeiten aufgeben. Bezüglich des Miethers vgl. O. V. G. E. vom 27. Januar 1888 II 121. Als verfügungsberechtigt in diesem Sinne wird ferner in der Regel auch der Bauherr anzusehen sein, selbst wenn er nicht Grundstückseigenthümer ist. Lebt der Eigenthümer eines Grundstücks im Auslande und ist der Polizeibehörde bekannt, daß er die Ausübung seiner thatsächlichen und rechtlichen Herrschaft einem Verwalter oder Bevollmächtigten übertragen hat, so kann es zweckdienlicher sein, wenn die Polizeibehörde von ihrer Befugniß, den Eigenthümer persönlich in Anspruch zu nehmen, keinen Gebrauch macht, sondern sich an denjenigen hält, welcher in Vertretung des Eigenthümers die thatsächliche und rechtliche Herrschaft ausübt. (O. V. G. E. Bd. XXVIII S. 389.) Der in Concurs gerathene Eigenthümer hat nach Ernennung des Concursverwalters die Befugniß, sein Eigenthum zu verwalten und damit auch die thatsächliche und rechtliche Herrschaft über ein zur Concursmasse gehöriges Grundstück verloren, und wird dies Verwaltungs- und Verfügungsrecht seitdem von dem Concursverwalter ausgeübt. (§ 5 der Reichskonkursordnung vom 16. Februar 1877.) Zweckmäßigerweise wird daher eine baupolizeiliche Verfügung, welche auf ein zur Concursmasse gehöriges Grundstück sich bezieht, an den Concursverwalter und nicht an den Eigenthümer gerichtet, der civilrechtlich die Befugniß, bauliche Veränderungen an seinem Grundstücke vorzunehmen, nicht mehr besitzt. (O. V. G. E. vom 18. Januar 1886, Pr. V. Bl. VII S. 213, O. V. G. E. Bd. XIII S. 399.) Bezüglich der Haftung der Concursmasse vgl. O. V. G. E. Bd. XXVI S. 400. Aus dem gleichen Grunde ist eine baupolizeiliche Verfügung, welche ein gemäß § 326 der Strafproceßordnung beschlagnahmtes oder ein unter Zwangsverwaltung stehendes Grundstück betrifft, an den gerichtlich bestellten Pfleger bezw. Zwangsverwalter desselben zu richten. O. V. G. E. Bd. XXXII S. 335. Die öffentlich-rechtliche Verpflichtung des Verwalters, der polizeilichen Verfügung zu genügen, wird durch die scheinbar entgegenstehenden, indeß rein privatrechtlichen Bestimmungen der §§ 151 und 155 des am 1. Januar 1900 in Kraft tretenden Reichsgesetzes über die Zwangsverwaltung vom 24. März 1897, R. G. Bl. S. 97 nicht berührt. Wenn sich ein Grundstück im Miteigenthum Mehrerer befindet, so genügt es, wenn eine die bauliche Instandhaltung des Grundstücks betreffende polizeiliche Verfügung lediglich an denjenigen Miteigenthümer gerichtet wird, welcher bisher als der verwaltende oder die Benutzung thatsächlich ausübende Eigenthümer aufgetreten ist. (Vgl. O. V. G. E. Bd. XXVI S. 393, und vom 11. November 1896, IV. 1516 bei Bochmann, Mitth. 3. Jhrg. S. 284. Auch an eine offene Handelsgesellschaft kann eine polizeiliche Anordnung unter Androhung einer Geldstrafe (nicht von Haft) erlassen, auch kann die Geldstrafe gegen die Firma vollstreckt werden. O. V. G. E. vom 15. October 1896, Pr. V. Bl. XVIII S. 187.) Polizeiliche Verfügungen, welche ein zum Eingebrachten der Frau gehöriges Grundstück betreffen, sind an den Mann als Nießbraucher desselben zu richten, so lange als das Nießbrauchsrecht währt. (O. V. G. E. vom 12. November 1887 I 1253, vgl. auch Endurtheil des Obertribunals vom 6. November 1863, Entsch. Bd. 50 S. 262, sowie O. V. G. E. vom 10. Januar 1885, Pr. V. Bl. VI S. 251.)

d) Ist es nach den vorstehenden Ausführungen im einzelnen Falle an sich rechtlich zulässig, eine baupolizeiliche Verfügung an mehrere öffentlich-rechtlich Verpflichtete zu richten, so hängt die Entschließung der Behörde über die Frage, an welchen derselben die Verfügung thatsächlich zu richten ist, davon ab, auf welchem Wege das Ziel des polizeilichen Eingriffs unter den obwaltenden Umständen am leichtesten erreichbar erscheint. Führt die erste Verfügung gegen den einen Verpflichteten aus thatsächlichen oder rechtlichen Gründen nicht zum Ziel, so ist es nicht ausgeschlossen, nunmehr den anderen Verpflichteten polizeilicherseits in Anspruch zu nehmen. Vgl. O. V. G. E. Bd. XXI S. 416, Bd. XXIV S. 395.

[7]) Auch gegen denjenigen kann polizeilich eingeschritten werden, welcher sich durch Ungehorsam gegen die gesetzlichen Bestimmungen selbst gefährdet. (O. V. G. E. vom 17. Juni 1890 IV 627.)

[8]) Darüber, was unter der Erhaltung im baulichen Zustande zu verstehen ist, entscheiden, sofern über den gerade fraglichen Gegenstand durch Gesetz oder Verordnung Bestimmungen getroffen sind, diese Bestimmungen, anderenfalls das polizeiliche Ermessen, das indeß an die der polizeilichen Thätigkeit durch den § 10 II 17 A. L. R. überhaupt gezogenen Grenzen auch hier gebunden ist.

§ 38.

Vernachlässigt er diese Pflicht dergestalt, daß der Einsturz des ganzen Gebäudes oder eine Gefahr für das Publikum zu besorgen ist, so muß die Obrigkeit[1]) ihn zur Veranstaltung der nothwendigen Reparatur, innerhalb

[1]) d. i. die Ortspolizeibehörde.

einer nach den Umständen zu bestimmenden billigen Frist, allenfalls durch Zwangsmittel anhalten.[2])

[2]) d. h. durch Erlaß einer polizeilichen Verfügung, vgl. O. V. G. E. vom 8. Mai 1896 Pr. V. Bl. XVIII S. 164, welche mit den Rechtsmitteln der §§ 127, 128 L. V. G. anfechtbar ist. Die zulässigen Zwangsmittel ergeben sich aus § 132 a. a. O. und zwar ist unter diesen in erster Linie gerade derjenige Weg vorgezeichnet, auf den auch der § 39 in Verbindung mit § 43 I 8 A. L. R. hinweist, d. h. die Ausführung der für nothwendig erachteten Reparatur durch einen Dritten und Einziehung des vorläufig zu bestimmenden Kostenbetrages im Zwangswege von dem Verpflichteten. Die Anwendung der Bestimmung des § 40 hat das Vorhandensein nicht nur einer die Vornahme eines Baues verlangenden Anordnung, sondern auch gerade einer Androhung zur Voraussetzung, welche die Vornahme des Baues auf Kosten des Eigenthümers in Aussicht stellt. Gegen die Anordnung und Androhung der zwangsweisen Ausführung finden die Rechtsmittel aus §§ 127, 128 L. V. G. statt. Mit der Herbeischaffung der Kosten der Zwangsausführung dagegen beginnt die Ausführung des Zwangsmittels, wogegen nach § 133 Abs. 2 L. V. G. in allen Fällen nur die Beschwerde im Aufsichtswege stattfindet. (Vgl. O. V. G. E. Bd. IX S. 385.) Sobald zu der Ausführung der Verfügung und zur Herbeischaffung der Kosten geschritten wird, hat der Eigenthümer, um die Zwangsvollstreckung in sein übriges Vermögen abzuwenden, auf Grund des § 40 das Recht zu erklären, daß er die Kosten des polizeilich angeordneten nothwendigen Baues nicht herbeischaffen könne oder wolle. Die Befugniß des Eigenthümers aus § 40 betrifft also lediglich die Ausführung des Zwangsmittels und ist der verwaltungsrichterlichen Controle entzogen. O. V. G. E. vom 15. April 1886, Pr. V. Bl. VIII S. 325.

Eine Entschließung des Eigenthümers defecter Gebäude bezüglich der Herbeischaffung der Kosten der nothwendigen Erneuerung ist unmöglich, so lange es für deren Betrag an jedem Anhalt fehlt, und ebensowenig sind das Ausgebot des Grundstücks, dann der Zuschlag unter der Bedingung der Wiederherstellung der Gebäude, und endlich die Ermittelung des dem Eigenthümer oder dessen Gläubigern zu gute kommenden Kaufgelderbetrages möglich, so lange diejenigen Factoren nicht erhellen, nach denen der nothwendige Bau in Gestalt eines bestimmten Geldwerthes in Rechnung gestellt werden kann. (Vgl. O. V. G. E. vom 20. December 1883, Pr. V. Bl. V S. 153.)

§ 39.

Sind diese fruchtlos, so ist die Obrigkeit den nothwendigen Bau auf seine Kosten zu veranstalten berechtigt.[1])

[1]) Berechtigt, aber nicht verpflichtet; daraus folgt, daß die Polizeibehörde, sofern der Eigenthümer der Aufforderung der Instandsetzung nicht nachkommt, auch befugt ist, derselben dadurch Nachdruck zu geben, daß sie das Bewohnen des betreffenden Gebäudes verbietet oder verhindert, wobei allerdings vorausgesetzt wird, daß durch diese Maßnahme die die Menschen bedrohende Gefahr thatsächlich beseitigt wird. (Vgl. O. V. G. E. vom 2. December 1890 IV 1246.)

§ 40.[1])

Kann oder will[2]) er die Kosten nicht herbeischaffen, so kann die Obrigkeit dergleichen Gebäude zum öffentlichen Verkaufe ausbieten.[3])

[1]) Die §§ 40 ff. bestimmen, welche Folgen für das Eigenthum aus der Vernachlässigung der Pflichten entspringen, die dem Eigenthümer obliegen, regeln aber nicht die

Befugnisse, welche der Polizei dem Eigenthümer gegenüber zustehen. Für letztere ist der § 10 II. 17 A. L. R. maßgebend. O. V. G. E. v. 8. Mai 1896, P. V. Bl. XVIII S. 164.

[2]) Eine solche Erklärung befreit nicht von der Verbindlichkeit zum Ersatz des Schadens, den etwa der Nachbar durch den Einsturz des Hauses erleidet.

[3]) Dies Ausbieten geschieht in den Formen und mit den Wirkungen einer nothwendigen Subhastation und deshalb nothwendigerweise durch den Richter der belegenen Sache. Dem Antrage auf Subhastation braucht keine Klage voranzugehen, vielmehr genügt die Requisition der zuständigen Polizeibehörde an den zuständigen Richter unter Nachweisung, daß die gesetzlichen Voraussetzungen für die Anwendung des § 40 erfüllt sind. (Vgl. Rescript des Justizministers vom 5. März 1838, J. M. Bl. S. 377 und Ober-Trib.-Erk. III vom 14. März 1853, Striethorst Archiv 8 S. 358.)

§ 41.

Dem Käufer eines solchen Gebäudes muß allemal die Wiederherstellung desselben zur Bedingung gemacht werden.

§ 42.

Das außerdem erlegte Kaufgeld kommt dem bisherigen Eigenthümer oder dessen Gläubiger zu gute.

§ 43.

Doch muß davon dasjenige, was die Obrigkeit etwa schon auf einstweilige Veranstaltungen zur Abwendung dringender Gefahr[1]) hat verwenden müssen, zuvor abgezogen werden.

---

[1]) Darüber, ob die Gefahr eine dringende gewesen ist, steht dem Richter kein Urtheil zu.

§ 44.

Findet sich kein Käufer, so müssen die auf dem Grundstücke versicherten Gläubiger über die Mittel zur Erhaltung und Wiederherstellung des Gebäudes vernommen werden.[1])

---

[1]) Das ist Sache des Subhastationsrichters. Vergl. Subhast.-Ord. vom 15. März 1869 (G. S. S. 421) § 5.

§ 45.

Können diese sich darüber nicht vereinigen, so muß das Gebäude demjenigen unter ihnen, welcher, außer der Wiederherstellung desselben, die vortheilhaftesten Bedingungen für seine Mitgläubiger und den Eigenthümer anbietet, zugeschlagen werden.

§ 46.

Will auch kein Gläubiger das Gebäude als Meistbietender erstehen, so ist der erste unter ihnen den Zuschlag, gegen die bloße Uebernahme der Wiederherstellung, zu verlangen berechtigt.

§ 47.

Will dieser von seinem Rechte keinen Gebrauch machen, so geht dasselbe auf die folgenden, immer nach Ordnung der Priorität über.

§ 48.

Will keiner von den Gläubigern die Wiederherstellung des Gebäudes übernehmen, so muß dasselbe der Kämmerei des Ortes zugeschlagen werden.

§ 49.

Der Magistrat ist alsdann berechtigt, dergleichen Gebäude einem Jeden, unter der Bedingung des zu vollführenden Baues, als sein freies Eigenthum zu überlassen.

§ 50.

So lange jedoch der wirkliche Zuschlag an einen solchen dritten Uebernehmer noch nicht erfolgt ist, behält der bisherige Eigenthümer, sowie jeder Gläubiger desselben das Recht, sich annoch zur Ausführung des Baues zu melden.

§ 51.

Doch müssen in einem solchen Falle der Eigenthümer oder der Gläubiger, welche dem Zuschlage an einen Dritten widersprechen wollen, der Obrigkeit wegen wirklicher Vollführung des Baues genügsame Sicherheit sofort nachweisen.

§ 52.

Unter übrigens gleichen Umständen hat der Eigenthümer vor dem Gläubiger den Vorzug.

§ 53.

Wenn in den Fällen des § 46, 47 und 50 das Gebäude einem der Gläubiger zugeschlagen wird, so verlieren die übrigen, und wenn dasselbe, in dem Falle des § 48, der Kämmerei anheim fällt, so verlieren alle Gläubiger ihr Recht an dergleichen Grundstücke.

§ 54.

Wenn also bei dem durch den Magistrat nach § 49 veranstalteten Zuschlage, außer der Uebernahme der Wiederherstellung, noch andere Vortheile bewilligt werden, so kommen dieselben der Kämmerei zu Statten.

§ 55.

Dagegen wird aber auch der bisherige Eigenthümer von der Zeit an, wo er nach § 48 das Gebäude der Kämmerei lassen und sich aller ferneren Nutzung desselben begeben muß, von der weiteren Entrichtung der darauf haftenden dinglichen Lasten frei.

§ 56.

Kann auch durch die Veranstaltungen des Magistrats dergleichen verfallenes Gebäude nicht wieder hergestellt werden, so ist, bei fortdauernder Gefahr für das Publikum, die Obrigkeit selbiges abbrechen[1]) und die Materialien an den Meistbietenden verkaufen zu lassen berechtigt.

[1]) Gegen Anordnungen der Polizeibehörde, durch welche der Abbruch eines Hauses wegen drohender gemeiner Gefahr verfügt wird, ist der Rechtsweg unzulässig. (Erk. des Comp. G. H. vom 5. Juni 1852, J. M. Bl. 1852 S. 277.) Auch ein Entschädigungsanspruch des Eigenthümers, dafür, daß der Abbruch eines Gebäudes wegen irreparabler Baufälligkeit von der Polizei angeordnet und bewerkstelligt ist, ist ausgeschlossen. (Erk. des Reichsgerichts V. Civils. vom 14. Juni 1890 in Sachen Dickmann c. Gemeinde Altendorf. Rep. V 47/90. Pr. V. Bl. XI S. 493.)

§ 57.

Das daraus gelösete Geld aber kommt der Kämmerei, welche bisher die nothwendigen Unterhaltungskosten hat hergeben müssen, zu Statten.

§ 58.

Was im § 36 sqq. von verfallenen städtischen Gebäuden verordnet ist, gilt auch von solchen, die durch Feuer oder anderes Unglück zerstört worden, wenn der bisherige Eigenthümer dieselben, innerhalb einer von der Obrigkeit zu bestimmenden Frist, nicht wieder herstellen kann oder will.

§ 59.

Die für einen solchen Unglücksfall ausgesetzten Feuer-Societätsbeiträge und andere dergleichen Vergütungen kommen alsdann nicht dem bisherigen Eigenthümer oder dessen Concursmasse, sondern dem Uebernehmer des Bauplatzes zu Statten.

§ 60 bis 64.[1])

[1]) Diese Bestimmungen sind mit der alten Agrarverfassung, welche sich die Erhaltung der bestehenden bäuerlichen Stellen zum Ziele machte, weggefallen. Vgl. Dernburg, Lehrbuch des Preußischen Privatrechts, Aufl. II, Bd. I S. 498 Anm. 6, und O. V. G. E. vom 8. Mai 1896, P. V. Bl. XVIII S. 165 § 180 Abs. 2 Ziffer 4 des Zwangsvollstreckungsgesetzes vom 13. Juli 1883, G. S. S. 134, setzt die fortdauernde Geltung voraus.

II.

Errichtung neuer Gebäude.

Allgemeines Landrecht, Theil I Titel 8 §§ 65 bis 72.[1])

§ 65.

In der Regel ist jeder Eigenthümer seinen Grund und Boden mit Gebäuden zu besetzen oder sein Gebäude zu verändern wohl befugt.[2])

§ 66.

Doch soll zum Schaden oder Unsicherheit des gemeinen Wesens[3]) oder zur Verunstaltung[4]) der Städte und öffentlichen Plätze kein Bau und keine Veränderung vorgenommen werden.[5]) [6]) [7])

---

[1]) Das Marginale des A. L. R. lautet: Beschränkung des Eigenthums bei dem Bauen.

[2]) Vgl. S. 33.

[3]) Bei einem Bau „zum Schaden oder Unsicherheit des gemeinen Wesens“ wird vorausgesetzt, daß Schaden oder Gefahr des Publikums die nothwendige Folge des Baues, seiner Art (Bestimmung) und Construction ist, daß der Bau als solcher gemeinschädlich oder gemeingefährlich ist. Vgl. O. V. G. E. Bd. IX S. 377 und vom 14. Juni 1882 Pr. V. Bl. III S. 361, vom 18. Februar 1886 ebenda VII S. 206, vom 19. October 1886 ebenda VIII S. 362 und vom 28. März 1893 ebenda XIV S. 429. Nur dann würde § 66 Anwendung finden können, wenn der Bau selbst eine solche Wirkung nothwendigerweise ausüben müßte, daß durch ihn eine Schädigung oder Gefahr für das öffentliche Interesse erwüchse. O. V. G. E. Bd. XXIV S. 340. Die bloße Möglichkeit einer derartigen Schädigung oder Gefährdung würde also einen hinreichenden Grund zur Versagung der Baugenehmigung nicht abgeben, während andererseits eine unmittelbar bevorstehende, gewissermaßen bereits hereinbrechende Gefahr nicht zu fordern ist. Vgl. Biermann a. a. O. S. 18ff.

[4]) Wenn § 66 bestimmt: „doch soll zur Verunstaltung der Städte und öffentlichen Plätze kein Bau und keine Veränderung vorgenommen werden,“ so ist es immerhin zweifelhaft, ob nicht diese Vorschrift, indem sie grundsätzlich der Fürsorge der Polizei auf dem Gebiete des Bauwesens auch die Wahrung der ästhetischen Interessen in gewissem Umfange überweist, damit zugleich die Behörde ermächtigen will, überall da, wo — auch ohne ein positives Handeln — an einem Bau ein die öffentliche Straße verunstaltender Zustand eingetreten ist, den Eigenthümer zur Abhilfe anzuhalten. (O. V. G. E. vom 12. October 1882 II 812.) Nach diesseitigem Dafürhalten wird dies unbedenklich anzunehmen sein, wenn man einerseits die Absicht des Gesetzgebers, grobe Verunstaltungen der öffentlichen Straßen und Plätze überhaupt zu verhüten, andererseits aber den von dem Kgl. Oberverwaltungsgerichte in constanter Rechtssprechung festgehaltenen Rechtsgrundsatz (vgl. S. 43 ff.) in Betracht zieht, wonach, wenn ein Grundstück sich in einem polizeiwidrigen (hier einem das Straßenbild verunstaltenden) Zustand befindet, dem Eigenthümer eine durch polizeiliche Verfügung erzwingbare öffentlich-rechtliche Verpflichtung zur Abstellung des Mangels obliegt, mag die unzulässige Beschaffenheit nun durch den Eigenthümer selbst, durch Dritte oder durch Zufall entstanden sein. Jedenfalls ist aber die Vornahme aller den Städten und öffentlichen Plätzen zur Verunstaltung gereichenden baulichen „Veränderungen“ untersagt und damit der Behörde die Befugniß gewährt, einer

solchen Veränderung — sei es hindernd, wo diese erst beabsichtigt wird, sei es Abhilfe fordernd, wo sie bereits stattgefunden hat — entgegenzutreten. Teiche und Seeen fallen nicht allgemein unter den Begriff der Plätze im Sinne des § 71. O. V. G. E. vom 18. Februar 1886, Pr. V. Bl. VII S. 206.

Unter Verunstaltung im Sinne des § 66 a. a. O. ist nur eine „grobe Verunstaltung" zu verstehen. Eine solche liegt nicht schon dann vor, wenn nur eine vorhandene Formschönheit vermindert wird oder auch ganz verloren geht. Die künstlerische Anlage einer Straße oder eines Platzes kann auf das Niveau des Gewöhnlichen herabgedrückt werden. Das ist noch keine Verunstaltung, geschweige denn eine „grobe". Auch nicht schon jede Störung der architektonischen Harmonie fällt unter jenen Begriff. Unerläßlich ist vielmehr zum Begriffe der Verunstaltung im Sinne der hier in Frage stehenden gesetzlichen Bestimmung die Herbeiführung eines positiv häßlichen, jedes offene Auge verletzenden Zustandes. (O. V. G. E. Bd. IX S. 380, Bd. XXXII S. 341, vom 19. October 1886, Pr. V. Bl. VIII S. 363, vom 26. Juni 1888, ebenda X S. 96 und vom 24. März 1898 IV § 74, vgl. auch Biermann, Privatrecht und Polizei, S. 129 ff. Das Zurückbleiben eines Gebäudes hinter der Bauflucht ist keine Verunstaltung im Sinne des § 66 (O. V. G. E. vom 11. September 1891, Pr. V. Bl. XIII S. 165, vgl. auch O. V. G. E. vom 20. October 1894, Pr. V. Bl. XVI S. 185), ebensowenig eine Miethskaserne mit zwei nackten Giebelwänden und einem schlitzartigen Hofe. (O. V. G. E. v. 26. Juni 1888, Pr. V. Bl. X S. 96.)

Dagegen hat das O. V. G. eine Verunstaltung im Sinne des § 66 beispielsweise darin gefunden, daß seiner Zeit an den Häusern des alten Mühlendammes Nr. 1 bis 7 in Berlin ein großer Theil des die Pfeiler der Kolonnaden bekleidenden Putzes entfernt und nicht wieder ersetzt worden war, so daß die Ziegelsteine sich nackt dem Auge zeigten. (O. V. G. E. vom 12. October 1882 — Pr. V. Bl. IV S. 22.)

Ueber die Verunstaltung der Straße durch einen unvollendet gelassenen Bau vgl. O. V. G. E. Bd. VI Seite 322.

Da die Befugnisse der Polizeibehörden nicht weiter reichen, als der Zweck des Einschreitens bedingt, darf die Erlaubniß zur Aufführung eines für sich bestehenden Hintergebäudes, um eine Verunstaltung der Straße abzuwenden, zwar an die Bedingung geknüpft werden, daß nach der Straße zu das Gebäude durch eine Mauer oder dergl. verdeckt werde, nicht aber an die Bedingung, ein Wohngebäude an der Straße zu errichten. (O. V. G. E. Bd. IV S. 378.)

Es liegt auf der Hand, daß nach dem dargelegten Inhalte der fraglichen gesetzlichen Bestimmung ihre Anwendbarkeit sich auf eine verhältnißmäßig außerordentlich geringe Anzahl von Fällen beschränkt. Unschönheiten, ja selbst Verunstaltungen der Straßen und Plätze, welche den verfeinerten Geschmack des gebildeten Publikums unangenehm berühren, das künstlerische Auge verletzen, vermag die Baupolizeibehörde im Rahmen der ihren Befugnissen gezogenen Grenzen leider nicht zu verhindern.

[5]) Wird der dem gemeinen Wesen drohende Schaden oder die Gefahr, bezw. die Verunstaltung nicht in Gemäßheit der polizeilichen Verfügung beseitigt, so hat die Polizeibehörde ihre Anordnung durch Anwendung der gesetzlichen Zwangsmittel zur Durchführung zu bringen. Der Anspruch der Eigenthümer einer auf polizeiliche Anordnung abgeänderten oder beseitigten baulichen Anlage ist gegen die Polizeibehörde im Rechtswege nicht zu verfolgen. (Erk. des Competenz-Ger.-H. vom 2. November 1850, J. M. Bl. 1851 S. 59.)

[6]) Aus dieser Bestimmung wurde vor dem Erlasse des Baufluchtengesetzes vom 2. Juli 1875 die Befugniß der Polizeibehörden zur Anordnung von Fluchtlinien abgeleitet. Vgl. O. V. G. E. Bd. VIII S. 303, Bd. XXX S. 67.

[7]) Das Verbot der groben Verunstaltung der Städte und öffentlichen Plätze beschränkt sich auf das landrechtliche Gebiet. Im französischen Rechtsgebiete fehlt es an

einer entsprechenden Rechtsnorm, aus der die Möglichkeit einer Einwirkung der Polizeibehörde auf die dem aesthetischen Gebiete angehörende Gestaltung der Frontmauern der Gebäude herzuleiten wäre. (O. V. G. E. Bd. XX S. 395.) Eine Ausnahme besteht in dieser Hinsicht nur für das vormalig Großherzoglich Bergische Gebiet in Gemäßheit des Dekrets vom 16. Juli 1807, dessen in Nr. 3 f enthaltene Vorschrift sich mit dem Verunstaltungsverbot im § 66 I 8 A. L. R. im Wesentlichen deckt. (O. V. G. E. vom 27. September 1892, P. V. Bl. XIV S. 164.) Vgl. Biermann a. a. O. S. 138 ff.

§ 67.

Wer also einen Bau[8]) in Städten[9]) anlegen will, muß davon zuvor der Obrigkeit[10]) zur Beurtheilung[11]) Anzeige machen.

---

[8]) Bezüglich der Begriffe „Bau", „Bauwerk", „Gebäude" vgl. B. P. O. § 27. Welche baulichen Ausführungen genehmigungspflichtig sind, ist in den einzelnen Ortsbaupolizeiordnungen bestimmt; für Berlin vgl. B. P. O. § 27.

[9]) Durch Polizeiverordnungen ist diese Pflicht allgemein auf das platte Land ausgedehnt. Eine derartige Polizeiverordnung steht mit den Vorschriften des A. L. R. über das Erforderniß polizeilicher Genehmigung zu Bauten nicht im Widerspruch, sondern bestimmt nur deren Anwendung und dehnt sie auf analoge Fälle aus. (Erk. d. O. Trib. v. 15. März 1877, J. M. Bl. S. 137, M. R. vom 30. Sept. 1834 und vom 25. Nov. 1838, Rönne, Baupolizei, S. 457 und 465.) Rechtlich findet die Ausdehnung der Genehmigungspflicht auf das platte Land ihre Grundlage im § 10 II 17 A. L. R.

[10]) d. h. der Ortspolizeibehörde, vgl. im Uebrigen den Abschnitt „Die zuständige Behörde" S. 54.

[11]) d. h. die Ertheilung der Baugenehmigung (Bauerlaubniß, Baukonsens) beantragen.

Die Lehre von der Baugenehmigung.

I. Begriff und rechtliche Bedeutung der Baugenehmigung.

1. Die Beurtheilung der vorgelegten Projecte hat, wie aus den Worten und aus dem Zwecke des Gesetzes (§§ 65 bis 67 I 8 A. L. R.) hervorgeht, sich darauf zu erstrecken, ob das Unternehmen, wenn es in der projektirten Art zur Ausführung gelangt, nicht mit solchen allgemeinen oder besonderen, in Geltung befindlichen Vorschriften in Widerspruch

tritt, welche Schaden und Unsicherheit des gemeinen Wesens oder Verunstaltungen der Straßen und öffentlichen Plätze abzuwenden oder sonstige der polizeilichen Fürsorge anvertraute Interessen zu schützen bestimmt sind. Die darauf ertheilte Bauerlaubniß ist demnach begrifflich nichts anderes als

die Erklärung der zuständigen Behörde, daß aus dem bestehenden und geltenden öffentlichen Rechte ein Hinderniß für die Ausführung des vorgelegten Projectes nicht zu entnehmen ist.

(O. V. G. E. Bd. II S. 353, Bd. V S. 376, Bd. XII S. 369, Bd. XIII S. 394, Bd. XIX S. 376, Bd. XX S. 395, Pr. V. Bl. VII S. 236, XV S. 525.) Eine dem Antrage entsprechende, bedingungslos ertheilte Baugenehmigung ist demnach auch an sich keine Anordnung im Sinne des § 132 L. V. G., auch keine polizeiliche Verfügung, durch welche dem Empfänger selbstständige Verpflichtungen auferlegt werden könnten. Wohl aber kann jene Erklärung der Behörde bedingt erfolgen und ihre Wirksamkeit davon abhängig gemacht werden, daß, wenn anders der Antragsteller von der Genehmigung Gebrauch machen will, er gewisse Anordnungen der Behörde erfüllen muß. (O. V. G. E. Bd. XXIII S. 321.) Vgl. auch unter Ziffer IV „Die Baubedingungen."

2. Die rechtliche Bedeutung der Baugenehmigung ergiebt sich aus ihrer Begriffsbestimmung. Sie gestattet den Bau in der beabsichtigten Weise auszuführen, schafft aber keine Verpflichtung zur Ausführung der genehmigten Anlage, befindet auch nicht darüber, in wie weit der Bauunternehmer auch unter Abweichung von dem genehmigten Projecte zu einer anderen Ausführung des Baues befugt sein würde, und gewährt also auch der Polizeibehörde nicht ohne Weiteres ein Recht, eine Abweichung von dem genehmigten Projecte zu hindern, wenn diese dem bestehenden Baurechte nicht widerspricht. Selbstverständlich bedarf aber auch eine derartige Abweichung der vorherigen polizeilichen Genehmigung, d. h. der behördlichen Erklärung, daß auch das abgeänderte Project dem öffentlichen Rechte nicht zuwiderläuft. (O. V. G. E. Bd. XIII S. 393, Bd. XX S. 395.) Insbesondere hat die Baugenehmigung nur Gültigkeit zur Errichtung des genehmigten Baues genau an der aus den Bauvorlagen ersichtlichen Stelle. Jede Verschiebung des Baues an eine andere Stelle des Grundstücks macht den Bau zu einem völlig anderen, nicht genehmigten und folgeweise einer besonderen Genehmigung bedürfenden. Hieraus folgt, daß auch eine Vertauschung der für mehrere bestimmte Grundstücke ertheilten Bauscheine untereinander unzulässig ist. (Vgl. O. V. G. E. vom 2. Januar 1897 — IVb — in Bochmanns Mittheilungen, III. Jhrg. S. 362.) Vgl. bezüglich der strafrechtlichen Folgen der eigenmächtigen Abweichung von dem genehmigten Bauplane, § 367 Ziffer 15 R. St. G. B. S. 12, bezüglich der Wirkung der Baubedingungen S. 58 ff.

3. Aus dem Begriffe der Baugenehmigung, d. h. der Erklärung der zuständigen Behörde, daß aus dem bestehenden und geltenden öffentlichen Rechte ein Hinderniß für die Ausführung des vorgelegten Projectes nicht zu entnehmen ist, folgt, daß dieselbe die Privatrechte dritter Personen unberührt läßt und demnach in allen Fällen, auch wenn dies in der Genehmigungsurkunde, dem Bauschein, nicht ausdrücklich ausgesprochen ist, nur unbeschadet der Privatrechte Dritter ertheilt wird. Demnach kann auch ein Baukonsens dritte Personen, an welche eine polizeiliche Verfügung gar nicht ergangen ist, niemals verpflichten, sich im Interesse des Bauenden ihrer Rechte zu begeben; insoweit ist also ein Baukonsens als eine den Rechtsweg ausschließende polizeiliche Verfügung nicht zu erachten. (Erk. d. O.-Trib. vom 18. August 1856, Entsch. Bd. XXXV S. 279 u. Erk. d. Comp.-Ger. H. vom 9. März 1872, J. M. Bl. S. 135.) Daraus, daß die Polizei eine Anlage unbeschadet etwaiger Rechte dritter Personen genehmigt hat, folgt nicht die Pflicht der Polizei, gegen die genehmigte Anlage im Interesse von Privatrechten, welche durch sie geschädigt sind, einzuschreiten. O. V. G. E. v. 16. December 1897, Pr. V. Bl. XIX S. 334.

II. Die zuständige Behörde.

1. Die Baupolizei ist ein Zweig der allgemeinen Polizei und wird daher wie diese grundsätzlich von der Ortspolizeibehörde verwaltet. (Vgl. §§ 1 und 2 Gesetz über die Polizeiverwaltung vom 11. März 1850, G. S. S. 265.) Diese ist daher zuständig für den Erlaß baupolizeilicher Verfügungen überhaupt, wie zur Ertheilung bezw. Versagung der Baugenehmigung insbesondere, und zwar auch dann, wenn es sich um Bauten an Chausseen oder Eisenbahnen oder um den Wiederaufbau einer Mehrheit von abgebrannten Gebäuden handelt. Vor Ertheilung der Bauerlaubniß zu Bauten an Chausseen und Eisenbahnen haben jedoch die Amtsvorsteher den Antrag den Landräthen vorzulegen, damit diese durch Verfügung an die Amtsvorsteher über die Bedingungen befinden, welche vom Standpunkte der chaussee- und eisenbahnpolizeilichen Interessen zu stellen sind. (O. V. G. E. vom 25. November 1889 Bd. XVIII S. 390, M. E. vom 4. April 1890 M. Bl. S. 64.)

Wegen Mitwirkung der Königl. Baubeamten bei Ertheilung einer Bauerlaubniß durch den Amtsvorsteher oder die städtische Polizeiverwaltung, vgl. M. E. vom 11. Decbr. 1875 (M. Bl. S. 285).

Bezüglich der Berechtigung der Ortspolizeibehörde, unter Umständen zur Erfüllung ihrer polizeilichen Obliegenheiten sich der Beihülfe technischer Kräfte (wie Bausachverständiger) von Amtswegen oder auf Anweisung der Aufsichtsbehörde zu bedienen, vgl. O. V. G. E. Bd. V S. 76.

Wegen der Zuständigkeit der Orts- und Landespolizeibehörde gegenüber der Zuständigkeit der Eisenbahnpolizei vgl. O. V. G. E. Bd. XXIII S. 369, M. R. vom 1. Juli 1889 (M. Bl. S. 136) und O. V. G. E. Bd. XXIV S. 395.

Hinsichtlich der Stellung der Gemeindebehörden und ihrer eventuellen Mitwirkung bei der Handhabung der Baupolizei vgl. O. V. G. E. Bd. III S. 281, Bd. X S. 207, Bd. XIX S. 371, auch M. E. vom 15. Februar 1887 (M. Bl. S. 70).

2. Wenn die Ortspolizei bei der Ertheilung oder der Versagung einer Baugenehmigung nicht aus eigener Entschließung, sondern auf Anweisung oder Ermächtigung einer vorgesetzten Behörde, immerhin aber kraft eigener Zuständigkeit gehandelt hat, ist und bleibt die an Bedingungen geknüpfte Baugenehmigung oder die Versagung derselben eine mit den Rechtsmitteln der §§ 127 ff. L. V. G. angreifbare ortspolizeiliche Verfügung. (O. V. G. E. Bd. IV S. 347, V S. 358, VIII S. 246, 331, 379, IX S. 344, XIV S. 306, XXII S. 409.) Im Verwaltungsstreitverfahren hat der Vertreter der Ortspolizeibehörde alsdann lediglich nach Maßgabe der von der vorgesetzten Behörde ertheilten Anweisungen die Sache zu vertreten. (O. V. G. E. vom 14. Februar 1885 Nr. I 185.)

An sich ziehen kann aber die höhere Polizeibehörde die Befugniß einer nachgeordneten Polizeibehörde nur dann, wenn ohne unmittelbares Einschreiten der höheren Instanz das zu erreichende Ziel des polizeilichen Einschreitens überhaupt nicht erreicht werden kann. (O. V. G. E. vom 4. Februar 1895 P. V. Bl. XVI S. 386 und O. V. G. E. Bd. II S. 424, X S. 366, XX S. 302, XXIII S. 209.) Nur unter der gleichen Voraussetzung kann die Aufsichtsbehörde eine von der zuständigen Ortspolizeibehörde ertheilte Baugenehmigung selbst zurückziehen. (Vgl. O. V. G. E. Bd. XXIV S. 344.)

Danach ist also die Landespolizeibehörde zum Erlaß einer zur Zuständigkeit der Ortspolizeibehörde gehörigen Verfügung grundsätzlich nicht befugt und selbst dann, wenn beide Behörden zu einer Thätigkeit berufen sind, hat die Ermächtigung der höheren Behörde, unter Umständen Befugnisse der untergeordneten Organe an sich zu ziehen, regelmäßig zur Voraussetzung, daß die betreffende Angelegenheit der Natur der Sache nach in einem Verfahren erledigt werden muß. Um eine solche Angelegenheit handelt es sich bei der Prüfung von Baugesuchen nicht; denn es steht nichts im Wege, die Ertheilung der Bauconsense beispielsweise auch bei Bauten an Chausseen oder an öffentlichen Flüssen der Ortspolizeibehörde in der Hauptsache zu belassen und die Mitwirkung des Landraths oder der Landespolizeibehörde dabei auf die selbstständige Wahrung der ihnen anvertrauten chaussee- oder strompolizeilichen Interessen zu beschränken. Etwaigen Unzuträglichkeiten, welche sich aus einer solchen Behandlung der Baugesuche nach dem gegenwärtigen Aufbau der gegen polizeiliche Verfügungen statthaften Rechtsmittel für die Betheiligten möglicherweise ergeben könnten, läßt sich ohne besondere Schwierigkeiten vorbeugen, wenn nur Fürsorge getroffen wird, daß bei Versagung der Zustimmung von Seiten des Landraths bezw. der Landespolizeibehörde die desfallsige Eröffnung an die Betheiligten keinen Zweifel darüber läßt, von welcher Stelle die der Consensverweigerung zur Unterlage dienende polizeiliche Verfügung ausgegangen ist. (O. V. G. E. Bd. XVIII S. 390.) Eine dementsprechende Anweisung ist durch M. E. vom 25. November 1889 (M. Bl. 1890 S. 64) ertheilt.

Bei Erledigung der in ihren Geschäftskreis fallenden Angelegenheiten ist die Ortspolizeibehörde selbstverständlich nicht befugt, sich über die einschlagenden von der Landespolizeibehörde (z. B. in ihrer Eigenschaft als Strompolizeibehörde) getroffenen Anordnungen hinwegzusetzen und Verfügungen zu erlassen, welche mit jenen in Widerspruch stehen. Die in der Baugenehmigung begrifflich enthaltene Erklärung der Polizeibehörde, daß der Ausführung des Baues nach den geltenden Vorschriften des öffentlichen Rechts ein Hinderniß nicht entgegensteht, kann nicht abgegeben werden, wenn die Landespolizeibehörde bereits das Gegentheil festgestellt hat. Widerspricht also beispielsweise die Abtheilung I des Polizei-Präsidiums zu Berlin in ihrer Eigenschaft als Landespolizeibehörde einem bei der Abtheilung III desselben vorgelegten Bauproject, so hat letztere die Bauerlaubniß zu versagen. Eine auf einen landespolizeilichen Versagungsgrund sich stützende ortspolizeiliche Verfügung wird mit Erfolg im Verwaltungsstreitverfahren nicht angefochten werden können, da der Verwaltungsrichter nicht auf Ertheilung des Bauconsenses erkennen kann, wenn dieselbe durch eine landespolizeiliche Anordnung ausgeschlossen ist, die Frage aber, inwieweit Letztere sachlich begründet ist, seiner Prüfung entzogen ist. (O. V. G. E. Bd. VIII S. 331.) Vgl. auch M. Erl. vom 12. Februar 1885 — 1747 H. M. II 524 M. d. J.

Wenn indeß in der die nachgesuchte Baugenehmigung versagenden ortspolizeilichen Verfügung in Gemäßheit des obenerwähnten Ministerialerlasses vom 25. November 1889 die Verfügung der Landespolizeibehörde, auf welche die Versagung zurückzuführen ist, ausdrücklich als landespolizeiliche Verfügung des Regierungspräsidenten oder in Berlin des Polizeipräsidenten bezeichnet ist, sodaß also die Ortspolizeibehörde lediglich als Organ der Landespolizeibehörde auftritt, würde allerdings in Gemäßheit des § 130 L. V. G. innerhalb zwei Wochen von der Zustellung jener ortspolizeilichen Verfügung ab gerechnet die Beschwerde an den Oberpräsidenten und gegen den vom Oberpräsidenten auf die Beschwerde erlassenen Bescheid innerhalb gleicher Frist die Klage bei dem Oberverwaltungsgericht stattfinden. Vgl. O. V. G. E. vom 3. Dezember 1896, Bochmann, Mitth. III. Jahrg. S. 323. Ist ein Regierungspräsident gemäß § 138 a. a. O. als besondere Behörde zur Wahrnehmung der Strom- und Schifffahrtspolizei bestellt, so würde gegen strom- und schifffahrtspolizeiliche Verfügungen desselben, auch in den Fällen, in denen die Versagung eines Bauconsenses auf eine solche zurückzuführen ist, nur die Beschwerde an den Minister für Handel und Gewerbe zulässig sein. (O. V. G. E. Bd. XV S. 339.)

3. In Berlin ist in Baupolizeisachen mit Ausnahme der zur Zuständigkeit der örtlichen Straßenbau-Polizeiverwaltung gehörigen Angelegenheiten (vgl. All. Kab.-Ordre vom 28. Dezember 1875, A. Bl. der Regierung zu Potsdam 1876 S. 8 und III. Theil Nr. 1) das Kgl. Polizei-Präsidium, Abtheilung III, zuständig.

Wegen des Verhältnisses der die Geschäfte der Landespolizei wahrnehmenden I. Abtheilung zu den übrigen Abtheilungen des Polizei-Präsidiums zu Berlin und in Betreff der Voraussetzungen, unter denen die Verfügungen des Polizeipräsidenten als ortspolizeiliche anzusehen sind, vgl. O. V. G. E. Bd. VIII S. 331. Hier ist hervorzuheben, daß entsprechend der rein büreaukratischen und nicht kollegialischen Organisation des Polizei-Präsidiums die Verfügungen der Abtheilungen rechtlich lediglich als Verfügungen des Polizeipräsidenten aufzufassen und zu behandeln sind. Vgl. III. Theil Nr. 18.

III. Von der Berechtigung und von der Verpflichtung, eine Baugenehmigung nachzusuchen.

1. Von der Berechtigung.

In erster Linie ist der Grundstückseigenthümer berechtigt, der Behörde ein Project für die Bebauung des ihm gehörigen Grundstücks bezw. für eine bauliche Veränderung auf demselben bereits vorhandener Baulichkeiten zur Prüfung und Genehmigung einzureichen. Der Grundeigenthümer ist indeß nicht befugt, der Baupolizeibehörde gleichzeitig für dasselbe Grundstück eine Anzahl von Bauprojecten zur Prüfung vorzulegen und sich demnächst die Auswahl vorzubehalten. Die auf § 67 I 8 A. L. R. sich gründende Prüfungspflicht der Polizeibehörde erstreckt sich vielmehr lediglich auf ein einzelnes bestimmtes Bauvorhaben, dessen Ausführung lediglich von der Ertheilung oder Versagung der Genehmigung abhängig ist. Erl. des $\frac{\text{M. d. J.}}{\text{M. d. ö. A.}}$ vom 2. März 1887 $\frac{\text{II 2236}}{\text{III 4251}}$. Danach kann die Polizei insbesondere dann die Ertheilung eines Bauconsenses ablehnen, wenn der Nachsuchende gar nicht die Absicht hat, im Laufe der Zeit, für die der Consens gültig sein soll, mit dem Bau ernstlich zu beginnen. O. V. G. E. Bd. XXX S. 370. Von einem bestimmten Bauvorhaben wird auch bei Terraingesellschaften, die häufig gleichzeitig zahlreiche Bauprojekte für eine ganze Reihe von Parzellen einreichen, in den meisten Fällen thatsächlich nicht die Rede sein können, namentlich dann nicht, wenn die betreffende Gesellschaft sich statutenmäßig überhaupt nicht mit der Bebauung, sondern lediglich mit dem Verkaufe der einzelnen Parzellen ihres Grundbesitzes befaßt. (Vgl. O. V. G. E. vom 3. Mai 1887, Pr. V. Bl. VIII S. 364.) Gegen eine Verfügung der Baupolizeibehörde, wonach letztere es ablehnt, in die Prüfung eines Bauprojektes überhaupt einzutreten, ist nicht nur die Beschwerde an die Aufsichtsbehörde für zulässig zu erachten, sondern unter Umständen, wenn eine derartige Verfügung inhaltlich die einstweilige Versagung der Baugenehmigung in sich schließt, auch die Beschwerde nach § 127 L. V. G. O. V. G. E. vom 28. Februar 1898 — IV 408.

Daß der Bauherr auch Eigenthümer des zu bebauenden Grundstücks ist, wird als Voraussetzung für die Berechtigung, ein Bauprojekt zur Prüfung einzureichen, nicht in allen Fällen gefordert werden können; es genügt der Nachweis, daß er ein rechtliches Interesse an der ordnungsmäßigen Erledigung seines Baugesuchs hat. (O. V. G. E. vom 3. Mai 1887, Pr. V. Bl. VIII S. 364, und vom 9. Juni 1884, ebenda V S. 318.) Die Erbringung dieses Nachweises ist die Behörde zu verlangen berechtigt. Die bloße Absicht, eventuell für den Fall, daß ein bestimmtes Bauvorhaben die Genehmigung der Behörde finden sollte, ein Grundstück zu kaufen, ohne einen eine derartige Bedingung enthaltenden Kaufvertrag wird zum Nachweise des vorhandenen rechtlichen Interesses nicht unter allen Umständen für genügend erachtet werden können. Dagegen sind Grundstückspächter oder Nießbraucher, Miether, antichretische Pfandgläubiger, ja selbst der thatsächliche Inhaber von Grundstücken in der Regel für befugt zu erachten, Anträge auf Baugenehmigung zu stellen. In jedem Falle erfolgt die Genehmigung vorbehaltlich der Rechte Dritter und überhebt den Unternehmer nicht der Nothwendigkeit, die etwa erforderliche Zustimmung eines solchen Dritten herbeizuführen oder ein bestehendes Widerspruchsrecht zu beseitigen. Daß bei offenkundiger thatsächlicher oder rechtlicher Unmöglichkeit, über den Bauplatz zu verfügen, insbesondere bei bereits laut gewordenem Proteste des Eigenthümers, die Polizeibehörde für befugt zu erachten ist, die Prüfung des Projekts bis zur Beseitigung dieser Anstände abzulehnen, kann nicht zweifelhaft sein, denn von einem bestimmten wirklichen Bauvorhaben kann in derartigen Fällen füglich nicht die Rede sein. In zweifelhaften Fällen empfiehlt es sich für die Polizeibehörde jedenfalls, die Erklärung des Eigenthümers über das von einem Nichteigenthümer vorgelegte Bauprojekt herbeizuführen. Ja die Bestimmung einer Baupolizeiordnung, welche vorschreibt, daß Baugesuche bezw. Bauvorlagen, wenn der Bauherr nicht zugleich Grundstückseigenthümer ist, auch von letzterem mitunterzeichnet sein müssen, dürfte keine unzulässige Ueberschreitung der polizeilichen Befugnisse in sich schließen. Sie ließe sich aus der inhaltlichen Verbindung des § 67 I 8 A. L. R. mit dem § 65, der lediglich von der Baufreiheit des Eigenthümers spricht, an sich wohl rechtfertigen.

Da eine jede baupolizeiliche Genehmigung, sobald sie, wie dies die Regel bildet, an bestimmte Bedingungen geknüpft wird, sich als eine polizeiliche Verfügung charakterisiert, muß sie auch an eine bestimmte (physische oder juristische) Person gerichtet sein und sie geht, wenn das Baugrundstück auf einen neuen Erwerber übergeht, keineswegs ohne Weiteres auf diesen mit über. Baut der neue Erwerber auf Grund der alten, nicht ihm ertheilten Genehmigung, so baut er im Sinne des § 367 Ziffer 15 R. St. G. B. jedenfalls ohne Genehmigung und wird in Folge dessen strafbar. Wenn vielfach bisher nicht demgemäß verfahren ist, so ist dies für die rechtsgrundsätzliche Beurtheilung der Frage jedenfalls ohne Belang.

Ausländische Korporationen und andere juristische Personen des Auslandes haben mit dem Antrage auf baupolizeiliche Genehmigung zu gewerblichen Anlagen die zum Erwerbe von Grundbesitz erforderliche landesherrliche Genehmigung auf Grund des Gesetzes vom 4. Mai 1846 (G. S. S. 235) bezw. die auf Grund des Allerh. Erl. vom 14. Februar 1882 (G. S. S. 18.) oder die nach § 18 der G. O. vom 17. Januar 1845 in der Fassung des Gesetzes vom 22. Juni 1861 (§ 12 der G. O. vom 21. Juni 1869 in der Fassung des R. G. vom 1. Juli 1883 [R. G. Bl. S. 177]) nothwendige ministerielle Erlaubnis zum Geschäftsbetriebe in Preußen nachzuweisen.. M. E. vom 7. Februar 1897 $\frac{\text{A. 4985}}{\text{B. 11860}}$ M. f. H., III 1643 M. d. ö. A. Pr. V. Bl. XVIII S. 252.

2. Von der Verpflichtung.

Der Einwirkung der Polizeibehörden zur Erfüllung ihrer Aufgaben unterliegen nicht nur die physischen, sondern auch die juristischen Personen und die Gesellschaften des modernen Rechts, soweit dies nach der beschränkten Rechtssphäre der Letzteren überhaupt möglich ist; unter diesen nimmt der Staat als Subjekt von Privatrechten, der Fiskus als solcher, regelmäßig keine Sonderstellung ein. (O. V. G. E. Bd. II S. 409, auch Bd. III S. 195, Bd. V S. 331/32, vom 29. Juni 1889 Pr. V. Bl. X S. 601 und andrerseits Bd. II S. 407, Bd. IV S. 409, Bd. V S. 363 und insbesondere Bd. V S. 334 [Ausübung von Funktionen der Staatshoheit].) Demgemäß beschränkt sich auch das Erforderniß der baupolizeilichen Genehmigung grundsätzlich keineswegs bloß auf Privat- und Gemeindebauten, sondern erstreckt sich auch auf Staats- und Reichsbauten. Auch diese bedürfen, sofern ein nach Gesetz, Verordnung oder Statut an sich consenspflichtiges Bauwerk in Frage steht, der ortspolizeilichen Genehmigung und zwar selbst dann, wenn es sich um einen bereits ministeriell genehmigten Hochbau (beispielsweise auf einem Eisenbahnhofe) handelt. Vgl. O. V. G. E. vom 5. September 1878 Bd. V S. 324 mit Erlaß des Handelsministers vom 14. Juli 1870, abgedruckt auch im M. Bl. d. i. V. S. 213, vgl. auch den Erlaß der Minister für Handel und Gewerbe und des Innern vom 12. October 1872, M. Bl. S. 258, der indeß, nachdem das O. V. G. E. vom 5. September

1878 ergangen war, zunächst für den Geltungsbereich der Kreisordnung vom 13. December 1872 durch den Erlaß vom 15. December 1878 — $\frac{\text{III 19284 H. M.}}{\text{II 13176 M. d. J.}}$ — wieder aufgehoben wurde. Nachdem indeß das Gesetz über die allgemeine Landesverwaltung für den ganzen Umfang der Monarchie Gültigkeit erlangt hat (zuletzt am 1. April 1890 in der Provinz Posen), ist auch der Ministerial-Erlaß vom 9. November 1887 (M. Bl. S. 274), der in seinem ersten Theile nur für die damaligen Nichtkreisordnungsprovinzen Bedeutung hatte, seitdem, was diesen Theil anbetrifft, als aufgehoben zu betrachten. Hiernach ist nunmehr im ganzen Umfange der Monarchie die Frage, inwieweit eine Beschränkung der baupolizeilichen Prüfung fiskalischer Bauprojekte als zulässig anzusehen ist, nach dem jeweiligen örtlichen Baupolizeirecht zu beurtheilen. Wo die Baupolizeiordnungen, wie es vielfach geschehen ist, bestimmen, daß es bei auf Rechnung des Reichs oder Staats von Staatsbeamten ausgeführten Bauten der Einholung der förmlichen baupolizeilichen Erlaubniß nicht bedarf, es vielmehr genügt, wenn das Bauvorhaben vor der Ausführung der Polizeibehörde zur Erklärung darüber vorgelegt wird, ob und was in baupolizeilicher Hinsicht dagegen zu erinnern sei, oder auch bei solchen Bauten die Abnahme des Rohbaus oder die Schlußabnahme ganz nachlassen, hat es dabei sein Bewenden. Andernfalls sind die Vorschriften des örtlichen Baurechts auch für fiskalische Bauten maßgebend. M. Erl. vom 25. Mai 1898, M. Bl. S. 124. Die etwaige Anfechtung der die Genehmigung versagenden oder an Bedingungen knüpfenden Entscheidung kann auch hier nur durch die gegen polizeiliche Verfügungen gesetzlich zulässigen Rechtsmittel (§§ 127 ff. L. V. G.) erfolgen. In Berlin erleidet das sonst übliche Verfahren (vgl. § 42 B. P. O.) bei Bauten der preußischen Staatsverwaltung, bei reichsfiskalischen Bauten (M. E. vom 10. April 1891 — III 6391 —), bei Bauten der Reichspostverwaltung (M. E. vom 8. März 1894 — III 4496 —), der Garnisonverwaltung und des Ministeriums des Königlichen Hauses insofern eine Abänderung bezw. Einschränkung, als:

a) die Bauprojecte nicht mehr in bautechnischer, sondern nur noch in baupolizeilicher Hinsicht geprüft werden;

b) Rohbau-, sowie Gebrauchs-Abnahmeprüfungen nur bei wichtigeren, umfangreichen Bauten und zwar, abgesehen von Behinderungsfällen, durch die Polizei-Bauinspectoren selbst vorgenommen werden; hierbei wird vorausgesetzt, daß die (Lokal-) Baubeamten der betreffenden Verwaltung den Rohbau- und Gebrauchs-Abnahme-Prüfungen persönlich beiwohnen;

c) die Rohbau- und Gebrauchs-Abnahme-Prüfungen sich nicht auf Construction und Material erstrecken, ebensowenig auf solche Abweichungen von dem polizeilich genehmigten Bauprojecte, durch welche Vorschriften der B. P. O. nicht verletzt sind; im Wesentlichen wird bei den Rohbau- und Gebrauchsabnahmeprüfungen vielmehr nur darauf gesehen, ob den bau- und feuerpolizeilichen Bestimmungen, welche in dem Bauschein zum Ausdruck gebracht sind, oder in der B. P. O. ihre Begründung finden, genügt ist;

d) wiederkehrende Revisionen der Bauten durch die Polizei-Bauinspectoren nicht stattfinden.

Ueber die Bauart der von der Staatsbauverwaltung auszuführenden Gebäude unter besonderer Berücksichtigung der Verkehrssicherheit vgl. die Bestimmungen des M. d. ö. A. vom 1. November 1892, M. Bl. S. 354. Bezüglich der Gebührenfreiheit der Bauten des Preußischen Staates und des Deutschen Reiches in Berlin und Charlottenburg vgl. Baupolizeigebührenordnung § 4, III. Theil Nr. 21.

IV. Die Baubedingungen.

1. Der Baugenehmigung, die an sich begrifflich keine polizeiliche Anordnung ist, können in Form von Bedingungen auch „Anordnungen" sich anschließen, in der Art, daß

der Unternehmer, wenn anders er überhaupt von der Genehmigung Gebrauch macht, hierbei an gewisse — gleichviel ob seinen Plänen entsprechende oder ihnen zuwiderlaufende — Schranken gebunden ist, und sind diese Anordnungen dann aufrecht zu erhalten, wenn sie sich mit dem bestehenden Baurecht in Uebereinstimmung befinden. Als solche Baubedingungen können nun keineswegs nur solche Anordnungen des Bauconsenses betrachtet werden, welche — ohne in besonderen gesetzlichen Vorschriften ihre Begründung zu finden — lediglich auf den allgemeinen Befugnissen der Polizei oder etwa auf einer speciellen, aber dem Ermessen der Behörde einen weiteren Spielraum gestattenden Ermächtigung beruhen. Umgekehrt wird es vielmehr die Regel bilden, daß die Beobachtung ausdrücklich vorgesehener gesetzlicher Normen, welche bei Aufstellung des Bauplanes übersehen sind oder deren Nichtbeachtung bei der demnächstigen Bauausführung die Polizeibehörde befürchtet, dem Bauunternehmer in der Form von Baubedingungen zur Pflicht gemacht wird. (O. V. G. E. vom 26. November 1883, Pr. V. Bl. V S. 116.) Auf derartige bezüglich des Baues bestehende allgemeine Vorschriften in dem Bauschein hinzuweisen und deren Befolgung zur Pflicht zu machen, ist die Polizeibehörde zwar völlig berechtigt, wenn auch eine Nothwendigkeit zur Aufnahme allgemein gültiger und daher ohnehin unbedingt zu befolgender Bestimmungen als Baubedingungen in den Bauschein nicht vorliegt. Eine unerläßliche Voraussetzung für alle in Form von Baubedingungen erlassenen Anordnungen ist aber, daß in dem Bauprojecte selbst zu ihnen ein genügender praktischer Anlaß gegeben ist, anderenfalls hat der Unternehmer ein Recht darauf zu verlangen, daß er mit solchen polizeilichen Verfügungen, zu denen sein Bauvorhaben keine Veranlassung bietet, nicht behelligt werde. (O. V. G. E. vom 24. Mai 1892, Bd. XXIII S. 321 und Pr. V. Bl. XIV S. 281, auch O. V. G. E. Bd. II S. 353.) Bezüglich der nachträglichen Auferlegung von Baubedingungen vgl. Abschnitt V.

2. Eine polizeiliche Anordnung (in Gestalt einer Bedingung des Bauscheins) ist anfechtbar wie jede andere polizeiliche Verfügung mit den in §§ 127 ff. L. V. G. gegebenen Rechtsmitteln, also mit der Beschwerde oder der Klage im Verwaltungsstreitverfahren binnen zwei Wochen von der Aushändigung des Bauscheins an gerechnet. Nach Versäumung rechtzeitiger Anfechtung ist die Baubedingung für den Betheiligten verbindlich und bildet in Folge dessen eine sichere Grundlage für das weitere Vorgehen der Polizeibehörde. O. V. G. E. Bd. XII S. 366, Pr. V. Bl. VII S. 197. Allerdings ist es nicht ausgeschlossen, die fragliche Bedingung, wenn ihre Erfüllung Seitens der Polizei im Zwangswege durchgeführt werden soll, noch nachträglich zum Gegenstande des Angriffs zu machen (vgl. § 133 Abs. 1 L. V. G.), sofern sie nicht bereits Gegenstand eines besonderen Beschwerde- oder Verwaltungsstreitverfahrens gewesen ist. O. V. G. E. Bd. XXIII S. 333.

3. Wenn ein Bauconsens seine Wirksamkeit selbst davon abhängig macht, daß vor dem Beginne des Baues die ortsstatutarische Zustimmung einer städtischen Behörde beigebracht werden müsse, so bedeutet dies nichts Anderes, als daß die Polizeibehörde den Consens versagt, wofern nicht die Zustimmung der Gemeindebehörde vor dem Baubeginn beschafft wird. (Für Berlin vgl. das Ortsstatut vom $\frac{\text{8. October}}{\text{19. November}}$ Theil III Nr. 2.) Aus jener Bedeutung eines derartig ertheilten Consenses folgt, daß die Partei, die sich mit ihm nicht bescheiden will, weil sie der Meinung ist, daß die Polizeibehörde mit Unrecht das ortsstatutarische Bauverbot auf das vorgelegte Bauproject zur Anwendung bringe, diesen Bescheid innerhalb der gesetzlichen Frist von zwei Wochen im Beschwerde- oder Klagewege anzugreifen hat und daß sie mit diesem Angriff nicht warten darf, bis feststeht, daß ihr die Gemeindebehörde ihre Zustimmung ertheilen wird oder nicht. Denn die Entscheidung, daß das Bauverbot an sich Anwendung finde, liegt schon in dem unter der gedachten Beschränkung ertheilten Bauconsens selbst.

4. Die Baupolizeibehörde ist unter Umständen berechtigt, für die Herstellung gewisser, nach dem genehmigten Bauplane oder nach den bei Genehmigung des Planes ergangenen besonderen Anordnungen vorzunehmenden Bauarbeiten eine Frist zu bestimmen, nach deren Ablauf sich die Unterlassung der Herstellung dieser Arbeiten als eigenmächtige Abweichung von dem durch die Behörde genehmigten Bauplane darstellt. (§ 367 Nr. 15 R. Str. G. B., Pr. V. Bl. III S. 308.)

5. Die Baupolizeibehörde ist übrigens nicht verpflichtet, eine Baugenehmigung unter Bedingungen zu ertheilen, wenn das Baugesuch gegen baupolizeiliche Vorschriften verstößt, sie ist vielmehr befugt, direct die Genehmigung des in der vorgelegten Form nicht genehmigungsfähigen Projects zu versagen. (O. V. G. E. vom 20. Juni 1890, Pr. V. Bl. XI S. 575.) Von dieser Befugniß der directen Ablehnung, unter Umständen wegen nur geringfügiger Verstöße des Projects gegen baupolizeiliche Vorschriften, wird die Behörde selbstverständlich eben sosehr im Interesse des Publikums wie im eigenen nur einen beschränkten Gebrauch machen können und dürfen. Stellt die Behörde aber Bedingungen, so muß sie dieselben ebenso wie jede andere polizeiliche Verfügung rechtlich und thatsächlich soweit begründen, daß dadurch dem Betroffenen die Möglichkeit gegeben wird, die Verfügung in ihren Grundlagen durch das ihm zustehende Rechtsmittel anzugreifen. (O. V. G. E. Bd. XXIV S. 340, Bd. IX S. 231, Bd. XX S. 278, 283, Bd. XXIII S. 341.) Bezüglich der rechtlichen Bedeutung der auf den genehmigten Bauvorlagen polizeilicherseits vorgenommenen Abänderungen vgl. B. P. O. § 29, Anm. 1a.

6. Baubedingungen sind wie andere polizeiliche Verfügungen widerruflich, falls sie sich mit den für das polizeiliche Ermessen allein maßgebenden aus Gründen des öffentlichen Interesses durch Gesetz oder Verordnung bestimmten Normen im Widerspruch befinden. (Vgl. unter V.)

7. Der Besitznachfolger des ursprünglichen Bauherrn eines Gebäudes, bei dessen Erbauung von den Baubedingungen abgewichen ist, kann nur dann angehalten werden, den Bau der Genehmigung entsprechend umzugestalten, wenn die gestellte, aber nicht erfüllte Bedingung ihre rechtliche Basis nicht ausschließlich in den besonderen Satzungen, welche der Bauconsens dem Unternehmer vorschreibt, sondern weiter in gemeingültigen, unmittelbar gesetzlichen oder doch denjenigen, dem Gesetze gleichstehenden baupolizeilichen Bestimmungen fand, auf Grund und nach Maßgabe welcher der Bauconsens überhaupt ertheilt worden ist. (O. V. G. E. Bd. II S. 356, Bd. XII S. 366, Bd. XIII S. 424, Bd. XX S. 398, vom 5. October 1885, vom 17. December 1890, vom 6. Januar 1891, Pr. V. Bl. VII S. 197, XII S. 303, S. 511.)

8. Ueber die Zweckmäßigkeit und Angemessenheit der Bedingungen, an welche die Gewährung eines Bauconsenses geknüpft ist, hat nicht der Verwaltungsrichter zu befinden, sondern lediglich die Beschwerdeinstanz, deren Entscheidung gegebenen Falles herbeizuführen ist. (§ 127 L. V. G.) Andererseits hat aber alsdann auch die Beschwerdeinstanz das Recht und die Pflicht, die angefochtene Verfügung nach allen Seiten daraufhin zu prüfen, ob sie mit dem öffentlichen Baurechte im Einklange steht (O. V. G. E. vom 17. Februar 1891 IV 167); findet sie hierbei, daß das der Fall sei und die Anordnung sich aus einem anderen, als dem von der Polizeiverwaltung angegebenen Grunde rechtfertigt, so hat sie keine Veranlassung, die Verfügung aufzuheben, selbst wenn der in der Verfügung angegebene Grund sich als hinfällig erwiesen haben sollte; mit der Angabe des neuen Grundes wird keine neue Verfügung geschaffen. (O. V. G. E. vom 6. October 1891, IV 915.)

V. Zurücknahme oder Widerruf der ertheilten Baugenehmigung.

1. Die Baugenehmigung ist die Erklärung der Behörde, daß aus dem zur Zeit der Ertheilung derselben geltenden öffentlichen Rechte ein Hinderniß für die Ausführung

des Projectes nicht zu entnehmen ist. Wenn das öffentliche Recht, auf Grund dessen sie ertheilt war, vor Beginn der Bauausführung verändert worden ist, beispielsweise durch Erlaß einer neuen Baupolizeiordnung oder eines Ortsstatuts auf Grund des § 12 des Baufluchtengesetzes (O. V. G. E. Bd. XXIV S. 362 ff.) oder durch Festsetzung einer neuen Baufluchtlinie, kann die Baugenehmigung in jedem Falle unbedenklich zurückgenommen oder abgeändert werden. (Erk. des Reichsgerichts vom 17. December 1892, Pr. V. Bl. XIV S. 138.) Damit findet kein unzulässiger Eingriff in das Recht des Grundeigenthümers statt, denn das aus dem Eigenthum am Grund und Boden folgende Recht der Baufreiheit ist an die Beschränkung gebunden, daß Bauten nur unter Berücksichtigung der zur Zeit ihrer Ausführung gültigen baupolizeilichen Bestimmungen ausgeführt werden dürfen.

2. Anders stellt sich die Sache, wenn auf Grund der ertheilten Baugenehmigung bereits mit dem Bau begonnen worden ist. In diesem Falle bietet die Genehmigung (abgesehen von dem unten behandelten Ausnahmefalle) dem Bauherrn eine Gewähr und sichere Unterlage dafür, daß er sein Bauvorhaben in der von der Behörde gutgeheißenen Weise nunmehr auch thatsächlich ausführen dürfe. Insbesondere stehen selbst neue baurechtliche Vorschriften (vgl. Ziffer 1) der Ausführung und Vollendung von ordnungsmäßig genehmigten und bereits begonnenen Bauten in der Regel nicht entgegen. An diesem Grundsatz hat das O. V. G. auch der entgegenstehenden Rechtsauffassung des Reichsgerichts gegenüber festgehalten. (O. V. G. E. Bd. XXIV S. 362, E. vom 4. December 1895, Pr. V. Bl. XVII S. 452, Urth. des Reichsger. vom 22. September 1894 in Entsch. des R. G. in Civils. Bd. 34 S. 242 und Pr. V. Bl. XVII S. 29, O. V. G. E. vom 28. September 1895, IV 1323.)

Die durch Feststellung von Fluchtlinien herbeizuführende Aenderung des örtlichen Baurechts tritt — unbeschadet des Rechts der Polizeibehörde, unter Umständen schon während des noch schwebenden Verfahrens, Baubeschränkungen zur Geltung zu bringen — erst mit dem in § 11 des Gesetzes vom 2. Juli 1875 bezeichneten Zeitpunkt, d. i. mit der im § 8 a. a. O. vorgesehenen Offenlegung des förmlich festgestellten Fluchtlinienplanes ein. Die Ausführung eines vor diesem Zeitpunkte bereits begonnenen Baues, wenn er ordnungsmäßig von der Polizeibehörde genehmigt war, kann nachher nicht mehr gehindert werden. O. V. G. E. Bd. XXXI S. 349.

Des Weiteren kann nach begonnener Bauausführung keinesfalls der einmal ertheilte Bauconsens bloß deswegen zurückgenommen werden, weil die Baupolizeibehörde nachträglich zu der Ueberzeugung gelangt, daß sie sich bei dem ihr zustehenden freien Ermessen geirrt hat und daß die Verhältnisse anders, als geschehen, zu beurtheilen seien. Dasselbe gilt von der Kognition der Aufsichtsbehörde. Die Zurücknahme einer Bauerlaubniß kann vielmehr der Regel nach nur dann erfolgen, wenn die Bauerlaubniß sich mit dem zur Zeit der Ertheilung geltenden öffentlichen Polizeirechte in Widerspruch gesetzt hat. Ein solcher Widerspruch liegt da klar vor, wo die Bauerlaubniß gegen positiv bindende, das freie Ermessen im Einzelfalle ausschließende Vorschriften des materiellen Polizeirechts ertheilt ist, sei es, weil der Mangel des Projectes ohne Weiteres überhaupt nicht erkennbar war, oder weil er thatsächlich nicht erkannt wurde. (Vgl. O. V. G. E. Bd. II S. 422, Bd. IV S. 373, Bd. VI S. 322, Bd. VIII S. 215, Bd. XI S. 370, Bd. XIX S. 385, Bd. XXIV S. 385, vom 14. December 1885 II 1235, vom 20. Juni 1894, P. V. Bl. XV S. 526.) Hierhin wird vor Allem der Fall zu rechnen sein, daß die Bauvorlagen thatsächlich Unrichtigkeiten enthielten, z. B. falsche Grundstücksmaße oder Höhenangaben, unrichtige Darstellungen auf dem Grundstücke bereits vorhandener baulicher Anlagen pp., wenn die richtigen Angaben zu einer Versagung des neu vorgelegten Projectes nach Lage der gesetzlichen Bestimmungen hätten führen müssen. Hier hat sich der Bauherr die Zurückziehung der ertheilten Genehmigung selbst zuzuschreiben. Diesen Fällen mögen unter Umständen auch solche gleichzustellen sein, wo beim Mangel konkreter Vorschriften die allgemeinen dem Ermessen der Polizeibehörde als Richtschnur gegebenen Normen des Polizeirechts (§ 10 II. 17 A. L. R. und dergl. mehr) maßgebend sind und durch offenbar sach- und pflichtwidrige Handhabung im Einzelfalle derartig verletzt werden, daß das öffentliche Interesse eine Remedur unabweisbar erheischt. (O. V. G. E. Bd. XXIV S. 344, O. V. G. E. vom 19. October 1886, Pr. V. Bl. VIII S. 70, vom 11. März 1887 ebenda S. 245, vom 19. April 1887 ebenda S. 268.) Hiernach gewährt die Baugenehmigung dem Eigenthümer keinen Schutz, wenn sie von vornherein rechtswidrig ist, da das gesetzlich geschützte öffentliche Interesse auch in dem Falle allein maßgebend bleiben muß, wo die Polizeibehörde dasselbe früher nicht gehörig wahrgenommen hat; sie kann also zurückgenommen oder durch die nachträgliche Auferlegung von Baubedingungen abgeändert werden, falls sie sich mit den für die polizeiliche Entschließung maßgebenden Normen in Widerspruch befindet. (O. V. G. E. Bd. VI S. 322, Bd. VIII S. 215, vom 30. Juni 1891 Pr. V. Bl. XII S. 569.) Bezüglich der Rechtsmittel gegen derartige Anordnungen der Polizeibehörde vgl. O. V. G. E. XIX S. 375 ff.

In den meisten Fällen der Zurücknahme einer Baugenehmigung bezw. Baubedingung handelt es sich also darum, ein Versehen oder eine Pflichtversäumniß eines Beamten bezw. einer Behörde im öffentlichen Interesse, aber meist zum Schaden des von der Zurücknahme oder Abänderung der Baugenehmigung oder Bedingung betroffenen Bauherrn wieder gut zu machen, ohne daß Letzterer in der Lage wäre, irgend einen Regreßanspruch gegen den betreffenden Beamten oder die betreffende Behörde erheben zu können, da ihm aus dem Irrthume der Letzteren keine Rechte erwachsen können. Gleichwohl verletzt die Zurücknahme einer einmal ertheilten Baugenehmigung in den meisten Fällen das natürliche Rechtsgefühl des sich auf die Gewissenhaftigkeit und Genauigkeit der Behörden verlassenden Staatsbürgers und schadet dem Ansehen der Behörde. Nimmt man hinzu, daß die durch Zurücknahme oder Abänderung einer Baugenehmigung nach begonnener Ausführung hervorgerufenen Schädigungen und Verzögerungen unter Umständen außerordentlich schwerwiegende und tiefeinschneidende sind, bei denen neben dem Bauherrn vielfach die Unternehmer, Lieferanten und nicht in letzter Linie die Arbeiter in Mitleidenschaft gezogen werden, so wird sich die Behörde, bevor sie eine einmal ertheilte Baugenehmigung nach erfolgtem Baubeginn widerruft oder abändert, die ganze Tragweite ihrer dahingehenden Entschließung gewissenhaft klar zu machen haben. In verständnißvollem Eingehen auf die Lage des Einzelfalles wird sie zu prüfen haben, ob das öffentliche Interesse so dringend Abhülfe erheischt, daß demgegenüber das durch den ev. polizeilichen Eingriff geschädigte private Interesse zurücktreten muß. Dies wird im Allgemeinen dann nicht der Fall sein, wenn die thatsächlichen Verhältnisse des Einzelfalls an sich nicht die Voraussetzungen für den Erlaß einer dem Inhalte der allgemeinen polizeilichen Vorschrift entsprechenden polizeilichen Verfügung bieten würden. Denn in derartigen Fällen liegt das öffentliche Interesse thatsächlich mehr auf formalem, als auf materiellem Gebiet. In jedem Falle wird aber, wenn eine gegen das Gesetz ertheilte Baugenehmigung, trotzdem die Behörde darauf aufmerksam geworden, nicht rückgängig gemacht wird, eine Gesetzesverletzung gewissermaßen behördlich gutgeheißen und dafür bleibt die Behörde zweifellos allemal ihrer Aufsichtsbehörde gegenüber verantwortlich, es sei denn, daß nachträglich Dispens ertheilt wird. Vgl. dagegen bez. des Einschreitens gegen consenswidrig oder consenslos ausgeführte Bauten Abschnitt VIII Ziff. 4.

VI. Versagung der Baugenehmigung.

1. Die Versagung der baupolizeilichen Genehmigung stellt sich im Gegensatze zur Ertheilung derselben in jedem Falle als eine polizeiliche Verfügung dar, denn der Begriff der polizeilichen Verfügung wird nicht erschöpft durch Erlasse, welche dem davon Be-

troffenen ein Thun oder Unterlassen aufgeben; es sind denselben vielmehr auch solche amtliche Aeußerungen der Behörden beizuzählen, welche das Gesetz als Vorbedingungen für die Ausübung von Rechten durch die betheiligten Privaten hinstellt. Wenn demnach Gesetze oder Polizeiverordnungen die Vornahme von Handlungen, welche an sich der Ausfluß des Rechtes der einzelnen Person (hier der Baufreiheit) sind, aus Gründen des öffentlichen Interesses an die vorgängige polizeiliche Genehmigung knüpfen, so handelt es sich, wenn diese Genehmigung versagt wird, um einen Eingriff in die Rechtssphäre des Einzelnen, ganz ebenso, als wenn gegen den Einzelnen ein Verbot erlassen ist, das in der Versagung der nachgesuchten Genehmigung thatsächlich mit enthalten ist. Die Rechtscontrolle findet daher nach dem allgemeinen, den §§ 127 ff. des L. V. G. zu Grunde liegenden Principe statt, indem es sich darum handelt, die Grenzen zwischen der Polizeigewalt und dem Rechte des Einzelnen zu ziehen. O. V. G. E. v. 16. Febr. 1885 Bd. XII S. 363 und Pr. V. Bl. VI S. 182; vgl. auch O. V. G. E. Bd. IV S. 229, 230, Bd. IX S. 204; Brauchitsch Bd. I, Anm. zu §§ 127 ff. L. V. G.

Die Gründe für die Versagung von Baugenehmigungen sind nicht auf die Wahrnehmung baupolizeilicher Gesichtspunkte beschränkt, aber die sonstigen öffentlichen Interessen, welche dabei nach den Erkenntnissen O. V. G. E. Bd. XII S. 369 und Bd. XIII S. 394 Bd. XXVII S. 386 zu berücksichtigen sind, müssen immer polizeiliche sein, sofern es nicht etwa, wie z. B. im § 12 des Baufluchtengesetzes vom 2. Juli 1875, durch ein Gesetz oder einen dem gleichstehenden Rechtsakt ausnahmsweise gestattet wird, eine polizeiliche Genehmigung an die Erfüllung von Bedingungen zu knüpfen, welche nicht dem polizeilichen Gebiete angehören. O. V. G. E. v. 28. Februar 1898, Nr. IV 408.

2. Wird eine nachgesuchte Baugenehmigung versagt, so hat die Behörde die betreffende Verfügung wie jede andere polizeiliche Verfügung nach der rechtlichen wie nach der thatsächlichen Seite hin soweit zu begründen, daß daraus dem Betroffenen die Möglichkeit erwächst, die Verfügung in ihren Grundlagen durch das zulässige und ihm für den gegebenen Fall geeignet erscheinende Rechtsmittel anzugreifen. (O. V. G. E. V S. 335, VII S. 255, Pr. V. Bl. VIII S. 232, vgl. auch Ministerialrescript vom 30. Januar 1832, v. Kampß Ann. Bd. XVI S. 232.) Die Verfügung muß klar erkennen lassen, was Seitens des Betroffenen mindestens zu leisten ist, um einer weiteren Behelligung überhoben zu sein. (O. V. G. E. vom 17. Mai 1886, Pr. V. Bl. VIII 208.)

3. Die Polizeibehörde ist, wie bereits oben bemerkt, nicht verpflichtet, ein Baugesuch, das gegen baupolizeiliche Vorschriften verstößt, bedingungsweise zu genehmigen, sie ist vielmehr befugt, anstatt die Beseitigung jener Verstöße zur Bedingung zu machen, das Baugesuch wegen jener Verstöße abzulehnen, d. h. die Baugenehmigung zu versagen. Die bedingungsweise Genehmigung wird Seitens der Behörde in der Regel gewählt werden, wenn es sich um geringfügige, nicht das ganze Bauvorhaben als solches berührende Verstöße gegen das Baurecht handelt, während die Versagung da eintreten muß bezw. da ausgesprochen wird, wo das ganze Bauvorhaben an sich unzulässig ist oder aber so grobe Verstöße namentlich gegen die grundlegenden Bestimmungen der betreffenden Baupolizeiordnung aufweist, daß eine umfangreichere Umarbeitung geboten erscheint, um es mit jenen Bestimmungen in Uebereinstimmung zu bringen.

4. Die Ablehnung oder Verweigerung der Baugenehmigung bis zu einem gewissen Zeitpunkte oder bis zum Eintritte eines ungewissen Ereignisses stellt ebenso wie eine einstweilige Vorenthaltung in allen Fällen eine Verweigerung dar und ist ebenso wie die bedingte Versagung oder bedingte Ertheilung der Baugenehmigung oder die definitive Versagung derselben eine zur Klage berechtigende Verfügung. (O. V. G. E. Bd. XII S. 363 und vom 16. Februar 1885 Pr. V. Bl. VI S. 182.) Das Gleiche gilt, wenn die Polizeibehörde sich weigert, überhaupt in eine Prüfung des Baugenehmigungsgesuches einzutreten. O. V. G. E. vom 28. Februar 1898 IV 408.

Auch gegen die Versagung einer nach den maßgebenden baupolizeilichen Bestimmungen nur ausnahmsweise zu ertheilenden Baugenehmigung ist unter Umständen die Klage im Verwaltungsstreitverfahren **nicht** ausgeschlossen. (O. V. G. E. Bd. VI S. 296.)

5. Ein abgelehntes Baugesuch kann jederzeit wiederholt werden und kann die Polizeibehörde sich einer erneuten Prüfung und Bescheidung auf dasselbe nicht entziehen; es kann also in dieser Hinsicht von einer res judicata mit den ihr zukommenden Wirkungen nicht füglich die Rede sein. (O. V. G. E. vom 10. Juni 1886 und vom 26. April 1892, Pr. V. Bl. VIII S. 30, XIV S. 67. O. V. G. E. vom 4. Februar 1889 III 130.)

6. Im Falle der Versagung ist anzufechten, wie bei allen polizeilichen Verfügungen regelmäßig nur der eigentliche Inhalt der Verfügung, also die Verweigerung der Bauerlaubniß; die dafür angeführten Gründe entbehren eben als solche der Eigenschaft einer polizeilichen Verfügung und können deshalb auch an sich eine Unanfechtbarkeit nicht erlangen. (O. V. G. E. Bd. VIII S. 396.)

7. Wenn die Genehmigung zu einer Anlage versagt ist, zu der es nach Lage der gesetzlichen Bestimmungen keiner Genehmigung bedarf, so folgt daraus, wie das O. V. G. in wiederholten Entscheidungen ausgeführt hat, nicht, daß die betreffende Verfügung aufgehoben werden muß, vielmehr ergiebt sich aus diesem Thatbestande die Nothwendigkeit, die dahin gerichtete Klage zurückzuweisen. Vgl. O. V. G. E. Bd. VIII S. 311, und vom 14. April 1891, IV 363. „Bezweckte — so heißt es in den Entscheidungsgründen des ersteren Erkenntnisses — die letztere etwa die Ertheilung des Consenses, so hätte dem keine Folge gegeben werden können, weil in Fällen, in denen es keines Bauconsenses bedarf, die Polizeibehörde zur Gewährung eines solchen nicht für verpflichtet erklärt werden kann. Andererseits fehlt es auf Seiten Desjenigen, der auf Ertheilung eines Bauconsenses keinen Anspruch hat, einen solchen auch selbst nicht erhebt, gegenüber einer polizeilichen Verfügung, welche sich darauf beschränkt, ihm einen gesetzlich nicht vorgeschriebenen Bauconsens zu versagen, an den wesentlichsten Voraussetzungen für eine Klage wie die hier erhobene, vor allem an derjenigen der Verletzung eines subjectiven Rechts. Deshalb ist die auf Wiederaufhebung der Verfügung vom 30. August 1880 gerichtete Klage als unbegründet zu bezeichnen und war, unter Abänderung des ersten Urtheiles, deren Abweisung, wie geschehen, auszusprechen.

Die vorstehend entwickelten Gründe ergeben zugleich, daß die Polizeibehörde nicht in der Lage sein wird, die auf irrigen Voraussetzungen beruhende Versagung des Bauconsenses zum Ausgangspunkte weiterer Maßnahmen zu machen."

Die hier entwickelte Rechtsauffassung erscheint, ganz abgesehen von den unerwünschten Consequenzen ihrer practischen Durchführung, nicht ohne Bedenken. Die Versagung einer Baugenehmigung, deren es an sich überhaupt nicht bedarf, ist und bleibt begrifflich immer die Erklärung der zuständigen Behörde, daß dem betreffenden Bauvorhaben öffentlichrechtliche Hindernisse entgegenstehen und daß aus diesem Grunde die Ausführung unzulässig sei. Wie in den Fällen der Versagung einer an sich nothwendigen Baugenehmigung, ist auch in Fällen der in Rede stehenden Art in der Versagung ein Bauverbot enthalten, und darin liegt der Eingriff in das dem Grundeigenthümer zustehende Recht der Baufreiheit. Andererseits characterisirt sich die Versagung einer an sich nicht nothwendigen Baugenehmigung als eine durch die gesetzlichen Befugnisse nicht gerechtfertigte Anordnung der Polizeibehörde und verletzt auch von diesem Gesichtspunkte aus durch unrichtige Anwendung des bestehenden Rechts den Eigenthümer in seinem Rechte der Baufreiheit. Schließlich — und auch dies ist nicht ohne Bedeutung — ist die gegen die Versagung einer an sich nicht nothwendigen Baugenehmigung erhobene Klage nicht auf die Ertheilung der Baugenehmigung, sondern auf die Aufhebung der zu Unrecht, unter unrichtiger Anwendung des öffentlichen Rechts erlassenen Verfügung errichtet. Vgl. Abschnitt VII Nr. 3, aber auch O. V. G. E. vom 29. Juni 1889, Pr. V. Bl. X S. 601.

8. Nicht versagt werden darf die Baugenehmigung lediglich auf Grund einer die Baufreiheit beschränkenden Eintragung im Grundbuche, mag sie nun zu Gunsten der Stadtgemeinde oder Polizeibehörde (O. V. G. E. Bd. XII S. 368, Bd. XXIII S. 353) oder eines Privaten erfolgt sein, da aus einer solchen immer nur ein privatrechtlicher Anspruch hervorgehen kann. Die der Polizeibehörde überwiesene Prüfung der Baugesuche darf aber nicht dazu benutzt werden, um Privatrechte, welche einem Dritten oder auch der Behörde selbst zustehen, zur Geltung zu bringen; die Behörde hat vielmehr bei der von ihr zu treffenden Entscheidung allein das öffentliche Interesse wahrzunehmen und selbst, wo letzteres durch Privatrechte geschützt werden sollte, kann der Grund, auf welchen sich die Behörde stützt, nicht aus diesen Privatrechten, sondern lediglich aus dem öffentlichen Interesse selbst, bezw. aus den in diesem Interesse gegebenen Bestimmungen des öffentlichen Rechts genommen werden. (O. V. G. E. Bd. XII S. 366, Bd. XXIII S. 355, vom 5. Oct. 1885, Pr. V. Bl. VII S. 197, vom 23. November 1886, Pr. V. Bl. VIII S. 110.)

So kann die Baugenehmigung insbesondere auch nicht an die Bedingung geknüpft werden, daß vorher die zum Straßenland benöthigten Grundstücksflächen unentgeltlich an die Gemeinde abgetreten werden. (Vgl. Ober-Trib. II vom 15. September 1859, Entsch. 41 S. 95; Striethorst Archiv 35 S. 60.)

Auch um deswillen allein, weil das Recht zur Zwangsenteignung eines Grundstücks ertheilt ist, kann die Bebauung desselben polizeilich nicht gehindert werden. (O. V. G. E. Bd. XXIII S. 361, 368.)

9. Die Versagung des Bauconsenses darf auch nicht auf privatrechtliche Streitpunkte oder ähnliche Gesichtspunkte gegründet werden, insbesondere nicht darauf, daß über das Eigenthum an der Baustelle Streit besteht. (O. V. G. E. Bd. V S. 350.) Bei einem solchen Streite muß sich die Polizeibehörde nach Lage des Falles für einen der Prätendenten aussprechen und die sich daraus ergebenden (öffentlich) rechtlichen Folgerungen eintreten lassen, vorbehaltlich des Rechtes des Unterliegenden, auf der Grundlage einer etwaigen anderweitigen, ihm günstigeren endgültigen Feststellung seine Anträge zu erneuern. (O. V. G. E. Bd. IV S. 304.)

10. Ist das Bett eines Privatflusses durch Hochwasser erweitert, so kann die Polizeibehörde den Wiederaufbau eines dabei ganz oder theilweise zerstörten Gebäudes in seinen alten Grenzen insoweit untersagen, als dieses in das neue Flußbett hineinragen und den nöthigen freien Ablauf des Wassers hemmen würde. (O. V. G. E. Bd. XVIII S. 361.)

11. Die Erlaubniß zur Errichtung einer Baulichkeit an dem Ufer eines öffentlichen Stromes kann nicht deshalb von der Landespolizeibehörde versagt werden, weil die Baulichkeit, wenn auch mit der bestehenden Uferlinie verträglich, doch einer zunächst nur geplanten Flußregulirung und Festsetzung einer anderweiten Uferlinie hinderlich sein würde. (O. V. G. E. Bd. XIV S. 306.) Bezüglich der Versagung aus deichpolizeilichen Gründen s. S. 36.

12. Bezüglich der Frage, inwieweit nach Maßgabe des § 11 des Baufluchtengesetzes eine Versagung der Baugenehmigung erforderlich oder zulässig ist, vgl. Friedrichs a. a. O. Hier ist hervorzuheben, daß die Bauerlaubniß nicht allein deshalb versagt werden kann, weil die Festsetzung einer Baufluchtlinie nach dem Gesetz vom 2. Juli 1875 für den Bauplatz noch nicht stattgefunden hat (vgl. Anm. 2 zu § 1 B. P. O.) und, daß bloße Einfriedigungen von künftigen Straßenterrains über die Baufluchtlinie hinaus von dem Verbote des § 11 a. a. O. nicht getroffen werden (vgl. B. P. O. § 27 Anm. 4).

Bezüglich der Versagung der Baugenehmigung wegen Verstoß gegen ein auf Grund des § 12 des Baufluchtengesetzes erlassenes Ortsstatut vgl. Theil III Nr. 2.

Ueber die Fälle, in denen eine Ansiedlungsgenehmigung die Vorbedingung für die Ertheilung der Bauerlaubniß ist, vgl. das Ansiedlungsgesetz vom 25. August 1876, G. S. S. 405 §§ 13 bis 20. Bezüglich der Ansiedlungsgenehmigung im Verhältniß zu der für Errichtung einer Feuerstelle nach §§ 47 ff. des Feld- und Forstpolizeigesetzes einzuholenden Genehmigung vgl. O. V. G. E. Bd. XXXI S. 389.

Die Bauerlaubniß zu einem Wohnhause kann auch nach Ertheilung der Ansiedlungsgenehmigung deshalb versagt werden, weil aus seiner Lage den Bewohnern Gefahr erwachsen würde. (O. V. G. E. Bd. VII S. 314 Bd. XXIV S. 344 Bd. XXIX S. 390.) So kann auf Grund des § 10 II 17. A. L. R. die Genehmigung zur Errichtung von Wohnhäusern versagt werden, wenn durch die Nähe eines Pulverschuppens den Bewohnern des Hauses Gefahr für Leben und Gesundheit erwächst. O. V. G. E. vom 16. Dezember 1897. Pr. V. Bl. Jahrg. XIX. S. 334.

Bezüglich der Versagung, weil ein Bau zum Schaden oder zur Unsicherheit des gemeinen Wesens oder zur Verunstaltung der Städte und öffentlichen Plätze dient, vgl. oben § 66 A. L. R. I 8 S. 50/51.

13. Bezüglich des Entschädigungsanspruches wegen zu Unrecht versagter Bauerlaubniß vgl. Erk. des Reichsgerichts, VI Civils. vom 8. Mai 1890, Pr. V. Bl. XI S. 554, im Uebrigen L. V. G. § 127, Abs. 4 und § 131. Zur Anwendung des § 6 des Gesetzes vom 11. Mai 1842 (G. S. S. 192) bedarf es der Aufhebung der polizeilichen Verfügung, sei es im Wege der Beschwerde oder im Verwaltungsstreitverfahren, bezw. des Ausspruches, daß die polizeiliche Verfügung „für unzulässig zu erachten.“ (O. V. G. E. Bd. XXII S. 409; die Zurücknahme der Verfügung, insbesondere also auch der Versagung einer Baugenehmigung durch den Beamten, welcher sie erlassen hat, genügt nicht, um das Regreßverfahren gegen denselben zuzulassen Entsch. des Gerichtsh. für Competenzconfl. vom 12. Januar 1884, M. Bl. S. 45.)

VII. Rechtsmittel gegen die Ertheilung und Versagung von Baugenehmigungen.

Bezüglich der Rechtsmittel gegen baupolizeiliche Verfügungen im Allgemeinen vgl. S. 80 ff. Hier ist Folgendes hervorzuheben:

1. Baugenehmigungen werden unbeschadet der Rechte Dritter ertheilt. Gegen eine polizeiliche Verfügung, durch welche ein nachgesuchter Bauconsens ertheilt wird, steht einem Dritten auf die Behauptung hin, die Zulassung des Baues enthalte einen Eingriff in sein Rechtsgebiet, und zu dem Zwecke, die Behörde zur Versagung des Consenses oder zur Beifügung einschränkender Baubedingungen veranlaßt zu sehen, der Regel nach nur die Anrufung der Aufsichtsbehörde, nicht aber der Weg der formellen Beschwerde oder der Klage offen. Nur wenn mit der Zulassung des Baues besondere polizeiliche Auflagen verbunden sind, so daß also die Entstehung des Baues nicht sowohl in der geduldeten freien Entschließung des Unternehmers als vielmehr in der positiven Anordnung der Polizei — freilich immer unter der Voraussetzung, daß der Unternehmer überhaupt bauen will — ihren Grund hat, wird auch ein Dritter unter Umständen zur Einlegung der Rechtsmittel aus § 127 L. V. G. zu verstatten sein. Im Allgemeinen aber können die in den §§ 127 ff. L. V. G. vorgesehenen Rechtsmittel nicht zu dem Zwecke in Anspruch genommen werden, ein passives Verhalten der Polizeibehörde gemißbilligt und deren positives Eingreifen in das Recht eines Dritten in's Werk gesetzt zu sehen. Regelmäßig ist es lediglich das öffentliche Interesse, auf dessen Wahrnehmung sich die polizeiliche Thätigkeit zu beschränken hat und wenn auch der Einzelne darauf rechnen darf, sich polizeilich im Genusse seiner Privatrechte geschützt zu sehen, soweit sie mit dem unter den Schutz der Polizeigewalt gestellten öffentlichen Interesse zusammenfallen, so werden doch damit die Privatinteressen nicht ohne Weiteres kraft öffentlichen Rechts verfolgbare. Ein subjectives, durch die Rechtsmittel der §§ 127 ff. geschütztes und auf diesem Wege erzwingbares Recht des einzelnen betheiligten Staatsangehörigen auf die seines Erachtens erforderliche polizeiliche Action ist dem bestehenden Rechte fremd. O. V. G. E. Bd. XIV

S. 378, vgl. Bd. II S. 351, Bd. V S. 265, Bd. XII S. 364, Bd. XV S. 423, vom 23. Juni 1891 IV 626.

2. Auch auf die Behauptung hin, ein Bau laufe dem öffentlichen Rechte zuwider, kann nicht ein dritter Betheiligter auf Versagung der Baugenehmigung klagen, denn zur Wahrung des öffentlichen Interesses auf dem Gebiete des Baurechts beruft das Gesetz nicht jeden Betheiligten (O. V. G. E. vom 4. October 1889, Pr. V. Bl. XI S. 411), vielmehr ist es die Polizeibehörde allein, welche unter allen Umständen über die Ertheilung von Bauconsensen zu befinden hat. (O. V. G. E. Bd. III S. 281.) Demnach kann auch die Stadt, die sich durch die Ertheilung einer Baugenehmigung verletzt fühlt, nicht im Verwaltungsstreitverfahren klagen. (O. V. G. E. vom 23. Juni 1891 IV 626 und vom 27. Juni 1894, Pr. V. Bl. XV S. 509.)

3. Mit der Klage gegen eine Verweigerung des Bauconsenses kann, falls sich der erhobene Anspruch als begründet erweist, in der Regel mehr als die Aufhebung der angegriffenen polizeilichen Verfügung und der dieselbe aufrecht erhaltenden, im Beschwerdeverfahren ergangenen Bescheide nicht erreicht werden. Die Verwaltungsgerichte haben nicht dahin zu erkennen, daß eine versagte Bauerlaubniß zu ertheilen sei. Hierdurch wird übrigens in dem schließlichen Ergebnisse etwas Wesentliches nicht geändert; denn es darf unbedenklich von der Annahme ausgegangen werden, daß die betheiligten Verwaltungsbehörden eine von den Verwaltungsgerichten getroffene Entscheidung soweit erforderlich in gleicher Weise beachtet werden, mögen die maßgebenden Grundsätze nun im Tenor zum Ausdruck gelangt oder bloß in den Gründen niedergelegt sein. (O. V. G. E. vom 16. November 1886 II 1011, vgl. O. V. G. E. Bd. III S. 288, Bd. V S. 359, Bd. VI S. 294, Bd. X S. 267, Bd. XXIII S. 315, 389, vom 2. December 1890, Pr. V. Bl. XII S. 266.)

4. Im Verwaltungsstreitverfahren darf der Richter seiner Entscheidung kein anderes Bauproject zu Grunde legen, als dasjenige, welches der Baupolizeibehörde zur Genehmigung vorgelegt und von derselben verworfen worden ist. (O. V. G. E. Bd. XXII S. 372, Pr. V. Bl. XIII S. 566, XIV S. 163.) Ueber die Zulässigkeit etwaiger Abänderungen des Projects, zu denen sich der Bauherr etwa in Folge der Versagung der Baugenehmigung veranlaßt gesehen hat, kann daher in dem gegen Letztere sich richtenden Streitverfahren nicht entschieden werden.

5. Ueber Klagen wegen Verweigerung der Bauerlaubniß kann nur in Gemäßheit des öffentlichen Baurechts, wie es zur Zeit des Urtheils besteht, entschieden werden; es müssen daher Beschränkungen der Baufreiheit, die erst nach Einleitung des Streitverfahrens in Wirksamkeit getreten sind, ebenso zu Ungunsten des Bauunternehmers berücksichtigt werden, wie umgekehrt Milderungen in diesen Beschränkungen dem Unternehmer zu Gute kommen. (O. V. G. E. Bd. V S. 378, Bd. VI S. 258, Bd. VIII S. 291, Bd. X S. 269, Bd. XII S. 380, Bd. XXIV S. 354, Bd. XXX S. 374, vom 3. Februar 1891 IV 115, vom 24. Februar 1891 IV 197.)

6. Dadurch allein, daß eine die geforderte Bauerlaubniß versagende polizeiliche Verfügung demnächst von der Polizeibehörde selbst zurückgezogen oder der Bauconsens später bedingungslos ertheilt ist, wird eine Klage mit dem Antrage, die Verfügung als zu der Zeit, wo sie erlassen, rechtswidrig aufzuheben, nicht unstatthaft. O. V. G. E. Bd. XXVIII S. 343, 351. Vgl. dagegen bezüglich der Bedeutung der Zurücknahme der Versagung einer Baugenehmigung für die Erhebung von Regreßansprüchen oben Abschnitt VI Nr. 13. S. 66.

VIII. Polizeiliches Einschreiten gegen nicht genehmigte, an sich genehmigungspflichtige Bauten.

1. Zur Erzwingung einer durch polizeiliche Verfügung befohlenen Handlung oder Unterlassung ist die Anwendung der behördlichen Executivstrafe (§ 132 Ziff. 2 L. V. G.)

ausgeschlossen, wenn dieselbe Handlung oder Unterlassung durch eine allgemeine Polizeivorschrift (Gesetz, Polizeiverordnung pp.) unter Strafandrohung geboten ist. Denn die Unbotmäßigkeit, in welcher der Vermögensnachtheil bezw. die Beschränkung der Bewegungsfreiheit des Inculpaten ihren Rechtsgrund finden, ist nach dem Inhalte des durch sie verletzten Gebotes inhaltlich die gleiche, wenn dies Gebot einerseits durch eine allgemeine Polizeivorschrift, andererseits durch eine specielle Zwangsstrafverfügung ausgesprochen sein sollte. Es würde demnach bei dem Zusammentreffen von Strafgesetz und Zwangsstrafverfügung practisch in der That nur eine gegenseitige quantitative Erhöhung der staatlichen Einwirkung auf die Rechtssphäre der Unterthanen gegeben sein, die aus dem Grunde nicht statthaft ist, weil das Gesetz, welches die verwaltenden Functionen der Behörde unbedingt bindet, bereits das Maß der Geld- bezw. Freiheitseinbuße zwingend bezeichnet hat, welches vor der Uebertretung als allgemeine zum Gehorsam veranlassende Androhung und nach derselben als nachtheilige Rechtsfolge und zugleich als Sühne der verletzten Rechtsordnung zur Anwendung gelangen soll.

Neben der Identität des Thatbestandes ist aber auch die Identität der staatlichen Einwirkungsmittel für die Anwendung des obigen Grundsatzes vorausgesetzt, d. h. nur die Verwendung der executivischen Geld- bezw. Haftstrafe ist durch jenes Princip den Polizeibehörden entzogen, nicht aber die Durchsetzung ihrer Verfügung mittelst ihrer sonstigen, nicht in den Rahmen des ordentlichen Strafensystems unseres Criminalrechts fallenden gesetzlichen Zwangsbefugnisse: Die Ausführung der zu erzwingenden Handlung durch einen Dritten auf Kosten des Verpflichteten (§ 132 Ziff. 1 L. V. G.) und der „unmittelbare Zwang" (Ziffer 3 daselbst) zur Herstellung eines der Verfügung und damit der allgemeinen Polizeivorschrift entsprechenden Zustandes. (Vgl. Rosin a. a. O. § 19, an den sich die folgenden Ausführungen anschließen, ferner O. V. G. E. vom 12. April 1878, M. Bl. S. 125, vom 26. Februar 1879, ebenda S. 232, E. Bd. V S. 278, Bd. VII S. 218, S. 300, Bd. VIII S. 363 und 367, Bd. XXIII S. 388, vom 7. Januar 1889, Pr. V. Bl. X S. 387.)

2. Für das polizeiliche Einschreiten hinsichtlich nicht genehmigter, an sich genehmigungspflichtiger baulicher Ausführungen ergeben sich aus den vorentwickelten Grundsätzen folgende wichtige Normen:

a) Nach § 367 Ziffer 15 R. St. G. B. wird mit Geldstrafe bis zu einhundertfünfzig Mark oder mit Haft bestraft, wer als Bauherr, Baumeister oder Bauhandwerker einen Bau oder eine Ausbesserung, wozu die polizeiliche Genehmigung erforderlich ist, ohne die Genehmigung oder mit eigenmächtiger Abweichung von dem durch die Behörde genehmigten Bauplane ausführt oder ausführen läßt. Die Baupolizeiordnungen dagegen bezeichnen diejenigen baulichen Ausführungen, zu denen es vor ihrem Beginne der Nachsuchung und der Ertheilung einer baupolizeilichen Genehmigung bedarf. Mit Rücksicht auf diese Bestimmungen ist es ausgeschlossen, einem Bauherrn, Baumeister oder Bauhandwerker die Ausführung einer genehmigungspflichtigen baulichen Anlage vor ertheilter Genehmigung oder die Abweichung von dieser, desgleichen die Fortsetzung der begonnenen Ausführung unter Androhung einer executiven Geldstrafe oder entsprechender Haft zu verbieten. Denn es kann die bloße Wiederholung eines bereits in einem Gesetze oder in einer Polizeiverordnung enthaltenen Verbotes unter Androhung von Executivstrafen der Regel nach als ein statthaftes polizeiliches Mittel zur Verhütung gemeingefährlicher und deshalb unter Strafe gestellter Handlungen nicht erachtet werden. (O. V. G. E. vom 12. April 1878, M. Bl. S. 125, vgl. auch M. Erl. vom 26. November 1884, M. Bl. S. 262.) Wohl aber hat die Polizeibehörde das Recht und, soweit es das öffentliche Interesse erfordert, die Pflicht, dem Beginn oder der Fortsetzung einer noch nicht genehmigten oder überhaupt nicht genehmigungsfähigen baulichen Ausführung unter Anwendung des ihr gesetzlich zustehenden Zwangsmittels, des unmittelbaren Zwanges, entgegenzutreten, d. h. die Bauarbeiten zwangsweise zu verhindern, den Bau zu inhibiren. Die Ausführung durch einen Dritten kommt in derartigen Fällen, in denen es sich um die Erzwingung einer Unterlassung handelt, nicht in Frage. Da der Anwendung unmittelbaren Zwanges keine schriftliche Androhung vorherzugehen braucht, kann auch die Inhibirung nicht genehmigter Bauten auf Anordnung der zuständigen Behörde durch deren Organe sofort und ohne Weiteres bewirkt und durchgeführt werden, was indeß an sich keineswegs die vorherige Anordnung der Unterlassung durch eine polizeiliche Verfügung ausschließt. Wendet die Polizei den unmittelbaren Zwang der Bauinhibirung an, ohne zuvor die Unterlassung des Baubeginnes oder der Baufortsetzung angeordnet zu haben, so enthält das Vorgehen der Polizei zugleich die Anordnung dessen, was erzwungen werden soll. Die Rechtsmittel in diesem Falle hängen davon ab, ob die in dem Vorgehen der Polizei enthaltene Anordnung oder lediglich die Zwangsausführung angefochten wird. (O. V. G. E. Bd. XXII S. 409.) Der unmittelbare auf die Inhibirung eines Baues gerichtete Zwang kann je nach Lage des Falles auf verschiedene Weise ausgeübt werden, wie beispielsweise durch Schließung des betreffenden Baugrundstückes, Abschluß des zum Mauern erforderlichen Wassers, Sperrung des Zuganges, Verhinderung des Abladens weiterer Baumaterialien in Fällen, in denen es sich um gesetzlich überhaupt unzulässige Bauausführungen handelt, aber auch durch unmittelbaren Zwang gegen die auf dem Grundstücke beschäftigten Bauarbeiter zum Verlassen der Baustelle. Der den Polizeibeamten in einem derartigen Falle geleistete Widerstand würde unter Umständen den Thatbestand der Vergehen gegen §§ 113 und 114 R. St. G. B. in sich schließen. Daß die Polizeibehörde bei der Ausübung unmittelbaren Zwanges nicht über den polizeilich zu erreichenden Zweck hinausgehen darf, ergiebt sich aus allgemeinen rechtlichen Gesichtspunkten. Ob sich, wenn beispielsweise nur ein einzelner Theil eines Baues ohne oder gegen die Genehmigung ausgeführt wird, der polizeiliche Zweck durch die Inhibirung der Weiterarbeit nur an diesem einzelnen Theile erreichen läßt, ist nur nach den vorliegenden thatsächlichen Verhältnissen zu beurtheilen. Ob es für die Polizeibehörde allerdings geboten ist, die Fortsetzung eines Baues, der nicht genehmigt ist oder der in Abweichung von der Genehmigung ausgeführt wird, zu inhibiren und damit den Bau still zu legen, oder aber ob es zur Wahrung der öffentlichen Interessen für ausreichend zu erachten ist, die polizeilichen Zwangsmittel lediglich auf die Herbeiführung des nachträglichen Genehmigungsgesuches sowie der nachträglichen Prüfung und Genehmigung zu beschränken, muß nach Lage des einzelnen Falles dem polizeilichen Ermessen überlassen bleiben. Im Allgemeinen wird indeß bei jeder frivolen Außerachtlassung des Gesetzes schon zur Wahrung der staatlichen Autorität mit aller Strenge vorzugehen und das empfindlichste Zwangsmittel, die Inhibirung des Baues, anzuwenden sein, desgleichen selbstverständlich in allen denjenigen Fällen, in denen es sich um offensichtliche Verletzung wichtiger baupolizeilicher Vorschriften handelt, deren nachherige Erfüllung bei weiter fortgeschrittener Bauausführung zu erheblichen und kostspieligen Abänderungen führen würde. Hiervon abgesehen wird die Polizeibehörde indeß, wenn nicht summum jus summa injuria werden soll, namentlich bei jeder Inhibirung größerer Bauten die schweren wirthschaftlichen Schäden nicht außer Acht lassen dürfen, die durch eine solche in den meisten Fällen nicht nur dem Bauherrn, dem Bauunternehmer und den Handwerksmeistern, sondern auch — und nicht in letzter Linie — den an der Gesetzesübertretung durchaus unschuldigen Arbeitern zugefügt werden.

b) Soweit es das öffentliche Interesse erfordert, ist es Aufgabe der Polizeibehörde, nach Begehung der Uebertretung und unabhängig von der für dieselbe eintretenden Bestrafung für die Beseitigung der durch die Uebertretung geschaffenen gesetzwidrigen Zustände zu sorgen. Man wird hier zwischen den auf Vornahme einer Handlung oder auf eine Unterlassung gerichteten Vorschriften zu unterscheiden haben:

c) Wo die Gesetze oder Polizeiverordnungen die Vornahme einer Handlung bei Strafe gebieten, kann, wenn dieselbe durch Unterlassung der geforderten Handlung verwirkt ist, für die Polizeibehörde noch immer ein Interesse bestehen, auch abgesehen von der eintretenden Bestrafung die nachträgliche Vornahme jener Handlung herbeizuführen. Wenn also speciell auf dem Gebiete des Baupolizeirechts durch Baupolizeiordnung die Einreichung eines Baugesuches nebst den erforderlichen Bauvorlagen zum Zwecke der Herbeiführung der baupolizeilichen Genehmigung vorgeschrieben ist, ist mit der durch die Unterlassung der gebotenen Handlung vor dem Baubeginne verwirkten Bestrafung des Uebertreters dem öffentlichen Interesse an der Vornahme jener Handlung, d. h. an der Einreichung des Baugesuchs zum Zwecke seiner Prüfung und Genehmigung noch nicht Genüge geleistet. Die Baupolizeibehörde muß, wenn anders sie ihre Aufgabe im Interesse der öffentlichen Ordnung und Sicherheit erfüllen soll, unbedingt in die Lage versetzt werden, wenigstens nachträglich das begonnene oder auch bereits vollendete Bauvorhaben an der Hand vorschriftsmäßiger Bauvorlagen und auf Grund der bezüglichen Bestimmungen des öffentlichen Rechts auf seine Zulässigkeit prüfen zu können. Der Seitens der Polizeibehörde zu diesem Zwecke eintretende Zwang zur nachträglichen Erfüllung der gebotenen Handlung, hier also der Nachsuchung der Baugenehmigung unter Beifügung vorschriftsmäßiger Bauvorlagen, ist auf die Beseitigung eines normwidrigen Zustandes, der allerdings seinem negativen Charakter gemäß nicht in die äußere Erscheinung hervortritt, gerichtet und daher seinem Inhalte nach nicht mit dem die Vornahme der Nachsuchung der Baugenehmigung vor dem bereits verstrichenen Zeitpunkte des Baubeginns fordernden strafgesetzlichen Gebote identisch. Daraus folgt, daß die Polizeibehörde zur Herbeiführung eines vorschriftsmäßigen Baugesuches sich uneingeschränkt der ihr gesetzlich zustehenden Zwangsmittel, insbesondere also auch der Androhung und Festsetzung exekutivischer Geld- und Haftstrafen bedienen kann (vgl. O. V. G. E. vom 27. Januar 1887, Pr. V. Bl. VIII S. 229). Ist also ein der baupolizeilichen Genehmigung bedürfender Bau ohne eine solche begonnen oder auch schon zu Ende geführt, so ist der Bauherr verpflichtet, den zur nachträglichen Ertheilung der Genehmigung erforderlichen Antrag unter Beifügung der vorgeschriebenen Bauvorlagen zu stellen. Kommt er dieser Verpflichtung nicht von selbst nach, so wird er Seitens der Polizeibehörde aufgefordert, binnen einer angemessenen Frist das Gesuch nebst den zur Prüfung erforderlichen Bauvorlagen einzureichen und zwar entweder unter Androhung einer Geldstrafe (§ 132 Ziffer 2 L. V. G.) oder, was aus Rücksicht auf den zu erreichenden Zweck im allgemeinen angezeigter sein wird, unter der Androhung, daß die Bauvorlagen durch einen Dritten beschafft (d. h. also die erforderlichen Zeichnungen pp. angefertigt) und der vorläufig seiner Höhe nach bestimmte Kostenbetrag im Zwangswege von ihm eingezogen werden würde (Ziffer 1 daselbst.) Sobald die Bauvorlagen beschafft, werden dieselben geprüft und wird alsdann je nach dem Ausfall der Prüfung die baupolizeiliche Genehmigung versagt (vgl. bezüglich des an eine solche Versagung sich anschließenden weiteren polizeilichen Einschreitens unter d) oder nachträglich ertheilt. Die rechtliche Möglichkeit einer nachträglichen Baugenehmigung ergiebt sich aus dem Begriffe der Baugenehmigung von selbst; denn dieser schließt an sich nicht aus, daß die Erklärung der Polizeibehörde, daß gegen eine bestimmte bauliche Anlage aus Gründen des öffentlichen Rechts sich nichts zu erinnern finde, nicht auch noch abgegeben werden könnte, wenn die Anlage bereits in der Ausführung begriffen oder gar schon vollendet ist.

d) Wo die Gesetze, bezw. die Polizeiverordnungen eine Unterlassung fordern, kann die trotzdem erfolgende Vornahme der verpönten Handlung einen äußeren Zustand herbeiführen, dessen Beseitigung im öffentlichen Interesse liegt. Ihre auf Beseitigung dieses normwidrigen äußeren Zustandes an den Uebertreter gerichteten Verfügungen kann die Polizeibehörde mit allen ihr zu Gebote stehenden Zwangsmitteln durchsetzen.

Ein derartiger Fall liegt vor, wenn die nachträgliche Prüfung eines ohne vorangegangene Genehmigung begonnenen Baues auf seine öffentlich-rechtliche Zulässigkeit ergiebt, daß derselbe gegen die öffentlich-rechtlichen baupolizeilichen Bestimmungen verstößt. Alsdann muß der Bau nach der Anweisung der Obrigkeit geändert bezw. mit den Bestimmungen des öffentlichen Rechts in Uebereinstimmung gebracht (§ 10 II 17 A. L. R. in Verbindung mit § 71 I 8, O. V. G. E. vom 18. März 1886, Pr. V. Bl. VII S. 236), ev. also auch wieder gänzlich beseitigt werden. (O. V. G. E. Bd. XI S. 374, s. auch unten Ziff. 3.) Zur Herbeiführung dieses Erfolges ist die Polizeibehörde befugt, die Aenderung des Baues durch sämmtliche ihr gesetzlich zustehenden Zwangsmittel, insbesondere also auch durch Exekutivstrafen gegen den Bauherrn zu erzwingen oder auf seine Kosten durch einen Dritten ausführen zu lassen. Die Kosten werden im Verwaltungszwangsverfahren beigetrieben. Der Rechtsweg ist sowohl über die Verpflichtung zur Erstattung der Kosten, als auch über die Höhe derselben ausgeschlossen. (Vgl. Erk. d. Comp. Ger.-Hofes vom 11. April 1868, J. M. Bl. S. 255). Bezüglich des polizeilichen Einschreitens gegen das weitere Bewohnen vor der Gebrauchsabnahme in Benutzung genommener Räume vgl. B. P. O. § 39.

3. Sind die Anforderungen, denen bei der Ausführung von Bauten zum Schutze des Publikums oder in anderer das öffentliche Interesse berührender Richtung genügt werden muß, ein für alle Mal durch specielle Gesetze oder Polizeiverordnungen — Baupolizeiordnungen — geregelt, so bestimmen sich Maß und Umfang der den Unternehmer und der Baupolizeibehörde zustehenden Rechte und obliegenden Pflichten regelmäßig nicht mehr nach den allgemeinen im § 10 II 17 bezw. § 71 I 8 A. L. R. hervorgehobenen Gesichtspunkten, vielmehr ist dann der aufgestellte Grundsatz, Ziffer 2d, dahin zu formuliren, daß der Bau nach der Anweisung der Obrigkeit geändert werden muß, in allen Fällen, wo sich findet, daß er den Vorschriften des geltenden örtlichen Baurechts nicht entspricht und zwar unbedingt und ohne Rücksicht auf die Lage des einzelnen Falles, sofern nicht etwa die Zulassung von Ausnahmen besonders vorgesehen ist und die Polizeibehörde eine solche zubilligt oder aber der Dispens nachträglich ertheilt wird. (Vgl. O. V. G. E. vom 27. November 1895, Pr. V. Bl. XVII S. 157 und Th. II Abschnitt E.) O. V. G. E. vom 3. April 1888, Nr. II 375.

Bei Errichtung eines Bauwerks ohne Genehmigung handelt es sich also regelmäßig nur um die Frage, ob die bereits fertiggestellten Anlagen gegen das geltende öffentliche Recht verstoßen und deshalb mit dem öffentlichen Interesse unvereinbar sind, sodaß ihre Umwandlung in einen vorschriftsmäßigen Zustand bezw. ihre Beseitigung gefordert werden muß. O. V. G. E. Bd. I S. 326, Bd. V S. 389, VI S. 292, S. 323 Bd. IX S. 381, Bd. XI S. 374, Bd. XII S. 316, Bd. XIII S. 393, 400, Bd. XIX S. 375, Bd. XXIV S. 342. Pr. V. Bl. VI S. 28, 30, VII S. 36, 39, 213, 236, IX S. 382, XI S. 546, XV S. 27, XVII S. 157, S. 186.

Bei dem Vorhandensein eines polizeilich unzulässigen Bauwerks hat sich das polizeiliche Einschreiten zunächst nur auf eine Umänderung des Baues in einen den bestehenden gesetzlichen Vorschriften entsprechenden Zustand zu richten, während die Beseitigung des ganzen Werkes erst für den Fall gefordert werden kann, wenn der Bau auf keine andere Weise in einen dem Gesetz entsprechenden Zustand versetzt werden kann. (Vgl. die vorbezeichneten Entscheidungen; bezüglich des zwangsweisen Abbruches von Gebäuden wegen irreparabler Baufälligkeit, vgl. §§ 56ff I 8 A. L. R. S. 46ff.)

4. Bezüglich der Verpflichtung der Baupolizeibehörden zum Einschreiten gegen consenswidrig oder consenslos ausgeführte Anlagen spricht sich der Erlaß des Ministers d. ö. A. vom 21. Februar 1896 III 630 (Pr. V. Bl. XVII S. 275) dahin aus, daß auch bezüglich derartiger Anlagen die Erfüllung der sämmtlichen einschlagenden baupolizeilichen Vorschriften zu fordern und zu erzwingen sei, sofern nicht den Baupolizeibehörden die Befugniß zur Gewährung von Ausnahmen eingeräumt sei. Nur in denjenigen Fällen werde es sich rechtfertigen lassen, hiervon abzuweichen, wo die Verstöße gegen die Bestimmungen der Baupolizeiordnung von ganz geringfügiger Bedeutung seien und den mit ihnen verfolgten Zweck ernstlich nicht in Frage stellen, andrerseits aber die den Vorschriften entsprechende Herstellung einen unverhältnißmäßig hohen Kostenaufwand erfordern würde. Der Umstand dagegen, daß die vorschriftsmäßige Herstellung den Bauherrn zu erheblichen Aufwendungen

nöthigen würde, kann allein keinen Grund geben, von der Forderung einer solchen Herstellung abzusehen. — Ein Anspruch auf ausnahmsweise Belassung eines gesetzwidrigen Zustandes ist im Verwaltungsstreitverfahren nicht verfolgbar. (O. V. G. E. vom 11. Januar 1896, IV 75, vgl. V. P. O. § 42.) Die Befugniß der Polizeibehörde, gegen einen mit den gemeingültigen Bestimmungen in Widerspruch stehenden Bau einzuschreiten, geht durch Zeitablauf nicht verloren. (O. V. G. E. Bd. XVIII S. 370.)

5. Bezüglich der strafrechtlichen Folgen des Bauens ohne Baugenehmigung u. s. w. vgl. R. Str. G. B. § 367 Ziffer 15, S. 12.

Fortsetzung von Seite 52.

§ 68.

Bei der anzustellenden Prüfung muß die Obrigkeit zugleich dahin sehen, daß durch eine richtige und vollständige Beschreibung des abzutragenden Gebäudes, nach seiner Lage, Grenzen und übrigen Beschaffenheit, künftigen Streitigkeiten bei dem Wiederaufbau, in Ansehung des Winkelrechts, und sonst[12]) möglichst vorgebeugt werden.

---

[12]) Mit Rücksicht auf § 68 I. 8. A. L. R. ist in dem Rescripte des M. d. Innern und der Polizei vom 6. April 1835 (Kamptz Annalen Bd. XIX S. 497 und Rönne, Baupolizei, III. Ausg. S. 643) allerdings die Verpflichtung der Polizeibehörden abgeleitet worden, bei Beurtheilung der Baugesuche die nachbarlichen Verhältnisse nicht unberücksichtigt zu lassen. Aber schon in jenem Rescripte ist es nur als Aufgabe der Polizei bezeichnet, künftigen Streitigkeiten vorbehaltlich dessen, was nur Gegenstand der gerichtlichen Entscheidung sein kann, vorzubeugen und daß, wenn es nicht gelingt, die in Ansehung solcher Punkte streitenden Interessenten zu vereinigen, dieselben an die Gerichte zu verweisen sind, das Baugesuch aber im Uebrigen nach den bestehenden baupolizeilichen Bestimmungen zu prüfen und zur Erledigung zu bringen ist. O. V. G. E. Bd. II S. 448, Bd. V S. 350, Bd. VI S. 304. Mit jenem Rescript steht im Einklange die seit dem Jahre 1865 auch in Berlin übliche Aufnahme der sogenannten „Nachbarprotocolle"; das heißt: jedes Project, welches Neubauten, erheblichere Umbauten oder Vorbauten vor der Front betrifft, wird in der Regel den Eigenthümern der angrenzenden Grundstücke auf dem Polizei-Revier zur Kenntnißnahme und zur Erklärung, ob sie etwas gegen dasselbe einzuwenden haben, vorgelegt. Irgend ein Recht, über ein Bauproject seines Nachbars gehört zu werden, hat indeß kein Grundstückseigenthümer, und ist er nicht gehört, so hat auch diese Unterlassung keine weiteren Rechtsfolgen. Denn die Anhörung der Nachbarn geschieht, wie sich aus dem oben Angeführten ergiebt, nicht zu dem Zwecke, damit die Polizeibehörde in eine Erörterung oder gar in die ihr nicht zustehende Entscheidung über die privatrechtlichen Einwendungen eintreten könne, sondern lediglich aus praktischen und Billigkeitsrücksichten, um einerseits den Unternehmer des Baues möglichst vor Nachtheilen zu bewahren, welche ihm aus der Verletzung entgegenstehender Privatrechte Dritter (Fensterrechte, Servituten, grundbuchliche Eintragungen u. s. w.) erwachsen könnten, andererseits um den benachrichtigten Nachbar in die Lage zu versetzen, seine Privatrechte alsbald geltend zu machen und den Unternehmer zu veranlassen, von der etwa ertheilten Bauerlaubniß keinen Gebrauch zu machen. Hat die Baupolizeibehörde nach der Meinung des Nachbars dessen Protest gegen die von seinem Nachbar geplante bauliche Anlage zur Ungebühr unberücksichtigt gelassen, so kann nur die der ersteren vorgesetzte Aufsichtsbehörde um Abhülfe angegangen werden. (Pr. V. Bl. VIII S. 261, IX S. 143, 174, XI S. 411, XII S. 570, XIII S. 262, O. V. G. E. vom 4. October 1889 IV 461, und vom 5. Mai 1891 IV 449.)

13. Vgl. B. G. B. §§ 904—909, 912, 919—922.

§ 69.

Vorzüglich ist eine besondere obrigkeitliche Erlaubniß nothwendig, wenn, es sei in Städten oder auf dem Lande, eine neue Feuerstelle[13]) errichtet, oder eine alte an einen andern Ort verlegt werden soll.

§ 70. (Aufgehoben.)[14])

§ 71.

In allen Fällen, wo sich findet, daß ein ohne vorhergegangene Anzeige unternommener Bau schädlich oder gefährlich für das Publikum sei oder zur groben Verunstaltung einer Straße oder eines Platzes gereiche[15]), muß derselbe nach der Anweisung der Obrigkeit geändert werden.

§ 72.

Findet die Aenderung nicht statt, so muß das Gebäude wieder abgetragen, und alles, auf Kosten des Bauenden, in den vorigen Stand gesetzt werden[16])

---

[13]) Feuerstelle heißt jedes Gebäude mit einer zur Unterhaltung des Feuers bestimmten Stätte oder Einrichtung, vgl. B. P. O. § 18 und § 47 des Feld- und Forstpolizeigesetzes vom 1. April 1880 bezüglich der Errichtung von Feuerstellen in der Nähe von Waldungen, S. 35, und R. St. G. B. § 368 Nr. 3, S. 12.

[14]) Die Strafbestimmung des § 70 ist durch R. St. G. B. § 367 Nr. 14 und 15 ersetzt. S. 12.

[15]) Vgl. S. 50. Ziffer 3 und 4.

[16]) Vgl. Lehre von der Baugenehmigung unter VIII S. 67 ff.

III.

Spezielle Beschränkungen der Baufreiheit.

Allgemeines Landrecht Theil I Titel 8 §§ 73 bis 82.

§ 73.

Bauanlagen auf Straßen, wodurch Gehende, Reitende oder Fahrende Beschädigungen ausgesetzt werden, soll die Obrigkeit nicht dulden[17]).

§ 74.

Niemand darf in Gegenden, die zum Ab- und Zugang des Publikums bestimmt sind, vor seinen Fenstern oder an seinem Hause etwas aufstellen oder aufhängen, durch dessen Herabsturz Jemand beschädigt werden könnte.[18])

---

[17]) Vgl. für Berlin B. P. O. §§ 13 und 14 und Straßenpolizeireglement vom 7. April 1867 nebst den zu demselben ergangenen Abänderungen und Ergänzungen. Nr. 29. O. B. G. E. Bd. XXXII S. 338.

[18]) Vgl. Anm. 17.

§ 75.

Der Uebertreter muß das Aufgestellte oder Aufgehängte sofort wegzuschaffen angehalten werden.[19])

§ 76.

Ohne Erlaubniß der Obrigkeit dürfen Baustellen, die bisher besondere Nummern hatten, nicht in Eins gezogen werden.[20])

§ 77.

Auch die Zugestehung einer solchen Erlaubniß kann, in Ansehung der nach den Nummern vertheilten oder noch zu vertheilenden Lasten und Abgaben, weder dem gemeinen Wesen, noch andern Privat-Personen zum Nachtheile gereichen.

§ 78.

Die Straßen und öffentlichen Plätze dürfen nicht verengt,[21]) verunreinigt oder sonst verunstaltet werden.

§ 79.

Besonders darf Niemand ohne ausdrückliche Bewilligung der Obrigkeit einen Kellerhals[22]) oder anderes dergleichen Nebengebäude auf die Straße zu anlegen.

§ 80.

Auch die Einrichtung von Keller- und Ladenthüren, welche auf die Straße gehen, die Anlegung neuer, oder Wiederherstellung eingegangener Erker;[23]) Löben und auf die Straße hinausgießender Dachrinnen; die Aufsetzung von Wetterdächern und in die Straße hinein sich erstreckenden Schildern,[24]) sowie die Errichtung von Blitzableitern,[25]) darf nur unter Erlaubniß der Polizeiobrigkeit und nach den von dieser zu ertheilenden Anweisungen vorgenommen werden.

---

[19]) Die an dieser Stelle noch folgende Strafbestimmung ist durch R. St. G. B. § 366 Nr. 8 und 9 ersetzt.

[20]) Eine Zuwiderhandlung ist nicht mit Strafe bedroht. Vgl. für Berlin P. V. vom 25. Juli 1892, betr. die Anbringung von Hausnummerschildern.

[21]) Vgl. O. V. G. E. Bd. VIII S. 291.

[22]) Vgl. B. P. O. § 14.

[23]) Vgl. B. P. O. § 14.

[24]) Vgl. die Bekanntmachung des Polizei-Präsidiums betr. die Anbringung von Fahnenschildern u. s. w. vom 8. Mai 1895.

[25]) Vgl. B. P. O. § 6, Anm. 5 i. Zur Prüfung der Blitzableiter auf Staatsgebäuden auf ihre Leistungsfähigkeit soll durch einen Sachverständigen (Elektrotechniker oder Mechaniker) jährlich einmal eine äußere Besichtigung, nöthigenfalls unter Zuhülfenahme des Fernrohrs und alle 5 Jahre eine Kontrole durch Messung des Widerstandes der Luftleitung und der Erdleitung vorgenommen werden. (M. Erl. v. 25. 12. 1897, M. Bl. d. i. V. 1898 S. 3.)

§ 81.

Uebrigens aber kann jeder Hauseigenthümer den sogenannten Bürgersteig,[26]) soweit er das Steinpflaster zu unterhalten hat,[27])[28]) unter den § 78 bestimmten Einschränkungen nutzen.[29])[30])

§ 82.

Nähere Bestimmungen über die §§ 78—81 berührten Gegenstände bleiben den besonderen Polizeigesetzen eines jeden Ortes vorbehalten.[31])

---

[26]) Unter Bürgersteigen sind diejenigen für den Fußgängerverkehr bestimmten Theile der öffentlichen Straßen (§ 1 Abs. 3 des Baufluchtengesetzes) zu verstehen, welche an die Häuser und Baugrundstücke stoßen, im Gegensatz zu sonstigen Fußwegen, wie sie innerhalb der Städte über öffentliche Plätze laufen oder in der Mitte breiter Straßen als Promenaden oder sonst zu besonderen Verkehrszwecken angelegt sind. (O. V. G. E. vom 21 December 1887, Pr. V. Bl. IX S. 154.)

[27]) Durch diese Vorschrift wird nicht zugleich eine Verpflichtung der Hauseigenthümer ausgesprochen, den Bürgersteig herzustellen und zu unterhalten. Vielmehr besteht eine dahingehende Verpflichtung der Hauseigenthümer nur insoweit, als sie sich auf ein nöthigenfalls von der Gemeinde als der in erster Linie Straßenbaupflichtigen nachzuweisendes Ortsrecht begründen läßt und kann auch nur unter dieser Voraussetzung und in diesem Umfange in Polizeiverordnungen zum Ausdruck gebracht werden. (O. V. G. E. Bd. X S. 203 und M. E. vom 2. Mai 1885, M. Bl. S. 103.)

Für Berlin besteht auf Grund des Ortsrechtes die öffentlich-rechtliche Verpflichtung der Hausbesitzer zur Anlegung und Unterhaltung der Bürgersteige. Diese Verpflichtung ist keine Gemeindelast, sondern eine polizeiliche Wegebaulast und ist deshalb durch § 15 des Ges. v. 2. Juli 1875 nicht beseitigt worden. Die observanzmäßige Verpflichtung cessirt auch nicht bei Grundstücken, welche in die Fluchtlinie einer projectirten Straße fallen und deshalb den Baubeschränkungen des § 11 a. a. O. unterliegen. O. V. G. E. v. 14. October 1896, Pr. V. Bl. XVIII S. 232. Diese Verpflichtung geht auch auf neueingemeindete Grundstücke über, da die öffentlich-rechtlichen Verhältnisse nach den für den gesammten Stadtbezirk geltenden Normen zu regeln sind. (O. V. G. E. Bd. VI S. 212, vgl. Pol. Verord. vom 17. Januar 1873, III. Theil, Nr. 6.) Der etwa freigelegte Vorgarten gehört nicht zum Bürgersteige im Sinne des Gesetzes und erstreckt sich auf ihn auch nicht die fragliche Verpflichtung. (Vgl. III. Theil, Nr. 23.)

[28]) Die Stadtgemeinden sind im Bereiche der Städteordnung vom 30. Mai 1853 nicht befugt, die Verpflichtung zur Anlegung und Unterhaltung der Bürgersteige, soweit diese nach den Anordnungen der Ortspolizeibehörde und demgemäß zunächst auf Kosten der Stadtgemeinde zu erfolgen hat, in der Weise auf die einzelnen Hauseigenthümer zu übertragen, daß diese an Stelle der Stadtgemeinde der Polizeibehörde gegenüber verpflichtet werden (O. V. G. E. Bd. XVI S. 48, Bd. XIX S. 242, 247). Jedoch darf die Stadtgemeinde den angrenzenden Eigenthümern zwar nicht — und auch nicht durch Ortsstatut — die eigene Herstellung und Unterhaltung der Bürgersteige als Naturalleistung, wohl aber unter Beobachtung der Vorschrift in Z. G. § 16 Abs. 5 die Uebernahme entsprechender Vorausleistungen hierfür zur Last legen. (O. V. G. E. Bd. XIX S. 70. M. E. vom 5. November 1888, M. Bl. S. 213.)

Die Verpflichtung zur Unterhaltung der Chausseen schließt nicht die Verpflichtung in sich, da, wo sie städtische Straßen bilden, an ihren Seiten Bürgersteige anzulegen und zu unterhalten. (O. V. G. E. Bd. XIV S. 272.)

[29]) Jede Benutzung des Bürgersteiges, welche mit dem öffentlichen Rechte im Widerspruche steht, kann die Ortspolizeibehörde untersagen. (M. E. vom 22. September 1846, M. Bl. S. 61, vgl. auch O. V. G. E. Bd. II S. 395 und vom 22. März 1889, P. V. Bl. X S. 469.) Der ordentliche Rechtsweg gegen eine dahingehende polizeiliche Verfügung ist ausgeschlossen (Erk. des Komp. G. H. vom 30. Mai 1857, J. M. Bl. 1858 S. 7).

[30]) Vgl. im Uebrigen den Aufsatz: „Neueres vom Bürgersteige" im P. V. Bl. XX Nr. 35 und 36, ferner Friedrichs S. 70, 116, 204, 214, 249, 250.

[31]) Die Polizeibehörden sind sowohl auf Grund der §§ 66ff. dieses Titels, wie des § 10 II 17 A. L. R. und des § 6 des Gesetzes über die Polizeiverwaltung vom 11. März 1850 auch befugt, baupolizeiliche Vorschriften, welche über die Gegenstände der §§ 78—81 hinausgreifen, zu erlassen. (O. V. G. E. Bd. VIII S. 290.)

C.

Gesetz,

betr. die Anlegung und Veränderung von Straßen und Plätzen in Städten und ländlichen Ortschaften, vom 2. Juli 1875.

(G. S. S. 561.)[1]).

Wir Wilhelm, von Gottes Gnaden König von Preußen ꝛc. verordnen, mit Zustimmung beider Häuser des Landtages, für den ganzen Umfang der Monarchie, was folgt:

§ 1. Für die Anlegung oder Veränderung von Straßen und Plätzen in Städten und ländlichen Ortschaften sind die Straßen- und Baufluchtlinien vom Gemeindevorstande im Einverständnisse mit der Gemeinde, bezüglich deren Vertretung, dem öffentlichen Bedürfnisse entsprechend unter Zustimmung der Ortspolizeibehörde festzusetzen.

Die Ortspolizeibehörde kann die Festsetzung von Fluchtlinien verlangen, wenn die von ihr wahrzunehmenden polizeilichen Rücksichten die Festsetzung fordern.

Zu einer Straße im Sinne dieses Gesetzes gehört der Straßendamm und der Bürgersteig.

Die Straßenfluchtlinien bilden regelmäßig zugleich die Baufluchtlinien, das heißt die Grenzen, über welche hinaus die Bebauung ausgeschlossen ist. Aus besonderen Gründen kann aber eine von der Straßenfluchtlinie verschiedene, jedoch in der Regel höchstens 3 Meter von dieser zurückweichende Baufluchtlinie festgesetzt werden.

§ 2. Die Festsetzung von Fluchtlinien (§ 1) kann für einzelne Straßen und Straßentheile oder, nach dem voraussichtlichen Bedürfnisse der näheren Zukunft, durch Aufstellung von Bebauungsplänen für größere Grundflächen erfolgen.

Handelt es sich in Folge von umfassenden Zerstörungen durch Brand oder andere Ereignisse um die Wiederbebauung ganzer Ortstheile, so ist die Gemeinde verpflichtet, schleunigst darüber zu beschließen, ob und in wiefern für den betreffenden Ortstheil ein neuer Bebauungsplan aufzustellen ist und eintretenden Falls die unverzügliche Feststellung des neuen Bebauungsplanes zu bewirken.

---

[1]) Auf eine Commentirung des Gesetzes wird hier mit Rücksicht auf den ausführlichen Commentar von R. Friedrichs, der erst vor Kurzem durch Dr. von Strauß und Torney eine verdienstvolle Erweiterung und Umarbeitung erfahren hat, abgesehen. Die einzelnen Bestimmungen des Gesetzes haben an den betreffenden Stellen des Werkes selbstverständlich eingehende Berücksichtigung gefunden. Vgl. insbesondere bezüglich den § 11 Theil III Nr. 2.

§ 3. Bei Festsetzung der Fluchtlinien ist auf Förderung des Verkehrs, der Feuersicherheit und der öffentlichen Gesundheit Bedacht zu nehmen, auch darauf zu halten, daß eine Verunstaltung der Straßen und Plätze nicht eintritt.

Es ist deshalb für die Herstellung einer genügenden Breite der Straßen und einer guten Verbindung der neuen Bauanlagen mit den bereits bestehenden Sorge zu tragen.

§ 4. Jede Festsetzung von Fluchtlinien (§ 1) muß eine genaue Bezeichnung der davon betroffenen Grundstücke und Grundstückstheile und eine Bestimmung der Höhenlage, sowie der beabsichtigten Entwässerung der betreffenden Straßen und Plätze enthalten.

§ 5. Die Zustimmung der Ortspolizeibehörde (§ 1) darf nur versagt werden, wenn die von derselben wahrzunehmenden polizeilichen Rücksichten die Versagung fordern.

Will sich der Gemeindevorstand bei der Versagung nicht beruhigen, so beschließt auf sein Ansuchen der Kreisausschuß.

Derselbe beschließt auf Ansuchen der Ortspolizeibehörde über die Bedürfnißfrage, wenn der Gemeindevorstand die von der Ortspolizeibehörde verlangte Festsetzung (§ 1 Alinea 2) ablehnt.

An Stelle des Kreisausschusses tritt in Stadtkreisen und den einem Landkreise angehörigen Städten von mehr als 10 000 Einwohnern der Bezirksausschuß, in Berlin der Minister der öffentlichen Arbeiten. (Z. G. § 146, Abs. 2.)

§ 6. Betrifft der Plan der beabsichtigten Festsetzungen (§ 4) eine Festung, oder fallen in denselben öffentliche Flüsse, Chausseen, Eisenbahnen oder Bahnhöfe, so hat die Ortspolizeibehörde dafür zu sorgen, daß den betheiligten Behörden rechtzeitig zur Wahrung ihrer Interessen Gelegenheit gegeben wird.

§ 7. Nach erfolgter Zustimmung der Ortspolizeibehörde, bezüglich des Kreisausschusses (§ 5), hat der Gemeindevorstand den Plan zu Jedermanns Einsicht offen zu legen. Wie letzteres geschehen soll, wird in der ortsüblichen Art mit dem Bemerken bekannt gemacht, daß Einwendungen gegen den Plan innerhalb einer zu bezeichnenden präklusivischen Frist von mindestens vier Wochen bei dem Gemeindevorstande anzubringen sind.

Handelt es sich um Festsetzungen, welche nur einzelne Grundstücke betreffen, so genügt statt der Offenlegung und Bekanntmachung eine Mittheilung an die betheiligten Grundeigenthümer.

§ 8. Ueber die erhobenen Einwendungen (§ 7) hat, soweit dieselben nicht durch Verhandlung zwischen dem Gemeindevorstande und den Beschwerdeführern zur Erledigung gekommen, der Kreisausschuß zu beschließen. An Stelle des Kreisausschusses tritt in Stadtkreisen und den einem Landkreise angehörigen Städten von mehr als 10 000 Einwohnern der Bezirksausschuß, in Berlin der Minister der öffentlichen Arbeiten. (Z. G. § 146, Abs. 2.) Sind Einwendungen nicht erhoben oder ist über dieselben endgültig (§ 16) beschlossen, so hat der Gemeindevorstand den Plan förmlich festzustellen, zu Jedermanns Einsicht offen zu legen und, wie dies geschehen soll, ortsüblich bekannt zu machen.

§ 9. Sind bei Festsetzung von Fluchtlinien mehrere Ortschaften betheiligt, so hat eine Verhandlung darüber zwischen den betreffenden Gemeindevorständen stattzufinden.

Ueber die Punkte, hinsichtlich deren eine Einigung nicht zu erzielen ist, beschließt der Kreisausschuß. An Stelle des Kreisausschusses tritt in Stadtkreisen und den einem Landkreise angehörigen Städten von mehr als 10 000 Einwohnern der Bezirksausschuß, in Berlin der Minister der öffentlichen Arbeiten. (Z. G. § 146, Abs. 2.)

§ 10. Jede, sowohl vor als nach Erlaß dieses Gesetzes getroffene Festsetzung von Fluchtlinien kann nur nach Maßgabe der vorstehenden Bestimmungen aufgehoben oder abgeändert werden.

Zur Festsetzung neuer oder Abänderung schon bestehender Bebauungspläne in den Städten Berlin, Potsdam, Charlottenburg und deren nächster Umgebung bedarf es Königlicher Genehmigung.

§ 11. Mit dem Tage, an welchem die im § 8 vorgeschriebene Offenlegung beginnt, tritt die Beschränkung des Grundeigenthümers, daß Neubauten, Um- und Ausbauten über die Fluchtlinie hinaus versagt werden können, endgültig ein. Gleichzeitig erhält die Gemeinde das Recht, die durch die festgesetzten Straßenfluchtlinien für Straßen und Plätze bestimmte Grundfläche dem Eigenthümer zu entziehen.

§ 12. Durch Ortsstatut kann festgestellt werden, daß an Straßen oder Straßentheilen, welche noch nicht gemäß der baupolizeilichen Bestimmungen des Orts für den öffentlichen Verkehr und den Anbau fertig gestellt sind, Wohngebäude, die nach diesen Straßen einen Ausgang haben, nicht errichtet werden dürfen.[1])

Das Ortsstatut hat die näheren Bestimmungen innerhalb der Grenze vorstehender Vorschrift festzusetzen und bedarf der Bestätigung des Bezirksausschusses, in Berlin des Ministers des Innern. Gegen den Beschluß des Bezirksausschusses ist innerhalb einer Präklusivfrist von zwei Wochen die Beschwerde bei dem Provinzialrathe zulässig. (Vgl. Z. G. § 146, L. V. G. §§ 153, 51, auch L. V. G. § 121.)

Nach erfolgter Bestätigung ist das Statut in ortsüblicher Art bekannt zu machen.

§ 13. Eine Entschädigung kann wegen der nach den Bestimmungen des § 12 eintretenden Beschränkung der Baufreiheit überhaupt nicht, und wegen Entziehung oder Beschränkung des von der Festsetzung neuer Fluchtlinien betroffenen Grundeigenthums nur in folgenden Fällen gefordert werden:

1) wenn die zu Straßen und Plätzen bestimmten Grundflächen auf Verlangen der Gemeinde für den öffentlichen Verkehr abgetreten werden;
2) wenn die Straßen- oder Baufluchtlinie vorhandene Gebäude trifft und das Grundstück bis zur neuen Fluchtlinie von Gebäuden freigelegt wird;
3) wenn die Straßenfluchtlinie einer neu anzulegenden Straße ein unbebautes, aber zur Bebauung geeignetes Grundstück trifft, welches zur Zeit der Feststellung dieser Fluchtlinie an einer bereits bestehenden und für den öffentlichen Verkehr und den Anbau fertig gestellten anderen Straße belegen ist, und die Bebauung in der Fluchtlinie der neuen Straße erfolgt.

Die Entschädigung wird in allen Fällen wegen der zu Straßen und Plätzen bestimmten Grundfläche für Entziehung des Grundeigenthums gewährt. Außerdem wird in denjenigen Fällen der Nr. 2, in welchen es sich um eine Beschränkung des Grundeigenthums in Folge der Festsetzung einer von der Straßenfluchtlinie verschiedenen Baufluchtlinie handelt, für die Beschränkung des bebaut gewesenen Theiles des Grundeigenthums (§ 12 des Gesetzes über Enteignung von Grundeigenthum vom 11. Juni 1874) Entschädigung gewährt.

In allen obengedachten Fällen kann der Eigenthümer die Uebernahme des ganzen Grundstücks verlangen, wenn dasselbe durch die Fluchtlinie entweder ganz oder soweit in Anspruch genommen wird, daß das Restgrundstück nach den baupolizeilichen Vorschriften des Ortes nicht mehr zur Bebauung geeignet ist.

Bei den Vorschriften dieses Paragraphen ist unter der Bezeichnung Grundstück jeder im Zusammenhange stehende Grundbesitz des nämlichen Eigenthümers begriffen.

§ 14. Für die Feststellung der nach § 13 zu gewährenden Entschädigungen und die Vollziehung der Enteignung kommen die §§ 24 ff. des Gesetzes über Enteignung von Grundeigenthum vom 11. Juni 1874 zur Anwendung.

Streitigkeiten über Fälligkeit des Anspruchs auf Entschädigung gehören zur gerichtlichen Entscheidung.

Die Entschädigungen sind, soweit nicht ein aus besonderen Rechtstiteln Verpflichteter dafür aufzukommen hat, von der Gemeinde aufzubringen, innerhalb deren Bezirk das betreffende Grundstück belegen ist.

---

[1]) Siehe III. Theil unter 2.

§ 15. Durch Ortsstatut kann festgesetzt werden, daß bei der Anlegung einer neuen oder bei der Verlängerung einer schon bestehenden Straße, wenn solche zur Bebauung bestimmt ist, sowie bei dem Anbau an schon vorhandenen bisher unbebauten Straßen und Straßentheilen von dem Unternehmer der neuen Anlage oder von den angrenzenden Eigenthümern — von letzteren sobald sie Gebäude an der neuen Straße errichten — die Freilegung, erste Einrichtung, Entwässerung und Beleuchtungsvorrichtung der Straße in der dem Bedürfnisse entsprechenden Weise beschafft, sowie deren zeitweise, höchstens jedoch fünfjährige Unterhaltung, beziehungsweise ein verhältnißmäßiger Beitrag oder der Ersatz der zu allen diesen Maßnahmen erforderlichen Kosten geleistet werde. Zu diesen Verpflichtungen können die angrenzenden Eigenthümer nicht für mehr als die Hälfte der Straßenbreite, und wenn die Straße breiter als 26 Meter ist, nicht für mehr als 13 Meter der Straßenbreite herangezogen werden.

Bei Berechnung der Kosten sind die Kosten der gesammten Straßenanlage und beziehungsweise deren Unterhaltung zusammen zu rechnen und den Eigenthümern nach Verhältniß der Länge ihrer, die Straße berührenden Grenze zur Last zu legen.

Das Ortsstatut hat die näheren Bestimmungen innerhalb der Grenze vorstehender Vorschrift festzusetzen. Bezüglich seiner Bestätigung, Anfechtbarkeit und Bekanntmachung gelten die im § 12 gegebenen Vorschriften.[1])

Für die Haupt- und Residenzstadt Berlin bewendet es bis zu dem Zustandekommen eines solchen Statuts bei den Bestimmungen des Regulativs vom 31. Dezember 1838.

§ 16, § 17, § 18 aufgehoben.[2])

§ 19. Alle den Bestimmungen dieses Gesetzes entgegenstehenden allgemeinen und besonderen gesetzlichen Vorschriften werden hierdurch aufgehoben.

Alle Bestimmungen der im Verwaltungswege erlassenen Bauordnungen, sonstigen polizeilichen Anordnungen und Ortsstatuten, welche mit den Vorschriften dieses Gesetzes in Widerspruch stehen, treten außer Kraft.

§ 20. Der Minister der öffentlichen Arbeiten[3]) wird mit Ausführung dieses Gesetzes beauftragt.[4])

Urkundlich ꝛc.

---

[1]) Absatz 3 ist mit dem Erlaß des vom Minister des Innern bestätigten Statuts vom 7/19. März außer Kraft getreten. Siehe III. Theil No. 4.

[2]) Vgl. L. V. G. §§ 153, 121 und 51; Z. G. § 146 Abs. 2, L. V. G. § 5, Z. G. § 146 Abs. 1.

[3]) A. E. vom 7. August 1878 (G. S. 1879 S. 25) und G. vom 13. März 1879 (G. S. S. 123).

[4]) Ausführungsvorschriften für die Aufstellung von Fluchtlinien und Bebauungsplänen vom 28. Mai 1876 (M. Bl. S. 131).

D.

Gesetz über die Allgemeine Landesverwaltung vom 30. Juli 1883.

(G. S. S. 195.)

1. Vierter Titel.

Rechtsmittel gegen polizeiliche Verfügungen.

§ 127. [1][2][3][4][5][6][7][8][9]

Gegen polizeiliche Verfügungen der Orts= und Kreispolizeibehörden findet, soweit das Gesetz nicht ausdrücklich Anderes bestimmt, die Beschwerde statt, und zwar:

a) gegen die Verfügungen der Ortspolizeibehörden auf dem Lande oder einer zu einem Landkreise gehörigen Stadt, deren Einwohnerzahl bis zu 10000 Einwohnern beträgt, an den Landrath und gegen dessen Bescheid an den Regierungspräsidenten;

b) gegen die Verfügungen der Ortspolizeibehörden eines Stadtkreises, mit Ausnahme von Berlin, einer zu einem Landkreise gehörigen Stadt mit mehr als 10000 Einwohnern, oder des Landraths an den Regierungspräsidenten, und gegen dessen Bescheid an den Oberpräsidenten;

c) gegen ortspolizeiliche Verfügungen in Berlin an den Oberpräsidenten.

Gegen den in letzter Instanz ergangenen Bescheid des Regierungspräsidenten bezw. des Oberpräsidenten findet die Klage bei dem Oberverwaltungsgerichte statt.

Die Klage kann nur darauf gestützt werden,

1. daß der angefochtene Bescheid durch Nichtanwendung oder unrichtige Anwendung des

---

[1]) Zu den ortspolizeilichen Verfügungen gehören auch die baupolizeilichen Inhalts, insbesondere also auch diejenigen, durch welche eine baupolizeiliche Genehmigung (eine Bauerlaubniß) unter Bedingungen ertheilt oder aber versagt wird. Es finden also auch gegen die baupolizeilichen Verfügungen der Ortspolizeibehörden die Rechtsmittel nach Maßgabe der Bestimmungen des vierten Titels des Landesverwaltungsgesetzes (§§ 127 bis 131) statt. Es kann daher bezüglich dieser Bestimmungen im Wesentlichen verwiesen werden auf Brauchitsch Bd. I S. 137 bis 156, vgl. auch oben „die Lehre von der Baugenehmigung" Abschnitt VII S. 66 ff.

Hier ist Folgendes hervorzuheben:

[2]) L. V. G. § 53.

„Die Anbringung der Beschwerde, sowie der Klage beziehungsweise des Antrags auf mündliche Verhandlung im Verwaltungsstreitverfahren hat, sofern nicht die Gesetze Anderes vorschreiben, aufschiebende Wirkung. Verfügungen, Bescheide und Beschlüsse können jedoch, auch wenn dieselben mit der Beschwerde oder mit der Klage beziehungsweise dem Antrag auf mündliche Verhandlung im Verwaltungsstreitverfahren angefochten sind, zur Ausführung gebracht werden, sofern Letztere nach dem Ermessen der Behörde ohne Nachtheil für das Gemeinwesen nicht ausgesetzt bleiben kann, vorbehaltlich der Bestimmung im § 133 Absatz 3 dieses Gesetzes."

Gegen die betreffende Ausführungsmaßregel ist die Klage im Verwaltungsstreitverfahren nicht zugelassen. (O. V. G. E. vom 11. September 1886, I 1084.) Die Beschwerde oder Klage bezw. der Antrag auf mündliche Verhandlung wird durch die im Laufe des Verfahrens erfolgte Ausführung der angefochtenen Verfügung nicht hinfällig. Die genannten Rechtsmittel sind vielmehr, wenn frühzeitig angebracht, auch dann zulässig, wenn bereits vor ihrer Anbringung die angefochtene Verfügung zur Ausführung gebracht ist. (O. V. G. E. vom 14. October 1887, II 920.)

bestehenden Rechts, insbesondere auch der von den Behörden innerhalb ihrer Zuständigkeit erlassenen Verordnungen den Kläger in seinen Rechten verletze;

2. daß die thatsächlichen Voraussetzungen nicht vorhanden seien, welche die Polizeibehörde zum Erlasse der Verfügung berechtigt haben würden.[10])

Die Prüfung der Gesetzmäßigkeit der angefochtenen polizeilichen Verfügung erstreckt sich auch auf diejenigen Fälle, in welchen bisher nach § 2 des Gesetzes vom 11. Mai 1842 (Gesetz-Samml. S. 192) der ordentliche Rechtsweg zulässig war.[11])

Die Entscheidung ist endgültig unbeschadet aller privatrechtlichen Verhältnisse.

§ 128.

An Stelle der Beschwerde in allen Fällen des § 127 findet die Klage statt, und zwar:

a) gegen die Verfügungen der Ortspolizeibehörden auf dem Lande oder einer zu einem Landkreise gehörigen Stadt, deren Einwohnerzahl bis zu 10000 Einwohnern beträgt, bei dem Kreisausschusse;

b) gegen die Verfügungen des Landraths oder der Ortspolizeibehörden eines Stadtkreises oder einer zu einem Landkreise gehörigen Stadt mit mehr als 10000 Einwohnern bei dem Bezirksausschusse.

Die Klage kann nur auf die gleichen Behauptungen gestützt werden, wie die Klage bei dem Oberverwaltungsgericht (§ 127 Abs. 3 und 4).

§ 129.

Die Beschwerde im Falle des § 127 Absatz 1 und die Klage im Falle des § 128 sind bei derjenigen Behörde anzubringen, gegen deren Verfügung sie gerichtet sind.

Die Behörde, bei welcher die Beschwerde oder Klage angebracht ist, hat dieselbe an

---

[3]) Bezüglich der Voraussetzungen für die Anwendbarkeit einer Bestimmung einer Polizeiverordnung auf den einzelnen Fall und für den Erlaß einer polizeilichen Verfügung ist an folgender Unterscheidung festzuhalten, die bei der Handhabung der Baupolizei besondere Beachtung verdient:

Die in einer Polizeiverordnung enthaltenen Gebote und Verbote sind mit gesetzlicher Kraft ausgerüstet; in Folge dessen müssen alle Fälle, die von den aufgestellten Normen getroffen werden, unbedingt und ausnahmslos nach diesen Normen beurtheilt und erledigt werden, auch wenn sie an und für sich betrachtet, ein polizeiliches Einschreiten Mangels der Voraussetzungen des § 10 II 17 A. L. R. nicht rechtfertigen würden. Derartige allgemein gültige Anordnungen zu treffen, ist grade Zweck und Aufgabe der Polizei; für ihren Erlaß können daher auch völlig andere Rücksichten als für den Erlaß einer Polizeiverfügung maßgebend sein; es erscheint nicht bloß zulässig, sondern oft genug auch geboten, eine Regel aufzustellen, welche das öffentliche Interesse bloß für die Mehrzahl der vorkommenden Fälle fordert oder welche erst vermöge ihrer allgemeinen Anwendung eine Bedeutung für das allgemeine Wohl erlangt. (O. V. G. E. vom 18. März 1886, Pr. V. Bl. VII S. 236ff, auch E. Bd. I S. 322, Bd. II S. 432, Bd. XI S. 365, Bd. XII S. 384, Bd. XIII S. 395.) Im Gegensatze dazu setzt der Erlaß einer polizeilichen Verfügung das Vorhandensein eines polizeilichen Interesses im einzelnen Falle voraus, ausgenommen hiervon sind aber, wie sich aus dem Vorstehenden ergiebt, diejenigen polizeilichen Verfügungen, welche lediglich zu dem Zwecke erlassen werden, die Anwendung einer Bestimmung einer Polizeiverordnung im einzelnen Falle durchzuführen.

[4]) Im Allgemeinen ist daran festzuhalten, daß, sofern ein Gegenstand durch Polizeiverordnung (Baupolizeiordnung) erschöpfend geregelt ist, mittelst polizeilicher Verfügung nicht ein Mehreres gefordert werden kann, als durch jene allgemeine Verordnung vorgeschrieben ist. O. V. G. E. Bd. X S. 269, vgl. auch S. 41 des Werkes.

[5]) Hinsichtlich der Frage, an wen die ein Gebäude oder Grundstück betreffenden Verfügungen zu richten sind, vgl. oben unter Anm. 1 b bis d zu § 37 I 8 A. L. R. S. 43ff.

diejenige Behörde abzugeben, welche darüber zu beschließen oder zu entscheiden hat. Der Beschwerdeführer bezw. Kläger ist hiervon in Kenntniß zu setzen.

Die Frist zur Einlegung der Beschwerde und zur Anbringung der Klage gegen die polizeiliche Verfügung, sowie gegen den auf Beschwerde ergangenen Bescheid beträgt zwei Wochen.

Die Anbringung des einen Rechtsmittels schließt das andere aus. Ist die Schrift, mittelst deren das Rechtsmittel angebracht wird, nicht als Klage bezeichnet oder enthält dieselbe nicht ausdrücklich den Antrag auf Entscheidung im Verwaltungsstreitverfahren, so gilt dieselbe als Beschwerde. Bei gleichzeitiger Anbringung beider Rechtsmittel ist nur der Beschwerde Fortgang zu geben. Das hiernach unzulässigerweise angebrachte Rechtsmittel ist durch Verfügung der im Absatz 1 bezeichneten Behörde zurückzuweisen. Gegen die zurückweisende Verfügung findet innerhalb zwei Wochen die Beschwerde an die zur Entscheidung auf die Klage berufene Behörde statt.

---

[6]) Legitimirt zur Einlegung eines Rechtsmittels gegen eine baupolizeiliche Verfügung ist zunächst derjenige, an den die Verfügung gerichtet ist, sodann aber auch jeder Dritte, in dessen Rechte durch die Ausführung der Verfügung eingegriffen, dessen Person oder Vermögen durch die Verfügung also betroffen wird; vorausgesetzt wird dabei aber, daß die Verfügung nicht nur indirect die Interessen des Dritten berührt, sondern daß sie in ihm zustehende subjective Rechte eingreift. (Vgl. O. V. G. E. Bd. I S. 330, Bd. III S. 222, Bd. V S. 412, Bd. VII S. 312, Bd. X S. 199, Bd. XIV S. 379, Bd. XV S. 417, Pr. V. Bl. V S. 403, XI S. 411, XIV S. 379, XV S. 510.)

Das gilt insbesondere vom Vermiether, wenn die an seinen Miether erlassene polizeiliche Verfügung letzterem im Gebrauch oder in der Benutzung der vermietheten Sache gewisse Schranken zieht, welche der Vermiether als berechtigte nicht anerkennen will. Denn ein unzulässiger Eingriff in die Rechte des Miethers involvirt hier zugleich einen ebensolchen Eingriff in die Rechte des Vermiethers. (O. V. G. E. Bd. X S. 199 und vom 20. Januar 1897, IV 123.) Nach § 744 B. G. B. ist jeder Theilhaber eines gemeinschaftlichen Gegenstandes, also auch jeder Miteigenthümer berechtigt, die zur Erhaltung des Gegenstandes nothwendigen Maßregeln ohne Zustimmung der anderen Theilhaber zu treffen, sofern nicht die Verwaltung und Benutzung des gemeinschaftlichen Gegenstandes durch Vereinbarung oder durch Mehrheitsbeschluß anderweitig geregelt ist. (§ 745.) O. V. G. E. Bd. XXXIII S. 444. Diese privatrechtlichen Grundsätze haben auch für das öffentliche Recht Geltung und entscheidet sich nach ihnen ev. auch die Frage, ob jeder, bezw. welcher Miteigenthümer zur Einlegung eines Rechtsmittels gegen eine den gemeinschaftlichen Gegenstand betreffende polizeiliche Verfügung für legitimirt zu erachten ist.

Vgl. im Uebrigen Abschnitt VII der Lehre von der Baugenehmigung. S. 66.

[7]) In Berlin geht die Beschwerde gegen ortspolizeiliche (bezw. baupolizeiliche) Verfügungen des Polizei-Präsidenten oder der Abtheilung III des Polizei-Präsidiums an den Oberpräsidenten. (Vgl. L. V. G. § 42 und III. Theil Nr. 18.)

[8]) Der Polizeibehörde liegt nicht die Verpflichtung ob, zur Erreichung des erstrebten Zwecks, der Beseitigung baupolizeilich unzulässiger Zustände, einzelne bestimmte Maßregeln zu ermitteln und anzugeben. (O. V. G. E. Bd. XIV S. 331, E. vom 26. März 1888, Pr. V. Bl. IX S. 310.)

[9]) Wenn zur Abänderung eines polizeiwidrigen Zustandes verschiedene gleichberechtigte Mittel gegeben sind, so muß dem Verpflichteten die Wahl unter denselben freigestellt werden. (O. V. G. E. Bd. I S. 326, Bd. VI S. 290, 318, Bd. XI S. 381, Bd. XIII S. 400, E. vom 6. Januar 1891, Pr. V. Bl. XII S. 303.)

[10]) Nicht die Polizeibehörde hat das Vorhandensein der thatsächlichen Voraussetzungen für den Erlaß der angegriffenen Verfügung, sondern umgekehrt der Kläger hat das Nichtvorhandensein dieser Voraussetzungen zu beweisen. (O. V. G. E. Bd. IV S. 274, Bd. X S. 268, vom 11. Mai 1885, Pr. V. Bl. VI S. 380.)

[11]) In der Bauerlaubniß ist ein specieller Rechtstitel im Sinne des § 2 des Gesetzes vom 11. Mai 1842 nicht zu finden. Eine solche Erlaubniß schafft nicht einen für die Polizeibehörde unabänderlichen Rechtszustand, vielmehr ist letztere ebenso berechtigt wie verpflichtet, die Genehmigung zu widerrufen, sobald sie die Unvereinbarkeit derselben mit dem hierfür allein maßgebenden öffentlichen Rechte erkennt. Vgl. Lehre von der Baugenehmigung, Abschnitt V S. 60 ff.

Wird die Beschwerde oder Klage der Vorschrift des ersten Absatzes zuwider innerhalb der gesetzlichen Frist bei derjenigen Behörde angebracht, welche zur Beschlußfassung oder Entscheidung darüber zuständig ist, so gilt die Frist als gewahrt. Die Beschwerde oder Klage ist in solchen Fällen von der angerufenen Behörde zur weiteren Veranlassung an diejenige Behörde abzugeben, gegen deren Beschluß sie gerichtet ist.

§ 130.

Gegen polizeiliche Verfügungen des Regierungspräsidenten[12]) findet innerhalb zwei Wochen die Beschwerde an den Oberpräsidenten und gegen den vom Oberpräsidenten auf die Beschwerde erlassenen Bescheid innerhalb gleicher Frist die Klage[13]) bei dem Oberverwaltungsgerichte nach Maßgabe der Bestimmungen des § 127 Absatz 3 und 4 statt.

Gegen polizeiliche Verfügungen des Regierungspräsidenten in Sigmaringen findet innerhalb zwei Wochen unmittelbar die Klage bei dem Oberverwaltungsgerichte statt.

Gegen die Landesverweisung steht Personen, welche nicht Reichsangehörige sind, die Klage nicht zu.

§ 131.

Der § 6 des Gesetzes vom 11. Mai 1842 (Gesetz-Samml. S. 192) findet auch Anwendung, wenn eine polizeiliche Verfügung im Verwaltungsstreitverfahren durch rechtskräftiges Endurtheil aufgehoben worden ist.[14])

2. Fünfter Titel.

Zwangsbefugnisse.[1])

§ 132.

Der Regierungspräsident, der Landrath, die Ortspolizeibehörde und der Gemeinde- (Guts-) Vorsteher (-Vorstand) sind berechtigt, die von ihnen in Ausübung der obrigkeitlichen Gewalt getroffenen, durch ihre gesetzlichen Befugnisse gerechtfertigten Anordnungen durch Anwendung folgender Zwangsmittel durchzusetzen:

1. Die Behörde hat, sofern es thunlich ist, die zu erzwingende Handlung durch einen Dritten ausführen zu lassen und den vorläufig zu bestimmenden Kostenbetrag im Zwangswege von den Verpflichteten einzuziehen.

2. Kann die zu erzwingende Handlung nicht durch einen Dritten geleistet werden, oder steht es fest, daß der Verpflichtete nicht im Stande ist, die aus der Ausführung durch einen Dritten entstehenden Kosten zu tragen, — oder soll eine Unterlassung erzwungen werden, so sind die Behörden berechtigt, Geldstrafen anzudrohen und festzusetzen, und zwar:

a) Die Gemeinde- (Guts-) Vorsteher bis zur Höhe von fünf Mark;
b) die Ortspolizeibehörden und die städtischen Gemeinde-Vorsteher (-Vorstände) in einem Landkreise bis zur Höhe von sechszig Mark;
c) die Landräthe, sowie die Polizeibehörden und Gemeinde-Vorsteher (-Vorstände) in einem Stadtkreise bis zur Höhe von einhundertfünfzig Mark;
d) der Regierungspräsident bis zur Höhe von dreihundert Mark.

---

[12]) Auch gegen landespolizeiliche Verfügungen des Polizei-Präsidenten zu Berlin ist nicht die Klage beim Bezirksausschuß, sondern nur die Beschwerde an den Oberpräsidenten und gegen dessen Bescheid die Klage beim Oberverwaltungsgericht gegeben. (O. V. G. E. vom 15. October 1884, Nr. I 1138.)

[13]) Bezüglich der Stempelpflicht der Vollmachten im Verwaltungsstreitverfahren vgl. Tarifstelle 73 des Stempeltarifs zum Stempelsteuergesetz vom 3. Juli 1895 (G. S. S. 413), dazu Nr. 53 der Bekanntmachung des Finanzministers vom 13. Februar 1896 und M. E. vom 26. Juni 1896 (M. Bl. S. 116).

[14]) Vgl. die Lehre von der Baugenehmigung Abschnitt VI Nr. 13 S. 66.

[1]) Vgl. Brauchitsch Bd. I S. 156 bis 164, sowie §§ 38ff I 8 A. L. R. S. 45ff., sowie in der Lehre von der Baugenehmigung, Abschnitt VIII S. 67 und B. P. O. § 39, Anmerkung 1 bis 3.

Gleichzeitig ist nach Maßgabe der §§ 28, 29 des Strafgesetzbuchs für das Deutsche Reich die Dauer der Haft festzusetzen, welche für den Fall des Unvermögens an die Stelle der Geldstrafe treten soll. Der Höchstbetrag dieser Haft ist

in den Fällen zu a = Ein Tag,
„ „ „ „ b = Eine Woche,
„ „ „ „ c = Zwei Wochen,
„ „ „ „ d = Vier Wochen.

Der Ausführung durch einen Dritten (Nr. 1), sowie der Festsetzung einer Strafe (Nr. 2) muß immer eine schriftliche Androhung vorhergehen; in dieser ist, sofern eine Handlung erzwungen werden soll, die Frist zu bestimmen, innerhalb welcher die Ausführung gefordert wird.

3. Unmittelbarer Zwang darf nur angewendet werden, wenn die Anordnung ohne einen solchen unausführbar ist.

§ 133.

Gegen die Androhung eines Zwangsmittels finden dieselben Rechtsmittel statt, wie gegen die Anordnungen, um deren Durchsetzung es sich handelt. Die Rechtsmittel erstrecken sich zugleich auf diese Anordnungen, sofern dieselben nicht bereits Gegenstand eines besonderen Beschwerde- oder Verwaltungsstreitverfahrens geworden sind.

Gegen die Festsetzung und Ausführung eines Zwangsmittels findet in allen Fällen nur die Beschwerde im Aufsichtswege innerhalb zwei Wochen statt.

Haftstrafen, welche an Stelle einer Geldstrafe nach § 132 Nr. 2 festgesetzt sind, dürfen vor ergangener endgültiger Beschlußfassung oder rechtskräftiger Entscheidung auf das eingelegte Rechtsmittel beziehungsweise vor Ablauf der zur Einlegung desselben bestimmten Frist nicht vollstreckt werden.

E.

Gesetz über die Zuständigkeit der Verwaltungs- und Verwaltungsgerichtsbehörden vom 1. August 1883.

(G. S. S. 237.)

XX. Titel.

Baupolizei.

§ 143.

Der Bezirksausschuß beschließt über die Anwendung der in den Städten geltenden feuer- und baupolizeilichen Vorschriften bei Gebäuden auf solchen zum platten Lande gehörigen Grundstücken, welche innerhalb der Städte oder im Gemenge mit städtischen bebauten Grundstücken liegen, gemäß den Vorschriften der Verordnung vom 27. Juli 1846.[1])

§ 144.

Ueber die Anwendung der Bestimmungen der Verordnung vom 21. December 1846,[2]) betreffend die bei dem Bau von Eisenbahnen beschäftigten Handarbeiter, auf andere öffentliche Bauausführungen (Kanal- und Chausseebauten ꝛc.) gemäß § 26 der gedachten Verordnung beschließt:

1. insoweit es sich um Bauten der Kreise, Amts-Wegeverbände oder Gemeinden handelt, der Regierungs-Präsident unter Zustimmung des Bezirksausschusses;
2. insoweit es sich um Bauten des Provinzialverbandes handelt, der Ober-präsident unter Zustimmung des Provinzialraths;
3. für den Stadtkreis Berlin der Oberpräsident.

§ 145.

Ueber Dispense [3)] [4)] [5)] [6)] [7)] von Bestimmungen der Baupolizeiordnungen beschließt nach Maßgabe dieser Ordnungen der Kreisausschuß, in Stadtkreisen und in den zu einem Landkreise gehörigen Städten von mehr als 10 000 Einwohnern der Bezirksausschuß, soweit die Angelegenheit nicht nach diesen Ordnungen zur Zuständigkeit anderer Organe gehört. Verfügungen der letzteren unterliegen der Anfechtung nur im Wege der Beschwerde an die Aufsichtsbehörde.

Der Bezirksausschuß tritt in betreff der Zuständigkeit zur Ertheilung von Dispensen in allen Fällen an die Stelle der Bezirksregierung.

Zur Einlegung der Beschwerde gegen den Beschluß ist auch die zur Ertheilung der Bauerlaubniß zuständige Behörde befugt, welcher der Beschluß zuzustellen ist.

Gegen den Beschluß des Bezirksausschusses in erster Instanz findet die Beschwerde an den Minister der öffentlichen Arbeiten statt.[8)]

§ 146.

Die §§ 17 und 18 des Gesetzes, betreffend die Anlegung und Veränderung von Straßen und Plätzen in Städten und ländlichen Ortschaften vom 2. Juli 1875 werden aufgehoben. Die Wahrnehmung der in den §§ 5, 8, 9 a. a. O. dem Kreisausschusse beigelegten Functionen liegt für den Stadtkreis Berlin dem Minister der öffentlichen Arbeiten, für die übrigen Stadtkreise, sowie für die zu einem Landkreise gehörigen Städte mit mehr als 10 000 Einwohnern dem Bezirksausschuß ob. Die Bestätigung der Statuten nach den §§ 12 und 15 a. a. O. erfolgt für den Stadtkreis Berlin durch den Minister des Innern.

[1)] Verordnung, betreffend die Anwendung der in den Städten geltenden feuer- und baupolizeilichen Vorschriften bei Gebäuden auf solchen zum platten Lande gehörigen Grundstücken, welche innerhalb der Städte oder im Gemenge mit städtischen bebauten Grundstücken liegen. Vom 17. Juli 1846. G. S. S. 309.

Wir Friedrich Wilhelm, von Gottes Gnaden König von Preußen ꝛc.

verordnen zur Verhütung der Feuersgefahr, welche für die Städte daraus entstehen kann, daß bei Gebäuden auf solchen zum platten Lande gehörigen Grundstücken, welche innerhalb der Städte oder im Gemenge mit städtischen bebauten Grundstücken liegen, die für das platte Land und nicht die für die Städte bestehenden feuer- und baupolizeilichen Vorschriften angewandt werden, auf den Antrag Unseres Staatsministeriums und nach Anhörung Unserer getreuen Stände, wie folgt:

§ 1.

Wo die feuer- und baupolizeilichen Vorschriften in den Städten und auf dem platten Lande von einander abweichen, und wo durch Anwendung der für das platte Land bestehenden feuer- und baupolizeilichen Vorschriften bei Gebäuden auf solchen zum platten Lande gehörigen Grundstücken, welche sich innerhalb der Städte oder im Gemenge mit städtischen bebauten Grundstücken befinden, die Feuersicherheit der Stadt erheblich gefährdet wird, können diese Gebäude, zu denen auch die auf Vorwerken oder Rittergütern befindlichen Gebäude zu rechnen sind, durch [Anordnung der Regierung] Beschluß des Bezirksausschusses den für die städtischen Gebäude geltenden bau- und feuerpolizeilichen Vorschriften unterworfen werden. Ist dieses in einzelnen Fällen ohne wesentliche Belästigung und Störung des ländlichen Gewerbebetriebes nicht ausführbar, so hat [die Regierung] der Bezirksausschuß zu ermessen, inwiefern mit Rücksicht hierauf die Anwendung jener Vorschriften zu modificiren oder eine Ausnahme davon zu gestatten sei.

§ 2.

Durch Anordnung der im § 1 erwähnten Maßregel wird in den Feuersocietätsverhältnissen der betreffenden Gebäude nichts geändert. (Gegen den Beschluß des Bezirksausschusses findet die Beschwerde an den Provinzialrath statt, L. V. G. § 121.)

[7]) Verordnung, betreffend die bei dem Bau von Eisenbahnen beschäftigten Handarbeiter. Vom 21. December 1846. G. S. 1847 S. 21. (Auszug.)

Wir Friedrich Wilhelm, von Gottes Gnaden König von Preußen rc.
verordnen in Betreff der Handarbeiter, welche bei dem Bau von Eisenbahnen und bei anderen öffentlichen Bauten beschäftigt werden, nach dem Antrage Unseres Staatsministeriums, was folgt:

§§ 1 bis 24.

§ 25.

Die [Regierungen] Regierungspräsidenten haben die Ausführung dieser Vorschriften zu überwachen. Die zu bestellenden Bau-Aufsichtsbeamten stehen rücksichtlich der durch gegenwärtige Verordnung ihnen übertragenen polizeilichen Functionen zunächst unter der Aufsicht des betreffenden Landraths.

Soweit das Einschreiten der Local-Polizeibehörden durch die bestehenden Gesetze nicht begründet ist, sind die Landräthe zur Vollziehung der in dieser Verordnung enthaltenen polizeilichen Anordnungen befugt und verpflichtet; dieselben können sich aber, wenn die Baustellen von ihrem Wohnsitz zu entfernt sind, geeignete Polizeibehörden mit Genehmigung [der] des vorgesetzten [Regierung] Regierungspräsidenten substituiren. Jede solche Substitution muß in geeigneter Weise zur öffentlichen Kenntniß gebracht werden.

§ 26.

Die vorstehenden Bestimmungen sollen auch auf andere öffentliche Bauausführungen (Kanal- und Chausseebauten rc.) Anwendung finden, welche von den [Regierungen] in Z. G. § 144 bezeichneten Behörden dazu geeignet befunden werden.

§ 27.

Auf Handarbeiter, welche bei handwerksmäßig auszuführenden Arbeiten beschäftigt werden, findet diese Verordnung keine Anwendung.

[8]) Ueber die Ertheilung von Dispensen von Bestimmungen der Baupolizeiordnungen hat der Kreisausschuß bezw. der Bezirksausschuß (letzterer auch für den Stadtkreis Berlin nach § 161 Z. G.) zu beschließen, indeß nur wenn diesen Behörden (bezw. der Bezirksregierung, an deren Stelle überall der Bezirksausschuß tritt, Z. G. § 145 Abs. 2) diese Befugniß durch die Baupolizeiordnungen ausdrücklich übertragen ist, wie dies auch im § 42

Ziffer 2 der B. P. O. für Berlin geschehen ist. (Vgl. O. V. G. E. Bd. IX S. 332.) Soweit die Baupolizeiordnungen die Befugniß zur Ertheilung von Dispensen anderen Behörden zuweisen, behält es dabei sein Bewenden, mit der Maßgabe, daß Verfügungen der letzteren nur mit der Beschwerde an die Aufsichtsbehörde anzufechten sind. Gegen den Beschluß des Kreisausschusses findet nach L. V. G. § 121 die Beschwerde an den Bezirksausschuß, gegen den in erster Instanz ergehenden Beschluß des Bezirksausschusses indeß nicht die Beschwerde an den Provinzialrath, sondern an den Minister der öffentlichen Arbeiten statt; zur Einlegung der Beschwerde ist auch die zur Ertheilung der Baugenehmigung zuständige Ortspolizeibehörde (in Berlin der Polizeipräsident oder das Polizei-Präsidium, Abth. III, nicht aber die Oertl. St. P. V., Beschluß des M. d. ö. A. vom 18. Mai 1893 III 9963) befugt.

[4]) Dispense sind nur nach Maßgabe der Baupolizeiordnungen von deren positiven Bestimmungen zulässig, also nicht von Anforderungen, die die Polizeibehörde lediglich auf Grund der ihr nach § 10 II 17 A. L. R. zustehenden allgemeinen polizeilichen Befugnisse gestellt hat. Für zulässig zu erachten ist indeß auch ein Dispens von den auf Grund der Ziffer 4 § 40 der B. P. O. polizeilicherseits auferlegten Bedingungen (Erl. d. M. d. ö. A. vom 19. Mai 1888 III 9102). Glaubt übrigens die Polizeibehörde in einem Falle der letzteren Art ein Dispensgesuch befürworten zu sollen, ist es zweckmäßiger und kürzer, die gestellte Bedingung einfach direct zurückzunehmen und damit den Bezirksausschuß einer besonderen Beschlußfassung zu überheben.

[5]) Früher wurde die Ertheilung des Dispenses nach der Ausführung des Baues nicht mehr für zulässig erachtet. M. R. vom 8. Mai 1888 (M. Bl. S. 107). Vgl. auch M. R. vom 5. November 1888 (M. Bl. S. 199). Erst neuerdings ist diese, in der Praxis der Verwaltungsbehörden bisher befolgte Rechtsauffassung aufgegeben worden, nachdem das O. V. G. in dem Erkenntniß vom 27. November 1895 (E. Bd. XXIX S. 354 und Pr. V. Bl. XVII S. 157) ausgesprochen hatte, daß die Dispensertheilung von der Befolgung baupolizeilicher Vorschriften auch dann zulässig sei, wenn der Bau bereits ausgeführt ist. Im Anschluß an dies Erkenntniß ist der nachstehende Erlaß des Ministers der öffentlichen Arbeiten ergangen (Pr. V. Bl. XVII S. 276), welcher nunmehr die maßgebenden Bestimmungen für die Behandlung der Dispense Seitens der Baupolizeibehörden enthält:

Ministerium der öffentlichen Arbeiten III 630. Berlin, den 21. Februar 1896.

In Sachen betreffend das vom stellvertretenden Vorsitzenden des Bezirks-Ausschusses zu Potsdam aus Gründen des öffentlichen Interesses eingelegte Rechtsmittel der Revision in der Verwaltungsstreitsache des Töpfermeisters Ludwig Mandelkow zu Neu-Lewin, Klägers und Berufungsklägers, wider den Amtsvorsteher des Amtsbezirks Kerstenbruch, Beklagten und Berufungs-Beklagten, hat das Königliche Ober-Verwaltungsgericht in dem Erkenntniß vom 27. November 1895 ausgesprochen,

daß die Dispensertheilung von der Befolgung baupolizeilicher Vorschriften auch dann zulässig ist, wenn der Bau bereits ausgeführt ist.

In dieser Hinsicht ist in dem Erkenntniß im Anschluß an die Gründe eines Urtheils vom 3. April 1888 Folgendes ausgeführt:

„Es liegt in der rechtlichen Natur der Polizei-Verordnung, daß die als solche ergehenden Bauordnungen der im § 65 Titel 8 Theil I des allgemeinen Landrechts grundsätzlich anerkannten Baufreiheit diejenigen Grenzen ziehen, die die polizeiliche Sorge für Leben und Gesundheit sowie die Fürsorge gegen Feuersgefahr bei Bauausführungen, sowie gegen gemeinschädliche Handlungen, Unternehmungen und Ereignisse überhaupt erheischt (§ 6 pos. f. i. g. des Gesetzes über die Polizei-Verwaltung vom 11. März 1850). Soweit solche Verordnungen ergangen sind, bestimmen sie daher die Normen, nach welchen bemessen werden muß, ob ein Bau „zum Schaden oder zur Unsicherheit des gemeinen Wesens" gereicht (§ 66 a. a. O.) oder, wie es § 71 ausdrückt, ob ein Bau „schädlich oder gefährlich für das Publikum" ist.

Die Beobachtung der Vorschriften der Baupolizei-Ordnungen wird gefordert und erzwungen, um schädliche oder gemeingefährliche Bauten zu hindern, und, wenn gleichwohl Bauten entstehen, die diesen Ordnungen widersprechen, so sind sie schon lediglich durch diesen Widerspruch als schädlich und gefährlich im Sinne des § 71 rechtlich gekennzeichnet.

Es ist somit rechtlich ausgeschlossen, neben dem Maßstab, den die vorhandenen Bauordnungen für die Zulassung und Gutheißung von Bauten vor deren Ausführung zur Ausschließung schädlicher und gefährlicher Bauten statuiren, noch einen zweiten solchen Maßstab für consenswidrig oder consenslos ausgeführte Bauten aus § 71 a. a. O. zu construiren und dem bauenden Publikum die Möglichkeit einzuräumen, durch gesetzwidrige Handlungen das für ihre Bauten zur Anwendung kommende objective Baurecht zu ändern.

Es könnte dies auch gar nicht geschehen, ohne daß damit das öffentliche Interesse im weiten Umfange in Frage gestellt würde."

Es wird dann weiter ausgeführt, daß, weil die Bestimmungen der Bauordnungen über Dispensertheilung eine untrennbare Einheit mit den materiellen Normen über Beschränkung der Baufreiheit bilden, die Einschränkung der Dispense auf noch nicht ausgeführte Bauten nicht gerechtfertigt erscheine.

Im Hinblick auf diese Entscheidung will ich die in dem Erlasse meines Herrn Amtsvorgängers vom 8. Mai 1888 (Min.=Blatt für die innere Verwaltung Seite 107) vertretene Auffassung, nach welcher Dispense von der Befolgung baupolizeilicher Vorschriften nur solange gewährt werden können, als es sich noch um die Ertheilung der Erlaubniß zur Ausführung eines beabsichtigten Baues handelt, nicht weiter aufrecht erhalten, hebe vielmehr den Erlaß hierdurch auf.

Die Baupolizeibehörden werden daher ein materielles Eingehen auf Baudispensgesuche aus dem Grunde nicht mehr abzulehnen haben, weil der Bau bereits ausgeführt ist.

Andererseits aber folgt aus den vorgedachten Entscheidungsgründen die Verpflichtung der Baupolizeibehörden, auch bezüglich der consenswidrig oder consenslos ausgeführten Anlagen die Erfüllung der sämmtlichen einschlagenden baupolizeilichen Vorschriften zu fordern und zu erzwingen, sofern nicht diesen Behörden die Befugniß zur Gewährung von Ausnahmen eingeräumt ist. Nur in denjenigen Fällen wird es sich rechtfertigen lassen, hiervon abzuweichen, wo die Verstöße gegen die Bestimmungen der Baupolizeiordnung von ganz geringfügiger Bedeutung sind und den mit ihnen verfolgten Zweck ernstlich nicht in Frage stellen, andererseits aber die den Vorschriften entsprechende Herstellung einen unverhältnißmäßig hohen Kostenaufwand erfordern würde. Der Umstand dagegen, daß die vorschriftsmäßige Herstellung den Bauherrn zu erheblichen Aufwendungen nötigen wird, kann allein keinen Grund geben, von der Forderung einer solchen Herstellung abzusehen.

Endlich mache ich noch besonders darauf aufmerksam, daß der § 145 des Zuständigkeitsgesetzes vom 1. August 1883 auch den Baupolizeibehörden die Befugniß einräumt, gegen die in erster Instanz ergehenden Beschlüsse über Baudispensgesuche die Beschwerde einzulegen.

Die Polizeibehörden werden daher da, wo solche Beschlüsse entgegen ihren Anträgen ergehen, Beschwerde zu erheben haben, wenn die für die Dispensertheilung angeführten Gründe von ihnen nicht für zutreffend erachtet werden.

Ew. Hochwohlgeboren ersuche ich ergebenst, den dortigen Bezirksausschuß von Vorstehendem in Kenntniß zu setzen und die betheiligten Polizei=Behörden mit entsprechender Anweisung zu versehen.

Der Minister der öffentlichen Arbeiten.

---

*) Die Ertheilung eines Dispenses ist in das freie Ermessen der Polizeibehörde gestellt und hat auf dieselbe Niemand einen rechtlich verfolgbaren Anspruch (O. V. G. E. vom 30. Juni 1891, Pr. V. Bl. XII S. 569), während andererseits durch die Ertheilung ebensowenig eine Verpflichtung, von dem Dispense Gebrauch zu machen, geschaffen wird, wie durch die Baugenehmigung eine Verpflichtung zum Bauen. Auch nach Erwirkung des Dispenses verbleibt dem Bauherrn also das Recht, nach den allgemeinen baupolizeilichen Bestimmungen zu bauen. Ist der Dispens an Bedingungen geknüpft, so muß der Bauherr

allerdings, wenn er überhaupt von ihm Gebrauch machen will, auch diese erfüllen. Da der Dispens nur mit Rücksicht auf bestimmte thatsächliche Verhältnisse oder Voraussetzungen ertheilt wird, hat eine Veränderung derselben auch das Erlöschen des Dispenses zur nothwendigen Folge. Hieraus ergiebt sich des Weiteren, daß, sofern nicht ein erneuter Dispens zur Belassung der Abweichungen von den allgemeinen baupolizeilichen Bestimmungen angesichts der veränderten Verhältnisse ertheilt wird, der Bau mit jenen Bestimmungen in Uebereinstimmung gebracht werden muß.

[7]) Wie die in den Baupolizeiordnungen speciell zugelassenen Ausnahmen beruhen auch die der Entscheidung der Ortspolizeibehörde entzogenen Dispense auf der Erwägung, daß es unmöglich ist, die allgemeinen Rechtssätze über die Beschränkung der Baufreiheit derartig zu geben, daß sich jeder concrete Thatbestand unter sie ohne Härte und materielle Ungerechtigkeit subsumiren läßt. Die zur Ertheilung des Dispenses berufene Behörde übt somit gewissermaßen einen Gnadenact aus, indem sie den einzelnen Grundeigenthümer von der Befolgung der ihn unverhältnißmäßig hart treffenden allgemeinen gesetzlichen Vorschrift befreit.

Vor Allem werden daher solche Fälle zur Bewilligung eines Dispenses geeignet sein, in denen die thatsächlichen Voraussetzungen fehlen, die den Erlaß einer inhaltlich der allgemeinen Bestimmung der Baupolizeiordnung entsprechenden polizeilichen Verfügung rechtfertigen würden. Im Uebrigen sind es vielfach aber auch reine Zweckmäßigkeitsrücksichten, welche eine Abweichung von der Regel mit Rücksicht etwa auf die abnorme Gestaltung oder die Umgebung des Baugrundstückes, die besondere Bestimmung oder die eigenartige Einrichtung des Gebäudes, und nicht in letzter Linie auch auf die speciellen Bedürfnisse des Bauherrn wünschenswerth erscheinen lassen.

Daß übrigens die Bewilligung eines Dispenses von dem Nachweise gewisser sich auf privatrechtlichem Boden bewegender Abmachungen zwischen den nachbarlichen Grundbesitzern, durch welche beispielsweise der eine Grundeigenthümer zu Lasten seines Grundstücks und zum Besten des benachbarten Grundstücks die dingliche Verpflichtung übernimmt, daß ein bestimmter Raum von der Grenze ab unbebaut bleibt, oder auch von der Bedingung abhängig gemacht werden kann, daß ein Grundstückstheil als Straßenland an die wegebaupflichtige Gemeinde abgetreten wird, kann grundsätzlichen Bedenken nicht wohl unterliegen. Nicht einmal einer grundbuchlichen Eintragung wird es unter allen Umständen bedürfen, wenn es sich vom Standpunkte der Polizeibehörde aus auch wohl der Regel nach empfehlen wird, die grundbuchliche Eintragung der fraglichen Verpflichtung bei der Ertheilung des auf dem materiellen Inhalt derselben beruhenden Dispenses zur Bedingung zu machen. Daß die öffentlich-rechtliche Wirkung des Dispenses, d. h. die Zulassung einer Abweichung von der allgemeinen Rechtsregel, erlischt, sobald die privatrechtliche Voraussetzung desselben, durch Lösung der Vereinbarung zwischen den Grundeigenthümern bezw. durch Löschung im Grundbuche aufgehört hat zu existiren, ist selbstverständlich. (Vgl. O. V. G. E. vom 19. März 1885, Pr. V. Bl. VI S. 302, vom 11. Mai 1886, Pr. V. Bl. VII S. 354 und Anm. 6 S. 88.)

Wird die Befreiung von dieser oder jener Bestimmung des öffentlichen Rechts in den weitaus meisten Fällen auch angestrebt vorwiegend zum Schutze und zur Förderung privater Interessen, so wird die Ertheilung doch immer nur dann stattfinden können, wenn jener Schutz und jene Förderung unbeschadet der für die Entschließungen der Polizeibehörde in allen Fällen in erster Linie maßgebenden öffentlichen Interessen erfolgen kann. Es findet somit bei jeder Dispensertheilung eine Abwägung der betheiligten privaten und öffentlichen Interessen statt. Dieser Umstand macht die verständnißvolle und zielbewußte Behandlung der Dispensgesuche zu einer für das Gemeinwohl höchst bedeutsamen Aufgabe sowohl der zur ersten Begutachtung berufenen Ortspolizeibehörde, wie der für die Ertheilung zuständigen Beschlußbehörde. Bietet sich hier doch für die betheiligten Behörden die Möglichkeit, hinausgehend über den Rahmen ihrer durch § 10 II 17 A. L. R. begrenzten Aufgaben und Ziele, in das weite und so überaus dankbare Gebiet der Wohlfahrtspflege, insbesondere in dasjenige der Aesthetik hineinzugreifen.

Vor allem sind in allen denjenigen Dispensfällen, in denen es sich um die äußere Gestaltung der Gebäude, insbesondere ihre Höhenentwickelung, um Aus- und Aufbauten handelt, ästhetische Gesichtspunkte für die Bewilligung bestimmend. Und in der That für bevorzugte Bauplätze, bei denen es sich um Schaffung eines ansprechenden oder characteristischen Straßenbildes handelt, für Gebäude von bedeutender künstlerischer Conception, die eben auch nur so, wie sie erdacht sind, ausgeführt werden können und müssen, wenn ihr künstlerischer Gesammtwerth nicht herabgedrückt werden soll, für alle solche Fälle erweist sich der Buchstabe des Gesetzes zu eng. Vernunft wird Unsinn, Wohlthat Plage! Man stelle sich vor, man wollte das Reichstagsgebäude messen an dem Maßstabe der Berliner Baupolizeiordnung! Und wenn wirklich einmal etwas Licht und Luft geopfert werden sollte zu Gunsten einer künstlerisch durchdachten Ausbildung eines Gebäudes, wirkt denn die schöne Ausgestaltung der Stadt, ihrer Straßen und Plätze nicht auch geist- und herzerfrischend und somit auch gesundheitfördernd auf die Bewohnerschaft ein? Beruht somit die Bewilligung der Dispense selbst vielfach auf ästhetischen Rücksichten, werden die letzteren in anderen Fällen wiederum die Veranlassung dazu bieten, den Dispens von der Erfüllung gewisser ihnen dienender Bedingungen abhängig zu machen. Hier wird die Fortlassung unschönen Beiwerks gefordert, dort die niedrigere Gestaltung eines Aufbaus, an anderer Stelle vielleicht die kraftvollere Ausbildung einer für das Straßenbild bedeutungsvollen Ecke oder auch die Ausführung der Façade in einem bestimmten Materiale oder Style zur Bedingung gemacht, und derjenige, zu dessen Gunsten auf der einen Seite das allgemeine öffentliche Recht gebeugt wird, erweist sich auf der anderen Seite meistens leichter geneigt, im öffentlichen Interesse gewisse Opfer zu bringen oder ein Mehreres zu leisten, als die allgemeinen gesetzlichen Bestimmungen erheischen.

Sollen unnöthige Härten vermieden, zweckmäßige, aber mit den allgemeinen Bestimmungen unvereinbare Einrichtungen ermöglicht, oder ästhetische Rücksichten gefördert werden, in jedem Falle ist eine engherzige bureaukratische Beurtheilung vom Uebel. Mit Wohlwollen, mit weitem Blick und weitem Herzen trete die Behörde an die Prüfung der Dispensgesuche und ihrer Begründung heran; nur so wird der gesetzgeberische Gedanke, der der Zulassung der Dispense zu Grunde liegt, verwirklicht, nur so wird der Ausgleich zwischen den betheiligten privaten und öffentlichen Interessen, zwischen dem Buchstaben und dem Geist des Gesetzes gefunden werden.

[8]) Die Beschwerde gegen den Bescheid des Bezirksausschusses ist auch, wenn derselbe von der Befugniß des § 117 L. V. G. Gebrauch gemacht hat, in Gemäßheit des § 122 Abs. 1 a. a. O. beim Bezirksausschuß anzubringen. In dem durch Abs. 3 daselbst vorgeschriebenen Hinweise ist dies zum Ausdruck zu bringen. M. Erl. v. 13. September 1898, M. Bl. S. 156.

III. Theil.

Das örtliche Baupolizeirecht der Stadt Berlin.

(Als Vorbild der Gestaltung örtlicher Baupolizeirechte überhaupt.)

Vorbemerkung.

In Berlin wird die Baupolizei, als ein besonderer Zweig der Ortspolizei, theils von der Oertlichen Straßenbau-Polizeiverwaltung (Ö. Str. P., Abschnitt A), theils von dem Königlichen Polizei-Präsidenten bezw. dem Polizei-Präsidium (P.-Pr.), Abtheilung III (Abschnitt B), verwaltet.

Gegen baupolizeiliche Verfügungen des Polizei-Präsidiums sowie der Oertl. Straßenbau-Polizeiverwaltung (O. V. G. E. vom 20. Juni 1883 I 719) findet entweder die Beschwerde an den Oberpräsidenten und gegen dessen Bescheid die Klage bei dem Oberverwaltungsgerichte (L. V. G. § 127) oder aber die Klage bei dem Bezirksausschusse (§ 128 a. a. O.) und gegen dessen Endurtheil die Berufung an das Oberverwaltungsgericht (§ 83 a. a. O.) statt. Klage und Beschwerde gegen die angegriffene Verfügung sind binnen zwei Wochen, von der Zustellung derselben an gerechnet, bei dem P. Pr. bezw. der Ö. Str. P. anzubringen (§ 129 Abs. 1 a. a. O.), (vgl. S. 66 und 80) während die Klage gegen den Bescheid des Oberpräsidenten innerhalb derselben Frist gemäß § 63 L. V. G. bei dem Oberverwaltungsgericht anzubringen ist. Aufsichtsinstanz für das P. Pr. in Baupolizeisachen ist der Minister der öffentlichen Arbeiten (A. E. vom 7. August 1878, G. S. 1879, S. 25), in dessen Geschäftskreis die Verwaltung des Bauwesens die dritte Abtheilung bildet; Aufsichtsinstanz für die Ö. Str. P. ist in erster Instanz der Polizei-Präsident, in zweiter der Minister der öffentlichen Arbeiten. Gegen die Festsetzung und Ausführung eines Zwangsmittels findet in allen Fällen, also auch wenn es sich um baupolizeiliche Angelegenheiten handelt, nur die Beschwerde im Aufsichtswege an die vorbezeichneten Aufsichtsinstanzen innerhalb zwei Wochen statt (L. V. G. § 133 S. 84).

A.

Die örtliche Straßen-Baupolizei.

I.

Zuständigkeit.

1.

In Verfolg der Allerhöchsten Kabinetsordre vom 28. December 1875, durch welche die Zustimmung zum Abschluß des Vertrages zwischen dem Fiscus und der Stadtgemeinde Berlin, betreffend die Uebernahme der fiscalischen Straßen- und Brücken-, Bau- und Unterhaltungslast durch die

Stadtgemeinde Berlin, ertheilt wurde, ist die örtliche Straßen-Baupolizei in Berlin, worunter die gesammte auf die Anlegung, Regulirung, Entwässerung und Unterhaltung der Straßen und Brücken bezügliche örtliche Polizei begriffen ist, unter Abtrennung von der übrigen Baupolizei der Stadtgemeinde Berlin vom 1. Januar 1876 ab zur eigenen Verwaltung nach § 62 der Städte-Ordnung vom 30. Mai 1853 widerruflich überlassen worden.

Allerhöchste Kabinets-Ordre vom 28. December 1875.

Auf Ihren Bericht vom 19. December d. J. ertheile Ich Meine Zustimmung zum Abschluß des nebst dem Stadtverordneten-Beschlusse vom 19. November 1874 zurückfolgenden Vertrages zwischen dem Fiscus und der Stadtgemeinde Berlin, betreffend die Uebernahme der fiscalischen Straßen- und Brücken-, Bau- und Unterhaltungslast durch die Stadtgemeinde Berlin. Gleichzeitig ermächtige ich Sie, den Minister des Innern, die örtliche Straßen-Baupolizei in Berlin, worunter die gesammte auf die Anlegung, Regulirung, Entwässerung und Unterhaltung der Straßen und Brücken bezügliche örtliche Polizei daselbst begriffen ist, der Stadtgemeinde Berlin zur eigenen Verwaltung nach § 62 der Städte-Ordnung vom 30. Mai 1853 widerruflich zu überlassen. Soweit nicht die §§ 5, 8, 9, 10 und 18 des Gesetzes, betreffend die Anlegung und Veränderung von Straßen und Plätzen, in Städten und ländlichen Ortschaften vom 2. Juli 1875 (G. S. S. 561) besondere Vorschriften enthalten, verbleiben dem Polizei-Präsidium zu Berlin die Rechte einer Landespolizeibehörde über die der Stadtgemeinde Berlin zur eigenen Verwaltung überlassene Straßen-Baupolizei.

Berlin, den 28. December 1875.

(gez.) Wilhelm.

(ggez.) Camphausen. Gr. Eulenburg. Achenbach.

An den
Finanzminister, den Minister des Innern
und den Minister für Handel, Gewerbe und
öffentliche Arbeiten.

Bekanntmachung vom 8. Januar 1881.

Unter Bezugnahme auf die Bekanntmachung des Königlichen Polizei-Präsidii hierselbst vom 23. Januar 1876, die gemeinschaftliche Bekanntmachung dieser Behörde und des Magistrats vom 26. Januar 1876 und die diesseitige Bekanntmachung vom 7. Februar 1876, bringe ich hiermit zur öffentlichen Kenntniß, daß ich die durch Allerhöchste Kabinets-Ordre vom 28. December 1875 der Stadtgemeinde Berlin übertragene örtliche Straßen-Baupolizei von Berlin hinfort unter der Benennung:

„Oertliche Straßen-Baupolizeiverwaltung in Berlin" *)

verwalten werde.

Die Verwaltung zerfällt in zwei Abtheilungen, und zwar werden ausüben:

Die I. Abtheilung alle diejenigen straßenbaupolizeilichen Funktionen, welche nicht von der allgemeinen Kanalisation berührt werden, unter der Benennung:

„Oertliche Straßen-Baupolizeiverwaltung in Berlin, Abtheilung I."

Die II. Abtheilung die Funktionen in Betreff der Hausanschlüsse an die städtischen Kanäle, d. h. Prüfung und event. Genehmigung der bezüglichen Projekte, unter der Benennung:

„Oertliche Straßen-Baupolizeiverwaltung in Berlin,
Abtheilung II. (Kanalisation)."

Berlin, den 8. Januar 1881.

Der Oberbürgermeister.
(gez.) von Forckenbeck.

---

*) Jetzige Schreibweise: „Örtliche Straßenbau-Polizeiverwaltung in Berlin".

Mit dem auf Grund der A. K. O. vom 28. December 1875 abgeschlossenen Vertrage vom $\frac{11.}{31.}$ December 1875 hörte die rechtliche Persönlichkeit des Straßenfiskus auf. Es haben in Folge dessen alle Straßenlandabtretungen nicht mehr an diesen, sondern an die Stadtgemeinde Berlin zu erfolgen.

Bezüglich des Inhalts und des Umfanges des in städtische Verwaltung übergegangenen Zweiges der örtlichen Baupolizei ist Folgendes zu bemerken:

1. Zur Zuständigkeit der Ö. Str. P. gehören:

a) die auf die Anlegung, Regulirung, Entwässerung und Unterhaltung der öffentlichen Straßen und Brücken bezügliche Polizei, Inanspruchnahme von Wegen für den öffentlichen Verkehr, Aufforderung zur Regulirung der Bürgersteige pp.; Bauten an Straßen.

b) die Angelegenheiten betr. die Entwässerung der Grundstücke durch Anschluß an die städtische Kanalisation.

2. Demgemäß ist bei Prüfung von Bauprojecten die Mitwirkung der Ö. Str. P. erforderlich:

a) bei Neubauten aller Art auf Grundstücken, welche an neuen Straßen und Straßentheilen oder an schon vorhandenen, bisher unbebauten Straßen und Straßentheilen liegen,

b) wenn, abgesehen von den Fällen zu a. — sei es im Wege des Neubaues oder des Umbaues, Anbaues pp. — Wohnhäuser, Fabriken oder sonstige erheblichere für dauernde Zwecke bestimmte Bauten projectirt sind;

c) in jedem Falle baulicher Herstellungen und Veränderungen, wenn die Innehaltung von Straßenfluchtlinien in Frage kommt bezw. überhaupt die Straßenfront berührt wird.

3. Um diese Mitwirkung herbeizuführen, wird jedes derartige bei dem P. Pr. eingehende Bauproject (vgl. B. P. O. § 28 Anm. 2) der Ö. Str. P. zur Aeußerung bezw. Wahrnehmung der Seitens derselben zu vertretenden straßenbaupolizeilichen Interessen übersandt. Die von derselben gestellten, in den Bauschein aufzunehmenden Bedingungen müssen mit dem Bauvorhaben in einem so engen und unlösbaren Zusammenhange stehen, daß sie eine einheitliche und gleichzeitige Entscheidung zusammen mit dem Bauvorhaben selbst mit Nothwendigkeit erheischen (vgl. S. 4); nur unter dieser Voraussetzung sind sie zur Aufnahme in den Bauschein geeignet, der nach allgemeinen Rechtsgrundsätzen (vgl. S. 5 ff.) wie jede andere polizeiliche Verfügung nicht etwa von der Ö. Str. P. in Gemeinschaft mit dem P. Pr., sondern von diesem allein als der hierzu allein zuständigen Behörde zu erlassen ist: die von den P. Pr. gestellten baupolizeilichen Bedingungen erscheinen im Bauschein als die hauptsächlichsten, den Charakter der ganzen Verfügung beherrschenden. Im Verwaltungsstreitverfahren hat jede der beiden Baupolizeibehörden die von ihr gestellten Bedingungen zu vertreten.

4. Da die Bürgersteige Theile der Straße bilden, steht die Controle über die Regulirung derselben (vgl. P. V. vom 17. Januar 1873, S. 96), und zwar auch vor Neu- und Umbauten der Ö. Str. P. zu.

5. Die Controle über die Anlegung und Unterhaltung der Vorgärten ist von dem P. Pr. auszuüben. (Vgl. Nr. 23.)

6. Die Verkehrspolizei ist in vollem Umfange dem Polizei-Präsidium verblieben und im Zusammenhange damit, um den Aufgaben der ihm gleichfalls verbliebenen Hochbaupolizei gerecht werden zu können, die Genehmigung und Controle bezüglich der Aufstellung und Wiederbeseitigung der Bauzäune und Baugerüste. (Vgl. Nr. 24.)

II.*)
Bauen an nicht regulirten Straßen.

2.

§ 12 des Gesetzes betreffend die Anlegung und Veränderung von Straßen und Plätzen in Städten und ländlichen Ortschaften. Vom 2. Juli 1875.[1])

(G. S. S. 561.)

Durch Ortsstatut[2]) kann festgesetzt werden, daß an Straßen[3])[4]) oder Straßentheilen[5]), welche noch nicht[6]) gemäß der baupolizeilichen Bestimmungen[7]) des Orts für den öffentlichen Verkehr und den Anbau fertig hergestellt sind, Wohngebäude[8]), die nach diesen Straßen einen Ausgang haben[9]), nicht errichtet werden dürfen.

Das Ortsstatut hat die näheren Bestimmungen innerhalb der Grenze vorstehender Vorschrift festzusetzen und bedarf der Bestätigung des Bezirksausschusses, in Berlin des Ministers des Innern. Gegen den Beschluß des Bezirksausschusses ist innerhalb einer Präklusivfrist von zwei Wochen die Beschwerde bei dem Provinzialrathe zulässig.

Nach erfolgter Bestätigung ist das Statut in ortsüblicher Art bekannt zu machen.

(Vgl. Zuständigkeitsgesetz § 146.)

Ortsstatut I vom $\frac{\text{8. October}}{\text{19. November}}$ 1875.

Auf Grund des § 11 der Städteordnung vom 30. Mai 1853 und des § 12 des Gesetzes vom 2. Juli 1875 (G. S. S. 561) wird für den hiesigen Gemeindebezirk Folgendes bestimmt:

§ 1.

Wohngebäude dürfen an Straßen oder Straßentheilen, nach welchen sie einen Ausgang haben, nur errichtet werden, wenn diese Straßen oder Straßentheile den baupolizeilichen Vorschriften gemäß befestigt[10]), entwässert und mindestens mittelst einer regulirten Straße zugänglich sind.[11])

§ 2.

Ausnahmen in Einzelfällen mit Rücksicht auf Umfang, Bestimmung, örtliche Lage ꝛc. der beabsichtigten Bauten, können vorbehaltlich der Zu-

---

*) Die in den Abschnitten II, III und IV behandelten Gegenstände gehören zur Zuständigkeit der Abtheilung I der Ö. Str. P., Rathhaus, Zimmer Nr. 90.

stimmung der Baupolizeibehörde von der städtischen Bauverwaltung bewilligt werden.[12])

Berlin, den 8. October 1875.

Magistrat hiesiger Königl. Haupt- und Residenzstadt.
(gez.) Hobrecht.

Vorstehendes Ortsstatut wird auf Grund der §§ 12 und 18 des Gesetzes vom 2. Juli d. J., betreffend die Anlegung und Veränderung von Straßen und Plätzen in Städten und ländlichen Ortschaften (G. S. S. 561) hierdurch bestätigt.

Berlin, den 19. November 1875.

Der Minister des Innern.
(gez.) Graf Eulenburg.

---

[1]) Vgl. das S. 66 ff. abgedruckte Gesetz, ferner Friedrichs a. a. O. Erläuterung zu § 12, sowie Brauchitsch a. a. O. Bd. IV S. 346 bis 348. Mit Rücksicht, namentlich auf den eingehenden Commentar von Friedrichs, können die Bemerkungen an dieser Stelle auf einige wenige, insbesondere die praktische Anwendung der gesetzlichen bezw. ortsstatutarischen Bestimmungen betreffende beschränkt werden.

[2]) Die Anwendbarkeit des § 12 in einer Gemeinde setzt den Erlaß eines Ortsstatutes voraus, dessen Wirksamkeit aber des Weiteren von dem Vorhandensein polizeilicher Bestimmungen darüber bedingt ist, unter welchen Umständen eine Straße als für den öffentlichen Verkehr und den Anbau fertig hergestellt gilt. (O. V. G. E. Bd. III S. 286 und vom 28. März 1896, II 627, in Bochmann's Mitth. II. Jhg. S. 387, vom 2. Dezember 1896, IV 1967, a. a. O. III. Jhg. S. 364.) Für den Ort geltende baupolizeiliche Bestimmungen kann nicht nur die Ortspolizeibehörde erlassen, vielmehr steht die gleiche Befugniß nach Maßgabe des weiteren Geltungsbereichs der polizeilichen Regelung auch den höheren polizeilichen Instanzen (Landrath, Regierungspräsident, Oberpräsident) gemäß §§ 137, 142 L. V. G. zu (O. V. G. E. Bd. XXVIII S. 364).

Ein gemäß § 12 des Baufluchtengesetzes erlassenes Ortsstatut findet keine Anwendung auf Bauten, mit deren Ausführung bereits auf Grund einer ordnungsmäßig ertheilten Bauerlaubniß begonnen ist. (O. V. G. E. Bd. XXVIII S. 371, XXIV S. 362 vom 2. Januar 1897, IV 6, in Bochmanns Mittheilungen III. Jhrg. S. 362, vgl. auch S. 60 ff.).

[3]) Grenzt ein Baugrundstück, auf welchem ein Wohngebäude errichtet werden soll, an zwei Straßen, so ist nach den besonderen Umständen des einzelnen Falles zu entscheiden, an welcher von den beiden Straßen jenes Wohngebäude belegen ist. (O. V. G. E. Bd. IV S. 364, vom 26. Juni 1888, Pr. V. Bl. IV S. 421.) Eckgebäude mit der Front nach beiden Straßen liegen dagegen immer an jeder dieser Straßen. (O. V. G. E. Bd. XXIII S. 54.)

[4]) Bezüglich des Anbaues an Privatstraßen vgl. O. V. G. E. Bd. III S. 304, Bd. V S. 341, Bd. IX S. 319 und Bd. XIX S. 367, vgl. auch B. P. O. § 1 Anm. 2.

[5]) Ueber den Begriff des Straßentheils vgl. O. V. G. E. Bd. XXIII S. 285.

[6]) Die Anlegung der Straße, auf welche das Ortsstatut bezogen werden soll, muß in Aussicht genommen, darf aber „noch nicht“ vollendet sein. Das Baurecht an diesen „noch nicht fertig gestellten“ Straßen ist hinsichtlich der Errichtung von Wohngebäuden mit Ausgängen nach ihnen bis zur polizeimäßigen Fertigstellung der Straße suspendirt. Dagegen wird eine Straße, welche einmal nach der für die Ortschaft, zu der sie gehört, geltenden

Grundsätzen eine anbaufähige, fertige Straße geworden ist, durch die Einverleibung in eine Commune, für welche schärfere Anforderungen gelten, nicht wieder eine unfertige, projectirte oder eine erst in der Entstehung begriffene Straße. O. V. G. E. v. 27. Febr. 1897 — IV B. 143/96 und v. 3. Februar 1898 — IV 1758.

[7]) Diese Bestimmungen können vor oder nach Erlaß des Ortsstatuts getroffen sein; sie können aber der Regel nach nicht durch das Statut selbst gegeben werden. (O. V. G. E. Bd. III S. 286.) Andererseits fallen unter den Begriff „polizeiliche Bestimmungen" nicht allein Polizeiverordnungen, sondern alle polizeilichen Maßnahmen auf sämmtlichen der Polizei unterstellten Gebieten, mögen sie nun in Gestalt von Verordnungen, Verfügungen, Bekanntmachungen, Reglements oder Anordnungen im weitesten Sinne erlassen sein. (O. V. G. E. Bd. VIII S. 341.) Vgl. Friedrichs a. a. O. zu § 12, auch bezüglich der Fälle, in denen der die Polizei verwaltende Bürgermeister lediglich in seiner Eigenschaft als Vorsitzender des Magistrats das Ortsstatut mitunterzeichnet hat, im Gegensatze zu denjenigen, in denen das Ortsstatut von der Ortspolizeibehörde als solcher mitunterzeichnet, oder von einem zugleich die Ortspolizeiverwaltung handhabenden Magistrate erlassen ist.

[8]) Das Verbot erstreckt sich demnach nur auf Wohngebäude. Von einem Wohngebäude kann da nicht geredet werden, wo es an Wohnräumen, d. h. zum Bewohnen bestimmten oder benutzten Räumen gänzlich fehlt. Demnach sind z. B. Schulen, Fabriken, Werkstätten, Restaurants, Bahnhöfe, in denen es an Wohnräumen gänzlich fehlt, auch nicht Wohngebäude im Sinne des Gesetzes, wenngleich sie zum dauernden Aufenthalt von Menschen bestimmt sind. (O. V. G. E. Bd. VIII S. 315.) Der ständige Aufenthalt einer beaufsichtigenden Nachtwache macht ein Fabrikgebäude nicht zu einem Wohnhause. (O. V. G. E. vom 1. December 1894, Pr. V. Bl. XVI S. 299.) Auch ein Pferdestall, in dem der Knecht des Nachts bei den Pferden schläft, wird dadurch nicht zu einem Wohngebäude. (O. V. G. E. vom 10. Februar 1891, IV 145.)

Dagegen liegt die Errichtung eines Wohngebäudes im Sinne der hier fraglichen Bestimmung auch dann vor, wenn die Umwandlung eines bisher zu anderen Zwecken benutzten Bauwerks in ein Wohnhaus erfolgt (O. V. G. E. vom 3. November 1884, P. V. Bl. VI S. 84), desgleichen bei dem Wiederaufbau eines abgebrochenen oder durch Naturereignisse zerstörten Wohngebäudes. (O. V. G. E. Bd. XVIII S. 386, vom 15. October 1889, P. V. Bl. XI S. 161 und vom 31. März 1881 II 532.) Auch in diesem Falle erfolgt die Consensverweigerung mit Recht, sofern nicht das Ortsstatut direct Ausnahmen für derartige Fälle vorsieht bezw. die Gemeindebehörde von dem ihr in den meisten Ortsstatuten vorbehaltenen allgemeinen Rechte zur Ausnahmebewilligung Gebrauch macht.

Ein Anbau, welcher im Anschluß an ein bestehendes Gebäude errichtet wird und zur Benutzung als Wohnung bestimmt ist (Erweiterungsbau), ist in baupolizeilicher Hinsicht als Wohngebände anzusehen, selbst wenn er nicht mit einem neuen eigenen Ausgang nach der noch nicht fertigen Straße versehen ist. (O. V. G. E. Bd. VIII S. 342 und IX S. 315.)

Im Uebrigen ist aber stets nach Lage des einzelnen Falles zu prüfen, ob die Erweiterung nach ihrer Art und nach ihrem Umfange, sowie nach ihrem Verhältniß zur Art und zum Umfang des bereits vorhandenen Gebäudes als das Errichten eines Wohngebäudes aufgefaßt werden muß. O. V. G. E. Bd. XXXII S. 363.

Der Bestimmung unterliegen auch fiskalische Wohngebäude. (M. E. vom 9. November 1887, M. Bl. S. 275.)

[9]) Das Verbot trifft sowohl die Herstellung von neuen Gebäuden mit einem Ausgange, als auch die Herstellung von neuen Ausgängen in älteren Gebäuden. (O. V. G. E. Bd. V S. 385, Bd. VIII S. 342.) Unter einem Ausgange nach der Straße ist auch ein nur mittelbarer Ausgang zu verstehen. Daß nicht jeder Ausgang, aus welchem man auf irgend einem Umwege oder durch Betreten fremden dazwischen liegenden Terrains zu der

betreffenden Straße gelangen kann, ein mittelbarer Ausgang nach der Straße ist, liegt auf der Hand. (O. V. G. E. vom 14. November 1894, Pr. V. Bl. XVI S. 162.)

[10]) Die Uebereignung von zukünftigem Straßenland kann nicht gefordert werden. O. V. G. E. vom 20. Juni 1890, Pr. V. Bl. XI S. 572.

[11]) Die Entscheidung über die Anbaufähigkeit einer Straße liegt ressortmäßig in erster Linie in den Händen der Ö. Str. P., wenngleich dabei auch verkehrs- und gesundheitspolizeiliche Interessen in Frage kommen können, zu deren Wahrnehmung das P. Pr. berufen sein würde. Wird die Anbaufähigkeit einer Straße von der Ö. Str. P. verneint, so ist die Baugenehmigung zu versagen, sofern nicht auf Grund des § 2 des Ortsstatuts unter Zustimmung der Ö. Str. P. eine Ausnahme bewilligt ist.

[12]) Da die Einführung des Bauverbots überhaupt in das Belieben der Gemeinde gestellt ist, das Ortsstatut nach Absatz 2 des § 12 des Gesetzes bis an die äußerste, im Absatz 1 daselbst gezogene Grenze, d. h. bis zu dem ausnahmslosen Verbot der Errichtung von Wohngebäuden an unfertigen Straßen zwar gehen darf, aber nicht gehen muß, so kann das Ortsstatut auch, wie hier geschehen, Ausnahmen zulassen und deren besondere Bewilligung im einzelnen Falle von der Entschließung der Gemeindebehörde abhängig machen. Die Ortspolizeibehörde ist hiernach nicht befugt, selbstständig von den ortsstatutarischen Beschränkungen zu entbinden. (Vgl. M. E. vom 9. November 1887, M. Bl. S. 274.) Vielmehr ist es Sache des Grundeigenthümers, sich die im § 2 des Ortsstatuts vorgesehene ausnahmsweise Bewilligung selbst von der städtischen Bauverwaltung (Städtischen Baudeputation) zu verschaffen und der Baupolizeibehörde einzureichen. Letztere hat zur Beschaffung dieser ausnahmsweisen Bewilligung grundsätzlich überhaupt nicht mitzuwirken, hat vielmehr, sofern sie die Vorfrage, ob die Straße, an der gebaut werden soll, überhaupt unter das Bauverbot des Ortsstatuts fällt, bejaht, die Baugenehmigung so lange zu versagen, bis ihr die ausnahmsweise Bewilligung der städtischen Baudeputation nachgewiesen wird. Aber selbst, wenn letzteres geschieht, kann gleichwohl die Baugenehmigung Seitens der Baupolizeibehörde versagt werden, wenn diese ihre Zustimmung zu der ausnahmsweisen Bewilligung nicht ertheilt, wozu sie nach § 2 des Ortsstatuts unter Umständen befugt sein würde. Daß die Versagung der Zustimmung in diesem Falle nicht auf Willkür beruhen darf, vielmehr auf erkennbare polizeiliche Gesichtspunkte, etwa verkehrs- oder gesundheitspolizeilicher Natur gestützt werden muß, ist selbstverständlich. In einem derartigen Falle würde also die Versagung der Zustimmung mit der Behauptung, daß dieselbe auf Willkür und nicht auf pflichtmäßigem Ermessen der Polizeibehörde beruhe, unter Umständen mit den gesetzlichen Rechtsmitteln gegen polizeiliche Verfügungen angegriffen werden können. Dagegen ist die Entschließung des Gemeindevorstandes als die Uebung des der Gemeinde gesetzlich vorbehaltenen freien Ermessens in jedem Falle der richterlichen Nachprüfung entzogen, in gleicher Weise wie die von der Gemeinde gestellten Bedingungen. (O. V. G. E. vom 6. September 1889, P. V. Bl. XI S. 50, vom 24. September 1889 ebenda S. 29, vom 23. Juli 1892, P. V. Bl. XIV S. 28 und vom 3. October 1894 P. V. Bl. XVI S. 124; vgl. Friedrichs a. a. O. S. 94/96.)

Die Vereinbarung zwischen der Stadt und dem Grundstückseigenthümer über die Bedingungen, unter welchen erstere letzterem die ausnahmsweise Anbaugenehmigung zu ertheilen bereit ist, bewegt sich lediglich auf privatrechtlichem Gebiete, selbst wenn, was nicht selten geschieht, hierbei Anforderungen gestellt werden, welche sich inhaltlich mit denen des § 15 des Gesetzes bezw. des Ortsstatuts II (siehe Nr. 4) decken (O. V. G. E. Bd. XXIII S. 23, vom 6. und 10. September 1889, P. V. Bl. XI S. 50 und S. 134, vom 3. October 1894, P. V. Bl. XVI S. 124, vgl. auch M. E. vom 9. November 1887, M. Bl. S. 274). Diese rein privatrechtlichen Bedingungen gehören demnach streng genommen überhaupt nicht in die Baugenehmigung, die einen ausschließlich öffentlich-rechtlichen Charakter trägt. Empfehlenswerth ist es indeß, in der Baugenehmigung (dem Bauschein) ausdrücklich zu bemerken, daß die städtische Baudeputation die ausnahmsweise Anbaugenehmigung auf Grund des § 2 des Ortsstatuts ertheilt hat, da diese die gesetzliche Grundlage für die baupolizeiliche Genehmigung bildet. Nicht selten wird die ausnahmsweise Bewilligung der städtischen Bauverwaltung an die Bedingung geknüpft: „Vor Beginn der Bauausführung ist die Genehmigung der städtischen Baudeputation zu demselben beizubringen.“ Vgl. O. V. G. E. vom 31. März 1897 IV 643 — in Bochmanns Mitth. III Jhrg. S. 369. Wird eine derartige Bedingung gestellt, so geht daraus hervor, daß der Grundstückseigenthümer die ihm von der städtischen Behörde als Gegenleistung für die ausnahmsweise Anbaugenehmigung auferlegten Bedingungen noch nicht erfüllt hat. Die städtische Behörde lehnt mit jener Bedingung also ihre Zustimmung zur Zeit thatsächlich noch ab und ist die Polizeibehörde demnach streng genommen auch noch gar nicht in der Lage, die Erklärung, wie eine solche in dem Bauschein liegt, abzugeben, daß nämlich dem Bauvorhaben kein Hinderniß öffentlich-rechtlicher Natur entgegenstehe. Entschließt sich die Polizeibehörde gleichwohl, anstatt die Baugenehmigung einfach zu versagen, dieselbe im Interesse des Grundstückseigenthümers unter Aufnahme der oben angeführten Bedingung zu ertheilen, so kann der Bauherr, der kein Recht auf Zulassung des Baues hat, sich nicht mit Erfolg darüber beschweren, daß ihm der Bau nur bedingungsweise gestattet ist. Wird in einem solchen Falle mit dem Bau thatsächlich begonnen, bevor die Baudeputation ihre Genehmigung zum Baubeginn gegeben hat, ist der Bau, als zur Zeit öffentlich-rechtlich noch nicht zulässig, polizeilich zu inhibiren.

Die von einer Gemeinde mit einem Grundstückseigenthümer vor Erlaß eines Ortsstatuts getroffenen Vereinbarungen hindern erstere nicht, die Bestimmungen eines später erlassenen Ortsstatuts auch jenem Grundstückseigenthümer gegenüber zur Anwendung zu bringen. Vgl. das zuletzt angeführte O. V. G. E.

Die von den Gemeindeorganen gestellten Bedingungen können weder gegen diese, noch auch, selbst wenn sie seitens der Baupolizeibehörde in den Bauschein aufgenommen sein sollten, gegen letztere mit Erfolg im Verwaltungsstreitverfahren angefochten werden. Daß die Bedingungen im finanziellen Interesse der Gemeinde gestellt sind, ändert daran nichts, denn das der Polizeibehörde zur Handhabung anvertraute Bauverbot soll ja grade diesem Interesse dienen. Im Uebrigen findet gegen die Versagung eines Bauconsenses, weil die Stadtverwaltung die nach dem Ortsstatute erforderliche ausnahmsweise Genehmigung zur Ertheilung des Consenses abgelehnt hat, die Klage immer nur gegen die Polizeibehörde, nicht auch gegen die Stadtverwaltung statt. Nach Vorstehendem wird es sich in derartigen Fällen immer nur um die Frage handeln können, ob die Straße, an der gebaut werden soll, überhaupt dem ortsstatutarischen Bauverbote unterliegt. (O. V. G. E. vom 14. April 1891, P. V. Bl. XII S. 518, vgl. auch S. 59 Ziffer 3.)

Hat die Polizeibehörde eine Bauerlaubniß im Widerspruche mit dem Ortsstatut ertheilt, so kann die Gemeinde nach den bisher vom O. V. G. aufgestellten Grundsätzen (vgl. S. 66) weder gegen die Polizeibehörde noch gegen den Bauherrn auf Zurücknahme oder Aufhebung der Bauerlaubniß klagen. Vielmehr steht ihr nur die Beschwerde an die Aufsichtsbehörde zu. Daß eine Baugenehmigung, welche unter Verletzung der ortsstatutarischen, öffentlich-rechtlichen Bestimmungen ertheilt ist, von der Polizeibehörde zurückgenommen werden kann, ergiebt sich aus den oben S. 60ff. entwickelten Grundsätzen von selbst.

3.

Beschaffenheit der für den Anbau als fertig hergestellt zu erachtenden Straßen.

Polizei-Verordnung vom 12. September 1879[1]).

Auf Grund des § 5 des Gesetzes vom 11. März 1850 über die Polizeiverwaltung wird, mit Rücksicht auf den § 12 des Gesetzes vom 2. Juli 1875, betreffend die Anlegung und Veränderung von Straßen ꝛc., und mit Bezug auf das Orts-Statut vom 8. October 1875, für den Umfang des Gemeindebezirks von Berlin, nach Berathung mit dem Gemeindevorstande Nachstehendes verordnet:

§ 1.

Eine Straße oder ein Straßentheil ist für den öffentlichen Verkehr und den Anbau als fertig hergestellt zu erachten, wenn folgende Bedingungen erfüllt sind:

I. Für Straßen, welche nach Erlaß dieser Verordnung angelegt werden:

1. Die zur Straße innerhalb der Straßenfluchtlinien erforderlichen Grundflächen müssen der Stadtgemeinde übereignet sein.

2. Die Straße muß
   a) in der Planlage,
   b) in der Höhenlage,
   c) in der Breite und Breiteneintheilung

den Festsetzungen des Bebauungsplanes von Berlin und seinen Ergänzungen entsprechen.

3. Der Straßendamm muß mit Pflaster (Stein-, Holz-, Eisen- ꝛc.) befestigt oder asphaltirt sein.

Bei Steinpflasterung müssen rechtwinklig bearbeitete Bruchsteine, deren Fußflächen mindestens $^{2}/_{3}$ der Kopfflächen betragen und die in den Höhen, sowie in den Breiten nicht mehr als 1 cm von einander abweichen, verwendet sein. Das Pflaster muß wenigstens eine Kiesbettung von 20 cm erhalten.

4. Die Straße muß mit einer genügenden, dem Bebauungsplan und seinen Ergänzungen entsprechenden, an eine vorhandene öffentliche sich anschließende Entwässerungsanlage versehen sein.

5. Die Straße muß an eine bereits regulirte Straße durch Herstellung des Kreuzdammes angeschlossen sein.

6. Die Herstellung der Bürgersteige muß nach den Vorschriften der Baupolizei-Ordnung vom 21. April 1853 und der Verordnung vom 17. Januar 1873 geschehen.

II. Bei den gegenwärtig vorhandenen Straßen muß der Straßenkörper zwischen den bestehenden Straßenfluchten in seiner ganzen Breite als Bürgersteig und Fahrdamm mit Steinen, Asphaltirung oder Macadamisirung vollständig befestigt, und es müssen unterirdische Entwässerungskanäle oder ausgepflasterte Rinnsteine vorhanden sein, welche dem Bebauungsplane und seinen Ergänzungen entsprechen und sich an eine öffentliche Entwässerungsanlage anschließen.

§ 2.

Straßen oder Straßenecken, welche nur chausseemäßig unterhalten werden oder nur mit sogenannten Bauerndämmen versehen sind, gelten nicht als für den Anbau fertiggestellt.

§ 3.

Ob die vorstehenden Bedingungen erfüllt sind, unterliegt der gemeinschaftlichen Entscheidung des Königlichen Polizei-Präsidiums und der Straßen-Baupolizei-Verwaltung.

Berlin, den 12. September 1879.

Straßen-Baupolizei-Verwaltung.

Der Oberbürgermeister.

(gez.) von Forckenbeck.

---

[1]) Vgl. das früher maßgebende Regulativ vom 31. December 1838 (§ 15, letzter Absatz, des Gesetzes vom 2. Juli 1875, siehe Nr. 4) bei Döhl, Repertorium des Baurechts, S. 314, O. V. G. E. Bd. VIII S. 341.

III.
Anlage und Unterhaltung neuer Straßen.

4.
Ortsstatut II vom $\frac{7.}{19.}$ März 1877.

Auf Grund des § 11 der Städteordnung vom 30. Mai 1853 und des § 15 des Gesetzes vom 2. Juli 1875 (G. S. S. 561)[1]) wird für den hiesigen Gemeindebezirk Folgendes bestimmt:

A. Anlage neuer Straßen durch die Stadtgemeinde.

1. Verpflichtung der Adjacenten zur Erstattung der Anlagekosten.

§ 1.

Bei der Seitens der Stadtgemeinde erfolgenden Anlage einer neuen oder bei der Verlängerung einer schon bestehenden Straße, welche zur Bebauung bestimmt ist, sind die Besitzer der angrenzenden Grundstücke, sobald auf denselben Gebäude an diesen Straßen errichtet werden, verpflichtet, der Stadtgemeinde diejenigen Kosten zu erstatten, welche ihr für die Freilegung, erste Einrichtung, Pflasterung und Entwässerung der Straße erwachsen.

§ 2.

Zu den Kosten der Freilegung gehören auch die Kosten der Erwerbung des Grund und Bodens der Straße einschließlich des Bürgersteiges.

Ist das Straßenland zum Theil unentgeltlich von angrenzenden Grundstücken abgetreten worden, so wird behufs Feststellung des auf die einzelnen adjacirenden Grundstücke entfallenden Antheils an den Grunderwerbskosten, das unentgeltlich abgetretene Terrain mit dem vom Magistrat, unter Berücksichtigung des Preises des entgeltlich erworbenen Terrains, festgestellten Werthe, bei der Ermittelung der Gesammtkosten in Rechnung gestellt, demnächst aber denjenigen Adjacenten auf ihren Beitrag zu den Gesammtkosten in Abzug gebracht, von deren Grundstücken das Straßenland unentgeltlich abgetreten ist.

§ 3.

Zu den Kosten der ersten Einrichtung und Pflasterung gehören insbesondere auch diejenigen der Herstellung des Anschlusses an Nebenstraßen, sowie der Ueberfahrts- und Uebertrittsbrücken.

Als Kosten des zur ersten Pflasterung verwendeten Materials einschließlich Arbeitslohn wird ein alljährlich durch Kommunalbeschluß pro Quadratmeter festzustellender Preis in Rechnung gestellt. Derselbe soll für Haupt- und Nebenstraßen verschieden sein und den Preis der nach Kommunalbeschluß für derartige Straßen zulässigen geringsten Qualität Pflaster nicht übersteigen.

Ob eine Straße als Haupt- oder Nebenstraße zu erachten, wird durch den Magistrat festgestellt.

Die Kosten der Herstellung von Promenaden, Baum- und anderen Pflanzungen sind nicht zu erstatten.

2. Feststellung und Vertheilung der Anlagekosten auf die zur Erstattung Verpflichteten.

§ 4.

Für Vertheilung der Gesammtkosten gilt derjenige zusammenhängende Straßentheil als Einheit, dessen Regulirung zu derselben Zeit erfolgt ist.

§ 5.

Bei Straßen von mehr als 26 m Breite ist von den Kosten der Gesammtanlage ein nach dem Verhältniß von 26 m zu der Gesammtbreite der Straßen berechneter Beitrag von den Adjacenten zu erstatten, der Ueberrest fällt der Stadtgemeinde zur Last.

§ 6.

Der nach §§ 1 bis 5 zur Einziehung gelangende Betrag wird durch den Magistrat vorbehaltlich des Beschwerdeweges endgiltig festgestellt und auf die angrenzenden Grundstücke nach Verhältniß der Länge ihrer, die Straße berührenden Grenze vertheilt.

§ 7.

Die Zahlung der nach §§ 1 bis 6 zu leistenden Beiträge hat gegen Ertheilung der Bauerlaubniß*) zur Errichtung von Gebäuden an neuen Straßen resp. Straßentheilen zu erfolgen.

Steht zur Zeit der Ertheilung derselben der Beitrag des betreffenden Adjacenten noch nicht fest, so ist von demselben, sofern es der Magistrat für erforderlich und angemessen erachtet, eine von Letzterem der Höhe nach zu bestimmende Caution*) in baarem Gelde oder in depositalmäßigen Papieren zu bestellen, aus welcher die Tilgung des demnächst ermittelten Beitrags in erster Linie erfolgt. Für den etwaigen Ueberrest bleibt das Grundstück verhaftet.

§ 8.

Der Magistrat ist befugt, mit Rücksicht auf die Vermögenslage der Zahlungspflichtigen für die Entrichtung der Beiträge Ratenzahlung oder Zahlungsfrist bis zu höchstens 2 Jahren von der Fälligkeit ab zu bewilligen.

B. Anlage und Unterhaltung neuer, im Bebauungsplan festgestellter Straßen durch Unternehmer oder Adjacenten.

1. Anlage der Straßen.

§ 9.

Wenn Unternehmer oder Adjacenten eine im Bebauungsplan festgestellte Straße oder einen Theil einer solchen anlegen wollen, so ist die Genehmigung dazu bei dem Magistrat nachzusuchen, abgesehen von der außerdem erforderlichen Genehmigung der Baupolizei.

Zu dem Behufe ist ein Situationsplan und ein Nivellementsplan derselben, aus welchen insbesondere auch der Anschluß der herzustellenden Entwässerungsanlagen an die bestehenden öffentlichen Anlagen ersichtlich ist, und zwar in je 5 Exemplaren einzureichen.

Den Unternehmern 2c. stehen für die Ausarbeitung der betreffenden Pläne die bei dem Magistrat befindlichen einschlagenden Materialien zur Benutzung auf ihre Kosten durch ihre Sachverständigen offen, soweit das Verwaltungsinteresse es gestattet.

Der Situationsplan muß die in die Straße fallenden und an dieselbe angrenzenden Grundstücke bis auf 30 m Entfernung von den Straßenfluchtlinien, deren Grundbuchbezeichnung und Besitzer ersichtlich machen.

Die Genehmigung kann nur versagt werden, wenn Gründe des öffentlichen Interesses der Herstellung der Straße entgegenstehen.

Die betreffenden Gründe sind in dem Versagungsbescheide anzugeben.

§ 10.

Erklären sich die Unternehmer resp. Adjacenten zur Ausführung der Straßenanlage gemäß der ertheilten Genehmigung bereit, oder nehmen sie die Ausführung thatsächlich in Angriff, so sind sie verpflichtet, die Straßenanlage innerhalb der in der Genehmigung gestellten Frist zu vollenden, widrigenfalls die erforderlichen Arbeiten von der Stadtgemeinde für Rechnung der Unternehmer resp. Adjacenten ausgeführt werden können. Das zur Straßenanlage erforderliche Terrain ist vor Beginn der Arbeiten zur Herstellung derselben an die Stadtgemeinde zu übereignen und auf deren Verlangen pfandfrei zu stellen.

Ob die Herstellung bedingungsmäßig erfolgt ist, entscheidet der Magistrat, bei welchem die Abnahme, abgesehen von der baupolizeilichen Abnahme, beantragt werden muß.

2. Unterhaltung.

§ 11.

Die Unterhaltung der gemäß § 9 ff. angelegten Straßen geht, sobald dieselben bedingungsmäßig hergestellt sind, auf die Stadtgemeinde über, dagegen haben die Unternehmer resp. Adjacenten — letztere, soweit sie nach diesem Statute zu den Kosten der neuen Straßenanlage beitragspflichtig sind — entweder

a) die Kosten dieser Unterhaltung, oder

b) einen alljährlich durch Kommunalbeschluß festzusetzenden Beitrag zu denselben

bis zum Ablaufe des auf das Jahr des Beginnes der Unterhaltung folgenden vierten Kalenderjahres zu tragen.

In dem Falle a wird der Betrag der Kosten durch den Magistrat definitiv festgestellt.

Die Kosten der Unterhaltung oder die Beiträge zu diesen werden erforderlichen Falls im Wege der administrativen Exekution eingezogen.

§ 12.

Es soll gestattet sein, die im § 11 auferlegte Unterhaltungspflicht durch Zahlung eines Kapitals abzulösen, welches nach dem Flächeninhalte der zu unterhaltenden Straßenstrecke und nach dem pro Quadratmeter alljährlich durch Kommunalbeschluß festzustellenden Einheitssatze zu berechnen ist.

C. Anlage neuer, im Bebauungsplane noch nicht festgestellter Straßen durch Unternehmer.

§ 13.

Den Anträgen auf Genehmigung von Straßenanlagen in Abänderung oder Ergänzung des Bebauungsplans sind Situations- und Nivellementspläne in der vom Magistrat für nothwendig erachteten Anzahl und Beschaffenheit beizufügen.

Auch ist auf Erfordern der Nachweis zu führen, in welcher Weise die Ausführung der Anlagen gesichert ist.

D. Anbau an vorhandenen unbebauten Straßen.

§ 14.

Von den Grundstücken, welche an einer zur Zeit des Erlasses dieses Statuts schon vorhandenen, bisher unbebauten Straße oder einem solchen Straßentheil liegen, ist, sobald diese Grundstücke an der Straße bebaut werden, das zur Freilegung der Straße in der durch den Bebauungsplan oder sonst in vorgeschriebener Weise festgestellten Breite erforderliche Terrain bis zur Mittellinie der Straße unentgeltlich abzutreten, freizulegen, in das vorgeschriebene Niveau zu bringen und zu pflastern. Bei Straßen von mehr als 26 m Breite erstreckt sich diese Verpflichtung auf 13 m der Straßenbreite.

E. Allgemeine Vorschriften.

§ 15.

Der Stadtgemeinde steht das Recht zu, in den Fällen der §§ 9 und 13 dieses Statuts die Ausführung der Straßen-Anlagen im öffentlichen Interesse selbst für Rechnung der Unternehmer zu übernehmen. In diesem Falle finden, soweit nicht besondere Vereinbarungen getroffen sind, die Vorschriften der §§ 1 bis 8 dieses Statuts Anwendung.

§ 16.

Als Anlage einer neuen Straße im Sinne dieses Statuts gilt auch die Umwandlung eines unregulirten Weges oder einer Landstraße in eine städtische Straße.

Berlin, den 7. März 1877.

Magistrat hiesiger Königlichen Haupt- und Residenzstadt.

(gez.) Hobrecht.

Vorstehendes Orts-Statut wird auf Grund der §§ 15 und 18 des Gesetzes vom 2. Juli 1875, betreffend die Anlegung und Veränderung von Straßen und Plätzen in Städten und ländlichen Ortschaften (G. S. S. 561), hierdurch bestätigt.

Berlin, den 19. März 1877.

(L. S.)
Der Minister des Innern.
(gez.) Graf Eulenburg.

---

[1]) Siehe S. 76ff. Vgl. dazu Vorschriften für die Aufstellung von Fluchtlinien- und Bebauungsplänen, vom 28. Mai 1876, M. Bl. S. 171, sowie Friedrichs a. a. O. Brauchitsch, Bd. IV Nr. 49. Zuständigkeitsgesetz § 146.

[2]) Durch M. E. v. 13. Januar 1885 $\frac{\text{M. d. J. II. 11398}}{\text{M. d. ö. A. III. 615}}$ ist der § 7, in soweit danach die Ertheilung polizeilicher Baugenehmigungen von der vorgängigen Erfüllung kommunaler Verbindlichkeiten abhängig gemacht wurde, als gesetzlich nicht haltbar, außer Anwendung gesetzt, da nach der vom O. V. G. in constanter Rechtsprechung festgehaltenen Auffassung den Gemeinden ein Anspruch auf polizeiliche Unterstützung der Geltendmachung ihrer auf dem Baufluchtengesetze beruhenden Forderungsrechte nicht zusteht. (Die ausnahmsweise Genehmigung auf Grund eines in Gemäßheit des § 12 des Gesetzes erlassenen Ortsstatutes ist kein Forderungsrecht.) Vgl. Friedrichs a. a. O. Erläuterung zu § 15 S. 241 3. O. V. G. E. Bd. XV S. 156.

IV.
Straßen-Arbeiten und Anlage von Bürgersteigen und Rinnsteinen.

5.
Ausführung von Straßen-Arbeiten.

Polizei-Verordnung vom 12. November 1866.

Auf Grund der §§ 5 und 6 des Gesetzes über die Polizeiverwaltung vom 11. März 1850 (G. S. S. 265) verordnet das Polizei-Präsidium nach Berathung mit dem Gemeindevorstande für den engeren Polizeibezirk von Berlin, was folgt:

§ 1.

Alle Straßenarbeiten, wegen deren nicht die völlige oder theilweise Absperrung der betreffenden Straßen und Plätze vom Polizei-Präsidium angeordnet ist,[1]) insbesondere die Ausbesserungen des Straßendammpflasters, die Einsenkung und Herausnahme von Röhren[2]) jeder Art, die Herstellung und Ausbesserung von Entwässerungsanlagen, der Granitbahn, des Pflasters oder Asphalts auf den Bürgersteigen, dürfen in den Monaten vom 1. April bis zum 30. September nicht vor 8 Uhr Abends begonnen und nicht über 9 Uhr Morgens ausgedehnt, in den Monaten vom 1. October bis zum letzten März nicht vor 6 Uhr Abends begonnen und nicht über 10 Uhr Morgens ausgedehnt werden.

Der Fortsetzung der Arbeiten die Nacht hindurch steht bei entsprechender Beleuchtung und Vermeidung jedes störenden Lärmes Nichts entgegen.

Abweichungen von dieser Bestimmung bedürfen der besonderen Genehmigung des Polizei-Präsidiums.

§ 2.

Die im § 1 gedachten Arbeiten müssen in der Art ausgeführt werden, daß während derselben die halbe Breite des Straßendammes resp. des Bürgersteiges dem öffentlichen

Verkehr ohne jedes Hinderniß offen erhalten und daß nach 9 resp. 10 Uhr Morgens kein Theil derselben unvollendet zurückgelassen bleibt.

Die zu diesen Arbeiten erforderlichen Materialien dürfen auch vor und nach jenen Stunden in kleineren Mengen am Orte der Verwendung gelagert resp. angefahren werden, dürfen aber den Verkehr in keiner Weise behindern. Bei Arbeiten, welche den Bürgersteig nicht betreffen, darf dieser in keiner Weise und weder zum Transport noch zum Lagern von Materialien in Anspruch genommen werden.

§ 3.

Keine dieser Arbeiten (§ 1) darf unter Beobachtung der Bestimmungen ad 2 gleichzeitig über eine Fläche von mehr als 10 Ruthen Länge für Röhrenleitungen und 5 Ruthen Länge für alle übrigen Arbeiten ausgedehnt werden. Bei Ausbesserungen des Straßendammpflasters ist jede der aufgenommenen Pflasterstellen sofort mit dem neuen Pflaster zu versehen, von den nicht verwendeten Materialien zu befreien und dem Verkehr wieder zu übergeben.

§ 4.

Die mit der Leitung der Arbeiten (§ 1) betrauten Personen müssen die schriftliche polizeiliche Erlaubniß zur Vornahme der betreffenden Arbeiten bei sich führen und auf Verlangen den Polizei-Aufsichtsbeamten vorzeigen[3]).

§ 5.

Kann die polizeiliche Erlaubniß (§ 4) nicht vorgewiesen werden, so ist der Polizei-Aufsichtsbeamte befugt, die sofortige Einstellung der Arbeit, die Wiederherstellung der Straße in den vorigen Stand und die Entfernung der Arbeiter und des Arbeitsmaterials im Wege der Execution auf Kosten und Gefahr des betreffenden Meisters oder Bauherrrn zu veranlassen.

§ 6.

Wer den vorstehenden Bestimmungen zuwiderhandelt, verfällt der Strafe des § 344 Nr. 8 des Strafgesetzbuchs.

§ 7.

Diese Verordnung tritt mit dem 1. April 1867 in Kraft.

Berlin, den 12. November 1866.

Königliches Polizei-Präsidium.
(gez.) von Bernuth.

---

[1]) In Ausübung der Verkehrspolizei, die dem P. Pr. in vollem Umfange verblieben ist; im Uebrigen ist die Handhabung dieser P. V. auf die Ö. St. P. übergegangen.

[2]) Bez. der polizeilichen Regelung der Benutzung öffentlicher Straßen zur Einlegung von Wasserleitungsröhren seitens der Privatunternehmer von Wasserwerken, vgl. O. V. G. E. Bd. XXIX S. 442.

[3]) Bei Erd- und Pflasterarbeiten, bei welchen das Erdreich unter dem Straßenpflaster oder unter dem Bürgersteige nicht in größerer Tiefe aufgegraben werden muß (z. B. bei einfachen Ausbesserungen des Straßenpflasters, Umlegung von Trottoirplatten u. dgl.), ist dem Pol.-Revier der Nachweis vorzulegen, daß die Ö. St. P. ihre Genehmigung zur Ausführung der Arbeiten ertheilt hat. Werden verkehrspolizeiliche Interessen berührt, so hat das Pol.-Revier die Entscheidung der Abth. I des P. Pr. herbeizuführen und dürfen vor Eingang derselben die Arbeiten nicht in Angriff genommen werden.

Bei Arbeiten, bei welchen das Erdreich unter dem Straßenpflaster oder Bürgersteige in einer größeren Tiefe aufgegraben werden muß (z. B. bei Anpflanzung von Bäumen, Verlegung von Wasser- oder Gasleitungsröhren, Aufstellung von Kandelabern, Bauzäunen oder Baugerüsten) ist dem Pol.-Revier bezw. der Polizeihauptmannschaft nicht nur die Genehmigung der Ö. St. P., sondern mit Rücksicht auf etwa vorhandene Kabelleitungen

auch noch die Genehmigung der Kais. Ober-Postdirektion (Heiligegeiststraße 31, 1 Treppe, Zimmer 11) und der Abth. für Feuerwehr nachzuweisen. Die Genehmigung erfolgt durch Beidrückung des Stempels der Kais. Ober-Postdirektion bezw. der Abth. für Feuerwehr auf dem Meldezettel. Sache der O. St. P. ist es, vor Ertheilung ihrer Genehmigung sich der Zustimmung der sonst interessirten städtischen Ressorts, wie der Wasserwerke, der Gasanstalt, der Kanalisation u. s. w. zu vergewissern.

6.

Anlage der Bürgersteige und Rinnsteine.

Polizei-Verordnung vom 17. Januar 1873.[1])

Auf Grund der §§ 5, 6 Litt. B und 11 des Gesetzes über die Polizeiverwaltung vom 11. März 1850 verordnet das Polizei-Präsidium nach Berathung mit dem hiesigen Gemeindevorstande für die Stadt Berlin und deren Weichbild, was folgt:

§ 1.

Jeder Grundbesitzer ist verpflichtet, vor seinem Grundstück, dasselbe mag bebaut sein oder nicht, den Bürgersteig einschließlich des Rinnsteins auf Anordnung des Königlichen Polizei-Präsidii[2]) nach folgenden Bestimmungen anzulegen, zu verbessern und zu unterhalten.

§ 2.

Die Befestigung des Bürgersteiges hat, außer in den Fällen des Aufrufs (§ 3) des Neu- und Umbaues (§ 4), durch Pflasterung und, soweit erforderlich, mit Einlegung einer 1 m breiten Granitbahn zu erfolgen.

§ 3.

Das Königliche Polizei-Präsidium wird alljährlich nach Vereinbarung mit dem Gemeindevorstande eine Reihe von zusammenhängenden Straßenstrecken öffentlich unter Angabe des Endtermins für die Ausführung aufrufen, in welchen die Herstellung des Bürgersteiges und des Straßengerinnes entsprechend den in §§ 5 und 6 getroffenen Bestimmungen zu erfolgen hat.

§ 4.

Vor jedem Grundstücke, auf welchem an der Straße ein Neu- oder Umbau ausgeführt wird, müssen Bürgersteig und Straßengerinne gleichzeitig mit der Vollendung des Baues den in den §§ 5 und 6 getroffenen Bestimmungen gemäß hergestellt werden.

Die für den Anschluß an die nachbarlichen Bürgersteige etwa erforderlichen Vorschriften werden in jedem einzelnen Falle von dem Königlichen Polizei-Präsidium ertheilt.

§ 5.

In den Fällen der §§ 3 und 4 sind für die Herstellung der Bürgersteige und Straßengerinne als Regel folgende Vorschriften maßgebend:

a) Das Längengefälle der Bürgersteige folgt dem Längengefälle der Straße. Bürgersteige unter oder von 2 m Breite sind vollständig mit Granitplatten zu belegen.

Bürgersteige von mehr als 2 m Breite erhalten in der Mitte eine wenigstens 2 m breite Granitbahn und sind im Uebrigen mit Mosaikpflaster, Asphalt oder einem anderen zweckentsprechenden Material, dessen Anwendung jedoch der besonderen Genehmigung des Polizei-Präsidii bedarf, zu versehen.

Das Königliche Polizei-Präsidium behält sich vor, zu gestatten, daß der ganze Bürgersteig unter Fortlassung der Granitplatten mit einem der genannten Materialien, namentlich Asphalt allein, belegt werden darf.

b) Längs der Straßengerinne sind die Bürgersteige mit Bordschwellen von mindestens 30 cm Breite und 25 cm Höhe einzufassen, welche überall, auch vor den Thorwegen, mindestens 7 cm über das Straßenpflaster hervortreten müssen.

Dieselben müssen aus bestem Granit, möglichst vollkantig und sauber bearbeitet sein, auch müssen sie gute Lagerflächen, sowie scharf schließende Stoßfugen haben.

Die obere in den Bürgersteig fallende Fläche ist gegen die vordere nicht winkelrecht, sondern in die durch das Quergefälle des Bürgersteiges bedingte Neigung zu stellen.

Die Vorderfläche ist 15 cm breit von oben derartig abzuschrägen, daß die obere Kante 4 cm breit aus dem Lothe zurücktritt.

Die Bordschwellen müssen, wenn nicht andere Bestimmungen Seitens des Polizei-Präsidii getroffen werden, dem Längengefälle der Straße folgend in gleicher Höhe mit der Kronenlinie des Straßendammes gelegt und gehörig untermauert werden.

Vor den Einfahrten sind sie derartig zu senken, daß Erhebungen (Anpflasterungen, Rampen) auf dem Straßendamm vermieden werden.

Die durchgehende Höhenlage ist mit der gesenkten Stelle durch ein Gefälle von höchstens 1 : 20 zu vermitteln.

Die Bordschwellen sämmtlicher Gebäude auf einer Seite der Straße sind genau übereinstimmend und möglichst gleichmäßig zu legen und sind Abweichungen vor einzelnen Gebäuden nicht gestattet.

Verschiedene Richtungslinien der Bordschwellen sind nicht im Winkel, sondern stets in einem, dieselben tangirenden Bogen zusammen zu führen.

c) Die zu verwendenden Granitplatten müssen überall möglichst voll und scharfkantig bearbeitet sein, die Oberfläche derselben darf keine Unebenheiten, namentlich keine Vertiefungen enthalten, in denen sich Wasser sammeln kann.

Die einzelnen Platten müssen an den Kanten mindestens 6 cm stark sein und sind möglichst scharf und dicht an einander zu stoßen; auch müssen dieselben in einer mindestens 8 cm starken Lage von Kiessand festgebettet und mit einem Quergefälle von 1 : 40 verlegt werden.

d) Die zu verwendenden Mosaiksteine dürfen höchstens 5 cm im Quadrat groß und müssen von sehr festen und scharfkantig gespaltenen Steinen mit glatten Köpfen hergestellt sein.

Mosaikpflaster von grobkörnigem Steine mit rauhen oder unebenen Oberflächen ist nicht gestattet.

Es ist auf einer mindestens 8 cm starken Lage von Kiessand fest und dicht schließend zu verpflastern und muß nach gehörigem Abrammen eine durchaus ebene Oberfläche mit Quergefälle von 1 : 40 bilden.

Ein Gleiches gilt von dem in den Einfahrten an Stelle der Trottoirplatten etwa anzulegenden Kopfsteinpflaster, dessen Steine rechtwinklig, 10—15 cm breit, ebenso lang und 15—20 cm hoch sein müssen.

e) Bei Verwendung von Asphalt darf nur natürlicher Asphalt gewählt werden; derselbe muß von bester Qualität sein und eine gehörig feste und ebene Unterlage erhalten. Dieselbe muß hergestellt werden:

1. durch eine mindestens 10 cm starke Betonlage, wohl gestampft und oben abgeglichen, oder
2. durch ein hochkantiges Ziegelpflaster, wofür auch zwei übereinander liegende Flachschichten gewählt werden können.

Die Ziegel müssen hart gebrannt sein und mit vollen Fugen in gutem Mörtel vermauert werden, auch sind die Fugen sauber und voll auszustreichen, oder

3. durch ein auf Kiessand gehörig gerammtes Steinpflaster, welches mindestens 2 cm stark mit Cementmörtel abgeglichen wird. Eine Unterlage bloß von Feldsteinpflaster ist nicht gestattet.

Auf diese Unterbettung ist, nachdem sie gehörig ausgetrocknet, der Asphalt mit einer durchaus ebenen Oberfläche in einer Stärke von mindestens 2 cm zu verlegen. Das Quergefälle beträgt für Asphalt ebenfalls 1 : 40.

Das Belegen mit Asphalt ist auf Bürgersteigen, in welchen Bäume stehen, welche nicht Privateigenthum sind, unstatthaft.

f) Die Abführung des Tagewassers aus den Abfallröhren kann, wo es die Tiefe des vorhandenen Rinnsteins resp. Kanals gestattet, unterirdisch geschehen, jedoch ist dabei die Anlage von Schlammgruben auf dem Bürgersteige untersagt.

Sonst sind oben aufgeschlitzte, genau im Niveau des Bürgersteiges eingelegte und gut fundamentirte gußeiserne Röhren zu verwenden, welche sowohl mit angegossenen Fallkesseln für die Abfallrohre, wie auch mit Kopfstücken versehen sein müssen, die dem Profile der Bordschwellen entsprechen und nirgends über die letzteren vorstehen.

g) Zungen-Rinnsteine, sowie Ueberfahrts- und Uebertrittsbrücken sind mit Granitwangen zu versehen.

Rampen oder sonstige, den Verkehr auf dem Fahrdamme hindernde Ansteigungen im Pflaster sind zu vermeiden.

Die Abdeckung ist mit eisernen, tief gereifelten Platten oder mit Holzbohlen zu bewirken. Ein Verschieben derselben ist durch Querschienen zu verhindern.

h) Die Sohle der Rinnsteine ist von hart gebrannten Klinkern auf hoher Kante herzustellen. Die Wandung des Rinnsteines am Bürgersteige ist von Granitplatten oder von Klinkermauerwerk in Cement, und zwar nicht flacher als 60 Grad gegen die Horizontale herzustellen.

i) Prellsteine, Prellpfähle oder andere ähnliche Verkehrshindernisse sind ohne besondere Erlaubniß des Polizei-Präsidii weder auf den Bürgersteigen, noch vor denselben an den Rinnsteinbrücken ꝛc. gestattet. Wo dieselben bereits bestehen, sind sie, sofern sie weiter als die Bauordnung es gestattet, vor die Hausflucht vortreten, zu beseitigen oder entsprechend einzuziehen.

§ 6.

Das Polizei-Präsidium behält sich vor, wenn es besondere Verhältnisse nothwendig machen oder gestatten, Abweichungen von den Bestimmungen des § 5 festzusetzen, welche gegen diese eine Erschwerung der Verpflichtungen des Grundbesitzers nicht enthalten.

§ 7.

Die Polizei-Verordnung vom 13. October 1866, betreffend die Anlegung, Verbesserung und Unterhaltung der Bürgersteige und Straßengerinne im Gemeindebezirk von Berlin, abgedruckt in Nr. 246 des „Berliner Intelligenz-Blattes“ vom 14. October 1866 und im Stück 43 des Amtsblattes der Königlichen Regierung zu Potsdam und der Stadt Berlin vom 26. October 1866 wird aufgehoben.

Alle Bürgersteig-Regulirungen, welche auf Grund jener Verordnung, — sei es in Folge des erlassenen Aufrufs, einschließlich des unter dem 14. December 1872 ergangenen und in Nr. 302 des „Intelligenz-Blattes“ von 1872 publicirten, sei es in Folge einer Bauerlaubniß, vorzunehmen sind, müssen jedoch nach den bisher giltigen Bestimmungen zu Ende geführt werden.

§ 8.

Wer gegen die Bestimmungen der vorstehenden Polizei-Verordnungen verstößt, oder den auf Grund derselben erlassenen Aufforderungen nicht Folge leistet, verfällt der im § 366, 10 des Strafgesetzbuchs für das Deutsche Reich vom 15. Mai 1871 festgesetzten Strafe.

Außerdem hat er zu gewärtigen, daß die im § 20 al. 2 des Gesetzes vom 11. März 1850 über die Polizeiverwaltung gedachten Zwangsmittel gegen ihn zur Anwendung gebracht werden.

Berlin, den 17. Januar 1873.

Königliches Polizei-Präsidium.

---

[1]) Diese P. V. beruht auf dem Localrecht der Stadt Berlin, wonach jeder Grundbesitzer den Bürgersteig vor seinem Grundstücke anzulegen und zu unterhalten hat. (Vgl. O. V. G. E. Bd. VI. S. 212 und S. 75 des Werkes Anm. 27.)

[2]) Jetzt der Ö. St. P., der insbesondere auch die Controle über die Regulirung der Bürgersteige vor Neu- und Umbauten obliegt. Nur soweit es sich um Wiederherstellung von bereits vorhanden gewesenem Bürgersteigpflaster innerhalb von Bauzäunen handelt, wird die Controle Seitens des P. Pr. bezw. der Pol.-Reviere geübt. An die Stelle des Polizei-Präsidiums tritt jetzt also in allen Fällen der P. V. die Ö. St. P.

7.

Bekanntmachung vom 23. Februar 1880.

Die unterzeichneten Verwaltungen bringen den Hauseigenthümern und den betreffenden Werkmeistern hiermit ihre Bekanntmachungen vom 21. November 1878 und 4. April 1879 in Erinnerung.

Es sind hiernach und den Bestimmungen der Polizei-Verordnung vom 17. Januar 1873 entsprechend, bei Regulirung von Bürgersteigen vor Neubauten resp. in Folge öffentlichen Aufrufs die zu verlegenden Bordschwellen vier Schichten hoch, einen Stein stark mit Klinkern in Cementmörtel zu untermauern.

Berlin, den 23. Februar 1880.

Magistrat,
Bauverwaltung, Abtheilung II.
(gez.) Dr. Weber.

Straßen-Baupolizeiverwaltung.
Der Oberbürgermeister.
J. V.:
(gez.) Romstädt.

8.

Bekanntmachung vom 1. Februar 1882.

Unter Bezugnahme auf die Polizei-Verordnung vom 17. Januar 1873, betreffend die Herstellung der Bürgersteige, wird hiermit gestattet, daß vor den Hauseinfahrten ohne Einfahrtsbrücken die vordere Kante der Bordschwelle, welche bestimmungsmäßig hier 7 cm über das Straßenpflaster hervortreten muß, zur Ermöglichung einer bequemen Einfahrt nach einem Radius von 12 cm derart abgerundet werden darf, daß von der vorderen und oberen Fläche der Bordschwelle je 0,04 m abgenommen werden.

Eine Zeichnung für derartige Abrundungen kann von den Werkmeistern in der städtischen Plankammer in Empfang genommen werden.

Berlin, den 1. Februar 1882.

Oertliche Straßen-Baupolizeiverwaltung, Abtheilung I.
Der Oberbürgermeister.
(gez.) von Forckenbeck.

9.
Bekanntmachung vom 20. Mai 1882 betr. die Befestigung der Bürgersteige.[1])

Durch die jetzt mehr und mehr Platz greifende Regulirungsweise der Straßendämme und Bürgersteige mit einer undurchlässigen Unterlage von Cement und Beton oder mit einer Bedeckung von Asphalt tritt die nicht zu unterschätzende Gefahr ein, daß bei einem Bruche der Rohrleitungen der Wasserwerke und Gasanstalten das Wasser resp. Gas, welches nicht, wie bei der früheren Regulirungsweise, nach der Oberfläche entweichen kann, sich einen Ausweg seitwärts sucht und durch die Fundamente der Häuser in diese eindringt. Diesem Eindringen wird bei dem größtentheils porösen Sanduntergrunde namentlich auch dadurch Vorschub geleistet, daß das Mauerwerk durch Ab- und Zuleitungsröhren in den Grundstücken gelockert wird.

Die betheiligten städtischen Verwaltungen sind zwar veranlaßt, dieser Angelegenheit ihre unausgesetzte Aufmerksamkeit zu widmen und Mittel ausfindig zu machen, durch welche bei der Regulirung der Straßen resp. Verlegung der Rohrleitungen eine Möglichkeit geschaffen werde, daß das etwa ausströmende Gas und Wasser möglichst schnell und direct an die Oberfläche treten kann.

In ganz erheblicher Weise wird aber dem Uebelstande schon dadurch vorgebeugt werden, wenn die Hauseigenthümer ihre Bürgersteige nicht in der ganzen Breite mit Fliesen, Asphalt oder einem anderen, wasserundurchlässigen Material belegen lassen, wozu, was nicht immer beachtet ist, es nach dem al. 3 des § 5a der Polizei-Verordnung vom 17. Januar 1873 überhaupt der besonderen Genehmigung der zuständigen Polizeiverwaltung auch bisher bedurfte.

Ich erwarte daher, daß die Eigenthümer schon in ihrem eigenen wohlverstandenen Interesse die nachstehenden Bestimmungen streng beachten werden:

Bei Regulirung der Bürgersteige nach den Vorschriften des § 5 der Polizei-Verordnung vom 17. Januar 1873 ist es nicht gestattet, den ganzen Bürgersteig von der Granitbordschwelle bis an die Bauflucht- resp. Vorgartenlinie mit Granitplatten, Asphalt oder einem anderen Material zu befestigen, welches ein Eindringen von Feuchtigkeit in den Erdboden verhindert. Es ist vielmehr bei den mehr als 2 m breiten Bürgersteigen zwischen Bordschwellen und den nach § 5a al. 2 in der Mitte zu verlegenden Granitbahnen ein Terrainstreifen von mindestens 0,50 m mit Mosaikpflaster in Kiesunterbettung zu reguliren, während es den Eigenthümern nach wie vor gestattet ist, den, den Grundstücken zu gelegenen Theil des Bürgersteiges zwischen Granitbahn und Grundstücksgrenze mit Mosaik, Asphalt oder einem anderen zweckentsprechenden Material, dessen Anwendung jedoch der besonderen Genehmigung der örtlichen Straßen-Baupolizei-Verwaltung bedarf, zu versehen.

In welcher Weise bei Fortlassung der Granitbahn die Abgrenzung des Asphaltes rc. gegen das Mosaikpflaster stattzufinden hat, darüber wird die Straßen-Baupolizei-Verwaltung in jedem einzelnen Falle bei der nothwendigen speciellen Genehmigung dieser Regulirungsweise Bestimmung treffen. Ebenso behält sich die Verwaltung vor, darüber in jedem einzelnen Falle zu bestimmen, in welcher Weise und Breite bei den weniger als 2 m breiten Bürgersteigen der vorgeschriebene Mosaikstreifen längs den Bordschwellen herzustellen ist.

Berlin, den 20. Mai 1882.

Oertliche Straßen-Baupolizeiverwaltung, Abtheilung I.

Der Oberbürgermeister.

(gez.) von Forckenbeck.

---

[1]) Bezüglich der Rechtsverhältnisse der Bürgersteige siehe S. 75.

10.

Aufnahme und Wiederherstellung des Bürgersteigpflasters.

Bekanntmachung vom 12. August 1882.

Bei den vielfach nothwendig werdenden Aufnahmen des Straßen- und Bürgersteigpflasters zum Zwecke der Verlegung von Röhren, Telegraphenkabeln rc. ist die Wahrnehmung gemacht, daß das Pflaster nicht immer mit der erforderlichen Sorgfalt aufgenommen und wiederhergestellt wird, wodurch die nach der Baupolizeiordnung für Berlin zur Unterhaltung der Bürgersteige verpflichteten Grundstückseigenthümer oft nicht unerheblich geschädigt werden. Dies veranlaßt die Straßen-Baupolizeiverwaltung, hiermit zur allgemeinen Kenntniß zu bringen, daß die zur Aufnahme des Pflasters erforderliche straßenbaupolizeiliche Genehmigung fortan nicht nur unter der Bedingung der sofortigen ordnungsmäßigen Wiederherstellung des Pflasters ertheilt werden wird, daß vielmehr mit Rücksicht darauf, daß erfahrungsmäßig oft erst nach längerer Zeit die durch die Aufnahme veranlaßten Reparaturbedürftigkeiten sich herausstellen, auch die Verpflichtung auferlegt werden wird, alle in dem Zeitraum von drei Jahren sich ergebenden Mängel an dem Pflaster zu beseitigen. Ueber die Dauer dieser Garantiepflicht wird bei der unterzeichneten Verwaltung fortan eine genaue Controle ausgeübt und während derselben jede Aufforderung wegen etwa nothwendig werdender Reparaturen, wenn dieselben als eine Folge der stattgefundenen Aufnahmen des Pflasters anzusehen sind, nicht an den Grundstückseigenthümer, sondern an diejenigen Verwaltungen oder Unternehmer gerichtet werden, auf deren Veranlassung die Aufnahme des Pflasters stattgefunden hat.

Damit aber endlich auch die Grundstückseigenthümer in die Lage versetzt sind, ihre Rechte selbst wahren zu können, namentlich zu controliren, ob das Pflastermaterial unbeschädigt geblieben ist, wird die weitere Bedingung gestellt werden, daß den Grundstückseigenthümern resp. deren Stellvertretern vor der Aufnahme des Bürgersteigpflasters schriftlich angezeigt wird, wann und in wessen Auftrage resp. für wessen Rechnung die Arbeiten zur Ausführung kommen.

Den Grundstückseigenthümern muß hiernach überlassen bleiben, sich erforderlichen Falles mit dem betreffenden Auftraggeber in Einvernehmen zu setzen, etwaige Beschwerden aber im Einzelfalle bei der unterzeichneten Verwaltung anzubringen.

Berlin, den 12. August 1882.

Oertliche Straßen-Baupolizeiverwaltung, Abtheilung I.
Der Oberbürgermeister.
(gez.) von Forckenbeck.

11.

Aufbrechen des Straßendammes behufs Aufstellung von Baugerüsten.

Bekanntmachung vom 6. November 1884.

Das Publikum wird hierdurch davon in Kenntniß gesetzt, daß in allen Straßen, welche mit Asphalt-, Holz- oder Granitpflaster auf Beton- oder Steinunterbettung versehen sind, das Aufbrechen des Straßendammes zum Zweck der Aufstellung von Baugerüsten ferner nicht gestattet werden wird.

Berlin, den 6. November 1884.

Königliches Polizei-Präsidium. (gez.) von Madai.

Oertliche Straßen-Baupolizeiverwaltung. (gez.) von Forckenbeck.

V.
Die Durchführung der Kanalisation.[1]
(Örtliche Straßenbau=Polizeiverwaltung, Abtheilung II.)
(Diensträume Neue Friedrichstraße 9/10.)

12.
Bekanntmachung vom 23. Januar 1876.

Nachdem in Gemäßheit der Allerhöchsten Cabinets=Ordre vom 28. December 1875 die örtliche Straßen=Baupolizeiverwaltung auf die Stadtgemeinde Berlin übergegangen ist, gehen auch die sämmtlichen dem Königlichen Polizei=Präsidium durch die Polizei=Verordnung vom 14. Juli 1874 (Amtsblatt von 1874 S. 239 und Intelligenz=Blatt von 1874 Nr. 164) überwiesenen Functionen, in Betreff der Hausanschlüsse an die städtischen Kanäle, auf die neue Ortspolizeiverwaltung für Straßenbau über. Es werden deshalb fortab die im § 2 der gedachten Polizeiverordnung vorgeschriebenen Bekanntmachungen nicht mehr vom Polizei=Präsidium, sondern von dieser Verwaltung erlassen werden, und es sind außerdem alle in Folge der bereits erlassenen beiden Bekanntmachungen vom 8. August 1875 (Amtsblatt von 1875 S. 267, Intelligenz=Blatt von 1875 Nr. 185) und vom 1. September v. J. (Amtsblatt von 1875 S. 301, Intelligenz=Blatt von 1875 Nr. 209, 211) noch nicht eingereichten Projecte dem hiesigen Magistrate einzureichen.

Berlin, den 23. Januar 1876.

Königliches Polizei=Präsidium.

---

[1]) Die Entwässerung berührt auch hinsichtlich der Privatgrundstücke vielfach die Interessen der Straßenpolizei und namentlich bei dem großen Unternehmen einer Schwemmkanalisation in hohem Maße diejenigen der Gesundheitspolizei. Die Commune darf daher bei ihren Wohlfahrtseinrichtungen und der Bereithaltung von Anstalten zur Erfüllung polizeilicher Zwecke nicht neben die dem Staate vorbehaltene Polizei treten und den dieser allein anheimgestellten Zwang ausüben wollen, sondern muß sich für die Durchführung derartiger Aufgaben vorweg des Beistandes der Polizei vergewissern, d. h. also: ein Zwang zum Anschlusse an die städtische Kanalisation kann nicht durch Ortsstatut, sondern nur durch Polizeiverordnung eingeführt werden (vgl. O. V. G. E. Bd. XXVI S. 51). Für Berlin ist demgemäß zunächst unter dem 14. Juli 1874 auf Grund der §§ 5, 6 und 11 des Gesetzes vom 1. März 1850 nach Anhörung des Gemeindevorstandes eine Polizeiverordnung über den Zwang zum Anschluß an die Kanalisation ergangen und sodann unter dem 4. September 1874 ein Ortsstatut über die nähere Regelung der Kanalisation. Der in dem letzteren (§ 5) ausgesprochene Zwang zum Anschlusse an die städtische Wasserleitung stellt sich in diesem Zusammenhange lediglich als eine Anordnung dar, bestimmt das ordnungsmäßige Functioniren der großen Schwemmkanalisation sicher zu stellen. Andererseits verfolgt der Zwang zum Anschluß an die städtische Wasserleitung aber auch den Zweck, dem Publikum größere Sicherheit vor Feuersgefahr und vor Gefährdung der Gesundheit durch Genuß verseuchten Brunnenwassers und unzureichende Verwendung von Wasser zu Reinigungszwecken zu gewähren. Da diese Aufgaben recht eigentlich dem § 10 II 17 A. L. R. sowie dem § 6 f. und g. des Gesetzes über die Polizeiverwaltung vom 11. März 1850 (G. S. S. 265) entsprechen, ist die Polizeibehörde auch befugt, den Zwang zum Anschluß an die städtische Wasserleitung durch Polizeiverordnung einzuführen, selbst wenn sich ein derartiger Zwang nicht als eine zur Durchführung der Kanalisation erforderliche Maßnahme ergiebt, die in diesem Falle, wie dies in Berlin geschehen ist, auch durch Ortsstatut geregelt werden kann, wenn nur der Zwang zum Anschlusse an die Kanalisation selbst durch Polizeiverordnung

eingeführt ist. (O. V. G. E. Bd. XXVIII S. 354, Bd. XXXI S. 360. Pr. V. Bl. Jhrg. XVI S. 610, und vom 4. Juni 1884 in Sachen der Handlung Gebrüder St. zu Berlin wider die O. Str. P.)

Zum Anschlusse des Grundstückes eines Dritten an ihre Straßenkanäle ist eine Stadtgemeinde außer dem Falle eines Nothstandes polizeilich nicht anzuhalten, denn nicht dieser, sondern dem Grundstückseigenthümer liegt die Verpflichtung ob, für die gehörige Entwässerung des Grundstücks unter allen Umständen Sorge zu tragen. Wird der Anschluß an den Straßenkanal wegen rückständiger Kanalabgaben gesperrt, so kann der Wiederanschluß, falls er das den Grundstücksbesitzer am wenigsten belastende wirksame Mittel ist, gegen diesen angeordnet und auf dessen Rechnung dadurch erzwungen werden, daß die Polizei unter vorläufiger Zahlung des Rückstandes der Stadt die Ausführung aufträgt und den Rückstand vom Besitzer wieder einzieht. (O. V. G. E. Bd. XXVII S. 423.)

13.

Polizeiverordnung vom 14. Juli 1874.

Auf Grund der §§ 5, 6 und 11 des Gesetzes über die Polizeiverwaltung vom 11. März 1850 verordnet das Polizei-Präsidium nach Anhörung des Gemeindevorstandes für den Stadtbezirk von Berlin, was folgt:

§ 1.

In denjenigen Stadttheilen und Straßen, welche bei der bevorstehenden Kanalisirung der Stadt mit unterirdischer Entwässerungsanlage versehen werden, ist jedes bebaute Grundstück durch ein in dasselbe einzuführendes Rohr (Hausableitungsrohr) an das Straßenrohr resp. den Straßenkanal anzuschließen. Durch das Hausableitungsrohr ist das Regenwasser, Haus- und Wirthschaftswasser in das Straßenrohr resp. den Kanal abzuführen. Feste Stoffe, wie Küchenabfälle, Müll, Kehricht, Schutt, Sand, Asche und dergleichen dürfen in das Hausableitungsrohr nicht abgeführt werden. Aus allen Wasserklosets müssen auch die menschlichen Excremente durch das Hausableitungsrohr in das Straßenrohr resp. den Kanal abgeführt werden.

§ 2.

Auf den Grundstücken derjenigen Straßenstrecken, welche durch öffentliche Bekanntmachung des Polizei-Präsidiums als solche bezeichnet werden, in denen die Kanalisation zur Ausführung gelangt, ist die Anlegung neuer Abtrittsgruben nicht gestattet. Die auf solchen Grundstücken vorhandenen Abtrittsgruben dürfen in keiner Weise mit der Hausentwässerung in Verbindung stehen oder gesetzt werden. Jede Verbindung einer Abtrittsgrube mit einer Entwässerungsanlage ist innerhalb 4 Wochen nach geschehener Aufforderung zu beseitigen.

§ 3.

Innerhalb 6 Wochen nach erfolgter öffentlicher Bekanntmachung (§ 2) haben die Besitzer resp. Verwalter der in den betreffenden Straßenstrecken belegenen bebauten Grundstücke dem Königlichen Polizei-Präsidium eine vollständige Zeichnung des Entwässerungsprojectes mit eingeschriebenen Maaßen entsprechend dem § 5 der Bau-Polizeiordnung vom 21. April 1853 — in duplo mittelst schriftlichen Antrages auf Consensertheilung vorzulegen. — Erst nach Ertheilung des Consenses ist die Entwässerungsanlage nach den Bedingungen desselben, und zwar innerhalb 6 Wochen nach Behändigung des Consenses auszuführen.

§ 4.

Nach Fertigstellung der Entwässerungsanlage ist davon dem Königlichen Polizei-Präsidium schriftliche Anzeige behufs der Revision derselben zu machen. Die Anlage darf nicht früher in Betrieb gesetzt werden, als bis das Königliche Polizei-Präsidium sie für genügend und den polizeilichen Vorschriften entsprechend anerkannt und demgemäß die Erlaubniß zu ihrer Benutzung gegeben hat.

§ 5.

Bei der Ausführung der unterirdischen Entwässerung werden alle vorhandenen Arten offener Entwässerung der Straßen und der dadurch bedingten Bauten, wie der Rinnsteine, der Rinnsteinbrücken, Uebergänge 2c. beseitigt.

§ 6.

Für die Anlage der Grundstücksentwässerung gelten folgende Vorschriften:

a) die Zungenrinnsteine, sowie alle etwa vorhandenen, mit Hausableitungsröhren in Verbindung stehenden Sammel- oder Senkgruben sind zu beseitigen;

b) alle Abfallröhren in den Häusern sind über dem höchsten Einfluß durch Verlängerung über das Dach hinaus oder durch Anschluß an Rauchröhren zu ventiliren;

c) jeder Ausguß ist mit einem unbeweglichen Rost (Sieb) zu versehen;

d) unter jedem Ausguß, sowie unter jedem Wassercloset sind Wasserverschlüsse anzuordnen; die Abflußöffnung des Wassercloset-Beckens darf nicht mehr als 7 cm Durchmesser haben;

e) die Ableitung des Regenwassers von den Höfen darf nur durch Wasserkasten (Gullies) geschehen, deren Construction im Consens vorgeschrieben werden wird;

f) diese Wasserkasten dürfen nur zur Aufnahme des Regenwassers dienen;

g) in das Hausableitungsrohr ist unmittelbar hinter der Frontwand des Gebäudes und zwischen dieser und einer selbstthätigen Klappe (vergl. unter h) ein Wasserverschluß anzubringen;

h) unmittelbar hinter dem Wasserverschluß ist in das Hausableitungsrohr eine selbstthätige hängende metallene Klappe einzuschalten. Dieser Theil des Hauptableitungsrohres, wie der Wasserverschluß muß zugänglich sein;

i) die Regenabfallröhren dürfen nicht über dem Pflaster der Höfe und des Bürgersteiges münden, sind vielmehr in das unterirdische Hausableitungsrohr, resp. direct in das Straßenrohr zu führen; in die Regenabfallröhren ist ein Wasserverschluß nach vorzuschreibender Construction zur Abhaltung der von den Dächern abgespülten Sinkstoffe einzuschalten;

k) der lichte Durchmesser des Hausableitungsrohres darf 16 cm nicht übersteigen; besonderen Falls können zwei oder mehrere Hausableitungsröhren gestattet werden.

Anlagen, welche bei der Revision (cfr. § 4) diesen Vorschriften und den sonstigen Bedingungen des Consenses nicht entsprechend befunden werden, sind unzulässig und müssen auf Verlangen des Polizei-Präsidiums abgeändert oder beseitigt werden.

§ 7.

Für die Einleitung von Fabrikabwässern und Condensationswasser in die öffentlichen Kanäle ist besondere Erlaubniß des Polizei-Präsidii erforderlich.

§ 8.

Die Begrenzung des Bürgersteiges gegen den Straßendamm hin ist durch Granitbordschwellen von 0,25 m Höhe und 0,30 m Breite, an welche sich mit gleichmäßigem Gefälle unmittelbar die Wölbung des Straßendammes anschließt, zu bilden

§ 9.

Alle den vorstehenden Bestimmungen entgegenstehenden Vorschriften werden hiermit für die auf Grund des § 2 aufgerufenen Straßenstrecken aufgehoben.

§ 10.

Ueberall, wo die allgemeinen Strafgesetze keine andere Strafbestimmung enthalten, sollen Uebertretungen der Vorschriften dieser Verordnung mit einer Geldbuße bis zu

10 Thlrn., oder im Falle des Unvermögens mit verhältnißmäßiger Haft geahndet werden. Unabhängig von der Bestrafung kann die exekutivische Durchführung der Vorschriften dieser Verordnung erfolgen.

Berlin, den 14. Juli 1874.

Königliches Polizei-Präsidium.
In Vertretung:
(gez.) Freiherr von Hertzberg.

14.

Ortsstatut vom 4./8. September 1874.

Auf Grund des § 11 der Städteordnung vom 30. Mai 1853 werden in Betreff der in der Ausführung begriffenen Kanalisation Berlins folgende ortsstatutarische Anordnungen getroffen.

§ 1.

Nach § 1 der Polizei-Verordnung vom 14. Juli d. J. ist in denjenigen Stadttheilen und Straßen, welche bei der bevorstehenden Kanalisirung der Stadt mit unterirdischer Entwässerungsanlage versehen werden, jedes bebaute Grundstück durch ein in dasselbe einzuführendes Rohr (Hausableitungsrohr) an das Straßenrohr resp. den Straßenkanal anzuschließen. Die Legung dieses Hausableitungsrohres, soweit solches in dem Bürgersteig liegt und bis zu der in dem Rohr befindlichen selbstthätigen Klappe innerhalb der Gebäude (vergl. § 6 unter h der Polizei-Verordnung vom 14. Juli d. J.), sowie die Herstellung dieser Klappe erfolgt durch den Magistrat für Rechnung des Eigenthümers.

Die sonstigen, innerhalb der Grundstücke zur Abführung der Unreinigkeiten derselben erforderlichen Einrichtungen herzustellen, ist Sache des Eigenthümers.

§ 2.

Die Beseitigung der Rinnsteine (vergl. § 5 der Polizei-Verordnung vom 14. Juli d. J.), die Legung der Granitbordschwellen, sowie der Anschluß des Straßendammpflasters (vergl. § 7 der Polizei-Verordnung) erfolgt durch den Magistrat.

Die hierbei für Lieferung und Verlegung der Granitbordschwellen, für Herstellung des Gegenpflasters auf den Bürgersteigen, für Beseitigung der Privatübergänge und Rinnsteinbrücken entstandenen Auslagen sind von Demjenigen zu tragen, welcher den betreffenden Bürgersteig zu unterhalten hat.

§ 3.

An der gesammten Grundstücks-Entwässerungsanlage dürfen ohne vorgängige Genehmigung des Magistrats keine Aenderungen vorgenommen werden.

§ 4.

Den städtischen Bau- resp. Verwaltungsbeamten der Kanalisation muß jederzeit der Zutritt behufs Revision der Hausentwässerung gestattet werden.

§ 5.

Grundstücke, welche nach §§ 1 und 3 der Polizei-Verordnung vom 14. Juli d. J. den Straßenkanälen sich anzuschließen haben und mit der in der gedachten Polizei-Verordnung vorgeschriebenen Entwässerungsanlage versehen werden, müssen — sofern ihre Bewässerung nicht bereits durch die Verbindung eines Hausrohres mit den Wasserleitungsröhren der städtischen Wasserwerke oder, durch die Anlegung von Wasserklosets ermöglichende, private Einrichtungen sicher gestellt ist — der öffentlichen Wasserleitung angeschlossen werden.

§ 6.

Wegen des Anschlusses an die öffentliche Wasserleitung haben die Besitzer derjenigen Grundstücke, auf welche die Bestimmung im § 5 Anwendung findet, die erforderlichen

Anträge bei dem Director der städtischen Wasserwerke zu stellen und ist der Anschluß nach den bei der Verwaltung dieser Werke bestehenden Vorschriften zu bewirken.

Wird ein solcher Antrag nicht binnen 6 Wochen nach der in Gemäßheit §§ 2 und 3 der Polizei-Verordnung vom 14. Juli d. J. erlassenen Bekanntmachung gestellt, so wird der Anschluß von Amtswegen durch die Verwaltung der städtischen Wasserwerke auf Kosten des Eigenthümers nach Maßgabe des für diese Arbeiten bei der Verwaltung der städtischen Wasserwerke bestehenden Tarifs bewirkt.

§ 7.

Abänderung des Ortsstatuts vom 4./8. September 1874, enthaltend Anordnungen in Betreff der in der Ausführung begriffenen Kanalisation Berlins.

Der bisherige § 7 wird hierdurch aufgehoben. Es tritt an Stelle desselben vom 1. April 1879 ab nachstehender

§ 7.

Von jedem der Kanalisation angeschlossenen Grundstücke ist für die Benutzung der öffentlichen Entwässerungskanäle eine an dem ersten Tage jeden Quartals des Etatsjahres (1. April eines, bis 31. März des folgenden Kalenderjahres) fällige Abgabe zu erheben, welche nach dem Nutzertrage des Grundstückes in dem zuletzt verflossenen Kalenderjahre berechnet wird.

Den Nutzertrag der einzelnen Grundstücke stellt der Magistrat alljährlich fest. Derselbe macht am Anfang jedes Etatsjahres öffentlich bekannt, welche Quote des Nutzertrages zur Deckung der laufenden Ausgaben der Kanalisation einschließlich der Verzinsung und Amortisation des Anlagekapitals für das betreffende Etatsjahr zu erheben ist.

Berlin, den 12. Februar 1879.

Magistrat hiesiger Königlichen Haupt- und Residenzstadt.

(gez.) Duncker.

Die vorstehende Abänderung des Ortsstatuts vom 4./8. September 1874, betreffend die Kanalisation Berlins, wird hierdurch genehmigt.

Potsdam, den 24. Februar 1879.

Königliche Regierung, Abtheilung des Innern.

§ 8.

Die Berechnung der Kosten für die durch den Magistrat für Rechnung des Eigenthümers auszuführenden Arbeiten (vgl. § 1, Absatz 1, und § 2) erfolgt nach Maßgabe eines festen, vom Magistrat bekannt zu machenden, alljährlich der Revision unterliegenden Tarifs.

§ 9.

Die von den der Kanalisation angeschlossenen Grundstücken für die Entwässerung und Bewässerung zu entrichtenden Abgaben (vgl. §§ 7 und 10), sowie die § 8 gedachten Kosten werden von den Besitzern der betreffenden Grundstücke, nach vergeblicher Aufforderung zur Zahlung, im Wege der administrativen Exekution eingezogen.

§ 10.

Gegen die von den betreffenden städtischen Verwaltungsdeputationen erfolgende Festsetzung der Bewässerungs- und Entwässerungsabgabe[1]) findet innerhalb einer präclusivischen Frist von 6 Wochen nach der Zustellung der Festsetzungsverfügung der Recurs an die Königliche Regierung zu Potsdam statt.

Die Zahlung der Abgabe darf durch Einlegung des Recurses nicht aufgehalten werden, muß vielmehr mit Vorbehalt der späteren Erstattung des etwa zu viel gezahlten Betrages zu den bestimmten Terminen (vgl. § 7) erfolgen.

§ 11.

Eine Revision dieses Statuts soll nach 2 Jahren stattfinden.

Berlin, den 4. September 1874.

Magistrat hiesiger Königlichen Haupt- und Residenzstadt.
(gez.) Hobrecht.

Potsdam, den 8. September 1874.

Vorstehendes Ortsstatut wird hierdurch genehmigt.

(L. S.)

Königliche Regierung, Abtheilung des Innern.
(gez.) von Brauchitsch.

---

[1]) Eine verbotene Rückwirkung eines neuen Gesetzes auf die Vergangenheit liegt nicht vor, wenn zu einer neueingeführten Kanalisationsabgabe Grundbesitzer herangezogen werden, deren Grundstücke an den Kanal bereits vor Einführung der Abgabe angeschlossen waren. (O. V. G. E. vom 5. Februar 1896, P. V. Bl. XVII S. 506.)

15.

Bestimmungen und Erläuterungen der Orts-Polizeiverwaltung zu Nr. 13 und 14.

1. Ein Wassercloset muß so eingerichtet sein (cfr. Polizei-Verordnung vom 14. Juli 1874), daß dessen Spülung durch die Benutzenden selbst während und nach jedesmaligem Gebrauch erfolgen kann.

Alte Abtrittsgruben sind nach der Verfügung des Polizei-Präsidiums vom 11. December 1875 binnen Jahresfrist zu beseitigen.

Abtritte mit Tonnenvorrichtung, jedoch ohne Grube, werden — sofern sie nach baupolizeilicher Vorschrift hergestellt sind — gestattet (cfr. Polizei-Verordnung vom 11. December 1875). (Vgl. Nr. 16.)

2. Der Anschluß eines Grundstückes an die öffentliche Wasserleitung (Ortsstatut § 5) ist dann als vorhanden zu erachten, wenn jedes bewohnte Haus auf dem qu. Grundstück mindestens mit einem den betreffenden Hausbewohnern zugänglichen Wasserleitungshahn und darunter befindlichem Ausgußbecken versehen ist. Ob etwa vorhandene private Wasserleitungs-Einrichtungen, welche die Anlegung von Wasserclosets ermöglichen (Ortsstatut § 5) genügen, entscheidet die Orts-Polizeiverwaltung für die Kanalisation.

3. Wo vorhandene Anlagen bei der Ausführung der neuen Hausentwässerung benutzt werden sollen, wird das neue Hausableitungsrohr nicht eher durch die Anschlußleitung mit der Straßenleitung verbunden, bis die alten Closet- und Ausgußeinrichtungen den jetzigen polizeilichen Vorschriften entsprechend umgeändert sind. Dazu gehört, daß alle Ausgüsse, unabhebbare Siebe, alle Closetbecken Ausflußöffnungen von nur 7 cm Durchmesser, alle Abfallröhren Ventilation erhalten haben.

Berlin, den 26. März 1879.

Orts-Polizeiverwaltung für die Kanalisation von Berlin.
J. V.:

Der Stadtrath. (gez.) Neubrink.

Der Baumeister. (gez.) Lasser.

16.

Verbot der Abtrittsgruben.

Polizei-Verordnung vom 11. December 1875.[1])

Auf Grund der §§ 5, 6 und 11 des Gesetzes vom 11. März 1850 verordnet das Polizei-Präsidium nach Anhörung des Gemeindevorstandes der Haupt- und Residenzstadt Berlin für den Bezirk dieser Stadt in Ergänzung der Polizei-Verordnung vom 14. Juli 1874 (Nr. 164 des Berliner Intelligenz-Blattes und Stück 30 des Potsdamer Amtsblattes de 1874), was folgt:

§ 1.

Auf den Grundstücken derjenigen Straßenstrecken, welche durch öffentliche Bekanntmachung des Polizei-Präsidiums als solche bezeichnet worden sind und in Zukunft werden bezeichnet werden, in denen die neue Kanalisation zur Ausführung gelangt, sind die vorhandenen Abtrittsgruben innerhalb Jahresfrist zu beseitigen.

§ 2.

Die einjährige Frist wird rücksichtlich derjenigen Grundstücke, welche zur Zeit des Anschlusses an die neuen städtischen Entwässerungsanlagen bereits mit der städtischen Wasserleitung in Verbindung stehen, vom Tage des betriebsfähig bewirkten Anschlusses, rücksichtlich aller übrigen Grundstücke vom Tage der Herstellung eines Verbindungsrohrs mit den Röhren der städtischen Wasserwerke berechnet (§ 5 des Ortsstatuts vom 4./8. September 1874).

§ 3.

Abtritte mit Tonnenvorrichtung,[2]) jedoch ohne Grube, werden, sofern sie nach baupolizeilicher Vorschrift hergestellt sind, durch das Verbot des § 1 nicht betroffen.

§ 4.

Für Gruben, welche ausschließlich zur Aufnahme von Stalldünger dienen, bewendet es bei der Vorschrift des § 85 der Bau-Polizeiordnung vom 21. April 1853.[3])

§ 5.

Wer den Vorschriften dieser Verordnung zuwiderhandelt, wird mit Geldbuße bis zu 30 Mark, im Unvermögensfalle mit verhältnißmäßiger Haft bestraft, und hat überdies die exekutivische Beseitigung der Abtrittsgrube, sowie die Herstellung einer dieselbe ersetzenden Anlage auf seine Kosten zu gewärtigen.

Berlin, den 11. December 1875.

Königliches Polizei-Präsidium.

(gez.) von Madai.

---

[1]) Vgl. B. P. O. § 25, insbesondere Anm. 10.

[2]) Bezüglich der Abfuhr der Fäkalien siehe Anm. 12 zu § 25 B. P. O. (Nr. 19 Th. III des Werkes.)

[3]) Vgl. jetzt B. P. O. § 26.

17.

Erforderniſſe der Entwässerungsprojecte.

Nach den Seitens der örtlichen Straßen-Bau-Polizeiverwaltung, Abtheilung II (Kanalisation), den Hausbesitzern formularmäßig zugestellten Aufforderungen, muß das vollständige Entwässerungsproject doppelt mit schriftlichem Antrag auf Genehmigung für das betreffende Haus vorgelegt werden.

Das eine der beiden Exemplare des Projects muß auf Zeichenleinwand gezeichnet sein. Auf hectographischem Wege hergestellte Zeichnungen werden nicht angenommen.

Das Project muß enthalten:

1. den Situationsplan des Grundstücks in $^1/_{500}$ natürlicher Größe, mit Angabe sämmtlicher auf demselben befindlichen Gebäude, Höfe, des Gartens ꝛc.;

2. die Zeichnung in $^{1}/_{100}$ natürlicher Größe von dem Grundriß des untersten resp. Kellergeschosses eines jeden mit der Hausentwässerung zu verbindenden Gebäudes. Die Bestimmung der einzelnen Gebäude, sowie der einzelnen Räumlichkeiten (Waschkeller, Küche, Werkstatt, Pferdestall, unterkellerter Hof rc.), ist einzuschreiben;
3. die Zeichnung, ebenfalls in $^{1}/_{100}$ natürlicher Größe, von dem Profil eines jeden dieser Gebäude in der Richtung des Hausentwässerungsrohres, und zwar durch das unterste resp. Kellergeschoß bis einschließlich der Decke desselben (die Schnitte durch das Gebäudemauerwerk sind zu coloriren);
4. die Entwässerungsanlagen selbst, welche in die Zeichnungen 1—3 klar und verständig einzutragen sind. Im Besonderen ist folgendes zu beachten:
   a) die Zahl der Einmündungsstellen der Hausentwässerung in den verschiedenen Stockwerken, sowie ihre besondere Art (Küchenausguß, Closet, Wasch- oder Badeausguß u. dgl.) ist anzugeben; desgleichen die Lage der Entwässerungsröhren, ihr innerer Durchmesser (in Millimetern) und ihr Material (durch passende Colorirung kenntlich gemacht);
   b) im Profil muß die absolute Höhe des Terrains (Bürgersteigs, Hofes, Gartens rc.) und der Kellersohlen (nicht durchschnittene sind zu punctiren) über dem Normal-Nullpunkt ersichtlich sein. Die durch qu. Nullpunkt gehende Horizontale ist auszuziehen. Außerdem ist die Tieflage der Kellersohlen unter Terrain noch besonders zu vermerken;
   c) die Entfernung des Austrittes des Hausentwässerungsrohres aus dem Grundstück von der nachbarlichen Grenze muß eingeschrieben werden;
   d) die Lage des bereits vorhandenen oder bei Anschluß des Grundstücks an die Wasserleitung zu verlegenden Wassermessers ist anzugeben.
5. Die vorgelegten Zeichnungen müssen außerdem enthalten:
   a) Maßstäbe zu den Zeichnungen;
   b) die Angabe der Straße, in welcher das Grundstück gelegen ist, und die Hausnummer. Bei Eck- (oder durchgehenden) Grundstücken sind beide Straßen und eventuell zwei Hausnummern anzugeben;
   c) die Unterschrift des Besitzers resp. Verwalters des Grundstückes und den Namen des Unternehmers, welcher mit der Bauausführung der Entwässerungsanlagen betraut ist.

Die vom Magistrat von Berlin auszuführenden Haus- und Frontdach-Wasserableitungen werden nach dem vom Magistrat aufgestellten und alljährlich revidirten Tarife berechnet.

B.

Die allgemeine Baupolizei.

18.

Organisation und Zuständigkeit des Kgl. Polizei-Präsidiums, insbesondere der Abtheilung III desselben.

In Berlin ist in Baupolizeisachen, soweit dieselben nicht zur Zuständigkeit der örtlichen Straßenbau-Polizeiverwaltung gehören (vgl. All. Kab.-Ordre vom 28. December 1875, S. 92), der Königliche Polizei-Präsident bezw. das Königliche Polizei-Präsidium, Abtheilung III, in seiner Eigenschaft als Ortspolizeibehörde zuständig (Diensträume im Polizei-Präsidium, Eingang III Alexanderstraße im dritten Stock).

Die Organisation und die Zuständigkeit des Polizei-Prasidiums sind durch folgende Bestimmungen geregelt:

1. Das Polizei-Reglement für die Haupt- und Residenzstudt Berlin vom 18. September 1822 (Kamptz-Annalen Bd. VIII, S. 491):

§ 1.

I. Wiederherstellung des Polizei-Präsidii.

Zur Leitung, Verwaltung und Ausführung der Polizeiangelegenheiten Unserer Residenz Berlin soll, unter Aufhebung der bisherigen abgesonderten Stellung der Polizei-Intendantur, eine, die Eigenschaft einer oberen und zugleich Orts-Polizei-Instanz in sich vereinigende Behörde mit der Benennung: „Königliches Polizei-Präsidium zu Berlin" baldmöglichst wieder hergestellt werden und in Wirksamkeit treten.

§ 7

bezeichnet als Gegenstände, welche von der Regierung von Berlin an das P. Pr. übergehen „die Sicherheits- und Ordnungspolizei, sowie die Vorbeugung von Feuersbrünsten in polizeiwidrigen Bauten" und insbesondere unter

a) die obere Aufsicht gegen polizeiwidrige Bauten, rücksichtlich der Festigkeit, Feuersicherheit, Symetrie und anderer baupolizeilicher Gegenstände, sowie über die Budenangelegenheiten.

2. Die Allerhöchste Kabinets-Ordre, die Polizeiverwaltung in der Haupt- und Residenzstadt Berlin betreffend, vom 16. Mai 1830 (Kamptz-Annalen Bd. XIV S. 359):

„Aus den — entwickelten Gründen und nach den Erläuterungen — genehmige Ich die in Antrag gebrachten Abänderungen des Reglements für die Polizeiverwaltung der Stadt Berlin vom 18. September 1822, namentlich der in den §§ 14—18 enthaltenen Bestimmungen über die Form der Verwaltung und den Geschäftsgang beim Polizei-Präsidium, welches — nach speciellen Geschäftsabtheilungen dergestalt organisirt werden soll, daß sämmtliche Abtheilungen unter der unmittelbaren Leitung und Aufsicht des Präsidenten ein Ganzes bilden, die den einzelnen Abtheilungen vorstehenden Dirigenten aber ermächtigt sind, die ihrem Ressort überwiesenen Geschäfte unter eigener Verantwortlichkeit auf dem möglichst kürzesten Wege zu erledigen. Dem Präsidenten, dessen Autorität und Verantwortlichkeit in dem bisherigen Umfange verbleiben muß, ist hierbei unbenommen, sich die unmittelbare Einwirkung sowohl allgemein für bestimmte Angelegenheiten, als auch speciell für einzelne eingehende Sachen entweder durch Erforderung eines mündlichen Vortrages, oder durch Mitzeichnung der schriftlichen Erlasse vorzubehalten, sowie es von dem Ermessen der Dirigenten abhängt, inwiefern sie bei etwaigen Bedenken die Entscheidung des Präsidenten einzuholen nöthig finden." (O. V. G. E. Bd. VIII S. 340.)

3. In Ausführung der A. K. O. vom 16. Mai 1830 ist die Geschäfts-Instruktion für das P.-Pr. vom 26. Juli 1830 erlassen, die auch noch heute in ihren wesentlichen Bestimmungen iu Kraft ist.

4. Nach dem Reglement vom 18. September 1822 und der A. K. O. vom 16. Mai 1830 wurden die Baupolizeisachen zunächst von der zweiten Abtheilung des P.-Pr. mitbearbeitet. In Verfolg der A. K. O. vom 27. December 1854 ist laut Bekanntmachung vom 31. Januar 1855 zur

Bearbeitung der Baupolizeisachen indeß eine besondere Abtheilung unter der Bezeichnung: „Dritte Abtheilung" (Abtheilung III) gebildet worden, an deren Spitze ein höherer Verwaltungsbeamter, beim Erscheinen der ersten Auflage des Werkes der Verfasser desselben steht.

5. Von der Abtheilung III werden bearbeitet alle hochbaupolizeilichen Angelegenheiten, Vorgärten, Einfriedigung unbebauter Grundstücke, Aufstellung von Gerüsten, Anbringung von Schauspinden, Lagerplätze für Holz- und Brennmaterialien, Fahrstühle und Aufzüge, Betriebsstätten, Versammlungsräume ꝛc. nach § 38 B. P. O., Düngergruben, Fahnenstangen.

6. Der Abtheilung III unterstehen die 11 Kgl. Polizeibauinspektoren, die die 11 Bauinspektionen verwalten, in welche z. Zt. der Stadtkreis Berlin getheilt ist.

Die Bauinspektionen des Polizei-Präsidiums zu Berlin.

Baubezirk	Diensträume	Polizeireviere des Baubezirks.
I	Bülowstraße 13	3, 32, 33, 56, 63, 73, 76, 77.
II	Gneisenaustraße 15	30, 31, 34, 35, 36, 37, 39, 67, 71, 72, 85.
III	Schlesischestraße 39/40	22, 24, 43, 45, 53, 65, 70, 79, 87, 94, 95.
IV	Frankfurter-Allee 116a	20, 23, 52, 66, 93, 96, 102.
V	Friedenstraße 29	18, 19, 44, 51, 68, 80, 81, 92, 98.
VI	Schönhauser-Allee 156	9, 10, 46, 59, 60, 89, 90, 99.
VII	Invalidenstraße 113	5, 7, 8, 57, 58, 69, 82, 91, 101.
VIII	Wandelstraße 21	4, 64, 74, 75, 83, 84, 100.
IX	Chausseestraße 114	1, 2, 6, 21, 27, 28, 29, 38, 40.
X	Hirtenstraße 6	11, 12, 13, 14, 15, 16, 17, 50, 61, 62, 88, 97.
XI	Potsdamerstraße 74	25, 26, 41, 42, 47, 48, 49, 54, 55, 78, 86.

Die dem Polizei-Präsidenten zu Berlin als Aufsichtsbehörde unterstellten drei **Polizeibauinspektionen zu Charlottenburg** sind:

I	Berlinerstraße 137	der südlich der Mitte der Berlinerstr. zwischen der Ostseite der Leibnizstr. und der Wilmersdorfer-, Schöneberger- und Berliner Weichbildgrenze belegene Theil;
II	Berlinerstraße 125a	der zwischen der Mitte der Berlinerstr., der Ostseite des Louisenplatzes, dem linken Spreeufer, der Kgl. Spandauer Forst, der Wilmersdorfer Weichbildgrenze und der Westseite der Leibnizstr. belegene Theil;
III	Wilhelmplatz 2	der zwischen der Mitte der Berlinerstr., der Ostseite des Louisenplatzes, dem rechten Spreeufer der Kgl. Tegeler Forst und der Berliner Weichbildgrenze belegene Theil.

19.
Die Baupolizeiordnung für den Stadtkreis Berlin vom 15. August 1897.

Vorbemerkung.

Als die Baupolizeiordnung vom 15. Januar 1887 endlich die völlig veraltete Bauordnung vom 21. April 1853 ersetzte, war die Beurtheilung, die sie von berufener und unberufener Seite fand, eine äußerst getheilte.

Einerseits erkannte man rückhaltslos die wesentlichen Verbesserungen an, die sie in gesundheits-, sicherheits- und feuerpolizeilicher Hinsicht brachte, die erweiterte Fürsorge für Luft und Licht, für gesunde und helle Wohn- und Arbeitsräume. Andererseits wurden die Opfer, die zur Erreichung des erstrebten Zweckes dem Einzelnen zum Besten der allgemeinen öffentlichen Interessen auferlegt wurden, als allzu tief in die vermögensrechtliche Lage der Grundstücksbesitzer einschneidend bezeichnet. In Folge der der Ausdehnung und Höhe nach beschränkten Ausnutzbarkeit des Grund und Bodens befürchtete man eine wesentliche Verminderung der Grundstückswerthe, in Folge der verschieden bemessenen Bebaubarkeit bisher bebauter und nicht bebauter Grundstücke, insbesondere ein Zurückgehen der Preise der letzteren, während umgekehrt die geringere Ausnutzbarkeit des einzelnen Baugrundstückes eine steigende Tendenz der Wohnungsmiethen befürchten ließ. Einzelne Bestimmungen wurden als übertrieben oder unnöthig hart bemängelt, bei einzelnen war der ihnen zu Grunde liegende gesetzgeberische Gedanke nicht klar erkennbar, bei anderen wiederum litt die Fassung an Unklarheit; die Architekten empfanden manche Bestimmungen als durch polizeiliche Gesichtspunkte nicht unbedingt gebotene Beschränkungen in der künstlerischen Gestaltung der Gebäude. Und in der That, bei der Handhabung der neuen Bauordnung erwiesen sich diese nicht die grundsätzlichen Bestimmungen treffenden und somit den neuen Geist der neuen Ordnung nicht berührenden Bemängelungen zum Theil wenigstens als nicht unberechtigt und der Abhülfe bedürftig. Andererseits hat aber ein Jahrzehnt genügt, um die Angriffe gegen die in der Baupolizeiordnung von 1887 zum Ausdruck gebrachten neuen leitenden Grundsätze je länger je mehr verstummen zu lassen. Die in ihr enthaltene weitgehende Fürsorge für Luft und Licht, für gesunde und helle Wohnräume hat sich für die schnell wachsende Millionenstadt als ein unverkennbarer Segen erwiesen. Das durch die Fortschritte der Wissenschaft geförderte Verständniß für die eminente Bedeutung der in jener Bauordnung statuirten gesundheitspolizeilichen Bestimmungen gewinnt in immer weiteren Kreisen Raum. Hohe und lichte Räume, große und helle Höfe, sichere Treppenanlagen, luftige Badestuben und Bedürfnißanstalten werden jetzt von den Miethern gesucht, sodaß gerade die älteren von den Bestimmungen der B. P. O. von 1887 völlig unberührt gebliebenen Wohngebäude in ihren Miethserträgen stetig zurückgehen. Gerade diese Erscheinung spricht in deutlichster Weise dafür, wie sehr jene neue Bauordnung insbesondere in ihren bedeutungsvollsten Bestimmungen auch den fortschreitenden Anschauungen und Lebensbedürfnissen der Bevölkerung Rechnung getragen hat. Von schweren wirthschaftlichen Schädigungen, die eine Folge der neuen Ordnung gewesen wären, ist so gut wie nichts bekannt geworden und, wenn sie im Einzelfalle thatsächlich eingetreten sein sollten, muß in dem Gewinn der allgemeinen Wohlfahrt ein mehr als ausreichendes Aequivalent dafür gefunden werden.

Hiernach konnte es sich bei der Revision der B. P. O. von 1887 nicht um ein Abgehen von ihren in jeder Hinsicht bewährten Grundsätzen, sondern nur um die Fassung derselben in neue, den gemachten Erfahrungen angepaßte Formen handeln.

Den äußeren zwingenden Anlaß zur Revision gaben die Bestimmungen über die Trennung der Baugrundstücke in bisher bebaute und bisher nicht bebaute und das darauf sich gründende Recht der $^3/_4$ und $^2/_3$ Bebaubarkeit. Bestimmungen, deren gesetzgeberischer Zweck in erster Linie in Folge der ihnen vom Oberverwaltungsgerichte gegebenen Auslegung völlig vereitelt wurde (vgl. O. V. G. E. vom 28. October 1887, Pr. V. Bl. IX S. 90), sodaß sie sich je länger je mehr nicht nur als hart und ungerecht, sondern auch als zweckwidrig, das öffentliche Interesse in hohem Grade schädigend erwiesen. (Vgl. hierzu die eingehenderen Ausführungen auf S. 114 und 115 der ersten Auflage des Werkes.) Hier schien Abhülfe dringend geboten. Die Berathungen der zunächst aus Vertretern des Ministers der öffentlichen Arbeiten und des Polizei-Präsidenten zu Berlin bestehenden Kommission nahmen bereits im Jahre 1891 ihren Anfang und führten Ende 1892 zur Aufstellung eines vorläufigen Entwurfes einer neuen B. P. O., der dem Architektenvereine, der Vereinigung Berliner Architekten und dem Bunde der Bau-, Maurer- und Zimmermeister zu Berlin zur Aeußerung zugefertigt wurde. Nach Eingang der Gegenvorschläge der genannten Vereinigungen wurden die kommissarischen Verhandlungen im Jahre 1893 unter Theilnahme von Vertretern des Ministers des Innern und der geistlichen, Unterrichts- und Medizinalangelegenheiten, sowie des Oberpräsidenten und des Regierungspräsidenten zu Potsdam wieder aufgenommen und 1894 und 1895 unter Zuziehung von Vertretern der genannten Interessentenvereinigungen fortgesetzt. Der von dieser erweiterten Kommission festgestellte abgeänderte Entwurf der B. P. O. wurde zum Zwecke der verwaltungsrechtlichen Prüfung besonders wichtiger Bestimmungen dem Kgl. Oberverwaltungsgerichtsrath Dr. von Strauß und Torney vorgelegt, dessen daraufhin im Mai 1896 abgegebenes umfangreiches Gutachten eine nochmalige Durchberathung der ganzen Materie geboten erscheinen ließ. Der aus diesen Berathungen hervorgegangene Entwurf wurde Ende 1896 dem hiesigen Magistrate zum Zwecke gemeinsamer kommissarischer Verhandlung zugefertigt. Aus dieser Verhandlung ging die B. P. O. schließlich in der Fassung hervor, in der sie seitens des Polizei-Präsidenten dem Magistrat zur Ertheilung seiner Zustimmung in Gemäßheit des § 143 L. V. G. übersandt wurde. Der Magistrat versagte seine Zustimmung in Uebereinstimmung mit den Beschlüssen der gesetzlich an sich nicht zur Mitwirkung berufenen Stadtverordnetenversammlung. Nachdem die Zustimmung alsdann durch Beschluß des Ober-Präsidenten der Provinz Brandenburg vom 9. August 1897 in Gemäßheit des § 43 des L. V. G. ergänzt worden war, ist die neue Baupolizeiordnung für den Stadtkreis Berlin unter dem 15. August 1897 erlassen worden.

Schon diese gedrängte Darstellung des Ganges der Verhandlungen, die schließlich zu der jetzt vorliegenden Fassung der B. P. O. geführt haben, läßt erkennen, mit welcher unermüdlichen Gründlichkeit die schwierige Materie seitens aller betheiligten Faktoren in jahrelanger gemeinsamer Arbeit behandelt worden ist. Möchte das Ergebniß ein dem entsprechendes sein. Möchte in der neuen Fassung für Jahrzehnte hinaus nicht nur eine unverrückbare, die Stetigkeit der Grundeigenthumsverhältnisse sicherstellende Ordnung des Berliner Baupolizeirechts, sondern auch ein Vorbild für die Fortentwicklung der Baurechte anderer Gemeinden innerhalb der preußischen Monarchie und über deren Grenzen hinaus geschaffen sein.

Bezüglich der Abänderungen, der Erleichterungen einerseits, der Erschwerungen andererseits, welche die Baupolizeiordnung von 1897 im Vergleiche zu derjenigen von 1887 brachte, mag, da sie zur Zeit das aktuelle Interesse verloren haben, an dieser Stelle im Allgemeinen lediglich auf die Ausführungen auf Seite 116 ff. der ersten Auflage des Werkes verwiesen werden. Nur in welcher Weise die Hauptaufgabe der Neufassung der B. P. O., die Feststellung abgeänderter Grundsätze über die Ermittlung der bebaubaren Fläche der Baugrundstücke, ihre Lösung gefunden hat, bedarf der wiederholten Darlegung. Denn diese Grundsätze weichen von allen bisher in dieser Beziehung befolgten vollständig ab und scheinen mit Rücksicht auf den ihnen zu Grunde liegenden, wohl durchdachten gesetzgeberischen Gedanken, dessen Durchführung allerorten in gleichem Maße zweckmäßig sein dürfte, besonders geeignet, auch in anderen Baupolizeiordnungen Aufnahme zu finden.

Der Ausgangspunkt für die Fassung der neuen grundlegenden Bestimmungen über die bebaubare Fläche war durch die Rechtssprechung des O. V. G. vorgezeichnet: die Aufhebung der Unterscheidung bisher bebauter und bisher nicht bebauter bezw. bis zu $^3/_4$ und $^2/_3$ bebaubarer Grundstücke. Der Grundgedanke des Gesetzgebers allerdings, der zu jener Unterscheidung geführt hatte und der unverkennbar dahingegangen war, in den äußeren Stadttheilen im sanitären Interesse eine weniger dichte Bebauung als in der älteren inneren Stadt zu erzielen, mußte auch bei erneuter eingehender Erwägung als ein höchst zweckmäßiger erachtet werden; überdies hatte er ja auch inzwischen bereits in den neueren Baupolizeiordnungen einer ganzen Reihe größerer Städte wie Frankfurt a. M., Köln, Magdeburg in den Bestimmungen über die sogenannte Zoneneintheilung, bei der die Dichtigkeit der Bebauung, vom Kern der Stadt ausgehend, zonenweise abnimmt, Ausdruck gefunden. Auch die Berliner Verhältnisse erscheinen für eine derartige lokale Differenzirung der Bebaubarkeit keineswegs ungeeignet. Weisen einerseits die hohen Grundbodenwerthe der inneren Stadttheile vom privatwirthschaftlichen Standpunkte aus ganz naturgemäß auf eine möglichst weitgehende Ausnutzung des einzelnen Baugrundstücks hin, so erscheint eine solche hier auch vom Standpunkte der öffentlichen, allgemeinen Interessen aus deswegen weniger bedenklich, weil sich die innere Stadt thatsächlich je länger je mehr zu einer ausschließlichen Geschäftsstadt, einer eigentlichen City, ausbildet, in der neben den öffentlichen Gebäuden aller Art das Geschäftshaus das Wohngebäude immer mehr verdrängt und in Folge dessen die Wohnbevölkerung stetig im Abnehmen begriffen ist. Andererseits läßt der Zug der Bevölkerung in die äußeren Stadttheile für dieselben polizeiliche Maßnahmen sehr geboten erscheinen, welche geeignet sind, einer gar zu dichten Bebauung und Bewohnung, die die zur Zeit noch mit dem Wohnen daselbst unverkennbar verbundenen gesundheitlichen Vorzüge je länger je mehr beeinträchtigen und auch weiter auf die Gestaltung der gesundheitlichen Verhältnisse der inneren Stadt ungünstig einwirken würden, entgegenzuwirken. Besondere Schwierigkeit bot allerdings hier in Berlin wie allerorten die Festlegung der Grenze zwischen dem inneren dichter zu bebauenden Kern und den äußeren weniger dicht zu bebauenden Stadttheilen. Eine natürliche Grenzlinie wäre nur im Süden der Stadt in dem Landwehrkanale zu finden gewesen, während es innerhalb der Stadthälfte nördlich der Spree an einer derartigen natürlichen Grenzscheide zwischen Innen- und Außenstadt fehlt. Unter diesen Umständen lag das Zurückgreifen auf den Zug der früheren Stadtmauer in der That nahe. Jede andere Scheidelinie, wie sie auch immer gezogen werden mochte, würde immer mehr oder weniger den Character der Willkürlichkeit gehabt haben und gerade deswegen schweren Angriffen seitens aller nicht voll befriedigten Interessenten ausgesetzt gewesen sein. Dem gegenüber ist die Linie der alten Stadtmauer eine gegebene, seiner Zeit durch die historische Entwicklung der Stadt bestimmte, die überdies bis zu ihrer Abtragung auf großen Strecken auch thatsächlich die Grenzlinie zwischen der enger bebauten Innenstadt und den mehr landhausmäßig bebauten äußeren Stadttheilen, den Vorstädten, bildete und die ihre noch heute erkennbaren Spuren in den breiten, ihrem ehemaligen Zuge folgenden Ringstraßen hinterlassen hat. Daß durch die Annahme der früheren Stadtmauer als Grenzlinie zwischen Innen- und Außenstadt der dichter zu bebauende Kern eher zu weit als zu eng begrenzt worden ist, kann vom Standpunkte der öffentlichen Interessen aus einem Zweifel kaum unterliegen. Abgesehen von der Unterscheidung zwischen den innerhalb und den außerhalb der früheren Stadtmauer belegenen Grundstücken wird nun durch die neuen Bestimmungen über die Bebaubarkeit thatsächlich eine gleichmäßige Behandlung sämmtlicher Baugrundstücke erreicht, gleichzeitig aber bei den hinsichtlich der Licht- und Luftzuführung besonders günstig gestalteten Eckgrundstücken eine ausgedehntere Bebaubarkeit als bei anderen Grundstücken erzielt. Bei der gewählten Berechnungsart der Bebaubarkeit der Grundstücke ist die Straße als der Ausgangspunkt für die Bemessung der Bebaubarkeit der Grundstücke angesehen worden, indem die Straße die wesentlichste, dauernd gewährleistete, insbesondere durch private Willkür nicht abzuändernde Licht- und Luftquelle für das einzelne Grundstück wie für die Allgemeinheit darstellt. Dieser Gesichtspunkt nicht minder wie die Absicht einträglichster Ausnutzung führt auch bei der thatsächlichen Bebauung ganz naturgemäß im Allgemeinen zur möglichsten Heranrückung des Hauptbaukörpers an die Baufluchtlinie, sodaß die Dichtigkeit der thatsächlichen Bebauung des einzelnen Baugrundstückes mit dessen Tiefe abzunehmen pflegt.

Die Ermittelung der bebaubaren Fläche eines Grundstückes geschieht nun in der Weise, daß das Grundstück durch parallel zur Baufluchtlinie laufende Linien in Streifen zerlegt wird. Der erste Streifen erstreckt sich bis zur Tiefe von 6 m, der zweite bis zur Tiefe von 32 m. Der erste Streifen darf als voll ($^{10}/_{10}$), der zweite als $^{7}/_{10}$ bebaubar in Rechnung gestellt werden. Ist das Grundstück tiefer als 32 m, so wird der hinter dem zweiten Streifen liegende Rest, sofern das Grundstück innerhalb der früheren Stadtmauer liegt, mit $^{6}/_{10}$, sofern es außerhalb derselben liegt, mit $^{5}/_{10}$ seiner Fläche als bebaubar in Rechnung gestellt, oder aber in beiden Fällen mit $^{7}/_{10}$, wenn die Durchschnittshöhe aller hinter der zweiten Theillinie zu errichtenden Gebäude das Maaß von 10 m nicht überschreitet. Im Uebrigen ist die thatsächliche Bebauung von der Streifeneintheilung unabhängig. Bestimmend für die Breiten der Streifen und der Procentsätze der Bebaubarkeit war die Absicht, im Allgemeinen Verhältnisse zu schaffen, welche den bestehenden annähernd entsprechen. Zweifellos wird aber die wünschenswerthe Auftheilung größerer Blocks durch die neuen Bestimmungen wesentlich begünstigt, weil durch die Zunahme der Bebaubarkeit bei Abnahme der Blocktiefen gewissermaßen eine Prämie für die Anlage neuer Straßen gewährt wird. Der damit gleichzeitig wieder gegebene Anreiz zur Schaffung kleinerer Baugrundstücke ist in mehr als einer Hinsicht von nicht zu unterschätzender wirthschaftlicher und auch sozialer Bedeutung.

Für rechteckige Grundstücke von 6 bis 150 m Tiefe ergeben sich nach den nunmehrigen Bestimmungen folgende bebaubaren Flächen, ausgedrückt in Procenten der Gesammtfläche:

Tiefe des Grundstücks m	a) bebaubar innerhalb der Stadtmauer bis 6 m = 100% bis 32 m = 70% Rest = 60%	b) bebaubar außerhalb der Stadtmauer bis 6 m = 100% bis 32 m = 70% Rest = 50%	c) bebaubar in der ganzen Stadt bei Beschränkung der Durchschnittshöhe der hinter der zweiten Theillinie liegenden Gebäude auf 10 m bis 6 m = 100% bis 32 m = 70% Rest = 70%
6	100	100	100
8	92,5	92,5	92,5
10	88	88	88
12	85	85	85
15	82	82	82
20	79	79	79

Tiefe des Grundstücks m	a) bebaubar innerhalb der Stadtmauer bis 6 m = 100 % bis 32 m = 70 % Rest = 60 %	b) bebaubar außerhalb der Stadtmauer bis 6 m = 100 % bis 32 m = 70 % Rest = 50 %	c) bebaubar in der ganzen Stadt bei Beschränkung der Durchschnittshöhe der hinter der zweiten Theillinie liegenden Gebäude auf 10 m bis 6 m = 100 % bis 32 m = 70 % Rest = 70 %
25	77,2	77,2	77,2
30	76	76	76
32	75,6	75,6	75,6
35	74,3	73,4	75,1
40	72,5	70,5	74,5
45	71,1	68,2	74
50	70	66,4	73,6
60	68,3	63,7	73
70	67,1	61,7	72,5
75	66,6	60,9	72,4
80	66,3	60,3	72,2
90	65,6	59,1	72
100	65	58,2	71,8
125	64	56,6	71,4
150	63,3	55,5	71,2

Uebersieht man die neuen Bestimmungen der B. P. O. in ihrer Gesammtwirkung vom Standpunkte der privatwirthschaftlichen Interessen aus, so darf angenommen werden, daß im Allgemeinen die Ausnutzbarkeit des Grund und Bodens in Berlin keinen erheblich weitergehenden Beschränkungen als bisher unterworfen worden ist, sofern bei der baulichen Ausnutzung der Grundstücke alle die zahlreichen Vergünstigungen, welche die neuen Bestimmungen bieten, rationell verwerthet werden. Kaum aber dürfte die im Jahre 1897 vorhanden gewesene durch wirthschaftliche Rücksichten der verschiedensten Art bedingte thatsächliche Ausnutzung der Baugrundstücke, in ihrer Gesammtheit betrachtet, weiter gegangen sein, als wie sie auch auf Grund der nunmehrigen Bestimmungen an sich zulässig sein würde. Gleichwohl ist nicht zu verkennen, daß die neue Bauordnung für einzelne, namentlich sehr tiefe Grundstücke, für welche nach Lage der Verhältnisse von den neuen Vergünstigungen kein Gebrauch gemacht werden kann, einen empfindlichen Eingriff in den Grundeigenthumswerth und in die Baufreiheit in sich geschlossen hat, während andererseits wiederum insbesondere Grundstücke von geringer Tiefe sowie Eckgrundstücke, entsprechend dem der Bebaubarkeitsermittlung zu Grunde liegenden gesetzgeberischen Gedanken (vgl. S. 124) ganz außerordentlich gegen früher begünstigt erscheinen.

Vom Standpunkte der öffentlichen Interessen aus stellt die neue B. P. O. einen bedeutungsvollen Fortschritt der polizeilichen Fürsorge für Gesundheit und Leben der Bewohner dar, insbesondere erscheint eine verbesserte Beleuchtung und Belüftung der in den Hintergebäuden belegenen Räume gewährleistet. Indirect wird die neue Bauordnung auf eine Verkleinerung der Baugrundstücke hinwirken und somit auch in wirthschaftlicher wie sozialer Hinsicht der Reichshauptstadt und ihrer gedeihlichen Entwickelung je länger je mehr zum Segen gereichen!

Die Baupolizeiordnung für den Stadtkreis Berlin.

Polizeiverordnung.[1])

Auf Grund des § 6 des Gesetzes über die Polizeiverwaltung vom 11. März 1850 (G. S. S. 265) und der §§ 43, 143 und 144 des Gesetzes über die allgemeine Landesverwaltung vom 30. Juli 1883 (G. S. S. 195) wird hiermit, nachdem die von dem Magistrate zu Berlin versagte Zustimmung durch Beschluß des Oberpräsidenten der Provinz Brandenburg und der Stadt Berlin vom 9. August 1897 ergänzt[2]) worden ist, für den Stadtkreis Berlin[3]) nachstehende

Baupolizeiordnung

erlassen.[4])

---

[1]) Bezüglich der Form der Publikation von Polizeiverordnungen vgl. Rosin a. a. O. S. 254 ff. Die Bezeichnung: „Baupolizeiordnung" statt „Baupolizeiverordnung" ist in dem O. V. G. E. vom 24. October 1894 Bd. XXVII S. 414 und Pr. V. Bl. XVI S. 236 für zulässig erachtet worden. Vgl. dagegen M. E. vom 9. Januar 1894, M. Bl. S. 30 vgl. auch O. V. G. E. Bd. XXXI S. 358.

[2]) Vgl. O. V. G. E. v. 7. Juni 1887, Pr. V. Bl. VIII S. 318 und K. G. E. vom 5. Januar 1888, Johow, Bd. VIII S. 188. Die nachträgliche Genehmigung einer bereits publizirten Polizeiverordnung durch den Magistrat genügt nicht. O. V. G. E. Bd. XXXI S. 355.

Hat dagegen der Bezirksausschuß seine Zustimmung zu einer von dem Regierungs-Präsidenten beabsichtigten Polizeiverordnung (Baupolizeiordnung) auf Grund des § 139 L. V. G. versagt, so wird angenommen werden müssen, daß der Regierungs-Präsident im Wege der Beschwerde nach § 123 L. V. G. die Entscheidung des Provinzialraths anrufen kann. Denn nach § 121 L. V. G. findet gegen die in erster Instanz ergehenden Beschlüsse des Bezirksausschusses die Beschwerde an den Provinzialrath statt, sofern nicht nach ausdrücklicher Vorschrift des Gesetzes die Beschlüsse endgültig sind. Die Einlegung der Beschwerde in den Fällen des § 121 steht nach § 123 aus Gründen des öffentlichen Interesses auch dem Vorsitzenden des Bezirksausschusses zu. Eine ausdrückliche Gesetzesvorschrift, welche die auf Grund des § 139 des Landesverwaltungsgesetzes gefaßten Beschlüsse des Bezirksausschusses als endgültige erklärt, somit von der allgemeinen Regel des § 121 in betreff der zulässigen Rechtsmittel ausnimmt, besteht nicht.

[3]) Polizei-Verordnung

betreffend die Einführung der Bau-Polizeiordnung für den Stadtkreis Berlin vom 15. August 1897 in einem Theile der Hasenhaide:

Auf Grund der §§ 5 und 6 des Gesetzes über die Polizeiverwaltung vom 11. März 1850 (G. S. S. 265) und des § 143 des Gesetzes über die allgemeine Landesverwaltung vom 30. Juli 1883 (G. S. S. 195 fg.) wird unter Zustimmung des Gutsvorstandes des fiskalischen Gutsbezirks Hasenhaide Folgendes verordnet:

Die Bau-Polizeiordnung für den Stadtkreis Berlin vom 15. August 1897 nebst den zur Ausführung derselben ergangenen Bestimmungen wird hierdurch in demjenigen

Theil der Hasenhaide eingeführt, welcher in polizeilicher Beziehung zum engeren Polizeibezirk von Berlin gehört.

Berlin, den 2. November 1897.

Der Polizei=Präsident.
von Windheim.

Diese Fassung ist insofern ungenau, als die ganze Hasenhaide zum engeren Polizeibezirk von Berlin gehört. Verf. des Minist. des Inn. und der Polizei v. 29. April und 13. August 1831 und Oberpräsidialerlaß vom 24. August 1831. (A. Bl. S. 195.) In kommunaler Beziehung gehört die Hasenhaide südlich der Bordschicht des südlichen Grabens der früher durch dieselbe führenden Chaussee zu Tempelhof.

[4]) Die Charlottenburger Baupolizeiordnung vom 22. August 1898 findet sich unter Nr. 31 Theil III des Werkes.

Titel I.

Polizeiliche Anforderungen und Beschränkungen bei Bauten.

§ 1.

Verbindung mit der Straße. [1])

1. Der Regel [2, 3]) nach dürfen nur Grundstücke [4]) bebaut werden, welche unmittelbar an eine öffentliche Straße [2, 3]) grenzen [4, 5]).

Vgl. die abweichende Fassung der Charlottenburger B. P. O. vom 22. August 1898 unter Nr. 31 des Werkes.

2. Die Straßenfronten [6]) der Gebäude müssen in der Baufluchtlinie oder parallel mit ihr [7]) errichtet werden. In einer Entfernung von 6 m und mehr ist die Stellung der Gebäude von der Baufluchtlinie unabhängig [8]). Bei Eckgrundstücken können Abrundungen und Abstumpfungen innerhalb der sich schneidenden Baufluchtlinien und, wo Vorgärten vorgesehen sind, auch innerhalb der Straßenfluchtlinien zugelassen werden [9]).

3. [10]) Soll ein Grundstück in einer Tiefe von mehr als 35 m von der Baufluchtlinie ab bebaut werden, so müssen alle hinteren Gebäude mittels einer Zufahrt von mindestens 2,30 m lichter Breite oder einer durch die vorderen Gebäude führenden Durchfahrt von überall 2,80 m lichter Höhe und 2,30 m lichter Breite mit der Straße derart in Verbindung gebracht werden, daß kein Punkt eines Raumes [11]) im Erdgeschosse von der Baufluchtlinie oder einem durch eine Zufahrt oder Durchfahrt erreichbaren Haupthofe (§ 2 Ziffer 2) oder von der Zufahrt oder Durchfahrt — in grader Linie gemessen — mehr als 20 m entfernt ist. Unter der lichten [12]) Breite ist die freie Durchfahrtsöffnung zwischen den äußersten Ausladungen aller vortretenden Theile, ausschließlich der Radabweiser, zu verstehen. Bei

Grundstücken, welche in einer Tiefe von 35 m oder weniger bebaut werden, darf kein Punkt eines Raumes im Erdgeschosse von der Baufluchtlinie oder einem Haupthofe — in grader Linie gemessen — mehr als 20 m entfernt sein [13] [14] [15].

4. Für Grundstücke, welche nicht unmittelbar an öffentliche Straßen grenzen [16] oder hinter der Bauflucht mehr als 1 : 20 ansteigen oder auf eine größere Tiefe als 50 m [17] mit Gebäuden besetzt werden sollen, können weitergehende Anforderungen [18] gestellt werden. [19]

---

1. Die im § 1 gegebenen Bestimmungen beruhen im Wesentlichen auf feuer- und verkehrspolizeilichen Rücksichten. Für den Fall eines Brandes soll das Lösch- und Rettungswerk erleichtert bezw. gesichert, insbesondere bei tiefen Grundstücken ein Hinauffahren der Feuerwehrlöschgeräthe, wie beispielsweise der mechanischen Leiter, ermöglicht werden; andererseits sollen für den von und zu den Baugrundstücken stattfindenden öffentlichen Verkehr dem Bedürfnisse entsprechende Verhältnisse geschaffen werden. Die allgemeine Sicherheit, der öffentliche Verkehr und die öffentliche Ordnung würden zweifellos Schaden nehmen, wenn jeder seine Baulichkeiten hinsetzen dürfte, wo es ihm beliebt. Somit finden die Bestimmungen ihre rechtliche Grundlage im § 66 I. A. L. R. (vgl. S. 50 und O. V. G. E. Bd. VIII. S. 303).

2. a. Als Regel wird der Grundsatz an die Spitze gestellt, daß nur solche Grundstücke bebaut werden dürfen, welche unmittelbar an eine öffentliche Straße grenzen. Zu den öffentlichen Straßen in diesem Sinne sind unbedenklich auch die für den öffentlichen Verkehr bestimmten Plätze zu rechnen, zumal die öffentlichen Plätze der Regel nach von Terrain umgeben zu sein pflegen, welches für den inneren städtischen (straßenmäßigen) Verkehr und für den Anbau, also als Straße zu dienen bestimmt ist. Eine derartige Kommunikationsanlage hört dadurch, daß sie an einen öffentlichen Platz grenzt oder einen Bestandtheil eines solchen bildet, nicht auf, Straße zu sein, wenn sie als Straße angelegt und dem öffentlichen Verkehr Seitens der Betheiligten gewidmet ist. (O. V. G. E. vom 22. September 1894 P. V. Bl. XVI S. 85.) Die mit öffentlichen Flußläufen in Verbindung stehenden Häfen innerhalb der Stadt gelten indeß regelmäßig nicht als Plätze in diesem Sinne (O. V. G. E. Bd. XXIII S. 361.) Die öffentliche Straße muß thatsächlich vorhanden sein, nicht aber lediglich durch einen Fluchtlinien- oder Bebauungsplan in Aussicht genommen sein. (Vgl. O. V. G. E. vom 20. Juni 1890 P. V. Bl. XI S. 572.) Andererseits kann die Baugenehmigung allein deshalb nicht versagt werden, weil vor dem betreffenden Grundstücke noch keine Straßen- oder Baufluchtlinie festgesetzt worden ist. Aus diesem Grunde sind also Grundstücke der Bebauung an sich nicht entzogen. (Vgl. O. V. G. E. Bd. II S. 362, Bd. XIV S. 403, Bd. XXI S. 375, Bd. XXIII S. 361 und v. 24. Januar 1898 IV 171.) Sind indeß Fluchtlinien im geordneten Verfahren festgesetzt, so ergeben sich die hieraus folgenden öffentlich-rechtlichen Baubeschränkungen aus § 11 des Gesetzes vom 2. Juli 1875. Des Weiteren ist die Polizeibehörde, soweit es sich um die Genehmigung zur Errichtung von Wohngebäuden handelt, an das auf Grund des § 12 des Gesetzes vom 2. Juli 1872 für Berlin erlassene Ortsstatut I vom 8. October / 19. November 1875 (Siehe S. 94) gebunden. Unter den Straßen im Sinne des Ortsstatuts sind alle Straßen ohne Unterschied zu verstehen, welche dem öffentlichen Verkehr dienen oder für einen solchen bestimmt sind, also auch in vielen Fällen sogenannte „Privatstraßen“, die dieser Voraussetzung entsprechen. („Uneigentliche Privatstraßen.“) Vgl. Friedrichs S. 26—28, Doehl Repertorium des Baurechts S. 339 und O. V. G. E. Bd. V S. 236, Bd. IX S. 189, 211, 251, Bd. XII S. 271, Bd. XIX S. 368 und Erk. d.

Kammerger. Straff. v. 17. Juni 1889, P. V. Bl. XI S. 611. Bei der Errichtung von Wohngebäuden genügt also die Oeffentlichkeit der Straße, an der sie liegen, allein nicht, indem die betreffenden Straßen oder Straßentheile auch den ortsstatutarischen Bestimmungen (siehe oben) entsprechen müssen. Dagegen kann die Ertheilung der polizeilichen Bauerlaubniß nicht an die Bedingung geknüpft werden, daß vorher die durch das auf Grund des § 15 des Baufluchtengesetzes erlassene Ortsstatut II für Berlin vom 7./19. März 1877 (S. 100) auferlegten kommunalen Verpflichtungen erfüllt werden. Vgl. O. V. G. E. Bd. IV S. 364, Pr. V. Bl. XI S. 572, Friedrichs S. 241 f., M. Erl. v. 13. Januar 1885, M. d. J. II 11398 / M. d. ö. A. III 615.

b) Gegenüber der mehrfach, namentlich auch in Berlin bemerkbar gewordenen Unsicherheit über den Begriff einer Privatstraße ist hervorzuheben, daß die Oeffentlichkeit eines mit Zustimmung der Polizeibehörde für den öffentlichen Verkehr bestimmten Weges dadurch nicht ausgeschlossen wird, daß seine Unterhaltung einem anderen Rechtssubjecte, als dem regelmäßig Wegebaupflichtigen, obliegt und daß sein Grund und Boden im Privateigenthume eines Dritten steht. (Uneigentliche Privatstraßen.) Eine Privatstraße im Rechtssinne ist vielmehr nur da vorhanden, wo die Straße der Verfügungsgewalt des Eigenthümers unterliegt und kraft derselben dem öffentlichen Verkehre entweder thatsächlich entzogen ist, oder doch jederzeit entzogen werden kann. Mit derartigen Straßen beschäftigt sich das Gesetz vom 2. Juli 1875 überhaupt nicht; es bezieht sich vielmehr lediglich auf öffentliche Straßen. — Die Ansicht, Straßen könnten, wenn für sie Fluchtlinien aus früherer Zeit nicht beständen, gegenwärtig nur nach einer in den Formen des Gesetzes vorgenommenen Fluchtlinienfestsetzung angelegt werden, trifft nicht einmal für öffentliche Straßen zu (Vgl. Friedrichs S. 26), ist aber für Privatstraßen schon deshalb unhaltbar, weil hier eine Fluchtlinienfestsetzung von vornherein ausgeschlossen erscheint. Auf Grund des Gesetzes läßt sich somit die Herstellung einer Privatstraße nur in dem Falle verhindern, wenn ein Ortsstatut zur Ausführung des § 12 erlassen ist und hiernach der Anbau an der Privatstraße untersagt werden kann. Letzteres setzt aber wieder voraus, daß die Annahme gerechtfertigt ist, es solle an einer in der Entstehung begriffenen öffentlichen Straße gebaut werden; d. h. es bedarf einer Feststellung, daß die Straße, wenn sie auch von dem Unternehmer etwa als Privatstraße bezeichnet wird, doch thatsächlich von Anfang an als öffentliche Straße projectirt ist (vgl. O. V. G. E. vom 16. September 1896 IV, 1436) oder sich wenigstens nach den vorliegenden Umständen mit und in Folge der Bebauung nothwendig in eine öffentliche Straße (uneigentliche Privatstraße) verwandeln muß. Der Umfang des Verkehrs, der sich voraussichtlich auf der projectirten Straße entwickeln wird, ist allein für die Annahme eines öffentlichen Charakters derselben nicht entscheidend, wie beispielsweise die Höfe größerer Fabriken und ähnlicher Betriebe, auf denen ebenfalls ein sehr starker Verkehr stattfindet, sich dadurch nicht in öffentliche Straßen umwandeln. Ausschlaggebend bleibt, ob der Eigenthümer noch im Stande ist, jeden anderen Verkehr auszuschließen, als denjenigen, welcher mit der bestimmungsmäßigen Benutzung der an der fraglichen Straße zu errichtenden Gebäude nothwendigerweise verbunden ist. (Vgl. Friedrichs a. a. O. S. 108, O. V. G. E. vom 1. April 1890, P. V. Bl. XI S. 359 und vom 10. Juni 1886, vom 19. Oktober 1886, vom 3. Mai 1887 P. V. Bl. VIII S. 30. 362. 364; Reichsger. Erk., V. Senats, vom 5. November 1898, Jur. Wochenschrift 1898, S. 691.) — Bez. der Beleuchtung und Bewachung einer Privatstraße vgl. O. V. G. E. Bd. XVIII S. 411.

c. Um Rücksicht auf die zahlreichen, beim Tieferlegen einer Straße entstehenden Privatrechtsstreitigkeiten zwischen den Anliegern einer derartigen Straße und der wegebaupflichtigen Gemeinde mag hier auf den von dem Reichsgericht in konstanter Rechtsprechung festgehaltenen Rechtsgrundsatz hingewiesen werden, daß das servitutarische Recht des Hausbesitzers an der an seinem Grundstücke vorüberführenden Straße begrenzt und bedingt ist durch die Zweckbestimmung der Straße dergestalt, daß der Hausbesitzer sich alle Veränderungen gefallen lassen muß, welche dazu dienen, die Straße in dem Zustande zu erhalten, oder auch in den

Zustand zu setzen, in dem sie ihrer Bestimmung am vollkommensten genügen kann, sofern nur die Straße auch ferner als Kommunikationsmittel für das betreffende Grundstück erhalten bleibt. (R. G. E. v. 28. März 1896, J. M. Bl. 1897 S. 29, Pr. V. Bl. XVIII S. 258). Dies Erkenntniß wird wesentlich modifizirt durch die Erkenntnisse vom 15. März 1899, Pr. V. Bl. XX S. 412 und von demselben Datum Nr. V 325/98.

3. Die Fassung „In der Regel" ermächtigt die Polizeibehörde in Gemäßheit des § 42 Ziffer 1 Ausnahmen von der Regel nach eigenem Ermessen eintreten zu lassen, ohne daß es hierzu eines Dispenses nach Ziffer 2 des § 42 bedürfte. Indem die B. P. O. die Gewährung von Ausnahmen für zulässig erachtet, stellt sie sich auf den Boden des bestehenden Rechts. Denn es ist keineswegs Rechtens, daß jedes bebaute Grundstück nothwendig einen Zugang durch einen öffentlichen Weg haben müsse. Als authentischer Beleg dafür, daß das Gegentheil bestehenden Rechtes ist, dient die Bestimmung im § 14 des Ansiedlungsgesetzes vom 25. August 1887 (G. S. S. 405), da für die Ertheilung der Ansiedlungsgenehmigung der Nachweis der Zugänglichkeit des zu besiedelnden Grundstücks durch einen jederzeit offenen Weg genügt. Vgl. O. V. G. E. Bd. V S. 392, Bd. XVII S. 322 und vom 31. Oktober 1885 P. V. Bl. VII S. 115. Liegt ein zu bebauendes Grundstück nicht unmittelbar an einer öffentlichen Straße, so ist die Polizeibehörde, wenn anders sie eine Ausnahme von der grundsätzlichen Regel zulassen soll, befugt, in entsprechender Anwendung der Forderung des § 14 des Ansiedlungsgesetzes im Interesse der Sicherheits-, Feuer- pp. Polizei zu verlangen, daß das Grundstück durch einen ungehinderten Zugang zugänglich gemacht und durch diesen mit dem dem öffentlichen Verkehre dienenden Straßennetze der Gemeinde mittelbar in Verbindung gesetzt werde. Vgl. O. V. G. E. Bd. XXIII S. 330, Bd. XXXI S. 398 und 405. Ein derartiger Zugang kann sehr wohl in der Gestalt einer wirklichen Privatstraße geschaffen sein, deren Anlegung durch das Baufluchtengesetz weder ausdrücklich verboten, noch mittelbar ohne Weiteres unthunlich gemacht ist. (Vgl. Friedrichs Bem. 4 zu § 1, S. 26, 27 und 108 ff. und bezüglich der Bebauung des tiefen Hinterlandes eines Grundstücks im Gegensatze zur Anlegung einer Privatstraße O. V. G. E. v. 19. October 1886 P. V. Bl. VIII. S. 362.) Der Zugang zu einem Baugrundstücke der fraglichen Art muß selbstverständlich den in sicherheits- und feuerpolizeilicher Hinsicht seitens der Polizeibehörde zu stellenden Anforderungen genügen. (Vgl. O. V. G. E. v. 10. November 1881 II 1334.) Als Breite würde in entsprechender Anwendung der in Ziffer 3 dieses § gegebenen Bestimmung mindestens eine Abmessung von 2,30 m zu fordern sein. Der Zugang muß jederzeit offen gehalten werden (vgl. O. V. G. E. Bd. XXIII S. 336), was allerdings insbesondere bei Privatstraßen nicht ausschließt, aus sicherheitspolizeilichen Rücksichten während der Nachtzeit die Abschließung für das Publikum anzuordnen, sofern nur geeignete Anordnungen getroffen sind, welche bei etwaiger Gefahr die Zugänglichkeit gleichwohl sicherstellen. Daß der Zugang im Eigenthum desselben Besitzers steht, wie das Grundstück, zu dem er führt, ist nicht unbedingtes Erforderniß; es kann vielmehr sehr wohl eine zu Gunsten des betreffenden Grundstücks eingetragene Wegegerechtigkeit, wenn sie inhaltlich hinreichend erscheint, durchaus genügen (O. V. G. E. v. 10. November 1881 II. 1334). Auch ist ein gemeinschaftlicher Zugang zu verschiedenen, völlig selbstständigen Grundstücken denkbar (O. V. G. E. v. 14. November 1894, P. V. Bl. XVI. S. 164), so daß also auch ein nur im Miteigenthum des betreffenden Grundstücksbesitzers stehender, also dauernd gesicherter Zugangs- oder Zufahrtsweg völlig genügen würde. (O. V. G. E. v. 20. December 1887, P. V. Bl. IX. S. 155. Vgl. dagegen § 1 Nr. 3 der B. P. O. für Potsdam vom 1. December 1894 und dazu O. V. G. E. v. 18. März 1896 IV. 494.)

Aus der Bestimmung in Ziffer 1 in Verbindung mit derjenigen in Ziffer 4 ergiebt sich, daß die Polizeibehörde die an sich zugelassene Ausnahme gestatten muß, sofern die Baustelle mit einem öffentlichen Wege durch einen der Bestimmung des Gebäudes entsprechenden, für die Dauer gesicherten Zufahrtsweg verbunden ist, welcher in Breite und sonstiger Beschaffenheit den jedesmal in Frage stehenden öffentlichen Interessen genügt. Vgl. O. V. G. E. Bd. XXIII S. 333 und vom 20. December 1887 P. V. Bl. IX S. 155.

Die auf die Zugänglichkeit eines Baugrundstückes bezüglichen Bedingungen einer Baugenehmigung charakterisiren sich durchaus als baupolizeiliche (vgl. O. V. G. E. Bd. XXIII S. 321) und sind wohl zu unterscheiden von den rein wegepolizeilichen, welche etwa die Instandsetzung des Bürgersteiges von dem Eigenthümer des angrenzenden Baugrundstückes auf Grund einer bestehenden öffentlich-rechtlichen ortsrechtlichen Verpflichtung fordern.

4a. Eine überall zur Anwendung zu bringende Begriffsbestimmung des Ausdruckes „Grundstück“ findet sich in den Gesetzen nirgends; auch die B. P. O. hat den Begriff nicht festgestellt, insbesondere gewährt dieselbe keinen Anhalt für die Annahme, daß stets die grundbuchliche Eintragung maßgebend sein soll. Ebensowenig läßt sich eine solche Anschauung aus dem Wesen der Sache entnehmen. Im Gegentheil bewegen sich die grundbuchlichen Eintragungen, die wesentlich nur zur Regelung privatrechtlicher Verhältnisse bestimmt sind, auf einem Gebiete, das von dem in der B. P. O. näher geregelten Gebiete des öffentlichen Baurechts völlig verschieden ist und können demnach auch grundbuchliche Eintragungen keine Festsetzungen öffentlich-rechtlichen Charakters in sich schließen, auf die polizeiliche Maßnahmen gestützt werden könnten. (Vgl. O. V. G. E. Bd. XXIV S. 369 und P. V. Bl. XIV S. 597). Ebensowenig verschieben Grundgerechtigkeiten die Grundstücksgrenzen. Vgl. O. V. G. E. Bd. XXXII S. 357. Daher ist einerseits eine bestimmte Fläche nicht schon bloß deshalb, weil sie auf ein und demselben Grundbuchblatt verzeichnet steht, als ein einheitliches Grundstück im Sinne der B. P. O. anzusehen, andererseits können zwei neben einander liegende, im Grundbuche getrennt aufgeführte Flächen (man denke nur an den häufigen Fall, wenn auf solchen Flächen ein gemeinsames einheitliches Bauwerk errichtet wird) sehr wohl eine Einheit bilden (vgl. O. V. G. E. vom 1. November 1892 Nr. 1027, O. V. G. E. Bd. XXXII S. 354 u. 357). Hiernach läßt sich die Frage, unter welchen Voraussetzungen bei neben einander liegenden Flächen das Vorhandensein eines einheitlichen oder aber mehrerer selbstständiger Grundstücke anzunehmen ist, rechtsgrundsätzlich nicht entscheiden. Vielmehr ist in jedem einzelnen Falle die Gesammtheit der in Betracht zu ziehenden thatsächlichen und rechtlichen Verhältnisse maßgebend. Von wesentlicher Bedeutung für die polizeilichen Gesichtspunkte erscheint in jedem Falle die einheitliche wirthschaftliche Benutzung sowie das örtliche Zusammenliegen der einzelnen Flächen, sodaß eine einheitliche Bebaubarkeit möglich ist. Denn die §§ 1 und ff. handeln, wenn sie von Grundstücken sprechen, wie dies in der Natur der Sache liegt, nur von Baugrundstücken. Auf demselben Grundbuchblatte stehende Flächen, welche durch eine öffentliche Straße von einander getrennt sind, bilden kein einheitliches Baugrundstück im Sinne der B. P. O., selbst wenn sie einheitlich wirthschaftlich genutzt werden sollten. (Vgl. O. V. G. E. vom 8. Januar 1896 IV 44.) Desgleichen spricht eine vollständig durchgeführte Trennung bei der wirthschaftlichen Verwerthung für die Selbstständigkeit der einzelnen Grundstücke. Vgl. O. V. G. E. Bd. IV S. 369, Bd. XIII S. 167, Bd. XXIII S. 53, 331, 336, vom 3. Mai 1887 P. V. B. VIII S. 364 vom 14. November 1894 P. V. Bl. XVI S. 162.

Die grundbuchliche Selbstständigkeit bezw. Unselbstständigkeit kann indeß, wenn sie auch allein niemals unbedingt entscheidend sein kann, unter Umständen immerhin ein erhebliches Moment für die Beurtheilung abgeben. O. V. G. E. Bl. XIII S. 169.

b) Bei an Privatflüssen belegenen Grundstücken ist nach der herrschenden Rechtsauffassung das Eigenthum des anliegenden Grundstücksbesitzers der Regel nach bis zur Mittellinie des Privatflusses zu rechnen, sodaß also in einem derartigen Falle nicht der Uferrand, sondern jene Mittellinie als Grenze des betreffenden Grundstücks anzusehen ist. Gleichwohl wird, da die B. P. O. nur von Bau-, nicht von Wassergrundstücken handelt, bei der Berechnung der bebaubaren Fläche eines Grundstücks die zu demselben gehörige Fläche eines angrenzenden Privatflusses nur dann mit in Ansatz gebracht werden dürfen, wenn seitens der zuständigen Behörden die Ueberbauung des Privatflusses (Kanalisirung desselben) gestattet worden ist. Nur mit dieser Beschränkung erscheint die in der ersten Auflage des Werkes vertretene Auffassung nach erneuter Erwägung haltbar. Andererseits aber erscheint es, soweit es sich um die Anwendung der auf feuerpolizeilichen Rücksichten beruhenden baupolizeilichen Bestimmungen über die Verpflichtung zur Herstellung von Brandmauern bezw. der Berechtigung zur Anlegung von Fenstern auf an Privatflüssen zu errichtende Gebäude handelt, durchaus unbedenklich, die Mittellinie des Fusses der herrschenden Rechtsauffassung über das Eigenthumsrecht an Privatflüssen entsprechend als Nachbargrenze zu betrachten.

Ein Uferbesitzer darf nicht eigenmächtig in das Bett eines Privatflusses hineinbauen und dasselbe dadurch auf eine geringere Breite zurückführen. O. V. G. E. Bd. XVIII S. 361 u. v. 21. Januar 1897 III 89. Bochmann Mittheilungen 3. Jahrgs. S. 350 ff.

Das Bürgerliche Gesetzbuch hat die landesgesetzlichen Vorschriften, welche dem Wasserrecht angehören, unberührt gelassen. E. G. Art. 65.

c) Der Umstand, daß ein Grundstück sich nicht im Eigenthum des Bauherrn befindet, vielleicht von diesem nur gepachtet ist, macht bezüglich der Behandlung desselben als selbstständiges Baugrundstück keinen Unterschied. Werden große Terrains parzellenweise an verschiedene Pächter zu gesonderter wirthschaftlicher Benutzung verpachtet, so ist demnach jede einzelne Parzelle, wenn auf derselben Baulichkeiten irgend welcher Art errichtet werden, selbst wenn diese nur einen provisorischen Charakter tragen, als gesondertes Baugrundstück zu behandeln und sind hieraus die rechtlichen Consequenzen zu ziehen.

d) Bei der Bezeichnung „rechte oder linke Seite" eines Grundstücks ist vom Standpunkte des Beschauers auszugehen, der mit dem Gesichte dem Grundstück zugekehrt auf der Straße vor demselben sich befindet.

e) Eine allgemeine Verpflichtung zur Einfriedigung des Grundstücks gegen die Straße besteht in Berlin nicht. Die Polizeibehörde ist aber auf Grund des § 10 II 17 A. L. R. berechtigt, in Rücksicht darauf, daß an Straßen und Plätzen belegene, gegen sie nicht abgeschlossene Grundstücke wegen ihrer leichten Zugänglichkeit und der Schwierigkeit der polizeilichen Beaufsichtigung vielfach der öffentlichen Sicherheit und Ordnung gefährlich sind, daß sie oft als Schlupfwinkel dienen, von denen aus den die öffentliche Sicherheit und Sittlichkeit gefährdenden Unternehmungen nachgegangen wird, daß sie vielfach den von der Polizeibehörde verfolgten Personen es erleichtern, sich der Verfolgung zu entziehen (daß sie vielfach durch Ablagerung von allerlei Unrath gesundheitsgefährlich werden können), p. p. zum Schutze der öffentlichen Sicherheit und Ordnung einem derartigen Mißbrauche der fraglichen Grundstücke dadurch entgegenzutreten, daß behufs Erschwerung des Zuganges ihre Einzäunung angeordnet wird. Die Wahl des für solche Einzäunung zu verwendenden Materials kann indeß nicht dem unbeschränkten Ermessen der Polizeibehörde vorbehalten werden. Eine Polizeiverordnung, die so weit ginge, würde über die Grenze der Zuständigkeit der Polizeibehörde hinausgehen. O. V. G. E. vom 30. Januar 1895 P. V. Bl. XVI S. 412. Seitens des Polizei-Präsidiums wird daher grundsätzlich ein einfacher Bretterzaun für genügend erachtet in allen Fällen, in denen die Abschließung eines Grundstückes aus einem der oben angeführten Gesichtspunkte im öffentlichen Interesse erforderlich erscheint. Andernfalls kann allerdings die Beseitigung von Stacheldrahtzäunen an öffentlichen Wegen polizeilich verlangt werden. Vgl. O. V. G. E. vom 21. April 1886 P. V. Bl. VII S. 311, Entsch. Bd. XIII S. 420.

Nach den neueren Entscheidungen des O. V. G. (vgl. E. vom 22. September 1893, Bd. XXV S. 379, vom 26. Januar 1894, Bd. XXVI S. 350, vom 2. Mai 1894, P. V. Bl. XV S. 402, vom 9. Januar 1895, P. V. Bl. XVI S. 364) fallen bloße Umwährungen von Grundstücken, auch wenn sie im Sinne der B. P. O. zu den Bauten zu rechnen sind und demnach als solche der baupolizeilichen Genehmigung bedürfen, nicht unter das Bauverbot des § 11 des Baufluchtengesetzes vom 2. Juli

1875 (G. S. S. 561) und sind demnach die Polizeibehörden nicht berechtigt, die Genehmigung zur Einfriedigung eines Grundstückes deswegen zu versagen, weil das Grundstück bezw. der über die festgesetzte, aber noch nicht durchgeführte Baufluchtlinie hinausgehende Theil desselben künftig zu einer öffentlichen Straße dienen soll. Voraussetzung für die Zulässigkeit einer derartigen Umzäunung ist aber in jedem Falle, daß der betreffende, über die Straßenfluchtlinie hinausgehende Grundstückstheil nicht bereits thatsächlich rechtsgültig Bestandtheil der öffentlichen Straße oder des öffentlichen Platzes geworden ist. Ein etwaiger Streit, ob jener Grundstückstheil unbeschadet des Eigenthums am Grund und Boden rechtsgültig Bestandtheil einer öffentlichen Straße oder eines solchen Platzes geworden ist oder aber ob er noch der Verfügungsgewalt des Grundstückseigenthümers unterliegt, ist als auf dessen Inanspruchnahme für den öffentlichen Verkehr abzielend, nur in dem für die Inanspruchnahme von Wegen für den öffentlichen Verkehr in § 56 des Zuständigkeitsgesetzes vom 1. August 1883 geregelten Verfahren zur Entscheidung zu bringen. (O. V. G. E. Bd. XXV S. 358.) Vgl. B. P. O. § 27 Anm. 4[b].

Bezüglich der Verpflichtung zur Herstellung eines Zaunes zum Schutze des Straßenverkehrs vergl. O. V. G. E. Bd. III S. 340.

f. Wie lang die Linie sein muß, mit welcher das Grundstück an die öffentlichen Straßen grenzen muß, ist nicht bestimmt. Die geringste Abmessung ergiebt sich indeß aus der Breite des nothwendigen Hausganges bezw. aus der Breite der nothwendigen Zufahrt oder Durchfahrt (Ziffer 3). Vgl. die privatrechtliche Bestimmung über die Einräumung eines Nothweges B. G. B. § 917.

Ueber die Anbringung von Hausnummerschildern trifft die P. V. vom 25. Juli 1892 Bestimmungen.

g. Daß jedes Grundstück grade nach der Straße, an der es bebaut wird, einen Ausgang haben muß; ist nicht gefordert; vgl. indeß oben Anm. 3; andererseits kann die Anlegung von straßenseitigen Hauseingängen mittelst Polizeiverordnung — und in Berlin, wo dieser Gegenstand durch bisherige Polizeiverordnungen, insbesondere auch nicht durch die B. P. O. geregelt ist, auch durch polizeiliche Verfügung — je nach den Umständen für bestimmte Strecken öffentlicher Straßen oder für bestimmte Arten von Gebäuden ganz verboten werden, sofern dies durch die Rücksicht auf das der Fürsorge der Polizei anvertraute Gemeinwohl erfordert wird. O. V. G. E. Bd. VIII S. 290.

6. Unter Straßenfront eines Gebäudes ist lediglich die der Straße zugekehrte Seite desselben zu verstehen; daß diese Seite im architektonischen Sinne als Front ausgebildet, d. h. mit Fenstern und Thüren versehen und gegliedert und daß das Dach über ihr abgewalmt sein müsse, ist nicht Voraussetzung für die Anwendbarkeit der hier gegebenen Bestimmung. Vgl. auch O. V. G. E. vom 6. April 1888. II. 395. Nur darf das Aussehen der Wand keine Verunstaltung der Straße zur Folge haben, vgl. S. 50 ff.

7. Die Baufluchtlinie kann entweder auf Grund des § 66 I 8. A. L. R. (vgl. S. 51, Anm. 6) vor dem Inkrafttreten des Gesetzes vom 2. Juli 1875, oder auf Grund dieses Gesetzes festgesetzt sein, oder aber sie kann auch, sofern keiner dieser beiden Fälle vorliegt, lediglich die sich aus den thatsächlichen Verhältnissen ergebende sein. In dieser oder parallel zu dieser müssen die Straßenfronten der Gebäude errichtet werden. — Die Richtung der Straßenfluchtlinie ist, sofern sie von der Baufluchtlinie abweicht, ohne Einfluß, da diese und nicht jene für die Gestaltung des gesammten Straßenbildes bestimmend zu sein pflegt. — Rechtlich zulässig würde auch die Bestimmung einer Polizeiverordnung sein, wonach da, wo Baufluchtlinien nicht bestehen, Gebäude, und zwar auch innerhalb der Städte und ländlichen Ortschaften, nur in einer gewissen Entfernung von dem Rande öffentlicher Wege gebaut werden dürfen. O. V. G. E. Bd. XXVI S. 338 Bd. XXXIII S. 422. Die an der Straße liegende freie Fläche hat dann aber nicht die rechtliche Eigenschaft von Vorgartenland und liegt dem Eigenthümer demnach auch nicht die Verpflichtung gartenmäßiger Unterhaltung derselben ob.

8. Sofern nur einzelne Theile eines Gebäudes weniger als 6 m von der Baufluchtlinie entfernt bleiben, das übrige Gebäude aber weiter hinter dieselbe zurücktritt, besteht auch nur bezüglich jener Theile der Zwang, sie parallel zur Baufluchtlinie zu errichten.

9. Die Abstumpfungen können also von der Polizeibehörde selbst zugelassen werden.

10. Der Zweck der hier bezüglich der Anlegung und Abmessung der Zu- und Durchfahrt angegebenen Bestimmungen geht dahin, daß da, wo eine ausreichende Handhabung der Feuerlöschgeräthe von der Straße aus in Folge zu tiefer Bebauung des Grundstücks erschwert ist, diesen Geräthen die Möglichkeit gegeben werden soll, mittelst einer Zu- oder Durchfahrt auf das Grundstück zu gelangen, um vom Hofe aus in Thätigkeit gesetzt zu werden. Es handelt sich bei denselben nicht bloß um den Schutz der zu erreichenden Seiten- und Hintergebäude, sondern um die Wahrung des feuerpolizeilichen Interesses überhaupt und um den Schutz der Nachbargrundstücke insbesondere. Alle hinteren Gebäude d. h. Baulichkeiten jeder Art (mit Ausnahme von kleinen Gartenlauben, Veranden und dergl.) müssen durch die Durchfahrt mit der Straße in Verbindung gebracht werden, nicht etwa nur solche, welche zum dauernden Aufenthalte von Menschen dienen oder als Lagerräume durch ihren Inhalt eine besondere Feuersgefahr mit sich bringen (O. V. G. E. vom 4. December 1879 Nr. II, 23, vom 20. Juni 1881 Nr. II 896). Daß die Durchfahrten unbedingt in gerader Richtung angelegt werden müssen, ist nicht vorgeschrieben; jedenfalls müssen sie aber ein Durchfahren, insbesondere der Feuerwehrlöschfahrzeuge, ohne Schwierigkeit zulassen. Radius der Kurve mindestens 8 m.

Die Entfernung von 35 m wird von der Baufluchtlinie ab gemessen, auch wenn eine von derselben verschiedene Straßenfluchtlinie vorhanden ist. Eine Zu- oder Durchfahrt ist anzulegen, wenn ein zu errichtendes hinteres Gebäude von einer in einer Entfernung von 35 m parallel zur Baufluchtlinie gedachten Linie an irgend einem Punkte geschnitten wird oder in seiner ganzen Ausdehnung hinter dieser Linie liegt. Bei bereits auf mehr als 35 m Tiefe bebauten, mit einer Durch- oder Zufahrt nicht versehenen Grundstücken kann demnach eine solche nachträglich der Regel nach nur dann gefordert werden, wenn die die Veranlassung zu dieser Forderung bietende neue Bebauung selbst in einer größeren Tiefe als 35 m erfolgt; auch wo diese Voraussetzung nicht zutrifft, kann unter den im § 40 Abs. 3 bestimmten Voraussetzungen gegebenen Falles die Anlegung einer Zu- oder Durchfahrt gefordert werden, des Weiteren, auch ohne daß überhaupt ein Baufall vorzuliegen braucht, sofern überwiegende Gründe der öffentlichen Sicherheit die Anlegung unerläßlich und unaufschiebbar machen (§ 40 Abs. 4). Schließlich kann — und zwar, selbst wenn die Bebauung in einer geringeren Tiefe von 35 m erfolgt — in den Fällen des § 38 die Anlegung einer Zu- oder Durchfahrt polizeilich gefordert werden, für deren Abmessungen die Bestimmungen des § 1 alsdann nicht unbedingt maßgebend sind.

11. „Kein Punkt eines Raumes" ist jedenfalls insofern nicht wörtlich zu nehmen, als beispielsweise Wandschränke, abgeschlossene Eckabstumpfungen nicht mitzumessen sind und als die Entfernung lediglich an der Oberfläche des Fußbodens des Erdgeschosses gemessen wird und zwar in grader Linie, also quer durch die Wände hindurch, bis zu dem nächsten Punkte der Baufluchtlinie pp.

12. Die vorgeschriebenen lichten Maße dürfen weder durch die geöffneten Thorwegsflügel, noch durch Dekorationen an denselben, noch durch Gesimsvorsprünge beschränkt werden. Radabweiser (Prellsteine, Bordschwellen) dürfen in vorschriftsmäßigen Durchfahrten angelegt werden; die Sohlenbreite der Durchfahrten zwischen den Radabweisern muß mit Rücksicht auf die Spurweite der größeren Feuerlöschfahrzeuge mindestens 2 m betragen; die Radabweiser müssen nach oben derartig abgeschrägt werden, daß in einer Höhe von 0,25 m über der Fahrbahn die freie Durchfahrtsbreite von 2,30 m vorhanden ist. Verf. d. Pol. Präs. vom 23. September 1892.

13. Sonstigen Beschränkungen unterliegt die Tiefe der Vorderhäuser nicht.

14. Nachdem durch die Bestimmungen der Ziffer 3 die Anforderungen, welchen zu bebauende Grundstücke hinsichtlich ihrer Zugänglichkeit im öffentlichen, insbesondere im feuerpolizeilichen Interesse zu genügen haben, speciell bestimmt und umbegrenzt sind und damit dieser Gegenstand erschöpfend geregelt ist, bleibt — abgesehen von den Fällen der Ziffer 4 des § 1 sowie des § 38 — für ein Zurückgehen auf die allgemeine Vorschrift des § 10. II. 17. A. L. R. kein Raum mehr und können demnach weitergehende Anforderungen etwa bezüglich der Richtung (vgl. Anm. 10) oder der sonstigen Beschaffenheit der Zu- oder Durchfahrten nicht gestellt werden. (Vgl. O. V. G. E. vom 20. December 1887 P. V. Bl. IX S. 155.)

15. Die hier bezüglich der Durchfahrten gegebenen Vorschriften charakterisiren sich lediglich als baupolizeiliche und erstrecken sich demnach auch nur auf die bauliche Einrichtung der Durchfahrten, treffen aber keine Bestimmung über die Benutzungsart bezw. über die Zulässigkeit einer gewerblichen oder sonstigen Benutzung derselben. (O. V. G. E. vom 19. Juni 1886 Nr. I 832.) Hätte dies in der Absicht des Gesetzgebers gelegen, so hätte dies umsomehr unzweideutig zum Ausdruck gebracht werden müssen, als sich eine solche Vorschrift in den schroffsten Gegensatz mit den Gepflogenheiten des täglichen Lebens und dessen Bedürfnissen gesetzt hätte. Es ist ganz gang und gäbe, daß bei Ab- und Zureise die Reiseeffekten, bei Umzügen die Möbel u. s. w. zumal bei ungünstiger Witterung an den Durchfahrten der Häuser vorübergehend niedergelegt oder daß in den Durchfahrten Gestelle zum Feilhalten von Obst, Grünkram oder drgl. aufgestellt werden. (Vgl. O. V. G. E. vom 19. April 1895 P. V. Bl. XVI S. 631.) Vielmehr läßt sich die Forderung der dauernden Freihaltung einer Durchfahrt lediglich nach den Verhältnissen des einzelnen Falles nach Maßgabe des § 10 II 17 A. L. R. begründen.

16. Bezüglich der Anlegung von Privatstraßen vgl. Anm. 2.

17. Demnach können weitergehende Anforderungen gestellt werden, sobald ein zu errichtendes Gebäude über eine in einer Entfernung von 50 m von der Baufluchtlinie ab parallel zu dieser gedachte Linie hinausragt.

18. „Weitergehend" heißt über die Bestimmungen in Ziffer 1 bis 3 hinaus. Die Anforderungen werden sich in erster Linie auf die Zugänglichkeit des Grundstückes beziehen können, insbesondere auf die Anlegung erweiterter Durchfahrten, ferner werden aber auch vielfach Anforderungen bezüglich der Beleuchtung (vgl. O. V. G. E. Bd. XVIII S. 411), Hofanlagen, Entwässerung, Sicherheit, die Anlegung von Hydranten u. s. w. zu stellen sein, die indeß alsdann im einzelnen Falle den Rahmen des § 10 II 17 A. L. R. nicht überschreiten dürfen. Wenn dies unter Umständen auch kaum als ausreichend zu erachten sein wird, da namentlich alle Forderungen, welche die Leichtigkeit und Bequemlichkeit des Verkehrs betreffen (§ 6 b des Polizeigesetzes v. 10. März 1850) ausgeschlossen sind, so ist in dieser Beziehung — und dies wird durch die Erfahrung bestätigt — doch anzunehmen, daß im Allgemeinen die Grundstückseigenthümer, namentlich bei der Anlegung von Privatstraßen, schon um den Ansprüchen und Bedürfnissen etwaiger Miether zu entsprechen, Einrichtungen und Anforderungen zu treffen pflegen, welche selbst den weitgehendsten polizeilichen Anforderungen genügen.

19. Das in der B. P. O. v. 15. Januar 1887 zur Bedingung gemachte Einverständniß der städtischen Straßenbaupolizei und des Magistrats ist fallen gelassen. Die Frage, ob der ersteren in Fällen der fraglichen Art eine Mitwirkung einzuräumen ist, gehört der inneren Verwaltung an und ist der Regelung durch Polizeiverordnung entzogen, bestimmt sich im Uebrigen aber durch die Zuständigkeit der Ö. Str. P. von selbst (Siehe S. 91 ff.), an der durch die jetzige Fassung, wie bei den Kommissionsverhandlungen ausdrücklich anerkannt wurde, nichts hat geändert werden sollen. Bezüglich der gegen eine bestimmende Mitwirkung des Magistrats zu erhebenden Bedenken vgl. O. V. G. E. Bd. X S. 207, Bd. XIX S. 37. Denselben zu hören, ist der Ö. Str. P. selbstverständlich nach wie vor unbenommen.

§ 2.

Zulässige Bebauung der Grundstücke.

Für alle Grundstücke bis zu 32 m Tiefe gelten gleiche Vorschriften unabhängig davon, ob die Grundstücke bisher bebaut waren oder nicht. Bei Grundstücken von mehr als 32 m Tiefe wird unterschieden zwischen solchen, welche innerhalb der früheren Stadtmauer und solchen, welche außerhalb derselben liegen.[1])

Das Gebiet innerhalb dieser Stadtmauer wird durch eine in der Mitte folgender Straßen und Brücken gedachte Linie begrenzt: Vor dem Brandenburger Thore, Königgrätzer Straße, Gitschiner Straße, quer über den Kanal südlich vom Thor-Becken, Skalitzer Straße, Oberbaum-Straße, Oberbaum-Brücke, Am Oberbaum, Warschauer Straße, Memeler-Straße, Frieden-Straße bis zur Prenzlauer Allee, letztere südwärts bis zur Lothringer Straße, Lothringer Straße, Elsasser Straße, Hannoversche Straße, Alexander-Ufer bis zur Stadtbahn, an der nördlichen Grenze des Stadtbahnkörpers entlang bis zur Unterbaum-Straße, diese südwärts, Kronprinzenbrücke, Reichstagsufer, Sommerstraße bis an das Brandenburger Thor.

Vgl. die abweichende Fassung der Charlottenburger B.P.O. vom 22. August 1898 unter No. 31 des Werkes.

1. Für die Berechnung des bebaubaren Theiles seiner Gesammtfläche[2]) wird das Grundstück[3]) durch Linien, welche zur Baufluchtlinie parallel laufen,[4]) in Streifen zerlegt[5]). Der erste[6]) Streifen erstreckt sich — von der Baufluchtlinie ab gemessen — bis zur Tiefe von 6 m, der zweite bis zur Tiefe von 32 m[7]). Der erste Streifen darf als voll ($^{10}/_{10}$), der zweite als zu $^7/_{10}$ bebaubar in Rechnung gestellt werden[8]). Ist das Grundstück tiefer als 32 m, so wird der hinter dem zweiten Streifen liegende Rest, wenn das Grundstück innerhalb der früheren Stadtmauer liegt, mit $^6/_{10}$, wenn es außerhalb derselben liegt, mit $^5/_{10}$ seiner Fläche als bebaubar in Rechnung gestellt[9]). Die so als bebaubar ermittelten Flächeninhalte der einzelnen Streifen werden zusammengerechnet und ergeben die bebaubare Fläche des Grundstückes, welche unabhängig von der Streifeneintheilung vertheilt werden kann.[10]) Die Fläche hinter der zweiten Theillinie darf bis zu $^7/_{10}$ als bebaubar in Rechnung gestellt werden, wenn die von der Hoffläche bis zur Traufe gemessene Durchschnittshöhe (§ 3b) aller hinter dieser Theillinie zu errichtenden Gebäude das Maß von 10 m nicht überschreitet und der zweite Streifen nur zu $^7/_{10}$ bebaut wird.[11]) [12]) [13]) [14]) [15])

2. [16]) [17]) Alle nicht an der Straßenfront liegenden zum dauernden Aufenthalte von Menschen bestimmten Räume[18]) (§ 37) müssen Licht und Luft unmittelbar[19]) von einem Hofe (Haupthof)[20]) erhalten, dessen Grund-

fläche mindestens 80 qm bei 6 m geringster Abmessung [21]) beträgt. Ist die nach Ziffer 1 ermittelte, nicht bebaubare Fläche geringer als 80 qm, so darf der Hauptthof bis auf 60 qm bei 6 m kleinster Abmessung eingeschränkt werden, wenn der Rest der nicht bebaubaren Fläche zur Anlegung eines Neben- oder Lichthofes mit einer Grundfläche von mindestens 10 qm bei einer geringsten Abmessung von 2 m verwendet wird. Beträgt die nach Ziffer 1 ermittelte nicht bebaubare Fläche weniger als 60 qm, so darf der Hauptthof auf das Maß dieser Fläche, jedoch nicht unter 40 qm [22]) bei 6 m kleinster Abmessung eingeschränkt werden. [23]) Auch an solchen Höfen dürfen Räume zum dauernden Aufenthalt von Menschen angelegt werden.

Beträgt der hinter der ersten Theillinie liegende Theil eines Grundstückes weniger als 50 qm, so braucht kein Hauptthof angelegt zu werden, wenn sämmtliche zum dauernden Aufenthalt von Menschen bestimmte Räume Luft und Licht unmittelbar von der Straße erhalten und ein Nebenhof von mindestens 25 qm bei 4 m kleinster Abmessung angelegt wird. Ist ein Grundstück nur 6 m oder weniger tief, so bedarf es keines Hofes. [23])

3. Räume, welche nicht zum dauernden, sondern nur zum vorübergehenden Aufenthalt von Menschen bestimmt sind (§ 37), dürfen an Höfen von geringeren [24]) Abmessungen — Nebenhöfen — angelegt werden. Ausgeschlossen sind jedoch Rollkammern und solche lediglich zur Lagerung von Waaren und zur Aufbewahrung von Gegenständen bestimmte Räume, welche nicht dem Hausbedarf dienen. [25]) Die Grundfläche der Nebenhöfe [26]) wird — abgesehen von den in Ziffer 2 erwähnten Grundstücken mit einer nicht bebaubaren Fläche von weniger als 80 qm — nur [27]) dann als unbebaut in Rechnung gestellt, wenn sie mindestens 25 qm bei 4 m kleinster Abmessung [28]) beträgt.

4.[29]) Auf Grundstücken,[30]) welche lediglich [31]) Geschäftszwecken [32]) dienen und nur für das Aufsichtspersonal (Pförtner, Hausdiener, Wächter u. s. w.) Wohnungen [33]) entsprechend geringen Umfanges und höchstens in der Zahl von fünf enthalten sollen, dürfen Haupthöfe, wenn sie mehr als 80 qm Grundfläche bei 6 m kleinster Abmessung haben, bis höchstens zur Hälfte mit Glas überdacht werden; dabei muß jedenfalls eine Fläche von mindestens 60 qm bei 6 m kleinster Abmessung von der Ueberdachung frei bleiben. [34])

Diese Vergünstigung gilt nicht für Fabrikanlagen, [35]) Gast- und Schankwirthschaften, feuergefährliche Betriebe [36]) und solche Werkstätten, [37]) welche keinen Theil der auf dem Grundstück befindlichen Geschäfte bilden.

Weiter sind folgende Bedingungen zu erfüllen: der höchste Punkt der Ueberdachung darf nur 2 m über der Oberkante der Decke des Erdgeschosses liegen;[38]) sämmtliche Decken und Treppen der Gebäude auf dem Grundstück sind aus unverbrennlichen Baustoffen herzustellen; für Werkstätten ist außer den nothwendigen Treppen (§ 16) mindestens eine besondere nur für den Werkstättenbetrieb zu benutzende Treppe herzustellen; da, wo eine Durchfahrt vorgeschrieben ist, muß sie innerhalb der Ueberdachung durch Wände aus unverbrennlichen Baustoffen abgeschlossen werden;[39]) für eine wirksame Lüftung und ausreichende Beleuchtung der überdachten Theile und der daran grenzenden Räume ist Sorge zu tragen.[40]) Die überdachten Theile des Hofes dürfen mit Umfassungswänden abgeschlossen werden.[41]) Unter diesen Theilen dürfen nur Räume mit höchstens 1,60 m lichter Höhe angelegt werden.[42]) Die überdachten Theile des Hofes gelten als unbebaute Fläche im Sinne der Ziffer 2 und zwar auch dann, wenn ihre Höhenlage die des übrigen Hofes übersteigt.[43]) In den überdachten Theilen des Hofes kann die Anbringung von höchstens zwei Umgängen übereinander zugelassen werden. Der überdachte Theil des Hofes muß unbeschadet der vorstehenden Bestimmung über die Abschließung der Durchfahrt einheitlich in seiner Form und so angelegt werden, daß mindestens eine Seite des Hofes frei bleibt.[44])

Entspricht die Benutzungsart des Grundstückes nicht mehr den vorstehenden Bestimmungen, so müssen die Glasüberdachung und die darunter befindlichen Bautheile bis zur Hofoberfläche beseitigt werden.[45])

5. Bei Feststellung der unbebaut zu lassenden Grundstücksfläche werden die Flächen der Vorgärten[46]) von der Gesammtfläche vorweg abgezogen, im übrigen aber Baulichkeiten[47]) jeder Art[48]) ebenso wie diejenigen Theile der Grundfläche als bebaut gerechnet, welche durch Vorbauten, Umgänge, Galerien oder in anderer Art in den Stockwerken nach den Höfen zu[49]) überbaut oder durch Gesimsvorsprünge über 30 cm hinaus[50]) eingenommen sind. Dagegen werden nicht als bebaut gerechnet[51]): Hofunterkellerungen, offene Glasdächer[52]), wenn sie eine Grundfläche von weniger als 2 qm haben, Bedachungen von Fahrstühlen, welche frei vor die Frontwände gelegt werden, Klappen bis zu 3 qm Grundfläche über Kellertreppen, Asch- und Müllbehälter, ferner Freitreppen, wenn sie einzeln eine Grundfläche von 3 qm und eine Höhe von 1 m nicht überschreiten, Plinthen der Hoffronten von nicht mehr als 0,13 m größter Ausladung[53]) und 1 m Höhe, sodann Grenzzäune aus Holz oder Eisen, endlich massive Grenzmauern, wenn ihre Höhe das Maß von 2 m nicht überschreitet und die Stärke sich innerhalb der durch die Zweckbestimmung bedingten Grenzen hält.[54])

6. Auf den Höfen ist die Herstellung von Gartenanlagen zulässig. In Bezug auf ihre Bepflanzung und Umwehrung bleibt es der Polizeibehörde

überlassen, das zur Sicherung der unbehinderten Benutzung der Zufahrten und der Zugänglichkeit zu den Gebäuden und Gebäudetheilen sowie im feuerpolizeilichen Interesse Erforderliche anzuordnen.[55])

---

1. Darüber, daß in einer Polizeiverordnung Vorschriften über die der Bebauung zu unterwerfende Fläche der Baugrundstücke sowie über die Höhe der zu errichtenden Gebäude getroffen werden können, kann an sich ein Zweifel nicht wohl bestehen. (O. V. G. E. Bd. XXIV S. 355.) Ja es gehört grade zu den wesentlichsten Aufgaben der Bauordnungen, im Interesse der Gesundheit der Bewohner für genügenden Luft- und Lichtraum auf den einzelnen Grundstücken zu sorgen. Die Baupolizeibehörde kann daher nach Maßgabe der Ausdehnung des Baugrundstückes (frühere Berliner Bauordnung) oder nach Verhältniß der Grundstückstiefe zur Straßenfront (neue Berliner B. P. O.) oder nach Maßgabe der Zahl der in den beabsichtigten Bauten einzurichtenden Wohnungen (Frankfurt a. M. O. V. G. E. Bd. XXX S. 379) oder auch einem anderen Maßstabe die Freilassung bestimmter Flächen vorschreiben. O. V. G. E. Bd. XXXIII S. 409. Vgl. Anm. 20. 2.

Bezüglich der allgemeinen den Bestimmungen des § 2 zu Grunde liegenden Erwägungen vgl. die Vorbemerkung zur B. P. O.

2. Diese Berechnung hat lediglich den Zweck, den aliquoten Theil der Gesammtfläche eines Grundstücks, welcher überhaupt bebaut werden darf, zu bestimmen, und damit die Antwort auf die Frage zu geben, wie viel Quadratmeter der Gesammtfläche bebaubar sind. Unter der Gesammtfläche ist nur der hinter der Baufluchtlinie liegende Theil derselben zu verstehen. (vgl. Ziffer 5.) Unter Baufluchtlinie ist die im ordnungsmäßigen Verfahren festgesetzte, und wenn eine solche Festsetzung nicht stattgefunden hat, die thatsächlich vorhandene zu verstehen.

3. Bezüglich des Begriffs „Grundstück" vergl. Anm. 4 zu § 1.

4. Diese Art der Zerlegung durch parallel zur Baufluchtlinie laufende Linien, macht besondere Bestimmungen für Eckgrundstücke entbehrlich. Liegt das Baugrundstück zwischen zwei Straßen, so werden die 6 m und die 32 m Linie parallel zu jeder der beiden Baufluchtlinien gezogen und ist danach die bebaubare Fläche von den beiden Straßen aus zu berechnen und zwar auch dann, wenn eine der beiden Straßen noch nicht regulirt ist. Vorausgesetzt wird hierbei allerdings, daß die Straße als solche bereits thatsächlich vorhanden ist.

5. Der Begriff „Zoneneintheilung" ist, um Mißverständnissen vorzubeugen, absichtlich vermieden worden.

6. Es werden unterschieden: 1. der erste Streifen bis zur Tiefe von 6 m, 2. der zweite Streifen bis zur Tiefe von 32 m, 3. der hinter dem zweiten Streifen liegende Rest.

Als kurze Bezeichnung der Trennungslinien empfiehlt sich zu sagen: „Die 6 m Linie", „die 32 m Linie".

7. Auf dem dem Baugesuche beizufügenden Lageplane ist die Streifeneintheilung durch die Einzeichnung der parallel zur Baufluchtlinie laufenden Trennungslinien erkennbar zu machen und die Flächenberechnung bezüglich der einzelnen Streifen einzutragen. Vgl. § 28 und die Bekanntmachung dazu.

8. Bzl. der sich hiernach ergebenden Prozente an bebaubarer Fläche vgl. S. 124 f.

9. In Rechnung gestellt werden d. h. die bebaubare Fläche des ersten Streifens (d. i. der ganze erste Streifen) wird mit der bebaubaren Fläche des zweiten Streifens (d. i. $^{7}/_{10}$ desselben) und mit der bebaubaren Fläche des Restes (d. i. $^{6}/_{10}$ oder $^{5}/_{10}$ desselben) zusammengerechnet. Die Summe ergiebt die bebaubare Fläche des Gesammtgrundstückes, z. B. bei einem rechteckigen 20 m breiten und 50 m tiefen, demnach 1000 qm großen Grundstücke außerhalb der früheren Stadtmauer fallen als bebaubar

in den ersten Streifen 20×6 qm $= 120$ qm,

in den zweiten Streifen $20 \times 26 \times 7/10 = 364$ qm,

in den Rest $20 \times 18 \times 5/10 = 180$ qm,

Demnach bebaubare Fläche im Ganzen $= 664$ qm $= 66{,}4\,\%$.

10. Die auf die vorbezeichnete Art ermittelte bebaubare Fläche eines Grundstücks kann beliebig auf das ganze Grundstück vertheilt werden, so daß also die Streifeneintheilung auf die thatsächliche Bebauung des Grundstücks ohne Einfluß ist oder umgekehrt ausgedrückt, die thatsächliche Bebauung an die Streifeneintheilung nicht gebunden ist. Es braucht also keineswegs der erste Streifen voll, der zweite zu $^7/_{10}$, der Rest zu $^6/_{10}$ oder $^5/_{10}$ bebaut zu werden, vielmehr kann auch nur ein Theil des ersten Streifens bebaut, können der zweite Streifen und der Rest mit mehr oder mit weniger als $^7/_{10}$ bezw. $^6/_{10}$ oder $^5/_{10}$ bebaut werden, wofern nur die Grundflächen der auf dem ersten und dem zweiten Streifen sowie dem Reste errichteten Gebäude im Ganzen die zuvor ermittelte bebaubare Fläche des Grundstücks nicht überschreiten.

11. Die letzte Bestimmung der Ziffer 1 bezweckt dem bauenden Publikum und dem Architekten eine größere Bewegungsfreiheit zu gestatten, insbesondere die Grundfläche der Freiräume und die Höhen der umschließenden Gebäude mit einander in Wechselbeziehung zu setzen, sodaß bei geringerer Durchschnittshöhe eine größere Grundfläche bebaut werden darf; Erwägungen, auf welche zum Theil auch die von einzelnen Interessentengruppen vorgeschlagene kubische Berechnung der zulässigen Bebauung gestützt wird. Die Bestimmung hat vor allem die Anlage ausgedehnter Fabrikräume erleichtern wollen.

12. Vgl. die sich hierbei ergebenden Procentsätze in der Tabelle Spalte c S. 125f. Die äußerst zweckmäßige Höhenbeschränkung ergiebt sich aus der grundsätzlichen Absicht des Gesetzgebers, die dichteste Bebauung möglichst auf den vorderen Theil des Grundstücks nach der Straße zu zu schieben, um inmitten der Blocks thunlichst große, aus den Antheilen der einzelnen hier zusammenstoßenden Grundstücke sich zusammensetzende Luftreservoirs zu schaffen, deren Einheitlichkeit nicht durch hohe Bauwerke gestört werden soll. Allerdings ist nicht, wodurch diese Absicht in noch höherem Grade erreicht worden wäre, eine absolute Maximalhöhe der hinter der 32 m Linie zu errichtenden Gebäude vorgeschrieben worden, vielmehr nur gefordert, daß die Durchschnittshöhe der Gebäude 10 m nicht überschreiten dürfe. Demnach ist es nicht ausgeschlossen, daß, selbst wenn $^7/_{10}$ des hinter der 32 m Linie liegenden Restes als bebaubar in Rechnung gestellt sind, ein Theil der auf diesem Reste belegenen Gebäude eine höhere Höhe als 10 m, unter Umständen bis zu 22 m erhält, wenn die Höhe der übrigen Gebäude nur entsprechend unter dem Maße von 10 m bleibt. Die Durchschnittshöhe dieser Gebäude wird in der Weise ermittelt, daß die in Betracht zu ziehenden Frontflächen derselben (siehe unten) von der Hoffläche bis zur Traufe gemessen zusammengerechnet und die dadurch gewonnene Summe durch die Summe ihrer Längenmaße getheilt wird. (Vgl. § 3 Ziffer 1b.) Soll, sofern ein Gebäude oder Gebäudetheil höher als 10 m aufgeführt wird, das zulässige Maß der übrigen Gebäude oder Gebäudetheile ermittelt werden, so muß umgekehrt von der Summe der Längenmaße der Frontflächen sämmtlicher in Betracht kommenden Gebäude ausgegangen werden. Diese Summe mit 10 multiplicirt, ergiebt die zulässige Größe der sämmtlichen zusammenzurechnenden, an sich in Betracht zu ziehenden Frontflächen. Von dieser wird alsdann zunächst die das Durchschnittsmaß von 10 m überschreitende Frontfläche abgezogen, der verbleibende Rest wird durch die Summe der Längenmaße der übrigen Frontflächen getheilt; der Quotient ergiebt die zulässige Durchschnittshöhe der letzteren. Als Frontflächen werden aber immer nur diejenigen Umfassungswände der betheiligten Gebäude in Betracht gezogen werden dürfen, deren Höhe bestimmt ist durch die Breite des vor ihnen liegenden Hofes. Wenn

beispielsweise ein 22 m hoher, 6 m tiefer Seitenflügel in einer Länge von 20 m über die 32 m Linie hinausgeht, der aber mit seiner abschließenden 6 m langen Giebelwand 6 m von der hinteren Grundstücksgrenze entfernt bleibt, so ist lediglich die Höhe der Frontwand des Seitenflügels von der Breite des vor ihr liegenden Hofes abhängig, der also im vorliegenden Falle mindestens 16 m breit sein müßte. Die 6 m lange Giebelwand, vor der ein nur 6 m breiter Hoftheil liegt, folgt in seiner Höhe ohne weiteres der zulässigen Höhe der Frontwand. (Vgl. § 3 Anm. 18.) Bei der Ermittelung der bei einer $^7/_{10}$ Bebauung im Einzelfalle unter Zugrundelegung einer zulässigen Durchschnittshöhe von 10 m thatsächlich zuzulassenden Gebäudehöhen muß an dem oben angeführten Grundsatze unbedingt festgehalten werden, wenn unbeabsichtigte Folgerungen vermieden bleiben sollen.

14. Sofern von dem hinter der 32 m Linie liegenden Reste nicht $^5/_{10}$ oder $^6/_{10}$, sondern $^7/_{10}$ als bebaubar in Rechnung gestellt werden, dürfen von dem zweiten Streifen thatsächlich nur $^7/_{10}$ bebaut werden; dagegen ist es nicht ausgeschlossen, den hinter der 32 m Linie liegenden Rest mehr als zu $^7/_{10}$ zu bebauen, sofern der erste Streifen thatsächlich nicht voll oder der zweite nicht bis zu $^7/_{10}$ bebaut wird.

15. Bei Zweifeln über die Berechnung der bebaubaren Fläche oder die Bebaubarkeit eines Grundstücks überhaupt, wird es für zulässig zu erachten sein, die Ertheilung der Genehmigung zur Ausführung eines Bauwerks in der Art nachzusuchen, daß zur Zeit noch kein speciell ausgearbeitetes Projekt vorgelegt wird, sondern zunächst nur die bei jedem Baugesuche von der Polizeibehörde zu beantwortende Frage zum Austrag gebracht werden soll, ob der gewählte Bauplatz überhaupt, bezw. in welchem Umfange er mit Gebäuden besetzt werden darf und welche Höhe diese Gebäude erhalten dürfen. Sogenannte Vorprojecte. (O. V. G. E. Bd. VI.. S. 295 ff.)

16. Die über die Anlegung der Nebenhöfe hier zum ersten Male gegebenen Bestimmungen sind ebenso von dem bauenden Publikum wie insbesondere von den Architekten mit Befriedigung begrüßt worden. Sie ermöglichen in vielen Fällen eine zweckentsprechendere, künstlerischere und den individuellen Bedürfnissen und Neigungen des Besitzers mehr Rechnung tragende Lösung der Grundrißdispositionen, als dies nach den bisherigen Vorschriften möglich war; vielleicht werden sie auch dazu beitragen, die meistens schlecht beleuchteten „Berliner Stuben", sowie die langen, dunklen Korridore der Berliner Häuser bei Neubauten allmählich mehr und mehr verschwinden zu lassen. Für diese, wie für alle sonstigen Neben- und Wirthschaftsräume wird sich eine bessere Beleuchtung und Belüftung als früher unschwer erzielen lassen.

17. Die Gesammtheit der Bestimmungen ergiebt bezüglich der zulässigen Vertheilung der unbebaubaren Fläche auf Haupthof bezw. Haupthöfe einerseits und Nebenhof bezw. Nebenhöfe andererseits Folgendes:

a. Jedes Grundstück muß einen Haupthof erhalten. Nur wenn ein solcher vorhanden ist, ist — wie sich schon aus dem Begriffe selbst ergiebt — die Anlegung eines Nebenhofes zulässig. Die einzigen Ausnahmen hiervon bilden die am Schluß der Ziffer 2 vorgesehenen beiden Fälle.

b. Beträgt die unbebaubare Fläche eines Grundstücks 105 qm oder mehr, so muß zunächst wenigstens ein Haupthof von mindestens 80 qm angelegt werden, der indeß auch bis zur Größe der ganzen unbebaubaren Fläche bezw. freiwillig über dieselbe hinaus vergrößert werden darf. Der nach Anlegung des einen Haupthofes etwa verbleibende Rest an unbebaubarer Fläche kann zur Anlegung eines weiteren Haupthofes oder aber auch zur Anlegung eines oder mehrerer Nebenhöfe verwendet werden, von denen jedoch jeder mindestens 25 qm bei 4 m kleinster Abmessung groß, aber kleiner als 40 qm sein muß.

c. Beträgt die unbebaubare Fläche weniger als 105 aber mehr als 80 qm, so muß der Haupthof mindestens 80 qm betragen; der über dies Maß hinausgehende Rest der unbebaubaren Fläche kann entweder direkt dem Haupthofe zugelegt werden, oder aber er kann mit zur Anlegung eines Nebenhofes in der Art verwendet werden, daß von der bebaubaren Fläche des Grundstücks jenem Rest ein denselben auf mindestens 25 bis zu 39,99 qm vergrößerndes Stück zugelegt wird.

d. Beträgt die unbebaubare Fläche 80 qm, so hat der Haupthof auch mindestens 80 qm zu betragen; die Anlegung von Nebenhöfen ist nur auf Kosten der bebaubaren Fläche möglich.

e. Der Haupthof muß betragen bei einer unbebaubaren Fläche

von	79 qm	79 qm oder 69 bis 60 qm	nebst einem Neben= oder Lichthofe von	10 bis 19 qm,
„	78 qm	78 qm oder 68 bis 60 qm	„ „ „ „ „ „	10 bis 18 qm,
	u. s. w.			
„	71 qm	71 qm oder 61 bis 60 qm	nebst einem Neben= oder Lichthofe von	10 bis 11 qm,
„	70 qm	70 qm oder 60 qm	„ „ „ „ „ „	10 qm,
„	69 qm	69 qm oder 60 qm	„ „ „ „ „ „	10 qm,
„	61 qm	61 qm oder 60 qm	„ „ „ „ „ „	10 qm,
	60 qm	60 qm		
	u. s. w. bis:			
„	40 qm	40 qm,		
„	39 qm	40 qm,		

u. s. w. mit der aus f und g sich ergebenden Beschränkung.

f. Beträgt der hinter der ersten Theillinie liegende Theil eines Grundstückes weniger als 50 qm, so genügt ev. (vgl. Abs. 2 Ziffer 2) ein Nebenhof von 25 qm bei 4 m kleinster Abmessung.

g. Ist ein Grundstück 6 m und weniger tief, so bedarf es weder eines Haupt= noch eines Nebenhofes.

18. Vgl. Anmerkungen zu § 37.

19. Durch die Forderung der unmittelbaren Licht= und Luftzuführung wird die Anbringung von Erkern oder gedeckten Altanen nicht grundsätzlich ausgeschlossen, es hängt vielmehr von den Umständen des einzelnen Falles ab, ob und in wie weit jene Forderung als erfüllt zu betrachten ist.

20. 1. Unter „Hof" im Allgemeinen ist jeder zum Grundstück gehörige, für sich abgeschlossene Theil der Grundstücksoberfläche zu verstehen, der nicht überbaut, d. h. nicht mit baulichen, die Freiheit der Oberfläche beeinträchtigenden Anlagen besetzt ist. (Vgl. O. V. G. E. v. 28. Juni 1886, P. V. Bl. VII. S. 403.) Daraus folgt, daß einem solchen Grundstückstheile durch Anlegung von Gartenanlagen der Charakter als Hofraum nicht genommen wird (vgl. Anm. 54), sowie daß ein Hof durch eine Hofunterkellerung nicht verkleinert wird, Hofunterkellerungen somit zulässig sind. (Vgl. O. V. G. E. v. 27. Juni 1890 IV. 667 und v. 9. September 1890 IV. 922.) Ob allerdings im einzelnen Falle ein Hof — wenn auch eine Unterkellerung desselben an sich zulässig ist — abgesehen von den sonstigen bestimmt formulirten Vorschriften — noch als ein Hofraum im Sinne des § 2 anzusehen ist, ist nur für den einzelnen Fall mit Rücksicht auf das Terrain, die Konstruktion des Gebäudes, seine Verbindung mit dem Hofe und sein Verhältniß zu ihm zu beurtheilen. Vgl. O. V. G. E. Bd. XXVI. S. 337. (Ein das eigentliche Hofniveau 2 m überragender Ueberbau!)

2. Die Forderung von Höfen einer bestimmten Größe ist in gesundheits= und feuerpolizeilichen Zwecken begründet. (Vgl. O. V. G. E. Bd. XXVI. S. 336 und vom 27. Juni 1890 P. V. Bl. XI. S. 587.) In Gemeinden, in denen die B. P. O. keine bestimmte Größe für die Höfe vorschreibt, wird dieselbe im einzelnen Falle polizeilicherseits geprüft und ev. nach pflichtmäßigem Ermessen festgesetzt werden müssen. Vgl. Anm. 1.

3. Die B. P. O. enthält keine Bestimmungen über die Beschaffenheit und Höhenlage der Höfe, insbesondere nicht zum Straßenniveau. Etwaige, namentlich feuerpolizeiliche Anforderungen in dieser Beziehung können daher lediglich auf den § 10 II 17 A. L. R. gestützt werden. (Vgl. O. V. G. E. vom 29. Juni 1887, P. V. Bl. VIII. S. 380.) Daß diejenigen Höfe, die durch nothwendige Durch- oder Zufahrten mit der Straße in Verbindung gebracht werden müssen, thatsächlich auch müssen von der Straße her befahren werden können, ergiebt sich aus der ratio legis.

4. Wenn ein Grundstückseigenthümer sein Grundstück erhöht, und sich aus der Erhöhung eine Gefahr für Leben und Gesundheit der sich in dem Nachbarhause aufhaltenden Personen ergiebt, so ist die Polizeibehörde nach § 10 II. 17 A. L. R. befugt, die Beseitigung dieser Gefahr durch Abtragung der Aufhöhung zu fordern. Ob derselbe nach privatrechtlichen Grundsätzen zu der Aufhöhung berechtigt war oder nicht, ist für das polizeiliche Einschreiten ohne Belang; keinesfalls durfte er von seinen Rechten einen derartigen Gebrauch machen, daß er Leben und Gesundheit seiner Nachbarn gefährdete. (O. V. G. E. vom 27. Juni 1890 IV. 669.) Bezüglich des privatrechtlichen Verhältnisses vgl. § 2 Titel II. der Berliner Spezial-Bau-Observanzen und Grein: Die Rechtsverhältnisse der Nachbarn in Bauangelegenheiten pp. S. 64 und 131.

5. Daß unter Umständen auch eine Beleuchtung der Höfe gefordert werden kann, ist nicht zweifelhaft. (Vgl. O. V. G. E. v. 9. December 1885, P. V. Bl. VII. S. 315). Bezüglich des polizeilichen Verbots des Lagerns von Kohlen pp. auf den Höfen und in der Durchfahrt eines Hausgrundstückes im feuerpolizeilichen Interesse vgl. O. V. G. E. vom 16. November 1887, P. V. Bl. IX. S. 111.

21. Die geringste Entfernung von 6 m läßt sich nicht in der Weise finden, daß man die Seiten des Hofes abmißt, vielmehr zeigt nur derjenige Hof eine geringste Abmessung von 6 m im Sinne der Vorschrift, bei welchem auf einer Grundfläche von 80 qm jede Seite von der gegenüberliegenden senkrecht gemessen auf jedem Punkte mindestens 6 m entfernt ist. O. V. G. E. v. 12. Dezember 1894. IV. 1549. Wenn die Fenster nach einem Hofe hinausgehen, so genügt es, wenn innerhalb desselben eine Grundfläche von 80 qm bei 6 m kleinster Abmessung vorhanden ist, und es kann nicht verlangt werden, es müsse auch ein über jene 80 qm überschießender Hoftheil, nach welchem grade die fraglichen Fenster hinausgehen, diese geringste Abmessung aufweisen. Vgl. O. V. G. E. v. 24. October 1892. IV. 999, und v. 26. Mai 1893. IV. 445. Andererseits gewährt der § 37 Ziffer 2 eine geeignete Handhabe zur Sicherung des bei der Anwendung jenes Grundsatzes im einzelnen Falle etwa gefährdeten öffentlichen Interesses, wenn ihm zufolge die Fenster „von ausreichender Lage und zweckentsprechender Größe" sein müssen. Hierdurch wird die Polizeibehörde ermächtigt, einer besonders ungünstigen Lage der Fenster an einem Hoftheile von ganz geringfügiger Ausdehnung entgegenzutreten oder wenigstens die daraus hervorgehenden Nachtheile durch Anordnungen über die Größe der Fenster wieder auszugleichen. (Vgl. die zuletzt angezogene O. V. G. E.) Andererseits sichert auch die Beachtung der Bestimmungen der § 5 und 7 bis zu einem gewissen Grade eine zweckentsprechende Beleuchtung der z. d. A. v. M. bestimmten Räume. Die Hofform kann eine rechteckige sein, etwa 6×13,33, 6,5×12,30, 7×11,43, 8×10, 9×8,88 m, sie kann aber auch völlig anders gestaltet sein. Der Bestimmung wird übrigens, was für die Aufstellung eines Projectes unter Umständen erwünscht sein kann zu wissen, genügt, wenn sich in dem freien Hofraum ein Kreis von 5 m Radius schlagen läßt. Denn bei jeder um einen derartigen Kreis gezeichneten Figur ist jede Seite von der gegenüberliegenden senkrecht gemessen mehr als 6 m entfernt. Auch entspricht der Bestimmung ein gleichseitiges Fünfeck mit einer Seitenlänge von 6,83 m, ein gleichseitiges Sechseck mit einer Seitenlänge von 5,55 m, ein gleichseitiges Achteck mit einer Seitenlänge von 4,07 m.

22. Auch an diesem kleinen Haupthofe von nur 40 qm dürfen Räume zum dauernden Aufenthalt von Menschen angelegt werden.

23. Diese letzteren Bestimmungen haben besondere Bedeutung bei der Bebauung von Grundstücken von äußerst geringer Tiefe, wie sie namentlich bei dem Durchbruch neuer oder der Verbreiterung vorhandener Straßen in den älteren Stadttheilen als Restparzellen häufig übrig bleiben. Allerdings müssen, sofern von der Vergünstigung Gebrauch gemacht wird, alle z. d. A. v. M. bestimmten Räume Luft und Licht unmittelbar von der Straße erhalten. Daß ihnen außerdem noch durch weitere Fenster von hinten oder von der Seite her vom Nebenhofe aus Luft und Licht zugeführt wird, ist selbstverständlich zulässig.

24. Nebenhöfe müssen mindestens 10 qm groß sein, bei 2 m kleinster Abmessung, sie müssen aber in jedem Falle „geringere Abmessungen" haben als die nach der B. P. O. zugelassenen Haupthöfe, d. h. ihre Grundfläche muß kleiner als 40 qm sein. Hieran muß unbedingt festgehalten werden, um einem Mißbrauche der vom Gesetzgeber in wohlmeinender Absicht gegebenen Bestimmung vorzubeugen.

25. Wo ein Bedürfniß zur Anlegung besonderer Rollkammern vorliegt, pflegt deren Benutzung auch keine bloß vorübergehende zu sein. „Welche nicht dem Hausbedarf dienen", bezieht sich auf „Gegenstände".

26. d. h. sofern Nebenhöfe von einer kleineren Grundfläche als 25 qm bei 4 m kleinster Abmessung angelegt werden, kann dies nur auf Kosten der bebaubaren Fläche geschehen. Derartige kleine Nebenhöfe, richtiger Lichthöfe genannt, stellen eine eigentliche Unterbrechung der Bebauung nicht dar. Sie sind unter Umständen zwar von nicht zu unterschätzender Bedeutung für die Beleuchtung und Belüftung der Nebenräume, indeß sind die durch sie geschaffenen Verhältnisse namentlich in den unteren Stockwerken hoher Häuser keineswegs günstige. Der Gesetzgeber hat nun, indem er die Anrechnung eines 25 qm großen Nebenhofes als unbebaute Fläche zuläßt, eine gewisse Prämie für die Anlegung größerer Nebenhöfe gewähren und dadurch die Anlegung solcher befördern wollen. Sämmtliche Umfassungswände der Neben- und Lichthöfe dürfen Oeffnungen erhalten, auch wenn sie von der gegenüberliegenden Wand weniger als 6 m entfernt sind. Neben- und Lichthöfe von weniger als 25 qm Grundfläche oder weniger als 4 m kleinster Abmessung sind durchweg, also auch gegen die Nachbargrenze bis zur Dachfläche mit massiven Wänden zu umschließen. (§ 17.) Nebenhöfe von mindestens 25 qm Grundfläche bei 4 m kleinster Abmessung brauchen gegen die Nachbargrenze selbst dann nicht mit einer Wand abgeschlossen zu werden, wenn ihre der Nachbargrenze gegenüberliegende, mit Oeffnungen versehene Umfassungswand nicht 6 m, sondern nur 4 m von jener entfernt ist.

27. Bezüglich der Einschränkung dieses „nur" vgl. Anm. 17 e.

28. Vgl. Anm. 21.

29. Vorbemerkung:

Mit der Entwicklung des Berliner Geschäftslebens geht eine allmähliche bauliche Umgestaltung der inneren Stadttheile Hand in Hand. Aehnlich wie in der Londoner City entstehen namentlich in den älteren Stadttheilen Berlins immer mehr Gebäude, welche ausschließlich Geschäftszwecken dienen und in denen höchstens einige wenige Wohnungen für das Aufsichtspersonal vorgesehen zu werden pflegen. Ebenso sehr wie die wirthschaftlichen Interessen der Berliner Geschäftswelt die Errichtung ihrer Geschäftshäuser im Innern der Stadt in möglichster Nähe großer Verkehrscentren erheischen, richten sich umgekehrt die persönlichen Neigungen und Wünsche sowie die gesundheitlichen Rücksichten nicht nur der Geschäftsinhaber selbst, sondern auch des übrigen Publikums je länger je mehr dahin, mehr an der Peripherie des gewaltigen Häusermeeres und des Dunstkreises der Großstadt Wohnung zu nehmen. Dieser ganz allmählich vor sich gehende Proceß, der durch die fortschreitende Entwicklung unserer Verkehrsmittel eine wesentliche Förderung und Beschleunigung erfährt, andererseits aber wiederum auch selbst deren Entwicklung fördert, findet seinen prägnantesten Ausdruck in dem Zurückgehen der Bevölkerungsziffer ganzer im Mittelpunkte der Stadt belegener Bezirke. Dadurch wird aber wiederum die Anlegung immer zahlreicherer, lediglich Geschäftszwecken dienender Gebäude im Inneren der Stadt ganz wesentlich erleichtert. Lediglich die hier zu errichtenden Gebäude haben dem Gesetzgeber den Anlaß zu den unter Ziffer 4 getroffenen Bestimmungen gegeben, wenn die durch dieselben gewährten Vergünstigungen, da die Baupolizeiordnung keinen Unterschied zwischen bebauten und unbebauten Grundstücken mehr macht, thatsächlich allerdings nunmehr auch sämmtlichen anderen Grundstücken der ganzen Stadt in gleicher Weise zu statten kommen.

Gerade auf den ausschließlich zu Geschäftszwecken dienenden Grundstücken hat sich nun, wie die Erfahrung gelehrt hat, vielfach das dringende Bedürfniß fühlbar gemacht, einen Theil des Hofes, ja wenn es angängig wäre, am liebsten den ganzen Hofraum mit Glas zu überdecken, um in Straßen- oder Erdgeschoßhöhe hohe, luftige und ausgedehnte Räume für das verkehrende Publikum zu schaffen; insbesondere ist dies der Fall bei großen Bankinstituten, wo es sich zur Bewältigung des an den Kassen sich drängenden Verkehrs um die Schaffung ausgedehnter Räume handelt, deren Beleuchtung in durchaus zweckmäßiger Weise von oben her erfolgen kann. Gerade in derartigen Fällen haben sich Anlagen, wie die hier zugelassenen, auch in anderen Großstädten, wie in Paris und London, vorzüglich bewährt. Es verdient volle Anerkennung, daß die Baupolizeiordnung diesem auch in Berlin immer fühlbarer hervortretenden Bedürfnisse die Möglichkeit der Befriedigung gewährt. Es kann keinem Zweifel unterliegen, daß ein gleiches und vielleicht ebenso dringendes Bedürfniß auch auf sonstigen nicht lediglich Geschäftszwecken dienenden Grundstücken stellenweise vorhanden sein wird, indeß mußte, wenn anders die Bestimmungen über den frei zu lassenden Hofraum nicht überhaupt illusorisch gemacht und dadurch für alle gleichzeitig auch irgend welchen Geschäftszwecken dienenden Wohngebäuden in gesundheitlicher Beziehung nicht höchst bedenkliche Zustände zugelassen werden sollten, die Ausschließlichkeit der geschäftlichen Benutzung zur Voraussetzung der gewährten Vergünstigung gemacht werden.

30. Bezüglich der Begrenzung des Grundstücks, für welches die hier gegebenen Ausnahmebestimmungen in Anspruch genommen werden, vgl. § 1 Anm. 4.

31. lediglich d. h. die Grundstücke dürfen keinen anderen Zwecken als Geschäftszwecken dienen, insbesondere also abgesehen von den fünf für das Aufsichtspersonal zugelassenen Wohnungen, auch nicht einmal zum Theil zum Bewohnen benutzt werden.

32. Ob ein Grundstück lediglich Geschäftszwecken dient, kann nur auf Grund freier und pflichtmäßiger Würdigung aller in Betracht kommenden Verhältnisse seitens der Polizeibehörde beurtheilt werden. Die Geschäfte, deren Zwecken die Grundstücke dienen, können naturgemäß außerordentlich verschiedenartige sein; sie haben aber alle zur Voraussetzung eine gewerbliche, auf die Erzielung von Gewinn gerichtete Thätigkeit. Verkaufsläden, Bureau- und Lagerräume dienen in gleicher Weise geschäftlichen Zwecken.

Der Geschäftszweck, denen das Grundstück dient, braucht kein einheitlicher zu sein, vielmehr können die verschiedenartigsten Geschäftszwecke auf demselben Grundstücke verfolgt werden; ebenso wenig ist die Vereinigung der Geschäftszwecke in einer Hand erforderlich, vielmehr können eine ganze Reihe von Personen auf dem Grundstücke ihre Geschäfte betreiben.

32. Alle Arten der Geschäftsbetriebe sind als Voraussetzung für die Haupthofüberdachung zugelassen, mit einziger Ausnahme der im folgenden Absatze besonders aufgeführten. Für diese Ausnahmen hat der Gesetzgeber ein Bedürfniß zur Gewährung der in Rede stehenden Vergünstigung nicht anzuerkennen vermocht. Was die Fabrikanlagen anbetrifft, so würde, wenn sie nicht von der Vergünstigung ausgeschlossen wären, dies ihre Errichtung im Inneren der Stadt zweifellos befördert haben, was den allgemeinen Interessen wenig entsprechen würde. Fabriken werden zweckmäßiger in den äußeren Stadttheilen angelegt, wo überdies der Grund und Boden billiger ist, sodaß die völlige Freilassung der Haupthöfe auch keine besondere Härte in sich schließt. Die annähernd gleichen Erwägungen lassen auch die Ausschließung feuergefährlicher Betriebe gerechtfertigt erscheinen. Die Ausdehnung der Vergünstigung auf Gast- und Schankwirthschaften ist offenbar aus dem Grunde ausgeschlossen worden, weil gerade in diesen Betrieben ein besonders starker Luft-

wechsel angezeigt erscheint, ein solcher aber in den um die Hofüberdachung herum liegenden Räumen durch jene selbst außerordentlich erschwert werden würde. Auch würden die Ausdünstungen der unter der Hofüberdachung betriebenen Schankwirthschaften in vielen Fällen auf die Luftverhältnisse der in den oberen Stockwerken belegenen Räume einen höchst ungünstigen Einfluß üben. Allerdings ist nicht zu verkennen, daß, zumal da die Fortschritte der Technik die angedeuteten Nachtheile je länger je mehr zu überwinden vermögen, namentlich für die Errichtung von Hotels, die auch unter den Begriff der Gastwirthschaften fallen, die theilweise Ueberdachung der Haupthöfe einem gewissen Bedürfnisse entsprechen würde. Andererseits erfordern aber gerade hier Rücksichten der Feuersicherheit wieder die Freihaltung der ganzen Hofräume.

33. Die Zulassung von Wohnungen für das Aufsichtspersonal entspricht einem dringenden Bedürfnisse; die Zahl fünf entspricht der Zahl der zu dem Aufenthalte von Menschen zugelassenen Geschosse. Die Beschränkung der Wohnung auf einen „entsprechend geringen Umfang" soll einer mißbräuchlichen Benutzung vorbeugen. In letzterer Beziehung kann es keinem Zweifel unterliegen, daß weder der Geschäftsinhaber selbst, noch irgend eine leitende Persönlichkeit die vorhandene Wohnung benutzen darf. Mögen dieselben auch selbst die Aufsicht führen, so gehören sie doch nicht zum Aufsichtspersonal im Sinne der Bestimmung, die immer nur Bedienstete niederer Ordnung im Auge hat. Unter Wohnung ist die Gesammtheit derjenigen Räume zu verstehen, in welchen ein gemeinschaftliches Wohnungsbedürfniß befriedigt wird. O. V. G. E. Bd. XXX S. 379.

34. Auf Höfen, welche nur 80 qm groß oder kleiner sind, darf also eine Glasüberdachung überhaupt nicht angebracht werden. Bestimmungsgemäß dürfen mit Glas überdacht werden bei einem Haupthofe

von	80 qm	kein qm,	von	110 qm	50 qm,
„	81 qm	21 qm,	„	120 qm	60 qm,
„	90 qm	30 qm,	„	130 qm	65 qm,
„	100 qm	40 qm,	„	200 qm	100 qm.

35. Vgl. Anm. 32.

36. Vgl. Anm. 32.

37. Werkstätten, welche von den auf dem Grundstücke vorhandenen Geschäften betrieben werden, sind also zuzulassen, sie dürfen sich aber in keinem Falle als Fabrikanlagen charakterisiren. Beispielsweise werden also eine zu einem Putzwaaren- oder Schneidergeschäfte in demselben Hause gehörige Putzmacherei oder Schneiderwerkstätte zuzulassen sein.

38. Dieser Bestimmung liegt die Absicht zu Grunde, einerseits für den mit Glas überdachten Raum eine größere Höhenentwicklung zu ermöglichen als das anschließende Erdgeschoß hat, — wie sich dies aus der Zweckbestimmung jenes Raumes in den meisten Fällen ohne Weiteres als ein Bedürfniß ergeben wird, — andererseits aber durch die Beschränkung der Höherführung auf 2 m einer ungünstigen Einwirkung auf die Licht- und Luftverhältnisse der oberen, an demselben Hofe belegenen Räume thunlichst vorzubeugen. Zwei Meter werden im Allgemeinen dazu genügen, um den Dachflächen selbst größerer überdeckter Hofräume ein genügendes Gefälle zu geben.

39. Da eine Durchfahrt eben nur dann ihren Zweck erfüllt, wenn sie feuersicher ist (vgl. Anm. 41 und 44).

40. Diese Forderung versteht sich im Grunde genommen von selbst, indeß wird es unter Umständen nicht leicht sein, gerade für die an die Hofüberdeckung angrenzenden Räume eine wirksame Lüftung und ausreichende Beleuchtung herzustellen. Daß für den überdeckten Hofraum selbst eine Beleuchtung von oben her in jedem Falle und ohne Rücksicht auf seine spezielle Zweckbestimmung zuzulassen ist, ergiebt sich aus dem Begriffe der Glasüberdachung von selbst.

41. Die Hofüberdachung darf also in einen abgeschlossenen Raum verwandelt werden. Andere Wände (durchgehende Theilungswände) als Umfassungswände sind unterhalb der Glasüberdachung nicht gestattet, mit Ausnahme der zur Abschließung einer Durchfahrt bestimmten. Die Anbringung von Fenstern in den Umfassungswänden ist zulässig. Bezüglich des Abstands derselben von anderen Gebäuden bezw. Gebäudetheilen sind die Bestimmungen des § 5 maßgebend. Wie alle Umfassungswände der Gebäude (§ 7) sind auch die hier in Rede stehenden grundsätzlich massiv herzustellen, sofern nicht die Herstellung in Eisenwellblech oder Eisenfachwerk polizeilich zugelassen wird (§ 7, Ziffer 2).

42. Um zu verhindern, daß unter den glasüberdachten Hoftheilen auch noch Hofkeller mit einer weitgehenden Benutzbarkeit geschaffen werden. Die zugelassene Höhe von 1,60 m läßt immerhin noch eine Verwendung als Lagerraum, auch die zeitweilige Bewegung von Menschen in demselben zu, schließt aber eine längere Beschäftigung daselbst aus.

43. D. h. sie rechnen als unbebaute Fläche und das giebt den ganzen Bestimmungen gerade ihren besonderen Werth.

44. Damit ist zum Ausdruck gebracht, daß weder eine Quertheilung des überdeckten Hofraumes in einzelne Geschosse, noch eine senkrechte Eintheilung in einzelne Räume zulässig ist. Höchstens zwei offene, d. h. lediglich mit Brüstungen versehene Gallerien über einander können gestattet werden. Die Brüstungen selbst werden geschlossen oder durchbrochen sein dürfen. Die Gallerien dürfen nur innerhalb, nicht außerhalb des überdeckten Hoftheiles angebracht werden. Die Zulassung der Gallerien ist von dem pflichtmäßigen Ermessen der Polizeibehörde abhängig. In Betracht zu ziehen würde hierbei sein, die Zweckbestimmung des Gesammtraumes wie der Gallerie selbst, die Höhenverhältnisse beider u. s. w.

Diese Bestimmungen sind getroffen, um einer mißbräuchlichen Ausbeutung der gesetzgeberischen Absicht, die lediglich dahin geht, die Schaffung eines einheitlichen, großen und luftigen Raumes in Straßen- oder Erdgeschoßhöhe zu ermöglichen, vorzubeugen. Der überdeckte Theil des Hofes muß demgemäß einheitlich in seiner Form sein. Ob dies der Fall, darüber hat die Polizeibehörde zu befinden. Die weitere Bestimmung, daß mindestens eine Seite des Hofes frei bleiben muß, d. h. von der Hofüberdeckung nicht berührt werden darf, wirkt von selbst auf die Schaffung einheitlicher Hofüberdeckungen hin.

Außer den hier aufgeführten unbedingt und in allen Fällen zu erfüllenden Bedingungen können noch weitergehende auf Grund des § 38 1 d gestellt werden im feuer-, gesundheits- oder sicherheitspolizeilichen Interesse. Namentlich in ersterer Hinsicht wird in vielen Fällen die Betretbarkeit des Daches und damit eine stellenweise Einschränkung des Glasdaches gefordert werden müssen, um die Lösch- und Rettungsmanöver der Feuerwehr zu ermöglichen. Unter allen Umständen ist aber daran festzuhalten, daß die Ueberdachung wirklich den Charakter einer Glasüberdachung behält; nur unter dieser Beschränkung werden andere Materialien zur Bedachung zugelassen werden können. In welchem Umfange dies geschehen darf, bleibt quaestio facti.

45. Daß die Vergünstigung aufhören muß, sobald die Voraussetzungen, unter denen sie gewährt ist, nicht mehr zutreffen, ergiebt sich aus der Natur der Sache. Der besondere Hinweis darauf erleichtert indessen von vornherein die Aufgabe der Polizei. Für den Fortbestand der Hofüberdachung ist es also erforderlich, daß das Grundstück lediglich Geschäftszwecken dient. Wird das Grundstück auch nur in einzelnen Theilen — abgesehen von den Wohnungen des Aufsichtspersonals — zu anderen Zwecken, insbesondere also zu Wohnzwecken benutzt, verliert damit die Hofüberdachung ihre Existenzberechtigung. Nöthigenfalls wird alsdann ihre Beseitigung polizeilicherseits erzwungen werden müssen. Aus dieser Rechtslage erwächst übrigens der Polizei die recht lästige Pflicht einer dauernden Kontrole.

46. Unter Vorgärten sind entsprechend den gesetzlichen Bestimmungen nur die vor der Baufluchtlinie liegenden zu verstehen. (Bezüglich der Anlegung und Einfriedigung der Vorgärten vgl. Polizeiverordnung vom 27. October 1855, Nr. 23.) Soweit sie hinter derselben liegen, sind diese Theile von ihnen nicht vorweg von der Gesammtfläche abzuziehen, selbst wenn sie thatsächlich mit zur Vorgartenanlage verwendet sein sollten. Dasselbe ist der Fall bei freiwilligem Zurücktreten hinter die Baufluchtlinie, auch wenn kein Vorgarten anzulegen ist, d. h. wenn keine von der Baufluchtlinie verschiedene Straßenfluchtlinie festgesetzt ist. Das in Folge der Festsetzung einer von der Baufluchtlinie abweichenden Straßenfluchtlinie der Bebauung entzogene Vorland darf bei der Berechnung der unbebaut zu lassenden Grundfläche eines Grundstücks selbst dann nicht berücksichtigt werden, wenn die betreffende Straße noch nicht angelegt ist. M. Erl. vom 3. März 1898 — III. 11652. — Auch bei freiwilliger Abstumpfung des Gebäudes auf einem Eckgrundstücke ist an sich das alsdann hinter der Baufluchtlinie aber vor der Gebäudefront unbebaut liegen bleibende Dreieck nicht von der Gesammtfläche vorweg abzurechnen; wird es allerdings an die Stadt abgetreten, so verliert es die Zugehörigkeit zu dem Eckgrundstück und es tritt somit eine Veränderung der Grenzen des bebauten Grundstückes ein. Ist das Grundstück unter Hinzurechnung des fraglichen Dreiecks zur Gesammtfläche in diesem Falle in dem vollen zulässigen Umfange bebaut, so würde dies zur Folge haben, daß bei der Abtretung jenes Dreiecks an die Stadt in Gemäßheit des § 41 ein entsprechend großer Theil der auf dem Grundstücke errichteten Gebäude beseitigt werden muß. Da die ausnahmsweise Genehmigung der Eckabstumpfung thatsächlich in den meisten Fällen an die Bedingung der Abtretung geknüpft wird, empfiehlt es sich jedenfalls für den Grundstückseigenthümer, das durch die Abstumpfung der Ecke entstehende Dreieck von vornherein von der Gesammtfläche abzuziehen.

47. d. h. die bereits vorhandenen und die in Aussicht genommenen.

48. Baulichkeiten jeder Art, also auch die in den §§ 8 und 9 behandelten Fachwerksbauten, Schuppen, Buden u. s. w. Vgl. § 27 Anm. 4. Nicht als bebaute Flächen werden gerechnet Laderampen aus Holz, selbst wenn sie auf gemauerten Pfeilern ruhen, ebenso wenig Rampen nach dem Keller, sowie mit dem Erdboden nicht fest verbundene Lauben von nicht mehr als 5 qm Grundfläche.

49. Nur sofern die Vorbauten, Umgänge, Galerien u. s. w. nach den Höfen hinaus liegen, werden ihre Flächen als bebaut in Rechnung gestellt, also nicht, wenn sie vor der Straßenfront liegen. Vgl. Anm. 46.

50. Auch auf diese bezieht sich das „nach den Höfen hinaus". Im Uebrigen dürfen Dach- oder Hauptgesimse nach der Front 90 cm, nach dem Hofe zu aber nur 30 cm ausladen. Ragen letztere weiter als 30 cm in den Hof, so wird das Mehr als bebaute Fläche in Rechnung gestellt. Ueberschreitet die Ausladung des Dach- oder Hauptgesimses nach der Front das Maß von 90 cm, so wird das Uebermaß von der zulässigen Höhe abgezogen. Vgl. § 3, 1a.

51. Die hier zugelassenen Ausnahmen beruhen auf der Erwägung, daß diese kleinen baulichen Anlagen oder Bautheile weder auf die Licht- noch die Luftverhältnisse des Grundstücks irgend welchen bemerkenswerthen Einfluß ausüben. Das bisherige Fehlen derartiger Bestimmungen ist vielfach als unberechtigte Härte empfunden worden. Bezüglich der Hofunterkellerungen vgl. Anm. 20, Nr. 1.

52. Dabei ist insbesondere an Glasdächer vor Hauseingängen oder über Freitreppen gedacht. Sind mehrere Glasdächer vorhanden, so bleiben immer im Ganzen nur 2 qm unberücksichtigt, das Mehr ist als bebaute Fläche zu rechnen.

53. d. h. im Körper gemessen, das aufsetzende Gesims wird nicht gerechnet. Ist die Plinthe über 0,13 m tief oder über 1 m hoch, so wird die Grundfläche der ganzen Plinthe als bebaute Fläche gerechnet.

54. Für Grenzzäune ist die Höhe nicht beschränkt.

55. Bezüglich der vom Polizei-Präsidium in dieser Hinsicht aufgestellten Grundsätze vgl. Nr. 30.

§ 3.

Höhe.[1])

Unter Höhe der Gebäude (Fronthöhe) wird an Straßen das Maß von der Oberfläche des Bürgersteiges, für hintere Gebäude das Maß von der Oberfläche des Hofes bis zur Oberkante des Hauptgesimses, und wo die Anlage einer Attika beabsichtigt wird, bis zu ihrer Oberkante verstanden.[2]) Bei geneigter Oberfläche des Bürgersteiges oder des Hofes in der Längsrichtung der Frontwand ist das mittlere Höhenmaß zu rechnen.

1. Gebäude dürfen in den Frontwänden stets [3]) 12 m hoch, aber nicht höher als 22 m [4]) errichtet werden. Innerhalb dieser Grenzen gelten folgende Bestimmungen:

a. Alle Baulichkeiten an Straßen dürfen so hoch sein wie die Straße oder der Straßentheil vor ihnen zwischen den Straßenfluchtlinien breit ist.[5]) Seitenflügel dürfen in einer Länge von höchstens 5,50 m — von der Hinterfront des Vordergebäudes ab gemessen — die Höhe des letzteren erhalten unter der Bedingung, daß in diesem Theile des Seitenflügels eine bis in das oberste Geschoß führende Treppe angelegt wird.[6]) Die Höhe der Hinterfront des Vordergebäudes darf die Höhe der Straßenfront übersteigen, muß aber hinter der nach den Abmessungen des Hofes für die hinteren Gebäude zulässigen Durchschnittshöhe (1 b) mindestens um 3 m zurückbleiben und darf im Uebrigen in keinem Falle die senkrecht zur Hinterfront gemessene Ausdehnung des Hofes um mehr als 3 m übersteigen.[7]) Ueberschreitet die Ausladung des Dach- oder Hauptgesimses das Maß von 0,90 m, so wird das Uebermaß von der zulässigen Höhe abgezogen[8]) In Straßen, welche nur an einer Seite zum Anbau bestimmt sind,[9]) sowie an Plätzen, welche mindestens 22 m breit sind, darf die Höhe bis 22 m betragen. Bei ungleicher Straßenbreite[10]) ist ein einheitliches mittleres Höhenmaß für das ganze Gebäude festzustellen. Liegt ein Grundstück an verschiedenen Straßen, ohne Eckgrundstück zu sein, so ist die Fronthöhe nach jeder einzelnen Straße zu bemessen.[11]) Bei Eckgebäuden darf entweder ein einheitliches mittleres Höhenmaß für das ganze Gebäude gewählt[12]) oder es dürfen die einzelnen Gebäudetheile in einer Höhe aufgeführt werden, welche der Breite der vor ihnen liegenden Straße entspricht. Die hiernach für die breitere Straße zulässige Höhe darf an der schmaleren Straße, von der Ecke an gerechnet, so weit fortgeführt werden, wie die schmalere Straße breit ist, jedoch stets 12 m weit. Bei Vordergebäuden, welche ganz oder theilweise hinter die Baufluchtlinie zurücktreten, kann ein entsprechend gesteigertes Höhenmaß zugelassen werden.[13])

b. [14]) Hintere Gebäude (Seitenflügel[15]), Mittelflügel, Quer-, Seiten- und Mittelgebäude[16]) dürfen in der Höhe die Ausdehnung[17]) des Hofraumes vor ihnen[18]), senkrecht zu der Umfassungswand gemessen, um nicht mehr als 6 m überschreiten.

Ist der Hofraum vor einem hinteren Gebäude ungleich[19]) gestaltet, so tritt[20]) für dieses Gebäude folgende Durchschnittsberechnung[21]) ein:

Das Längenmaß jedes Frontheiles — an der Oberfläche des Hofes gemessen[22]) — wird mit dem für ihn nach dem Vorstehenden zulässigen Höhenmaße, welches aber 22 m nicht überschreiten darf, multiplizirt, die Summe der dadurch gewonnenen Produkte wird durch die Summe der Längenmaße getheilt; der Quotient ergiebt die zulässige Höhe.

Die Fronten der Hintergebäude ein und desselben Hofes dürfen eine gemeinsame Durchschnittshöhe erhalten, deren Ermittelung sinngemäß in der vorstehend angegebenen Weise erfolgt.[23])

Für ein Gebäude, welches zwischen zwei oder mehreren Höfen oder Hoftheilen liegt, darf, falls die Fronten nicht in entsprechend verschiedener Höhe aufgeführt werden, ein mittleres Höhenmaß nach Maßgabe der an der Oberfläche der Höfe gemessenen Frontlängen für das ganze Gebäude festgestellt werden.[24])

Wenn sich nach den vorstehenden Berechnungen der Mittelmaße für einzelne Gebäude eine Fronthöhe ergiebt, welche mehr als das Doppelte der senkrecht zu dieser Front gemessenen Ausdehnung des Hofes beträgt, so ist die Fronthöhe des Gebäudes oder Gebäudetheiles an diesem Hofe bis auf dieses Maß einzuschränken.[25])

Die Seiten rechtwinkliger Mauervorsprünge bis zu 0,60 m Tiefe werden als Frontlängen nicht gerechnet.[26])

Die vorstehenden Beschränkungen der Gebäudehöhe finden auf die Umfassungswände der Nebenhöfe keine Anwendung.[27])

Ueberschreiten bestehende hintere Gebäude in der Höhe die Ausdehnung des Hofraumes vor ihnen — senkrecht zu der Umfassungswand oder den Wänden gemessen — um mehr als 6 m, so ist, wenn das Uebermaß nicht durch das Mindermaß der anderen Gebäude an dem Hofe ausgeglichen wird, bei der Errichtung weiterer Gebäude an demselben Hofe ihre zulässige Höhe durch eine Durchschnittsberechnung (Absatz 3 dieses Buchstabens) zu ermitteln, bei welcher die Fronthöhen der bestehenden Gebäude mit in Anrechnung zu bringen sind.

c. Außer den im § 2 Ziffer 4 genannten Hofüberdachungen bleiben solche Anbauten und selbstständig für sich bestehende Baulichkeiten, welche bis zur obersten Dachkante die Höhe von 6 m nicht überschreiten und eine Grundfläche von nicht mehr als 40 qm haben, bei der Berechnung der zulässigen Höhe der Frontwände der hinteren Gebäude außer Betracht.[30])

2. Oberhalb der zulässigen Fronthöhe dürfen die Dächer über eine im Winkel von 45° zu der Front gedachte Luftlinie nicht hinausgehen. Von dieser Bestimmung werden nicht betroffen: Dachrinnen, Brandmauern, Schornsteine, Blitzableiter, Fahnenstangen und Dachfenster, letztere, sofern sie hinter der Front liegen, nicht mehr als 1 qm Ansichtsfläche sowie einen Zwischenraum von wenigstens 2,50 m gegen einander und von mindestens 3 m gegen die Nachbargrenzen haben.[31])

3. Der Dachneigungswinkel zur Straßenfront darf bis auf 60° vergrößert werden, wenn die Fronthöhe um die Hälfte des in der Firstlinie gemessenen Höhenunterschiedes zwischen den beiden Luftlinien im Winkel von 45° und 60° vermindert und der First um dasselbe Maß niedriger gelegt wird.[32])

4. Wird der Aufbau von Thürmen, Giebeln, Dachluken u. s. w. auf den an der Straße[33]) liegenden Frontwänden über die zulässige Höhe (Ziffer 1a) hinaus beabsichtigt, so findet für die Fronthöhe eine Durchschnittsberechnung[34]) statt, bei welcher die senkrechten Frontflächen der Aufbauten voll und deren Dächer, soweit sie die vorschriftsmäßige Dachfläche des Hauses (Ziffer 2) überragen, nur zur Hälfte ihrer parallel zur Front gedachten größten Durchschnittsflächen[35]) verrechnet werden. Aufbauten dürfen jedoch in ihrer Höhe $^1/_3$ der zulässigen Fronthöhe, bei Straßen unter 12 m Breite $^1/_3$ der Straßenbreite nicht überschreiten.

---

1. Aus den Bestimmungen über die bebaubare Fläche (§ 2) und denjenigen über die Höhe ergiebt sich der zulässige Rauminhalt, um dessen Schaffung es sich bei Gebäuden in erster Linie handelt. Neben den Bestimmungen des § 2 nehmen daher diejenigen des vorliegenden Paragraphen ein ganz besonderes Interesse in Anspruch. Die Befugniß der Polizeibehörden, die im § 65 I 8. A. L. R. als Regel anerkannte Baufreiheit auf Grund der §§ 66 ff. a. a. O., des § 10 II 17 A. L. R. und des § 6 des Polizeiverwaltungsgesetzes vom 11. März 1850 im Wege der Polizeiverordnung auch durch die Festsetzung bestimmter Grenzen für die Höhe der Gebäude einzuschränken, ist anerkannten Rechtens. (O. V. G. E. vom 4. December 1895, P. V. Bl. XVII S. 453.)

2. Der so gefundenen Höhe ist indeß, wenn die Ausladung des Dach- oder Hauptgesimses an der Straßenfront das Maß von 0,90 m überschreitet, das Uebermaß hinzuzurechnen, um prüfen zu können, ob die zulässige Höhe nicht überschritten wird. (Vgl. § 2 Anm. 50.) Die Attika ist mitzurechnen, selbst wenn sie durchbrochen ist.

3. D. h. ganz unabhängig von der thatsächlich vorhandenen Straßen- oder Hofbreite; vgl. indeß die Ausnahme in § 2 Ziffer 1 am Schluß. An den schmalsten öffentlichen Straßen darf also 12 m hoch gebaut werden, und zwar mit Oeffnungen (Fenstern und Thüren) nach denselben ohne Rücksicht auf die Entfernung von den an der anderen Seite der Straße belegenen Gebäuden. (Vgl. § 7 Anm. 12.)

4. Eine Ueberschreitung der Höhe von 22 m wird für Gebäude, welche an Straßen mit Gefälle liegen, in der Weise zugelassen, daß das Höhenmaß von 22 m als mittleres gilt.

5 a) Bestimmend ist die thatsächlich vorhandene Straßenbreite zwischen den thatsächlich vorhandenen Straßenfluchtlinien (O. V. G. E. vom 11. October 1889, P. V. Bl. XI S. 56) d. h. also in Ansehung eines Baues an einer älteren, beiderseitig bebauten Straße, für welche eine Verbreiterung mittelst neuer, im geordneten Verfahren, festgesetzter Straßenfluchtlinien vorgesehen ist, kommt als Breite der vorliegenden Straße, so lange und soweit die gegenüberstehende Häuserreihe thatsächlich noch nicht in die neue Straßenfluchtlinie zurückgesetzt ist, nur die geringere Breite bis zu der gegenüberstehenden Häuserreihe in Betracht, wenn der Bau selbst auch in die neue Straßenfluchtlinie der anderen Seite zurückgerückt wird (O. V. G. E. vom 9. April 1886 II 404). Nur diese Auslegung entspricht dem Zwecke der Bestimmung, die Luft- und Lichtzuführung bei Neubauten an Straßen gleich vom Zeitpunkte ihrer Errichtung an zweckentsprechend zu gestalten, nicht aber eine derartige Gestaltung erst von einer in unbestimmter Ferne liegenden Straßenverbreiterung abhängig zu machen. Es muß auch hier die von dem O. V. G. wiederholt ausgesprochene Rechtsauffassung festgehalten werden, daß durch eine Fluchtlinienfestsetzung zur Zeit nichts weiter als ein Projekt ins Leben gerufen wird, dem nur in bestimmten Richtungen genau abgegrenzte Rechtswirkungen (§§ 12 bis 15 des Gesetzes vom 2. Juli 1875) in der Absicht, die spätere Ausführung zu erleichtern, vom Gesetzgeber zugeschrieben worden. Auf die größere oder geringere Wahrscheinlichkeit einer Verwirklichung des Projektes kommt es überall nicht an, also auch nicht bei der Handhabung der hier in Frage stehenden Bestimmung über die Höhe der Gebäude an Straßen. (O. V. G. E. vom 22. December 1881, II 75.)

b) Wenn ein Neubau auf der einen Seite der Straße selbst bis in die festgesetzte Straßenfluchtlinie zurückgesetzt wird, so wird die für die Gebäudehöhe maßgebende Breite der Straße von dieser nunmehr innegehaltenen bis zu der gegenüberliegenden gleichfalls thatsächlich vorhandenen Straßenfluchtlinie gerechnet, und zwar ohne Unterschied, ob das vor jenem Neubau zwischen demselben und der alten Baufluchtlinie belegene Gelände zur öffentlichen Straße bereits abgetreten ist oder nicht, bezw. von dem Eigenthümer noch eingefriedigt ist. Denn in diesem Falle hat die Fluchtlinienfestsetzung bereits ihre Wirkung geübt und bei einer Straße oder einem Straßentheile, an dem die Gebäude in die festgesetzte Straßenfluchtlinie zurückgesetzt sind, kann von einer zweiten von dieser abweichenden, etwa der Einfriedigung entsprechenden Straßenfluchtlinie nicht wohl die Rede sein, sofern nicht (vgl. unter f.) Vorgärten bei der Fluchtlinienfestsetzung vorgesehen sind und demzufolge eine besondere, von der Baufluchtlinie abweichende Straßenfluchtlinie festgesetzt ist.

c) Wenn bei einem Neubau die Höhe nach der thatsächlichen Breite der vorliegenden Straße bemessen wird, so entspricht dies dem Zwecke der Bestimmung doch nur in dem Falle, wenn die neue Fluchtlinie hinter die zur Zeit vorhandene alte zurückspringt. Liegt das Verhältniß umgekehrt und wird die Höhe eines Gebäudes berechnet nach der Breite der vorliegenden Straße über die projectirte Straßenfluchtlinie hinweg bis zu der jetzt thatsächlich vorhandenen älteren Straßenfluchtlinie, so hat dies zur Folge, daß, wenn nun auf jener Seite ein Neubau bis in die projektirte Straßenfluchtlinie vorgerückt wird, das gegenüber liegende Gebäude höher ist, als die Straße nach der neuen Begrenzung breit ist. Diese Consequenz muß aber aus der Rechtsprechung des Oberverwaltungsgerichts gezogen werden (vgl. das bereits oben angezogene O. V. G. E. vom 22. December 1881 II 75).

d) Unter der „Straße", deren Breite für die Höhe der an derselben zu errichtenden Gebäude maßgebend sein soll, kann selbstverständlich nur diejenige Straße gemeint sein, an der das betreffende Gebäude liegt. Damit ist ausgeschlossen, bei einem Gebäude, welches an der Straße A., gegenüber der in dieselbe einmündenden Straße B. liegt, etwa ohne Rücksicht auf die Breite der ersteren, eine Höhe von 22 m für zulässig zu erachten, denn das Gebäude liegt in jedem Falle an der Straße A. und nicht an der Straße B. (Vgl. O. V. G. E. v. 11. October 1889 IV 501.) Daraus ergiebt sich, daß eine Straße nicht dadurch in ihrer Breite wechselt, daß in sie eine andere Straße einmündet, daß vielmehr die Breite auch an solchen Einmündungsstellen durch die Grenzen der Straße selbst bestimmt wird. Sollen aber letztere gefunden werden, so bietet sich dazu kein anderes Mittel, als daß über die einmündende Straße hinweg die beiden äußersten Ecken der Eckhäuser durch eine grade Linie verbunden werden und hiernach die Breite des zu der anderen Straße gehörigen Terrains ermittelt wird. Ist die hiernach für die betreffende Straßenstrecke ermittelte Breite eine ungleiche, so ist die durchschnittliche Breite die für die Gebäudehöhe maßgebende. (Vgl. O. V. G. E. v. 16. November 1886 II 1011, v, 19. September 1894 IV 1106, v. 3. Juli 1895 VI 1003 u. v. 19. September 1894 P. V. Bl. XVI S. 65, vgl. auch Anm. 9.) In solchen Fällen dieser Art aber, wo sich die Breite der betreffenden Straße vor dem zu errichtenden Gebäude auch nicht auf die angegebene Weise ermitteln läßt, weil sich dem Grundstück, bezw. der Straßenseite gegenüber, an der gebaut werden soll, keine Häuserreihe befindet, oder aus anderen Gründen, ist es das Naturgemäßeste, die Breite im Anschlusse an diejenige Breite zu ermitteln und anzunehmen, welche die Straße in unmittelbarer Nähe da hat, wo sie von Gebäuden eingefaßt ist und wo demzufolge ihre Breite unzweifelhaft feststeht (vgl. O. V. G. E. v. 16. November 1886 II 1011).

e) Die bloße Festsetzung von Fluchtlinien, durch welche Straßen lediglich projectirt sind, schafft keine Straßen im Sinne des § 3. (Vgl. O. V. G. E. v. 20. Juni 1890, P. V. Bl. XI S. 572.) Dies bleibt besonders in denjenigen Fällen zu beachten, in denen ein Grundstück bebaut werden soll, das (nach Art der Eckgrundstücke) mit der einen Front an einer vorhandenen Straße, mit der anderen aber an einer lediglich durch Fluchtlinienfestsetzung projectirten Straße liegt. (O. V. G. E. Bd. XIX S. 375 und 386.) In einem solchen Falle ist das Gelände der letzteren in keinem Falle seiner rechtlichen Qualität nach als Straßenland, sondern je nachdem als Nachbargrundstück oder als Zubehör des zu bebauenden Grundstücks zu behandeln und sind hieraus die rechtlichen Consequenzen bezüglich der zulässigen Höhe des Gebäudes, sowie der Anbringung von Fenstern nach der projectirten Straße hin zu ziehen. Unter Umständen wird das zukünftige Straßenland als vorliegender Hofraum behandelt werden können, doch setzt sich der Eigenthümer alsdann möglicherweise, im Falle, daß das fragliche Gelände späterhin thatsächlich als Straßenland freigelegt wird, mit Rücksicht auf die Bestimmung des § 41 höchst bedenklichen Gefahren aus. Die Frage, wann und unter welchen Umständen eine projectirte Straße, zu deren Anlegung außer der Fluchtlinienfestsetzung noch anderweite Schritte geschehen sind, als eine wirklich vorhandene Straße im Sinne der B. P. O. anzusehen ist, läßt sich rechtsgrundsätzlich nicht entscheiden, hängt vielmehr von der Gestaltung des einzelnen Falles ab. O. V. G. E. Bd. XXVII S. 55 ff. und vom 9. December 1896, II 2435.

f) Vorgärten gehören nicht zur Straße, sondern zu dem dahinter liegenden Grundstück. Sie werden daher bei der Berechnung der Fronthöhe nicht in Anrechnung gebracht, auch da nicht, wo der Eigenthümer mit Genehmigung der Polizeibehörde auf die An=

legung des Vorgartens verzichtet, das betreffende Gelände vielmehr bürgersteigartig befestigt und an die Stadtgemeinde aufgelassen hat. (Siehe Nr. 23.)

g) Aus der Fassung „Alle Baulichkeiten an Straßen" nicht etwa „die Straßenfronten derselben dürfen so hoch sein, u. s. w.". ergiebt sich, daß ein an der Straße belegenes Vordergebäude in allen seinen Frontwänden, also auch an der Hinterfront, sowie an etwa vorhandenen Seitenfronten, kurz in allen seinen Theilen so hoch sein darf, wie die vorliegende Straße breit ist.

h) Die Frage, ob ein über die Hinterfront des Vorderhauses vorspringender Bautheil noch als ein Theil des letzteren oder aber als ein Seitenflügel zu betrachten ist, läßt sich grundsätzlich schwer entscheiden. Jedenfalls kann für den Unterschied zwischen Vorbau und Seitenflügel die Lage der Fenster des Vorbaus, je nachdem sie in der mit der Frontwand des Hauptgebäudes parallel laufenden oder aber in der inneren zu der letzteren im Winkel stehenden Wand liegen, nicht ausschlaggebend sein, einerseits schon aus dem Grunde nicht, weil Seitenflügel ganz ohne Fenster in den Wänden, nämlich durch Erleuchtung mit Oberlicht, sehr wohl denkbar sind, andererseits weil die Vorschriften über die Höhe der Seitenflügel keineswegs allein von Bedeutung für Licht- und Luftzuführung zu den Räumen im Seitenflügel sind, sondern wesentlich auch und vor Allem die Licht- und Luftzuführung zu den Räumen im Hauptgebäude sichern sollen. Im Allgemeinen kann zunächst ein Erkervorbau nicht als Seitenflügel behandelt werden, desgl. nicht ein Raum, welcher in der Anordnung der Berliner Stube entsprechend mit seinem größeren Theile noch im Vordergebäude liegt und nur mit einem verhältnißmäßig kleiner Theil über die verlängert gedachte Hinterfrontlinie hinaus ragt. Vielmehr wird als ein Seitenflügel nur derjenige Bautheil anzusehen sein, welcher einen oder mehrere selbstständige, d. h. mit ihren Umschließungsmauern nicht mehr innerhalb der Hinterfrontwand des Vorderhauses liegende Räume oder wenigstens einen verhältnißmäßig großen Theil eines sich in das Vordergebäude hineinerstreckenden Raumes enthält. Die Vorziehung eines Raumes des Vorderhauses über die Flucht der Hinterfrontwand bedingt also an sich noch nicht das Bestehen eines Seitenflügels. Ein solcher ist aber als vorhanden anzunehmen, wenn sich beispielsweise an eine Berliner Stube auch nur noch ein Kloset anschließt. Vgl. O. V. G. E. v. 27. Sept. 1889 II 804 (enthaltend ein diesbezügliches Gutachten des Kais. Postbauraths Tuckermann) und v. 26. Mai 1893 IV 445.

6. Durch die neue Fassung ist der Begriff der „Berliner Stube" ausgeschieden worden. (O. V. G. E. v. 24. März 1891 IV 281.) In dem 5,5 m langen von der Hinterfront des Vorderhauses ab zu messenden Theile des Seitenflügels dürfen abgesehen von der bis in das oberste Geschoß führenden Treppe, die unbedingt in demselben enthalten sein muß, beliebige Räume angelegt werden; die zugelassene Erhöhung der Hinterfront des Vorderhauses darf mit auf den 5,5 m langen Theil des Seitenflügels übertragen werden. Eine analoge Anwendung der Ausnahmebestimmung auf eine in einem Quergebäude und einem Seitenflügel liegende „Berliner Stube" ist ausgeschlossen.

7. Maßgebend für die Höhe der Hinterfront des Vordergebäudes ist die Lage des Hauptgesimses an der Straße derart, daß bei einer tieferen Lage des Hofes die Hinterfront des Vordergebäudes selbst eine größere Höhe als 22 m erhalten darf. Grundsätzlich soll sich die Hinterfront des Vorderhauses nach der Höhe der Vorderfront desselben richten, d. h. wiederum nach der Breite der vorliegenden Straße. Die Beleuchtungsverhältnisse der an der Hinterfront des Vorderhauses belegenen Räume sind aber unabhängig von der Höhe der Hinterfront oder der Breite der Straße, abhängig aber von der Ausdehnung des hinter der Hinterfront liegenden Hofes bezw. der Höhe der denselben umgebenden, insbesondere der ihnen gegenüberliegenden hinteren Gebäude. Es hätte daher nahe gelegen, für diese Hinterfront des Vorderhauses, ebenso wie für Hintergebäude überhaupt eine Höhe gleich der Ausdehnung des vorliegenden Hofes + 6 m zuzulassen. Der Gesetzgeber ist

im Interesse der gesammten für die um den Hof herumliegenden Gebäude in Betracht zu ziehenden Belüftungs- und Beleuchtungsverhältnisse indeß nicht so weit gegangen, hat vielmehr nur gestattet, daß die Höhe der Hinterfront des Vorderhauses die Höhe der Straßenfront zwar überschreiten darf, aber hinter der für die hinteren Gebäude zulässigen Durchschnittshöhe mindestens um 3 m zurückbleiben muß, und in keinem Falle die Ausdehnung des dahinter liegenden Hofes um mehr als 3 m überschreiten darf. Für die praktische Handhabung dieser Bestimmung ist zu beachten, daß, wenn auch von der Bestimmung unter 1 b., wonach die Fronten der Hintergebäude ein und desselben Hofes eine gemeinsame Durchschnittshöhe erhalten dürfen, thatsächlich kein Gebrauch gemacht worden ist, doch diese Durchschnittshöhe zu ermitteln ist, um danach die zulässige Höhe der Hinterfront des Vorderhauses zu bestimmen. (Vgl. Anm. 6.) Wird auf einem Grundstück lediglich ein Vordergebäude errichtet, so darf die Hinterfront desselben zwar die nach der Straßenbreite sich richtende Höhe der Straßenfront übersteigen, darf aber in keinem Falle die senkrecht zu ihr (der Hinterfront) gemessene Hofausdehnung um mehr als 3 m übersteigen. Bei einer derartigen Erhöhung der Hinterfront des Vordergebäudes erleidet unter Umständen das Recht der späteren Errichtung von Hintergebäuden an demselben Hofe eine entsprechende Einschränkung bezüglich der zulässigen Höhe. Ist nur ein Hintergebäude vorhanden, so ist von dessen zulässiger Höhe auszugehen. Unberührt bleibt die grundsätzliche Bestimmung, daß die Hinterfront des Vorderhauses in jedem Falle so hoch werden darf wie die Straßenfront.

8. Beträgt beispielsweise die Ausladung des Dach- oder Hauptgesimses 1,10 m, so darf bei einer Straßenbreite von 18 m die Vorderfront bis zur Oberkante des Hauptgesimses bezw. der Attika 17,80 m betragen. Die Bestimmung bezieht sich lediglich auf das Dach- oder Hauptgesims an der Straße.

9. Als solche kommen in erster Linie die einen öffentlichen Platz umgebenden Straßen in Betracht; auch die Straßen am Spreeufer wie „Friedrichsgracht, Neu-Köln a. W., Am Kupfergraben" sind nur an der einen Seite zum Anbau bestimmt. Nicht als nur an einer Seite zum Anbau bestimmt sind aber beispielsweise Straßen, an deren einer Seite Begräbnißplätze liegen, wenn diese auch für absehbare Zeit thatsächlich der Bebauung entzogen sind; auch die Parallelstraßen zur Stadtbahn sind an beiden Seiten für den Anbau bestimmt. Dadurch, daß in eine Straße eine andere einmündet, wird erstere auf dieser Strecke nicht zu einer nur auf einer Seite zum Anbau bestimmten. (O. V. G. E. vom 19. September 1894 P. V. Bl. XVI S. 65, vgl. auch Anm. 5d.) Ob die beiden an dem betreffenden Straßenkörper liegenden Häuserreihen ihrer Bezeichnung nach thatsächlich zu derselben Straße gerechnet werden, oder aber ob sie besondere Straßennamen führen, ist unerheblich.

10. D. h. wechselt die Straßenbreite vor dem fraglichen Bau. Es muß also bei ungleicher Straßenbreite das Gebäude in einheitlicher durchschnittlicher Höhe ausgeführt werden. Sofern die beiden Straßenfrontlinien auf der in Betracht kommenden Strecke gerade verlaufen, ergiebt die durchschnittliche Breite dieser Strecke direct die zulässige Durchschnittshöhe des Gebäudes. Verläuft aber die eine der beiden Straßenfluchtlinien oder verlaufen beide nicht in gerader Richtung, sind sie also gebrochen oder gebogen, so muß für jeden einzelnen sich danach ergebenden besonderen Frontheil die zulässige Höhe ermittelt werden, aldann sind die sich daraus ergebenden zulässigen Frontflächen der einzelnen Frontheile zu berechnen (vgl. Anm. 12); diese sind zusammen zu rechnen und ist ihre Summe durch die Länge der gesammten Straßenflucht des Gebäudes zu dividiren. Der Quotient ergiebt die zulässige Höhe des ganzen Gebäudes. Die Breite der Straße wird senkrecht zur Straßenflucht des aufzuführenden Gebäudes gemessen.

11. Es ist hier an die Fälle gedacht, an denen Grundstücke, ohne Eckgrundstücke zu sein, von einer Straße bis zu einer anderen durchgehen. Eine Durchschnittshöhe für beide Fronten durchzuführen, ist unzulässig.

12. Für Eckgebäude ist demnach das bisherige Wahlrecht des Eigenthümers bezüglich der Höhengestaltung geblieben. Mit der Bestimmung bezüglich der Fortführung der für die breitere Straße zulässigen Höhe an der schmaleren Straße ist eine lebhaft empfundene Lücke der bisherigen B. P. O. in einer höchst zweckmäßigen, das öffentliche und private Interesse ausgleichenden Weise ausgefüllt worden.

Als einheitliches mittleres Höhenmaß für das Eckgebäude kann nicht einfach das arithmetische Mittel aus den beiden Straßenbreiten genommen werden, vielmehr müssen auch die verschiedenen Frontlängen des Gebäudes an beiden Straßen in Betracht gezogen werden und zwar in der Art, daß zunächst für jede Front aus der Multiplikation der Länge derselben mit der Straßenbreite die zulässige Fläche ermittelt und alsdann die Summe dieser Flächen durch die gesammte Frontlänge des Eckgebäudes getheilt wird. O. V. G. E. Bd. XIX S. 386. Nur wenn die beiden Frontlängen eines Eckgebäudes gleich lang sind, ist die zulässige Durchschnittshöhe gleich dem arithmetischen Mittel aus den beiden Straßenbreiten. Auch bei Eckhäusern, welche an mehr als zwei Straßen oder Plätzen liegen, finden die im vorstehenden erörterten Bestimmungen sinngemäße Anwendung.

13. Der Bauherr hat also kein Recht auf die Zubilligung eines gesteigerten Höhenmaßes, selbst wenn er mit dem Vordergebäude hinter der Baufluchtlinie zurückbleibt. Das Aeußerste, was ihm polizeilicherseits gestattet werden könnte, ist ein „entsprechend" gesteigertes Höhenmaß. Darunter ist zu verstehen, wenn die ganze Front des Gebäudes gleichmäßig weit hinter die Baufluchtlinie zurückbleibt, eine Steigerung gleicht dem Abstande zwischen Gebäudefront und Baufluchtlinie. Das Gleiche ist der Fall, wenn ein einzelner Gebäudetheil zurückbleibt und auch nur für diesen ein entsprechend gesteigertes Höhenmaß beansprucht wird. Wird dagegen bei nur theilweisem Zurücktreten des Gebäudes ein entsprechend gesteigertes Höhenmaß für das ganze Gebäude beansprucht, so ergiebt sich die äußerste zuzulassende Höhensteigerung aus der Multiplikation des Abstandes zwischen Baufluchtlinie und dem zurücktretenden Gebäudetheil mit der Frontlänge des letzteren getheilt durch die Gesammtfrontlänge des Gebäudes. Das Wort „theilweise" setzt ein Zurücktreten eines Theiles der Front von der Oberfläche des Bürgersteiges ab, also von Grund auf voraus, nicht etwa bloß das Zurücktreten eines oberen Geschosses bezw. eines Theiles eines solchen. Für die Entschließung der Polizeibehörde werden in erster Linie Rücksichten auf das öffentliche Interesse maßgebend sein wie die Verbesserung der Licht- und Luftverhältnisse einer Straße, oder auch ästhetische Gesichtspunkte, Rücksichten auf die Gestaltung des Straßenbildes. Vor allem wird also von der Ausnahmebewilligung Gebrauch zu machen sein, wenn es sich um das Zurücktreten einer größeren Anzahl nebeneinanderliegender Gebäude hinter die Baufluchtlinie handelt. Bei Grundstücksparzellirungen kann dies durch übereinstimmende grundbuchlich eingetragene Baubeschränkungen sichergestellt werden. Lediglich die Absicht des Grundstückseigenthümers, eine größere Höhe des Gebäudes zum Zwecke einträglicherer Ausnutzung durch das Zurücktreten hinter die Front zu erreichen, wird allein keinen genügenden Grund für die Bewilligung der Ausnahme abgeben; die Förderung des öffentlichen Interesses, oder wenigstens ästhetische Momente müssen hinzutreten. In jedem Falle wird das gesteigerte Höhenmaß hinter der allenfalls zulässigen höchsten Steigerung zurückbleiben müssen. Zur Vermeidung unansehnlicher Winkel bezw. zur Deckung der vorspringenden Nachbargiebel wird auf die Errichtung von Flankenvorbauten hinzuwirken, auch in geeigneten Fällen der Verputz oder die architektonische Gliederung der kahlen Nachbargiebel als Bedingung in den Bauschein aufzunehmen sein.

14. Es wäre folgerichtig gewesen, die Höhe der hinteren Gebäude lediglich nach der Ausdehnung des vorliegenden Hofes ohne jeden Zuschlag zu bemessen. Indeß würde eine derartige Bestimmung, so wünschenswerth sie vom rein sanitären Standpunkte aus sein würde, doch zweifellos zu einer Erhöhung der Miethen der vorzugsweise in den Hintergebäuden belegenen Wohnungen der kleineren Leute führen, in deren Haushaltsplane die Wohnungsmiethe ohne=

n einen hohen Prozentsatz ausmacht, sodaß jede Erhöhung dieses Postens zu einer Beschränkung der zur Lebenshaltung sonst nothwendigsten Ausgaben und damit zu einer Beeinträchtigung der gesundheitlichen Verhältnisse der ganzen Familie zu führen pflegt. Andererseits hat sich aber auch die Bestimmung der B. P. O. von 1887, wonach die hinteren Gebäude 6 m höher gebaut werden dürfen, als der vorliegende Hof breit ist, in der Praxis im Allgemeinen als ausreichend erwiesen.

15. Bezüglich des begrifflichen Unterschiedes zwischen Seitenflügel und einem über die Hinterfront des Vordergebäudes vortretenden Bautheil vgl. Anm. 5 b.

16. Mit der Aufzählung sollen sämmtliche Arten von Hintergebäuden erschöpft werden.

17. Die Ausdehnung ist nur in den Fällen von Bedeutung, wo sie 16 m oder weniger beträgt, da bei einer 16 m überschreitenden Ausdehnung die Gebäude doch nur 22 m hoch sein dürfen.

18. Allgemeine Bemerkungen über die Höhe der Hintergebäude:

1. „Hintere Gebäude dürfen in der Höhe die Ausdehnung des Hofraums vor ihnen senkrecht zur Umfassungswand gemessen um nicht mehr als 6 m überschreiten." Danach scheint die grundsätzliche Bestimmung über die Höhenbemessung der hinteren Gebäude, deren Anwendung und Auslegung in der Praxis wie in der Judikatur zu so vielen Schwierigkeiten geführt hat, dem Wortlaute nach zwar im Wesentlichen aus der bisherigen in die neue B. P. O. übernommen zu sein. In der That sind aber diese Schwierigkeiten durch die weitere in Absatz 5 des Abschnittes gegebene Bestimmung:

„Für ein Gebäude, welches zwischen zwei oder mehreren Höfen oder Hoftheilen liegt, darf, falls die Fronten nicht in entsprechend verschiedener Höhe ausgeführt werden, ein mittleres Höhenmaß nach Maßgabe der an der Oberfläche der Höfe gemessenen Frontenlängen für das ganze Gebäude festgestellt werden", in der Hauptsache als beseitigt anzusehen, denn in allen denjenigen Fällen, auf welche die letztere Bestimmung Anwendung findet, bedarf es einer Entscheidung der Frage, welcher Hofraum als der „vor dem Gebäude" liegende anzusehen ist, nicht mehr und doch waren es erfahrungsmäßig gerade die Fälle dieser Art, welche am häufigsten zu Zweifeln und Schwierigkeiten Veranlassung gaben.

2. Die nunmehr in den beiden Absätzen 1 und 5 litt. b über die Höhenbemessung der hinteren Gebäude enthaltenen grundsätzlichen Bestimmungen sind nur bei gemeinsamer Betrachtung in ihrer Bedeutung und ihren Wechselbeziehungen zu einander voll und ganz zu verstehen:

Drei durchaus verschiedene Höhenbemessungen sind nach Maßgabe jener Bestimmungen zu unterscheiden und zwar:

a) Für ein Gebäude, welches zwischen zwei oder mehreren Höfen oder Hoftheilen liegt, darf ein mittleres Höhenmaß nach Maßgabe der an der Oberfläche der Höfe oder Hoftheile gemessenen Frontenlängen für das ganze Gebäude festgestellt werden,
oder

b) Bei einem Gebäude, welches zwischen zwei oder mehreren Höfen oder Hoftheilen liegt, dürfen die Fronten in entsprechend verschiedener Höhe ausgeführt werden, oder mit anderen Worten: die Fronten eines derartigen Gebäudes dürfen in der Höhe die Ausdehnung der vor ihnen liegenden Hofräume (zwischen denen das Gebäude liegt), senkrecht zu den betreffenden Umfassungswänden gemessen (vgl. c), um nicht mehr als 6 m überschreiten.

c) Gebäude, welche nicht zwischen zwei oder mehreren Höfen oder Hoftheilen liegen, dürfen in der Höhe die Ausdehnung des Hofraums vor ihnen senkrecht zur Umfassungswand gemessen, um nicht mehr als 6 m überschreiten.

3. Bevor auf eine nähere Erläuterung dieser drei zu unterscheidenden Höhenbemessungen eingegangen werden kann, ist Folgendes vorauszuschicken:

a) Die B. P. O. geht davon aus, daß die ganzen Gebäude an Straßen so hoch sein dürfen, als die Straße vor ihnen breit ist, daß insbesondere die Hinterfront eines solchen Gebäudes ebenso hoch sein darf als die Vorderfront. Wenn nun auch diese letztere Bestimmung in ihrer jetzigen Fassung: „die Hinterfront des Vorderhauses darf die Höhe der Straßenfront übersteigen, muß aber hinter der nach den Abmessungen des Hofes für die hinteren Gebäude zulässigen Durchschnittshöhe mindestens um 3 m zurückbleiben", eine wesentliche Einschränkung erfahren hat, so sind doch in jedem Falle, mag sich nun die Höhe der Hinterfront nach der Breite der Straße oder nach den Abmessungen des Hofes berechnen, die Hinterfront und die Vorderfront jedes an einer Straße liegenden Gebäudes in ihren höchstens zulässigen Höhenmaßen bestimmt. Aus den Höhen der Vorderfront und der Hinterfront eines Gebäudes ergiebt sich aber, wenn man von der Dachkonstruktion absieht, auch ohne Weiteres die Höhe der zwischen jenen beiden liegenden weiteren Umfassungswände (deren jedes Gebäude in der Regel vier hat), mögen diese nun mit Oeffnungen (Fenster, Thüren ꝛc.) versehen oder als Brandmauern aufgeführt sein. Denn die Erlaubniß, die Umfassungswand eines Gebäudes (hier also die Vorder- und Hinterfront) in einer gewissen Höhe ausführen zu dürfen, hat überhaupt nur dann Zweck und Inhalt, wenn in ihr die weitere Erlaubniß mit enthalten ist, dieselbe Höhe auch auf eine gewisse Tiefe des hinter jener Wand belegenen Gebäudes durchzuführen, eine Erwägung die auch für die Höhenbestimmung der Eckgebäude in litt. a maßgebend gewesen ist. Bis zu welcher Tiefe die der betreffenden Umfassungswand entsprechende Höhenabwicklung lediglich aus diesem Gesichtspunkte zuzulassen ist, kann unter Umständen allerdings zweifelhaft sein, darüber aber, daß sie zum mindestens bis zur Tiefe der von jener Umfassungswand aus beleuchteten Räume einschließlich eines hinter denselben liegenden Korridors reichen muß, wird ein Zweifel nicht wohl bestehen können. Dieser Inhalt wird begrifflich mit jeder Fronthöhenbestimmung verbunden werden müssen.

b. Wie nun in Ziffer 1a des § 3 über die Höhe der Vordergebäude in ihrer Totalität und (abgesehen von dem Falle einer verschiedenen Höhe der Vorder- und Hinterfront) nicht ihrer einzelnen Wände disponirt wird, so findet sich auch in der in litt. b bezüglich der Höhe hinterer Gebäude an die Spitze gestellten Bestimmung kein Anhalt dafür, daß nicht auch hier das Gebäude als ein Ganzes habe getroffen werden sollen. Die Höhe des ganzen Gebäudes, nicht bloß diejenige seiner Frontwand, richtet sich nach der Ausdehnung des der Straße unter litt. a entsprechenden Raumes, nämlich des vor der Frontwand belegenen Hofes, vgl. O. V. G. E. vom 6. April 1888 II 395. Wenn in einem späteren Erkenntniß desselben Gerichtshofes (vom 21. December 1895 IV 1827) ausgeführt wird, daß die Bestimmungen der B. P. O. vom 15. Januar 1887 über die zulässige Höhe der hinteren Gebäude sich zweifellos zunächst nur auf die Höhe der Vorderfront dieser Gebäude bezögen, und es daran anknüpfend als zweifelhaft bezeichnet wird, ob die Höhe der Seitenwand, für deren Bemessung es an einer ausdrücklichen Bestimmung fehle, nach dem vor ihr liegenden Hofraum besonders zu berechnen sei oder aber ob für sie das für die Vorderfront des betreffenden Gebäudes geltende Maß gleichfalls Anwendung finde, so kann, wenn einerseits die der Wortfassung entsprechende Absicht des Gesetzgebers, eine Höhenbestimmung für das ganze Gebäude zu treffen, und andererseits der unter a dargelegte begriffliche Inhalt einer jeden Fronthöhenbestimmung in Betracht gezogen wird, die Frage nach diesseitigem Dafürhalten nur in dem letzteren Sinne entschieden werden.

4. Unter Festhaltung des aus den vorstehenden Ausführungen gewonnenen Resultates wird nunmehr klar zu legen sein, was unter einem Gebäude zu verstehen ist, „welches zwischen zwei oder mehreren Höfen oder Hoftheilen liegt."

Zunächst scheidet bei derartig belegenen Gebäuden die Frage, ob etwa die zwei oder mehreren in Betracht kommenden Höfe oder Hoftheile, oder ob einer oder ob keiner von ihnen im gesetzlichen Sinne als vor dem betreffenden Gebäude liegend (vgl. unter 2c) zu bezeichnen ist, völlig aus, denn, ganz unabhängig hiervon, sind sowohl in den Fällen zu 2a als auch in denjenigen zu 2b lediglich die Höfe oder Hoftheile maßgebend, zwischen denen das betreffende Hintergebäude liegt.

Zur inhaltlichen Bestimmung desjenigen, was der Gesetzgeber unter einem „zwischen zwei oder mehreren Höfen oder Hoftheilen belegenen Gebäudes" hat verstanden wissen wollen, wird davon auszugehen sein, daß der in dem ursprünglichen Entwurfe der neuen B. P. O. an dieser Stelle stehende Ausdruck: „Für ein Gebäude, welches an zwei oder mehreren Höfen oder Hoftheilen liegt" im Laufe der Kommissionsverhandlungen die jetzt vorliegende, abgeänderte Fassung erhalten hat und zwar ausgesprochenermaßen in der Absicht, mit dem Ausdruck „ein Gebäude zwischen zwei oder mehreren Höfen oder Hoftheilen" eine andere Lage desselben als mit dem ursprünglichen „an" zu kennzeichnen.

Worin der Unterschied zwischen den beiden Lagen besteht, wird an der Hand einiger Beispiele leicht zu bestimmen sein:

a) Auf einem rechteckigen Grundstücke erstreckt sich der eine vorhandene, nehmen wir an, linke Seitenflügel bis 6 m von der hinteren Grenze; ein Fall wie er in Wirklichkeit häufig vorkommt. Der Seitenflügel liegt hier zweifellos an dem rechts vor ihm liegenden Hofe und an dem hinter seiner Giebelwand liegenden Hoftheile. Gleichwohl wird nicht gesagt werden können, daß der Seitenflügel zwischen jenem Hofe und jenem Hoftheile liege. In einem derartigen Falle würde sich also die Höhe des Seitenflügels, einschließlich der ihn abschließenden Giebelwand, mag dieselbe Oeffnungen haben oder nicht, lediglich nach der Ausdehnung des vor ihm liegenden Hofraumes zu richten haben, so daß also die Abmessung des hinter dem Giebel belegenen Hoftheiles für die Höhenbestimmung des ganzen Seitenflügels durchaus belanglos ist. (Kommissionsverhdlg. v. 8. 4. 1897.) Bei Hineinziehung dieses letzteren Hoftheiles in die Höhenbestimmung des Seitenflügels würde überdies das zulässige Höhenmaß der Frontwand der mit ihm begrifflich zu verbindenden Wirkung einer gewissen Tiefenentwicklung in gleicher Höhe entkleidet werden.

Dasselbe ist der Fall, wenn zwei einander gegenüberliegende Seitenflügel vorhanden sind.

b) Auch von einem selbstständigen Seitengebäude, das sich mit seiner der längeren Frontwand entsprechenden Rückwand an die Grundstücksgrenze anlehnt, mit der Frontwand und den beiden Schmalseiten aber freisteht, kann nicht wohl gesagt werden, daß es zwischen den vor der Frontwand und den beiden Schmalseiten belegenen drei Höfen oder Hoftheilen liegt, an denen es zweifellos liegt. Als vor dem Gebäude liegend ist nur der vor der Frontwand belegene Hofraum zu bezeichnen. Nach seiner Ausdehnung (+ 6 m) bestimmt sich zunächst die Höhe der Frontwand und nach ihr (wie in dem Falle zu a) die Höhe des hinter ihr liegenden Gebäudes, das in Fällen der hier fraglichen Art im Allgemeinen nicht tiefer als die von der Front aus direkt beleuchteten Räume nebst einem hinter denselben herlaufenden Korridor zu sein pflegt.

c) Wird dasselbe Hintergebäude dagegen mit seiner einen Seite (Schmalseite) an die Grundstücksgrenze gesetzt, sodaß also die Vorder- und Hinterfront, sowie die eine Schmalseite freiliegen (Quergebäude), dann liegt es zweifellos zwischen zwei Höfen oder Hoftheilen, nämlich zwischen dem vor seiner Vorderfront und dem vor seiner Hinterfront belegenen; es liegt aber nicht zwischen drei Höfen oder Hoftheilen, denn der vor seiner freien Schmalseite liegende Hof oder Hoftheil scheidet aus, da sich die Höhe der hier ev. zu entwickelnden Front ohne Weiteres nach den Höhen der sich an beiden Ecken anschließenden Frontwände richtet. Werden diese Frontwände in entsprechend verschiedener Höhe ausgeführt, so muß diese Höhe nothwendigerweise auch bis zu einer gewissen Tiefe, hier also je bis zur halben Gebäudetiefe durchgeführt werden, so daß sich hieraus also auch für die beiden Hälften der zwischen den Frontwänden liegenden dritten (Schmal-)Seite entsprechend verschiedene Höhen ergeben würden: eine Lösung, die mit Rücksicht auf die Bestimmung im Absatz 6 in Zukunft voraussichtlich häufiger als bisher gesucht werden wird. Wird dagegen für das ganze Gebäude ein mittleres Höhenmaß nach Maßgabe der an der Oberfläche der Höfe oder Hoftheile, zwischen denen das Gebäude liegt, gemessenen Frontwänden festgestellt, so ergiebt sich auch hier aus den gleichen Höhen der letzteren die Höhe der dritten (Schmal-)Seite von selbst.

d) Ein Mittelgebäude (Mittelflügel), das sich vom Vorderhause in das Grundstück hinein erstreckt, liegt immer nur zwischen den beiden rechts und links von ihm belegenen Höfen oder Hoftheilen und zwar selbst dann, wenn es mit seinem äußersten Ende nicht bis an die hinterste Grundstücksgrenze oder bis an ein anderes Hintergebäude heranreicht (Kommissions-Verhdl. vom 8. April 1897.)

e. In gleicher Weise wird ein völlig freistehendes Mittelgebäude zu beurtheilen sein im Gegensatze zu einem völlig freistehenden Quergebäude. Läßt sich nicht ohne Weiteres entscheiden, ob ein auf Hinterland freistehendes Gebäude als ein Mittel- oder ein Quergebäude anzusehen ist, was namentlich bei Gebäuden (Villen rc.) mit annähernd quadratischer Grundfläche und gleichmäßiger architektonischer Ausbildung der vier Umfassungswände vorkommen kann, wird, entsprechend dem allen Höhenbestimmungen zu Grunde liegenden gesetzgeberischen Gedanken das Gebäude als Quergebäude zu behandeln sein, sodaß einerseits der, von der Straße aus gerechnet, vor demselben und andererseits der hinter demselben liegende Hof oder Hoftheil als für die Höhenbestimmung des Hauses maßgebend zu betrachten ist.

5. Aus den vorstehenden Beispielen ergiebt sich nun:

a. Daß Höfe oder Hoftheile, zwischen denen ein Gebäude liegen soll, nicht unmittelbar miteinander verbunden sein dürfen, vielmehr liegt ein Gebäude nur dann zwischen zwei oder mehreren Höfen oder Hoftheilen, wenn die an diesen liegenden Umfassungswände durch eine andere nicht an ihnen liegende Umfassungswand von einander getrennt sind. Ob diese Umfassungswand selbst Hofraum vor sich hat, oder sich an ein anderes Gebäude oder an die Grundstücksgrenze anschließt, macht hierbei keinen Unterschied.

b. Daß sogenannte einseitig beleuchtete Gebäude, selbst wenn ihre Räume auch von den schmalen Stirnseiten aus noch Licht bekommen, niemals als zwischen zwei oder mehreren Höfen belegene Gebäude zu behandeln sind. Nur bei Gebäuden jener Art richtet sich die Höhe nach dem vor dem Gebäude liegenden Hofe und wird in diesem Falle nach den Darlegungen die Frage, welcher Hof als der vorliegende zu betrachten ist, wohl nur noch in vereinzelten Fällen zu besonderen Schwierigkeiten Veranlassung bieten können. In Zweifelsfällen werden unter Umständen alsdann die größere oder geringere Längenausdehnung der in Betracht kommenden aneinanderstoßenden Umfassungswände, oder auch die Lage des fraglichen Hofraums, von der Straße aus betrachtet (als von diesem Standpunkte aus „vor dem Gebäude" liegend) für die zu treffende Entscheidung von Bedeutung sein.

19. Gleich gestaltet ist ein Hof nur dann, wenn die der Front des betreffenden hinteren Gebäudes gegenüberliegende Hofbegrenzung parallel zu jener und in gleichem Abstande von derselben läuft, ungleich gestaltet dann, wenn bei parallel laufender Front und Hofbegrenzung der Abstand zwischen beiden wechselt oder wenn beide nicht parallel zu einander laufen.

20. Es muß also für ein und dasselbe Gebäude die Durchschnittsberechnung zur Anwendung gelangen, und es ist nicht gestattet, die einzelnen Theile desselben Gebäudes in der Breite der speziell vor ihnen liegenden Hoftheile auszuführen. Das aus der Durchschnittsberechnung sich ergebende Höhenmaß hat selbst nicht etwa nur die Bedeutung einer Durchschnittshöhe und darf in Folge dessen auch an keiner Stelle überschritten werden, auch dann nicht, wenn dafür an anderer Stelle eine geringere Höhe projektirt ist. Dieser Grundsatz erleidet eine Ausnahme, wenn die Bestimmung Ziffer 1b Absatz 6 zur Anwendung gelangt. Sofern von der Ausnahmebestimmung im § 3a (zweiter Satz) Gebrauch gemacht wird, scheidet der betreffende Theil des Seitenflügels bei der Durchschnittshöhenermittlung desselben aus, denn seine Höhe richtet sich alsdann nicht nach der Ausdehnung des Hofraumes, sondern nach der Höhe des Vorderhauses. (O. V. G. E. vom 13. Mai 1890. IV 500.)

21. vgl. O. V. G. E. vom 7. Januar 1890, IV 14.

22. Die vorgeschriebene Berechnungsart ist klar und verständlich. In die Berechnung sind die für die einzelnen Frontheile ermittelten Höhenmaße einschließlich des Zuschlags von 6 m einzustellen. Bei der Ermittelung der für die einzelnen Frontheile zulässigen Höhen werden unter Umständen dieselben Flächenabschnitte des Hofes mehrmals zur Anrechnung gelangen.

23. Die an ein und demselben Hofe belegenen Fronten von Hintergebäuden, nicht aber die Fronten sämmtlicher an verschiedenen Höfen belegenen Hintergebäude, dürfen also

entweder in verschiedener Höhe nach Maßgabe der Ausdehnung des vor ihnen liegenden senkrecht zur Umfassungswand gemessenen Hofes + 6 m errichtet werden oder aber sie dürfen, was in vielen Fällen zweckmäßiger sein wird, eine Durchschnittshöhe erhalten. Dieselbe wird in der Weise gefunden, daß zunächst die für jedes einzelne Hintergebäude zulässige Frontfläche ermittelt und dann die Summe dieser Frontflächen durch die Summe der Längenmaße der einzelnen Fronten getheilt wird. Der Quotient ergiebt die zulässige gemeinsame Höhe. Die Hinterfront des Vorderhauses wird in die Durchschnittsberechnung nicht mit hineingezogen, eben so wenig der 5,50 m lange Theil des Seitenflügels, sofern für denselben von der Ausnahmebestimmung (a Abs. 1) Gebrauch gemacht ist.

Bei der thatsächlichen Entwicklung der ermittelten gemeinsamen Durchschnittshöhe darf eine Uebertragung von Frontfläche von der Front des einen auf die Front eines anderen Hintergebäudes **nicht** stattfinden, sodaß also die Front keines in die Durchschnittsberechnung hineinbezogenen Hintergebäudes die ermittelte gemeinsame Durchschnittshöhe überschreiten darf.

Eine Ausnahme von diesem Grundsatze findet nur in dem Falle statt, wenn sich bei der Ermittelung der gemeinsamen Durchschnittshöhe für ein einzelnes Gebäude eine Fronthöhe ergiebt, welche mehr als das doppelte der senkrecht zu dieser Front gemessenen (mittleren) Ausdehnung des Hofes beträgt; dann ist die Fronthöhe des Gebäudes an diesem Hofe bis auf dieses Maß zu beschränken, die Frontfläche aber, welche hiernach bei dem betreffenden Gebäude nicht entwickelt werden darf, kann zu einer **gleichmäßigen** Erhöhung der übrigen in die Durchschnittsberechnung hineinbezogenen Fronten verwendet werden.

Für ein Gebäude, welches zwischen zwei oder mehreren Höfen oder Hoftheilen liegt,

a) dürfen die Fronten entweder in entsprechend (d. h. nach Maßgabe der Ausdehnung des Hofraumes vor ihnen + 6 m) verschiedener Höhe aufgeführt werden, oder
b) darf ein mittleres Höhenmaß nach Maßgabe der an der Oberfläche der Höfe gemessenen Frontlängen für das ganze Gebäude festgestellt werden.
c) Soll die Front bezw. die Fronten eines zwischen zwei oder mehreren Höfen oder Hoftheilen belegenen Gebäudes mit in die Höhendurchschnittsberechnung der Fronten der übrigen an demselben Hofe liegenden Hintergebäude hineinbezogen werden, so darf entweder die nach a oder die nach b sich ergebende Frontfläche in die Durchschnittsberechnung eingesetzt werden mit der Maßgabe, daß alsdann für die Höhe der an dem anderen Hofe oder Hoftheile liegenden Front desselben Gebäudes dieselbe Berechnungsart (nach a oder b) bestimmend bleibt.
d) Schließlich ist es zur Höhenbestimmung eines zwischen zwei oder mehreren Höfen oder Hoftheilen liegenden Gebäudes auch zulässig, für den einen oder den anderen Hof oder Hoftheil bezw. für alle betheiligten Höfe oder Hoftheile zunächst eine Durchschnittsberechnung für jeden einzelnen Hof oder Hoftheil für sich nach Absatz 4 auszuführen, dann aber aus den hiernach für die einzelnen Fronten des zwischenliegenden Gebäudes sich ergebenden Höhen eine Durchschnittshöhe für sämmtliche Fronten desselben, d. h. das ganze Zwischengebäude zu ermitteln.

24. Vgl. Anm. 10. Zwischen drei Höfen liegt beispielsweise ein Quergebäude, an dessen Hinterfront in der Mitte ein Mittelflügel ansetzt. Für jede der drei in Betracht zu ziehenden Frontwände des Quergebäudes wird zunächst die zulässige Höhe und aus der Multiplikation derselben mit der betreffenden Frontlänge die zulässige Frontfläche ermittelt. Die Summe der drei Frontflächen getheilt durch die Summe der an der Oberfläche der drei Höfe gemessenen Frontlängen ergiebt das Höhenmaß für das ganze Gebäude.

25. Eine überaus zweckmäßige Bestimmung, durch welche verhindert werden soll, daß beispielsweise die Hinterfront eines Quergebäudes, welche nach einem nur 6 m breiten Hof hinausgeht, der vielleicht noch durch einen 25 m hohen Giebel auf der Nachbargrenze abgeschlossen ist, selbst auch noch eine die Ausdehnung des vor ihr liegenden Hofes unverhältnißmäßig überschreitende Höhe erhält. Aber auch für Gebäude ein und desselben Hofes,

für welche eine gemeinsame Durchschnittshöhe an sich gewählt werden darf, gilt die Beschränkung. Die Bestimmung will also Unzuträglichkeiten, welche sich aus der Durchschnittsberechnung ergeben, auf ein Maß beschränken, welches nicht gar zu weit von dem für die Höhenbestimmung der Hintergebäude allgemein maßgebenden Grundsatze (Hofausdehnung + 6 m) abweicht. Die Frontfläche, welche an dem von der Beschränkung betroffenen Gebäude oder Gebäudetheile nicht entwickelt werden darf, darf zu einer gleichmäßigen Erhöhung der übrigen in die Durchschnittsberechnung hineinbezogenen Fronten verwendet werden.

26. Die Seiten erhalten ohne Weiteres die Durchschnittshöhe zugebilligt. Die Seiten weiter als 0,60 m vorspringender Gebäudetheile werden in ihrer ganzen Länge, nicht etwa abzüglich 0,60 m, als Frontteile im Sinne des Absatzes 3 in Rechnung gestellt. Bei der Berechnung der Hofausdehnung werden indeß auch die Mauervorsprünge bis zu 0,60 m berücksichtigt.

27. Würde die Höhenbeschränkung selbst in gemilderter Form auf die Umfassungswände der Nebenhöfe ausgedehnt, so würde diesen voraussichtlich jeder praktische Werth genommen werden.

28. Mit anderen Worten: Sollen an einem Hofe, an welchem sich bereits Gebäude befinden, weitere Gebäude errichtet werden, so ist die für dieselben zulässige Höhe im Wege einer Durchschnittsberechnung zu ermitteln und zwar in der Weise, daß zunächst die unter Berücksichtigung der beabsichtigten Bebauung an sich zulässigen Frontflächen der sämmtlichen den Hof umgebenden Frontwände ermittelt werden. Von der Summe derselben werden die thatsächlich bereits vorhandenen Frontflächen abgezogen, der verbleibende Rest getheilt durch die an der Oberfläche des Hofes gemessenen Frontenlängen des oder der neu zu errichtenden Gebäude ergiebt deren zulässige Höhe; daß indeß in jedem Falle 12 m hoch gebaut werden darf, ergiebt sich aus den einleitenden Worten der Ziffer 1. Die Bestimmung gewährt der Polizeibehörde die bisher in so vielen Fällen vermißte Handhabe, einer weiteren Verschlechterung bereits bestehender, den nunmehrigen baupolizeilichen Bestimmungen nicht entsprechender Zustände entgegenzutreten. Andererseits führt die Anwendung der Vorschrift zu ganz erheblichen Schwierigkeiten, so gesund und folgerichtig an sich der ihr zu Grunde liegende Gedanke ist.

29. Durch die jetzt gewählte Fassung „Anbauten und selbstständig für sich bestehende Baulichkeiten" ist der Zweifel, der sich an den bisherigen Ausdruck „Baulichkeiten" knüpfte, ob auch sich unmittelbar an andere Gebäude anschließende, durch Thüren mit diesen verbundene, in diesem Sinne also nicht selbstständig für sich bestehende Baulichkeiten außer Betracht zu lassen waren, klar gestellt.

30. D. h. sie werden bei der Ermittlung der zulässigen Höhe **anderer** Gebäude als nicht vorhanden betrachtet. Die Bestimmung findet auch dann Anwendung, wenn die Anbauten oder selbstständigen Baulichkeiten erst neu errichtet werden sollen, nachdem die betreffenden Hintergebäude bereits in einer der freien Hofausdehnung entsprechenden Höhe aufgeführt sind, d. h. aus der Existenz vorschriftsmäßig hoher Hintergebäude kann an sich kein Grund zur Versagung der Genehmigung, zur Errichtung von Anbauten oder selbstständigen Baulichkeiten, die sich innerhalb der gezogenen Grenzen halten, entnommen werden.

31. Die Vorschriften dieses Absatzes beziehen sich auf die Dächer von Vorder- und von Hintergebäuden. Dieselben dürfen oberhalb der zulässigen, nicht etwa der thatsächlich vorhandenen Fronthöhe über eine im Winkel von 45° zu der Front gedachten Luftlinie nicht hinausgehen. Wird die zulässige Höhe nicht voll ausgenutzt, so ist eine entsprechend steilere Dachneigung zulässig, vgl. Ziffer 3. Die Entfernung von 3 m von der Nachbargrenze ist seitlich zu messen, der unterste Punkt eines Dachfensters muß horizontal gemessen 6 m von der Nachbargrenze entfernt bleiben (vgl. § 12, Anm. 4). Andere über die zulässige Neigungsfläche des Daches hinaus ragende Aufbauten irgend welcher Art als die besonders bezeichneten und die unter Ziffer 4 fallenden sind nicht gestattet. Es gehören

hierher vor Allem die in neuerer Zeit vielfach auf den Dächern angebrachten Reklameschilder, die in ihren stetig zunehmenden Dimensionen nicht selten das Straßenbild verunzieren (M. Erl. vom 7. Januar 1898 — III 18700), desgl. Taubenstichkästen. Die Genehmigung zur Anlegung solcher Schilder und Taubenstichkästen ist daher zu versagen, sofern sie über die zulässige Dachneigungsfläche hinausgehen und zwar ganz ohne Rücksicht, ob sie selbst etwa durchsichtig oder undurchsichtig konstruirt bezw. ob sie feuersicher bekleidet sind. Oberhalb der zulässigen Fronthöhe ist die Zurücksetzung der Frontwand selbst innerhalb des zulässigen Dachneigungswinkels unzulässig.

32. Der Zweck der Bestimmung geht dahin, bei einem Dachneigungswinkel von 60°/₀ (bezw. bis zu 60°/₀) die Fronthöhe um halb so viel zu vermindern, als die Firsthöhe erhöht wird, um auf diese Weise einen gewissen Ausgleich für die durch die größere Firsthöhe bewirkte Licht- und Luftbeschränkung zu sichern. Bei der praktischen Anwendung dieser auf den ersten Blick etwas komplizirt erscheinenden Bestimmung ist, wie folgt, zu verfahren: Man zeichne den Schnitt des Vorderhauses (ohne Dach) in der an sich zulässigen, also der Straßenbreite entsprechenden Höhe, und konstruire darüber einmal ein rechtwinkliges Dreieck mit dem rechten Winkel an der First und zwei Winkel von je 45°/₀ an der Vorder- und Hinterfront und andererseits ein zweites Dreieck, wecches an der Vorder- und Hinterfront 2 der projektirten Dachneigung entsprechende gleiche Winkel hat! Die beiden alsdann senkrecht übereinander liegenden höchsten Punkte der beiden Dreiecke (die Firstlinien) werden verbunden. Ihre Mitte bezeichnet alsdann die zulässige Firsthöhe des in dem beabsichtigten Winkel zur Front ansetzenden Daches und erniedrigt sich in Folge dessen die Fronthöhe um die Hälfte der Entfernung zwischen den beiden Firstlinien.

33. Frontaufbauten sind demnach nur an den Straßenfronten, nicht aber an den Hoffronten gestattet, weil die zulässige Höhe der letzteren ohnehin schon die Abmessung des freien Hofraumes vor ihnen um 6 m überschreitet, während die Straßenfronten höchstens der Breite der Straße ohne Zuschlag entsprechen.

34. Zum Zwecke dieser Durchschnittsberechnung wird zunächst die aus der Multiplikation der Straßenbreite mit der Frontlänge sich ergebende zulässige Frontfläche berechnet. Diese kann nun zur Entwicklung einerseits der thatsächlichen Frontfläche andererseits der Frontaufbauten in beliebiger Weise vertheilt werden mit der einzigen Beschränkung, daß die Aufbauten in ihrer Höhe ein Drittel der zulässigen Fronthöhe, bei Straßen unter 12 m ein Drittel der Straßenbreite nicht überschreiten dürfen. An Straßen von 22 m Breite dürfen demnach einzelne Aufbauten auf der Straßenfront eine Höhe von $22 + \frac{22}{3} = 29{,}33$ m erhalten, wofern nur die übrigen Frontttheile eine entsprechende Erniedrigung erfahren. Die hier gegebene Bestimmung bedeutet eine weitgehende Concession der Baupolizei an die Baukunst; aber sie ist im Interesse der letzteren auf das Freudigste zu begrüßen. Ermöglicht sie dem Architekten doch freiere geistige Schöpfungen, insbesondere die Ausgestaltung wechslungsvoller Façaden zur Belebung des Straßenbildes.

35. Die größte Durchschnittsfläche ist in den Bauvorlagen zu konstruiren und zu berechnen.

§ 4.

Zusammenhängende Haupthöfe (Hofgemeinschaft) [1] [2].

1. Sollen benachbarte [3]) Grundstücke derart bebaut werden, daß unbebaut [4]) bleibende Theile, unbeschadet einer bis zur Höhe von 2,0 m zulässigen Grenzscheidung [5]), eine in einer Länge von mindestens 6 m zusammenhängende Fläche bilden, die den umgebenden Gebäuden mehr Licht und Luft zuführt, als es durch die einzelnen Haupthöfe geschieht [6]), so darf bei Feststellung der

Höhe für die hinteren Gebäude außer der Abmessung des zugehörigen Haupthofes noch die Hälfte der Abmessung des Nachbarhofes — unbeschadet der Bestimmungen des § 3, Ziffer 1b — in Rechnung gestellt werden.[7])

2.[4]) Auf die Anwendung dieser besonderen Bestimmung haben die betheiligten Grundstücksbesitzer nur dann einen Anspruch,[8]) wenn sie unter genauer Bezeichnung der zu der Hofgemeinschaft bestimmten Flächen auf den einzelnen Grundstücken sich gegenseitig verpflichten, diese Flächen zu Ungunsten der Mitbetheiligten nicht zu verändern,[9]) und wenn diese Verpflichtung auf sämmtlichen betheiligten Grundstücken im Grundbuch eingetragen ist.

3. Die Bestimmung der Ziffer 1 gelangt zur Anwendung, sobald der Baupolizeibehörde die Eintragung der Verpflichtung auf sämmtlichen betheiligten Grundstücken nachgewiesen ist;[10]) sie erlischt, wenn die Verpflichtung auf sämmtlichen betheiligten Grundstücken gelöscht ist.[11])

4. So lange die Eintragungen nicht sämmtlich gelöscht sind, dürfen die zusammenhängenden, in den Bauscheinen ihrer Begrenzung noch bestimmt zu bezeichnenden Hofflächen nicht verkleinert werden.

5. Diese Beschränkung der Grundstücksbesitzer in der Bebauung ihres Eigenthums hört mit der Löschung der zu Ziffer 2 genannten Eintragungen auf sämmtlichen betheiligten Grundstücken auf; es haben sodann die sämmtlichen Grundstücksbesitzer ihre Grundstücke den allgemeinen Vorschriften dieser Baupolizeiverordnung entsprechend einzurichten.

---

1. Vorbemerkung:

Nach § 3b der B. P. O. dürfen hintere Gebäude, Seitenflügel, Mittelflügel, Quer-, Seiten- und Mittelgebäude in der Höhe die Ausdehnung des vor ihnen liegenden Hofraumes um nicht mehr als 6 m überschreiten. Wird nun ein größeres Grundstück einheitlich bebaut und werden in diesem Falle zwei mit den Frontwänden einander zugekehrte Seitenflügel errichtet, so kommt die ganze Ausdehnung des vorliegenden Hofraumes zwischen beiden Seitenflügeln jedem derselben zu gute, jeder darf um 6 m höher errichtet werden, als der Hof breit ist. Wird dasselbe Grundstück dagegen in zwei selbstständige Grundstücke getheilt und mit zwei, von einander völlig getrennten Gebäuden besetzt, die aber zusammen genau dieselbe Grundfläche einnehmen, wie das einheitliche Gebäude im ersten Falle, also das eine mit einem rechten, das andere mit einem linken Seitenflügel, so kommt jedem derselben nur die Abmessung des vor ihm liegenden Theilhofes zu gute, also im Falle, daß die Trennungslinie zwischen beiden Theilen des Grundstücks in der Mitte desselben gezogen ist, nur die Hälfte der im ersten Falle für die Höhenbestimmung maßgebenden Abmessung. Der thatsächliche Zustand unterscheidet sich in beiden Fällen vielleicht höchstens dadurch, daß im zweiten ein Grenzzaun oder eine Grenzmauer die beiden Theilhöfe trennt, die im ersten Falle fehlt; indeß selbst im zweiten Falle wird, sofern nicht besondere sicherheitspolizeiliche Rücksichten die Abschließung der beiden Grundstücke geboten erscheinen lassen, durch Vereinbarung der beiden Nachbarn auf die Errichtung einer Grenzscheidung verzichtet werden können. Sollte aber wirklich eine Grenzmauer errichtet sein, so könnte gleichwohl von einer dadurch herbeigeführten Beeinträchtigung der Licht- und Luftverhältnisse der beiden Theilgrundstücke füglich nicht die Rede sein. Hiernach findet bei völlig gleichen thatsächlichen Verhältnissen eine verschiedenartige öffentlich-rechtliche Beurtheilung derselben statt, je nachdem die Bebauung des fraglichen Grundstücks einheitlich oder in zwei von einander getrennten selbstständigen

Theilen erfolgt. Diese verschiedenartige Beurtheilung ist bedingt durch den Umstand, daß die grundlegenden Bestimmungen der B. P. O. in den §§ 1—3 derselben in durchaus zweckmäßiger Weise von dem einzelnen Baugrundstücke ausgehen. Man wird nun allerdings nicht wohl behaupten können, daß die ungünstigere, durch die gesetzlichen Bestimmungen gebotene Beurtheilung des zweiten Falles überhaupt erkennbare polizeiliche Gesichtspunkte völlig vermissen lasse, denn die Bedeutung der im § 3b enthaltenen Rechtsregel bezüglich des zulässigen Höhenmaßes der hinteren Gebäude liegt vor Allem in ihrer allgemeinen Anwendung, die rechtsgrundsätzlich selbst dann stattzufinden hat, wenn im einzelnen Falle auch die thatsächlichen Voraussetzungen fehlen sollten, welche die Polizeibehörde berechtigen würden, mangels einer durch Polizeiverordnung gegebenen Bestimmung dieselbe Anordnung durch polizeiliche Verfügung zu treffen. Andererseits ist nicht zu verkennen, daß, wenn auch im zweiten Falle den Seitenflügeln beider Grundstücke die volle Ausdehnung der beiden zwischen ihnen liegenden Theilhöfe zu Gute gerechnet würde, immer noch denselben polizeilichen Anforderungen und Gesichtspunkten genügt würde, welche der allgemeinen Rechtsregel zur Grundlage dienen. Grade aus diesem Grunde ist auch die verschiedenartige Beurtheilung der nämlichen thatsächlichen Verhältnisse seitens des bauenden Publikums vielfach nicht völlig verstanden und demzufolge als irrationell angegriffen und verurtheilt worden.

Wirthschaftlich ist die durch die Bestimmungen der bisherigen B. P. O geschaffene Rechtslage insofern nicht ohne Einfluß geblieben, als sie zur Bildung möglichst großer Grundstücksparzellen führte, deren bauliche Ausnutzung durch die zugelassene größere Höhe der Seitengebäude sich als vortheilhafter erwies als die Bebauung kleinerer Parzellen mit nur einem Seitenflügel von beschränkterer Höhe. Eine größere Kapitalsanlage versprach also unter sonst gleichen Bedingungen einen verhältnißmäßig höheren Gewinn als eine kleinere. Hieraus ergab sich als eine im allgemeinen Interesse wenig erwünschte Folge die Ausdehnung des Geschäftes der Grunderwerbsgesellschaften und Baubanken und ein Zurückdrängen des Grunderwerbs und der Bauthätigkeit Privater, die nur seltener über ausreichende Mittel zur Bebauung großer Parzellen verfügen. So mag die geschilderte Rechtslage auch dem traurigen Bauschwindel der letzten Jahre in etwa mit Vorschub geleistet haben.

Diese Erwägungen thatsächlicher, rechtlicher und wirthschaftlicher Natur haben im Laufe der Berathungen über die Abänderung der bisherigen Bauordnung zur Zulassung sogenannter „Hofgemeinschaften" zwischen mehreren benachbarten Grundstücken geführt, bestehend in der Schaffung eines Rechtszustandes öffentlich-rechtlicher Natur, vermöge dessen unter bestimmten Voraussetzungen bei der Bestimmung der zulässigen Höhe der Hintergebäude des einen Grundstücks außer dem vorliegenden eigenen Hofraume auch noch die Abmessung des sich daran anschließenden Hofes des Nachbargrundstücks sei es ganz, sei es zum Theil mit in Anrechnung gebracht werden darf.

Im Großen und Ganzen sind es nur zwei bestimmte Fälle, in denen die Grundstücksbesitzer Vortheil von einer derartigen Bestimmung haben. Einmal der am häufigsten vorkommende Fall, der den Ausgangspunkt dieser Besprechung bildet, und sodann der schon seltenere Fall, wo auf zwei an verschiedenen Straßen liegenden, mit ihren Hintergrenzen aneinanderstoßenden Grundstücken je ein Quergebäude in der Art errichtet wird, daß hinter jedem derselben ein Hof verbleibt, sodaß beide Hofräume aneinanderstoßen.

Für den gesetzgeberischen Gedanken der Zulassung von Hofgemeinschaften eine rechtlich einwandsfreie Gestaltung und Fassung zu finden, ist erst nach langwierigen und schwierigen Verhandlungen in der zur Neufassung der B. P. O. berufenen Ministerialkommission gelungen. Die vorliegende Fassung beruht im Wesentlichen auf Vorschlägen des Kgl. Oberverwaltungsgerichtsraths Dr. von Strauß und Torney.

Nicht nur das Oberverwaltungsgericht, sondern auch das Reichsgericht (nicht aber das Kammergericht) haben immer an dem Grundsatze festgehalten, daß durch Polizeiverordnungen wohl die Regelung der Ausübung und Vollziehung von solchen Verbindlichkeiten und Rechten erfolgen kann, welche in bestehenden Gesetzen oder anderen Rechtsquellen (Gewohnheitsrecht pp.) bereits einen rechtlichen Bestand haben, daß es aber nicht zulässig ist, neue Lasten und Rechte durch Polizeiverordnungen zu schaffen.

An sich würde daher eine Bestimmung, wonach ein Grundstücksbesitzer gezwungen wird, zu Gunsten eines Anderen auf die ihm sonst zustehende Baufreiheit zu verzichten, oder vielmehr seinen Bau in einer ganz bestimmten Weise herzustellen, da sie sich weder auf

§ 10 II 17 A. L. R. noch auf § 6 des Polizeigesetzes gründen lassen würde, rechtsungültig sein. Denn das Motiv, daß der Andere dadurch den Vortheil erlangt, sein Grundstück besser auszunutzen, ist kein polizeiliches, sondern ein rein privates; daran ändert auch der Umstand nichts, daß jeder der betheiligten Grundstücksbesitzer gleicherweise Last und Vortheil hat. Das Wesentliche ist, daß im Interesse der besseren Ausnutzung des Bauterrains durch die Polizeiverordnung eine fest begrenzte Ausnahme von der Regel gemacht werden soll, wenn ein gewisses thatsächliches und rechtliches (vertragsmäßiges) Verhältniß zwischen zwei oder mehreren Grundstücksbesitzern besteht. Die Polizeiverordnung aber stellt fest, daß, wenn und so lange dieses vertragsmäßige Verhältniß besteht, die dafür festgesetzte Rechtsregel in Wirksamkeit tritt. Sie schafft demnach keine neuen Lasten und Rechte, regelt vielmehr lediglich die Ausübung bestehender, freiwillig eingegangener Verbindlichkeiten und Rechte.

Der materielle Grund für die Zulässigkeit dieser Abweichung von der generellen Vorschrift ist, wie bereits im Eingange dargelegt, der, daß durch die gegenseitige Bindung der Grundstücksbesitzer thatsächliche Verhältnisse eintreten, die nicht andere sind, als ob die beiden oder mehreren Grundstücke nur eines sind und einem Besitzer gehören. Deshalb kann natürlich die besondere Rechtsregel auch nur Gültigkeit haben, solange diese Bindung, also das rechtliche Verhältniß, dauert. Solange ist auch die so festgesetzte Hofgröße der in Hofgemeinschaft stehenden Grundstücke der Polizeibehörde gegenüber unabänderlich, und zwar so weit, als eine Abänderung des Hofes rechtliche Wirkungen auf die bestehenden Gebäude haben würde; genau so, als wenn ein einzelner Grundstücksbesitzer die Größe seines eigenen Hofraums verändern wollte.

Das Oberverwaltungsgericht hat nie Zweifel darüber gehabt, daß es rechtlich zulässig ist, ein so konstruirtes Rechtsverhältniß in eine Polizeiverordnung aufzunehmen. So giebt es Baupolizeiverordnungen namentlich für das platte Land, in denen als Regel vorgeschrieben ist, daß Gebäudeumfassungswände an der Grenze als Brandmauer ohne Fenster aufgeführt werden müssen, daß jedoch, wenn der Nachbar die Verpflichtung übernimmt und grundbuchlich eintragen läßt, wonach er einen Streifen von einer bestimmten Breite nicht bebauen will, dann die Regel außer Kraft tritt, — natürlich auch hier nur so lange, als die Verpflichtung auch der Polizeibehörde ohne Weiteres erkennbar ist. Eine Bestimmung gleicher Art war auch für Berlin im Art. II der Verord. des Polizei-Präsidiums vom 12. März 1860, betr. Abänderung einiger Bestimmungen der B. P. O. für Berlin vom 21. April 1853 (§§ 31 und 41) enthalten. Vergl. O. V. G. vom 19. März 1885 und vom 13. Mai 1886. Pr. V. Bl. VI S. 302 und VII S. 354.

Auf die grundbuchliche Eintragung, die in der oben erwähnten älteren Berliner Polizeiverordnung allerdings fehlte, konnte bei der Zulassung der Hofgemeinschaften um so weniger verzichtet werden, als die vertragsmäßige Befreiung eines Nachbargrundstückes von den gesetzlich bestehenden Baubeschränkungen als Begründung einer vertragsmäßigen Grundgerechtigkeit erscheint, die zu ihrer Wirksamkeit gegen Dritte der grundbuchlichen Eintragung an sich nicht bedarf. (Erk. d. Reichsger. V. Civils. vom 25. November 1891, P. V. Bl. XIV. S. 212.) Die grundbuchliche Eintragung mußte daher zunächst schon im Interesse der späteren Grundstückserwerber verlangt werden, da diese aufs Aeußerste geschädigt werden könnten, wenn es ihnen nicht möglich wäre, aus dem Grundbuche zu ersehen, daß eine so tief einschneidende Beschränkung der Baufreiheit auf dem Grundstücke ruht. Ferner aber liegt es auch im öffentlichen Interesse, einen leicht erkennbaren und zweifelsfreien Zeitpunkt für das Inkrafttreten und auch für das Aufhören der Anwendbarkeit der besonderen Rechtsregel festzusetzen. Dieser kann aber für alle Theile, und namentlich für die Polizeibehörde nur der Zeitpunkt und der Akt der Eintragung und Löschung im Grundbuche sein. Nur dadurch wird auch einigermaßen eine Rechtssicherheit gewährleistet. Es ist schon oben dargelegt, daß die Möglichkeit für die Anwendbarkeit der fraglichen Abweichung von der allgemeinen Regel davon abhängt, daß die Hofgemeinschaft zwischen den benachbarten Grundstücksbesitzern besteht. Die Ausnahme auch da und dann natürlich nur so lange gelten zu lassen, als allein thatsächlich die Hofgemeinschaft nach dem Willen der Grundbesitzer aufrecht erhalten wird, wäre zwar rechtlich möglich, würde aber zur größten Unsicherheit in den Bauverhältnissen und zu den größten Schädigungen führen, da jede eventuelle Veränderung des einen Grundstücks für das andere Grundstück den sofortigen Zwang einer tief eingreifenden und schädigenden Veränderung nach sich ziehen würde. Und

Jemanden polizeilich zur Aufrechterhaltung der Hofgemeinschaft zu zwingen, wenn er sie, sobald er nicht einmal privatrechtlich mehr dazu verpflichtet ist, einseitig aufgeben will, ist, wie schon hervorgehoben, rechtlich nicht zulässig.

Die Bestimmungen der B. P. O. über die Zulassung der Hofgemeinschaften enthalten zweifellos eine bedeutungsvolle Erweiterung der Ausnutzbarkeit des Grund und Bodens und sind daher im Allgemeinen seitens der Grundstückseigenthümer mit besonderer Befriedigung begrüßt worden. Es ist anzunehmen, daß bei der Neubebauung von Grundstücken von der von dem Gesetzgeber nachgelassenen Vergünstigung je länger je mehr Gebrauch gemacht werden wird. Allerdings darf nicht übersehen werden, daß die Bildung einer Hofgemeinschaft keineswegs nur Vortheile bietet; denn wenn sie auch die Ausnutzung der Baugrundstücke für den ersten Erbauer ganz erheblich erweitert, so enthält die grundbuchliche Eintragung andererseits doch immer auch eine erhebliche Beschränkung der Bebauungsdisposition zu Gunsten anderer Grundstücke, welche ohne die Zustimmung der Besitzer dieser anderen Grundstücke nicht wieder beseitigt werden kann. Das kann bei Verkäufen unter Umständen erheblich ins Gewicht fallen. Da indeß diejenigen Grundstücke, für welche von den Bestimmungen über Hofgemeinschaften Gebrauch gemacht werden wird, zweifellos in den weitaus meisten Fällen bis an die äußerste Grenze der Bebaubarkeit bebaut sein werden, würde die durch die Hofgemeinschaft geschaffene Beschränkung der Bebauungsdisposition im Falle eines Verkaufes voraussetzlich auch nur dann ungünstig auf die Gestaltung der Kaufbedingungen einwirken, wenn der neue Erwerber die vorhandenen Gebäude niederzulegen und neu zu bauen beabsichtigen sollte. Derartige Fälle dürften indeß immerhin zu den selteneren gehören und sind nicht geeignet, die hohe Bedeutung des für Berlin neuen Rechtsinstituts für die Allgemeinheit herabzumindern.

2. Die öffentlich-rechtlichen Voraussetzungen für die Bildung einer sogenannten Hofgemeinschaft im Sinne des Gesetzes sind:

1. daß die betreffenden Grundstücke benachbart sind,
2. daß die unbebaut bleibenden Theile derselben auf eine Länge von mindestens 6 m aneinander grenzen und vermöge dessen eine zusammenhängende Fläche bilden,
3. daß diese zusammenhängende Fläche den umgebenden Gebäuden mehr Licht und Luft zuführt, als es durch die einzelnen Haupthöfe geschehen würde,
4. daß die Grenzscheidung (Mauer, Zaun, Gitter u. s. w.) zwischen den betheiligten Haupthöfen nicht höher als 2 m ist,
5. ein privatrechtlicher Vertrag zwischen den betheiligten Grundbesitzern, wonach sie unter genauer Bezeichnung der zu der Hofgemeinschaft bestimmten Flächen auf den einzelnen Grundstücken sich gegenseitig verpflichten, diese Flächen zu Ungunsten der Mitbetheiligten nicht zu verändern, die Eintragung dieser Verpflichtung auf sämmtliche betheiligte Grundstücke im Grundbuche und der Nachweis dieser Eintragung der Polizeibehörde gegenüber.

Fehlt auch nur eine dieser Voraussetzungen, so würde eine der Ziffer 2 des § entsprechende grundbuchliche Eintragung keinem der betheiligten Grundstücksbesitzer einen Anspruch auf die Anwendung der besonderen unter Ziffer 1 gegebenen öffentlich-rechtlichen Ausnahmebestimmung gewähren bezw. würde ein gleichwohl erhobener dahingehender Anspruch durch polizeiliche Verfügung zurückzuweisen sein. Da insbesondere gesetzlich das Existentwerden des Anspruches auf die Anwendung der singulären Rechtsregel von der grundbuchlichen Eintragung abhängig ist, werden, so lange eine solche noch nicht erfolgt ist, die Grundbesitzer durch die Ablehnung der Anwendung jener Rechtsregel nicht in ihren Rechten verletzt, da sie noch kein Recht auf die Anwendung derselben besitzen. Auch auf die Behauptung, daß die thatsächlichen Voraussetzungen nicht vorhanden seien, welche die Polizeibehörde zu der Ablehnung berechtigt haben würde, wird die Klage solange nicht gestützt werden können, als eine grundbuchliche Eintragung überhaupt noch nicht erfolgt ist, denn eine solche bildet ja gerade die wichtigste thatsächliche und allerdings auch rechtliche Voraussetzung für die Zulassung der Hofgemeinschaft. Es mag übrigens zur Bedingung 3 darauf hingewiesen werden, daß die Polizeibehörde im Allgemeinen kein besonderes Interesse an einer Beschränkung der Grenzen einer Hofgemeinschaft haben wird, da die Berechnungsart (vgl. Anm. 7) der bei einer solchen ausnahmsweise zulässigen Höhe der umgebenden Gebäude allein schon hinreichende Sicherheit gegen einen dem öffentlichen Interesse zuwiderlaufenden Mißbrauch der fraglichen Bestimmung bietet.

3. Es können also nur die unbebauten Theile benachbarter Grundstücke zu einer Hofgemeinschaft vereinigt werden. Haupthöfe, welche zu einer Hofgemeinschaft vereinigt werden sollen, müssen jeder einzeln den Bestimmungen über die Hofgröße im § 2 Ziffer 2 entsprechen. Nur unter dieser Voraussetzung können also Haupthöfe von weniger als 80 qm Grundfläche zu einer Hofgemeinschaft vereinigt werden. Auch wenn mehr als zwei Grundstücke betheiligt werden, muß jedes derselben mit jedem anderen auf eine Länge von mindestens 6 m aneinandergrenzen, so daß also Fälle, in denen mehr als 3 Grundstücke für ein und dieselbe Hofgemeinschaft überhaupt in Frage kommen könnten, ausgeschlossen sind.

4. Unbebaut bleibende Theile heißen „Hofräume“.

5. Daß eine Grenzscheidung (Zaun, Mauer pp.) thatsächlich hergestellt wird, ist, sofern dies nicht sicherheitspolizeiliche Rücksichten erheischen, nicht einmal unbedingt erforderlich.

6. Auch aus dieser Bestimmung ergiebt sich, daß keineswegs immer die ganzen Hofflächen in die Hofgemeinschaft gezogen zu werden brauchen. (Vgl. im Uebrigen Anm. 3 und 4.)

7. Beträgt also die Abmessung zweier zu einer Hofgemeinschaft vereinigten rechtwinkligen Nachbarhöfe je 6 m, so kann auf jedem der beiden betheiligten Grundstücke ein Seitenflügel von 15 m Höhe errichtet werden. Im Uebrigen wird die in Folge der Hofgemeinschaft zuzulassende Höhe der hinteren Gebäude in der Weise zu ermitteln sein, daß

a) zunächst die Höhe des an der Hofgemeinschaft liegenden hinteren Gebäudes lediglich unter Berücksichtigung des vor ihm liegenden, zu dem betreffenden eigenen Grundstücke gehörigen Hofes bestimmt wird,

b) diejenige Höhe desselben Gebäudes bestimmt wird, die zulässig sein würde, wenn die Abmessung der ganzen vor ihm liegenden Hofgemeinschaft nach Maßgabe der Bestimmungen im § 3 in Betracht gezogen wird.

c) Die halbe Differenz der sich nach a und b ergebenden Höhen, hinzugerechnet zu der Höhe zu a, ergiebt die unter Berücksichtigung der Hofgemeinschaft gesetzlich zulässige Höhe des betreffenden Gebäudes.

Nur bei dieser Berechnungsart wird die Vorschrift „unbeschadet der Bestimmungen des § 3“ voll erfüllt.

8. Vgl Anm. 2. Die Grundstücksbesitzer haben also bei Erfüllung der sämmtlichen Voraussetzungen ein Recht auf die Anwendung der in Ziffer 1 gegebenen besonderen Bestimmung.

9. D. h. über die Grenzen dieser Flächen darf nicht hinausgebaut werden, sie müssen vielmehr, so lange die Hofgemeinschaft besteht, unbebaut bleiben; erweitert dürfen sie dagegen werden, da hierin niemals eine Veränderung zu Ungunsten der Mitbetheiligten gefunden werden kann.

10. Der Nachweis ist durch Einreichung von Grundbuchsauszügen nebst den dazu gehörigen Zeichnungen bezüglich der sämmtlichen betheiligten Grundstücke zu führen. Gleichzeitig ist der Anspruch auf Anwendung der besonderen Bestimmungen über die Hofgemeinschaft zu erheben, der zweckmäßigerweise mit dem Baugenehmigungsgesuche zu verbinden sein wird.

Den Eigenthümern benachbarter Grundstücke, für welche eine Hofgemeinschaft nach Maßgabe des § 4 der Baupolizeiordnung gebildet werden soll, ist für die grundbuchliche Eintragung durch Verfügung des Polizei-Präsidiums vom 5. November 1897 folgende Fassung empfohlen:

„Der Eigenthümer des Grundstücks (grundbuchmäßige Bezeichnung und Straße) ist gemäß § 4 der Baupolizeiordnung für den Stadtkreis Berlin vom 15. August 1897 nicht berechtigt, ohne Zustimmung des Eigenthümers des benachbarten Grundstücks (grundbuchmäßige Bezeichnung und Straße) die auf dem dem Antrage auf Eintragung angehefteten Lageplane des .... vom .... mit dem Buchstaben a, b u. s. w. a bezeichnete Hoffläche zu verändern und durch eine 2 Meter übersteigende Grenzscheidung gegen den Hofraum des vorbenannten Nachbargrundstücks abzuschließen. Eine Erweiterung der Hoffläche ist auch ohne Zustimmung des Eigenthümers des Nachbargrundstücks gestattet."

Auf dem Lageplane müssen die genauen Abmessungen der zur Hofgemeinschaft bestimmten Hoffläche eingeschrieben sein.

Bei Nachsuchung einer auf eine Hofgemeinschaft Bezug nehmenden Baugenehmigung sind von dem betreffenden Eigenthümer die bezüglichen Grundbuchauszüge sämmtlicher an der Hofgemeinschaft betheiligten Grundstücke nebst angehefteter Copie des dem Antrage auf Grundbucheintragung angehefteten Lageplanes einzureichen.

Die Bauvorlagen müssen die nach Anm. 7 zur Höhenbestimmung erforderliche Berechnung enthalten.

Die Grundbuchsauszüge nebst den Zeichnungen verbleiben bei den Akten der Baupolizeibehörde.

11. Hiernach genügt, um die öffentlich-rechtliche Beendigung der Hofgemeinschaft herbeizuführen, nicht die Löschung der eingetragenen Verpflichtung auf nur einem der betheiligten Grundstücke; vielmehr bleibt, selbst wenn die Löschung auf einem der betheiligten Grundstücke erfolgt ist, die Anwendung der besonderen Bestimmung der Ziffer 1, sowie die Beschränkung, die bestimmten Hofflächen nicht verkleinern zu dürfen, noch solange in Kraft, bis die privatrechtliche Verpflichtung auch auf allen übrigen Grundstücken gelöscht ist.

Es kann zweifelhaft sein, ob es nicht folgerichtiger gewesen wäre, die Anwendung der singulären Rechtsregel sofort außer Wirksamkeit treten zu lassen, sobald die betreffende Verpflichtung auch nur auf einem der betheiligten Grundstücke gelöscht ist, denn damit ist die privatrechtliche Grundlage, welche die Voraussetzung für den Anspruch auf die Anwendung der singulären öffentlich-rechtlichen Bestimmung bildete, jedenfalls verschoben. Auch insofern erscheint die fragliche Bestimmung nicht ohne Bedenken, als hier für ein Grundstück, obwohl es durch Löschung von der bis dahin auf ihm ruhenden privatrechtlichen Verpflichtung befreit ist, durch Polizeiverordnung die Fortdauer der Verpflichtung (die bestimmten Hofflächen nicht zu verkleinern) vorgeschrieben wird. Ob dies mit der von den höchsten Gerichtshöfen (siehe Anm. 1) grundsätzlich festgehaltenen Rechtsauffassung, daß durch P. V. neue Lasten und Rechte nicht geschaffen, vielmehr nur die Ausübung und Vollziehung von in bestehenden Gesetzen oder anderen Rechtsquellen bereits begründeten Verbindlichkeiten und Rechten geregelt werden können, vereinbar ist, erscheint nicht völlig unzweifelhaft.

Vom praktischen Standpunkte aus hat dies Bedenken indeß insofern keine besondere Bedeutung, als die Fälle, in denen die fragliche Verpflichtung nur auf einem Grundstücke gelöscht wird, zweifellos überaus selten vorkommen, im Uebrigen aber, selbst wenn das O. V. G. die in Rede stehende Bestimmung als rechtsgültig nicht anerkennen sollte, im Uebrigen die Rechtsgültigkeit des ganzen Rechtsinstitutes der Hofgemeinschaft hiervon nicht berührt werden würde.

Andererseits ist nicht zu verkennen, daß die vorliegende Bestimmung eine größere Stetigkeit des auf privatrechtlicher Basis einmal geschaffenen öffentlich-rechtlichen Zustandes verbürgt.

§ 5.

Entfernung zwischen Gebäuden [1]) [2]).

1. Zwischen allen nicht unmittelbar bei einanderstehenden Gebäuden[3]) und allen unter einander nicht unmittelbar verbundenen Theilen desselben Gebäudes muß durchweg[4]) ein freier Raum bleiben:

von mindestens 2,50 m Breite, soweit[5]) die einander gegenüberliegenden Umfassungswände keine Oeffnungen haben,

von mindestens 6 m Breite, soweit Oeffnungen in jenen Wänden vorhanden sind.

Wenn Mauer-Vorsprünge und Rücksprünge an den Hoffronten nicht mehr als 0,60[6]) m tief sind, braucht, selbst wenn der gegenüberliegende Gebäudetheil Oeffnungen enthält, gleichfalls nur eine Entfernung von 2,50 m innegehalten zu werden.[7])

2. Als gegenüberliegend gelten Wände und Gebäudetheile, deren Richtungsabweichung den Winkel von 75° nicht überschreitet.[8])

3. Von Nachbargrenzen[9]) haben Gebäude, welche nicht unmittelbar an sie herantreten, einen den Bestimmungen der Ziffer 1 entsprechenden[10]) Abstand inne zu halten.[11]) [12])

---

1. Bezüglich des (privaten) Rechts auf Licht und auf Aussicht, des Rechtes des Zwischenraumes nachbarlicher Gebäude, sowie der Einschränkung der Befugniß, vorhandenen Fenstern des Nachbars durch Vorbau das Licht zu entziehen, vgl. A. L. R. Th. I Titel 8 §§ 137 bis 147, die durch Art. 124 E. G. zum B. G. B. ausdrücklich aufrecht erhalten sind; Plenarbeschluß des Kgl. Geh. Ober-Tribunals zu §§ 139, 140, 142—144 Tit. 8 Th. I A. L. R., betr. die Ausführung neuer Bauten an nachbarlicher Grenze vom 11. Mai 1846 (M. Bl. d. i. V. 1847 S. 50 u. J. M. Bl. 1847 S. 74; Berliner Bauobservanzen Titel IV §§ 1—6, Grein, S. 78—96, Grein Baurecht, S. 94—122, Döhl die Abschnitte über „Fenster", „Luft und Licht" und „Zwischenraums-Recht"). S. auch S. 177 f. Wenn besondere Polizeigesetze, wozu auch rechtsgültig erlassene ortspolizeiliche Vorschriften gehören, ein Anderes bestimmen, kann der Nachbar nicht verlangen, daß der Bauende die in den §§ 139, 140 I 8 A. L. R. vorgeschriebenen Entfernungen innehalte. Im vorliegenden § 5 ist ein derartiges von der Vorschrift des § 139 abweichendes besonderes Polizeigesetz zu finden. Vgl. im Uebrigen Anm. 11 zu § 7.

2. Die hier gegebenen auf feuerpolizeilichen Rücksichten beruhenden Bestimmungen greifen Platz ohne Unterschied, ob feuergefährliche oder sonstige Gebäude in Frage stehen.

3. Auf einem Grundstück dürfen hiernach die verschiedenen Gebäude unmittelbar an einander gebaut werden, desgleichen die einzelnen Theile desselben Gebäudes unmittelbar verbunden werden. Zwischen nicht unmittelbar mit einander verbundenen Gebäuden und zwischen allen nicht unmittelbar mit einander verbundenen Theilen desselben Gebäudes müssen die bestimmten Entfernungen innegehalten werden.

4. D. h. an allen Punkten der gegenüberliegenden Umfassungswände.

5. Das „soweit" stellt klar, daß die einander gegenüberliegenden, mit Oeffnungen versehenen Umfassungswände nicht in ihrer ganzen Ausdehnung den Abstand von 6 m innehalten müssen, sondern nur mit denjenigen Theilen, in welchen sich Oeffnungen befinden; soweit sie keine Oeffnungen haben, genügt ein Abstand von 2,50 m. Die Entfernung von 6 m ist innezuhalten, wenn bezw. soweit auch nur eine der gegenüberliegenden Umfassungswände Oeffnungen hat. Daß auch geschlossene Vorbauten und Erker als Theile eines Gebäudes im Sinne der hier gegebenen Bestimmung anzusehen sind, ergiebt sich aus § 14b., der im Uebrigen Sonderbestimmungen bezüglich der Entfernungen der äußersten Ausladungen von Balkonen und offenen Galerien unter sich, gegenüber den Umfassungswänden und den Nachbargrenzen enthält. Die auf die §§ 4 und 12 der B. P. O. vom

15. Januar 1887 sich gründende Rechtsauffassung des O. V. G., wonach gewöhnliche Erker nicht als Gebäudetheile im Sinne des § 4 a. a. O. anzusehen seien (O. V. G. E. vom 18. September 1895 IV 1275) hat durch die abgeänderte Fassung der bezüglichen Bestimmungen ihre rechtliche Grundlage verloren. (Vgl. O. V. G. E. vom 22. April 1887, Pr. V. Bl. VIII S. 385.)

6. D. h. Risalitvorsprünge bis zu 0,60 m werden im Verhältniß zu anderen Theilen desselben Gebäudes als nicht vorhanden angesehen.

7. Die Bestimmung entspricht der von dem P. Pr. schon früher geübten Praxis.

8. Nach der früheren Bauordnung war es eine in jedem Falle zu prüfende Thatfrage, ob die Umfassungswände bei den sonstigen Voraussetzungen des § 5 auch als einander gegenüberliegende anzusehen waren oder nicht. O. V. G. E. vom 17. April 1888 II. 432. Nach der nunmehr gegebenen Bestimmung sind überhaupt nicht mehr als gegenüber liegend solche Wände und Gebäude zu betrachten, deren Neigungswinkel zu einander mehr als 75° beträgt. Damit ist für die praktische Handhabung der Bestimmung viel gewonnen. Beträgt der Neigungswinkel zweier Wände oder Gebäudetheile 75° oder weniger, so müssen diese, wenn und soweit sie keine Oeffnungen haben, mindestens 2,50 m von einander entfernt bleiben. Das zur Abmessung der Entfernung erforderliche Loth muß, in jedem beliebigen Punkte der beiden gegenüberliegenden Wände errichtet, bis zum Schnittpunkte mit der gegenüberliegenden Wand mindestens 2,50 m lang sein. Sind nur in einer der gegenüberliegenden Wände Oeffnungen vorhanden, so muß das in irgend einem Punkte dieser Wand errichtete Loth bis zum Schnittpunkte mit der gegenüberliegenden Wand mindestens 6 m betragen. Sind in beiden gegenüberliegenden Wänden Oeffnungen vorhanden, so darf kein auf irgend einem Punkte der in Betracht kommenden Wandstrecken errichtetes Loth die gegenüberliegende Wand in einer geringeren Entfernung als 6 m treffen.

9. Hierbei kommt es nicht darauf an, ob das Nachbargrundstück einem anderen Eigenthümer gehört. Denn für die Frage, ob es sich um ein bebautes Grundstück oder um mehrere selbstständige und deswegen gegeneinander abgegrenzte Grundstücke handelt, ist keineswegs die Frage nach dem Eigenthum an Grund und Boden entscheidend, sondern die Frage, ob die räumlich zusammenhängenden Grundstücke in der Hand eines und desselben Eigenthümers eine wirthschaftliche Einheit bilden. O. V. G. E. v. 24. April 1897, Pr. V. Bl. XIX S. 50. Hiernach müssen die Gebäude entweder unmittelbar an die Nachbargrenze herantreten oder aber mindestens 2,50 m von derselben entfernt bleiben, wenn die der Nachbargrenze gegenüberliegende Wand keine Oeffnungen hat und 6 m, wenn in dieser Wand Oeffnungen vorhanden sind. Das zur Abmessung der Entfernung eines Gebäudes von der Nachbargrenze erforderliche Loth ist nicht auf der Nachbargrenze, sondern auf der Wand des Gebäudes zu errichten. O. V. G. E. vom 13. Mai 1890, IV 500 und E. Bd. XXVIII, S. 359. Hierin hat auch bei der neuen Fassung nichts geändert werden sollen.

10. Hieraus folgt, daß auch für das Verhältniß eines Gebäudes zur Nachbargrenze die Bestimmung der Ziffer 2 dieses § gilt, das heißt: wenn die Richtungsabweichung der in Frage kommenden Wand des Gebäudes einerseits und der Nachbargrenze andrerseits mehr als 75° beträgt, so greifen die Bestimmungen über das Abbleiben von der Nachbargrenze überhaupt nicht Platz. Im Winkel von mehr als 75° kann also jedes Gebäude an die Nachbargrenze gesetzt werden. Die der letzteren zugekehrte Wand des Gebäudes liegt ihr alsdann im Sinne des Gesetzes nicht mehr gegenüber.

11. Ausnahmen zuzulassen, ist hiernach die Polizeibehörde nicht befugt und können Abweichungen von den Bestimmungen nur im Wege des Dispenses erreicht werden.

12. Besondere Bestimmungen über die Abwendung von Feuersgefahr von den in der Nähe von Eisenbahnen befindlichen Gebäuden enthält die nachstehende Pol.-Verordnung vom 16. December 1880 (A.-Bl. S. 471):

Auf Grund der §§ 5, 6 und 11 des Gesetzes über die Polizei-Verwaltung vom 11. März 1850 (G. S. pag. 265) verordnet das Polizei-Präsidium nach Berathung mit dem Gemeinde-Vorstande für den Polizeibezirk der Stadt Berlin, was folgt:

§ 1.

Gebäude und Gebäudetheile, welche weder von unverbrennlichem Material hergestellt, noch durch Rohrputz oder in sonstiger gleich wirksamer Weise gegen Entzündung durch Funken gesichert sind, sowie ferner alle Oeffnungen in Gebäuden, welche nicht durch mindestens 1 cm starkes, nach allen Seiten hin fest eingemauertes Glas abgeschlossen sind, müssen von Eisenbahnen eine von der Mitte des nächstbelegenen Schienengleises zu berechnende Entfernung von mindestens 4 Meter innehalten.

Für Gebäudetheile und Oeffnungen, welche unterhalb der Schienenoberkante liegen, tritt an Stelle des Entfernungsmaßes von 4 Meter ein solches von 5 Meter. Gebäudetheile und Oeffnungen, welche mehr als 7 Meter oberhalb der Schienenoberkante liegen, sind den vorstehenden Beschränkungen nicht unterworfen.

Die Errichtung von Gebäuden und Gebäudetheilen, sowie die Anlage von Oeffnungen der gedachten Art über die in Absatz 1 und 2 bezeichneten Grenzen hinaus ist statthaft, wenn nach Lage der Verhältnisse auch bei geringerer Entfernung von der Mitte des nächsten Schienengeleises die Feuersgefahr für ausgeschlossen zu erachten ist.

§ 2.

Die Abänderung bei der Anlage von Eisenbahnen bereits bestehender Gebäude und Oeffnungen, den Bestimmungen des § 1 entsprechend, ist nur dann zu fordern, wenn überwiegende Gründe der Sicherheit die Aenderung erheischen.

§ 3.

Auf die zu dem Betriebe einer Eisenbahn erforderlichen Gebäude findet die vorstehende Polizeiverordnung keine Anwendung.

§ 4.

Die Polizei-Verordnung über die Abwendung von Feuersgefahr bei den in der Nähe von Eisenbahnen befindlichen Gebäuden und lagernden Materialien vom 26. Februar 1875 (Amtsblatt vom 26. März 1875 pag. 105) wird, soweit sie den Polizeibezirk der Stadt Berlin betrifft, hiermit aufgehoben.

Berlin, den 16. Dezember 1880.

Königliches Polizei-Präsidium.
v. Madai.

Diese P. V. ist weder bei Erlaß der B. P. O. vom 15. Januar 1887 noch bei Erlaß der vorliegenden mit aufgehoben worden und besteht somit nach dem Rechtsgrundsatze: Lex posterior non derogat priori speciali (vgl. Einleitung zum A. L. R. § 61) als lex specialis noch zu Recht. Sie hat der B. P. O. gegenüber die Bedeutung, daß die Entfernung der von ihr betroffenen Gebäude oder Gebäudeteile bezw. der Oeffnungen nicht nach § 5 der letzteren, sondern nach den Spezialbestimmungen der P. V. zu behandeln ist.

§ 6.

Konstruktion und Baustoffe.[1])

1. Gebäude sind in allen Theilen nach den Regeln der Technik aus guten, zweckentsprechenden Baustoffen herzustellen.[2])

2. Die Anforderungen, welche an die Festigkeit der Baustoffe zu stellen, die Zahlen, welche der Festigkeitsberechnung zu Grunde zu legen, die Belastungen, welche für den Baugrund und die einzelnen Gebäudetheile zulässig sind, sowie sonstige Konstruktionsvorschriften werden durch die Polizeibehörde, so oft und soweit sie es für erforderlich erachtet[3]), bekannt[4]) [5]) gemacht.

1. Vgl. § 19 der B. P. O. vom 15. Januar 1887.

2. Jeder Bau ist seinem Zwecke entsprechend sicher und fest unter Beachtung der allgemein anerkannten Regeln der Technik derart auszuführen, daß dadurch den Rücksichten auf Leben und Gesundheit entsprochen wird. Die baupolizeiliche Kontrole erstreckt sich demgemäß auf die Ausführung aller einzelnen Bautheile, die Konstruktionen, die Beschaffenheit und Inanspruchnahme der Materialien, die Belastung des Baugrundes und der einzelnen Bautheile. Vgl. R. St. G. B. § 330, S. 12. Danach ist die Verwendung von mangelhaftem Baumaterial, die Inangriffnahme eines Baues ohne hinreichende Absteifung und Sicherung der Nachbargebäude oder der ausgeschlachteten Baugrube u. s. w. unter Umständen geeignet, eine Bestrafung aus § 330 herbeizuführen.

3. Mithin ist der Polizeibehörde nicht die Pflicht, sondern nur das Recht zum Erlaß derartiger Bekanntmachungen beigelegt worden. Auch ohne derartige Bekanntmachungen sind eine Reihe von Forderungen, welche seitens des Polizei-Präsidiums hinsichtlich der Konstruktion u. s. w. grundsätzlich gestellt werden, in den Kreisen des bauenden Publikums allmählich allgemein bekannt geworden und finden bei Aufstellung der Projekte Berücksichtigung. Bei dem Erlasse der auf § 6 bezw. § 19 der B. P. O. vom 15. Januar 1887 (vgl. unten § 43 Ziffer 1) sich stützenden Bekanntmachungen wird an dem Grundsatze festzuhalten sein, daß die Polizeibehörde mit ihren Anforderungen nicht weiter gehen darf, als zur Erreichung ihrer gesetzlichen Ziele unbedingt erforderlich ist. (Vgl. O. V. G. E. Bd. I S. 314.)

Soweit nicht die B. P. O. selbst oder die auf Grund des § 6 (bezw. § 19) erlassenen allgemeinen Bekanntmachungen über den einschlagenden Gegenstand erschöpfende Bestimmungen treffen, sind die diesbezüglichen Anordnungen lediglich auf den § 10 II 17 A. L. R. zu stützen und haben sich innerhalb der der polizeilichen Thätigkeit daselbst gezogenen Grenzen zu halten, beispielsweise wenn es sich im einzelnen Falle um genauere Vorschriften über die Ausführung von Fundamentirungen handelt, über die weder die B. P. O. noch allgemeine Bekanntmachungen etwas Näheres enthalten. (Vgl. O. V. G. E. Bd. VII S. 320 und vom 10. Januar 1884, P. V. Bl. V S. 178.)

4. Auf Grund dieser Bestimmung bezw. des § 19 der B. P. O. vom 15. Januar 1887 hat das Polizeipräsidium bisher folgende Bekanntmachungen erlassen:

a) betr. die Verwendung gußeiserner Säulen:

Bekanntmachung vom 4. April 1884.

Das bauende Publikum wird hierdurch davon in Kenntniß gesetzt, daß das Polizei-Präsidium aus feuerpolizeilichen Gründen sich veranlaßt sieht, bei Prüfung und Genehmigung von Bauprojekten hinsichtlich der Verwendung gußeiserner Säulen nach folgenden Grundsätzen zu verfahren:

In Gebäuden, deren untere Geschosse zu Geschäfts- und Lagerzwecken und deren obere Geschosse zu Wohnzwecken benutzt werden, dürfen gußeiserne Säulen, welche gegen die unmittelbare Einwirkung des Feuers nicht geschützt sind, unter den Tragewänden des Hauses fernerhin keine Verwendung finden.

An Stelle derselben werden gestattet werden:

a) Säulen aus Schmiedeeisen (mit gluthsicherer Umhüllung),
b) Säulen aus Gußeisen, sobald dieselben mit einem durch eine Luftschicht von der Säule isolirten, unentfernbaren Mantel von Schmiedeeisen umgeben sind,
c) Pfeiler aus Klinkern in Cementmörtel.

Berlin, den 4. April 1884.

Königliches Polizei-Präsidium.
(gez.) von Madai.

Von der gluthsicheren Umhüllung wird bei den an den Gebäudefronten, insbesondere bei Schaufenstereinrichtungen zur Verwendung kommenden Säulen in der Regel abgesehen. Die gluthsichere Umhüllung kann z. B. durch Drahtputz, durch eine Bekleidung mit Asbest unter Belassung einer Luftschicht, oder durch Chamotte hergestellt werden. Eisenblech mit Hohlraum genügt nicht. Granitpfeiler im Innern von solchen Gebäuden, in welchen leicht brennbare Stoffe lagern, also in Speichern, Kaufhäusern pp. sind durch Umhüllung gegen Feuer zu schützen.

b) betr. die Eigengewichte bei Baumaterialien, die Eigengewichte und Belastung von Bautheilen, sowie die zulässige Beanspruchung von Baumaterialien, die Bekanntmachung vom 21. Februar 1887, Nr. 27.

c) betr. die Verwendung von Ziertheilen aus Stuck u. s. w. die Bekanntmachung vom 1. April 1887, Nr. 26.

5. Von sonstigen bei der Prüfung der Bauprojekte und der Ueberwachung der Bauausführung seitens des Polizeipräsidiums befolgten Grundsätzen baupolizeilichen bezw. bautechnischen Charakters mögen hier folgende erwähnt werden:

a. Als Wandstärken werden in der Regel verlangt in cm:

	bei Wohngebäuden:						bei Fabrikgebäuden:				
	Frontwand mit Oeffnungen mit Balkenlast	Mittelwand mit Oeffnungen mit Balkenlast	Giebelwand ohne Oeffnungen ohne Balkenlast	Hohe Wand ohne Oeffnungen mit Balkenlast	Giebelwand mit Oeffnungen ohne Balkenlast	Treppenwand	Frontwand mit Oeffnungen mit Balkenlast	Mittelwand mit Oeffnungen mit Balkenlast	Giebelwand ohne Oeffnungen ohne Balkenlast	Hohe Wand ohne Oeffnungen mit Balkenlast	Treppenwand
Dachgeschoß	25		25	25	25	25	25		25	25	25
IV. Stockwerk	38	38	25	38	25	25	38	38	25	38	25
III. "	38	38	25	38	25	25	51	38	25	38	25
II. "	51	38	25	38	38	25	51	38	38	51	25
I. "	51	38	38	51	38	25	64	51	38	51	38
Erdgeschoß	64	51	38	51	51	38	77	51	51	64	38
Kellergeschoß	77	51	51	64	51	38	90	64	51	77	51
Fundamentmauer	90	64	64	77	64	51	103	77	64	90	64

$^1/_2$ Stein starke Scheidewände dürfen nur in 4 aufeinander folgenden Geschossen wiederkehren, in den darunter liegenden Geschossen sind dieselben um $^1/_2$ Stein zu verstärken. Die hier aufgeführten Maße können nur als ungefährer Anhalt dienen für die in einem gewöhnlichen Berliner Wohnhause oder einem einfachen Fabrikgebäude im Allgemeinen für ausreichend zu erachtenden Wandstärken. Als unbedingte Regel können sie indeß nicht angesehen werden, vielmehr erscheint die Aufstellung einer solchen bei der außerordentlichen Mannigfaltigkeit der baulichen Einrichtung und Zweckbestimmung der Gebäude völlig ausgeschlossen.

b. Hinsichtlich der Verwendung eiserner Stützen in Umfassungswänden und belasteten Wänden der Gebäude wird in Gemäßheit der Verfügung des Polizei-Präsidiums vom 23. August 1892 nach folgenden Grundsätzen verfahren:

Für die Oeffnungen zwischen den gemauerten Pfeilern ist unter Umständen ein größeres Lichtmaaß als 6 m zuzulassen, sofern im Uebrigen das Verhältniß zwischen gemauerten und eisernen Stützen die nöthige Sicherheit gewährleistet.

Bei eisernen Stützen und Mauerpfeilern von kleinem Querschnitt ist mit Rücksicht auf mögliche schiefe Belastungen, Erschütterungen und dergl. eine größere Sicherheit dadurch einzuführen, daß zu den rechnungsmäßig ermittelten Belastungen entsprechende Zuschläge gemacht werden. Die durch die Bekanntmachung vom 21. Februar 1887 bezw. 18. Juli 1898 festgesetzten zulässigen Beanspruchungen der Materialien sind in derartigen Fällen unverändert in den statistischen Berechnungen beizubehalten. (Vgl. Anm. 4b.)

c. Bei Wellblechkonstruktionen wird zu der rechnungsmäßig sich ergebenden Stärke noch eine Zusatzstärke von 1 mm gefordert, um den durch Rosten entstehenden Folgen bezüglich der Tragfähigkeit vorzubeugen.

d. Da auf eine Verbindung von Mörtel und Mauersteinen bei einer Kälte von mehr als 3° R. erfahrungsmäßig mit Sicherheit nicht zu rechnen ist, wird zur Verhütung von Unglücksfällen das Mauern, abgesehen von geringfügigen Bauausführungen, bei größerer Kälte nicht zugelassen. Wird auf der Baustelle zum Mauern ungeeigneter Sand als Mauersand verwendet, werden die Bauarbeiten bis zur Abfuhr desselben und Anfuhr geeigneten Mauersandes inhibirt.

e. Bei Eisenkonstruktionen wird grundsätzlich die gluhtsichere Umhüllung der freiliegenden Theile gefordert, insbesondere also auch der unteren Flansche der Träger. Vgl. Anm. 4a.

f. Gute Verankerung aller Mauern, Balkenlagen, Gewölbe u. s. w. wird gefordert.

g. Ueber die hinsichtlich des Winddruckes und der excentrischen Belastung zu fordernden Nachweise sind durch Verfügung vom 19. August 1896 No. 290 III G. R. folgende Bestimmungen getroffen:

Es werden gefordert:

I. Berechnungen auf Winddruck nur bei

a) Neu- und Umbauten von Thürmen hinsichtlich der Standfähigkeit der Thurmhelme gegen Winddruck. Bei der Berechnung von Helmen in Holz- und Eisenkonstruktion ist derjenige Zustand des Helmes vorauszusetzen, in welchem er sich nach Herstellung der Lattung oder Schalung vor der Aufbringung der Deckung befindet. (Vgl. Erlaß des Ministers der öffentlichen Arbeiten vom 17. März 1896 — III 2986 —.)

b) Herstellung hoher Schornsteine (Dampfkessel-Schornsteine), sofern dieselben mit geringeren als den erfahrungsmäßig ausreichenden Wangenstärken ausgeführt werden sollen,

c) verbundenen Gerüsten von mehr als 10 m Höhe; in welcher Weise die Gerüste nöthigenfalls durch Verankerung und Versteifung gegen Umkippen gesichert werden sollen, muß aus den vorgelegten Zeichnungen zu ersehen sein. Im Uebrigen bleibt bezüglich der verbundenen Gerüste der § 10 der Polizei-Verordnung vom 14. September 1855 (Gerüstordnung) zu beachten. M. Erl. vom 6. April 1898, M. Bl. S. 97, Bekanntmachung des Polizei-Präsidenten vom 29. Mai 1898.

d) Als maßgebend für die Standfestigkeitsberechnungen gilt das durch den Erlaß des Ministers d. ö. A. v. 25. Juli 1889 — III 13597 — zur Kenntniß der nachgeordneten Behörden gebrachte Gutachten der Akademie des Bauwesens (Centralblatt der Bauverwaltung von 1889 No. 31). Hiernach ist als umstürzende Kraft nicht weniger als 125 kg für das Quadratmeter einer normal zur Windrichtung gerichteten ebenen Fläche anzunehmen, auf Zugfestigkeit des Mörtels aber nicht zu rechnen.

II. Berechnungen auf excentrische Belastungen nur in außergewöhnlichen Fällen nach eingeholter Zustimmung des betreffenden technischen Decernenten.

In den meisten im Hochbau vorkommenden Fällen excentrischer Belastung wird es genügen, einen entsprechenden Zuschlag (bis zu 50%) der für centrische Belastung nothwendigen Sicherheit zu verlangen, von rechnerischen Nachweisungen mit Bezug auf die Excentricität dagegen abzusehen.

h. Als feuersicher werden angesehen Drahtglasplatten der Aktiengesellschaft für Glasindustrie, vormals Friedrich Siemens, in Dresden. Mit Glasbausteinen (System Falconier) sind bisher in Berlin genügende Erfahrungen, welche ein abschließendes Urtheil über dieselben zuließen, noch nicht gemacht worden. Als vollwerthiger Ersatz für massive Wände können sie keinesfalls angesehen werden.

i. Zur Verhütung von Unglücksfällen, welche durch das Abbrechen der auf Gebäuden befindlichen hölzernen Fahnenstangen herbeigeführt werden können, wird seitens des

Polizei-Präsidiums auf Gebäuden nur noch die Aufstellung schmiedeeiserner Fahnenstangen gestattet, welche sicher befestigt und mit einem Blitzableiter versehen sein müssen. Zu letzteren kann ein Metalldraht verwendet werden, welcher mindestens dieselbe Leitungsfähigkeit wie die Fahnenstange selbst besitzt, und entweder bis ins Grundwasser zu leiten und hier mit einer gehörig großen Grundplatte versehen oder an ein Wasserleitungsrohr angeschlossen sein muß. Die Besitzer hölzerner Fahnenstangen haben alle zwei Jahre durch Bescheinigung von Sachverständigen die fortdauernde Haltbarkeit derselben nachzuweisen. Vgl. § 80 A. L. R. I 8, wonach es zur Anbringung eines Blitzableiters der polizeilichen Genehmigung bedarf.

§ 7.

Massive Wände.[1])

1. Die Umfassungswände[2]) und die Decken tragenden Wände der Gebäude[3]) ebenso wie alle Vorbauten[4]) mit Ausnahme von Wildfängen[5]) sind, soweit §§ 8 bis 10 nicht anderes bestimmen[6]), massiv[7]) herzustellen[8]).

2. An Stelle der massiven Wände kann[9]) mit Rücksicht auf die örtlichen Verhältnisse[10]) und die Benutzungsart der Baulichkeiten die Ausführung in Eisenfachwerk oder Eisenwellblech zugelassen werden.

3. [11]) Wenn Gebäude unmittelbar an die Nachbargrenzen[12]) herantreten oder ihnen in weniger als 6 m Entfernung gegenüberliegen (§ 5 Ziffer 2)[13]), sind sie mit Brandmauern[14]) abzuschließen, welche durchweg[15]) wenigstens 0,25 m stark sein und undurchbrochen durch alle Geschosse mindestens 0,20 m über Dach geführt werden müssen.[16]) [17])

4. Zur Erleuchtung von Innenräumen sind jedoch Oeffnungen mit mindestens 0,01 m starkem, fest eingemauerten Glasverschlusse statthaft, wenn sie nicht mehr als 500 qcm Fläche haben und in jedem Geschosse auf einer Wandlänge von 3 m[18]) nur einmal vorkommen.

5. Im Innern von Gebäuden muß mindestens auf je 40 m Entfernung eine massive Mauer der in Ziffer 3 angegebenen Art hergestellt werden;[19]) Verbindungsöffnungen in dieser Mauer sind zulässig, müssen aber in den Dachräumen mit feuer- und rauchsicheren,[20]) selbstthätig zufallenden, nicht fest verschließbaren Thüren versehen werden. Die Herstellung solcher Brandmauern kann erlassen werden, soweit und solange sie mit der besonderen Nutzungsart eines Gebäudes unvereinbar sind.[21])

6. Nachbargebäude, welche an der gemeinsamen Grenze unmittelbar bei einander errichtet werden, sind je durch eine selbstständige, den vorstehenden Vorschriften entsprechende Brandmauer abzuschließen.[22])

7. Es kann jedoch zugelassen werden, daß Brandmauern zwischen Nachbargrundstücken zum Zwecke und für die Dauer einer bestimmten einheitlichen Benutzung[23]) durch Oeffnungen durchbrochen werden. Diese sind dann aber

mit feuer- und rauchsicheren, selbstthätig zufallenden Thüren zu versehen, welche, wenn eine Verbindung zwischen benachbarten Innenräumen beabsichtigt wird, nicht fest verschließbar sein dürfen.

---

1. Die hier gegebenen, ihrer Grundidee nach sich in fast allen Baupolizeiverordnungen wiederholenden Bestimmungen beruhen vorwiegend auf der feuerpolizeilichen Erwägung, daß die Beschaffenheit der Wand im Allgemeinen ausschlaggebend für ein Weitertragen oder Einhalten eines Brandes ist. Neben diesen feuerpolizeilichen sind indeß auch sicherheitspolizeiliche, bautechnische Erwägungen bestimmend gewesen. Die Bestimmungen sind öffentlichen Rechts und unterliegen nicht der Abänderung durch Privatverträge. Die Behörde kann also durch die Erklärung der betheiligten Privaten niemals von deren Handhabung entbunden werden. O. V. G. E. VI. S. 303 und vom 19. Januar 1894, Pr. V. Bl. XV S. 242.

2. Daß ein jedes Gebäude, sofern nicht die Bestimmung in Ziffer 3 Platz greift, unbedingt Umfassungswände haben muß, ist daraus nicht zu folgern. Es ist daher die Genehmigung von offenen Schuppen aus Eisenkonstruktion, wie sie vielfach auf Lager- und Arbeitsplätzen errichtet werden, auch ohne Dispens zulässig. Dieselben fallen an sich nicht unter die in den §§ 8 und 9 behandelten Baulichkeiten, sondern sind Gebäude im Sinne des § 7.

3. Baulichkeiten, welche keine Gebäude sind, bedürfen keiner massiven Umfassungswände, können also aus Holz, Wellblech, Gipsdielen, Monierplatten, Drahtputz und ähnlichen Baumaterialien nach Maßgabe der jedesmaligen Verhältnisse bestehen (vgl. § 9.)

4. Also zutreffenden Falles auch Balkons, Erker; Veranden (vgl. § 9 Ziffer 1) sind nicht als Vorbauten zu behandeln und dürfen daher aus den a. a. O. aufgeführten Materialien hergestellt werden.

5. Windfänge unterliegen hiernach bezüglich des Materials keiner Beschränkung; sie dürfen also auch in Holz ausgeführt werden, müssen aber in jedem Falle feuersicher gedeckt werden. (Vgl. § 12.)

6. D. h. Gebäude in Holzfachwerk, Schuppen, Buden u. s. w. zulassen.

7. Damit bringt das Gesetz zum Ausdruck, daß eine allgemeine und ausreichende Gewähr gegen Feuersgefahr durch eine andere als massive Bauart überhaupt nicht geboten wird. O. V. G. E. vom 23. März 1885 Pr. V. Bl. VI S. 272. Diese baurechtliche Norm schließt es aus, in den speziellen Baufällen noch besonders thatsächlich zu erörtern, ob die Zulassung von nicht massiven Wänden bei solchem Bau schädlich oder gefährlich ist. Der allgemeinen Vorschrift hat sich vielmehr der Bauherr in jedem Falle zu fügen. O. V. G. E. Bd. XIII S. 395. Unter massiver Herstellung ist lediglich die Herstellung aus Stein zu verstehen. Fachwerkswände sind in Massivbauten unzulässig.

8. Vgl. O. V. G. E., Bd. IV S. 350, Bd. VI S. 307, Bd. X S. 302, Bd. XVIII S. 367.

9. Andere Ausführungen als in Eisenfachwerk oder in Eisenwellblech darf die Polizeibehörde also an Stelle der massiven Wände auch ausnahmsweise nicht zulassen, vielmehr können solche nur im Dispenswege zugelassen werden.

10. Bei sehr beschränkten Raumverhältnissen wird sich die Bestimmung als eine außerordentliche Vergünstigung erweisen.

11. Vorbemerkung über das Fensterrecht (vgl. § 5 Anm. 1):

1. (Privatrecht.) Gegen die Bestimmung der Ziffer 3 ist aus § 138 A. L. R. I 8 ein rechtliches Bedenken nicht zu entnehmen. Die durch das B. G. B. aufrecht erhaltenen (siehe S. 10) §§ 137 ff. daselbst sind wesentlich privatrechtlicher Natur. Für Berlin gelten nun in denjenigen Stadttheilen, die am 1. Juni 1794, dem Tage des Inkrafttretens des Allgemeinen Landrechts, bereits zu Berlin gehörten, die bereits vor diesem Zeitpunkt in Kraft befindlichen „Spezialbauobservanzen für Berlin“, die wesentlich das Nachbarrecht regeln, noch heute, da nach dem Publikationspatent zum Landrecht Nr. III die Rechtsnormen bestehen blieben, deren Geltungs-

bereich sich nicht über einzelne Ortschaften erstreckte (Statuten) desgleichen die Provinzialgesetze. In den seitdem aber in Berlin einverleibten Stadttheilen gelten diese Bestimmungen nicht, sondern, soweit diese Materien in Betracht kommen, die Vorschriften des Allgemeinen Landrechts, da bei dessen Einführung für diese damals nicht städtischen Theile spezielle Rechtsnormen für das Nachbarrecht nicht bestanden. Erk. des Reichsgerichts, V Civilf. v. 6. October 1897, Pr. V. Bl. XIX S. 94. Zu diesen Stadttheilen gehören die am 1. Januar 1861 der Stadt einverleibten Gebiete, insbesondere die Stadttheile Moabit, Wedding, Gesundbrunnen, und die vom Landwehrkanal südlich gelegenen, früher zu Charlottenburg, Tempelhof, Schöneberg und der Hasenhaide gehörigen Gebiete. Ferner gehört dazu der 1881 einverleibte Thiergarten.

Der Unterschied des Rechts ist sehr wesentlich. In den alten Theilen Berlins hat nach den „Bauobservanzen" jeder Grundstückseigenthümer das Recht, durch Ausführung eines Neubaus dem Nachbarn die Fenster zu verbauen, selbst wenn diese Fenster hundert Jahre und darüber bestanden haben. Erk. des Obertrib. in den Entsch. dess. Bd. 45, S. 73 ff. u. Striethorst Archiv Bd. 12, S. 312, Bd. 42, S. 12, Bd. 69, S. 310. Demgegenüber ist nur der Erwerb eines Untersagungsrechts durch Verjährung möglich und wirksam, (vgl. Erk. des R. G. vom 1. Juli 1884 Pr. V. Bl. V S. 374) bezw. der Erwerb einer servitus ne luminibus officiatur. Dagegen kann ein Anspruch auf Wiederbeseitigung angelegter Fenster Seitens des Nachbars nicht erhoben werden, wenn er selbst oder sein Rechtsvorgänger ausdrücklich die Einwilligung zur Anlegung der Fenster ertheilt hat. (Vgl. Striethorst Archiv Bd. 40, S. 32, Bd. 98, S. 94). Der frühere „Grüne Graben" in Berlin, bei dem die beregte Frage wiederholt streitig geworden ist, war, solange er als Wasserfläche existirte und dem öffentlichen Verkehr diente, niemals als öffentliche Straße anzusehen, die dazu bestimmt gewesen wäre, den Häusern Licht zu gewähren. R. G. E. v. 19. Januar 1887 V 275/86 in der Jurist. Wochenschrift Bd. XVI S. 74 und v. 4. Juli 1896, V 129/96.

In den neuen Stadttheilen muß dagegen nach dem Landrecht der Grundstückseigenthümer mit seinem Neubau soweit zurückbleiben, daß der Nachbar, dessen Gebäude seit zehn Jahren Fenster hat, aus den ungeöffneten Fenstern den Himmel erblicken kann, und zwar entweder aus den Fenstern des zweiten Stockwerks oder aus denen des untern Stockwerks, je nachdem der Raum, dem die Fenster dienen, noch von einer andern Seite Licht hat oder nicht. Diese Verschiedenheit des Berliner Privatrechts wird auch nach dem Inkrafttreten des Bürgerlichen Gesetzbuches für das Deutsche Reich bestehen bleiben. Der § 903 dieses Gesetzbuchs bestimmt, daß der Eigenthümer einer Sache, soweit nicht das Gesetz oder die Rechte Dritter entgegenstehen, mit der Sache nach Belieben verfahren und Andere von jeder Einwirkung ausschließen kann. Und nach § 905 erstreckt sich, wie bisher, das Recht des Eigenthümers eines Grundstücks auf den Raum über und auf den Erdkörper unter der Oberfläche. Das Bürgerliche Gesetzbuch enthält keine Bestimmung darüber, daß der bauende Eigenthümer auf die Fenster des Nachbars Rücksicht zu nehmen hat. Nach diesem Gesetzbuch kann er danach die Fenster des Nachbars verbauen. Dies gilt aber wieder nicht unbedingt. Denn es kommt einschränkend der Vorbehalt in Art. 124 des Einführungsgesetzes in Betracht. S. S. 10. Es bleibt also auch die Eigenthumsbeschränkung, die in der Unzulässigkeit eines Baues liegt, der dem Nachbar die vorhandenen Fenster beeinträchtigt, weiter bestehen, wo sie bisher gilt. Es wird dagegen keine solche Beschränkung eingeführt, wo sie bisher nicht besteht.

2. (Oeffentliches Recht.) Bis zum Erlaß der Verordnung des Kgl. Gouvernements und Polizei-Präsidiums hiesiger Residenz vom 9. Februar 1842 (A. Bl. der Kgl. Regierung zu Potsdam S. 63) fehlte es an einer Vorschrift, durch welche für die Anbringung von Fenstern oder Oeffnungen in den der Straße nicht zugekehrten Wänden die Einholung einer baupolizeilichen Genehmigung vorgeschrieben war.

Erst die bezeichnete Verordnung führte für Thüren und Fenster, welche auf benachbarte Grundstücke führen, die Genehmigungspflicht ein. Die dadurch geschaffene Beschränkung der Baufreiheit steigerte sich in weiterer Fortbildung des Rechts bis zu dem Verbote im § 41 der B. P. O. vom 21. April 1853, auch in dessen durch die P. V. vom 12. März 1860 erfolgten Ergänzung. Dies Verbot ist im Wesentlichen wiederholt im § 5 der B. P. O. vom 15. Januar 1887 bezw. im § 7 der vorliegenden. O. V. G. E. vom 3. Dezember 1883 P. V. Bl. V S. 114.

Für die praktische Handhabung der Bestimmungen, hinsichtlich der Fenster, welche auf benachbarte Grundstücke führen, ergiebt sich hiernach Folgendes:

a. Vor Erlaß der Verordnung vom 9. Februar 1842 angelegte Fenster bestehen in jedem Falle zu Recht.

b. Nach Erlaß jener Verordnung bis zum Erlaß der B. P. O. vom 21. April 1853 angelegte Fenster bedürfen in jedem Falle der baupolizeilichen Genehmigung und liegt daher, sofern für dieselben eine solche nicht nachgewiesen werden kann, in dem Alter der Einrichtungen kein Schutz gegen die Anwendung des sich aus der späteren Gesetzgebung (insbesondere des § 41 der B. P. O. vom 21. April 1853 bezw. § 5 der B. P. O. vom 15. Januar 1887 und § 7 der vorliegenden B. P. O.) ergebenden Rechts.

c. Fenster, welche in der Zeit nach dem Erlaß der B. P. O. vom 21. April 1853 bis zum Erlaß der P. V. vom 12. März 1860 in Wänden, die an des Nachbars Grenze stehen oder gegenüber dieser Grenze weniger als 17' von derselben entfernt sind, angelegt sind, konnten in keinem Falle baupolizeilich genehmigt werden und bestehen daher auch in keinem Falle zu Recht.

d. Bezüglich der nach Erlaß der P. V. vom 12. März 1860 bis zum Erlaß der B. P. O. vom 15. Januar 1887 angelegten Fenster gilt die Regel zu c., sofern nicht auf Grund des Art. II der ersteren eine ausnahmsweise baupolizeiliche Genehmigung ertheilt sein sollte bezw. nachgewiesen werden kann. (Vgl. O. V. G. E. Bd. IV, S. 359, vom 19. März 1885 P. V. Bl. VI S. 302, vom 13. Mai 1886, P. V. Bl. VII S. 354, vom 2. November 1886 P. V. Bl. VIII S. 207.)

e. Nach Erlaß der B. P. O. vom 15. Januar 1887 haben Fenster in Wänden, welche an die Nachbargrenzen unmittelbar herantreten oder denselben in Entfernung von weniger als 6 m lothrecht gegenüberstehen, überhaupt nur noch auf Grund eines vom Bezirksausschuß ertheilten Dispenses angelegt werden können.

12. Straßenfläche ist kein Nachbargrundstück, sodaß die auf Brandmauern bezüglichen Bestimmungen keine Anwendung auf solche Mauern finden können, welche unmittelbar an einer öffentlichen Straße stehen. O. V. G. E. VI S. 300, vom 14. März 1889, Pr. V. Bl. X S. 524. Die Straße muß aber thatsächlich vorhanden sein und darf nicht blos im Fluchtlinienplane projektirt sein. O. V. G. E. vom 20. Juni 1890, P. V. Bl. XI S. 575 und O. V. G. E. Bd. X, S. 303, Bd. XIX, S. 375, 386.

Nach einer öffentlichen Straße hinaus dürfen also Fenster und Oeffnungen aller Art angelegt werden, selbst wenn die Straße weniger als 6 m breit ist. O. V. G. E. Bd. X, S. 303.

Für die Bebauung der an der Panke, einem Privatfluß, belegenen Grundstücke sind die Grundsätze auf S. 131 Anm. 4b zu beachten. Gebäude an der Panke sollen Futtermauern bezw. gegen Unterspülung gesicherte Kellermauern erhalten. Für den in die Spree führenden Arm der Panke wird, soweit er nicht kanalisirt ist, im Allgemeinen eine Breite von 5 m, für den in den Nordhafen führenden eine solche von 7,50 m gefordert.

13. Vgl. Anm. 8 und 9 zu § 5.

14. Daß eine Brandmauer keine Oeffnungen haben darf, ergiebt sich aus dem Begriffe und Zwecke einer solchen ohne Weiteres. O. V. G. E. Bd. VI, S. 312, Pr. V. Bl. I, S. 257, XII, S. 584. Unter Oeffnungen sind auch Fenster und zwar in erster Linie zu verstehen. O. V. G. E. Bd. IV, S. 350, Bd. VI, S. 307, Pr. V. Bl. X, S. 249.

15. Demnach ist auch die Anbringung von Nischen und Wandschränken in Brandmauern ausgeschlossen, soweit nicht deren Rückwand selbst noch mindestens 0,25 m stark bleibt. Vgl. O. V. G. E. vom 29. September 1884, Pr. V. Bl. VI, S. 181.

16. Daraus ergiebt sich als Regel der Satz, daß Wände, welche an des Nachbars Grenze stehen, keine Oeffnungen erhalten dürfen und umgekehrt, daß Wände, in welchen sich Oeffnungen befinden, nicht an des Nachbars Grenze gestellt werden dürfen, gleichviel

ob die Wand an die Grenze, oder die Grenze (bei Grenzveränderungen) an die Wand verlegt wird. O. V. G. E. Bd. IV, S. 350. Pr. V. Bl. XII, S. 88 und 265, XV S. 242, vgl. auch § 41, Anm. 2 zu 2. Dies gilt auch, wenn auf eine mit Oeffnungen versehene Wand ein weiteres Stockwerk aufgesetzt werden soll. O. V. G. E. vom 14. October 1890, Pr. V. Bl. XII, S. 304. Aus der angegebenen Regel in Verbindung mit § 40 Ziffer 1 folgt, daß, wenn eine mit Oeffnungen versehene, näher als 6 m an der Nachbargrenze stehende Fachwerkswand niedergerissen und an deren Stelle eine massive Wand aufgeführt wird, diese keine Oeffnungen erhalten darf, auch wenn dieselben sich an derselben Stelle befinden, wo sie sich in der niedergerissenen Fachwerkswand befanden. O. V. G. E. vom 4. Januar 1886, Pr. V. Bl. VII, S. 214.

Wenn in einer Außenwand früher vorhanden gewesene und demnächst zugemauerte Fenster später wieder hergestellt werden, so handelt es sich um eine neue bauliche Anlage, eine Veränderung des derzeitigen baulichen Zustandes der Wand. Die Zulässigkeit der Oeffnungen ist daher lediglich nach demjenigen Baurecht zu beurtheilen, welches zur Zeit ihrer Wiederherstellung in Geltung ist (Vgl. O. V. G. E. XVIII, S. 367 ff. P. V. Bl. XI, S. 173 und vom 12. Mai 1891, IV 467), d. h. jetzt wiederhergestellte Fenster sind zu untersagen bezw. zu beseitigen, wenn sie sich nicht mit den Bestimmungen in § 7 im Einklang befinden. — Diesen Bestimmungen ist zu genügen, ohne Rücksicht auf die Art der Benutzung des Nachbargrundstückes. Es ist also gleichgültig, ob dasselbe bebaut oder unbebaut ist und ob es im letzteren Falle etwa zur Lagerung leicht brennbarer Stoffe benutzt wird. O. V. G. E. Bd. VI, S. 309.

17. Aus der hier gegebenen Bestimmung in Verbindung mit dem in § 40 Ziffer 4 ausgesprochenen Grundsatze folgt, daß die Beibehaltung zu Recht bestehender (vgl. Anm. 11) Oeffnungen, welche in einer Brandmauer aus früherer Zeit vorhanden sind, nicht verboten ist. O. V. G. E. vom 20. October 1884, P. V. Bl. VI, S. 44. Zu Recht bestehen allerdings nur solche Oeffnungen, denen, falls es nach älterem Rechte einer Erlaubniß bedurft hätte, eine solche Erlaubniß zur Seite steht. Vgl. § 40, Anm. 14, O. V. G. E. vom 27. Januar und 20. März 1888, P. V. Bl. IX, S. 262 u. 279 und vom 16. Juni 1891 P. V. Bl. XII, S. 512. Die Beseitigung zu Recht bestehender, gegen die jetzigen Bestimmungen verstoßender Oeffnungen kann nur insoweit verlangt werden, als überwiegende Gründe der öffentlichen Sicherheit es unerläßlich und unaufschiebbar machen. (§ 40 Ziffer 4.) Die Anlegung neuer Fenster in bestehenden Brandmauern ist dagegen unter allen Umständen verboten. Hier handelt es sich darum, den bestehenden Zustand vor einer erheblichen Verschlechterung zu bewahren. O. V. G. E. vom 12. November 1889, P. V. Bl. XI, S. 173.

18. Derartige Glasverschlüsse müssen von dem Grundstücksnachbar geduldet werden, da auf dieselben weder die §§ 137 und 138 I 8 A. L. R. noch Titel IV § 1 der „Berliner Special-Bau-Observanzen" Anwendung finden. Denn Lichtlöcher, wie die im vorstehenden § zugelassenen, fallen nicht unter den Begriff der Fenster (vgl. § 5 a. a. O., Erk. d. Ober-Trib. vom 17. Mai 1873, Striethorst Archiv Bd. 90 S. 181). Andererseits kann der Nachbar die Lichtöffnungen verbauen, wie lange dieselben auch schon bestehen mögen (vgl. Anm. 11).

19. Oeffnungen in den Wänden für durchgehende Transmissionswellen sind namentlich in feuergefährlichen Betrieben in geeigneter Weise zu verschließen. Transmissionsöffnungen in den Decken sind mit einem feuersicheren Material auszufüttern und sind die Transmissionen selbst bis auf 1 m Höhe über dem Fußboden mit feuersicheren Schutzkästen zu umgeben.

20. Allseitig mit Eisenblech beschlagene Holzthüren verdienen erfahrungsmäßig den Vorzug von durchweg eisernen.

21. Wie dies bei großen Fabrik- oder Versammlungsräumen häufig der Fall ist.

22. Dadurch ist die Aufführung gemeinsamer auf der Grenze stehender Mauern ausgeschlossen; eine höchst zweckmäßige Bestimmung, da, wie die Erfahrung lehrt, das Vorhandensein gemeinsamer Grenzmauern namentlich bei der Neubebauung des einen betheiligten Grundstückes fast regelmäßig zu rechtlichen und technischen Schwierigkeiten Veranlassung giebt. Baut bei dem Vorhandensein einer gemeinschaftlichen Grenzmauer der eine Nachbar neu, so hat er die vorhandene Grenzmauer soweit im Verbande gemauert zu verstärken, daß er für sein Gebäude eine vorschriftsmäßige (vgl. § 6 Anm. 5a) Brandmauer, also mindestens in der Stärke von einem Stein oder 25 cm, von der Grenze ab gerechnet, erlangt. Die §§ 133, 136 Tit. 8 Th. I A. L. R. regeln lediglich die privatrechtlichen Verhältnisse des Neubaues und lassen das Maß derjenigen Anforderungen unberührt, welche im öffentlichen Interesse hinsichtlich der Stärke und sonstigen Beschaffenheit der gemeinsamen Brandmauern zu stellen sind. (O. V. G. E. vom 20. Juni 1894, Pr. V. Bl. XVI, S. 165.)

23. Sobald die einheitliche Nutzung aufhört, ist die Durchbrechung der Brandmauern wieder zuzumauern. Die geschaffene Oeffnung kann entweder Räume der beiden benachbarten Grundstücke verbinden, oder aus einem Raume des einen auf einen unbebauten Theil des anderen Grundstücks führen.

§ 8.
Gebäude in Holzfachwerk.

1. Gebäude und Anbauten an Massivbauten,[1]) welche eine Grundfläche von 100 qm und eine Fronthöhe von 6 m nicht überschreiten, dürfen an Stelle massiver Wände (§ 7) solche von ausgemauertem[2]) Holzfachwerk erhalten.

2. Die Umfassungswände solcher Gebäude und Anbauten sind indessen, soweit sie von öffentlichen Straßen, Nachbargrenzen oder Gebäuden auf demselben Grundstücke nicht mindestens 6 m entfernt bleiben, außen[3]) nicht unter 0,12 m stark massiv zu verblenden.

3. Ueber die vorstehenden Vorschriften hinaus[4]) können derartige Gebäude und Gebäudetheile vorübergehend für bestimmte Nutzungszwecke zugelassen[5]) werden. In diesem Falle müssen jedoch diese Gebäude und Gebäudetheile unter sich und von anderen Gebäuden, wenn sie nicht unmittelbar an einander gebaut werden, eine Entfernung von mindestens 6 m innehalten.

---

1. Fachwerksbauten sind hiernach als selbstständige Gebäude, sowie als Anbauten an Massivbauten zulässig. Die Maßbeschränkungen beruhen auf der Absicht, der Schaffung übermäßig großer, immerhin feuergefährlicher Fachwerksbauten thunlichst entgegenzutreten. Unmittelbar aneinander gebaute Fachwerksgebäude dürfen zusammen allerdings mehr als 100 qm Grundfläche haben, jedes einzelne von ihnen muß aber, soweit es von einem anderen Fachwerksgebäude nicht mindestens 6 m entfernt bleibt, außen nicht unter 0,12 m stark massiv verblendet werden. Verbindungsöffnungen zwischen nebeneinanderstehenden Fachwerksgebäuden sind unzulässig.

2. Die Ausfüllung der Fache mit anderem feuersicheren Baustoff wie Lehm, Beton und dgl. ist demnach nicht gestattet.

3. Eine innere massive Verblendung genügt also nicht.

4. Also mit größerer Grundfläche als 100 qm und größerer Fronthöhe als 6 m.

5. Ueber die Zulassung entscheidet lediglich das polizeiliche Ermessen. Soll diese Ausnahmebestimmung nicht zu einer völligen Umgehung der unter Ziffer 1 und 2 gegebenen Bestimmungen führen, so wird die Ausnahme nur dann bewilligt werden können, wenn der bestimmte Nutzungszweck nachgewiesenermaßen nur ein vorübergehender, d. h. zeitlich begrenzter ist, sei es durch einen bestimmten Ablaufstermin, sei es unbestimmt durch den Eintritt eines gewissen, jedenfalls aber nicht zu fern liegenden Ereignisses.

§ 9.

Schuppen, Buden u. s. w.

1. Die Umfassungswände von Schuppen, Buden, Gartenhallen, Veranden, Lauben, Kegelbahnen und ähnlichen kleinen Anlagen[1]) dürfen aus Holz, Eisenblech, Drahtputz, Gipsdielen oder aus ähnlichen Stoffen hergestellt werden.

2. In der Regel[2]) sollen diese Anlagen eine Grundfläche von 25 qm, sowie eine Fronthöhe von 3 m nicht überschreiten und von Holzbauten, Nachbargrenzen und öffentlichen Straßen 6 m entfernt bleiben.[3])

3. Die Errichtung von hölzernen Schutzdächern[4]) und ähnlichen offenen Holzkonstruktionen kann über die Bestimmungen der Ziffer 2 hinaus nach Umständen und unter besonderen Bedingungen zugelassen werden.[5]) [6])

---

1. Die in dem § 9 gegebenen Bestimmungen greifen demnach überhaupt nur bei kleinen baulichen Anlagen Platz. Baulichkeiten von größerer wirthschaftlicher Bedeutung als die speziell aufgeführten kleinen Anlagen, die also nicht mehr als den letzteren ähnliche zu bezeichnen sind, können auf Grund der Ziffer 2 von der Baupolizeibehörde nicht einmal ausnahmsweise in der unter Ziffer 1 gestatteten Ausführungsart zugelassen werden.

2. Die Zulassung der Ausnahme ist demnach in das polizeiliche Ermessen gestellt und kann folgeweise auch an bestimmte Bedingungen geknüpft werden. Die Rücksichtnahme auf den etwa nur vorübergehenden Nutzungszweck wird hierbei in vielen Fällen maßgebend sein; andererseits wird selbst bei einzelnen für die Dauer bestimmten Anlagen eine Grundfläche von 25 qm überhaupt nicht als ausreichend zu erachten sein, so beispielsweise bei Kegelbahnen. Das Aeußerste, was das P. Pr. ausnahmsweise zuzulassen pflegt, ist eine Grundfläche von 200 qm und eine Höhe von 6 m. — Als Ausnahme von der Regel werden auf Höfen Aborte in Holz in weniger als 6 m Entfernung von der Nachbargrenze zugelassen, wenn massive Grenzmauern vorhanden sind oder die Aborte selbst feuersicher verblendet werden.

3. Nur von Holzbauten, Nachbargrenzen und öffentlichen Straßen müssen Anlagen der fraglichen Art 6 m entfernt bleiben; ein bestimmtes Abbleiben von massiven oder Holzfachwerksgebäuden oder von sonstigen baulichen Anlagen aus Eisenwellblech, Eisenfachwerk, Drahtputz, Gipsdielen und ähnlichen Materialien ist nicht vorgeschrieben (vgl. O. V. G. vom 29. October 1892 IV 999), indeß bleiben die Bestimmungen über die Größe und Gestaltung der Hofräume sowie die Licht- und Luftverhältnisse der zum dauernden Aufenthalt von Menschen bestimmten Räume selbstverständlich in jedem Falle zu beachten.

4. Unter derartigen hölzernen Schutzdächern sind offene Holzkonstruktionen zu verstehen, die zum mindesten nicht auf allen Seiten Umfassungswände haben. Auch derartige offene Schutzdächer sind bei der Berechnung der bebauten Fläche mit in Rechnung zu stellen (vgl. § 2 Ziffer 5); die Grundfläche eines Schutzdaches ist nach der gesammten überdeckten Fläche zu berechnen, nicht etwa bloß zwischen den tragenden Pfosten. Ob ein

Schutzdach als eine bauliche Anlage oder als Marquise zu behandeln ist, ist eine Frage rein thatsächlicher Natur. (O. V. G. E. vom 4. December 1894.)

5. Die Dächer auch der in diesem § behandelten Baulichkeiten sind mit einem gegen die Uebertragung von Feuer hinreichenden Schutz bietenden Materiale (Stein, Metall, Theerpappe, Holzcement, Glas, Xylolithplatten u. s. w.) zu decken. (Vgl. § 12).

6. Eine hölzerne Spalierwand, bestehend aus festem Gitterwerk, zwischen eingegrabenen Stielen ist zwar eine der baupolizeilichen Genehmigung bedürfende Anlage, aber sie fällt weder unter Ziffer 1 noch Ziffer 3 des §, kann also auch hart an der Nachbargrenze errichtet werden, wenn sie im Uebrigen, namentlich gegen Winddruck standsicher ist. O. V. G. E. vom 30. Juni 1894, P. V. Bl. XVI, S. 31.

§ 10.

Nichtbelastete Scheidewände. [1])

1. Scheidewände dürfen aus Eisenblech, Drahtputz, Gipsdielen oder ähnlichen Stoffen [2]) hergestellt und unmittelbar auf Balken gesetzt werden.

2. Hölzerne Scheidewände müssen mit Mörtel abgeputzt oder in sonst gleich wirksamer Weise gegen die Uebertragung von Feuer gesichert werden. Die Verwendung von Lehmmörtel ist ausgeschlossen.

3. Hohlräume in hölzernen Scheidewänden sind mit unverbrennlichen, für die Gesundheit unschädlichen Stoffen (§ 11 Ziffer 2) auszufüllen. [3])

4. Scheidewände zur Abgrenzung wirthschaftlicher Nebenräume dürfen aus ungeputztem Holzwerke hergestellt werden. [4]) [5])

---

1. Beim Mangel einer näheren Begriffsbestimmung des Ausdrucks „Scheidewand" bleibt in jedem Falle nach Lage der Verhältnisse zu prüfen, ob es sich um eine Scheidewand handelt. Zum Begriff einer solchen gehört nicht nothwendig, daß sie bis zur Decke des Raumes reicht, den sie scheiden soll; andererseits ändert der Umstand an dem Begriffe einer Scheidewand nichts, daß sich in derselben eine freie Oeffnung befindet. Wesentlich wird dagegen in den meisten Fällen sein, ob durch die betreffende Wand verschiedene Räume mit gesonderter Benutzung geschaffen werden sollen. O. V. G. E. vom 31. Januar 1893 IV 107. Hiernach werden etwa 2 bis 3 m hohe Wände, die zu Bureau- oder Ladeneinrichtungen gehören, wie sie in neuerer Zeit vielfach in reicher und stylvoller Holzarchitektur ausgeführt zu werden pflegen, im Allgemeinen nicht als Scheidewände im Sinne dieses Paragraphen zu betrachten sein; dieselben dürfen daher gegebenen Falls aus Holz ohne Mörtelverputz oder sonstige gleich wirksame Sicherung gegen die Uebertragung von Feuer hergestellt werden.

2. Also z. B. als Rabitz-, Monierwände, Wände aus Schilfbrettern „System Giraudi," de Bruyn'sche Wände, Heister'sche Patent-Trockenwände, Wände aus Gipshohlplatten, aus Stolte'schen Cementdielen oder Schweizer'schen Gipsdielen, aus Xylolithplatten, aus Isolirblöcken nach Patent H. Behrens, Holzwolle-Gipsdielen von Hammer, Gipsplatten nach dem System Loeschke und Opelt, Kunsttuffsteinplatten von Posnansky und Strelitz, Triumphwände von P. Wagenknecht u. s. w. Bezüglich des Verhältnisses derartiger Wände zu Feuerstätten vgl. § 18 Ziffer 6. Drahtputzwände müssen in der Regel vor der Rohbauabnahme in ihren Eisenkonstruktionen aufgestellt werden. Diejenigen Theile der Drahtputzwände, neben denen die Herstellung von Feuerstätten beabsichtigt wird, dürfen vor der Rohbauabnahme nicht geputzt werden.

3. Hier ist also auch die Ausfüllung mit Lehm gestattet im Gegensatz zu § 8, Ziffer 1.

4. Insbesondere auf dem Boden und im Keller, ferner Speisekammern u. dgl.

5. Zur Errichtung von Scheidewänden, die weder massiv noch aus Fachwerk sind, bedarf es keiner baupolizeilichen Genehmigung, vgl. § 27 und die Ausnahme in § 38 Ziffer 4. Wird indeß ein durch Einfügung einer Scheidewand in einer Wohnung hergestellter, zum dauernden Aufenthalt von Menschen nicht geeigneter Raum gleichwohl hierzu benutzt, so ist die Polizei nicht berechtigt, die Entfernung der Wand zu fordern, um so den Raum für die Fortsetzung der ordnungswidrigen Benutzung untauglich zu machen; vielmehr reicht die Befugniß der Polizei nur so weit, die fortgesetzte Benutzung unter Strafandrohung zu untersagen, Kontrole zu üben, soweit dies geht und im Falle des Zuwiderhandelns die angedrohte Strafe festzusetzen und zu vollstrecken. O. V. G. E. vom 11. April 1890, P. V. Bl. XI, S. 492.

§ 11.

Decken.

1. Holzbalkendecken sind auszustaken,[1]) mit unverbrennlichen Stoffen in einer Stärke von mindestens 0,13 m auszufüllen und unterhalb entweder durchweg mit Mörtel — jedoch unter Ausschluß von Lehmmörtel — zu putzen oder mit einer in gleichem Maße feuersicheren Verkleidung[2]) zu versehen. An Stelle der Stakung und Ausfüllung kann eine andere gleich wirksame Konstruktion zugelassen werden.[3])

2. Die Stoffe zur Verfüllung von Balkendecken und Gewölben dürfen durch keine der Gesundheit schädlichen Bestandtheile verunreinigt sein; namentlich ist die Verwendung von Bauschutt jeder Art ausgeschlossen.[4])

3. Sonstige Deckenkonstruktionen müssen mindestens ebenso zuverlässig den Anforderungen der Feuersicherheit und Gesundheitspflege entsprechen, wie die in Ziffer 1 und 2 beschriebenen Holzbalkendecken.[5])

4. Vorschriftsmäßig ausgeführte Decken dürfen mit Holztäfelung bekleidet werden.

5. Ungeputzte gehobelte[6]) Holzdecken können zugelassen werden:[7])

a) in Gebäuden ohne Feuerungen,

b) in eingeschossigen Gebäuden, in welchen die lichte Höhe des Geschosses mehr als 5 m beträgt, insbesondere in Kirchen, Turn- und Wartehallen, Reitbahnen und Ausstellungsgebäuden,

c) in Speichern zur Aufbewahrung von Getreide, Mehl oder Malz; doch müssen dort befindliche heizbare Räume durch massive Wände und Decken von den übrigen Räumen getrennt werden und besondere Zugänge erhalten,

d) in allen Fällen, wo das Dach zugleich die Decke des Raumes bildet unter der Bedingung, daß sämmtliche von innen sichtbaren Holztheile gehobelt werden.[8])

---

1. An den Decken über gewöhnlichen Treppenhäusern ist keine Stakung, wohl aber Rohrputz erforderlich.

2. Zugelassen werden z. B. Asbestcementfabrikate von Kühlewein an Stelle der unterhalb der Balken anzubringenden Schalung mit Mörtelputz, desgl. Alsdorff'sche Cementgipsgußdecken, Schweizer'sche Gipsdielen und Xylolith.

3. Es sind beispielsweise zugelassen: Jädicke'sche Gipshohlplatten bei nicht belasteten Decken, als Ersatz der Ausstakung und Ausfüllung der Decken, sowie des unterhalb anzubringenden Mörtelputzes. Derartige Decken sind als feuerfest nicht anzusehen. Zur Herstellung belasteter Decken aus Gipshohlplatten ist die Genehmigung jedesmal besonders nachzusuchen (Verf. des Pol.-Präs. vom 30. September 1892), ferner als Ersatz für Stakung zwischen der Balkenlage Böcklen's Patent-Cement-Dielen (vgl. auch § 32 Anm. 3).

4. Das Einfüllen unreiner Materialien ist der Gesundheit nachtheilig und leistet der Schwammbildung, sowie der Vermehrung des Ungeziefers Vorschub. Die Beachtung der Bestimmung entspricht daher auch dem eigensten Interesse des Hauseigenthümers. Daß die verwendeten Stoffe völlig trocken sein müssen, ist selbstverständliche Voraussetzung.

5.a. Z. B. Decken nach Rabitz'schem System.

b. Decken von Trägerwellblech mit Betonüberfüllung werden allgemein zur Anlage feuerfester Decken, über Corridoren, in Treppenhäusern, von Podest-Closets und Balkonfußböden zugelassen. Die Wellen sind mit Beton auszufüllen und im Scheitel 5 cm mit demselben Material zu überdecken. Das freiliegende Wellblech muß durch Oelfarbenanstrich oder durch Mörtelputz gegen Rost geschützt werden; die rechnungsmäßig erforderliche Stärke der Bleche muß um 1 mm erhöht werden. (Vgl. Anm. 5c zu § 6.)

c. Grundsätzliche Bedenken gegen Deckenkonstruktionen mit schwebendem Stoß der Unterzüge sind nicht zu erheben. Die Standsicherheit der gewählten Konstruktion ist in jedem einzelnen Falle rechnerisch nachzuweisen.

d. Hinsichtlich der Grundsätze für die Zulassung, Prüfung, **allgemeine Genehmigung und Ueberwachung massiver Deckenkonstruktionen vgl. Theil III Nr. 28 des Werkes.** Ebendaselbst **die einzelnen bisher allgemein zugelassenen Deckenkonstruktionen.**

6. Die glatte Hobelung gewährt immerhin einen gewissen Schutz gegen das Feuerfangen. Die Zulassung ist von der besonderen Genehmigung des Polizei-Präsidiums abhängig. Hierbei kann die gehobelte Holzdecke nicht nur an Stelle des Mörtelputzes, sondern gleichzeitig auch unter Fortlassung der Stakung und Verfüllung zugelassen werden, wie sich dies zur Verhütung von Ungeziefer sowie im Interesse ausreichender Lüftung erfahrungsmäßig namentlich in Getreide- und Mehlspeichern empfiehlt (vgl. unter c).

7. Die unter Ziffer 5 gegebenen Bestimmungen beziehen sich nur auf eigentliche Gebäude, nicht auf die unter § 9 fallenden kleinen baulichen Anlagen.

8. Diese Bestimmung findet auf Dachgeschoßräume keine Anwendung.

§ 12.

Dachdeckung.

1. Die Dächer aller[1]) Baulichkeiten müssen mit einem gegen die Uebertragung von Feuer hinreichenden Schutz bietenden Stoffe[2]) (Stein, Metall, Theerpappe, Holzcement, Glas u. s. w.)[3]) gedeckt werden.

2. Oeffnungen in Dächern und in Dachaufbauten unterliegen in Hinsicht der Entfernung von Nachbargrenzen den gleichen Bedingungen wie die Oeffnungen in Umfassungswänden[4]) (§ 5). Diese Bestimmung findet jedoch auf Lichtschachte keine Anwendung.[5])

3. Je nach Beschaffenheit und Lage der Dächer können Schutzvorrichtungen[6])[7]) gegen das Hinabfallen von Schnee und Eis und von Personen[8]) angeordnet werden.

4. Bei Glasdächern sind nach Anordnung der Polizeibehörde entweder oberhalb oder unterhalb Drahtnetze mit einer Maschenweite von höchstens 0,05 m anzubringen, falls zur Eindeckung der Dächer nicht Drahtglas verwendet wird.[9])

---

1. Also sowohl der massiven Gebäude (§ 7) als der Gebäude in Holzfachwerk (§ 8), sowie der Holzbauten, Schuppen, Buden, hölzernen Schutzdächer und ähnlichen offenen Holzkonstruktionen (§ 9). Dachaufbauten müssen, wie die Dächer selbst, feuersicher bekleidet werden.

2. Darüber, ob das zur Dachbedeckung benutzte Material als „hinreichenden Schutz bietend" zu erachten ist, hat die Polizeibehörde zu befinden.

3. Beispielsweise Ziegel, Schiefer, Asphalt, Xylolithplatten, Koenen'sche Voutenplatte.

4. a. Hiernach sind zunächst in den Dachflächen überall und ohne Weiteres zulässig Oeffnungen mit mindestens 1 cm starkem, festeingefügtem (nicht zu öffnendem) Glasverschlusse, wenn sie nicht mehr als 500 cm Fläche haben und auf einer Dachlänge von 3 m nur einmal vorkommen.

b. Andere Oeffnungen in Dächern, mögen dieselben in der Dachfläche selbst liegen (eigentliche Dachfenster) oder sich in Dachaufbauten befinden, müssen horizontal zur Nachbargrenze (d. h. einer senkrecht auf der Nachbargrenze errichteten Ebene) gemessen mindestens 6 m von derselben abbleiben. Das Loth ist von dem tiefsten Punkte der Oeffnung auf die vorbezeichnete Ebene zu fällen. In seitlicher Richtung unterliegen die Oeffnungen in Dächern ebensowenig hinsichtlich des Abbleibens von der Nachbargrenze beschränkenden Bestimmungen wie die Oeffnungen in Umfassungswänden. Nur sofern die Dachfenster oberhalb der zulässigen Fronthöhe über eine im Winkel von 45 °/₀ zu der Front gedachte Luftlinie hinausgehen, müssen sie in seitlicher Richtung mindestens 3 m von der Nachbargrenze entfernt bleiben (§ 3, Ziffer 2). Näher als 6 m an die Nachbargrenze herantretende Oeffnungen in den Dächern und Dachaufbauten sind zulässig, wenn sie in ihrer ganzen Ausdehnung gegen die Nachbargrenze durch eine entsprechende Erhöhung der Brandmauer gedeckt werden.

c. Oeffnungen in Dächern und in Dachaufbauten auf verschiedenen Gebäuden desselben Grundstücks unterliegen keinen Beschränkungen hinsichtlich der Entfernung von einander. Dachfenster auf demselben Dache müssen indeß, sofern sie oberhalb der zulässigen Fronthöhe über eine im Winkel von 45 °/₀ zu der Front gedachte Luftlinie hinausgehen, von einander 2,50 m entfernt bleiben (§ 3 Ziffer 2).

d. Oeffnungen in Frontaufbauten unterliegen den Bestimmungen des § 5.

5. Vgl. § 16. Lichtschachte dürfen also, sei es, daß sie oben offen, sei es, daß sie mit einer Glasdecke oder sonst in geeigneter Weise geschlossen sind, mit ihrer im Dach belegenen Oeffnung beliebig nahe an die Nachbargrenze herantreten, also auch unmittelbar.

6. Bei steilen Dächern, wie es meistens die Ziegel- und Schieferdächer zu sein pflegen, wird die Anbringung von 20 cm hohen Schneebrettern oder -Eisen längs der Traufen gefordert. (Bauschein I Ziffer 10.)

7. Bezüglich der Anbringung von Dachrinnen vgl. § 37 Ziffer 8.

8. Vgl. Bauschein I Ziffer 33.

9. Jedes Glasdach muß also je nach der Bestimmung der Polizeibehörde oberhalb oder unterhalb mit einem Drahtnetz versehen werden. Für die Glasflächen der Ateliers, Treibhäuser und Sheddächer wird kein Schutz durch Drahtnetze verlangt. Die Glasflächen der Sheddächer können (in seitlicher Richtung) bis zum Brandgiebel an die Nachbargrenze herantreten.

§ 13.

Vortretende Bautheile.[1])

1. Bautheile, welche über die Umfassungswände und Dächer vortreten, unterliegen hinsichtlich der Baustoffe den gleichen Vorschriften wie die Umfassungswände und Dächer selbst.[2]) Ausgenommen hiervon sind Windfänge (§ 7 Ziffer 1), Freitreppen, wenn sie nicht nothwendige Treppen sind (§ 16 Ziffer 1) und die Vorderflächen von solchen Dach- und Mansardenfenstern, welche mindestens 3 m von der Nachbargrenze entfernt sind.[3])

2. Dachgesimse[4]) dürfen in Holzkonstruktion hergestellt werden, Hauptgesimse jedoch nur dann, wenn an den Nachbargrenzen bis auf eine Entfernung vom 1 m durchweg unverbrennlicher[5]) Baustoff verwendet wird.

3. Ziertheile aus Stuck, Steinpappe, Cementguß und dergleichen dürfen an den Außenfronten nicht auf Holz befestigt, sondern müssen vollständig und sicher mit dem Mauerwerke verbunden werden.[6])

4. Ueberhängende Dächer mit Holzkonstruktion können zugelassen werden.

---

1. Zu den vortretenden Bautheilen sind insbesondere zu rechnen: Balkone, Erker, geschlossene Vorbauten, Gebäudeplinthen, Treppenstufen, Kellerhälse, Freitreppen, Säulen und dergl. Nicht sind dagegen vortretende Bautheile Fachwerksanbauten (§ 8) oder Schuppen, Buden (§ 9), Gartenhallen, Veranden, Lauben, Kegelbahnen und ähnliche kleine Anlagen. Voraussetzung ist in jedem Falle, daß die vortretenden Bautheile wirklich Theile des betreffenden Gebäudes sind, und nicht etwa selbstständige, nur unmittelbar neben das Gebäude gestellte Baulichkeiten.

2. D. h. je nachdem die Umfassungswände massiv, aus Eisenfachwerk, Eisenwellblech, aus Fachwerk oder aus Holz sind, dürfen auch die vortretenden Bautheile in demselben Baustoffe hergestellt werden. Ueber die Dächer vortretende Bautheile müssen wie die Dächer selbst (§ 12) mit einem gegen die Uebertragung von Feuer hinreichenden Schutz bietenden Stoffe gedeckt werden.

3. Alle übrigen Theile der Dach- und Mansardenfenster müssen wie die Dächer selbst gedeckt sein (Vgl. Anm. 2). Mit den 3 m kann nur die seitliche Entfernung der Fenster von der Nachbargrenze gemeint sein, da bezüglich der senkrechten Entfernung die Bestimmung unter Ziffer 2 des § 12 maßgebend ist (vgl. Anm. 4 daselbst).

4. Ohne Rücksicht auf das Maß ihrer Ausladung; unter die Bestimmung fallen auch Gesimse über dem Hauptgesims. Es empfiehlt sich, Gesimse an den Brechpunkten der Dachflächen auf allen Seiten mit Blech zu bekleiden.

5. Zink kann nur als feuersicherer, nicht aber als unverbrennlicher Baustoff erachtet werden.

6. Vgl. Bekanntmachung vom 1. April 1887, No. 26.

§ 14.

Vortreten von Bautheilen über die Umfassungswände.[1])[2])

Das Vortreten von Bautheilen über die Umfassungswände ist innerhalb der folgenden Grenzen gestattet:[3])

a) über die Baufluchtlinie.[4][5])

1. [6]) Risalite, geschlossene Vorbauten anderer Art, Erker, Balkone[7]) und Galerien dürfen in jedem Geschosse zusammen höchstens zwei Drittel, Erker und geschlossene Vorbauten zusammen höchstens ein Drittel der Frontlänge eines Gebäudes betragen.[8]) Im obersten Stockwerke und im Dachgeschosse werden Risalite, geschlossene Vorbauten anderer Art und Erker nur ausnahmsweise zugelassen.[9])

2. Alle Vorbauten eines Gebäudes, welche mehr als 0,30 m[10]) über die Baufluchtlinie vortreten, müssen, in der Frontlinie gemessen,[11]) von Nachbargrundstücken[12]) das $1^1/_2$fache ihrer weitesten Ausladung,[13]) mindestens aber 1 m, und von einander das $1^1/_2$fache der Summe ihrer weitesten Ausladungen[14]) entfernt bleiben. Risalite, geschlossene Vorbauten anderer Art und Erker desselben Gebäudes müssen eine Entfernung von mindestens 4 m von einander innehalten.[15])

3. In den Luftraum der Bürgersteige dürfen Balkone, Galerien, Erker und geschlossene Vorbauten nur in Straßen von mindestens 15 m Breite über die Baufluchtlinie vortreten. Zwischen der Unterkante solcher Vorbauten und der Oberfläche des Bürgersteiges muß eine lichte Höhe von mindestens 3 m frei bleiben. Bei einer Straßenbreite von 15 m dürfen Balkone, Galerien, Erker und geschlossene Vorbauten, mit Ausnahme von Risaliten, 0,60 m über die Baufluchtlinie vortreten. Bei breiteren Straßen ist ein verhältnißmäßig weiteres Vortreten und zwar bis zu 1,30 m bei einer Straßenbreite von 22 m oder mehr gestattet.[16]) Das Vortreten von Risaliten in den Bürgersteig ist nur an Straßen von mehr als 15 m Breite und nur bei einer Bürgersteigbreite von mindestens 3 m bis auf das Maß von 0,25 m gestattet.

4. Für Kellerhälse kann ein Vortreten bis zu 0,30 m, für andere Bautheile bis zu 0,60 m zugelassen werden, wenn der Bürgersteig mindestens 3 m breit ist.[17])

5. Gebäudeplinthen dürfen auch bei einer Bürgersteigbreite von weniger als 3 m bis zu 0,13 m einschließlich der Gesimse vortreten.[18])

6. Treppenstufen dürfen nur bei einer Bürgersteigbreite von mehr als 4 m bis zu 0,20 m vorspringen.[19])

7. Nach außen aufschlagende Thüren, Fenster und Fensterläden müssen mit ihrer Unterkante von der Oberfläche des Bürgersteiges mindestens 3 m entfernt bleiben.[20])

8. In Vorgärten dürfen Bautheile bis zu einem Drittel der Vorgartentiefe, höchstens aber bis 2,50 m vortreten, sofern die Vorgärten angelegt

und als solche unterhalten werden. Werden Vorgärten auf dem gesetzlichen Wege eingeschränkt oder beseitigt,[21]) so müssen die Vorbauten mit vorstehenden Vorschriften in Uebereinstimmung gebracht werden.[22])

b) an Höfen.[23])

1. Erker und geschlossene Vorbauten unterliegen den Bestimmungen der §§ 2, 3 und 5. Die Entfernung der äußersten Ausladungen von Balkonen und offenen Galerien unter sich, gegenüber den Umfassungswänden und den Nachbargrenzen muß mindestens 8 m betragen.[24]) [25])

2. Balkone und offene Galerien, welche seitlich näher als 2,50 m an die Nachbargrenzen herantreten, sind gegen diese durch eine unverbrennliche, mindestens 2 m hohe Wand ohne Oeffnungen abzuschließen.[26])

---

1. Allgemeine Rechtsgrundsätze:

a. Die Bestimmung des § 11 des Baufluchtengesetzes vom 2. Juli 1875, wonach Neubauten, Um- und Ausbauten über die Fluchtlinie hinaus unzulässig sind, bezieht sich nicht nur auf Bauten, welche unmittelbar auf dem künftigen Straßenterrain (dem Erdboden) ausgeführt werden, sondern auch auf solche in der Luftsäule über dem Terrain (O. V. G. E. Bd. XXII, S. 375—377), sowie in dem Raume unter dem Straßenniveau, z. B. ausgemauerte Gruben und unterirdische Thonrohrleitungen in Verbindung mit einem aus Mauerwerk bestehenden Gully (O. V. G. E. vom 4. September 1884 Pr. V. Bl. VI S. 6 vom 8. October 1886 ebenda VIII S. 136 und vom 3. März 1880 ebenda XI S. 586).

„Durch § 11 sind aber nicht die in den §§ 78—82 A. L. R. I 8 enthaltenen Vorschriften beseitigt, wonach das Vortreten einzelner Bautheile (wie von Kellerhälsen, Löben, Treppenstufen, Erkern, Balkonen, Risaliten u. s. w.) über die Fluchtlinie hinaus gestattet werden kann, da der § 11 nur den bestehenden Rechtszustand aufrecht erhalten soll. Die auf Grund der landrechtlichen Vorschriften in den Baupolizeiordnungen getroffenen Bestimmungen über die Zulassung solcher Vorsprünge haben daher ihre Gültigkeit auch für die in Gemäßheit des Gesetzes festgestellten Fluchtlinien behalten. Ob die Straßen schon hergestellt oder erst in Aussicht genommen sind, macht keinen Unterschied: denn die Beschränkung des Grundeigenthümers kann an der zukünftigen Straße keine größere, als an der vollendeten sein. Wo es an einer Regelung im Wege der Polizeiverordnung fehlt, ist über jeden Einzelfall von der Polizeibehörde zu befinden. O. V. G. E. Bd. XXII S. 372 ff." (vgl. Friedrichs S. 92, auch Pr. V. Bl. VI S. 276, VII S. 356, VIII S. 115 und 199, X S. 472 und 545, XI S. 43 und 146, XIII S. 246, Erl. d. M. d. ö. A. vom 10. December 1889 — III 20796).

b. Aus alter Zeit stammende in den Bürgersteig hineinragende Anlagen, wie Freitreppen, Kellerluken u. s. w., kann die Polizei solange dulden, als sie in ihnen kein Hinderniß für den öffentlichen Verkehr findet; sie ist aber ebenso jederzeit berechtigt, ihre Beseitigung zu verlangen, wenn sie dieselben mit der Entwicklung des Verkehrs für unvereinbar erachtet; (O. V. G. E. vom 4. Mai 1895, Pr. V. Bl. XVII S. 79) ja sie kann auch schon dann ihre Beseitigung verlangen, wenn der Zustand einem die betreffenden Verhältnisse ordnenden, keine Ausnahme zulassenden örtlichen Polizeigesetze widerspricht (vgl. § 82 A. L. R. I 8 und O. V. G. E. vom 1. April 1885, Pr. V. Bl. VI S. 276). Diese Befugniß der Polizeibehörde wird auch durch Verjährung nicht ausgeschlossen, da öffentliche Straßen zu den dem bürgerlichen Verkehr entzogenen Sachen gehören, an denen im Gebiete des Preußischen Landrechts wie nach Rheinischem Recht durch Verjährung keine die Verfügung der Polizeigewalt über dieselben einschränkenden Rechte erworben werden können (O. V. G. E. Bd. XVIII S. 240 und vom 4. Mai 1895 Pr. V. Bl. XVII S. 79).

Wenn derjenige, welchem durch polizeiliche Verfügung die Verpflichtung zur Wegschaffung eines in den Bürgersteig vortretenden Bautheiles auferlegt ist, die Befreiung derselben auf Grund einer besonderen gesetzlichen Vorschrift oder eines speciellen Rechtstitels behauptet (§ 2 des Gesetzes über die Zulässigkeit des Rechtsweges in Beziehung auf polizeiliche Verfügungen vom 11. Mai 1842, G. S. S. 192), so ist im Verwaltungsstreitverfahren auch über diesen Anspruch zu entscheiden. (L. V. G. § 127, Abs. 4). Die Zulässigkeit des ordentlichen Rechtsweges kommt also hier in Wegfall. (Vgl. § 13 Gerichtsverfassungsgesetz vom 27. Januar 1877, R. G. Bl. S. 41). Dagegen ist der Antrag auf Entschädigung für die Beseitigung der Entscheidung der ordentlichen Gerichte unterworfen (§ 4 Gesetz vom 11. Mai 1842, Erk. des Komp. G. H. vom 7. Mai 1859, J. M. Bl. S. 382).

c. Zur Beseitigung derartiger Vorbauten ist aber, wiewohl sie auf Straßenland liegen, nicht die zur Unterhaltung der Straße öffentlich-rechtlich verpflichtete Gemeinde verpflichtet. (Vgl. P. V. Bl. VI S. 276.) Vielmehr liegt, wie die Benutzung der Bürgersteige jedem Hauseigenthümer als solchen nach Maßgabe der polizeilichen Vorschriften zukommt, ihm auch der Polizei gegenüber die Verbindlichkeit ob, die auf demselben Bürgersteige vorhandenen, ihm zugehörigen Einrichtungen nach Maßgabe eben dieser Vorschriften wegzuräumen oder zu beschränken. Ob als rechtliche Folge der Inaedifikation dem von der polizeilichen Maßnahme Betroffenen schließlich ein Anspruch auf Entschädigung erwächst, ist eine Frage, von deren Beantwortung das Vorgehen der Polizeibehörde ihm gegenüber völlig unabhängig bleibt. Da der nach Entfernung des Vorbaues wieder freigewordene Grund und Boden Theil des Bürgersteiges ist, so fällt die Instandsetzung und Unterhaltung desselben demjenigen zu, der im Uebrigen zur Anlegung und Unterhaltung des Bürgersteiges verpflichtet ist (vgl. S. 75, Anm. 24 bis 27), also in der Regel der wegebaupflichtigen Gemeinde, in Berlin auf Grund des Lokalrechts dem Eigenthümer des anliegenden Grundstücks nach Maßgabe der P. V. vom 17. Januar 1873, S. 105.

d. Der Umstand, daß das unter den vortretenden Bautheilen liegende Terrain sich als Straßenland im Eigenthum der Stadtgemeinde befindet, verpflichtet die Polizeibehörde nicht, ihre Genehmigung von der Zustimmung des Magistrats abhängig zu machen, weil es einerseits nicht Sache der Polizei ist, Privatrechte der Stadtgemeinde zu schützen, und andererseits die Benutzung dieses Eigenthums zu Straßenzwecken die Errichtung von Balkons und sonstigen Vorbauten in dem Luftraum der Straße nach §§ 79 ff. A. L. R. I 8 nicht hindert. (O. V. G. E. vom 21. Juni 1886, P. V. Bl. VII S. 356.)

e. Die Erhebung einer (auf Ortsstatut beruhenden) Gebühr für die Benutzung der Luftsäule über der öffentlichen Straße zur Anlegung von Balkonen und Erkern ist unzulässig, weil sie dem Wesen der Gebühr widerspricht, welche nur als eine Gegenleistung für eine zu öffentlichen Zwecken gewährte Leistung (O. V. G. E. Bd. XVIII S. 28), Pr. V. Bl. XVII S. 15, und XX S. 332 für die bestimmungsmäßige, nicht für die sonstige Benutzung einer öffentlichen Zwecken dienenden Gemeindeanstalt zulässig ist. (O. V. G. E. in Sachen Fischer wider den Oberbürgerm. in Cöln vom 29. Februar 1897. No. II 406, Bochmann Mitth. III. Jahrg. S. 317.) Eine privatrechtliche Vergütung für die Benutzung der Oberfläche, des Untergrundes oder der Luftsäule ihres Straßengrundstückes kann dagegen eine Gemeinde sehr wohl fordern und demgemäß auch ihre Zustimmung zu der gedachten Benutzung auch nur widerruflich oder unter Bedingungen ertheilen. O. V. G. E. vom 7. Januar 1899, Pr. V. Bl. XX S. 332.

2. Wie schon nach §§ 78 bezw. 66 A. L. R. I 8 dem Eigenthümer kein Anspruch auf Zulassung eines Vorbaues zusteht (O. V. G. E. vom 4. Januar 1887, P. V. Bl. VIII S. 117), so gab auch der § 13 der B. P. O. vom 15. Januar 1887 dem Bauherrn kein Recht zum Bau von Erkern, Balkonen und sonstigen Vorbauten innerhalb der daselbst bestimmten Grenzen über die Bauflucht hinaus, sondern gestattete nur der Polizeibehörde in jedem Einzelfalle den projectirten, in den fixirten Grenzen sich haltenden Balkon oder Erker u. s. w., nöthigen Falles unter gewissen Bedingungen, zu gewähren oder aus sonstigen

polizeilichen Gründen zu versagen. (Vgl. O. V. G. E. vom 4. Januar 1887, Pr. V. Bl. VIII S. 115, vom 27. Juni 1894, ebenda XV S. 559 und XVI S. 172.)

Innerhalb der durch die P. V. gezogenen Grenzen war es der Polizeibehörde nicht verwehrt, sich selbst im Voraus für die Behandlung der vorkommenden Fälle bestimmte allgemeine Grundsätze zu bilden und dieselben ohne Weiteres bei jedem Anlaß zur Anwendung zu bringen. (O. V. G. E. vom 4. Januar 1887, P. V. Bl. VIII S. 199.)

Auch die auf Grund jenes § (13) seitens der Polizei ertheilte Genehmigung war der Natur der Sache nach keine dieselbe für alle Zeiten bindende, wie von der Rechtsprechung des O. V. G. gleichmäßig anerkannt ist. Sie war vielmehr nach Maßgabe des wechselnden Verkehrsbedürfnisses eine beschränkbare und widerrufliche (vgl. O. V. G. E. vom 1. April 1885, P. V. Bl. VI S. 276/77).

3. Die nunmehr im § 14 enthaltenen Bestimmungen über das Vortreten von Bautheilen über die Umfassungswände überlassen die Genehmigung innerhalb bestimmter Grenzen nicht mehr dem polizeilichen Ermessen, sondern räumen vielmehr dem Eigenthümer ein Recht ein, innerhalb der gezogenen Grenzen Bautheile über die Umfassungswände vortreten zu lassen. Die Bestimmungen stellen sich somit als eine Beschränkung der bisherigen Befugnisse der Polizeibehörde zu Gunsten des Grundeigenthümers dar, mit der bedeutungsvollen rechtlichen Wirkung, daß die den nunmehrigen Bestimmungen entsprechenden über die Baufluchtlinie vortretenden Bautheile auch bei veränderten Verkehrsverhältnissen, die ihre Beseitigung im öffentlichen Interesse nothwendig erscheinen lassen, nicht mehr auf polizeiliche Anordnung ohne Entschädigung wieder beseitigt zu werden brauchen. Vgl. dagegen Anm. 17 Abs. 2.

4. Zur Anlegung von Estraden, Veranden und dgl. auf dem Bürgersteige vor Konditoreien oder Restaurationen wird eine baupolizeiliche Genehmigung nicht ertheilt, vielmehr ertheilt die Abtheilung II des P. Pr. die Erlaubniß nach eingeholter Zustimmung der Ö. Str. P. widerruflich für die Sommermonate eines Jahres und zwar an den Grundstückseigenthümer, nicht an den Miether. Die Estraden pp. dürfen höchstens den dritten Theil des Bürgersteiges einnehmen, die Granitplatten müssen stets frei bleiben, die Estrade darf höchstens 2 Fuß hoch sein und muß von der Nachbargrenze soweit entfernt bleiben, als sie vor die Front vorspringt, ev. wird Abschrägung zugelassen.

5. Tritt die Frontwand des Hauses hinter die Baufluchtlinie zurück (vgl. § 3 Ziffer 1a), so unterliegen die hinter der letzteren liegenden Vorbauten nur insofern einer Beschränkung, als von einer solchen die Polizeibehörde die Zulassung eines gesteigerten Höhenmaßes der Front abhängig gemacht hat. Zur Erreichung zweckentsprechender Beleuchtungsverhältnisse wird es sich daher für die Polizeibehörde in vielen Fällen empfehlen, die Bewilligung einer Ausnahme der fraglichen Art an die Bedingung zu knüpfen, daß die Bestimmungen des § 14 sinngemäße Beachtung finden.

6. Die Ziffern 1 und 2 behandeln das Vortreten von Bautheilen in der Richtung der Umfassungswand selbst, die Ziffern 3 bis 8 senkrecht zu derselben.

7. Vor der Straßenfront belegene Erker und Balkons sind durch besondere Rohre oder durch Anschluß an die Regenabfallrohre mit einer vorschriftsmäßigen Entwässerung zu versehen oder es ist eine Einrichtung zu treffen, welche nach allen freien Seiten hin einen gleichmäßigen Tropfenabfall ermöglicht (durchlochte Zinkleiste), ein strahlförmiges Abfließen des Wassers aber ausschließt. Die Genehmigung der bis zum Bürgersteig geführten Entwässerungsröhren an die Röhren der städtischen Kanalisation erheilt die Ö. Str. P. Abth. II (Kanalisation).

8. Es wird in jedem Geschosse für sich gemessen. Bei Eckgebäuden umfaßt die Frontlänge des Gebäudes die Summe der Längen der einzelnen Fronten. Gemessen wird in der thatsächlichen Frontlinie, nicht in der Baufluchtlinie, was bei freiwilligen Eckabstumpfungen von Einfluß ist.

9. Um einer Beschränkung der Lichtverhältnisse vorzubeugen. Aesthetische Rücksichten, insbesondere die Durchführung bestimmter Stylarten werden in vielen Fällen die Zulassung von Ausnahmen rechtfertigen, auch erscheint eine solche namentlich in denjenigen Straßen im Allgemeinen unbedenklich, in denen die zulässige Höhe der Gebäude ohnehin besonderen Beschränkungen unterliegt. (Vgl. P. V. vom 27. April 1894, III Th. Nr. 20.)

10. Also Vorbauten bis zu 0,30 cm Ausladung dürfen bis unmittelbar an die Nachbargrenze herantreten.

11. D. h. also an der Wurzel, wo sie in der Regel auch am breitesten zu sein pflegen.

12. Den Nachbargrundstücken gegenüber liegt in erster Linie wohl die Absicht zu Grunde, eine Beschränkung der Aussicht zu verhüten, also mehr ein ästhetisches als ein polizeiliches Moment, daneben mögen auch feuerpolizeiliche Rücksichten mit bestimmend gewesen sein.

13. D. h. ihrer vollen Ausladung, nicht bloß des über 30 cm hinausgehenden Theiles derselben.

14. Beträgt beispielsweise die weiteste Ausladung des einen Vorbaus 1 m, die des anderen desselben Gebäudes 0,60 m, die Summe ihrer Ausladungen also 1,60 m, so müssen die beiden Vorbauten $\frac{1{,}60 \times 3}{2} = 2{,}40$ m von einander entfernt bleiben. Sind die betreffenden Vorbauten desselben Gebäudes geschlossene (auch Risalite) oder Erker, so wird diese Entfernung auf 4 m vergrößert. Gehören die beiden Erker, Risalite oder geschlossenen Vorbauten aber verschiedenen an einander grenzenden Grundstücken an, so genügt in diesem Falle die Entfernung von 2,40 m. Die angegebenen seitlichen Abstände genügen selbst dann, wenn die einander gegenüberliegenden Seitenflächen der Vorbauten Oeffnungen haben.

15. Die Entfernung von mindestens 4 m wird nicht gefordert im Verhältniß von Balkon oder Galerie zu Risalit, Erker oder geschlossenem Vorbau.

16. Aus den Bestimmungen ergiebt sich Folgendes:

a. Geschlossene Vorbauten (mit Ausnahme der Risalite), Balkone, Galerien und Erker, welche in den Luftraum der Bürgersteige vortreten, dürfen überhaupt nur an Straßen von mindestens 15 m Breite angelegt werden.

b. Durch Balkone, Galerien, Erker und geschlossene Vorbauten mit Ausnahme der Risalite darf die freie Laufbreite des Bürgersteiges in keinem Falle beschränkt werden.

c. Ueber der vollen Breite des Bürgersteiges muß ein Luftraum von 3 m Höhe frei bleiben, in den kein Vorbau der bezeichneten Arten mit irgend einem Theile hineinragen darf.

d. Bei Erfüllung der Bedingungen zu a bis c dürfen Balkone, Erker, Galerien und geschlossene Vorbauten mit Ausnahme der Risalite über die Baufluchtlinie vortreten:

bei einer Straßenbreite von	15 m	0,60 m.
" " " "	16 m	0,70 m.
" " " "	17 m	0,80 m.
" " " "	18 m	0,90 m.
" " " "	19 m	1,00 m.
" " " "	20 m	1,10 m.
" " " "	21 m	1,20 m.
" " " "	22 oder mehr m	1,30 m.

Die diese Bautheile umziehenden Gesimse oder Verzierungen werden in die zulässige Ausladung polizeilicherseits nicht miteingerechnet, sofern sie den gleichartigen Gesimsen pp. der Gebäudefront bezüglich ihrer Größe und Ausladung entsprechen.

e. Risalite dürfen nur an Straßen von mehr als 15 m Breite und nur bis zu 0,25 m in einen Bürgersteig vortreten, der mindestens 3 m breit ist. An Straßen, die 15 m oder weniger breit sind, oder an Bürgersteigen, die weniger als 3 m breit sind, dürfen also Risalite überhaupt nicht vor die Baufluchtlinie vortreten. — Sollen bei an sich genügender Straßen- und Bürgersteigbreite die Risalite mehr als 0,25 m vor die Gebäudefront vorspringen, muß diese selbst entsprechend weit hinter die Baufluchtlinie zurücktreten.

17. Das Vortreten von Kellerhälsen kann von der Polizeibehörde bis zu 0,30 m, von anderen Bautheilen, die nicht unter die Begriffe von Balkon, Galerie, Erker, geschlossener Vorbau oder Risalit fallen, also beispielsweise von Säulen bis zu 0,60 m zugelassen werden, wenn der Bürgersteig mindestens 3 m breit ist. Der Bauherr hat also kein Recht darauf, während andererseits die Polizeibehörde bei der ausnahmsweisen Zulassung nicht an die beschränkenden Bestimmungen der Ziffer 3 (Anm. 16) gebunden ist.

Die Beseitigung eines vortretenden Kellerhalses oder eines sonstigen nach Ziffer 4 zugelassenen Bautheiles kann im verkehrspolizeilichen Interesse jederzeit gefordert werden. Vgl. Anm. 1. Das Vortreten von Schaufensterschutzstangen kann auch nur an Bürgersteigen von mindestens 3 m Breite zugelassen werden, und wird auch hier nur bis 0,20 cm zugelassen.

18. Weil als Straßenfront nicht das zufällige Nebenwerk des Gebäudes, die Plinthe, sondern das gleichmäßig über der Plinthe aufstrebende Mauerwerk betrachtet werden muß. Nur diese Auffassung hat, was auch das Baufluchtengesetz bezweckt, eine Einheitlichkeit der Straßenfront, des Straßenbildes, zur Folge, während die gegentheilige die Gestaltung der eigentlichen Frontlinie von der Zufälligkeit der Anbaue abhängig und damit unregelmäßig machen würde. Gebäudeplinthen, welche als „andere Bautheile" im Sinne der Ziffer 4, nicht als „geschlossene Vorbauten" im Sinne der Ziffer 3 zu behandeln sein werden, dürfen demnach überall bis zu 0,13 m vor die Baufluchtlinie vortreten, ohne Rücksicht auf die Breite der Straße oder des Bürgersteiges. Ist der Bürgersteig breiter als 3 m, kann ein Vortreten der Gebäudeplinthen bis zu 0,60 m einschließlich der Gesimse polizeilich zugelassen werden.

19. In Bürgersteigen, die 4 m breit oder schmäler als 4 m sind, dürfen Treppenstufen überhaupt nicht vorspringen, an breiteren höchstens 0,20 m.

20. Vgl. A. L. R. I 8, § 80, Seite 74. Bez. der Anbringung und der Beseitigung von Keller- und Ladenthüren, die in den Bürgersteig aufschlagen und event. den Verkehr erschweren oder gefährden, vgl. O. V. G. E. Bd. V S. 290 und vom 11. Juli 1894 P. V. Bl. XVI, S. 115. Bez. der Anbringung von Vorhängen zum Schutze gegen die Sonne vgl. P. V. vom 19. März 1893. Zum Aushängen und Ausstellen von Verkaufs- und anderen Gegenständen an Gebäuden, Thüren, Fenstern, Umzäunungen nach der Straße zu, desgl. zur Anbringung von Schaukästen, Aushängeschildern und anderen Ankündigungsmitteln ist polizeiliche Erlaubniß erforderlich. (§ 83, 84 des Straßenpolizeireglements vom 7. 4. 1867.) Bez. der Grundsätze der Zulassung von Fahnenschildern pp. vgl. Bekanntmachung vom 8. 5. 1895 (Tagesbefehl vom 15. 5. 95), bezl. der Transparente, Verf. vom 17. 2. 1896, Tagesbefehl vom 26. 2. 1896, bezl. der bildl. Darstellungen auf Konsolen, Verf. vom 9. 5. 1896.

21. Für die in Vorgärten vortretenden Bautheile gelten einerseits die Bestimmungen in Ziffer 1 und 2, andrerseits diejenigen in Ziffer 8. Der Eigenthümer hat bei Beobachtung der Bestimmungen in Ziffer 1 und 2 das Recht, Bautheile jeder Art und zwar sowohl unter der Erdoberfläche, als unmittelbar oberhalb derselben bis zu einem Drittel der Vorgartentiefe, in keinem Falle aber weiter als 2,50 m vor die Baufluchtlinie vortreten zu lassen. Der gesetzliche Weg, auf dem Vorgärten abgeändert oder beseitigt werden können, ist lediglich der im Baufluchtengesetze vom 2. Juli 1875 vorgezeichnete. Bezüglich der Abstandnahme von der Anlegung, Einfriedigung und Unterhaltung der Vorgärten vgl. dagegen P. V. vom 27. Oktober 1855 nebst den Anmerkungen (III. Theil Nr. 23.)

22. D. h. sofern nicht Dispens ertheilt wird.

23. Bezüglich des Begriffes „Hof" vgl. § 2, Anm. 20.

24. Vgl. § 2 Ziffer 5, § 3 Ziffer 1b, § 5, Ziffer 1, Abs. 2. Danach werden also die Umfassungswände der Erker und geschlossenen Vorbauten an Höfen genau so behandelt, wie die sonstigen Umfassungswände eines Gebäudes d. h. sie müssen, soweit sie sich nicht unmittelbar an ein anderes Gebäude oder an Theile desselben Gebäudes anschließen, von anderen Gebäuden oder Theilen desselben Gebäudes 2,50 m entfernt bleiben, soweit die einander gegenüberliegenden Umfassungswände keine Oeffnungen haben und 6 m, soweit Oeffnungen in jenen Wänden vorhanden sind. Während also die Seitenfenster zweier an der Vorderfront belegenen Erker nur 4 m von einander entfernt zu sein brauchen, muß diese Entfernung bei Erkern an Höfen mindestens 6 m betragen.

25. Für Balkone und offene Galerien an Höfen ist eine bestimmte Entfernung für das seitliche Abbleiben von einander oder von der Nachbargrenze nicht vorgeschrieben, dagegen muß die Entfernung ihrer äußersten Ausladungen unter sich, gegenüber den Umfassungswänden von Gebäuden auf demselben Grundstücke und gegenüber den Nachbargrenzen mindestens 8 m betragen. Die Entfernung der äußersten Ausladung eines Balkons wird senkrecht zu derjenigen Umfassungswand (Front) gemessen, vor welche der Balkon vortritt. Die andere Dimension eines Balkons ist seine Breite.

26. Die unverbrennliche Wand kann massiv oder aus Drahtglas, Eisen, Monier pp. hergestellt werden.

§ 15.

Oeffnungen vor Gebäuden.

1. Für Kellerräume bestimmte Lichtöffnungen[1]), welche über die Bauflucht in den Bürgersteig vorspringen, dürfen[2]) nur in Bürgersteigen von mehr als 3 m Breite[3]) angelegt werden. Sie dürfen höchstens bis 0,30 m in den Bürgersteig vorspringen und sind in dessen Oberfläche mit Eisenstäben in Abständen von höchstens 0,03 m zu überdecken, oder[4]) mit einer mindestens 1 m hohen glatten[5]), metallenen Vergitterung zu umschließen[6]).

2. Kellerstufen dürfen in Bürgersteige nicht einspringen.

3. Oeffnungen vor den nicht an Bürgersteigen liegenden Gebäudetheilen[7]) sind genügend[8]) zu überdecken, zu vergittern oder zu umwehren.

4. Für die Anlage von Lichtgräben ist § 37 Ziffer 3 maßgebend.

---

1. Vgl. R. Str. G. B. § 367, Ziffer 12 S. 12 und O. V. G. E. vom 3. März 1890 Pr. V. Bl. XI S. 586.

2. Der Eigenthümer hat hiernach bei Erfüllung der sonstigen Bedingungen ein Recht auf die Anlegung von Lichtöffnungen im Bürgersteige.

3. Es ist also nicht gefordert, daß der Bürgersteig von der Außenseite der Lichtöffnung an gemessen noch 3 m breit sein muß; er muß nur im Ganzen mehr als 3 m breit sein.

4. Die Wahl hat der Eigenthümer.

5. Damit Vorübergehende nicht daran hängen bleiben; insbesondere ist also die Verwendung von Stacheldraht unzulässig. O. V. G. E. Bd. XIII S. 420.

6. Das Bestehen ungenügend verwahrter, ein Hineintreten zulassender Oeffnungen auf einer öffentlichen Straße ist ohne Rücksicht auf den Umfang des Verkehrs unzulässig und rechtfertigt in jedem Falle, auch wenn es sich um ältere derartige Einrichtungen handelt, ein Eingreifen auf Grund des § 40 Ziffer 4. O. V. G. E. vom 19. Mai 1884, Pr. V. Bl. V. S. 403.

7. Bezieht sich auf alle nicht an der Straßenfront belegenen Gebäudetheile.

8. Darüber, was als genügend zu erachten ist, entscheidet das polizeiliche Ermessen. Unter Umständen genügt eine ganz geringfügige, nur wenig über die umgebende Erdoberfläche hervorragende Umwehrung (Rollschicht).

§ 16.

Treppen.[1])

1. Jedes nicht zu ebener Erde[2]) liegende Geschoß[3]) muß mindestens durch eine Treppe zugänglich sein, durch welche der Ausgang nach der Straße oder nach einem Hofe jederzeit gesichert wird (nothwendige Treppe). Ausnahmen bezüglich des Dachgeschosses können mit Rücksicht auf die besondere Benutzungsart zugelassen werden. Von jedem Punkte des Gebäudes aus muß eine Treppe auf höchstens 30 m Entfernung erreichbar sein.[4]) Dieses Maß ist auch für Kellerräume innezuhalten, so weit sie zum dauernden Aufenthalt von Menschen bestimmt sind (§ 37); für anderweit benutzte Kellerräume kann ein größeres Maß zugelassen[5]) werden.

2. Gebäude, in deren oberstem Geschosse der Fußboden höher als 7 m über dem Erdboden liegt, müssen mindestens zwei in gesonderten Räumen befindliche Treppen oder[6]) eine unverbrennliche Treppe (nothwendige Treppen) erhalten. Doch soll, wenn der oberste Fußboden über 11 m hoch liegt, nur im Ausnahmefalle[7]) eine unverbrennliche[8]) Treppe genügen. Als oberstes Geschoß ist das Dachgeschoß nicht anzusehen, wenn es keine zum dauernden Aufenthalte von Menschen bestimmten Räume enthält.

3. Nothwendige[9]) innere Treppen einschließlich der daran liegenden Vorplätze und Flure[10]) müssen mit massiven, nur durch die erforderlichen Verbindungs- und Lichtöffnungen[11]) unterbrochenen Wänden umschlossen werden. Nebeneinander gelegene Räume für nothwendige Treppen[12]) dürfen durch keine Oeffnungen mit einander in Verbindung stehen. Freitreppen dürfen[13]), wenn sie nothwendige Treppen sind, nur in einer Höhe von 2 m hergestellt werden.

4. Jede nothwendige Treppe muß mit dem wirthschaftlich gesondert benutzten Gebäudetheile, für welchen sie bestimmt ist, unmittelbare Verbindung haben, in einer freien, durch das Geländer nicht eingeschränkten Breite von mindestens 1 m sicher gangbar sein[14]) und in einem, vom Tageslicht[15]) hinreichend erhellten Raume liegen. Als sicher[16]) gangbar gilt eine Treppe, wenn der Auftritt der Stufen, in der Austragung gemessen, mindestens 0,26 m und die Steigung höchstens 0,18 m beträgt. Wendelstufen dürfen an der schmalsten Stelle, in der Austragung gemessen, nicht unter 0,10 m Auftrittsbreite haben.

5. Die Treppenläufe sind, wenn sie zwischen Wänden liegen, mindestens an einer Seite mit Handgriffen, sonst mit Geländern[17]) zu versehen, welche ein Hindurchfallen von Kindern ausschließen.[18])[19]) Für Geländer und Handgriffe können besondere Anordnungen getroffen werden.[20])

6. Jede nothwendige Treppe ist bis in das Dachgeschoß zu führen oder[21]) muß im obersten Dachgeschoß entweder unmittelbar oder in einem in der Nähe belegenen, leicht auffindbaren Raume durch eine feuersicher abgeschlossene Nebentreppe ihre Fortsetzung bis ins Dachgeschloß erhalten. Für diese Nebentreppe genügt eine gerade oder gewendelte Treppe mit freier Laufbreite von 0,75 m und einem derartigen Auftritte und Steigungsverhältnisse, daß überall eine Kopfhöhe von mindestens 1,80 m verbleibt.[22])

7. Bei freitragenden Granittreppen sind die Podeste, wenn diese gleichfalls aus Granit hergestellt werden, durch Eisenträger, Mauerbögen oder Gewölbe zu unterstützen.[23])

8. Die Stufen unverbrennlicher Treppen dürfen mit Holz belegt werden.[24])

9. Nothwendige hölzerne Treppen sind unterhalb entweder zu rohren und zu putzen oder mit einer gleich feuersicheren Verkleidung[25]) zu versehen.

10. Bei nothwendigen Treppen sind die Treppenpodeste in der Regel rechteckig in der Weise anzulegen, daß die Länge wie die Breite der Podeste[26]) — in der Mitte gemessen — mindestens gleich der Laufbreite der Treppe ist. Dasselbe gilt für die Breite der Treppenzugänge. Eine Abschrägung der Ecken der Podeste bis zur kreisförmigen Abrundung ist nur bei Treppen von mehr als 1,25 m Breite zulässig. Wenn die Laufbreite der Treppe mehr als 1,75 m beträgt, darf die Breite der Podeste bis auf dieses Maß eingeschränkt werden.[27])

---

1. Die hervorragende Bedeutung der Treppen in sicherheitspolizeilicher Beziehung rechtfertigt die eingehenden Bestimmungen, die die B. P. O., ebenso wie die Bauordnungen anderer Städte, in dieser Hinsicht trifft. Die Bestimmungen sind naturgemäß verschieden, je nachdem die Treppen den Zugang zu Gebäuden bezw. Gebäudetheilen, welche zum dauernden Aufenthalt von Menschen bestimmt sind, oder aber zu anderen Zwecken dienenden Räumen bilden. Die Vorschriften beziehen sich insbesondere auf die Zahl, die Lage, leichte und sichere Erreichbarkeit, das Material und die Konstruktion der Treppenanlagen, sowie auf deren Schutz gegen Verqualmung.

Aus § 16 in Verbindung mit § 37, Ziffer 7 ergeben sich bezüglich der sogenannten nothwendigen Treppen (d. h. derjenigen, die unbedingt vorhanden sein müssen und deren Anlage nicht von der freien Entschließung des Eigenthümers abhängig ist), folgende Grundsätze:

a. 1. Jeder nicht zu ebener Erde belegene zum dauernden Aufenthalt von Menschen gesondert genutzte Gebäudetheil muß einen jederzeit leicht und sicher erreichbaren feuersicheren Zugang zu 2 Treppen oder zu einer unverbrennlichen Treppe haben.

Ist nur eine (unverbrennliche) Treppe vorhanden, ist die Polizeibehörde befugt, weitere Forderungen für die Treppenanlage und ihre Zugänge zu stellen.

2. Liegen z. d. A. v. M. bestimmte Räume höher als 11 m über dem Erdboden, so soll eine unverbrennliche Treppe nur im Ausnahmefalle genügen, vgl. b Nr. 6.
3. Durch die zwei Treppen oder die eine unverbrennliche Treppe muß der Ausgang nach der Straße oder nach einem Hofe jederzeit gesichert sein. Außerdem ist die Bestimmung in Ziffer 6 zu erfüllen.

b. Sofern die Bestimmungen unter a nicht Platz greifen, sind folgende Vorschriften zu beachten:

1. Jedes nicht zu ebener Erde und nicht höher als 7 m über dem Erdboden liegende Geschoß eines Gebäudes muß mindestens durch eine Treppe zugänglich sein, durch welche der Ausgang nach der Straße oder nach einem Hofe jederzeit gesichert wird (nothwendige Treppe). Diese Treppe muß den Bestimmungen über die Beschaffenheit nothwendiger Treppen entsprechen, braucht indeß nicht unverbrennlich zu sein.
2. Sofern das Dachgeschoß nicht höher als 7 m über dem Erdboden liegt, genügt die Anlegung einer Nebentreppe vom obersten Stockwerk bis zum Dachgeschoß oder es kann mit Rücksicht auf die besondere Benutzungsart des Dachgeschosses sogar auf die Anlegung der Nebentreppe polizeilicherseits überhaupt verzichtet werden, wie dies beispielsweise unter Umständen unbedenklich bezüglich solcher Stallgebäude geschehen kann, in deren unmittelbar über dem Erdgeschoß belegenem Dachgeschoß sich lediglich Räume zur Aufbewahrung von Stroh, Heu u. s. w. befinden.
3. Eine den Bestimmungen zu 1 entsprechende Treppe genügt selbst dann, wenn lediglich das Dachgeschoß höher als 7 m, aber nicht höher als 11 m über dem Erdboden liegt. Diese eine Treppe ist entweder bis in das Dachgeschoß zu führen oder es muß sich im obersten Stockwerk an dieselbe eine Nebentreppe anschließen (Ziffer 7).
4. Gebäude, in deren oberstem Geschoß, abgesehen von dem Dachgeschoß, vgl. unter 3 — der Fußboden höher als 7, aber nicht höher als 11 m über dem Erdboden liegt, müssen mindestens zwei in gesonderten Räumen befindliche Treppen, die indeß nicht unverbrennlich zu sein brauchen, oder eine unverbrennliche Treppe erhalten. Diese zwei, bezw. diese eine Treppe, sind bis in das Dachgeschoß zu führen, oder es hat sich an jede derselben eine Nebentreppe anzuschließen (Ziffer 7).
5. Liegt in einem Gebäude der oberste Fußboden (abgesehen vom Dachgeschoß) höher als 11 m, so soll eine unverbrennliche Treppe nur im Ausnahmefalle genügen; der Regel nach sollen in diesem Falle vielmehr zwei in getrennten Räumen befindliche Treppen vorhanden sein, die indeß nicht unverbrennlich zu sein brauchen.

2. Liegt das Geschoß nicht höher als 2 m über dem Erdboden, so genügt selbst als nothwendige Treppe eine Freitreppe. Vgl. Ziffer 3.

3. Bezüglich der Begriffe Geschoß und Stockwerk vgl. § 28 Anm. 5.

4. Unter „jedem Punkt des Gebäudes" ist nur jeder auf einem Fußboden desselben belegene Punkt zu verstehen, sodaß also die Entfernung von 30 m nur auf dem Fußboden jedes Geschosses gemessen wird und zwar durch den freien Raum ohne Rücksicht auf die in den Räumen befindlichen Gegenstände, wie Möbel, Maschinen, Subsellien p. p. Die Entfernung von 30 m wird im Dachgeschoß nur bis zu den Punkten gerechnet, über denen das Geschoß noch eine lichte Höhe von 1,60 m hat.

Befindet sich über einem Dachgeschoß noch ein oberer Bodenraum, so braucht nicht von jedem Punkte dieses Raumes aus eine Treppe auf 30 m erreichbar sein; der Raum muß indeß sicher zugänglich gemacht sein, etwa durch eine hölzerne, freiliegende Treppe mit Geländer (Kommissionssitzung vom 11. Februar 1897).

5. Auch von dem weitesten Punkte der zum dauernden Aufenthalt von Menschen bestimmten Kellerräume darf eine Treppe höchstens 30 m entfernt sein. Für nicht zum dauernden Aufenthalt von Menschen bestimmte Kellerräume ist grundsätzlich dieselbe Bestimmung maßgebend, doch kann polizeilich auch eine größere Entfernung zwischen der Treppe und dem weitesten Punkte des Kellers zugelassen werden.

6. D. h. nach der Wahl des Bauherrn.

7. Bestimmend für die Zulassung einer derartigen Ausnahme ist die ganze Raumdisposition des Gebäudes, seine Ausdehnung und Zweckbestimmung, die Lage der Treppe

und ihre bequeme und sichere Erreichbarkeit. Daß die eine unverbrennliche Treppe von jedem Punkte des Gebäudes auf eine geringere Entfernung als auf 30 m erreichbar sein muß, wird im Allgemeinen als Voraussetzung für die Bewilligung der Ausnahme anzusehen sein. Bei zu Wohnzwecken bestimmten Vordergebäuden wird eine unverbrennliche Treppe (ausnahmsweise) nur dann für genügend erachtet, wenn die Front des Wohngebäudes verhältnißmäßig schmal, die Grundfläche nicht zu erheblich ist und außerdem die eine Treppe, welche nicht in den Keller führen darf, entsprechend verbreitert wird.

8. Zu den unverbrennlichen Treppen sind zu rechnen die massiven und die eisernen. Zu letzteren gehören beispielsweise die Treppen nach dem System Joly Wittenberg.

9. Vgl. auch § 37 Ziffer 7. Zweck der Bestimmungen in Ziffer 2 ist, einerseits, die zur Rettung bestimmten Treppen selbst, andererseits, für den Fall, daß das Treppenhaus brennen sollte, die anschließenden Wohnungen thunlichst gegen die Uebertragung des Feuers zu schützen. Zur thunlichst vollständigen massiven Umschließung und Abgrenzung des eigentlichen Treppenhauses, bezw. um die Verqualmung desselben zu erschweren, müssen die erforderlichen Verbindungs- und Lichtöffnungen stets möglichst tiefliegende Gurtbogen mit Vorlagen erhalten.

10. Dadurch ist auch in der äußeren Fassung der gesetzlichen Bestimmung die Uebereinstimmung mit der von dem O. V. G. in dem Erkenntniß vom 22. April 1896 — IV 675 — entwickelten Rechtsauffassung hergestellt.

Unter den unmittelbar an den Treppen liegenden Vorplätzen und Fluren sind die außerhalb des Treppenhauses liegenden abgeschlossenen Vorplätze und Flure, welche zu den einzelnen Wohnungen gehören, nicht mit zu verstehen, wohl aber Vorplätze und Flure, welche den gemeinsamen Zugang zu der Treppe von außen her vermitteln und dergl.

Bezüglich des Abschlusses der sogenannten Podestklosets gegen das Treppenhaus vgl. § 25 Anm. 4.

11. Wandöffnungen, welche etwa mit Siemens'schem Drahtglas fest verschlossen sind, können gleichwohl als massive Wandtheile nicht betrachtet und demnach, sofern sie sich nicht als erforderliche Lichtöffnungen charakterisiren, nur im Dispenswege zugelassen werden.

Welche Verbindungs- und Lichtöffnungen erforderlich sind, ist quaestio facti. Im Allgemeinen wird der Anlegung von Thüren auf den eigentlichen Geschoßpodesten nicht widersprochen werden können. Bei der Zulassung von Lichtöffnungen wird lediglich der Gesichtspunkt ausschlaggebend sein können, ob dieselben zur Beleuchtung des Treppenraumes selbst erforderlich sind. Daß die in den massiven Umfassungswänden des Treppenhauses liegenden nothwendigen Oeffnungen mit Thüren bezw. Fenstern verschlossen sein müssen, ist nicht vorgeschrieben, indeß wird seitens des Polizei-Präsidiums gefordert, daß die nach dem Dachboden führenden Verbindungsöffnungen in den massiven Umschließungswänden der Treppenhäuser mit einer gemauerten Schwelle und mit feuersichern, in Mauerfalze schlagenden, dicht schließenden Thüren versehen werden. Die Thüren müssen selbstthätig zufallen und irgend eine Art Klinkenverschluß haben.

12. Liegt neben einer „nothwendigen“ Treppe eine im gesetzlichen Sinne „nicht nothwendige“ Treppe, so ist diese lediglich ebenso zu behandeln, wie jeder andere Raum des Hauses und kann daher auch mit dem Treppenhause der nothwendigen Treppe durch Thüren, soweit sie sich als erforderliche Verbindungsöffnungen darstellen, verbunden werden.

13. D. h. der unterste Theil einer nothwendigen Treppe und zwar bis zu einer Höhe von 2 m, vom Erdboden ab gerechnet, darf im Freien liegen.

14. Gemessen wird von dem am weitesten in den Treppenlauf vorspringenden Theil des Geländers. Das Anbringen eines Handgriffs an der Treppenwand erscheint selbst bei einer Laufbreite von nur 1 m zulässig, da durch einen Handgriff die freie Gangbarkeit des Treppenlaufes insofern nicht eingeschränkt zu werden pflegt, als man bequem auch unter

dem Handgriff treten kann, auch die Bestimmung in Ziffer 4 nur von „Geländern" spricht, während in Ziffer 5 davon ausdrücklich „Handgriffe" unterschieden werden. Vgl. Anm. 17.

15. Künstliche Beleuchtung genügt also nicht.

16. Die Verwendung von Eisenbahnschienen zu Treppenkonstruktionen wird nicht zugelassen. Die Tragfähigkeit der eisernen Träger für Treppenanlagen ist rechnungsmäßig nachzuweisen.

17. Unter Geländern sind solche Umwährungen zu verstehen, welche eine Treppe einfassen und so gegen das seitliche Herabfallen Schutz bieten, d. h. Einrichtungen, welche in senkrechter Aufrichtung die Abscheidung des seitlich daran liegenden Luftraumes rc. bezwecken. Sie sind daher in der Art ihrer Anlage wie in ihrer Zweckbestimmung von den Handgriffen oder Handläufen, welche keinen Schutz gegen seitliches Herabfallen, vielmehr einen sicheren Halt für die die Treppe, insbesondere während der Dunkelheit passirenden Personen bieten sollen, durchaus verschieden. O. V. G. E. vom 3. April 1895 — IV 540. —

Die Bestimmungen über Geländer und Handgriffe beziehen sich nur auf fertige Bauten. Die Anbringung gewöhnlicher Schutzgeländer während des Baues ist indeß üblich und kann auf Grund des § 10, II 17 A. L. R. polizeilich gefordert werden.

18. Danach darf die lichte Weite zwischen den Traillen höchstens 20 cm betragen.

19. Die Nichtbefolgung der hier gegebenen Bestimmung würde eine strafbare Fahrlässigkeit in sich schließen.

20. So wird bei Geländern in Schulen die Anbringung von Knöpfen auf den Geländern gefordert, um das Heruntergleiten der Kinder zu verhüten.

21. Das Wahlrecht hat der Bauherr, vgl. indeß Anm. 1 unter b Nr. 2.

22. Diese Nebentreppe braucht also selbst nicht unverbrennlich zu sein, sie muß aber feuersicher gegen die umliegenden Räume abgeschlossen sein. Bei der Anordnung von kleinen Verbindungstreppen vom Laden des Erdgeschosses nach dem Keller, (keine nothwendige Treppe) wird verlangt, daß die Innenseiten des Kranzes der Balkendurchbrechung, sowie die Unterseite der anzubringenden Klappe feuersicher bekleidet werden. Die Aussteigeöffnung ist sicher zu umschließen.

23. Um den freitragenden Granittreppen in den Podesten einen festen Halt bei Feuersgefahr zu geben, da erhitzte Granitsteine bei dem Bespritzen mit Wasser erfahrungsmäßig sehr leicht zerspringen.

24. An Stelle von Holz werden beispielsweise auch Xylolith=Platten zugelassen. Das Belegen der Stufen mit nicht eingefalzten eisernen Stäben dürfte auf Grund des § 10, II 17 A. L. R. zu untersagen sein.

25. Beispielsweise mit Xylolith=Platten.

26. Die Bestimmungen über Treppenpodeste sind hiernach folgende:

a. Bei nothwendigen Treppen haben die Podeste eine rechteckige Form zu erhalten. Das Rechteck liegt mit seiner längeren Seite quer vor den beiden Treppenläufen, ist also mindestens doppelt so lang als der einzelne Treppenlauf breit ist und muß mindestens so breit sein, wie die Laufbreite der Treppe.

b. Ist die Laufbreite der nothwendigen Treppe größer als 1,25 m, so darf das nach der Bestimmung unter a sich ergebende Rechteck des Podestes bis zur kreisförmigen Abrundung abgeschrägt werden.

c. Schließen sich an ein Podest zwei Treppenläufe rechtwinkelig zu einander an, so genügt ein quadratisches Podest, dessen Seiten gleich der Laufbreite der Treppe sind.

d. Bei Treppen, deren Laufbreite mehr als 1,75 m beträgt, braucht die Breite der Podeste nicht mehr als 1,75 m betragen.

e. Sind die an ein Treppenpodest sich anschließenden Treppenläufe verschieden breit, so werden die Maße des Podestes durch die Laufbreite des schmaleren Treppenlaufes bestimmt.

f. Bei Erfüllung der vorstehenden Bedingungen kann also auch eine nothwendige Treppe Wendelstufen (vgl. Ziffer 4) erhalten.

g. Vollständige Wendeltreppen, bei denen die Anlegung rechteckiger Podeste im Allgemeinen ausgeschlossen ist, werden aus diesem Grunde als nothwendige Treppen nur ausnahmsweise zuzulassen sein. In diesem Falle wird es für genügend zu erachten sein, wenn die Breite wie die Länge der Podeste, in der Mitte gemessen, gleich der Laufbreite der Treppe ist. Die Länge eines Podestes wird in der mittleren Lauflinie gemessen. Hiernach würde bei Wendeltreppen ein Podest von der Größe etwa des dritten Theiles eines Kreises genügen, dessen Radius gleich der Laufbreite der Treppe ist.

27. Die Polizei ist befugt von dem Eigenthümer bewohnter oder auf andere Weise dem Verkehr übergebener Häuser die Beleuchtung der Treppen und Flure bei mangelndem Tageslichte zu fordern (sowohl im Wege der Polizeiverordnung wie der polizeilichen Verfügung), soweit dies zur Erhaltung der öffentlichen Sicherheit und zur Abwendung von Gefahren von dem in den Häusern verkehrenden Publikum geboten erscheint. — Die polizeiliche Forderung ist unabhängig von etwaigen privatrechtlichen Abmachungen zwischen Miether und Vermiether (evtl. im Miethsvertrage). O. V. G. E. vom 8. Januar 1887 Pr. V. Bl. VIII S. 200, vom 19. September 1883 a. a. O. V S. 15, vom 18. März 1885 a. a. O. VI S. 269, vom 9. December 1885 a. a. O. VII S. 315, O. V. G. E. Bd. XII S. 390.

Ein Hausbesitzer, der die ihm nach polizeilicher Vorschrift obliegende Pflicht, die Treppe ausreichend zu beleuchten, schuldvoll verletzt hat, ist zum Schadenersatz verpflichtet, wenn durch diesen Mangel der Unfall oder Tod einer Person herbeigeführt ist. Ein konkurrirendes Verschulden des Beschädigten kann darin nicht gefunden werden, daß dieser es unterlassen hat sich seinerseits Licht bringen zu lassen. (Entsch. d. Reichsger. III Civils. vom 13. December 1895), ja die civilrechtliche Schadensersatzpflicht des Grundeigenthümers für körperliche Verletzungen, welche sich Jemand in Folge ungenügender Beleuchtung einer Treppe zugezogen hat, hat weder das Vorhandensein einer die Beleuchtung der Treppen allgemein anordnenden Polizei-Verordnung noch einer die gleiche Forderung im Einzelfalle stellenden Verfügung zur Voraussetzung. Vgl. Erk. des R. G. IV Civils. vom 16. Mai 1887 Pr. V. Bl. VIII S. 326 sowie Erk. des R. G. II Strafs. vom 19. Oktober 1886 Entsch. des R. G. in Strafs. Bd. 14 S. 362.

Mit Rücksicht auf die im Vorstehenden dargelegte Rechtsauffassung der höchsten Gerichtshöfe hat das P. Pr. eine die Beleuchtung der Treppen und Flure allgemein regelnde Polizeiverordnung bisher nicht erlassen, sich vielmehr auf die nachstehenden Bekanntmachungen vom 21. April 1885 und vom 31. Oktober 1890 beschränkt:

Bekanntmachung vom 21. April 1885 (auszugsweise).

„Die Beleuchtung, welche sich auf alle Jedermann zugänglichen, thatsächlich dem Verkehr dienenden Treppen und Flure zu erstrecken hat, muß das ganze Jahr hindurch, also ohne Unterschied der Jahreszeit, während derjenigen Stunden erfolgen, in welchen es an ausreichender Erleuchtung durch natürliches Licht mangelt, und zwar bis 10 Uhr Abends. Als ausreichend wird die Erleuchtung nur dann anzusehen sein, wenn sie ein deutliches Erkennen der betreffenden Räume ermöglicht. Verpflichtet zu der Beleuchtung und der Polizeibehörde gegenüber verantwortlich ist der Eigenthümer des Grundstücks, gleichviel, ob etwa nach dem Inhalt von Privatverträgen ein Anderer diese Verpflichtung übernommen hat.

Die Aufsichtsbeamten sind angewiesen, der Treppenbeleuchtung ihre besondere Aufmerksamkeit zuzuwenden und die Abstellung wahrgenommener Mängel durch Einwirkung auf den Grundstückseigenthümer herbeizuführen.

Daß die Unterlassung der Beleuchtung unter Umständen eine strafgerichtliche Ahndung zur Folge haben kann, darf als bekannt vorausgesetzt werden.

Berlin, den 21. April 1885.

Königliches Polizei-Präsidium
(gez.) v. Madai.

In der Bek. vom 31. 10. 1890 wird vor der Aufstellung brennender Petroleumlampen, sofern dieselben nicht mit Metallbassin versehen sind und mit bestem Petroleum (Kaiseröl) gespeist werden, in Treppenhäusern gewarnt.

§ 17.

Lichtschachte [1]).

1. Lichtschachte [2]) (Lichthöfe) müssen eine Grundfläche von mindestens 10 qm [3]) bei einer geringsten Abmessung von 2 m [4]) erhalten und durchweg [5]) bis zur Dachfläche mit massiven Wänden umschlossen werden. Bei einer mittleren Höhe der Schachtwände bis zu 12 m kann eine Verkleinerung der Grundfläche bis auf 6 qm bei einer geringsten Abmessung von 1,50 m zugelassen werden. Am unteren Ende der Lichtschachte sind Vorkehrungen zu treffen, welche ihnen von außen [6]) frische Luft dauernd zuführen. Die Luftzuführungskanäle müssen mindestens 0,30 qm Querschnitt erhalten.

2. Für Lichtschachte, welche einem Raum Licht unmittelbar durch die Decke [7]) zuführen, genügt es, wenn sie von dem Raum bis zur Dachfläche mit einem unverbrennlichen Stoffe ummantelt werden; auch darf die Grundfläche derartiger Lichtschachte kleiner [8]) als oben angegeben, bemessen werden.

3. Sind die Lichtschachte oben mit einer Glasdecke oder sonst in geeigneter Art geschlossen, so müssen auch an ihrem oberen Ende Vorkehrungen [9]) getroffen werden, welche einen ausreichenden Luftwechsel sichern.

4. Wenn Lichtschachte Oeffnungen innerhalb des Dachraumes erhalten, so müssen diese mit feuer- und rauchsicheren, fest verschlossen zu haltenden Thüren [10]) versehen werden.

---

1. Bezüglich der Aufzugsschachte (Fahrstühle) vgl. die Polizei-Verordnung vom 24. September 1898, Nr. 32 des Werkes.

2. Daß Lichtschachte unbedingt durch alle Geschosse bis zum Erdboden durchgeführt werden müssen, ist nicht vorgeschrieben.

3. Die Grundfläche der Lichtschachte gilt als bebaute Fläche (vgl. § 2). Ebendaselbst in Ziffer 2 der einzige Ausnahmefall, in dem ein Lichthof bei einer geringsten Größe von 10 qm als unbebaute Fläche gerechnet wird.

4. Geringste Abmessung ist hiernach 2×5 m. An einen den gegebenen Bestimmungen entsprechenden Lichthof dürfen auch Badestuben und Bedürfnißanstalten angelegt werden, sofern der Lichtschacht oben offen ist (§ 25).

5. D. h. abgesehen von den in den massiven Wänden vorhandenen Oeffnungen. Die massive Abschlußwand muß insbesondere auch dann ausgeführt werden, wenn der Lichtschacht an der Grenze liegt.

6. also von der Straße oder von einem Hofe her.

7. Es ist hier vorzugsweise an im obersten Geschosse belegene Räume gedacht. Die Beleuchtung des fraglichen Raumes muß unmittelbar durch die Decke, also nicht von der Seite her erfolgen.

8. Die zu wählende Abmessung wird durch den Zweck des Lichtschachtes, einen bestimmten Raum angemessen zu erleuchten und zu belüften, bestimmt werden.

9. Sei es, daß die Decke selbst zum Oeffnen eingerichtet wird, sei es daß unterhalb derselben seitwärts Lüftungsrohre, Oeffnungen, Klappen oder dergl. angebracht werden.

10. Zur Reinigung der Oberlichtfenster. Lichtschachtfenster im Dachboden bedürfen keiner eisernen Läden.

§ 18.

Feuerstätten.[1] [2] [3] [4]

1. Feuerstätten in Gebäuden müssen in allen Theilen aus unverbrennlichem Baustoff hergestellt werden.

2. Unter Feuerheerden[5]) sowie unter den zugehörigen, mindestens 0,05 m breit anzuordnenden massiven Umfassungsstreifen[6]) müssen die Decken einschließlich des Fußbodens durchweg aus unverbrennlichem Baustoffe hergestellt werden.

3. Feuerheerde, welche auf unverbrennlichen Füßen stehen, dürfen auf Holzbalkendecken und Holzfußböden errichtet werden, wenn unter dem Heerde ein Luftraum von mindestens 0,15 m und höchstens 0,20 m frei gehalten wird. Der Fußboden dort ist durch eine 0,05 m starke Massivschicht auf mindestens 1 mm starker Eisenplatte zu schützen; die Massivschicht sowie die Eisenplatte müssen 0,05 m über den Rand des Heerdes vortreten.[7]) [8]) Dieselben Vorschriften finden auch auf Badeöfen von Metall Anwendung.[9])

4. Oefen und sonstige nicht unter Ziffer 2 und 3 fallende Feuerstätten sind[10]) von dem Fußboden durch eine mindestens 0,05 m starke Massivschicht zu trennen, über der sich ein mindestens 0,05 m hoher, den Durchzug der Luft gestattender Hohlraum mit mindestens 2 Luftöffnungen befinden muß.

5. Vor den Heizöffnungen[11]) sämmtlicher Feuerungen ist der Fußboden, wenn er nicht aus unverbrennlichem Stoffe hergestellt wird, in einem Vorsprunge[12]) von 0,50 m und in einer über die Feuerungsöffnungen nach beiden Seiten hin vortretenden Breite von 0,30 m feuersicher zu bekleiden. Vor Stubenfeuerungen von gewöhnlichem Umfange und vor offenen Kaminen genügt statt dessen die Verwendung metallener Vorsetzer von ausreichender Größe.[13])

6. Wände,[14]) an welchen Feuerheerde unmittelbar oder in einer geringeren Entfernung als 0,10 m aufgestellt werden, müssen in der Ausdehnung des Heerdes und mindestens 0,20 m rings um ihn aus unverbrennlichem Baustoffe bestehen. Diese Wände dürfen, soweit sie nicht mindestens einen Stein stark massiv sind, nicht als Wandungen von Feuerzügen benutzt werden. Eiserne Feuerstätten sind von verputztem oder verblendetem Holzwerke mindestens 0,40 m, von freiem Holzwerke[15]) mindestens 0,80 m entfernt zu halten. Bei ummantelten Oefen können geringere Maße zugelassen werden.

7. Für Feuerstätten von erheblichem Umfange und für solche, deren Betrieb dauernd große Hitze erfordert, wie große Koch- und Waschküchenheerde, große Plättöfen und dergleichen, können weitergehende Forderungen bezüglich der Feuersicherheit gestellt werden.[16])

---

1. Vorbemerkung:

a) Bereits nach §§ 1 und 2 Abs. 2 Nr. 3 der Verordnung vom 14. August 1837 (Amtsbl. S. 282) bedurfte in Berlin jede Anlage von Feuerstätten der polizeilichen Genehmigung. O. V. G. E. vom 18. December 1895 Nr. IV 1814. Desgleichen erachtet die B. P. O. vom 21. April 1853 zur Herstellung von Feuerstätten eine polizeiliche Genehmigung für erforderlich. Schließlich bedürfen auch nach § 26 der B. P. O. vom 15. Januar 1887 Umbauten oder Reparaturbauten, bei denen Feuerstätten (oder Schornsteine) hergestellt oder verändert werden sollen, und nach § 26 der vorliegenden B. P. O. ganz allgemein die Herstellung und Veränderung von Feuerstätten (oder Schornsteinen) der baupolizeilichen Genehmigung. Kann daher bezüglich einer bestehenden nach Erlaß der Verordnung vom 14. August 1837 errichteten Feuerstätte nicht der Nachweis der erfolgten polizeilichen Genehmigung erbracht werden, so ist die Frage ihrer Zulässigkeit nach dem jetzt geltenden Baurecht zu beurtheilen, denn die im § 40 Abs. 4 ausgesprochene Beschränkung des neueren Rechts gegenüber bestehenden baulichen Anlagen kommt nur denjenigen beim Erlasse der neuen B. O. bestehenden Anlagen zu Gute, denen, falls es für sie nach älterem Rechte einer Erlaubniß bedurft hätte, auch eine solche Erlaubniß zur Seite steht. O. V. G. E. vom 27. Januar und 20. März 1888, Pr. V. Bl. IX S. 262 und 279. Ein bloßes Umsetzen eines Ofens oder Heerdes, sofern nicht eine Veränderung (Vergrößerung, Verschiebung an eine andere Stelle) damit verbunden ist, bedarf überhaupt nicht der baupolizeilichen Genehmigung.

b) Schließt die derzeitige Beschaffenheit einer den geltenden baupolizeilichen Bestimmungen nicht entsprechenden Feuerstätte eine Feuersgefahr in sich und handelt es sich demnach bei einem dadurch veranlaßten polizeilichen Einschreiten um die Beseitigung dieses gefahrdrohenden Zustandes, so hat sich die betreffende polizeiliche Verfügung, die sich als eine sicherheitspolizeiliche, als ein Akt der Präventivpolizei charakterisirt, auch auf diese Beseitigung zu beschränken und darf nur diejenigen Anstalten treffen, die nöthig sind, dies Ziel zu erreichen. Kann der Eigenthümer die Gefahr durch verschiedene mit dem Gesetze im Einklange stehende Vorkehrungen beseitigen, so muß ihm von der Polizei die Wahl gelassen werden. O. V. G. E. Bd. I S. 326, VI S. 291, 318, XI S. 381, XIII S. 400 und vom 16. Februar 1892 Pr. V. Bl. XIII S. 341. Diesem Grundsatze entspricht es auch, wenn bei nicht den Bestimmungen entsprechenden Feuerstätten seitens der Polizeibehörde entweder die bestimmungsmäßige Herstellung oder aber die Beseitigung verlangt wird. (Vgl. O. V. G. E. vom 28. Februar 1884 Pr. V. Bl. V S. 221.)

c) Die Verfügung (zu b) ist in erster Linie und grundsätzlich gegen den Eigenthümer des Grundstücks zu richten, welcher der Behörde gegenüber ohne Rücksicht auf die Entstehungsgründe einer polizeilich unzulässigen Beschaffenheit seines Besitzthums diesen Zustand zu vertreten und nöthigenfalls zu beseitigen hat, ganz unabhängig davon, ob die unzulässige Beschaffenheit durch den Eigenthümer selbst, durch Dritte oder durch Zufall entstanden ist. Daneben hat aber die Polizei auch die Befugniß, sich auch an den Urheber des polizeiwidrigen Zustandes zu halten und ihm die Beseitigung desselben aufzugeben. Vgl. S. 43 ff.

Das polizeiliche Einschreiten wegen polizeiwidriger Feuerungsanlagen kann schließlich auch gegen die Bewohner der betreffenden Räume entweder auf ordnungsmäßige Herstellung der ersteren gerichtet werden, weil jene durch die Benutzung der fraglichen Anlagen die allgemeine Sicherheit gefährden, oder aber auch auf Untersagung der Benutzung der polizeiwidrigen Feuerungsanlagen (O. V. G. E. vom 25. Februar 1886, Pr. V. Bl. VII S. 254.) Der letztere Weg wird sich indeß wohl nur in den wenigsten Fällen, namentlich mit Rücksicht auf die Schwierigkeit der Ausübung der polizeilichen Kontrole, als zweckmäßig erweisen.

d) Bezüglich der Beseitigung von Oefen aus Wohnräumen bezw. aus nicht zum dauernden Aufenthalt von Menschen bestimmten Räumen vgl. § 37 Anm. 4.

2. Vgl. § 368, Ziffer 3 und 4 des R. St. G. B. S. 12.

3. Für die Herstellung und Veränderung der Feuerstätten ist zwar die Einreichung vollständiger dem § 28 entsprechender Bauvorlagen nicht erforderlich, es wird jedoch gemäß § 35 verlangt, daß jedem Genehmigungsgesuche die zur Verdeutlichung nöthigen Handzeichnungen in doppelten Exemplaren beigefügt werden, aus welchen namentlich der Aufstellungsort, die Entfernung von der Decke und den umgebenden Wänden, sowie die Beschaffenheit der letzteren und der erforderlichen Massivschicht genau ersichtlich ist. Bekanntmachung des Pol.-Präsidenten vom 24. November 1891, die indeß in ihren übrigen Bestimmungen nicht mehr voll zutrifft und daher hier nicht zum Abdruck gelangt.

4. Feuerstelle heißt jedes Gebäude mit einer zur Unterhaltung des Feuers bestimmten Stätte. § 69 A. L. R. I 8. Feuerstätte heißt jede zur Unterhaltung des Feuers bestimmte Anlage oder Einrichtung.

Zur Feststellung des Sinnes und Zusammenhanges der in diesem § gegebenen Bestimmungen sei Folgendes bemerkt:

Feuerstätte ist der allgemeine Begriff, von dem ausgegangen wird; Feuerheerde und Oefen sind Unterarten desselben. Der § 18 verlangt in Ziffer 1 für alle Feuerstätten in allen ihren Theilen eine unverbrennliche Herstellung, geht sodann zu der für hervorragend feuergefährlich angesehenen besonderen Art von Feuerstätten — zu den „Feuerheerden" — über, fordert für jeden Feuerheerd grundsätzlich die aus Ziffer 2 ersichtliche Beschaffenheit der darunter befindlichen Decken und Fußböden, trifft in Ziffer 3 für besondere Arten von Feuerheerden erleichternde Bestimmungen und bespricht endlich in Ziffer 4 Oefen und sonstige Feuerstätten, die nicht Feuerheerde sind und zwar in dem Sinne, daß, wenn sie (obwohl keine Feuerheerde) doch auf Decken und Fußböden der in Ziffer 2 gedachten Art ruhen, es für sie keiner weiteren Bestimmung bedarf, wenn dies nicht zutrifft, bei ihnen — im Gegensatze zu „Feuerheerden" — die anderweiten in Ziffer 4 gedachten Schutzvorrichtungen genügen sollen. Vgl. O. V. G. E. vom 7. Mai 1889, Nr. II, 444. Ziffer 5 behandelt die Beschaffenheit des Fußbodens vor den Heizöffnungen sämmtlicher Feuerungen, Ziffer 6 das Verhältniß der Feuerstätten zu den umgebenden Wänden (vgl. Anm. 14), Ziffer 7 diejenigen Fälle, in denen Anforderungen, welche über die in Ziffer 1 bis 6 normirten hinausgehen, seitens der Polizeibehörde gestellt werden dürfen.

5. Unter Feuerheerden aller Art, sofern sie nicht unter Ziffer 3 fallen, also ohne Rücksicht darauf, ob sie aus Kacheln, aus Stein oder aus Eisen sind. Insbesondere gehören hierher also Kochmaschinen aller Art, ohne Unterschied, ob sie mittelbar (abgesehen von den unter Ziffer 3 fallenden Ausnahmen) — durch Füße, Rollen ꝛc. — oder unmittelbar auf der Decke oder dem Fußboden stehen. In allen diesen unzweifelhaft durch Ziffer 2 getroffenen Fällen ist das Unter- und Uebereinander von Fußboden und Feuerheerd nur dann zulässig, wenn die Decken einschließlich des Fußbodens durchweg aus unverbrennlichem Material hergestellt sind. Vgl. O. V. G. E. vom 7. Mai 1889 Nr. II 444. Die Herstellung einer feuersicheren Unterlage aus Wellblech auf Balken ist demnach bei der Anlage neuer Feuerheerde unzulässig, auch genügt nicht etwa eine bloße Unterlage von Eisenblech. Bezüglich der Gasheerde vgl. Anm. 8.

6. Der 5 cm breite massive Umfassungsstreifen muß in Fußbodenhöhe rings um den Feuerheerd herumlaufen, soweit der Feuerheerd nicht unmittelbar an der Wand steht.

7. Es ergiebt sich aus diesen Bestimmungen folgende Herstellungsart: 1. Holzbalkendecke, 2. Holzfußboden, 3. 1 mm starke Eisenplatte, 5 cm über den Rand des Heerdes vor-

tretend, 4. 5 cm starke Massivschicht, 5 cm über den Rand des Heerdes vortretend. 5. Zwischen Massivschicht und Heerd ein Luftraum von 15 bis 20 cm. 6. Feuerfeste Stützen, welche den Heerd tragen. Die Beobachtung dieser Bestimmungen wird insbesondere in allen denjenigen Fällen zu fordern sein, in denen es sich in bestehenden baulichen Anlagen um die Wiederherstellung von Kochmaschinen an Stelle solcher, welche durch Brandschaden an den darunter befindlichen Balkenlagen oder Fußböden zerstört sind, handelt, und in denen die Herstellung einer der Ziffer 2 entsprechenden durchweg unverbrennlichen Decke unverhältnißmäßig kostspielig werden würde. Das Material der Massivschicht ist nicht vorgeschrieben, dieselbe kann demnach aus Sandstein, Kunststein, aus Beton und aus vermauerten Ziegelsteinen bestehen; sie muß nur eine feuerfeste, zusammenhängende Platte von mindestens 5 cm Stärke bilden.

8. Ueber Gasapparate hat das Polizei-Präsidium folgende Bestimmungen erlassen: 1. Gasheerde (Gaskochmaschinen) mit Füßen unterliegen den Bestimmungen der Ziffer 3 mit der Maßgabe, daß eine 0,05 m starke Massivschicht oder eine mindestens 1 mm starke Eisenplatte genügt. Wrasenrohr ist erforderlich. 2. Gasheizöfen sind von dem Fußboden durch eine mindestens 0,05 m starke Massivschicht oder eine mindestens 1 mm starke Eisenplatte zu trennen, desgl. Gasbadeöfen. 3. Die Verbrennungsprodukte der Gasheerde, Gasheizöfen und Gasbadeöfen sind durch dichte feuersichere Rohre innerhalb des betreffenden Stockwerks in Schornsteine zu leiten oder durch derartige Rohre über das Dach ins Freie zu führen. 4. Kleine Gaskochapparate unterliegen nicht den Bestimmungen der §§ 18—20.

9. Badeöfen aus Metall pflegen auch in der Regel auf Füßen zu stehen; indeß auch, wenn dies nicht der Fall ist, finden auf sie die Bestimmungen der Ziffer 3 Anwendung. Bezüglich der Gasbadeöfen vgl. Anm. 8.

10. Sofern nicht den schärferen Bestimmungen der Ziffern 2 oder 3 genügt ist.

11. Voraussetzung ist selbstverständlich, daß die Heizöffnung an einer Seitenfläche der Feuerstätte liegt. Auf Gasheerde findet die Bestimmung demnach keine Anwendung.

12. Der Vorsprung wird senkrecht zur Heizöffnung gemessen, die Breite in der Linie, welche vorlängs der Oeffnung und an ihr vorüber oder parallel mit ihr verläuft. O. V. G. E. vom 11. Juni 1885 No. II 648. Ist die Feuerungsöffnung beispielsweise 0,50 m breit, so muß das Vorblech 1,10 m breit sein und 0,50 m vorspringen.

13. Diese metallenen Vorsetzer müssen während der Heizperiode vor jeder einzelnen Stubenfeuerung und vor jedem einzelnen offenen Kamin dauernd thatsächlich vorhanden sein. Ein Hinsetzen derselben bald vor diese bald vor jene Heizöffnung, in der gerade geheizt wird, würde eine hinreichende Sicherheit nicht gewähren. Die Zahl der Vorsetzer muß vielmehr der Zahl der Stubenfeuerungen und offenen Kamine entsprechen. O. V. G. E. vom 3. April 1895 Nr. IV 537.

14. Aus den unter dieser Ziffer enthaltenen Bestimmungen ergiebt sich bezüglich des Abbleibens der Feuerstätten von Wänden aller Art Folgendes:

a) Eiserne Feuerstätten jeder Art (Feuerheerde, Oefen u. s. w.) müssen von Wänden, welche aus verputztem oder verblendetem Holzwerke bestehen, 0,40 m, von freiem Holzwerke mindestens 0,80 m entfernt bleiben.

b) Unbeschadet der Bestimmung zu a müssen Feuerheerde (ohne Unterschied, ob sie aus Eisen oder aus Stein oder aus Kacheln hergestellt sind) von Wänden, welche nicht in der Ausdehnung des Heerdes und mindestens 20 cm rings um ihn aus unverbrennlichem Material bestehen, mindestens 10 cm entfernt bleiben. Treten Feuerheerde näher als 10 cm oder unmittelbar an die Wände heran, so müssen letztere in der Ausdehnung des Heerdes und 20 cm rings um ihn aus unverbrennlichem Materiale hergestellt werden.

c. Oefen und sonstige nicht zu den Feuerheerden zu rechnende Feuerstätten dürfen an Wände aller Art (also auch an Scheidewände von der im § 10 zugelassenen Beschaffenheit) selbst unmittelbar herantreten, mit der Ausnahme, daß sofern die Oefen oder sonstigen Feuerstätten von Eisen sind, diese von Wänden, welche aus verputztem oder verblendetem Holzwerk bestehen 0,40 m, von freiem Holzwerk 0,80 m entfernt bleiben müssen. Unter freiem Holzwerk sind Mobilien, die jederzeit umgestellt werden können, im Allgemeinen nicht zu verstehen.

15. Von aus Holz hergestellten Ladeneinrichtungen, die ihrer Bestimmung entsprechend dauernd auf demselben Platze zu bleiben pflegen, werden eiserne Feuerstätten auf 0,80 m entfernt bleiben müssen. Zum freien Holzwerk sind insbesondere zu rechnen die Thürbekleidungen, nicht aber die beweglichen Thürflügel.

16. In jedem Falle, wo die Genehmigung zu einer gewerblichen Feuerstätte nachgesucht wird, wird es sich für die Polizeibehörde empfehlen, nicht allein die räumliche Ausdehnung derselben, als vielmehr den Zweck und den Effekt der Hitzerzeugung in Betracht zu ziehen, da die Praxis gezeigt hat, daß selbst bei Feuerstätten von geringem Umfange so hohe Hitzegrade erzeugt werden, daß selbst klinkerfeste Mauersteine an der Innenseite der Schornsteine bis zu einer Höhe von mehreren Metern sintern und die Wangen, wenn sie nur die gewöhnliche Stärke von ½ Stein haben, durch mehrere Geschosse bersten. Besondere Aufmerksamkeit verdienen daher, abgesehen von den in Ziffer 7 schon besonders aufgeführten Feuerstätten, beispielsweise Glühöfen mit Gebläse, Tiegelgießereien und Schmelzöfen, Trockenöfen z. B. in Färbereien, Darren in Brauereien, Porzellan- und Glas-Brennöfen, Bäckereien, große Konditoreien. In solchen Fällen wird daher etwa eine entsprechend größere Wangenstärke, unter Umständen auch die Herstellung der den Stichflammen besonders ausgesetzten Theile des Schornsteins etwa bis über die nächste Balkenlage hinaus mit Chamotte zu fordern sein. Vgl. im Uebrigen § 20.

19.

Verbindung der Feuerstätten mit den Schornsteinen.

1. Der Rauch ist von Feuerstätten durch dichte feuersichere Rohre innerhalb des betreffenden Stockwerkes seitlich in Schornsteine[1]) zu leiten. In besonderen Fällen kann zugelassen[2]) werden, den Rauch unmittelbar ins Freie zu führen.

2. Als Stütze der Rohre darf nur unverbrennlicher Baustoff verwendet werden.

3. Die Rohre sind von geputztem oder verblendetem Holzwerke mindestens 0,40 m, von freiem Holzwerke mindestens 0,80 m entfernt zu halten. Sind die Rohre ummantelt oder sind sonst gleich wirksame Schutzvorrichtungen getroffen, so kann eine Verminderung dieser Entfernungen zugelassen werden.

4. Bei Heizöfen in Räumen, welche zum dauernden Aufenthalte von Menschen bestimmt sind, dürfen in den zur Ableitung der Feuergase dienenden Rohren oder Kanälen keine Verschlußvorrichtungen[3]) angebracht werden.[4]) Bei offenen Kaminfeuerungen ist jedoch die Anbringung solcher gestattet.

---

1. Auf Grund dieser bereits im § 17 der B. P. O. vom 15. Januar 1887 enthaltenen Bestimmungen wird polizeilicherseits grundsätzlich die Einführung der Rauchrohre eiserner Oefen in Kachelöfen, durch welche der Rauch also nicht auf direktem Wege in den Schornstein gelangt, nicht gestattet, da eine derartige Einrichtung, wie die Erfahrung gelehrt

hat, die Gefahr von Explosionen in sich schließt. Wenngleich diese geschäftliche Behandlung der Angelegenheit sich offenbar mit der in der hier fraglichen Bestimmung zum Ausdruck gebrachten Absicht des Gesetzgebers durchaus im Einklange befindet, glaubt das P. Pr. gegen diese gesetzgeberische Absicht nicht zu verstoßen, wenn es ausnahmsweise die Einführung der Rauchrohre eiserner Oefen in Kachelöfen in denjenigen Fällen gestattet, in denen die besondere Art der betreffenden eisernen Oefen die Gewähr dafür bietet, daß jede Explosionsgefahr ausgeschlossen ist. Dies ist beispielsweise auf Grund eingehender Gutachten von Sachverständigen ausdrücklich anerkannt worden bezüglich der von der Eisengießerei-Aktiengesellschaft, vormals Keyling & Thomas, hergestellten Cadé-Patent-Oefen. Bei der Aufstellung dieser Oefen sind jedoch die Vorschriften des § 18 der B. P. O. zu beachten. (Verf. v. 9. Januar 1896.)

2. D. h. also ohne daß überhaupt ein Schornstein vorhanden zu sein braucht. Bei zahlreichen kleinen Baulichkeiten wird die unmittelbare Abführung des Rauches durch Rauchrohre ins Freie unbedenklich gestattet werden können. Damit kein Mißbrauch mit dieser milderen Bestimmung getrieben werden kann, ist ihre Zulassung in das polizeiliche Ermessen gestellt worden.

3. Wie Klappen, Schieber und dergl.

4. Diese Bestimmung ist für Berlin zuerst durch die Polizeiverordnung v. 29. Nov. 1877 eingeführt, deren Gesetzmäßigkeit sowohl im Verwaltungsstreit- als auch im Strafverfahren wiederholt anerkannt worden ist. Vrgl. Kammerger.-Entsch. v. 7. Nov. 1881, P. V. Bl. III S. 55, v. 10. Nov. 1881, das. Bd. IV S. 326, Urtheil des Reichsgerichts v. 19. April 1881, Entsch. f. Straff. Bd. IV. S. 107 ff., ferner O. V. G. E. v. 5. December 1881, Bd. 8 S. 329.

§ 20.

Schornsteine.[1])

1. Schornsteine sind durchweg dicht, massiv oder aus unverbrennlichem Baustoffe herzustellen. Sie müssen von Grund auf fundamentirt sein oder unverbrennlich und sicher unterstützt werden.

2. Jeder Schornstein ist in einem sich gleichbleibenden rechteckigen oder kreisrunden Querschnitt von mindestens 250 qcm im Lichten bis mindestens 0,30 m über die Dachfläche zu führen.

3. Besteigbare Schornsteine müssen einen rechteckigen Querschnitt von mindestens 0,42 zu 0,47 m Weite erhalten. Bei größeren Abmessungen sind Steigeisen anzubringen.

4. Eine andere als die senkrechte Richtung darf den Schornsteinen nur gegeben werden, wenn sie ringsum zwischen massiven Wänden liegen oder durch gemauerte Bögen oder eiserne Träger von entsprechender Stärke unterstützt werden.

5. Gemauerte Schornsteine müssen eine Wangenstärke von mindestens 0,12 m, an Nachbargrenzen von mindestens 0,25 m erhalten.

6. Für Schornsteine von Centralheizungen oder anderen großen Feuerungsanlagen können stärkere Wangen vorgeschrieben werden.[2])

7. Für unmittelbar aneinander liegende Schornsteine genügt eine gemeinsame Scheidewange der vorgeschriebenen Stärke.

8. Gemauerte Schornsteine müssen auf den Außenseiten unterhalb der Dachflächen in ganzer Ausdehnung,[3]) besonders auch innerhalb der Balkenlagen geputzt und auf den Innenseiten glatt ausgestrichen werden.

9. Von Balkenlagen und sonstigem Holzwerke müssen die Außenseiten der Schornsteine, falls die Wangenstärke unter 0,25 m[4]) beträgt, überall mindestens 0,065 m entfernt gehalten und durch doppelte, in Verband gelegte Dachsteinschichten getrennt werden. Im Dachverbande muß die Entfernung der freiliegenden Hölzer von 0,12 m starken Schornsteinwangen ohne Isolirung mindestens 0,10 m betragen.

10. Nicht gemauerte Schornsteine sind entweder mit Mauerwerk zu umgeben, für dessen Stärke und Entfernung vom Holzwerke die gleichen Bestimmungen wie für gemauerte Schornsteine gelten, oder unter Freihaltung eines Luftraumes von überall mindestens 0,10 m feuersicher zu ummanteln.

11. Freistehende[5]) Schornsteine außerhalb von Gebäuden sowie Aufsatzrohre zur Erhöhung von Schornsteinen bedürfen keiner Ummauerung oder Ummantelung. Von einer solchen kann auch bei Schornsteinen innerhalb von Gebäuden, deren Dach gleichzeitig die Decke bildet, wenn darin keine feuergefährlichen Betriebsstätten vorhanden sind, bei gehöriger Isolirung von allem Holzwerke der Decke, abgesehen werden[6]).

12. Alle Schornsteine sind so einzurichten, daß sie ordnungsmäßig gereinigt werden können[7]).

13. Die unteren Mündungen besteigbarer Schornsteine sind mit einer gefalzten eisernen Einsteigethür zu versehen. Unbesteigbare Schornsteine müssen unten und oben, außerdem auch bei Richtungsveränderungen, wenn die Neigung gegen die Wagerechte weniger als 60° beträgt, hinlänglich große Reinigungsöffnungen erhalten. Obere Reinigungsöffnungen sind entbehrlich, wenn die Reinigung bequem vom Dach aus erfolgen kann.

14. Alle seitlichen Reinigungsöffnungen sind mit gefalzten eisernen Thüren dicht zu verschließen[8]). Die Anwendung von Schiebern ist nicht gestattet[9]).

15. Aufsätze sind auf Schornsteinen nur zulässig, soweit sie die ordnungsmäßige Reinigung nicht behindern.

16. An ein Schornsteinrohr von 250 qcm lichtem Querschnitt dürfen höchstens 3 gewöhnliche Zimmeröfen angeschlossen werden. Jeder hinzutretende Ofen dieser Art bedingt eine Vergrößerung des Querschnittes um 80 qcm. Für jede Kochheerdfeuerung, die nicht an ein besteigbares Schorn-

steinrohr angeschlossen ist, muß ein besonderes Schornsteinrohr angelegt werden.[10]) Münden Rauchrohre aus Feuerstellen von erheblichem Umfange (§ 18 Ziffer 7) ein, so kann eine Vergrößerung des Querschnitts gefordert werden.

17. Die Schornsteine sind so anzulegen und zu benutzen, daß die Gebäude und deren Umgebung durch Funken, Rauch und Ruß nicht gefährdet[11]) werden.

18. In Küchen[12]), einschließlich der Waschküchen mit geschlossener Feuerung ist ein besonderes Rohr zum Abzuge der Wasserdämpfe einzurichten, welches für eine oder zwei Küchen einen Querschnitt von 250 qcm, für jede hinzutretende Küche eine Vergrößerung von 50 qcm erhalten muß.

19. Mauerkanäle aller Art sind, auch wenn sie nicht zur Ableitung des Rauches von Feuerstätten bestimmt sind, den vorstehenden Bestimmungen entsprechend auszuführen.[13]) [14])

---

1. Die auf praktischer Erfahrung beruhenden Bestimmungen verfolgen den doppelten Zweck, einerseits einer Feuerübertragung durch den Schornstein auf die anschließenden Gebäude vorzubeugen, andererseits eine Entzündung des Rußes thunlichst zu verhüten und eine sachgemäße Reinigung des Schornsteines zu ermöglichen.

2. Vgl. Anm. 18 zu § 18.

3. Also vom Keller bis unterhalb der Dachflächen.

4. Beträgt die Wangenstärke 25 cm oder mehr, so dürfen die Außenseiten der Schornsteine unmittelbar an die Balkenlage oder an sonstige Holztheile herantreten.

5. D. h. nicht gemauerte.

6. Nach polizeilichem Ermessen. Die Fälle werden an sich nicht selten vorkommen, beispielsweise bei zu ebener Erde gelegenen nicht feuergefährlichen gewerblichen Betriebsstätten, derartigen Lagerräumen, Turnhallen und dergl.

7. Vgl. hierzu die Bedingung 29 des Bauscheins Nr. 34 Muster 1. Im Uebrigen ist dem Publikum überlassen, die Reinigung der Schornsteine vom Innern der Gebäude oder von Außen her zu bewirken. Vgl. auch die zur Sicherheit der Schornsteinfeger in den Bauschein aufgenommene Bedingung Nr. 29. Vgl. im Uebrigen 1. P. V. betr. die anderweite Regulirung des Schornsteinfegerwesens in Berlin vom 9. Januar 1866 nebst Kehrlohn-Taxe, Anl. A., 2. P. V. vom 29. September 1891, 3. P. V. vom 1. März 1893 betr. die Ergänzung der P. V. zu 1. u. 2., bez. des Ausbrennens der Schornsteine und bez. der Kehrlohn-Taxe.

8. Die seitlichen Reinigungsöffnungen der Schornsteine in den Dachböden dürfen nicht innerhalb der Bodenverschläge liegen, sondern müssen vom freien Dachboden aus stets unmittelbar zugänglich sein.

9. Weil deren Vorschieben erfahrungsgemäß vielfach vergessen wird.

10. Hiernach sind folgende Anforderungen zu erfüllen:

a) an ein Schornsteinrohr von 250 qcm Querschnitt dürfen nur 3 gewöhnliche Zimmeröfen angeschlossen werden,

b) für jeden weiteren Zimmerofen ist der Querschnitt um 80 qcm zu vergrößern.

c) Für jede Kochheerdfeuerung ist ein besonderes Schornsteinrohr von mindestens 250 qcm erforderlich, sofern dieselbe nicht an ein besteigbares Schornsteinrohr angeschlossen ist.

d) An ein besteigbares Schornsteinrohr von mindestens 0,42 zu 0,47 m Weite können Zimmeröfen und Kochheerdfeuerungen in beliebiger Zahl angeschlossen werden.

e) Feuerstätten für Schlossereien und Konditoreien müssen für sich allein je ein russisches Rohr von 250 qcm erhalten.

f) Für Bäckereianlagen wird ein besteigbarer Schornstein verlangt, desgl. im Allgemeinen für Schmieden. Für Hufbeschlagschmieden dagegen genügt ein russisches Rohr.

g) Thonrohrschornsteine sind für gewerbl. Betriebsstätten, welche starke Feuerung erfordern, nicht zulässig.

11. Auch nach § 906 B. G. B. muß wie nach dem A. L. R. diejenige Belästigung durch Rauch, Geräusch oder in anderer Weise geduldet werden, welche durch das Zusammenleben von Menschen an einem Orte gegeben und durch den regelmäßigen und ordnungsmäßigen Gebrauch der Nachbargrundstücke bedingt ist, sodaß mit der actio negatoria, gerichtet auf Herstellung zweckdienlicher Einrichtungen zur Ausschließung der nachtheiligen Einwirkung, nur diejenige Störung abgewehrt werden kann, welche als übermäßige, das Maß des Erträglichen übersteigende anzusehen ist, d. h. wenn der Eingriff in das Nachbarrecht die gewöhnlichen Grenzen nachbarlicher Duldung überschreitet. Vgl. Entsch. des R. G. in Civils. Bd XI S. 341, Erkenntniß des R. G. V. Civils. vom 13. Januar 1894 und III. Civils. vom 6. April 1894, P. B. Bl. XV S. 286 und S. 386.

Auch die Polizei ist in Ausübung ihrer im § 10 II. 17 A. L. R. begrenzten Aufgaben nicht befugt, Einrichtungen zu fordern, durch welche jede Belästigung der Nachbarschaft durch Rauch abgestellt wird, vielmehr nur diejenigen Einrichtungen, durch welche eine Gefährdung der menschlichen Gesundheit in der Nachbarschaft durch Rauch ausgeschlossen wird. O. V. G. E. Bd. IV S. 417, VI S. 352, VII S. 377, IX S. 344. P. B. Bl. IV S. 178, VI S. 21, VII S. 125, IX S. 310, XIII S. 259.

Vgl. auch technische Anleitung zur Wahrnehmung der den Kreisausschüssen pp. hinsichtlich der Genehmigung gewerblicher Anlagen übertragenen Zuständigkeiten zum Erlasse vom 15. Mai 1895 (M. Bl. d. i. V. S. 196) unter I Abs. 2.

Aus den angeführten Grundsätzen ergiebt sich, daß die Rauchbelästigung im Allgemeinen schon eine außerordentlich hochgradige sein muß, wenn die Polizeibehörde unter Anerkennung einer thatsächlich vorliegenden, dadurch hervorgerufenen oder zu befürchtenden Gesundheitsschädigung sich zum Einschreiten für befugt erachten darf. Im Publikum herrschen in dieser Beziehung vielfach unrichtige Auffassungen, auf Grund deren häufig ein polizeiliches Einschreiten verlangt wird in Fällen von Rauchbelästigungen, die ein polizeiliches Eingreifen nach Lage der gesetzlichen Bestimmungen nicht zu rechtfertigen vermögen.

Die gleichen Grundsätze gelten, wenn es sich um das polizeiliche Einschreiten gegen Geräusch handelt. O. V. G. E. Bd. VI, S. 352, IX S. 351, XXIII S. 268, O. V. G. E. vom 11. October 1888, Pr. V. Bl. X S. 201, vom 11. December 1890 Pr. V. Bl. XII S. 353, vom 26. September 1892 und vom 23. März 1893 Pr. V. Bl. XIV S. 269 und 393, vom 12. Februar 1895 Pr. V. Bl. XVI S. 298. Vgl. auch S. 82 Anm. 9.

12. Auch neben besteigbaren Schornsteinen ist ein besonderes Wrasenrohr, wodurch der Ansatz von Glanzruß vermieden werden soll, anzulegen.

13. Um eine mißbräuchliche Benutzung derartiger Mauerkanäle als Schornsteine, wie sie vielfach später doch eintritt, unschädlich zu machen.

14. Mit dem Antrage auf Rohbauabnahme ist eine Bescheinigung des Bezirksschornsteinfegers bezüglich der ordnungsmäßigen Herstellung der Schornsteine ꝛc. und spätestens im Gebrauchsabnahmetermin eine weitere Bescheinigung desselben über die Benutzbarkeit der Schornsteine der Polizeibehörde vorzulegen.

§ 21.
Behälter für Abfall und Asche.[1])

1. Behälter zur vorläufigen Aufnahme wirthschaftlicher[2]) und gewerblicher Abgänge und Abfallstoffe sind unten sowie an den Seiten undurchlässig herzustellen und oben dicht zu überdecken.

2. Aschebehälter müssen Wände und Decken aus unverbrennlichem Stoff erhalten.[3])

3. Auf Grundstücke, welche landwirthschaftlichem oder gärtnerischem Betrieb dienen, findet die Bestimmung der Ziffer 1 keine Anwendung.[4])[5])

---

1. Dieser § stellt nicht eine allgemeine Verpflichtung zur Herstellung von Abfall- und Aschebehältern auf. Sofern aber solche vorhanden sind, müssen sie in jedem Falle die in Ziffer 1 bezw. 2 vorgeschriebene Beschaffenheit haben. An der Befugniß der Polizei, für jedes Grundstück die Herstellung solcher Behälter zu fordern, sofern aus ihrem Nichtvorhandensein sich polizeilich unzulässige Zustände ergeben, ist nicht zu zweifeln. O. V. G. E. vom 29. December 1881 II 93. Für Grundstücke, auf denen sich zum dauernden Aufenthalt von Menschen bestimmte Gebäude befinden, fordert auch der § 37 Ziffer 8 der B. P. O. im gesundheits- und feuerpolizeilichen Interesse die Herstellung genügend großer, getrennter Behälter einerseits für Abfälle, andererseits für Asche. Auf Grundstücken, auf welchen sich keine zum dauernden Aufenthalt von Menschen bestimmte Gebäude befinden, ist sofern überhaupt Abfall- und Aschebehälter angelegt werden, deren Trennung nicht vorgeschrieben, doch muß ein beiden Zwecken dienender Behälter jedenfalls unten und an den Seiten undurchlässig und unverbrennlich sein und eine dichtschließende unverbrennliche Decke erhalten. Unter Umständen wird indeß auch hier die Polizeibehörde die Trennung anzuordnen befugt sein. Wird Asche in Behältern untergebracht, die der Bestimmung in Ziffer 2 § 21 nicht entsprechen, so folgt aus dieser Bestimmung doch immer nur die Berechtigung der Polizeibehörde, die Außergebrauchstellung der mißbräuchlich benutzten Behälter oder deren vorschriftsmäßige Herstellung zu fordern, nicht aber ihre Beseitigung, letzteres selbst dann nicht, wenn der Mißbrauch der Behälter nur durch eine ständige Kontrole der Polizeibehörde zu hindern sein sollte, da nach konstanter Rechtsprechung des O. V. G. die Schwierigkeit der polizeilichen Kontrole allein es nicht rechtfertigen kann, das Verbot des unerlaubten Gebrauches eines Vermögensgegenstandes zum Gebote seiner gänzlichen Beseitigung zu steigern. Wird dem Hauseigenthümer polizeilicherseits aufgegeben, eine bestimmungswidrige Benutzung der Behälter zu verhindern, so genügt derselbe seiner Pflicht der Polizei gegenüber nicht schon dadurch, daß er den Hausbewohnern durch einen Anschlag an den verschiedenen Behältern deren Bestimmung anzeigt, auch wohl einer bestimmungswidrigen Benutzung, wenn er etwa davon Kenntniß erhält, entgegen tritt; vielmehr ist die Polizeibehörde unbedenklich befugt, den Hauseigenthümer durch Androhung und Verhängung von Exekutivstrafen zu jeder zweckdienlichen und von dem sorgfältigsten Hausverwalter nur irgend zu fordernden Mühewaltung zur Verhinderung einer bestimmungswidrigen Benutzung der nach § 21 aptirten Behälter anzuhalten. (Vgl. O. V. G. E. vom 21. April 1888, M. Bl. S. 180.)

Das polizeiliche Verbot der mißbräuchlichen Benutzung der fraglichen Behälter kann auch gegen diejenigen Miether des betreffenden Hauses gerichtet werden, die selbst oder deren Gesinde oder Angehörige sich einer mißbräuchlichen Benutzung schuldig gemacht haben. O. V. G. E. vom 29. December 1881 II 93.

2. Zu den wirthschaftlichen Abgängen gehören auch Scherben. (O. V. G. E. vom 17. October 1888 I 1110.)

3. d. h. sie müssen durchweg aus unverbrennlichem Materiale hergestellt werden. Die Deckel müssen wie bei den Abfallbehältern, um ihren Zweck zu erfüllen, gehörig an den Behältern befestigt sein und dürfen nicht lose auf denselben aufgelegt werden.

4. Abgänge aus landwirthschaftlichen und gärtnerischen Betrieben können demnach zweckmäßiger Weise in Behältern von beliebiger Beschaffenheit aufbewahrt werden. Aschbehälter müssen auch in derartigen Betrieben durchweg aus unverbrennlichem Materiale hergestellt sein.

5) Ueber die Abfuhr der Haus- und Wirthschaftsabgänge treffen Bestimmung die §§ 100, 100a und 100b des Straßenpolizeireglements für die Stadt Berlin vom 7. April 1867 in der Fassung d. P. V. vom 30. Januar 1895 sowie die Bekanntmachung des Polizei-Präsidenten vom 2. April 1895.

§ 22.

Zu- und Ableitungsrohre.

Alle Zuleitungs- und Ableitungsrohre in und an Gebäuden sind undurchlässig und feuersicher herzustellen. Werden sie zur Ableitung unreiner Stoffe benutzt, so sind sie mit einem bis über das Dach zu führenden Dunstrohre zu versehen. Die besonderen Erfordernisse für Kanalisations-, Wasser-[1]) und Gasleitungsrohre[2]) sind anderweit festgestellt.

---

1. Vgl. III Theil Nr. 12 bis 17. S. 111 bis 118.

2. Vgl. Verordnung des P. Pr. vom 19. März 1851, betr. die Verhütung von Beschädigungen der Gasleitungsröhren; P. V. vom 21. Februar 1868, betr. die Einrichtungen der Gasleitungen; die Bedingungen unter denen die städtische Gasanstalt Gas zum Privatgebrauche abgiebt vom 25. April 1870, sowie die Bedingungen, unter denen Gas zu anderen als Beleuchtungszwecken abgegeben wird, vom 1. September 1887.

§ 23.

Wasserversorgung.[1])

Auf jedem bebauten Grundstücke, welches nicht durch die allgemeine Wasserleitung[2]) mit Wasser versorgt wird, muß eine eigene Wasserleitung oder[3]) ein Brunnen hergestellt werden, wodurch jederzeit reichliches,[4]) zum Genuß für Menschen geeignetes Wasser beschafft wird.[5])

---

1. Gesundheits- und feuerpolizeiliche Vorschrift.

2. Der Zwang zum Anschluß an eine städtische Wasserleitung durch Polizeiverordnung ist zulässig. O. V. G. E. Bd. XXVIII S. 354, Bd. XXVI S. 51, Bd. XXXI S. 355, Pr. V. Bl. XVI S. 610.

3. Der Grundstückseigenthümer hat die Wahl, ob er eine eigene Wasserleitung oder einen Brunnen anlegen will. Sobald das Grundstück an die allgemeine Wasserleitung angeschlossen wird, fällt die Verpflichtung zur Forterhaltung der bisherigen Einrichtung fort. Vgl. bezüglich der Verpflichtung zum Anschluß an die städtische öffentliche Wasserleitung § 5 des Ortsstatuts vom 4/8 September 1874, S. 114.

4. Hiernach würde ein Brunnen, der zwar gutes, aber verhältnißmäßig wenig Wasser liefert, nicht genügen.

5. Kostspielige Tiefbohrungen behufs Anlegung neuer Brunnen, um daraus ein absolut reines Trinkwasser zu gewinnen, können nur in dem Falle beansprucht werden, wenn sich

der gegenwärtige Zustand hinsichtlich des Brunnenwassers als ein wirklicher Nothstand darstellte. O. V. G. E. vom 28. November 1885 (Wochenschrift Selbstverwaltung Jhrg. XII S. 404). Davon abgesehen, darf, wo die örtlichen Verhältnisse es bedingen, die Bebauung eines Grundstücks mit Wohngebäuden von der Einrichtung und Unterhaltung eines Brunnens abhängig gemacht werden, wie denn überhaupt die Beschaffung von Trink- und anderem im Haushalte der Einzelnen unentbehrlichen Wasser sich als eine polizeilich erzwingbare Verpflichtung darstellt. O. V. G. E. Bd. VII S. 362, Bd. XII S. 385, Bd. XXIII S. 393, XXX S. 421.

§ 24.

Entwässerung.[1] [2] [3]

1. Das Tagewasser[4] und die flüssigen Wirthschaftsabgänge sind von bebauten Grundstücken[2] durch Rohre mit undurchlässigen Wandungen oder durch befestigte Rinnen in Kanäle oder Straßenrinnsteine[3] zu leiten.[4] Die Wirthschaftswässer müssen jedoch, ehe sie in die Straßenrinnsteine abfließen, auf dem Grundstücke durch einen mit eng vergitterter Ausflußöffnung und mit Wasserverschluß versehenen, undurchlässigen Schlammfang geleitet werden. Wo eine Abführung der Abwässer in die Kanäle oder Straßenrinnsteine nicht zugelassen wird, oder wo solche Vorkehrungen nicht vorhanden sind, kann die Anlage undurchlässiger Sammelbehälter vorgeschrieben werden.[5]

2. Wo eine geregelte unterirdische Ableitung der Abwässer (Schwemmkanalisation) besteht, sind für die Entwässerungsanlage die hierüber erlassenen besonderen Vorschriften maßgebend.[6]

---

1. Auch ohne diese Bestimmung der B. P. O. wäre die Polizeibehörde befugt, auf Grund des § 10. II. 17. A. L. R. und § 6 zu f des Polizeiverwaltungsgesetzes vom 11. März 1850 gegen den Grundstückseigenthümer einzuschreiten, wenn durch mangelhafte Entwässerung seines Grundstücks sanitäre Mißstände entstehen, (O. V. G. E. vom 5. März 1895, P. V. Bl. XVI S. 546) oder wenn das Regenwasser durch ein Abfallrohr nur bis auf den Bürgersteig geleitet und von hier aus das Wasser dann wild über den Bürgersteig herüber in den Rinnstein läuft. (O. V. G. E. Bd. XXXI S. 359.)

Für die Entwässerung eines Grundstücks zu sorgen, ist lediglich Sache des Eigenthümers und ist nicht etwa von der Polizeibehörde dafür nach den Grundsätzen des Vorfluthsediktes vom 15. November 1811 Sorge zu tragen. O. V. G. E. Bd. VI S. 255, Bd. XXII S. 271, vom 5. März 1895 P. V. Bl. XVI S. 546.

Die Anordnung, wie die Entwässerung eines Grundstücks einzurichten ist, ist zweifellos in erster Linie eine baupolizeiliche, wenn ihr auch, wie dies vielfach bei baupolizeilichen Anordnungen der Fall ist, ein gesundheitspolizeiliches Motiv zu Grunde liegt. (Vgl. Einleitung S. 5. O. V. G. E. Bd. XXVII S. 391, Bd. XXXI S. 357, Pr. V. Bl. XII S. 210 und XVI S. 272.) Sie wird auch dadurch zu keiner wegepolizeilichen, daß die Wasserleitung der Dachabfallröhren über das Trottoir nach der Straßenrinne geführt wird.

2. Die Abwässerung der Grundstücke in Berlin regelt sich nach folgenden Grundsätzen:

a. In denjenigen Stadttheilen und Straßen, welche bei der Kanalisirung der Stadt mit unterirdischer Entwässerungsanlage versehen sind, ist jedes bebaute Grundstück an das Straßenrohr bezw. den Straßenkanal anzuschließen. Für diese Grundstücke besteht also ein Zwang zum Anschlusse an die Kanalisation. Vgl. P. V. vom 14. Juli 1874 und Ortsstatut vom 4./8. September 1874, Seite 112 bis 118.

b. Was die Abwässerung der nicht an die Kanalisation angeschlossenen Grundstücke anbetrifft, so sind die Straßenrinnsteine an sich, wie das O. V. G. bereits mehrfach ausgesprochen hat (vgl. P. V. Bl. X S. 599, XIV S. 371 und S. 382, XVI S. 273), zur Abwässerung der Straße, nicht aber der anliegenden Grundstücke bestimmt, und der Umstand allein, daß eine solche bisher thatsächlich stattgefunden hat (vgl. O. V. G. E. Bd. XVIII S. 240, Bd. XXVII S. 387 und vom 16. Januar 1897 — IV 75 — in Bochmann's Mitth. III. Jhrg. S. 359), kann ein Recht der Anlieger auf diese Entwässerung selbst dann nicht begründen, wenn (wie im § 24) neben der Ableitung in Kanäle diese Art der Entwässerung als eine allgemein übliche und polizeilich zulässige vorausgesetzt wird und zu ihrer Regelung besondere Bestimmungen getroffen werden. Dieser Rechtsauffassung des O. V. G. entspricht auch die Fassung der Bestimmung des § „Wo eine Abführung der Abwässer in die (Kanäle oder) Straßenrinnsteine nicht zugelassen wird", denn damit ist der Polizeibehörde ausdrücklich das Recht der Zulassung oder Nichtzulassung vorbehalten. Wenn allerdings keine Kanäle oder keine Schwemmkanalisation zur Abführung der Tagewässer und der flüssigen Wirthschaftsabgänge von einem Grundstück benutzt werden können, wird die Polizeibehörde die Ableitung der vorbezeichneten Flüssigkeiten in den Straßenrinnstein zu untersagen nur unter besonderen Voraussetzungen für befugt zu erachten sein, denn die an die Spitze des § gestellte Bestimmung enthält zweifellos die grundsätzliche Norm, an die auch die Polizeibehörde der Regel nach gebunden ist. Vgl. O. V. G. E. vom 14. November 1894, P. V. Bl. XVI S. 272.

c. Wo eine Abführung der Abwässer in die Kanalisation oder Straßenrinnsteine nicht zugelassen wird, oder wo weder Kanalisation noch Straßenrinnsteine vorhanden sind, ist die Abwässerung bebauter Grundstücke in anderer den polizeilichen Ansprüchen genügender Weise von dem Grundstückseigenthümer zu bewirken, insbesondere kann polizeilicherseits die Anlage undurchlässiger Sammelbehälter und auch deren regelmäßige Entleerung angeordnet werden. O. V. G. E. vom 5. März 1895, P. V. Bl. XVI S. 546.

3. Im sanitätspolizeilichen Interesse kann dem Eigenthümer eines Grundstücks polizeilicherseits sehr wohl selbst die Beseitigung einer Rohrleitung, durch welche Wirthschaftswasser in das Gemeindestraßenentwässerungsrohr und durch letzteres in einen Fluß (die Panke) gelangt, untersagt werden. O. V. G. E. vom 14. December 1894, P. V. Bl. Jhrg. XVI S. 331. Beseitigung eines Pissoiranschlusses, vgl. O. V. G. E. vom 4. Januar 1899, P. V. Bl. XX S. 312, Beseitigung einer unterirdischen Kanalanlage vgl. O. V. G. E. vom 8. Februar 1899, P. V. Bl. XX S. 313. Aus polizeilichen Gründen (§ 10 A. L. R. II 17) kann jederzeit eine bisher geduldete Nutzung der öffentlichen Straße zur Entwässerung angebauter Häuser verboten werden. O. V. G. E. vom 11. Juli 1898, Pr. V. Bl. XX S. 389. Vgl. Anm. 2.

4. Civilrechtlich ist der Eigenthümer eines Grundstücks, wenn er keine, die Ableitung des Wassers auf das benachbarte Grundstück hervorbringende oder befördernde Veranstaltung getroffen hat, nicht verbunden zu verhindern, daß das Regen- und Traufwasser, welches sich auf seinem Grundstücke ansammelt, nicht den Boden durchdringe und in das Nachbargrundstück einziehe. § 61 I 22 A. L. R., Erk. d. Ob.-Trib. vom 7. Juli 1860. (Strieth. Arch. Bd. XXXVII S. 332.)

5. Für Neubauten ist bei Einreichung der Bauvorlagen anzugeben, wie die Entwässerung stattfinden soll und kann die Baugenehmigung, sofern der Nachweis fehlt, daß für eine ausreichende Entwässerung des Grundstücks und der Gebäude gesorgt ist, versagt werden. Vgl. B. P. O. § 28 Ziffer 3 und O. V. G. E. vom 23. Januar 1894 P. V. Bl. XV S. 299 und vom 1. December 1894, P. V. Bl. XVI S. 299.

Die Herstellung der Entwässerung eines Gebäudes gehört zur baulichen Einrichtung desselben und ist letztere nicht eher als vollendet anzusehen, als bis auch die Entwässerungsanlagen benutzbar sind.

Diesen Grundsätzen entsprechend, werden auf Antrag der Ö. Str. P. in der Regel folgende Bedingungen in den Bauschein aufgenommen:

a) Mit dem Bau darf nicht begonnen werden, bevor das Entwässerungs- oder Anschlußproject seitens der Ö. Str. P., Abth. II, genehmigt ist. Das Project ist in 2 Exemplaren unter Beifügung des Bauscheins und der genehmigten Bauzeichnungen bei der Ö. Str. P. Abth. II einzureichen.

b) Spätestens in dem Gebrauchsabnahmetermin ist durch Vorlegung des von der Ö. Str. P. Abth. II (Kanalisation) ausgestellten Inbetriebnahme-Erlaubnißscheines nachzuweisen, daß die Entwässerungsanlagen vorschriftsmäßig befunden sind. Vor Beibringung dieses Scheines wird der Gebrauchsabnahmeschein (§ 39 der B. P. O.) nicht ertheilt.

6. Die Prüfung und Genehmigung der Anschlußprojecte erfolgt durch die Ö. Str. P. Abth. II (Kanalisation). Vgl. S. 111.

§ 25.

Badestuben und Bedürfnißanstalten.[1] [2] [3] [4]

1. Badestuben und Bedürfnißanstalten müssen Licht und Luft unmittelbar[5] von außen[6] oder von einem oben offenen Lichtschacht[7] erhalten. Innerhalb und unterhalb solcher Lichtschächte ist die Anlage von Badestuben und Bedürfnißanstalten unzulässig. In den vor dem Inkrafttreten dieser Baupolizeiordnung errichteten Gebäuden können für neu herzustellende Badestuben Ausnahmen hiervon zugelassen werden, wenn Einrichtungen zu wirksamer Entlüftung getroffen werden.[8]

2. Bedürfnißanstalten müssen eine Grundfläche von mindestens 1 qm bei 0,80 m geringster Abmessung erhalten.[9]

3. Wo die Auswurfstoffe durch Wasser abgeschwemmt werden, sind für die Einzelheiten der zu diesem Zweck erforderlichen Anlagen die hierüber erlassenen besonderen Vorschriften maßgebend.[10]

4. Werden die Auswurfstoffe zur Abfuhr in regelmäßigen Zeiträumen angesammelt, so dürfen zu diesem Zweck nur undurchlässige, dicht verschließbare Tonnen und Tonnenwagen verwendet werden. Der Tonnenstand muß dicht umschlossen werden und einen undurchlässigen, glatten Fußboden erhalten.[11] [12]

5. Die Anlage von Gruben für Aborte ist verboten.

6. Für Grundstücke, welche landwirthschaftlichen Betrieben dienen, können Ausnahmen von den Bestimmungen zu Ziffer 4 und 5 zugelassen werden.[13]

1. Für den Hausbedarf bestimmte Badestuben und Bedürfnißanstalten gelten nach § 37 als nicht zum dauernden Aufenthalt von Menschen bestimmte Räume. Der § 25 hat offenbar nur Badestuben der vorbezeichneten Art im Auge, nicht aber für den öffentlichen dauernden Gebrauch bestimmte Badeanstalten, deren zum Baden benutzte Räume als zum dauernden Aufenthalt von Menschen bestimmt anzusehen sind und demnach den schärferen Bestimmungen des § 37 unterliegen. Dagegen gilt eine in einem Hotel befindliche, nur von den Hotelgästen benutzte und vom Hotelpersonal bediente Badeanstalt nicht als ein zum dauernden Aufenthalt von Menschen benutzter Raum. (O. V. G. E. vom 10. September 1889, P. V. Bl. XI S. 56.)

2. Bezüglich der Mitwirkung der O. Str. P., Abth. II (Kanalisation) vgl. S. 111 ff. Entwässerungsprojecte werden seitens der O. Str. P. nur dann genehmigt, wenn der Nachweis geführt wird, daß die in demselben vorgeschriebenen, noch nicht bestehenden Bedürfnißanstalten und Badestuben auch baupolizeilich genehmigt sind. Für das bauende Publikum empfiehlt es sich daher, zunächst regelmäßig die baupolizeiliche Genehmigung zur Neuanlage von Bedürfnißanstalten und Badestuben bei dem Polizei-Präsidium, Abth. III, nachzusuchen und dann erst unter Beifügung der Baugenehmigung und der zugehörigen Bauzeichnung die Genehmigung der Entwässerungsanlagen bei der O. Str. P. zu beantragen. Sind die Anlagen bereits ausgeführt, so ertheilt die O. Str. P. allerdings nachträglich die Genehmigung und macht dem P. Pr. hiervon Mittheilung, das nunmehr die Anlagen erst baupolizeilich prüft, und daraufhin die baupolizeiliche Genehmigung nachträglich, sei es pure, sei es unter gewissen Bedingungen ertheilt, oder aber auch versagt. Im letzteren Falle wird gleichzeitig die Wiederbeseitigung der Anlagen gefordert.

3. Die hier und im § 37 Ziffer 8 bezüglich der Bedürfnißanstalten gegebenen Vorschriften bewegen sich auf sanitärem, einem durchaus polizeilichen Gebiete, und finden also in dem § 10 II 17 A. L. R. und § 6 f. des Gesetzes vom 11. März 1850 vollauf ihre Rechtfertigung. (O. V. G. E. vom 1. März 1889, P. V. Bl. X S. 636.) Auch steht der Ortspolizeibehörde auf Grund des § 10 II 17 A. L. R. die Befugniß zu, auf die Herstellung einer genügenden Anzahl von Aborten in solchen Häusern zu dringen, in denen die Zahl der vorhandenen Bedürfnißanstalten im Verhältniß zur Menge der Bewohner nicht ausreicht, um die Besorgniß gesundheitsschädlicher und die gute Sitte verletzender Mißstände auszuschließen. Der Umstand, daß die für die Anlegung der erforderlichen Bedürfnißanstalten in Betracht kommenden Räumlichkeiten zur Zeit vermiethet sind, kann von dem Eigenthümer nicht dahin verwerthet werden, daß ihm die Ausführung der polizeilichen Anordnung unmöglich sei. Die bestehenden Miethsverhältnisse mögen zur Zeit der Ausführung entgegenstehen; sie müssen daher eben, soweit es nöthig ist, gelöst und der Eigenthümer dadurch in den Stand gesetzt werden, der polizeilichen Anordnung nachzukommen; hierauf Bedacht zu nehmen, ist Sache des Eigenthümers. (O. V. G. E. v. 3. Juli 1895 Nr. IV 1004, vgl. auch O. V. G. E. v. 16. Januar und 5. April 1884, Pr. V. Bl. V S. 156 und 252). Der Zwang zur Anlegung einer genügenden Anzahl von Aborten kann nicht nur gegen den Grundstückseigenthümer gerichtet werden, sondern vielmehr gegen jeden, der thatsächlich auf seinem Besitze Menschen derartig versammelt, daß dadurch das Bedürfniß nach einem Aborte (bezw. mehreren) zur Vermeidung von Schädigungen der Sittlichkeit oder der Salubrität entsteht, insbesondere also auch gegen Gewerbetreibende, bezüglich deren Betrieb die angegebenen Voraussetzungen zutreffen. (Vgl. im Uebrigen § 37 Ziffer 8, R. G. O. § 120 b und O. V. G. E. Bd. VII S. 389.) Auch eine Gemeinde, als die zur Tragung der Kosten der örtlichen Polizeiverwaltung verpflichtete Korporation (vgl. O. V. G. E. Bd. I S. 265 ff.) kann zur Herstellung von Bedürfnißanstalten für das auf öffentlichen Straßen und Plätzen verkehrende Publikum angehalten werden, sofern sich der Verkehr auf den öffentlichen Plätzen und Straßen so gestaltet, daß das Publikum, das im Allgemeinen und zunächst für die Befriedigung seiner Lebens- und sonstigen natürlichen Bedürfnisse auf sich selbst, auf die Benutzung privater Anstalten angewiesen ist, in die Zwangslage versetzt wird, entweder die eigene Gesundheit zu gefährden oder aber den Anforderungen der öffentlichen Ordnung und Sittlichkeit sowie der allgemeinen Salubrität entgegenzuhandeln. (O. V. G. E. Bd. XII S. 387 ff. und vom 24. Mai 1895, P. V. Bl. XVI S. 500.) Der § 11 des Baufluchtengesetzes vom 2. Juli 1875 steht der Errichtung von Bedürfnißanstalten auf Straßenland nicht entgegen (Vgl. Friedrichs S. 79). Bezüglich der Bauaborte vgl. § 35, Anm. 4 und den Abschnitt „Arbeiterschutz auf Bauten", Nr. 33 des Werkes.

4. Vor dem Inkrafttreten der B. P. O. vom 15. Januar 1887 bestanden für Berlin keine baupolizeilichen Vorschriften bezüglich der Belüftung und Beleuchtung der Bedürfniß-

anstalten. Letztere dürfen daher in vor jenem Zeitpunkt errichteten Häusern an sich in ihrem bisherigen Zustande belassen werden, sofern nicht ein polizeiliches Einschreiten aus § 40 Ziffer 4 im einzelnen Falle geboten erscheint. Bei Anträgen auf Erlaubniß zum Anschluß von Bedürfnißanstalten in älteren Häusern hat die Polizeibehörde allerdings zu prüfen, ob die Räume, in welchen die Wasserklosets eingerichtet werden sollen, unzweifelhaft schon bei der Errichtung des Gebäudes für diesen Zweck (durch Einziehung der Wasserzuleitungs- und Abführungsrohre) bezw. überhaupt als Bedürfnißanstalten vorgesehen sind. Fällt diese Prüfung verneinend aus, so kann von der Erhaltung einer zu Recht bestehenden Bedürfnißanstalt überhaupt nicht die Rede sein und ist alsdann der § 25 voll und ganz zur Anwendung zu bringen. Fällt dagegen die Prüfung bejahend aus, so sind lediglich diejenigen Bedingungen zu stellen, welche etwa im Bauschein für den etwaigen Anschluß vorgesehen sind. Im Uebrigen muß zum mindesten die Herstellung eines ins Freie führenden Lüftungsrohres empfohlen werden, um einem späteren Eingreifen der Polizeibehörde auf Grund des § 40 Ziffer 4 thunlichst vorzubeugen. Vgl. dagegen Anm. 8.

Wegen Mangel an Raum wird vielfach zur Anlage der an sich aus den verschiedensten Gründen wenig empfehlenswerthen Treppenpodestklosets geschritten. Letztere dürfen das Treppenpodest nicht in unzulässiger Weise beschränken, auch der Treppe nicht das erforderliche Licht benehmen. Als massiver Abschluß gegen das Treppenhaus wird eine $^1/_2$ Stein starke Wand als genügend angesehen.

5. Eine Begriffsbestimmung in Beziehung auf den „unmittelbaren" Zutritt von Luft und Licht ist nicht gegeben und es mag eine volle, absolute Unmittelbarkeit nicht überall gefordert werden dürfen. Andererseits schließt aber der Gegensatz von „unmittelbar" und „mittelbar" es von vorn herein aus, schon auf Grund der Thatsache allein, daß Licht und Luft überhaupt noch allenfalls eindringen können, die Anforderung des Gesetzes selbst da als erfüllt anzusehen, wo sich ihnen beispielsweise nur eine Oeffnung in einer das Kloset von der Außenwand trennenden Zwischenwand zum Eintritt darbietet, oder wo Licht und Luft in der Ausdehnung oder sonstigen Gestaltung des zurückzulegenden Weges Hindernisse finden, denen gegenüber ein Effekt, welcher auch nur annähernd demjenigen jener vollen und absoluten Unmittelbarkeit gleich kommt, schlechthin ausgeschlossen ist. O. V. G. E. vom 25. Januar 1889, P. V. Bl. X S. 338.

Nach der Praxis des P. Pr. dürfen Klosetträume, welche nicht unmittelbar an der Frontwand liegen, um der Bedingung der unmittelbaren Licht- und Luftzuführung noch zu genügen, von der Frontwand höchstens soweit entfernt sein, daß der die Licht- und Luftzuführung bewirkende Verbindungsraum nach dem Fenster zu eine lichte Höhe erhält, welche gleich dem Abstand des Klosets von der Front ist. Nach diesem Grundsatz wird namentlich verfahren bei der Anlage von Klosets, welche hinter der an der Front belegenen Speisekammer angeordnet sind und über letztere hinweg Licht und Luft erhalten. Bei Abschrägungen des vorliegenden Raumes werden nach Lage des einzelnen Falles Milderungen des angeführten allgemeinen Grundsatzes unbedenklich zugelassen werden können, ohne daß die Forderung der unmittelbaren Licht- und Luftzuführung verletzt würde. In jedem Falle muß das Lüftungsfenster mittelst einer bequem zu handhabenden Stellvorrichtung geöffnet und in geöffnetem Zustande festgestellt werden können.

Die Bestimmung des § 37 b der B. P. O. vom 15. Januar 1887, daß Bedürfniß-Anstalten sich nicht unmittelbar unter Räumen befinden dürfen, welche zum dauernden Aufenthalt von Menschen bestimmt sind, ist fortgefallen und damit auch die bisher geforderte Zwischendecke. Die Anordnung von Vorräumen vor den Bedürfnißanstalten wird dagegen nach wie vor unter Umständen auf Grund des § 10 II 17 A. L. R. gefordert werden können, namentlich wenn die Bedürfnißanstalten etwa von Arbeits- oder Restaurationsräumen u. s. w. unmittelbar zugänglich sind.

6. Also vom Hofe, von der Straße, von der Seite, von oben.

7. Der Lichtschacht muß den Bestimmungen in § 17 Ziffer 1 entsprechen, also eine Grundfläche von mindestens 10 qm bei 2 m geringster Abmessung aufweisen, sofern nicht die Ausnahmebestimmungen der Ziffern 1 oder 2 daselbst Platz greifen. Ueberschreitet die Grundfläche eines Lichtschachtes 10 qm bei 2 m geringster Abmessung, so dürfen auf der dieses Mindestmaß überschreitenden Fläche bezw. unter der Sohle derselben Badestuben und Bedürfnißanstalten angelegt werden. Daß jeder Lichtschacht bis zur Erdoberfläche hindurchgehen oder in sämmtlichen Geschossen denselben Querschnitt zu haben brauche, ist nicht vorgeschrieben. Oben sich erweiternde Schächte bilden hinsichtlich der Licht- und Luftzuführung höchst zweckmäßige Anlagen. — Lichtschächte, an welchen Badestuben oder Bedürfnißanstalten liegen, müssen oben offen sein.

8. Eine außerordentlich wichtige, für die Besitzer älterer Häuser weitgehende Erleichterungen zulassende Bestimmung. Für die Neuanlage von Bedürfnißanstalten in alten Häusern dürfen seitens der Polizeibehörde auch auf Grund des § 40 Abs. 1 keine Ausnahmen zugelassen werden; nur Dispens zulässig.

9. Die Entfernung von der vorderen Kante des Sitzbrettes des Klosets bis zur Thür bezw. bis zur Vorderwand muß mindestens 0,50 m betragen. Bei mehreren Aborten nebeneinander müssen die Scheidewände eine Höhe von mindestens 1,80 m haben.

10. Vgl. S. 111 ff. Als Besitzstörung ist nicht anzusehen, der Abbruch des im Miethsbesitze befindlichen Klosets in der Absicht, ein anderes mit Wasserleitung versehenes, also wesentlich verbessertes Kloset an derselben Stelle und von derselben Größe zu errichten, um dadurch baupolizeilichen Vorschriften gemäß einen Uebelstand zu beseitigen, welcher neuerdings hervorgetreten und für die Gesundheit nachtheilig ist, da in diesem Vorgehen keine ungebührliche Störung des Miethers in seinem Miethsbesitze zu finden ist. (A. L. R. I, 17, § 150, Striethorst Archiv. Bd. 87, S. 323.)

11. Bezüglich der verschiedenen Arten der polizeilich zulässigen Bedürfnißanstalten 2c. ist folgendes zu bemerken:

a. Die Polizei-Verordnung vom 14. Juli 1874 (S. 112) schreibt auch bei den an die Kanalisation angeschlossenen Grundstücken nicht die Anlegung von Wasserklosets vor, bestimmt aber, daß, wenn solche auf derartigen Grundstücken angelegt sind, auch die menschlichen Exkremente durch das Hausableitungsrohr in das Straßenrohr resp. den Kanal abgeführt werden müssen.

b. Auf den Grundstücken derjenigen Straßenstrecken, welche durch öffentliche Bekanntmachung des Polizei-Präsidiums als solche bezeichnet worden sind, oder in Zukunft werden bezeichnet werden, in denen die neue Kanalisation zur Ausführung gelangt, sind die vorhandenen Abtrittsgruben innerhab Jahresfrist zu beseitigen. (§ 1 der P. V. vom 11. Dezember 1875, S. 116).

c. Die Anlage neuer Abtrittsgruben ist verboten (Ziffer 5 des § 25).

d. Abtritte mit Tonnenvorrichtung, jedoch ohne Grube, werden, sofern sie nach baupolizeilicher Vorschrift hergestellt sind, durch das Verbot zu b nicht getroffen. (§ 3 der P. V. vom 11. December 1875). Als die hiernach in Bezug genommene baupolizeiliche Vorschrift ist nunmehr die in Ziffer 4 des § 25 gegebene anzusehen.

e. Vorschriftsmäßig hergestellte mit Tonnenvorrichtung versehene Abtritte sind hiernach selbst auf Grundstücken zulässig, die an die Kanalisation angeschlossen sind. (Vgl. Nr. 1 der Bestimmungen vom 26. März 1879, S. 116.)

12. **Abfuhr der Fäkalien.** Die Städte sind auf Grund des § 11 der Städteordnung, die Landgemeinden auf Grund des § 6 der Landgemeindeordnung berechtigt, durch besondere statutarische Anordnungen die Abfuhr der Fäkalien zur Gemeindeangelegenheit zu machen und dieselbe sei es selbst zu besorgen, sei es durch einen Unternehmer als ihr verantwortliches Organ besorgen zu lassen. (Gutachten des Reichsjustizamts v. 23. April 1892.) Damit ist dem Privatbetrieb der Fäkalienabfuhr der Boden entzogen, in dem er thatsächlich unmöglich gemacht ist, ohne daß ein rechtliches Hinderniß seiner Ausübung entgegenstände. (Vgl. Landmann, Reichsgewerbeordnung, 3. Auflage S. 47.) Denn an sich kann der Betrieb

des Abfuhrgewerbes nicht von einer besonderen Erlaubniß abhängig gemacht werden, weil dies gegen den im § 1 R. G. O. aufgestellten Grundsatz der Gewerbefreiheit verstoßen würde. (O. V. G. E. v. 16. Juni 1897, Pr. V. Bl. XVIII S. 496, Verf. des M. d. J. u. d. F. v. 16. Januar 1894, M. Bl. S. 29.) Wohl aber können die Polizeiverwaltungen aus gesundheitspolizeilichen Rücksichten durch Polizeiverordnung gegen die Grundbesitzer die Verpflichtung aussprechen, die Grubenräumung nur durch die seitens der Gemeinde dazu bestimmten Personen bewirken zu lassen (O. V. G. E. v. 26. April 1897, Pr. V. Bl. XVIII S. 494) oder weitgehende polizeiliche Beschränkungen in der Art der zu verwendenden Apparate einzuführen. (Vgl. Jahrb. der Entsch. des Kammergerichts Bd. XIII. S. 276.) Hieraus folgt, daß zwar der Hausbesitzer, der seine Grube durch ein anderes als das gemeindliche Institut räumen läßt, nicht aber der Betrieb des Abfuhrgewerbes durch Private mit Strafe bedroht werden kann.

Eine Gemeinde ist entschädigungspflichtig, wenn sie vor Ablauf derjenigen Zeit, für welche sie die Abfuhr der Fäkalien einem Unternehmer übertragen hat, es geschehen läßt, daß die Hausbesitzer eine inzwischen von ihr hergestellte Kanalisationsanlage zur Abführung der Fäkalien benutzen. Reichsgerichtserk. vom 12. Juni 1899, Pr. V. Bl. XX. S. 534.

Für die von der Stadt als Gememeindeangelegenheit übernommene Fäkalienabfuhr können Gebühren nach Maßgabe des § 4 des Kommunalabgabengesetzes erhoben werden, die Sache darf aber alsdann nicht ausschließlich einem Privatunternehmer als Gewerbebetrieb überlassen sein. (O. V. G. E. Bd. XXIX. S. 58.) — Eine polizeiliche Vorschrift, daß für Räumung der Abortgruben den Unternehmern eine bestimmte Gebühr zu entrichten oder auch der Grubeninhalt ohne Entschädigung zu überweisen sei, entbehrt der Rechtsgültigkeit. K. G. E. v. 14. März 1895, Johow, Jahrb. Bd. 16 S. 349. — Die Fäkalienabfuhr ist ihrem Wesen nach keine Transportthäigkeit und es fällt deshalb das Gewerbe des Abfuhrunternehmers nicht unter den § 37 d. R. G. O. (O. V. G. E. v. 26. April 1897, Pr. V. Bl. XVIII S. 494).

13. Darüber, daß Gruben zur Aufnahme von Abfällen und Abgängen (Senk-, Dünger-, Loh- 2c. Gruben) nur in bestimmten Entfernungen von den Nachbargrenzen angelegt werden dürfen, enthält die B. P. O. keine Bestimmung. Die Vorschrift im § 125 I 8 A. L. R., nach welcher derartige Anlagen mindestens drei Fuß rheinländisch von den benachbarten Gebäuden, Mauern und Scheunen entfernt bleiben müssen, gehört dem Privatrecht an; unberührt bleibt selbstverständlich die Befugniß der Polizei, im einzelnen Falle, wenn durch solche Gruben Gefahren für die Nachbaren oder Andere, insbesondere für den Bestand der Gebäude hervorgerufen werden, auf Grund des § 10 II 17 A. L. R. die erforderlichen Anordnungen von Baupolizeiwegen zu treffen.

§ 26.

Viehställe.

1. In Viehställen muß der Fußboden undurchlässig hergestellt werden.

2. Zur Aufnahme der Stallabgänge müssen in den Ställen oder in zweckentsprechender Nähe, jedoch in einem Abstand von mindestens 10 m von Röhren- und Kesselbrunnen, undurchlässige Gruben angelegt werden.[1])

3. Nach Straßen hin dürfen Ställe in der Regel keine Oeffnungen haben.[2]) In besonderen Fällen können Ausnahmen zugelassen werden.

4. In den Umfassungswänden der Stallgebäude dürfen — unbeschadet der allgemeinen Vorschriften über den Abstand der Gebäude — Oeffnungen

nur in einem Abstand von wenigstens 3 m nach allen Richtungen[3]) von den mit Oeffnungen versehenen Umfassungswänden anderer Gebäude,[4]) wenn diese zum dauernden Aufenthalte von Menschen bestimmt sind, (§ 37) angelegt werden.[5])

5. Für die Anlage von Ställen unter Räumen, welche zum dauernden Aufenthalte von Menschen bestimmt sind, können weitergehende Forderungen in Bezug auf die Befestigung des Fußbodens, die Bekleidung der Wände und Decken, die Anordnung von Hohlräumen zwischen der Decke des Stalles und dem Fußboden des darüber befindlichen Geschosses und die Lüftungseinrichtungen, sowie in Bezug auf die Entwässerung gestellt werden.[6]) [7])

6. Die Anlage von Ställen, deren Fußboden mehr als 0,50 m in den Erdboden eingesenkt werden soll, ist nur in solchen Stallgebäuden gestattet, welche nicht im Zusammenhang mit anderen Gebäuden stehen oder von diesen durch undurchbrochene massive Wände getrennt sind.

7. Die Anlage von Ställen in Kellern unter Höfen ist nicht zulässig.

8. Die vorstehenden Bestimmungen finden auf Ställe für Federvieh keine Anwendung.

---

1. Die Bestimmungen unter Ziffer 1 und 2 haben den Zweck, im sanitären Interesse einer Verseuchung des Bodens sowie der Brunnen vorzubeugen.

2. Eine auch in anderen B. P. O. wiederkehrende Bestimmung, um das Ausströmen der Stallluft nach der Straße hin zu verhindern; die für die Bestimmung gewählte Fassung „haben" giebt derselben rückwirkende Kraft, sodaß die Beseitigung der aus Ställen nach der Straße führenden, schon von älterer Zeit her bestehenden Oeffnungen polizeilicherseits jederzeit gefordert werden kann, ohne daß die Voraussetzungen des § 40 Ziffer 4 vorzuliegen brauchen. Vgl. O. V. G. E. vom 6. September 1890 Pr. V. Bl. XII, S. 173. Unter Oeffnungen sind Thüren, Fenster, Lüftungsklappen und dergl. zu verstehen. Bei der Zulassung von Ausnahmen bleibt die Bestimmung unter Ziffer 4 gleichwohl zu beachten.

3. Also nicht nur senkrecht von der Oeffnung auf das andere Gebäude gemessen, sondern auch seitwärts entlang an der Wand, in der die Stallöffnung liegt.

4. Ohne Unterschied, ob sich die Gebäude auf demselben oder auf dem benachbarten Grundstücke befinden.

5. Hier ist nicht der Ausdruck „haben" wie in Ziffer 3 gewählt, sondern „angelegt werden". Hieraus folgt, daß wenn ein Gebäude in größerer Nähe als 3 m von einer in einem vorhandenen Stallgebäude befindlichen Oeffnung errichtet wird, die Schließung der letzteren nicht ohne Weiteres, vielmehr nur bei dem Vorhandensein der im § 40 Ziffer 4 bezeichneten Voraussetzungen gefordert werden kann.

6. Die bisherige B. P. O. enthielt (abgesehen von dem Falle gewerbsmäßig unterhaltener Stallungen, § 38, Ziffer 1 daselbst) eine diesbezügliche Ermächtigung nicht, gleichwohl war die Polizeibehörde befugt, bezüglich solcher Stallungen, die unter zum dauernden Aufenthalt von Menschen bestimmten Räumen oder in Hofunterkellerungen liegen, über die Vorschriften des § 23 der B. P. O. vom 15. Januar 1887, hinausgehende Anforderungen auf Grund der subsidiären Bestimmung des § 10 II 17 A. L. R. zu stellen, indem jener § 23 offenbar nur die gewöhnlichen Fälle von Stallanlagen in besonderen über dem Hofniveau liegenden Stallgebäuden regeln wollte. O. V. G. E. vom 25. October 1892, Pr. V. Bl. XIV S. 163.

7. Seitens des Polizei-Präsidiums werden an die Einrichtung von Stallungen unter bewohnten Räumen (und in entsprechender Anwendung überhaupt an Stallungen unter zum dauernden Aufenthalt von Menschen bestimmten Räumen) in Gemäßheit der Verfügung vom 23. März 1896 im Allgemeinen nachstehende Anforderungen gestellt:

Fußböden. Der Fußboden der Stallräume ist aus einer 15 cm hohen Betonschicht oder aus einem hochkantigen Pflaster von Klinkern in reinem Cement herzustellen. Im Pflaster bezw. in der Betonschicht sind flache offene Urinrinnen anzulegen. Zur Reinigung des Fußbodens ist ein Wassersprenghahn anzubringen. Die Fußböden, Rinnen und die zum unmittelbaren Anschluß an die städtische Entwässerung erforderlichen Gullys sind täglich zu spülen.

Falls wegen der tiefen Lage des Stallfußbodens ein unmittelbarer Anschluß an die städtische Entwässerungs-Anlage nicht ausführbar ist, muß der Stall zur Entleerung der alsdann erforderlichen undurchlässig herzustellenden Grube für die Flüssigkeiten mit einer mit der städtischen Wasserleitung in Verbindung stehenden und von der Direktion der städtischen Wasserwerke zu genehmigenden Wasserstrahlpumpe versehen und die Grube täglich entleert werden. Die Grube muß von Röhren- und Kesselbrunnen mindestens 10 m entfernt bleiben.

Die Wände sind mit Rathenower Steinen oder Klinkern in Cementmörtel zu verblenden oder mit gebügeltem Cementputz zu versehen.

Decken. In neu zu erbauenden Häusern sind die Decken der Ställe durch Gewölbe aus glasirten Steinen, Rathenower Steinen oder Klinkern in Cementmörtel herzustellen, mit Cementbeton abzugleichen und oberhalb mit einem Cementestrich oder Asphaltbelag zu versehen.

Statt der gewölbten Decken sind auch andere gleichwerthige feuerfeste Decken-Konstruktionen, etwa nach System Kleine, Stolte, Monier und Anderen, sowie auch Decken aus Stampfbeton zulässig, wenn über ihnen ebenfalls ein Cement- oder Asphaltestrich hergestellt wird.

Die freien Theile der eisernen Träger sind mit Mörtel zu putzen oder mit einem guten Oelfarbenanstrich zu versehen.

In bereits bestehenden Häusern müssen bei der Anlage von Ställen etwa vorhandene Holzbalkendecken in ihrer Unteransicht mit Mörtel geputzt oder mit einer in gleichem Maße feuersicheren Verkleidung versehen sein. Unterhalb derselben ist mit Belassung eines Hohlraumes eine feuerfeste Decke (etwa aus Drahtgewebe und gut ausgeführtem Cementputz) anzuordnen und der Hohlraum mit der äußeren Luft durch vergitterte Oeffnungen zu verbinden.

Lüftung. Jeder Stall ist mit einem genügend weiten bis über Dach reichenden Lüftungsrohr von mindestens 250 qcm Querschnitt zu versehen. Die inneren Wandungen dieses Rohres müssen aus undurchlässigen (glasirten) Steinen bezw. aus glasirten Thonröhren bestehen, sorgfältig gedichtet und außen ummauert und geputzt werden.

Zur Beförderung der Lüftung ist am oberen Ende eine wirksame Saugevorrichtung (Aufsatz) anzubringen.

Die Abzugsöffnung für die Lüftung des Stalles nach diesem Rohre muß dicht unterhalb der Decke liegen.

Bei der Verwendung von glasirten Thonröhren sind die Muffen der Röhren nach oben zu richten.

Sofern die getroffenen Maßnahmen ihren Zweck, die Bewohner des Grundstücks vor gesundheitswidrigen Einwirkungen der Ställe zu schützen, nicht völlig erfüllen sollten, sind dieselben nach näherer Anweisung der Polizei-Behörde so zu verbessern, daß dieser Zweck vollkommen erreicht wird.

Titel II.

Polizeiliche Prüfung und Aufsicht bei Bauten.[1])

§ 27.

Baupolizeiliche Genehmigung.[2])

Der baupolizeilichen Genehmigung bedürfen:[3])

1. Alle neuen baulichen Anlagen.[4]) [5])

2. Bei bestehenden baulichen Anlagen die Herstellung oder Veränderung von massiven oder Fachwerkswänden,[6]) Decken,[7]) Eisenkonstruktionen,[8]) vortretenden Bautheilen,[9]) Treppen,[10]) Licht-, Lüftungs- und Aufzugsschachten,[11]) Feuerstätten[12]) oder Schornsteinen.[13]) [14]) [15]) [16])

---

1. **Das geschäftliche Verfahren bei der Prüfung, Genehmigung und Beaufsichtigung der Bauten.**

A. Von dem Polizei-Präsidium selbst ertheilte Baugenehmigungen.

I. Von der Einreichung des Baugesuches bis zur Genehmigung:

1. Sämmtliche Baugesuche sind nebst den Bauvorlagen in 3 bezw. 2 Exemplaren bei dem Kgl. Polizei-Präsidium, Abtheilung III, einzureichen.
2. In denjenigen Fällen, in denen die Ö. Str. P. ressortmäßig zur Mitwirkung berufen ist (vgl. S. 91 ff.) werden derselben 2 Exemplare (bezw. 1) der Bauvorlagen zur Aeußerung übersandt. Nachdem der Lagerplan hinsichtlich seiner Richtigkeit und Vollständigkeit seitens des Städtischen Vermessungsamtes (Plankammer, Rathhaus Zimmer 127) geprüft, nöthigenfalls auch richtig gestellt oder ergänzt ist, insbesondere auch die Baufluchtlinien in denselben blau eingetragen sind, ertheilt die Ö. Str. P. ihre Zustimmung unter Rücksendung eines mit dem Vermerk „Straßenbaupolizeilich revidirt" versehenen Exemplares und unter Mittheilung der von ihr gestellten, in den Bauschein aufzunehmenden Bedingungen. Sofern der Ö. Str. P. zwei Exemplare übersandt sind, verbleibt das eine Exemplar bei deren Akten, während das dem P. Pr. zurückgesandte Exemplar zunächst an die Bauinspektion geht zur Gleichstellung mit dem bei derselben zur Prüfung befindlichen dritten (bezw. zweiten) Exemplare. (Siehe Nr. 3.)
3. Das eine (dritte bezw. zweite) von dem Bauherrn eingereichte Exemplar nebst dem Baugesuche geht, sofern ein Nachbarprotokoll aufzunehmen ist (vgl. A. L. R. § 68 I 8, S. 72), an das zuständige Polizei-Revier zur Aufnahme desselben und von dort an den betreffenden Bauinspektor, andernfalls direkt an diesen zur baupolizeilichen Prüfung und Begutachtung. Soweit es erforderlich und angezeigt erscheint, wird auf der Bauinspektion dem Bauherrn oder dem mit der Ausführung des Baus beauftragten Architekten die Gelegenheit zur mündlichen Erörterung oder Erläuterung des Projektes gegeben; auch erhalten dieselben unter Umständen die Bauvorlagen zur Abänderung oder Ergänzung kurzer Hand zeitweilig von dem Bauinspektor zurück.
4. Das von dem Bauinspektor abgegebene Gutachten nebst den mit Prüfungsvermerk versehenen beiden Exemplaren der Bauvorlagen wird dem Polizei-Präsidium vorgelegt und hier von dem technischen Dezernenten und dem Abtheilungsdirigenten nachgeprüft.

5. Je nach Ausfall dieser und der straßenbaupolizeilichen Prüfung wird die nachgesuchte Bauerlaubniß seitens des Polizei-Präsidiums, Abth. III ertheilt oder versagt. Der ertheilte Bauschein, in welchem auch die von der O. Str. P. gestellten Bedingungen aufgenommen sind, geht unter Benachrichtigung des Antragstellers an die Polizei-Hauptkasse, wo er gegen Zahlung der Gebühr (vgl. III. Theil Nr. 22) in Empfang zu nehmen ist.

II. Von der Genehmigung bis zum Baubeginn.

1. Unter Beifügung des Bauscheins und der genehmigten Bauzeichnungen ist das Entwässerungsprojekt der O Str. P., Abth. II (Kanalisation) in 2 Exemplaren zur Genehmigung vorzulegen und ist vor dem Beginn des Baues dem Polizeirevierstande durch Bescheinigung der genannten Behörde der Nachweis zu erbringen, daß das Entwässerungsprojekt genehmigt ist.
2. Gleichfalls vor Beginn des Baues ist die Absteckung der Baufluchtlinie beim städtischen Vermessungsamte (Plankammer) zu beantragen und ist die Flucht bei der Ausführung genau inne zu halten.
3. Der Antrag auf Genehmigung zur Aufstellung des Bauzaunes ist an die Polizei-Hauptmannschaft zu richten (§ 31).
4. Die Baubeginnanzeige ist mindestens 48 Stunden vor dem beabsichtigten Beginne bei dem Polizei-Revier einzureichen (vgl. § 30), welches dieselbe ungesäumt direkt an den zuständigen Bauinspektor weitergiebt.

III. Vom Baubeginn bis zur Gebrauchsabnahme.

1. Nach Eingang der Baubeginnanzeige wird seitens des P. Pr. der sogenannte „Baukontrolbogen" ausgefertigt und der Bauinspektion übersandt. Die Bauinspektion hat vom Baubeginn bis zur Gebrauchsabnahme eine dauernde Kontrole des Neubaues auszuüben, die ihr im Wesentlichen selbstständig überlassen ist. Auf dem Baukontrolbogen sind das Datum jeder einzelnen Baubesichtigung, das Ergebniß derselben, sowie die getroffenen Anordnungen und ev. der Erfolg desselben in kürzester Form unter Hinzufügung der Namensunterschrift des besichtigenden Beamten zu vermerken.
   Bei Ausübung der Baukontrole haben die Bauinspektionen darauf zu sehen, daß die Bauten unter Beachtung der allgemeinen baupolizeilichen Vorschriften, sowie der im Bauschein etwa gestellten speziellen Bedingungen ausgeführt werden, insbesondere auch von der gehörigen Vorbereitung und Legung der Fundamente, von der genügenden Beschaffenheit der Baumaterialien, den Bestandtheilen und der Mischung des Mörtels, der Konstruktion der Gerüste, der Balkenlagen, Treppenanlagen und der Aufrichtung des Daches während der einzelnen Stadien der Bauausführung an Ort und Stelle Kenntniß zu nehmen. Innerhalb welcher Fristen die Besichtigungen zu wiederholen sind, ist dem pflichtmäßigen Ermessen der Bauinspektoren überlassen, jedenfalls wird aber während der Ausführung der Fundamente eine besondere sorgfältige Ueberwachung stattfinden müssen. (Verf. des Pol.-Präsidenten vom 17. Februar 1896 Nr. 166 III G. R.)
2. Nachdem das aufgehende Frontmauerwerk des Erdgeschosses in den unteren Schichten angelegt ist, ist eine für die O. Str. P. bestimmte Bescheinigung des städtischen Vermessungsamtes dem Polizei-Reviervorstande darüber einzureichen, daß die Baufluchtlinie innegehalten ist, widrigenfalls die Inhibirung des Weiterbaues erfolgt. Die Kosten der Absteckung und der Bescheinigung trägt der Eigenthümer.
3. Sobald der Bau in seinen Wänden und Eisenkonstruktionen einschließlich der feuersicheren Treppen, sowie der Dach- und Balkenlagen vollendet ist, erfolgt auf Antrag des Bauherrn die Rohbauabnahme durch den Bauinspektor und die Rathsmeister (Vgl. § 33).
4. Nach Beseitigung des Bauzaunes und des Baugerüstes ist der Bürgersteig nach Vorschrift der §§ 4 und 5 der P. V. vom 17. Januar 1873 (S. 105) und deren Ergänzungen wieder in Stand zu setzen. Hierbei sind die Bordschwellen vier Schichten hoch einen Stein stark mit Klinkern in Cementmörtel zu untermauern. Drei Tage vor Beginn dieser Regulirungsarbeiten ist der betreffenden Stadtbauinspection, die die erforderlichen näheren Angaben macht, schriftlich Anzeige zu erstatten.

5. Spätestens im Gebrauchsabnahmetermin ist durch Vorlegung des von der Ö. Str. P. Abth. II (Kanalisation) ausgestellten Inbetriebnahmeerlaubnißscheines nachzuweisen, daß die Entwässerungsanlagen vorschriftsmäßig befunden sind. (Vgl. § 39 Anm. 9.) Vor Beibringung dieses Scheines wird der Gebrauchsabnahmeschein nicht ertheilt.
6. Nach Vollendung der baulichen Einrichtung ist unter Vorlage des Bezirksschornsteinfegerattestes ev. des unter Ziffer 5 bezeichneten Erlaubnißscheins die Gebrauchsabnahme beim P. Pr. zu beantragen. Dieselbe erfolgt durch den Bauinspektor. Je nach dem Ausfall derselben wird der Gebrauchsabnahmeschein entweder sofort oder aber erst nach Abstellung der vorgefundenen Mängel ausgefertigt (vgl. § 39 Anm. 6).

IV. In Fällen, in denen eine Mitwirkung der Ö. Str. P. oder eine Gebrauchsabnahme nicht stattfindet, gestaltet sich das Verfahren entsprechend einfacher.

B. Von den Bauinspektoren ertheilte Baugenehmigungen.

Das hierauf bezügliche Verfahren ist durch nachfolgende Verfügung des Polizei-Präsidenten vom 13. März 1896 geregelt, die mit Rücksicht auf ihre organisatorische Bedeutung hier in ihren wesentlichsten Theilen zum Abdruck gelangt.

Nr. 246 III G. R. Berlin, den 13. März 1896.

Zur Herbeiführung einer Beschleunigung des bisher bei der Ertheilung der baupolizeilichen Genehmigungen üblichen Verfahrens, welches eine für die Interessen des bauenden Publikums genügend schnelle Erledigung der Baugesuche vielfach vermissen läßt, erscheint es in erster Linie geboten, auf eine Entlastung der Abtheilung III namentlich von allen weniger bedeutenden oder sich zahllos wiederholenden gleichartigen Baugesuchen Bedacht zu nehmen, damit hier an der Centralstelle vor Allem die größeren Bauprojekte, bei denen weitergehende finanzielle und wirthschaftliche Interessen betheiligt zu sein pflegen, ohne jede Verzögerung erledigt werden können, hier auch die Möglichkeit geschaffen wird, den Angelegenheiten von genereller oder grundsätzlicher Bedeutung eine größere Beachtung als dies bisher im Allgemeinen geschehen konnte, zuzuwenden.

Diese Entlastung der Abtheilung III soll dadurch erreicht werden, daß den Bauinspektoren, welchen innerhalb der Organisation des Polizei-Präsidiums zur Zeit jede Selbstständigkeit fehlt, für einen großen Kreis von Angelegenheiten die Befugniß übertragen wird, an Stelle und im Auftrage des Polizei-Präsidiums selbstständig und ausschließlich unter eigener Verantwortlichkeit baupolizeiliche Genehmigungen zu ertheilen bezw. baupolizeiliche Verfügungen zu erlassen. Die damit geschaffene Selbstständigkeit der Bau-Inspektoren innerhalb eines bestimmt begrenzten Geschäftskreises wird überdies, sobald die Zeit der ersten Einarbeitung überwunden sein wird, zweifellos auch zu einer Entlastung derselben, namentlich durch den Fortfall der das Schlußgutachten näher erläuternden Berichte führen.

A. Abgrenzung des selbstständigen Geschäftskreises.

Den Bauinspektoren werden zur selbstständigen Erledigung übertragen:

1. Die Genehmigung kleinerer Umbauten, Veränderungen oder Reparaturen bestehender, zum dauernden Aufenthalt von Menschen bestimmter Gebäude, einschließlich der Anlegung von Feuerstätten aller Art, Bedürfnißanstalten und Badestuben.
2. Die Genehmigung von Fachwerks- und Holzbauten innerhalb der in den §§ 6 und 7 der Baupolizei-Ordnung gezogenen Grenzen.
3. Die Genehmigung von Grenzmauern und Zäunen mit Ausnahme der Vorgarteneinfriedigungen und der Garteneinfriedigungen auf den Höfen.
4. Die Genehmigung zur Anlegung von Lagerplätzen für Brennmaterialien 2c.
5. Die Ueberwachung der Abbrüche.
6. Einzelne Polizeirevieranzeigen oder Denunciationen, die voraussichtlich zum Erlasse einfacher polizeilicher Verfügungen Veranlassung bieten.

B. Ausgeschlossen von der selbstständigen Bearbeitung durch die Bauinspektoren und daher grundsätzlich von dem Polizei-Präsidium selbst zu erledigen sind

1. Alle auf dem sogenannten großen Bauschein-Formular zu ertheilenden Genehmigungen.
2. Erhebliche Veränderungsbauten, insbesondere solche, bei denen auf Grund des § 40 Abs. 3 der Bau-Polizeiordnung besondere Anforderungen gestellt werden.

3. Alle Fälle, in denen auf Grund des § 38 der Baupolizeiordnung über die Vorschriften des Titel I derselben hinausgehende Anforderungen gestellt werden.
4. Genehmigungen, bei denen die Anwendung der Polizei-Verordnung vom 31. Oktober 1889, betreffend die bauliche Anlage und die innere Einrichtung von Theatern rc. in Frage kommt.
5. Alle Fälle, in denen die Mitwirkung anderer Behörden, insbesondere also der örtlichen Straßenbau-Polizeiverwaltung oder der städtischen Baudeputation, stattzufinden hat.
6. Jede Bewilligung von Ausnahmen in den in der Baupolizeiordnung vorgesehenen Fällen, soweit nicht bezüglich einzelner derselben Seitens des Polizei-Präsidiums den Bauinspektionen eine diesbezügliche grundsätzliche Ermächtigung ertheilt wird.
7. Alle Baugesuche, bei deren Prüfung die Bauinspektion zu dem Ergebnisse gelangt, daß die Genehmigung zu versagen ist.
8. Fahrstuhlangelegenheiten.
9. Genehmigungen, welche nicht Privatpersonen, sondern anderen Behörden ertheilt werden.

C. Geschäftsgang. (Diese Bestimmungen rein interner Art gelangen hier nicht zum Abdruck).

D. Form der Genehmigungen und Verfügungen.
Die Unterschrift hat in jedem Falle zu lauten:

„Königliches Polizei-Präsidium, Abtheilung III.
J. A.
Der Königliche Bauinspektor."
(deutlich geschriebener Name)

Die Hinzufügung des Charakters „Kgl. Baurath" unter dem Namen bleibt freigestellt. Ich gebe mich der Erwartung hin, daß es bei pflichttreuer Mitarbeit aller betheiligten Dienststellen vermöge der im Vorstehenden getroffenen Anordnungen gelingen wird, nicht nur das mit denselben zunächst erstrebte Ziel einer Entlastung der Abtheilung III und einer dadurch ermöglichten Beschleunigung des Verfahrens zu erreichen, sondern daß vor Allem die Herren Bauinspektoren aus der ihnen vertrauensvoll eingeräumten Selbstständigkeit und der dadurch erhöhten persönlichen Verantwortlichkeit einen lebhaften Impuls zu erhöhter Berufsfreudigkeit gewinnen werden.

Der Polizei-Präsident.
gez. v. Windheim.

Bezüglich der rechtlichen Zulässigkeit der durch die vorstehende Verfügung den Bauinspektoren Seitens des Polizei-Präsidenten ertheilten generellen Ermächtigung „in seinem Auftrage" bezw. „im Auftrage des Polizei-Präsidiums" polizeiliche Verfügungen zu erlassen. Vgl. O. V. G. E. Bd. XXX S. 412. Derartige Verfügungen unterliegen, soweit sie das P. Pr. nicht mißbilligt und zurückzieht, dem Polizei-Präsidium gegenüber der Anfechtung mit den in §§ 127, 128 L. V. G. vorgesehenen Rechtsmitteln. Vgl. auch O. V. G. E. Bd. XXVI S. 292 und vom 11. Mai 1896, M. Bl. d. i. V. v. 1897 S. 120.

C.

Ueber die Betheiligung der Führer der Feuerwehren bei der Ausübung der Baupolizei, insbesondere bei der Prüfung von Projekten feuergefährlicher Anlagen trifft der Ministerialerlaß vom 14. Mai 1899 (M. Bl. S. 80) folgende Bestimmungen:

Aus Feuerwehrkreisen ist der Wunsch ausgesprochen worden, daß die Führer oder sonstige geeignete Mitglieder der bestehenden organisirten Feuerwehren bei der Ausübung der Baupolizei, insbesondere bei der Prüfung von Projekten feuergefährlicher Anlagen, Abnahme von Rohbauten, Besichtigung von Feuerstellen u. s. w. von den Polizeibehörden als sachverständige Gutachter hinzugezogen werden möchten. Da eine Mitwirkung der Feuerwehren bei den Geschäften der Baupolizei zur Erzielung einer erhöhten Sicherung gegen Feuersgefahr unter Umständen dienlich sein kann, so ersuchen wir, den in Frage kommenden Polizeibehörden des dortigen Bezirks zu empfehlen, daß sie die Leiter oder sonstige geeignete Mitglieder der an den einzelnen Orten bestehenden organisirten Feuerwehren, jedoch nur sofern die Leiter oder Mitglieder entsprechende bautechnische Vorkenntnisse besitzen (z. B. Maurer- oder Zimmermeister, geeignetenfalls auch Schornsteinfegermeister) und zu einer derartigen unentgeltlichen Mitwirkung bereit sind, an jenen Geschäften, soweit dies nach Lage der Verhältnisse thunlich erscheint, betheiligen.

Die Polizeibehörden sind indessen zugleich darauf hinzuweisen, daß für diejenigen Bauten, deren Bedeutung eine Prüfung durch bestimmte technische Beamte erfordert, diese durch die Zuziehung eines Mitgliedes der Feuerwehr nicht ersetzt werden kann.

Der Minister des Innern. Der Minster der öffentlichen Arbeiten.
gez. Frhr. v. d. Recke. Im Auftrage. gez. Schwedendieck.

2. Vgl. die Lehre von der Baugenehmigung S. 52.

3. D. h. die Ausführung ohne vorherige baupolizeiliche Genehmigung ist verboten und wird nach § 367, Ziffer 15 R. Str. G. B. (S. 12) bestraft.

4. a. Der allgemeine Ausdruck „bauliche Anlagen" umfaßt sowohl Hochbauten wie Tiefbauten, Bauten oberhalb und unterhalb des Straßen= oder Hofniveaus (vgl. Erk. des Kammergerichts, Straff. vom 15. Januar 1891, Jahrb. für Entsch. d. K. G. Bd. XI Nr. 94 S. 260ff.). Als Tiefbauten bedürfen beispielsweise der baupolizeilichen Genehmigung Hofunterkellerungen, Fuhrwerkscentesimalwaagen, eine gemauerte Mist= oder Schuttgrube. (O. V. G. E. Bd. VII S. 327, und vom 4. September 1884, vom 8. October 1886 und vom 3. März 1890, P. V. Bl. VI S. 6, VIII S. 136 und XI S. 586.)

Zum Begriffe einer baulichen Anlage gehört es nicht, daß dieselbe mit dem Erdboden fest verbunden oder für die Dauer errichtet ist; es genügt vielmehr, wenn dieselbe unbeweglich, d. h. zur Fortbewegung in ihrer Gesammtheit nicht geeignet oder nicht bestimmt ist. Demnach ist auch ein hölzernes, lose auf dem Boden aufgesetztes Haus als Bauwerk anzusehen. (Erk. des Kammergerichts, Straff. vom 9. Juni 1890, Jahrb. f. d. Entsch. d. K. G. Bd. X Nr. 83 S. 226.) Gegenüber dem wiederholt gemachten Versuche, das Bauverbot des § 11 des Baufluchtengesetzes dadurch zu umgehen, daß bauliche Anlagen (Verkaufshallen, kleinere Ställe, Schuppen, Remisen) auf Räder gesetzt wurden, hat das O. V. G. ausgesprochen, die Anlagen seien als Neubauten zu behandeln, wenn aus den Umständen, namentlich aus der Art und Weise, wie sie aufgestellt und mit dem Erdboden in Verbindung gebracht seien, die Absicht erhelle, sie auf dem gewählten Standorte dauernd zu belassen; denn hier vertreten die Räder nur die Stelle einer als Fundament dienenden Unterlage, ähnlich wie Balken, die ohne besondere Vorrichtung auf dem Erdboden lagerten. (O. V. G. E. vom 15. April 1890 IV 392 und vom 2. Juni 1891 IV 538 und vom 4. December 1891.)

b. Im Uebrigen fehlt es in der B. P. O. an einer positiven Bestimmung darüber, was unter einer „baulichen Anlage", insbesondere einer „neuen" zu verstehen ist. Im Allgemeinen wird darunter alles zu rechnen sein, was nach dem Sprachgebrauche in technischen Sinne „gebaut" wird, also nicht bloß Gebäude, Häuser und was dem gleich steht, sondern auch Schuppen, Gartenhallen, Kegelbahnen, Denkmäler, Erbbegräbnisse auf Kirchhöfen pp., Mauern, Kanäle, und zwar ohne Unterschied, ob dabei Stein, Eisen, Holz oder irgend welches andere Baumaterial Verwendung findet (vgl. O. V. G. E. Bd. VII S. 321, VIII S. 312, X S. 300, XII S. 366, XXV S. 379, Pr. V. Bl. XV S. 77, v. 10. März 1897 Nr. IV 443.) Bezüglich des Begriffes „Neubau, Um= und Ausbau" vgl. Friedrichs, S. 83ff. und O. V. G. E. vom 25. Januar 1896, P. V. Bl. XVIII S. 43, O. V. G. E. Bd. XXIII S. 347ff. (Begriff des Umbaues betr.), E. Bd. XXIX S. 372, Bd. XXXII S. 367. Die Begriffe „Neubauten" im § 11 des Gesetzes vom 2. Juli 1875 und von „neuen baulichen Anlagen" im § 27 der B. P. O. decken sich übrigens nach den neuesten O. V. G. E. nicht mehr in dem Falle, in dem es sich um die Einfriedigung, das Ummauern oder Umzäunen eines Grundstücks handelt. (Vgl. § 1 Anm. 4e.) In der Entscheidung vom 22. September 1893 IV 928 (O. V. G. E. Bd. XXV

S. 379, P. V. Bl. XV S. 77) ist angenommen, daß bloße Einfriedigungen von Grundstücken und zwar ohne Rücksicht auf die Art ihrer Ausführung, also selbst dann, wenn sie sich nach ihrer Construktion als Bauten charakterisiren, von dem Verbote des § 11 des Gesetzes vom 2. Juli 1875 nicht getroffen werden. An dieser Rechtsauffassung hat der Gerichtshof auch gegenüber der in der dritten Auflage des Friedrichs'schen Kommentar S. 66ff. vertretenen entgegengesetzten Auffassung „auf Grund erneuter Erwägung“ festgehalten (O. V. G. E. vom 26. Januar 1894 Bd. XXVI S. 349ff. und P. V. Bl. XVI S. 149 und die weiteren in der vierten Auflage von Friedrichs S. 87, 88 aufgeführten Entscheidungen) und werden die Polizeibehörden dieselbe bei ihren Entscheidungen für die Folge zu beachten haben. Ob andere Bauwerke den Umzäunungen und Umwehrungen gleich zu stellen sind, hat das O. V. G. als offene Frage behandelt. Ob allerdings im einzelnen Falle die beabsichtigte Einfriedigung überhaupt einer baupolizeilichen Genehmigung bedarf, hängt von der Frage ab, ob sich dieselbe konstruktiv als eine „bauliche Anlage“ „als Bau“ darstellt, eine Frage, die sich übrigens grade bei Umzäunungen oft in hohem Maße zweifelhaft erweist, da solche durch die verschiedensten, keineswegs immer einen Bau darstellenden Veranstaltungen vorgenommen werden können. So stellt das Einrammen mehrerer, unter sich nicht verbundener Pfähle keinen Bau dar und wird hierzu auch dann nicht, wenn der Eigenthümer zwischen die Pfähle in üblicher Weise Drähte spannt. (O. V. G. E. vom 7. Juni 1893 Bd. X S. 300 und P. V. Bl. Jahrg. IV, S. 321.) Ebensowenig ist ein Erdwall, hinter dem zu seiner Befestigung ein Pfahlwerk angebracht ist, als eine bauliche Anlage zu betrachten, O. V. G. E. vom 4. Juli 1893 Nr. IV 645. Ein Leinewandvorbach an einer Verkaufsbude ist als bauliche Anlage überhaupt nicht anzusehen. O. V. G. E. v. 12. Juni 1895 Nr. IV 881, 883, 884, 885. Auch ein einfacher Lattenzaun oder ein Drahtzaun wird im Allgemeinen nicht als bauliche Anlage zu betrachten sein, wohl wird dies aber in der Regel der Fall sein, bei einem festgefügten höheren Bretterzaune, aus dessen Konstruktion, falls sie unsicher ausgeführt wird, unter Umständen eine Gefahr für die in seiner Nähe verkehrenden Menschen erwachsen kann. Grundsätzlich aber ist jede in Mauerwerk ausgeführte Einfriedigung und zwar auch dann, wenn nur der Sockel derselben gemauert, das eigentliche auf demselben stehende Gitter aber aus anderem Materiale, wie z. B. aus Eisen (vgl. O. V. G. E. Bd. XII S. 366) besteht, als eine der Genehmigung bedürfende bauliche Anlage zu betrachten.

c. Zu den „baulichen Anlagen“ gehören vor Allem und in erster Linie „Gebäude“. Nach dem gewöhnlichen Sprachgebrauch wird unter „Gebäude“ eine durch Umfassungsmauern oder Wände umschlossene, gewöhnlich überdachte bauliche Anlage verstanden, die den Zweck hat, Personen, Thieren oder beweglichen Gegenständen gegen äußere Einflüsse Schutz zu gewähren; vorausgesetzt wird ferner eine zweckentsprechende Dauerhaftigkeit und Festigkeit des verwandten Materials; außerdem ist für den Begriff eines Gebäudes wesentlich die Unbeweglichkeit seiner Zweckbestimmung und Eigenart nach; daß dieselbe keine absolute zu sein braucht, ergiebt sich aus den Bemerkungen unter a. Vgl. Erk. d. Reichsger. v. 19. Februar 1884, Entsch. (strafr.) Bd. X S. 103, Erk. d. Ober-Trib. v. 12. März 1863, Striеth. Arch. Bd. XLVIII S. 240, O. V. G. E. v. 11. November 1896 No. II 2207.

5. Der in der früheren B. P. O. an dieser Stelle stehende Begriff „Umbauten und Reparaturbauten“, der in seiner praktischen Anwendung wie in der Rechtsprechung zu so vielen Schwierigkeiten geführt hat, ist bei der neuen Fassung glücklich vermieden worden. (Vgl. zum Begriff des Umbaues im Sinne des Baupolizeirechts O. V. G. E. Bd. XXIX S. 372, O. V. G. E. vom 17. Febr. 1897, Pr. V. Bl. XIX S. 92 (Reparatur kein Um-

bau) und O. V. G. E. Bd. XXXII S. 363 und S. 367 und Friedrichs S. 89ff.) Es braucht also, um die Genehmigungspflicht zu begründen, an bestehenden baulichen Anlagen nicht mehr ein Umbau oder Reparaturbau vorgenommen zu werden, vielmehr bedarf, ohne daß es auf die Erfüllung eines dieser beiden Begriffe ankäme, jede Herstellung oder Veränderung von massiven oder Fachwerkswänden u. s. w. der baupolizeilichen Genehmigung.

6. Die Herstellung oder Veränderung anderer als massiver oder Fachwerkswände bedarf also keiner baupolizeilichen Genehmigung. Vgl. § 10.

7. Vgl. § 11.

8. Vgl. § 6.

9. Vgl. §§ 13 und 14.

10. Vgl. § 16.

11. Vgl. § 17.

12. Vgl. § 18.

13. Vgl. § 20.

14. Hiernach ist der Kreis derjenigen baulichen Veränderungen, welche keiner baupolizeilichen Genehmigung bedürfen, ein außerordentlich kleiner und im Wesentlichen auf die Vornahme von Reparaturarbeiten beschränkt. Vgl. auch S. 184 Anm. 5 betr. Scheidewände.

15. Die Ertheilung der baupolizeilichen Genehmigung ist in folgenden Fällen von der zuvor einzuholenden Allerhöchsten Genehmigung abhängig:

a) In den Fällen des von dem vormaligen Ober-Hofbauamte auf Allerhöchsten Königlichen Immediatbefehl erlassenen Publikandums vom 31. August 1787, betr. die Veränderungen an den Façaden der auf Königl. Kosten erbauten Privathäuser.

Publikandum vom 31. März 1787.

Auf ausdrücklichen Immediatbefehl Seiner Königlichen Majestät wird denjenigen Einwohnern zu Berlin und Potsdam, welchen auf Königliche Kosten Häuser erbaut worden sind, hierdurch bekannt gemacht, daß sie keineswegs die Freiheit haben, an der Façade sothaner Häuser Veränderungen nach ihrem Gutbefinden vorzunehmen. Es bleibt ihnen daher alles Ernstes untersaget, weder die Attika, Vasen, Statuen, Gruppen oder auch andere Verzierungen davon wegzunehmen oder zu verändern, wie sich einige bereits erdreistet haben, sondern alles in dem Zustande zu lassen und zu erhalten, wie ihnen solches übergeben ist. Und wollen Se. Königliche Majestät ferner, daß wenn an solchem Ornament etwas schadhaft geworden ist, die unbemittelten Einwohner dieses sogleich dem Ober-Hofbauamte anzuzeigen haben, welches Sorge tragen wird, daß die Reparaturen ohne Anstand auf Königliche Kosten geschehen sollen.

Berlin, den 31. August 1787.

(gez.) von Woelner.

Dies Publikandum ist durch nachstehende Bekanntmachung (Amtsbl. Stück 17, S. 87) zur Befolgung erneut in Erinnerung gebracht:

Das auf Allerhöchsten Königlichen Immediatbefehl von dem vormaligen Ober-Hofbauamt unterm 31. August 1787 erlassene Publikandum, wodurch denen Einwohnern, welchen Häuser auf Königliche Kosten erbaut worden sind, verboten ist,

an der Façade solcher Häuser Veränderungen nach ihrem Gutbefinden vorzunehmen, die Attiken, Vasen, Statuen, Gruppen oder auch andere Verzierungen davon wegzunehmen oder zu verändern,

wird hierdurch, als noch in seiner Kraft bestehend, zur genauesten Befolgung in Erinnerung gebracht, und dabei zugleich bemerkt, daß auch das Abfärben und Abputzen solcher Häuser ohne vorgängige Anzeige bei der Polizeibehörde und ohne deren spezielle Erlaubniß nicht vorgenommen werden darf.

Berlin, den 14. April 1829.

Königlich Preußisches Polizei-Präsidium.
(gez.) von Esebeck.

Danach ist auch der Abbruch der auf Königliche Kosten erbauten Häuser nicht eher zu gestatten, als bis die hierzu erforderliche Allerhöchste Genehmigung durch Vermittlung des Ministers der öffentlichen Arbeiten erwirkt ist. Die Allerhöchste Genehmigung ist nach erfolgter bautechnischer Prüfung der Bauentwürfe, jedoch vor Ertheilung der Bauerlaubniß herbeizuführen.

Mit Hülfe des Publikandums ist es bis in die neueste Zeit hinein gelungen, mehr oder weniger charakteristische Façaden in den besseren älteren Stadttheilen Berlins in ihrer Eigenart zu erhalten, ohne daß es dabei zu Konflikten mit den Eigenthümern gekommen ist. Vgl. O. V. G. E. vom 25. August 1879, II 1274. Die Veränderungsprojekte sind in einem Exemplare auf ungebrochenen, zur Vorlage an Allerhöchster Stelle geeigneten farbig anzulegenden Zeichenblättern dem P. Pr. einzureichen; auch ist das Material der Façade anzugeben.

b. In Erfüllung der seiner Zeit von dem Kommissionsrath Hübner bei Anlegung der Brücken-Allee übernommenen Verpflichtung, daß bei der Bebauung seiner an den Schloßgarten von Bellevue angrenzenden Grundstücke der Einblick aus dem Schloßgarten kein häßlicher werde und daß die Hintergebäude auf diesen Parzellen geschmackvolle Façaden erhalten, sind die Façadenzeichnungen der Hinterfronten bez. Hintergebäude an der Brücken-Allee vor Ertheilung der baupolizeilichen Genehmigung durch das Polizei-Präsidium dem Minister der öffentlichen Arbeiten zur Herbeiführung der Allerhöchsten Genehmigung einzureichen. Erl. d. M. f. H. u. G. u. d. Oeff. Arbeiten vom 6. Mai 1874. Vgl. Schlußbemerkung unter a.

c. Gleichfalls der Allerhöchsten Genehmigung (Allerh. Cab.-Ordre vom 27. August 1866) bedürfen die Façaden an beiden Seiten der Alsenstraße sowie an der Bismarckstraße zwischen Moltke- und Roonstraße. Vgl. Schlußbemerkung zu a.

16. Baugenehmigungen innerhalb des durch Vereinbarung der betheiligten Behörden fest begrenzten Thiergartenbaurayons werden erst nach eingeholter Aeußerung der Thiergartenverwaltung ertheilt, damit diese Gelegenheit erhält, durch Verhandlung mit den Eigenthümern über die Ausführung ihrer Projekte Uebelständen für den Park oder Verunzierungen seiner nächsten Umgebung vorzubeugen, welche sonst davon zu besorgen sein möchten.

§ 28.

Bauvorlagen.[1])

1. Mit dem Antrage[2]) auf baupolizeiliche Genehmigung (§ 27) ist

a. ein Bauplan vorzulegen, welcher unter Darstellung der Grundrisse sämmtlicher Geschosse, sowie der erforderlichen Querschnitte und Ansichten[3]) die Konstruktion und die Abmessungen des Baues im Ganzen, sowie in seinen Theilen mit der Art und Stärke der zu verwendenden Baustoffe genau erkennen läßt und über die beabsichtigte Benutzungsart der Räume Auskunft giebt[4]). Für die verschiedenen Geschosse[5]) gelten folgende Bezeichnungen:

a. Kellergeschoß,

b. Erdgeschoß,

c. Erstes, Zweites (I., II.) u. s. w. Stockwerk,

d. Dachgeschoß.

Die Höhenlage des Buues gegenüber der Straßendammkrone und der Oberfläche des Bürgersteiges muß in den Querschnitten ersichtlich gemacht werden.[6]) Soweit es zur baupolizeilichen Prüfung erforderlich ist, sind einzelne Theile des Bauplanes durch Detailzeichnungen[7]) zu erläutern und die Tragfähigkeit der Konstruktionen[8]) rechnungsmäßig nachzuweisen. Die Einreichung des statischen Nachweises kann mit Genehmigung der Baupolizeibehörde auch zu einem späteren Zeitpunkt erfolgen.[9])

Baupläne sind in der Regel im Maßstabe von 1:100, Detailzeichnungen im Maßstabe von 1:20 zu fertigen.

Bei Errichtung neuer baulicher Anlagen sowie bei der Durchbrechung oder wesentlichen Veränderung der äußeren Umfassungswände bestehender baulicher Anlagen, auf Erfordern auch in sonstigen Fällen, ist außerdem

b. ein Lageplan vorzulegen, welcher im Maßstabe von mindestens 1:500 die Lage des Grundstückes zu den angrenzenden Straßen und zu den Nachbargrundstücken unter Einzeichnung der Baufluchtlinien, sowie die Entfernung des beabsichtigten Baues von anderen Gebäuden auf demselben Grundstücke, von Straßen, Nachbargrenzen und den Gebäuden auf Nachbargrundstücken genau erkennen läßt und auf Verlangen der Polizeibehörde durch einen vereideten Landmesser oder Feldmesser[10]) beglaubigt werden muß.

2. Das Grundstück, auf welchem gebaut werden soll, muß stets nach Haus- und Grundbuchnummer bezeichnet werden.

3. Für Neubauten ist bei Einreichung der Bauvorlagen anzugeben, wie die Entwässerung stattfinden soll.[11])

4. Die Pläne sind zur Erleichterung der Uebersicht farbig anzulegen.[12])

Vgl. die abweichende Fassung der Charlottenburger B.P.O. vom 22. August 1898 unter Nr. 81 des Werkes.

5. Sämmtliche Bauvorlagen[13]) sind in je 3 Exemplaren — von dem Bauherrn[14]) und dem verantwortlichen Bauunternehmer unterschrieben — einzureichen.

6. Weitere Vorschriften über die Bauvorlagen können von der Polizeibehörde gegeben werden.[15])

Auf Grund der Bestimmung in der vorstehenden Ziffer 6 ist gleichzeitig mit der Baupolizeiordnung erlassen die folgende

Bekanntmachung.

Auf Grund der §§ 28 Ziffer 6 und 43 der Baupolizeiordnung für den Stadtkreis Berlin vom heutigen Tage werden unter Aufhebung der Bekanntmachung vom 29. Januar 1887 über die mit dem Antrage auf baupolizeiliche Genehmigung einzureichenden Bauvorlagen folgende weitere Vorschriften gegeben:

1. Sämmtliche Anträge auf Ertheilung einer baupolizeilichen Genehmigung, mit Ausnahme der unter Ziffer 6 angeführten, sind nebst den erforderlichen Bauvorlagen beim Königlichen Polizei-Präsidium, Abtheilung III, einzureichen.

2. Die Bauvorlagen (Baupläne, Lagepläne und Detailzeichnungen) sind auf Copirleinewand oder auf dauerhaftem oder mit Leinewand unterzogenem Papier zu zeichnen.
3. Sämmtliche Bauvorlagen, mit Ausnahme der unter Ziffer 5 und 6 angeführten, sind in je 3 Exemplaren — von dem Bauherrn und dem verantwortlichen Bauunternehmer unterschrieben — einzureichen.

   Die sämmtlichen, zu je einem vollständigen Projekt-Exemplare gehörigen Bauvorlagen sind auf der Rückseite an einer nach der Zusammfaltung sichtbaren Stelle mit I bezw. mit II und III zu bezeichnen und fortlaufend mit arabischen Ziffern zu nummeriren; an derselben Stelle ist der Inhalt der betreffenden Bauvorlage kurz zu bezeichnen, also z. B. I Nr. 1 Lageplan, II Nr. 6 Grundriß des Kellergeschosses, III Nr. 4 Façade, II Nr. 9 Detailzeichnung des Hauptgesimses pp.
4. Der Lageplan, welcher regelmäßig bei Einreichung neuer baulicher Anlagen, sowie bei der Durchbrechung oder wesentlichen Veränderung der äußeren Umfassungswände bestehender baulicher Anlagen, auf Erfordern auch in sonstigen Fällen vorzulegen ist, und der auf Verlangen des Polizei-Präsidiums von einem vereideten Landmesser oder Feldmesser zu beglaubigen ist, muß außer der Einzeichnung der den folgenden Berechnungen zu Grunde liegenden Maße enthalten:
   a. die Berechnung der ganzen Fläche des Grundstücks;
   b. unter Einzeichnung einer in einem Abstande von 6 m von der Baufluchtlinie parallel zu dieser laufenden Linie die Berechnung der Fläche des zwischen den beiden bezeichneten Linien liegenden 6 m breiten Streifens;
   c. unter Einzeichnung einer zweiten in einem Abstande von 32 m von der Baufluchtlinie parallel zu dieser laufenden Linie die Berechnung der Fläche des zwischen der ersten (6 m) und der zweiten (32 m) Theillinie liegenden zweiten Streifens;
   d. die Berechnung der sich aus den Berechnungen zu a, b und c nach Maßgabe des § 2 der Baupolizeiordnung ergebenden bebaubaren Fläche des Grundstücks sowie der thatsächlich bebauten bezw. zu bebauenden Fläche desselben.
5. In 2 Exemplaren sind einzureichen:
   a. die Bauvorlagen zur Genehmigung geringfügiger Ausführungen, insbesondere der im § 9 der Baupolizeiordnung erwähnten kleinen Anlagen, von Abort und Sammelgruben, Grenzmauern, Zäunen (§ 35, a. a. O.), ferner zur Herstellung oder Veränderung von Feuerstätten aller Art sowie von Schornsteinen, sofern die Ausführungen nicht die Straßenfront bezw. Baufluchtlinie berühren oder in bezw. vor der letzteren belegene Theile bestehender Gebäude betreffen. In Fällen der letzteren Art bedarf es der Einreichung von 3 Exemplaren.
   b. die Detailzeichnungen und die Berechnungen der Tragfähigkeit der Konstruktionen. Bei verbundenen Eisen-Konstruktionen müssen diese Vorlagen von demjenigen Sachverständigen, welcher die Anfertigung der Konstruktionen verantwortlich übernommen hat, durch Unterschrift vollzogen sein.
6. Die Genehmigung zur Errichtung von Baubuden, Baurestaurationen oder Bauaborten ist bei dem betreffenden Polizei-Reviervorstande unter Beifügung einer einfachen Lageplanskizze, aus welcher die Stelle sowie die Abmessungen der Anlage zu ersehen sind, schriftlich nachzusuchen.
7. Im Uebrigen müssen die Bauvorlagen bezüglich der Rauminhaltsberechnung den Bestimmungen der zur Ausführung der Baupolizeigebührenordnung für die Stadtkreise Berlin und Charlottenburg vom 27. März 1896 erlassenen Bekanntmachung vom 30. desselben Monats entsprechen.

Berlin, den 15. August 1897.

Der Polizei-Präsident.
(gez.) von Windheim.

1. Bauvorlagen sind die zur Prüfung und Genehmigung eines Baugesuchs erforderlichen, von dem Antragsteller der zuständigen Behörde mit dem Antrage auf Genehmigung vorzulegenden Unterlagen. Sie bilden die Grundlage für das weitere Verfahren, insbesondere auch für das an eine Versagung der Baugenehmigung sich event. anschließende Verwaltungsstreitverfahren. Sorgfältig ausgearbeitete und vollständige Bauvorlagen erleichtern und verkürzen das Prüfungsverfahren ungemein, sie entsprechen daher ebensosehr den Interessen des bauenden Publikums selbst, wie denen der Baupolizeibehörde. Der Bauherr ist verpflichtet, der Baupolizeibehörde bei Nachsuchung eines Bauconsenses diejenigen technischen Unterlagen zu unterbreiten, deren sie bedarf, um zu beurtheilen, ob das Bauvorhaben nach den geltenden Bestimmungen genehmigt werden kann. O. V. G. E. Bd. XXXII S. 353. Genügen die Bauvorlagen nicht den Bestimmungen des § 28 bezw. der auf Grund der Ziffer 6 desselben erlassenen Bekanntmachung (siehe oben), so werden dieselben dem Antragsteller zur Abänderung, Vervollständigung oder Anfertigung auf vorschriftsmäßigem Material zurückgegeben. Die Verfügung der Baupolizeibehörde, durch welche dies geschieht, charakterisirt sich als eine einstweilige Versagung der Baugenehmigung und somit als eine polizeiliche Verfügung im Sinne des § 127 L. V. G., welche demnach auch mit der Klage im Verwaltungsstreitverfahren oder der Beschwerde angegriffen werden kann. Vgl. P. V. Bl. XIV S. 266 und O. V. G. E. vom 23. Januar 1894 ebenda XV S. 299). Allerdings wird derjenige, dem wirklich daran liegt, baldigst in den Besitz der Baugenehmigung zu gelangen, es vorziehen, die von der Baupolizeibehörde für erforderlich erachteten Abänderungen oder Vervollständigungen der Bauvorlagen zu bewirken, anstatt Klage oder Beschwerde gegen die betreffende Verfügung zu erheben.

2. Der Antrag ist schriftlich zu stellen. Bezüglich der von ausländischen Korporationen und anderen juristischen Personen des Auslandes gestellten Anträge auf baupolizeiliche Genehmigung zu gewerblichen Anlagen vgl. die Lehre von der Baugenehmigung, III I, letzter Absatz S. 57.

Alle Baugesuche sind an das P. Pr., Abth. III, zu richten, welches die nach Umständen gebotene Mitwirkung der Ö. Str. P. herbeizuführen hat. (Bekanntm. vom 8. Mai 1885).

3. Dazu gehören auch die Schnitte von Nebenanlagen, z. B. von Hängeböden und von Klosets hinter Speisekammern. Hinsichtlich der Letzteren zur Feststellung, ob die Licht- und Luftzuführung genügt, vgl. § 25 Anm. 5. Für die zu liefernden Ansichten kommen nur die architektonisch gegliederten Außenwände in Betracht, nicht aber Brandgiebel. Die Richtung der Balkenlagen und deren Auswechselungen müssen mindestens angedeutet sein.

4. In alle Bauzeichnungen sind die erforderlichen Maße mit peinlichster Sorgfalt einzutragen. Es müssen die Fronthöhen, die Neigungswinkel der Dächer, die Abmessungen der Aufbauten, die Zimmer-Tiefen und -Breiten und die Geschoßhöhen angegeben, auch die Längen und Breiten der Gebäude und Gebäudetheile und die Entfernungen der Gebäude und etwa vorspringender Gebäudetheile unter sich und von den Nachbargrenzen genau ersichtlich sein. Auch die beabsichtigte Benutzungsart der Räume ist anzugeben und kann, sofern dies nicht geschehen ist, eine einstweilige Zurückweisung der Bauvorlagen wegen Unvollständigkeit erfolgen. Eine Kammer kann beispielsweise lediglich eine Aufbewahrungs- (Speise- oder Rumpel-) Kammer, aber auch Schlafkammer sein; als solche unterliegt sie unbedingt den besonderen baupolizeilichen Bestimmungen des § 37. Ein Geschäftsraum kann Verkaufs-, Büreau- oder Lagerraum sein. Im letzteren Falle können möglicherweise auf Grund des § 38 weitergehende polizeiliche Anforderungen zu stellen sein. Die angeführten Beispiele lassen deutlich das polizeiliche Interesse an einer genauen Bezeichnung der beabsichtigten Benutzungsart bezw. der Zweckbestimmung der einzelnen Räume erkennen.

5a. Hiernach ist also „Geschoß" der allgemeine Begriff, der auch die Stockwerke in sich schließt, während als Stockwerke nur die Geschosse zwischen dem Erdgeschoß und dem Dachgeschoß bezeichnet werden. Dies ist bei der Anwendung aller Bestimmungen, der P. B. O., in denen einerseits von Geschossen, andererseits von Stockwerken die Rede ist, wohl zu beachten.

b. Diese in die B. P. O. aufgenommenen Bezeichnungen beruhen auf der Allerhöchsten Cab.-Ordre vom 28. Oktober 1846 bezw. dem nachstehenden M. E. vom 31. Jan. 1847 (M. Bl. S. 50):

„Des Königs Majestät haben bei Gelegenheit baupolizeilicher Anordnungen für die Stadt Berlin mittelst Allerhöchster Ordre vom 28. Oktober v. Js. zu bestimmen geruht, daß bei allen künftigen amtlichen Verhandlungen für die verschiedenen Geschosse von Gebäuden, anstatt der bisherigen schwankenden und unklaren Terminologie, folgende Bezeichnungen:

a. Kellergeschoß für das sogenannte Souterrain,
b. Erdgeschoß für das sogenannte Parterre,
c. erstes Stock für die sogenannte Bel-Etage,
d. zweites Stock, drittes Stock u. s. w. für die höheren Geschosse

zum Grunde gelegt werden sollen, wovon die Königl. Regierung zur Nachachtung und Benachrichtigung sämmtlicher Unterbehörden hierdurch in Kenntniß gesetzt wird."

Vgl. auch § 3 der Anweisung für die formelle Behandlung der speziellen Entwürfe zu Hochbauten und deren Veranschlagung, Anlage B der Dienstanweisung für die Königl. Bauinspektoren der Hochbauverwaltung S. 216.

c. Zum Begriff eines Kellergeschosses gehört das Eingesenktsein unter die umgebende Erdoberfläche, umgekehrt ist aber nicht unter allen Umständen jedes in den Erdboden eingesenkte Geschoß ein Kellergeschoß. So wird man beispielsweise bei eingeschossigen Gebäuden wie Kirchen, Turnhallen, Sälen, deren Sohle tiefer als der umgebende Erdboden liegt, nicht wohl sagen können, daß sie nur aus einem Kellergeschoß bestehen. Die Baupolizeiordnung hat daher auch in ihren materiellen Bestimmungen den Begriff „Kellergeschoß" zweckmäßigerweise vermieden.

d. Bezüglich des Begriffes „Dachgeschoß" hat das O. V. G. E. in dem Erkenntniß vom 27. November 1895 P. V. Bl. XVII S. 471 folgende grundsätzliche Auffassung entwickelt:

Ebensowenig wie eingeschossige Gebäude, wie Kirchen, Bahnhofshallen, Exerzierhäuser und ähnliche, bei denen die schrägen Streben und sonstigen Konstruktionen zur Unterstützung der Bedachung in den Innenraum hineingreifen, als solche anzusehen sind, die nur aus einem Dachgeschoß bestehen, kann auch für mehrgeschossige Gebäude zugegeben werden, daß die örtliche Lage der schrägen Streben und dergl., welche zur Unterstützung des Daches dienen, für die Bestimmung des Dachgeschosses allein maßgebend sein könne, mögen sie aus Holz, Eisen oder anderem Material bestehen. Vielmehr ist für die Entscheidung der Frage, ob ein Geschoß als ein Dachgeschoß anzusehen ist, von wesentlicher Bedeutung neben der Lage der Konstruktionstheile des Dachverbandes auch das Verhältniß der fraglichen Räume zum Dache selbst, d. h. zu der geneigten Dachfläche. Wenn ein Geschoß schon in der äußeren Umfassung ein den Erfordernissen eines Wohngeschosses entsprechendes, den übrigen Geschossen des Hauses gleichwerthiges Stockwerk darstellt, so kann es nicht dadurch allein, daß der Unternehmer die Unterstützungen der geneigten Dachfläche in dieses Stockwerk hinein verlegt, zu einem Dachgeschoß gemacht werden.

Vgl. auch O. V. G. E. Bd. XXI S. 385 und Bd. XXIX S. 384.

6. Diese Bestimmung ist zur Beurtheilung der Entwässerungsverhältnisse des Baugrundstücks unerläßlich. Aus ihr folgt die Nothwendigkeit, daß bei Grundstücken, welche an einer Straße liegen, an der Vorgärten vorgesehen sind, sich die Bauvorlagen auch auf die Anlegung des Vorgartens zu erstrecken haben.

7. Gefordert wird regelmäßig die Darstellung der Hauptgesimse im Maßstabe von 1 : 10.

8. Dies ist namentlich erforderlich:
a. für andere Deckenkonstruktionen als Balkendecken, zur Feststellung, ob dieselben den Anforderungen der Feuersicherheit und Gesundheitspflege (§ 11) entsprechen.
b. für umfangreichere Eisenkonstruktionen (im Maßstabe von 1 : 10).
c. Bezüglich der beizubringenden Winddruckberechnungen siehe S. 175.

9. In jedem Falle wird zur Bedingung gemacht werden müssen, daß der statische Nachweis vor Beginn der Ausführung des betreffenden Bautheils eingereicht und genehmigt sein muß.

10. Es giebt nämlich noch ältere Feldmesser, die nicht die Qualifikation als Landmesser haben.

11. Vgl. § 24. Fehlt eine diesbezügliche Angabe, so rechtfertigt sich die Ablehnung des Projektes. (O. V. G. E. vom 23. Januar 1894 P. V. Bl. XV S. 299 ff.)

12. Alle beabsichtigten Veränderungen an oder innerhalb bestehender Baulichkeiten sind auf den Bauvorlagen, zur Unterscheidung von den zur Zeit vorhandenen, schwarz anzulegenden Bautheilen, in rother Farbe anzulegen. Aus der farbigen Anlage der Zeichnungen soll das Material ersichtlich sein.

13. Zu den Bauvorlagen ist das Baugesuch selbst nicht zu rechnen.

14. Bauherr ist derjenige, der den Bau ausführen läßt, Bauunternehmer derjenige, der die Ausführung übernommen hat. Der Bauherr braucht nicht nothwendig der Grundstückseigenthümer zu sein; beispielsweise übernehmen vielfach die das Baugeld gebenden Baubanken, sei es thatsächlich, sei es auf Grund vertragsmäßiger Bestimmungen, die Rolle des Bauherrn. Das Reichsversicherungsamt sieht als Bauherrn im Sinne des § 27 des Bauunfallversicherungsgesetzes auch den Grundstücksbesitzer an, der sein Grundstück nur zum Zwecke einer Bauausführung in der Absicht veräußert, durch die Bauausführung einen Gewinn zu erzielen.

Grundstückseigenthümer, Bauherr und Bauunternehmer können aber auch sehr wohl ein und dieselbe Person sein. Die Baupolizeibehörde hat selbstverständlich ein erhebliches Interesse daran, zu wissen, wer den Bau ausführen läßt bezw. wer die Ausführung übernommen hat. Tüchtigen, in ihrem Fach erprobten Handwerksmeistern, renommirten Architekten oder Firmen wird die Polizeibehörde von vornherein und mit Recht ein größeres Vertrauen entgegenbringen dürfen als ungeübten Scharwerkern oder Leuten, die absolut nichts vom Bauhandwerke, geschweige denn von der Baukunst verstehen, die aber gleichwohl sich nicht scheuen, mit mehr oder weniger ungeübten Arbeitern unbekümmert an die selbstständige Ausführung eines Baues heranzugehen.

15. Vgl. die darauf hin erlassene Bekanntmachung oben im Texte.

16. Die Verwendung von Kopirleinewand für die Baupläne ist in erster Linie zu empfehlen, weil sie sich als am haltbarsten erweist, so gut wie gar nicht bricht, auch am dünnsten und somit für die ohnehin meist sehr umfangreichen Akten der Baupolizei am zweckmäßigsten ist. Indessen werden auch Bauvorlagen auf dauerhaften oder mit Leinewand unterzogenem Papier zugelassen. Nicht zugelassen werden auf sogenanntem Lichtpausepapier durch Umdruck hergestellte Vorlagen (weiße Linienzeichnung auf blauem Grunde), weil dieselben erfahrungsgemäß schon bei kurzem Gebrauche zerreißen oder brechen. Die Größe der einzelnen Bauvorlagen ist thunlichst zu beschränken.

17. Häufig wird bei der Baupolizeibehörde die Anfertigung von Kopieen der bei den Akten befindlichen Bauvorlagen beantragt. Dieselbe wird auf den Polizeibauinspektionen durch die Bauschreiber bewirkt, nachdem ein entsprechender Kostenvorschuß von dem Antragsteller bei der Polizeihauptkasse eingezahlt ist. Kopieen der in den Akten befindlichen Baupläne u. s. w. werden grundsätzlich nur auf Antrag oder wenigstens nach beigebrachter Genehmigung des Grundstückseigenthümers angefertigt, zumal die Werke der Baukunst bisher nicht den gesetzlichen Schutz des Urheberrechts genießen (vgl. § 3 des Gesetzes, betr.

das Urheberrecht von Werken der bildenden Künste vom 9. Januar 1876, R. G. Bl. S. 4). Eine Verpflichtung der Baupolizeibehörde zur Anfertigung derartiger Kopieen kann nicht anerkannt werden, zumal der betreffende Interessent sehr wohl, wenn auch mit erheblicheren Kosten, in der Lage ist, sich anderweitig Zeichnungen, welche dem augenblicklichen Zustande des Grundstücks bezw. Gebäudes entsprechen, anfertigen zu lassen. Die Anfertigung von Kopieen von Fahrstuhlzeichnungen lehnt das P. Pr. grundsätzlich ab, da dieselben zweckmäßiger von den betreffenden Fahrstuhlfirmen angefertigt werden können.

§ 29.

Bauscheine.[1])

1. Wird ein Bauplan polizeilich genehmigt,[2]) so erhält der Bauherr ein mit Genehmigungsvermerk versehenes Exemplar der Bauvorlagen[3]) zurück und einen die Baubedingungen feststellenden Bauschein.[4])

2. Bauschein und Bauvorlagen müssen während der Bauausführung und bis zum Abschlusse des Abnahmeverfahrens (§§ 33 und 39) stets auf der Baustelle bereit gehalten werden.[5])

3. Die Giltigkeit des Bauscheins für Neubauten erlischt[6]) nach Jahresfrist, wenn nicht inzwischen die Fundamente gelegt und die Kellermauern bis zur Erdoberfläche hergestellt sind. Im Uebrigen[7]) erlischt die Giltigkeit des Bauscheins nach Jahresfrist, wenn inzwischen der Bau nicht begonnen oder wenn ein begonnener Bau länger als ein Jahr nicht ernstlich fortgeführt ist.[8])

1a. Vgl. das Muster zum Bauschein Nr. 34.

Der Bauschein ist die öffentlich-rechtliche Urkunde, durch welche die polizeiliche Genehmigung zur Ausführung eines vorgelegten Bauplans nach Maßgabe der beigefügten Bauvorlagen ertheilt wird. (Vgl. im Uebrigen die Lehre von der Baugenehmigung S. 52 ff.) Die mit dem Genehmigungsvermerk versehenen Bauvorlagen sind von den im Bauschein enthaltenen Baubedingungen nicht zu trennen. Der Umstand, daß die Genehmigung ausdrücklich nach Maßgabe der mit dem Genehmigungsvermerk versehenen Zeichnungen und Berechnungen ertheilt wird, läßt die von dem revidirenden Baupolizeibeamten vorgenommenen, von der Baupolizeibehörde genehmigten Abänderungen der Bauvorlagen neben den im Bauschein dem Wortlaute nach aufgenommenen Baubedingungen als weitere Baubedingungen erscheinen. Die Bauvorlagen sind eben nur in der behördlicherseits abgeänderten Form genehmigt. Eine Verpflichtung der Behörde, jede auf den Bauvorlagen vorgenommene Abänderung nochmals in den Bedingungen des Bauscheins zum Ausdruck zu bringen, kann nur insoweit anerkannt werden, als der Grund der Abänderung nicht auf der Bauvorlage selbst erkenntlich gemacht oder aber nicht ohne Weiteres erkennbar ist. Denn die polizeilicherseits bewirkte Abänderung der Bauvorlage (soweit es sich nicht lediglich um eine Berichtigung derselben handelt) trägt als Baubedingung auch den Charakter einer polizeilichen Verfügung an sich, die rechtlich und thatsächlich soweit zu begründen ist, daß dadurch dem Betroffenen die Möglichkeit gegeben wird, die Verfügung in ihren Grundlagen durch das ihm zustehende Rechtsmittel anzugreifen. (Vgl. O. V. G. E. Bd. VII S. 255 Bd. XXIV S. 340, P. V. Bl. VIII S. 232). Bezüglich der Gebührenpflicht des Bauscheins vgl. die Baupolizeigebührenordnung vom 27. März 1896, Nr. 21.

c. Nicht selten erweisen sich während der Bauausführung Abänderungen des genehmigten Planes als wünschenswerth oder nothwendig. Die Genehmigung derselben ist alsdann ungesäumt unter Beifügung der erforderlichen Unterlagen (Zeichnungen, Berechnungen) zu beantragen und wird Seitens des P. Pr. als „Nachtrag" zu dem betreffenden Bauscheine ertheilt. Die zu einem Bauscheine ertheilten Nachträge erhalten fortlaufende Nummern. Nach Vollendung des in dem Bauscheine genehmigten Bauwerks werden Nachtragsgenehmigungen nicht mehr ertheilt. Nachtragsprojekte, welche von den genehmigten Projekten wesentlich abweichen, unterliegen einer besonderen Gebühr nach § 3, I, B. G. O.

2. Bezüglich der Dienststelle, die die Genehmigung zu ertheilen hat und des Verfahrens vgl. S. 222 ff. Daß die Baugenehmigung mit thunlichster Beschleunigung herbeigeführt werde, muß als eine der wichtigsten Pflichten der Baupolizeibehörde erachtet werden. Auf kaum einem anderen polizeilichen Gebiete pflegt die verzögerte Erledigung so schwere wirthschaftliche Nachtheile im Gefolge zu haben als auf demjenigen der Baupolizei.

3. Die Bauvorlagen (Bauplan, Lageplan, statische Berechnung u. s. w.) werden von dem zuständigen Polizeibauinspektor mit dem Vermerke:

„Baupolizeilich geprüft."

Berlin, den. . . . . .

Der Königliche Bauinspector.
(Unterschrift.)

versehen. Dieser Prüfungsvermerk enthält nicht die Genehmigung der zuständigen Behörde selbst, sondern soll für diese nur als Unterlage dienen, falls nicht andere thatsächliche oder rechtliche Gründe für die Versagung der Genehmigung vorliegen. (O. V. G. E. vom 2. Januar 1897. Nr. IV 9.) Je ein dem Bauherrn auszuhändigendes Exemplar der Bauvorlagen wird alsdann im Polizei-Präsidium mit dem weiteren Vermerke versehen:

„Genehmigt durch den Bauschein Nr."

Berlin, den . . . . .

Kgl. Polizei-Präsidium, Abtheilung III.
(Stempel.)

Das zweite vollständige Exemplar der Bauvorlagen verbleibt also bei den Akten des P. Pr., das dritte bei den Akten der Ö. Str. P., sofern dieselbe ressortmäßig zur Mitwirkung berufen war (vgl. S. 93.) Die Zurückbehaltung des einen, bezw. der zwei Exemplare der Bauvorlagen ist im Interesse einer ordnungsmäßigen Handhabung der Baupolizei unerläßlich.

Was mit den Bauvorlagen geschehen soll, wenn die Genehmigung versagt wird, ist aus dem § 29 nicht zu entnehmen. Zum Mindesten wird das eine Exemplar derselben solange im Besitze der Polizeibehörde verbleiben müssen, als bis die versagende Verfügung rechtskräftig geworden ist; indeß auch über diesen Zeitpunkt hinaus empfiehlt sich die dauernde Zurückbehaltung eines Exemplares, da ein solches die Prüfung eines später zur Vorlage gelangenden abgeänderten Projektes wesentlich erleichtert.

4. Die Beobachtung der schriftlichen Form gehört demnach zur Gültigkeit der Baugenehmigung; eine nicht in dieser Form ertheilte polizeiliche Genehmigung ist also wirkungslos und handelt der ohne schriftliche Erlaubniß Bauende dem § 44 der B. P. O. bezw. § 367 Ziffer 15 R. Str. G. B. zuwider. (Erk. d. Reichsgerichts, IV. Strafs. vom 3. April 1891.) Auch eine stillschweigende Duldung einer baulichen Ausführung seitens der Polizei oder ihrer Organe kann die schriftlich zu ertheilende Bauerlaubniß nicht ersetzen. (O. V. G. E. vom 3. April 1895, Pr. V. Bl. XVI S. 489.) Ebensowenig ist die Rohbauabnahmekommission zur Ertheilung baupolizeilicher Genehmigungen zuständig. (O. V. G. E. vom 20. Januar 1897, Nr. IV 123).

5. Um jederzeit eine ordnungsmäßige Kontrole der Bauaufsichtsbeamten zu ermöglichen. Es genügt nicht, daß Bauschein und Bauvorlagen auf der Baustelle vorhanden sind, dieselben müssen vielmehr jederzeit für den revidirenden Beamten zugänglich sein und zur Benutzung bereit liegen. Für einen angemessenen Aufbewahrungort zu sorgen, ist Sache des Bauherrn oder des Bauunternehmers.

6. Daß die Gültigkeit einer baupolizeilichen Genehmigung nach Ablauf einer bestimmten Frist erlischt, ist allgemein üblich. Da die baupolizeiliche Genehmigung nichts Anderes ist, als die Erklärung der Baupolizeibehörde, daß aus dem bestehenden und geltenden öffentlichen Rechte ein Hinderniß für die Ausführung des vorgelegten Projektes (nöthigenfalls bei Beobachtung der gestellten Bedingungen) nicht zu entnehmen ist, ergiebt sich aus den Grundsätzen einer geordneten Verwaltung von selbst, daß eine derartige Erklärung, an die sich bedeutungsvolle Rechtswirkungen knüpfen, nicht für eine unbeschränkte Zeitdauer ertheilt werden kann. An der Befugniß der Polizeibehörde, die Wirksamkeit ihrer Erklärungen zeitlich zu begrenzen, kann nicht wohl gezweifelt werden. Eine solche Befristung der Genehmigung ist aber auch erforderlich, damit nicht etwa Bauwerke zu einer Zeit noch entstehen können, wo die mittlerweile veränderten thatsächlichen oder rechtlichen Verhältnisse oder die gewonnenen technischen Erfahrungen ihre Unzulässigkeit oder Zweckwidrigkeit haben erkennen lassen. (Vgl. im Uebrigen S. 61 ff.)

Das Erlöschen der Gültigkeit des Bauscheins vollzieht sich von selbst, sodaß es also einer Ungültigkeitserklärung durch die Behörde nicht bedarf. Die Jahresfrist der Gültigkeit ist vom Datum des Bauscheins bezw. der Baugenehmigung ab zu rechnen, da an diesem Tage die in der Baugenehmigung liegende Erklärung, daß dem Projekte keine öffentlichrechtlichen Hindernisse entgegenstehen, Seitens der Polizeibehörde abgegeben ist und die Behörde nach der Bestimmung an ihre Erklärung nicht länger als ein Jahr gebunden sein soll. Die Gültigkeit endet mit dem dem Datum des Bauscheins vorhergehenden Kalendertage des nächsten Jahres. (O. V. G. E. Bd. XXX S. 376, § 198 C. P. O.) Die bisherige mildere Praxis des Pol.-Präs., die einjährige Gültigkeit des Bauscheins erst vom Tage der Aushändigung an zu rechnen, entspricht genau genommen nicht der gesetzlichen Bestimmung.

Die B. P. O. kennt keine Verlängerung (Prolongation) der ertheilten Baugenehmigung. In der Praxis des P. Pr. ist die Verlängerung auf Grund eines vor Ablauf der Gültigkeit gestellten diesbezüglichen Antrages allerdings bisher üblich gewesen. Rechtlich eingeführt ist dieser Begriff indeß erst durch die B. G. O. vom 27. März 1896, indem diese für die Verlängerung des Bauscheins (oder der Baugenehmigung) nur ein Fünftel der für die erste Ertheilung desselben zu zahlenden Gebühr fordert. Aber die Gebührenordnung ist für die Handhabung des Baupolizeirechts nicht maßgebend, selbst wenn auch die Polizeibehörde die Festsetzung und Einziehung der auf der Finanzhoheit des Staates beruhenden Gebühren besorgt. (O. V. G. E. vom 16. December 1896 Pr. V. Bl. XVIII S. 225.) Polizeirechtlich stellt sich daher ein Antrag auf Verlängerung eines Bauscheins lediglich als Antrag auf Ertheilung eines neuen Bauscheins, die verfügte Verlängerung als die Ertheilung, die Ablehnung derselben als die Versagung der Bauerlaubniß dar. (O. V. G. E. Bd. XXX S. 370.) Die Polizeibehörde hat demnach das in Form eines Verlängerungsantrages vorliegende Baugesuch auf Grund des nunmehr geltenden öffentlichen Rechts zu prüfen und ist demnach keineswegs an die in dem ersten Bauschein gestellten Bedingungen gebunden, und zwar auch nicht bezüglich derjenigen, die ihre Grundlage nicht in positiven Bestimmungen des Baurechts, sondern in dem pflichtmäßigen Ermessen der Behörde finden. Führt die erneute Prüfung hiernach nicht zu einer Versagung der Genehmigung, so wird der Bauschein mit oder ohne Hinzufügung oder Abänderung von Bedingungen auf ein Jahr verlängert und ein bezüglicher Vermerk auf den Bauschein und den dazugehörigen Bauvorlagen eingetragen.

Da eine Baugenehmigung vor Beginn der Ausführung jederzeit zurückgenommen werden kann, sofern das öffentliche Recht, auf Grund dessen sie ertheilt war, inzwischen verändert worden ist (vgl. S. 60 ff.), gewinnt die erneute Erklärung der Behörde nach Jahresfrist, daß auch jetzt aus dem bestehenden öffentlichen Rechte ein Hinderniß für das Bauvorhaben nicht zu entnehmen sei, für den Grundstückseigenthümer eine nicht zu unterschätzende wirthschaftliche Bedeutung. (Vgl. O. V. G. E. Bd. XXIV S. 362.)

Mit Abgabe solcher Erklärung und der diesbezüglichen Benachrichtigung des Antragstellers erreicht die eigentlich polizeiliche Thätigkeit der Polizeibehörde ihr Ende. Die Frage, ob die wiederholte Ertheilung des erlöschenden Bauscheins sich als eine Verlängerung des Bauscheins im Sinne der B. G. O. darstellt, bestimmt sich daher lediglich nach der letzteren selbst. Wenn allerdings, wie dies in Berlin der Fall ist, die Festsetzung und Einziehung der Baupolizeigebühr von der Baupolizeibehörde selbst bewirkt wird, muß in der von der letzteren an Stelle einer „Neuertheilung" gewählten Form einer „Verlängerung des Bauscheins" gleichzeitig der Ausdruck dafür gefunden werden, daß dies auch nur eine „Verlängerung" im Sinne des § 3 III B. G. O. ist, für welche also auch nur ein Fünftel der Normalgebühr zu zahlen ist.

Ueber die Frage, ob ein Bauschein seine Gültigkeit verloren hat, ist gegebenen Falles im Beschwerde- bezw. Verwaltungsstreitverfahren zu entscheiden (§ 127 ff. L. V. G.) Das Nämliche ist der Fall, wenn die Polizeibehörde die Verlängerung in dem Sinne ablehnt, daß damit die erneute Ertheilung einer Bauerlaubniß überhaupt versagt wird. Wird dagegen die Neuertheilung lediglich in der Form der Verlängerung abgelehnt, im Uebrigen aber die nachgesuchte Genehmigung in der Gestalt eines „neuen" Bauscheines oder einer „neuen" Baugenehmigung ertheilt, so greifen gegen eine derartige Verfügung nicht die gegen polizeiliche Verfügungen gegebenen Rechtsmittel Platz, da die Frage ob „Verlängerung" oder „Neugenehmigung" dem Baupolizeirechte überhaupt fremd ist, vielmehr lediglich dem Finanzrechte, speciell der B. G. O., angehört, sodaß also in einem derartigen Falle nur die Beschwerde an die Minister der öffentlichen Arbeiten und der Finanzen gegeben sein würde. Des Weiteren gehört auch die Frage, wie oft der Einzelne einen Anspruch auf „Verlängerung" eines einmal ertheilten Bauscheines im Sinne der B. G. O. hat, nicht dem Polizei-, sondern dem Finanzrechte an. Das P. Pr., in seiner Eigenschaft als Organ der Finanzhoheit des Staates, lehnt eine mehr als dreimalige Verlängerung grundsätzlich ab.

7. D. h. also in allen Fällen, in denen kein Neubau in Frage steht bezw. eine Bauausführung, bei der überhaupt keine Fundamente zu legen sind.

Streng genommen hätte die Bestimmung an die Spitze gestellt werden müssen, daß ein Bauschein in erster Linie dadurch erlischt, daß von ihm Gebrauch gemacht ist. Wenn ein Bau nach erfolgter Rohbau- oder Gebrauchsabnahme in Benutzung genommen ist, so ist er vollendet und die Gültigkeit des Bauscheines damit jedenfalls für die betreffende Position desselben absorbirt. Daraus folgt, daß nachträglich nicht noch bauliche Anlagen innerhalb des fertigen Baues hergestellt werden dürfen, die zwar ursprünglich mitgenehmigt, aber bis zur eigentlichen Vollendung des Baues nicht mitausgeführt waren und zwar selbst dann nicht, wenn seit der Vollendung des Baues noch kein Jahr verflossen sein sollte, denn nach der Vollendung eines Baues kann von der Fortsetzung eines begonnenen Baues nicht mehr die Rede sein. An diesem Grundsatze muß unbedingt festgehalten werden, zumal, da anderenfalls die baupolizeiliche Kontrole über Bauausführungen völlig unmöglich gemacht werden würde. (Vgl. O. V. G. E. vom 28. December 1890 — IV 1350 u. Pr. V. Bl. XIII S. 22.)

Nach der Bestimmung des § 28 der B. P. O. vom 15. Januar 1887 bot die Frage, ob mit dem Bau ernstlich und nicht blos zum Schein begonnen war, mancherlei Schwierigkeiten. (O. V. G. E. vom 20. März 1898, Pr. V. Bl. IX S. 278.) Sie läßt sich nur nach der Lage des einzelnen Falles beurtheilen. Während einerseits schon in der Ausschachtung der Baugrube sehr wohl der ernstliche Beginn der Bauausführung wird gefunden werden können (vgl. O. V. G. E. vom 18. April 1893, Entsch. Bd. XXIV S. 362 und Pr. V. Bl. XIV S. 405 und vom 8. December 1894 ebenda XVI S. 184, siehe auch § 30), wird andererseits selbst nach scheinbarem ernstlichen Beginne je nach Lage des Falles aus dem Ruhenlassen eines Baues entnommen werden können, daß die Bauausführung thatsächlich nur zum Schein in Angriff genommmen war. (Vgl. Pr. V. Bl. Jhrg. XIV S. 405.) In dem Abbruche eines alten Gebäudes, an dessen Stelle ein Neubau errichtet werden soll, kann in keinem Falle der Beginn des letzteren gefunden werden. Die nunmehrige Bestimmung fordert an Stelle des unbestimmten Begriffes des ernstlichen Beginnes die Fortführung des Baues bis zur Erdoberfläche. Der ernstliche Beginn binnen Jahresfrist genügt also nicht, denn trotz desselben erlischt die Gültigkeit des Bauscheines, wenn in dieser Frist der Bau nicht in seiner ganzen Ausdehnung bis zur Erdoberfläche hergestellt ist. Auch in solchen Fällen muß daher dem Erlöschen des Bauscheines durch einen rechtzeitigen Antrag auf Verlängerung desselben vorgebeugt werden.

8. Ob ein Bau „nicht ernstlich fortgesetzt wird", wird sich nur nach Lage des einzelnen Falles beurtheilen lassen.

§ 30.

Beginn der Bauarbeiten.[1])

Der Tag, an welchem mit der Bauausführung begonnen werden soll, ist vorher[2]) der Polizeibehörde unter Angabe des Datums und der Nummer des Bauscheines schriftlich anzuzeigen.[3])

---

1. Bezüglich des Begriffes „Beginn der Bauarbeiten" vgl. § 29 Anm. 7.

2. Nach der vorgedruckten Bestimmung im Bauschein 48 Stunden vor dem Beginne.

3. Die Baubeginnanzeige ist zum Zwecke der Ausübung der Aufsicht während der Bauausführung für die Baupolizeibehörde von wesentlicher Bedeutung insbesondere in den Fällen, in denen es sich um die Ausführung von Fundamentirungsarbeiten handelt, die vermöge ihrer Bedeutung für das ganze Bauwerk auch eine besonders aufmerksame Kontrole der Baupolizeibehörde erheischen. Eine gesetzliche Verpflichtung zur Erstattung der Baubeginnanzeige besteht nur in denjenigen Fällen, in denen eine Bauausführung auf Grund eines sogenannten „Bauscheins" (§ 29) genehmigt ist, nicht aber, wenn es sich um die Ausführung geringfügiger Anlagen (§ 35) handelt, die ohne eigentlichen Bauschein polizeilich genehmigt sind, es sei denn, daß in derartigen Genehmigungsverfügungen die Erstattung einer schriftlichen Baubeginnanzeige ausdrücklich vorgeschrieben ist. Die Baubeginnanzeige ist bei dem zuständigen Polizeirevier einzureichen.

Die Unterlassung der rechtzeitigen Baubeginnanzeige hat Bestrafung auf Grund des § 44 zur Folge und sind die Polizeireviere angewiesen, in allen derartigen Fällen unbedingt Strafanzeige zu erstatten. Sofern in dem Bauscheine der Baubeginn von der Erfüllung gewisser Bedingungen (z. B. Genehmigung des Entwässerungsprojektes, Zustimmung der städtischen Baudeputation in Fällen der ausnahmsweisen Genehmigung nach § 2 des Ortsstatus vom $\frac{\text{8. October}}{\text{19. November}}$ 1875 [S. S. 52 Anm. 3 und S. 83 ff.]) abhängig gemacht ist, ist die Erfüllung dieser Bedingungen vor dem Baubeginn der Baupolizeibehörde nachzuweisen, widrigenfalls die Verhinderung des Baubeginns bezw. Weiterbauens zu gewärtigen steht.

§ 31.

Baugerüste und Bauzäune.[1])

1. Baugerüste und Bauzäune dürfen nur auf Grund und nach Maßgabe einer bei der Polizeibehörde schriftlich nachzusuchenden Genehmigung[2]) errichtet und benutzt werden. Ihre Herstellung kann auch ohne Antrag polizeilich angeordnet werden.

2. Das Vortreten von Baugerüsten und Bauzäunen auf Bürgersteige wird nur gestattet, soweit es mit den Verkehrsrücksichten vereinbar ist, und so lange die Bauausführung es nothwendig macht.

3. Im Uebrigen sind für die Konstruktion und Benutzung von Gerüsten die hierüber erlassenen besonderen Vorschriften maßgebend.[1])

---

1. Vgl. Die Gerüstordnung vom 14. September 1855, No. 24, 1, die Polizeiverordnung vom 16. August 1882 betr. Hängegerüste, No. 24, 2, die Instruktion, die Errichtung von Baugerüsten und Bauzäunen betr., vom 22. Juli 1885, die polizeilich zugelassenen besonderen Arten von Rüstungen. Anm. 8 zu I.

2. Die Genehmigung zur Errichtung der Baugerüste ertheilen die Polizeirevierorstände, zur Errichtung der Bauzäune die Polizeihauptmannschaften (Bezirks-Hauptleute) in Gemäßheit der Polizei-Präsidialverfügungen vom 5. Januar 1861, 2. December 1873 und 12. Februar 1885. An die betreffenden Dienststellen sind auch die Anträge schriftlich zu richten.

In der Regel sollen Bauzäune nicht mehr als 1,57 m vor die Bauflucht linie vortreten und nicht länger als 3 Monate beibehalten werden. Nach Wiederbeseitigung sind die Bürgersteige sofort in ordnungsmäßigen Zustand zu versetzen. Die Erlaubniß zur Aufstellung einer verbundenen Rüstung ist unter Einreichung von Zeichnungen und Berechnungen in doppelter Ausfertigung bei dem P. Pr. Abth. III zu beantragen. Vgl. § 6 Anm. 5g.

§ 32.

Sicherungsmaßregeln bei der Bauausführung.[1])

1. Im Innern von Neubauten sind hölzerne Balkenlagen[2]) eines jeden Geschosses alsbald[3]) nach ihrer Verlegung auszustaken, eiserne Balkenlagen, Treppenöffnungen und sonstige Oeffnungen sicher zu überdecken, zu umfriedigen oder unzugänglich zu machen.

2. Die Baustellen sind, soweit es zur Verhütung von Unglücksfällen erforderlich ist, während der Dunkelheit zu beleuchten.[4])

3. Bei Ausführung von Bauten in der Nähe vorhandener Gebäude sind die zur Sicherheit der letzteren nothwendigen Vorkehrungen (Ausführung der Grundmauern in kurzen Strecken, Absteifen oder Unterfahren der Mauern anstoßender Gebäude und dergl.) zu treffen.[5])[6])

---

1. Dieser § beabsichtigt keineswegs, diejenigen Maßregeln erschöpfend anzugeben, welche von einem für die Bauausführung verantwortlichen Unternehmer zur Abwendung von Gefahr von den bei einem Bau beschäftigten Personen zu ergreifen sind, insbesondere soll dieser § nicht dazu dienen, einen verantwortlichen Unternehmer zu entlasten, dem nicht

erst durch diesen § ist die Verpflichtung zur Herstellung der durch die Umstände gebotenen Vorsichtsmaßregeln eingeführt worden. Diese Verpflichtung folgt vielmehr aus allgemeinen Rechtsgrundsätzen. In dieser Beziehung mag insbesondere auf die §§ 222 Abs. 2, 230 Abs. 2 und 330 R. Str. G. B. (S. 11 u. 12) hingewiesen werden, sodaß also nicht nur das Zuwiderhandeln gegen die in dem vorstehenden § ausdrücklich getroffenen Anordnungen, sondern überhaupt eine Außerachtlassung der durch die Umstände gebotenen Vorsichtsmaßregeln sehr wohl den Thatbestand einer Vernachlässigung derjenigen Aufmerksamkeit darzustellen vermag, zu welcher die Architekten und Baugewerksmeister vermöge ihres Berufes oder Gewerbes besonders verpflichtet sind.

In der Uebernahme eines ganzen Baues seitens eines Bauunternehmers liegt auch ohne Weiteres die Uebernahme der gesetzlich dem Bauherrn obliegenden Verpflichtung, diejenigen Maßregeln zum Schutz des Publikums zu treffen, welche durch die Ausführung des Baues erforderlich werden; von dieser Verantwortlichkeit wird der Bauunternehmer, welcher die einzelnen Bauarbeiten Subunternehmern überträgt, für die Versäumungen dieser nur dann frei, wenn er selbst Alles, was vernünftiger Weise von einem vorsichtigen Manne erwartet werden kann, gethan hat, um den sicherheitspolizeilichen Anforderungen zu genügen. Erk. d. Reichsgerichts, Civilsenat vom 11. Juli 1887.

Bezüglich der Sicherheitsmaßregeln für Dachdecker vgl. § 12 Anm. 8 und bez. der Anbringung provisorischer Schutzgeländer an Treppen vgl. § 16 Anm. 17.

Zuwiderhandlungen gegen den § 32 der B. P. O. wie gegen die angeführten §§ R. Str. G. B. können den Bauunternehmer nach § 96 des Unfallversicherungsgesetzes vom 6. Juli 1884 (R. G. Bl. S. 69) haftbar machen für alle Aufwendungen, welche infolge des Unfalls auf Grund dieses Gesetzes oder des Gesetzes betr. die Krankenversicherung der Arbeiter von 15. Juni 1883 (R. G. Bl. S. 73) von den Berufsgenossenschaften oder Krankenkassen gemacht worden sind.

Im Uebrigen vergl. bezüglich des Arbeiterschutzes auf Bauten den Abschnitt im III. Theil unter Ziffer 33 des Werkes.

2. Die alsbaldige Ausstakung ist also nur bei hölzernen Balkenlagen gefordert. Bei anderen Deckenkonstruktionen greift die folgende Bestimmung Platz, wonach Oeffnungen in denselben sicher zu überdecken oder zu umfriedigen oder unzugänglich zu machen sind. Vgl. § 11.

3. Die Bestimmung der alsbaldigen Ausstakung wird als erfüllt angesehen werden können, wenn die Ausstakung bewirkt ist, bevor die Zwischenrüstung aufgestellt oder das Mauerwerk bis zur Höhe von 2 m über der auszustakenden Balkenlage hochgeführt ist; nach diesem Zeitpunkte kann an Stelle der Ausstakung eine sonstige sichere Abdeckung der Balkenlage nicht mehr für genügend erachtet werden. Das „alsbald" bezieht sich auch auf das sichere Ueberdecken, Umfriedigen oder unzugänglich machen der eisernen Balkenlagen, Treppenöffnungen und sonstigen Oeffnungen. In diesen Fällen wird die Sicherung sobald wie irgend möglich vorzunehmen sein, keinenfalls aber später wie die Ausstakung einer in demselben Stockwerk vorhandenen Holzbalkendecke.

4. Vgl. § 16 Anm. 27 und Anm. 2 zur Gerüstordnung (Nr. 24).

5. Vgl. B. G. B. §§ 905, 907 bis 909. Bei dem Ausschachten der Baugrube ist in privatrechtlicher Hinsicht insbesondere § 909 zu beachten; vgl. dagegen O. V. G. E. Bd. XXIV S. 398 und die daselbst angezogenen R. G. E. Derartige im Wege des bürgerlichen Rechtsverfahrens zwischen den Nachbarn zum Austrage zu bringende Streitigkeiten bezw. darauf begründete Schadensersatzansprüche können selbstverständlich die Polizeibehörde nicht davon abhalten, zum Schutze des gefährdeten Nachbargrundstücks auf Grund des § 10 II 17 A. L. R. bezw. des § 32 die geeigneten Vorkehrungen zu treffen, die je nach den Umständen des einzelnen Falles höchst verschiedenartige sein, auch je nach dem weiteren Vorschreiten des Baues wechseln können. Es kann im Allgemeinen indeß nicht

als die Aufgabe der Polizei erachtet werden, im Falle daß eine Bauausführung eine Gefährdung der in der Nähe vorhandenen Gebäude zur Folge hat, nunmehr dem betreffenden Bauunternehmer diejenigen Mittel und Wege speziell vorzuschreiben, welche geeignet sein möchten, die Gefährdung zu beseitigen. Vgl. O. V. G. E. Bd. XIV S. 331 P. V. Bl. IX S. 310.) Die unter Ziffer 3 aufgeführten Maßnahmen sollen nur die erfahrungsmäßig am häufigsten vorkommenden bezeichnen. Ein Eingriff in das Privateigenthum eines dritten (des Nachbars), welcher für seine Person weder bei der Erzeugung der Gefahr, um deren Abwendung es sich handelt, direkt betheiligt, noch ihr vorzubeugen berufen ist, ist nur unter der Voraussetzung berechtigt, daß die Gefahr eine unmittelbar bevorstehende, eine imminente ist und daß sie sich auf eine andere Weise nicht beseitigen läßt. Vgl. O. V. G. E. Bd. VII S. 354, Bd. XII S. 313, 397 und 401, Bd. XVI S. 330 Bd. XXIV S. 400, 406, Bd. XXVII S. 425, P. V. Bl. VIII S. 271, XIII S. 432, 511). Die von der Polizei in derartigen Fällen angeordnete Eigenthumsbeschränkung darf nicht länger dauern, als der Nothstand währt und nicht weiter gehen, als zu seiner Beseitigung unbedingt erforderlich ist. Von der Anwendung dieses sogen. „Staatnothrechtes“ kann indeß in den Fällen nicht die Rede sein, wenn in Folge des Abbruchs oder der Fundamentirung eines Gebäudes die Standfestigkeit eines Nachbargebäudes bereits derart beeinträchtigt ist, daß sein Einsturz und damit Gefahr droht. Denn jeder Grundstückseigenthümer hat die öffentlich-rechtliche Verpflichtung, sein Grundstück in einem den sicherheitspolizeilichen Anforderungen entsprechenden Zustande zu erhalten, selbst wenn die unzulässige Beschaffenheit nicht durch ihn selbst, sondern durch dritte herbeigeführt ist. Es würde hiernach nicht ausgeschlossen sein, dem Eigenthümer des durch Bauarbeiten auf dem Nachbargrundstücke in einen gefahrdrohenden Zustand versetzten Gebäudes die Einziehung von Verankerungen aufzugeben bei Vermeidung der Ausführung durch einen Dritten. Als dieser Dritte würde dann polizeilicherseits wiederum der Nachbar, der durch seine Bauarbeiten den gefahrdrohenden Zustand herbeigeführt hat, ev. zur thatsächlichen Ausführung der Verankerung heranzuziehen sein, da auch er öffentlich-rechtlich für die Folgen seiner Handlung haftet. Wohl aber liegt beispielsweise ein Fall des Staatsnothrechtes vor, wenn in Folge der Abbruchs- oder Fundamentirungsarbeiten auf einem zwischen zwei hohen Nachbargiebeln belegenen Grundstücke die Giebelwand des rechten Nachbars einzustürzen droht und die drohende Gefahr nur durch Absteifungen abgewendet werden kann, welche ihr Widerlager in Löchern finden, die in die Giebelwand des linken Nachbars eingeschlagen werden, der weder bei der Erzeugung der Gefahr betheiligt, noch ihr vorzubeugen berufen ist, und wenn alsdann die Polizeibehörde dem linken Nachbar aufgiebt, das Einschlagen der erforderlichen Löcher zu dulden. Ein in der Praxis häufiger vorkommender Fall.

6. Vgl. § 367 Ziffer 14 St. G. B. S. 12.

§ 33.

Rohbauabnahme.

1. Wenn ein Bau in seinen Wänden und Eisenkonstruktionen, einschließlich der feuersicheren Treppen, sowie in Dach- und Balkenlagen vollendet ist, hat der Bauherr die Abnahme[1]) bei der Baupolizeibehörde schriftlich zu beantragen.[2])

2. Zu dem dann anzuberaumenden Termine muß der Bauherr auf Vorladung entweder persönlich erscheinen oder in geeigneter[3]) Weise vertreten sein. Im Termine müssen alle Theile des Baues sicher zugänglich sein und die Balkenverankerungen im Innern durchweg, Eisenkonstruktionen aber soweit offen liegen, daß die Abmessungen geprüft werden können.[4]) [5]) [6])

3. Nach vorschriftsmäßiger Ausführung wird durch die Baupolizeibehörde die Abnahme des Rohbaues bescheinigt.[7])

4. Ergeben sich bei der polizeilichen Prüfung Mängel, so hat sie der Bauherr abzustellen und demnächst erneute Abnahme zu beantragen.

5. Anträge auf gesonderte Abnahme einzelner Bauarbeiten und Bautheile können nur ausnahmsweise berücksichtigt werden.

6. Vor Ertheilung des Rohbauabnahmescheines dürfen unbeschadet der Bestimmungen des § 39 Gebäude und Gebäudetheile nicht benutzt werden.[8])

---

1. Die im Rohbau vollendeten Baulichkeiten sind behufs ihrer Abnahme nach folgenden Vorschriften herzustellen:

a. Die Balkenlagen müssen durchweg gestakt, eiserne Balkenlagen, Treppenöffnungen und sonstige Oeffnungen sicher überdeckt, umfriedigt oder unzugänglich gemacht sein; im Uebrigen muß der Bau überall zugänglich und ebenso wie die Balkenverankerungen im Innern des Gebäudes überall gehörig sichtbar sein.

b. Ebenso müssen die angewendeten Eisenkonstruktionen einschließlich der für die Herstellung von Drahtputzwänden bestimmten, in ihren einzelnen Theilen überall gehörig sichtbar sein, damit die Stärkeabmessungen derselben möglichst leicht geprüft werden können.

c. Feuersichere Treppen müssen fertig sein.

d. Der Dachstuhl muß aufgestellt, das Dach selbst, wenn auch nur vorläufig, eingedeckt sein.

e. Aus der Zweckbestimmung der Rohbauabnahme ergiebt sich ferner, daß, um eine gründliche Besichtigung und Prüfung zu ermöglichen, die Fenster nicht zugesetzt oder zugeschalt sein dürfen, vielmehr offen sein müssen.

2. Kommt der Bauherr dieser Verpflichtung nicht nach, so macht er sich einer nach § 44 der B. P. O. zu bestrafenden Uebertretung schuldig, auch würde die Polizeibehörde befugt sein, für den Fall der Unterlassung des schriftlichen Antrages, die Stellung desselben durch Anwendung eines der im § 132 L. V. G. zugelassenen Zwangsmittel herbeizuführen.

3. Ob die Vertretung eine geeignete ist, darüber haben zunächst der die Rohbauabnahme leitende Polizei-Bauinspektor, oder sofern derselbe an dem Abnahmetermin nicht Theil nimmt (siehe Anm. 5), die Rathsmeister zu befinden, vorbehaltlich der im Falle der Beschwerde Seitens des Polizei-Präsidiums zu treffenden Entscheidung. Wird Seitens desselben die Vertretung des Bauherrn in dem Termine im Gegensatze zu der von dem Kgl. Bauinspektor bezw. den Rathsmeistern bekundeten Auffassung für geeignet erachtet, so kann jedenfalls der nicht abgehaltene Termin als ein fruchtlos verlaufener im Sinne des § 3 Ziffer II a der B. G. O. nicht betrachtet werden.

Im Allgemeinen wird als geeigneter Vertreter des Bauherrn der mit der Bauausführung beauftragte verantwortliche Bauunternehmer (vgl. § 25 Ziffer 5) bezw. dessen Vertreter zu erachten sein.

4. Der Rohbauabnahme unterliegen auch die für Rechnung des Staates unter Leitung der Staatsbaubeamten ausgeführten Bauten, vgl. S. 58.

5a. Die Rohbauabnahme der durch Bauschein genehmigten Staatsbauten wird von den Polizei-Bauinspektoren allein, ohne Zuziehung der Rathsmaurer- und Rathszimmermeister bewirkt.

b. Bei den durch Bauschein genehmigten Privatbauten wird die Rohbauabnahme von dem Polizei-Bauinspektor unter Zuziehung und in Gemeinschaft mit den Rathsmaurer- und Rathszimmermeistern bewirkt, sofern der Bauinspektor nicht in seinem dem Bauscheine zu Grunde liegenden Gutachten die Rohbauabnahme durch die Rathsmeister allein, d. h. ohne seine Betheiligung für genügend erachtet hat und das P. Pr. diese Auffassung gebilligt hat.

c. Eine Rohbauabnahme der durch einfache schriftliche Genehmigung (§ 35) genehmigten geringfügigeren baulichen Ausführungen findet in der Regel nicht statt, vielmehr genügt hier nach der Fertigstellung eine bauamtliche Besichtigung, in den einfachsten Fällen aber selbst eine Besichtigung durch das Polizeirevier.

6. Die Institution des Rathsmeister stammt in Berlin bereits aus dem Ende des vorigen Jahrhunderts. Sie werden von der Stadt bestellt zur Wahrnehmung der nach dem Feuer-Societäts-Reglement vom 1. Mai 1794 durch verpflichtete Sachverständige zu erledigenden Taxgeschäfte. Ihre Bestellung erfolgt zur Zeit nach dem Ortsstatut vom $\frac{\text{27. März}}{\text{9. April}}$ 1896. Die vom Magistrate bestellten Rathsmeister werden Seitens des P. Pr. als Bausachverständige zu den Rohbauabnahmeterminen hinzugezogen bezw. nehmen sie dieselben, und zwar je ein Rathsmaurer- und ein Rathszimmermeister gemeinschaftlich selbstständig im Auftrage des P. Pr. wahr (vgl. Anm. 5b). Sie erhalten für ihre Mühewaltung Remunerationen auf Grund eines mit dem P. Pr. getroffenen Abkommens.

Durch die B. G. O. ist an den Remunerationen der Rathsmeister nichts geändert, dieselben werden als sächliche Kosten der örtlichen Polizeiverwaltung aus der Polizei-Hauptkasse gezahlt. (Vgl. O. V. G. E. Bd. V S. 68.)

7. Die Kommission hat den Rohbau lediglich nach der technischen Richtung hin zu prüfen. Abweichungen von dem Bauschein sind in dem Rohbauabnahmeprotokoll zu vermerken. Dieses ist von dem Kgl. Bauinspektor, den Rathsmeistern, sowie dem Bauherrn bezw. dessen am Termine theilnehmenden Vertreter zu unterzeichnen.

Bei der Rohbauabnahme ist das Verfahren üblich, die Abnahme, sofern bei derselben lediglich geringfügige, in kurzer Zeit zu beseitigende Mängel festgestellt werden, nicht als fruchtlos verlaufen zu bezeichnen, vielmehr den Abschluß des Rohbauabnahmeprotokolls bis zur Beseitigung der gerügten Mängel hinauszuschieben und alsdann erst das Protokoll mit dem Antrage, die Rohbauabnahme als geschehen zu erachten, dem P. Pr. vorzulegen. Werden dagegen im Rohbauabnahmetermin eine größere Anzahl oder erhebliche Mängel festgestellt, oder aber sind die Bauzeichnungen auf der Baustelle nicht bereit gehalten (§ 29 Ziffer 2) so haben der die Abnahme vornehmende Bauinspektor bezw. die Rathsmeister dem Bauherrn oder dessen Vertreter direkt zu erklären, daß der Termin fruchtlos verlaufen sei und ev. gleich bei dieser Gelegenheit den neuen Termin zur Wiederholung der Abnahme zu bestimmen (vgl. § 3 IId der B. G. O.) Nur wenn der Bauherr oder dessen Vertreter gegen die Fruchtloserklärung des Termins Einwendungen erheben sollte, ist die Sache vor Anberaumung des neuen Termins dem P. Pr. zur Entscheidung vorzulegen. (Verfügung des Polizei-Präsidiums v. 25. April 1896 Nr. 370 III G. St.) Liegen sonstige Bedenken nicht vor, wird seitens des P. Pr. die Rohbauabnahmebescheinigung ertheilt, die grundsätzlich gebührenfrei und nur in dem Falle gebührenpflichtig ist, wenn es sich um die gesonderte Rohbauabnahme einzelner Bauarbeiten oder Bautheile handelt oder wenn ein fruchtlos verlaufener Rohbauabnahmetermin der endgiltigen Abnahme vorangegangen war. (Vgl. § 3 IIa der B. G. O. Nr. 22.)

8. Die vor Ertheilung des Rohbauabnahmescheins erfolgende Benutzung selbst solcher Gebäude oder Gebäudetheile, welche nicht nach § 39 der Gebrauchsabnahme unterliegen, ist also verboten und nach § 44 strafbar. Abgesehen von der verwirkten Strafe kann die Fortsetzung der Benutzung von Gebäuden oder Gebäudetheilen vor Ertheilung des Rohbauabnahmescheins, also die Beseitigung eines gesetzlich unzulässigen Zustandes, polizeilich durch sämmtliche der im § 132 L. V. G. zugelassenen Zwangsmittel, also insbesondere auch durch Geldstrafen erzwungen werden. Vgl. S. 67 ff.

§ 34.
Putzarbeiten.[1])

Bei Ertheilung des Rohbauabnahmescheines wird bestimmt, wann mit den inneren und äußeren Putzarbeiten begonnen werden darf. Gebäude, welche ganz oder theilweise zum dauernden Aufenthalte von Menschen bestimmt[2]) sind (§ 37), dürfen nicht früher als sechs Wochen nach Vollendung des Rohbaues[3]) geputzt werden.

1. Fehlender Putz ist im landrechtlichen Gebiete unter Umständen als Verunstaltung im Sinne des § 66 I 8. A. L. R. zu beurtheilen. (Vgl. S. 50 ff., O. V. G. E. vom 12. Oktober 1882 P. V. Bl. IV S. 22.)

2. Bei derartigen Gebäuden ist die Polizeibehörde also nicht befugt, eine Verkürzung der Frist eintreten zu lassen, vielmehr könnte eine solche nur im Wege des Dispenses (§ 42) erreicht werden, wohl aber darf die Frist verlängert werden, was sachlich begründet sein kann, namentlich wenn die auf die Rohbauabnahme folgenden 6 Wochen ganz oder zum Theil in Frost- oder Regenzeit fallen. Andererseits folgt aus der Bestimmung, daß bei Gebäuden zu anderen Verwendungszwecken eine kürzere Frist für den Beginn der Putzarbeiten bestimmt werden kann. Dasselbe wird unbedenklich angenommen werden dürfen, wenn es sich nicht um den Neubau eines ganzen Gebäudes handelt, sondern um den Ausbau oder Umbau einzelner Gebäudetheile, selbst wenn dieselben zum dauernden Aufenthalt von Menschen bestimmt sind, wie zum Beispiel bei dem Ausbruche eines Ladens. Wird hierbei nur ein verhältnißmäßig kleiner Theil der Umfassungswände neu aufgeführt, so werden gesundheitspolizeiliche Bedenken gegen eine kürzere Bemessung der Frist für den Beginn der Putzarbeiten im Allgemeinen nicht obwalten.

3. Die Frist rechnet also an sich nicht vom Rohbauabnahmetermin oder von der Aushändigung der Rohbauabnahmebescheinigung, sondern von der Vollendung des Rohbaues ab. Dem Bauherrn bleibt es überlassen, die frühere Vollendung des Rohbaues nachzuweisen, wenn er Werth darauf legt, daß die sechswöchige Frist für den Beginn der Putzarbeiten nicht erst, was sonst als Regel angenommen wird, vom Rohbauabnahmetermin gerechnet werde. Im Allgemeinen wird als frühster Termin der Tag anzusehen sein, an dem der Rohbauabnahmeantrag gestellt ist, vorausgesetzt daß der Rohbau zu diesem Zeitpunkt thatsächlich bereits fertig, jedenfalls aber die Eindeckung des Daches beendet war.

§ 35.
Genehmigung zu geringfügigen Anlagen.[1])

1. Auf geringfügige Ausführungen, insbesondere auf die in § 9 erwähnten Schuppen, Buden u. s. w., die Anlage von Abort- und Sammelgruben,[2]) Grenzmauern,[3]) Zäunen, Baubuden nebst Aborten[4]) finden die Bestimmungen der §§ 28 bis einschließlich 34 keine Anwendung.

1. Es sind jedoch dem Genehmigungsgesuche die zur Verdeutlichung nöthigen Vorlagen beizufügen. Für diese Anlagen bedarf es nur einer schriftlichen Genehmigung.[1]) [5])

1. Voraussetzung für die Ertheilung einer Genehmigung nach Maßgabe der Bestimmungen dieses § ist, daß die betreffenden geringfügigen Ausführungen nach § 27 über-

haupt genehmigungspflichtig sind. Trifft dies zu, so bedarf es gleichwohl nicht der Einreichung der im § 28 geforderten Bauvorlagen, es wird kein „Bauschein" ertheilt. Der Beginn der Bauarbeiten braucht der Baupolizeibehörde nicht angezeigt zu werden (§ 30), die Aufstellung von Baugerüsten und Bauzäunen kommt überhaupt kaum in Frage (§ 31), ebenso wenig die Bestimmungen des § 32, eine Rohbauabnahme findet nicht statt (§ 33).

Ob die vereinfachte Form, die sich in ihrer rechtlichen Bedeutung in keiner Weise von dem Bauschein unterscheidet, gewählt wird, hängt lediglich von dem Ermessen der Behörde ab.

2. Vgl. § 25.

3. Vgl. § 2 Ziffer 5.

4. Die Verpflichtung zur Anlegung von sogenannten „Bauaborten", d. h. von Aborten, welche vorübergehend während der Zeit einer Bauausführung dem Bedürfnisse der Arbeiter zu dienen bestimmt sind, ist neuerdings auf Anordnung der Herren Ressortminister für alle größeren Städte durch Polizeiverordnung eingeführt worden bezw. steht ihre Einführung zu erwarten. Vgl. in dieser Hinsicht das Nähere im Abschnitt 33 Theil III dieses Werkes. Auch schon bisher war die Errichtung von Bauaborten und in gleicher Weise von Baubuden (mit denen auch häufig Baurestaurationen verbunden werden) allgemein üblich. Entsprechend dem provisorischen Charakter der fraglichen Anlagen ist das Genehmigungsverfahren Seitens des P. Pr. zweckmäßig vereinfacht und ebenso sind die an ihre Ausführung zu stellenden Anforderungen auf das Nothwendigste beschränkt.

Das Genehmigungsverfahren ist durch die Verfügungen vom 25. Oktober 1895 und vom 15. Januar 1896, wie folgt, geregelt:

In die Bauscheine wird eine Bestimmung etwa in folgender Fassung aufgenommen:

„Zur Errichtung von Baubuden, Baurestaurationen oder Bauaborten ist die Erlaubniß bei dem betreffenden Polizeirevierborstande unter „Beifügung einer einfachen Lageplanskizze, aus welcher die Stelle, sowie die Abmessungen der Anlage zu ersehen sind, schriftlich nachzusuchen."

Die daraufhin bei dem Polizeirevier eingehenden oder demselben seitens des Polizei-Präsidiums zugesandten bezüglichen Baugenehmigungsgesuche sind direkt durch dasselbe unter Benutzung des Formulars Nr. 756 zu erledigen.

Bezüglich der zu erfüllenden Bedingungen siehe Abschnitt 33 Theil III des Werkes.

Wenn ausnahmsweise die Grundfläche der zu errichtenden Baulichkeiten mehr als 25 qm oder ihre Höhe mehr als 3 m betragen sollte (B. P. O. § 9) oder wenn die Anlegung von Feuerstätten beabsichtigt ist, ist vor der Ertheilung der Genehmigung die gutachtliche Aeußerung der zuständigen Bauinspektion direkt nachzusuchen. Die von derselben gestellten Bedingungen werden in die Genehmigung unverändert mit aufgenommen.

Die eingereichten, dem Antragsteller zurückzugebenden Zeichnungen sind mit dem Vermerk zu versehen: „Zur Genehmigung Nr. . . . . .", darunter ist der Datumstempel des Reviers zu drücken. Von jeder ertheilten Genehmigung ist der Bauinspektion in kürzester Form Anzeige zu erstatten.

5. Vgl. das hierzu benutzte Formular unter Nr. 34, 2.

§ 36.
Abbruch von Gebäuden.

1. Auf den Abbruch von Gebäuden finden die Vorschriften der §§ 31 und 32 sinngemäß Anwendung.

2. Mit Abbruchsarbeiten [1]) darf erst nach schriftlicher Anzeige [2]) bei der Baupolizeibehörde begonnen werden. [3]) [4]) [5]) [6])

1. Vgl. S. 42. Bei dem Abbruch von Gebäuden ist für die möglichste Vermeidung von Stauberzeugung durch ausgiebiges Besprengen der abzutragenden Dächer, Decken, Wände, Fußböden und des abzufahrenden Schuttes Sorge zu tragen, widrigenfalls bis zu erfolgter gründlicher Besprengung die Inhibirung der weiteren Abbruchsarbeiten und des Aufladens des Schuttes zu gewärtigen ist. (Vgl. P. V. vom 27. 8. 1886).

2. Es genügt also die schriftliche Anzeige, einer Genehmigung bedarf es nicht. Mit der Anzeige hat der Abbruchsunternehmer eine Erklärung abzugeben, wodurch er die Verantwortung für die Ausführung des Abbruchs ausdrücklich übernimmt (Verf. d. Pol.-Präs. vom 13. Mai 1885, 377 III G. K.) Die Abbruchsarbeiten werden seitens der Kgl. Bauinspektion sowie des Polizeireviers fortlaufend überwacht.

3. Beginnt der Eigenthümer eines bewohnten bezw. vermietheten Gebäudes mit dem Abbruch desselben, bevor es geräumt ist, so steht dem Miether jederzeit frei, sofern er in seinem Miethsrechte verletzt zu sein glaubt, eine Besitzklage gegen den Eigenthümer zu stellen, bezw. eine vorläufige gerichtliche Verfügung, gerichtet auf Untersagung der Fortsetzung der Abbruchsarbeiten zu erwirken, während andererseits der Eigenthümer unter Umständen den Antrag auf Exmission bei dem Gerichte zu stellen befugt sein kann. Bis die Entscheidung zu Gunsten des Einen oder des Andern ergangen ist, wird polizeilicherseits an der Rechtsregel des § 65 I 8 A. L. R. festzuhalten sein, wonach in der Regel jeder Eigenthümer seinen Grund und Boden mit Gebäuden zu besetzen oder sein Gebäude zu verändern, also auch abzubrechen wohl befugt ist. Tritt daher bei einem Abbruche zwingende Nöthigung zu polizeilichem Einschreiten ein, so wird der Zwang nicht auf Inhibirung des Abbruches, sondern zunächst auf die Räumung der Wohnung zu richten sein.

4. Die Unterlassung der schriftlichen Anzeige ist nach § 44 strafbar.

Der Thatbestand des § 330 R. Str. G. B. (Zuwiderhandeln gegen die allgemein anerkannten Regeln der Baukunst bei der Leitung oder Ausführung eines Baues dergestalt, daß hieraus für Andere Gefahr entsteht) ist als vorhanden anzusehen, ohne Rücksicht darauf, ob die in das Gebiet der Bauthätigkeit, der Ausübung des Bauhandwerks fallende Thätigkeit die Herstellung eines Bauwerks bezweckt oder die Beseitigung eines solchen beabsichtigt, also sich als Abbruchsarbeit darstellt. Vgl. Erkenntniß d. Reichsg. IV. Strafs. v. 23. Jan. 1894 P. V. Bl. XV S. 537 und S. 11.

5. Bezüglich des bei einem Abbruche etwa nothwendig werdenden Eingriffs in die Privatrechte der Nachbarn vgl. § 32 Anm. 5, bezüglich eines zwangsweisen Abbruches S. 45 ff. In letzterer Hinsicht sei hier ergänzend bemerkt, daß, sofern die Polizeibehörde die Baufälligkeit bezw. den Einsturz eines Gebäudes befürchten zu müssen glaubt, sie verpflichtet ist, sich auf ihre eigene Kosten über den Zustand Gewißheit zu verschaffen, um festzustellen, daß die Voraussetzung für ihr Einschreiten thatsächlich besteht. Sie hat die Kosten der erforderlichen Untersuchung selbst dann zu tragen, wenn dieselbe ergiebt, daß der Verdacht der Baufälligkeit begründet war. Vgl. M. E. v. 10. Januar 1897 III 17356 M. d. ö. A., II 281 M. d. J.

6. Bez. des Abbruchs der auf Königliche Kosten erbauten Häuser siehe S. 228 f.

Titel III.

Besondere Bestimmungen für die Benutzung von Gebäuden.

§ 37.

Zum dauernden Aufenthalte von Menschen bestimmte Räume.[1] [2] [3], [4]

Als Räume, welche nicht zum dauernden Aufenthalte von Memschen bestimmt sind, gelten insbesondere:[5] Flure, Treppen,[6] Corridore, Bodenräume,[7] Bedürfnißanstalten, die für den Hausbedarf bestimmten Badestuben,[8] ferner Wintergärten mit Rollkammern, Speisekammern und ähnliche Vorrathsräume, Räucherkammern, Gewächshäuser, Kegelbahnen, Heizräume, Kessel- und Maschinenräume, wenn sie nur Heizungs-, Lüftungs-, Beleuchtungs- und Aufzugsbetrieben dienen,[9] Wein-, Bier- und Branntweinkellereien[10], und Räume, welche lediglich[11] zur Lagerung von Waaren und zur Aufbewahrung von Gegenständen bestimmt sind.

Für alle zum dauernden Aufenthalte von Menschen bestimmten Räume gelten folgende Bestimmungen:[12]

1. In einem Gebäude dürfen niemals mehr als fünf zum dauernden Aufenthalte von Menschen bestimmte Geschosse übereinander angelegt werden;[13] auch darf der Fußboden des obersten Geschosses dieser Art nie mehr als 18 m über der Oberfläche des Bürgersteiges oder des Hofes liegen.[14]

2. Alle zum dauernden Aufenthalte von Menschen bestimmten Räume müssen trocken sein und durch Fenster von ausreichender Größe[15] und zweckmäßiger Lage[16] unmittelbar[17] Luft und Licht von außen erhalten. Sie dürfen indessen, wenn ihre Lage und Zweckbestimmung eine Beleuchtung unmittelbar von oben bedingt, durch Deckenlicht erhellt werden.[18] Dabei müssen jedoch Vorkehrungen getroffen werden, welche einen ausreichenden Luftwechsel sicherstellen.

3. Sie müssen ferner eine — bei ungleicher Höhenlage der Decke oder des Fußbodens im Durchschnitt zu berechnende[19] — lichte Höhe von mindestens 2,80 m[20] haben und nirgends tiefer als 0,50 m[21] unter der Oberfläche des Bürgersteiges oder des Hofes[22] liegen.

Das Maß von 0,50 m kann[23]) auf 1 m erhöht werden, wenn an der zugehörigen Außenwand ein durchgehender[24]) Licht- und Lüftungsgraben hergestellt wird. Ein solcher Graben muß mindestens 1 m breit sein und mit seiner gut zu entwässernden Sohle mindestens 0,15 m tiefer als der Fußboden der anstoßenden Räume liegen.

4. Räume am Hofe, deren Decke nicht mindestens 2,50 m über dessen Oberfläche liegt, dürfen zum dauernden Aufenthalte von Menschen nur benutzt werden, wenn die sämmtlichen am Hofe belegenen Gebäude desselben Grundstückes in der Höhe die Ausdehnung des Hofes vor ihnen — senkrecht zu ihrer Front gemessen — nicht überschreiten.[25])

5. Gebäude, welche ganz oder theilweise zum dauernden Aufenthalte von Menschen bestimmt sind, müssen gegen aufsteigende Erdfeuchtigkeit und Bodenluft durch wagerechte Isolirschichten in den Mauern und durch eine unburchlässige massive Sohle geschützt werden.[26]) Liegen die Fußböden derartiger Räume tiefer als der Bürgersteig oder die Hofoberfläche, so sind ihre mit dem Erdreich in unmittelbare Berührung kommenden Umfassungswände[27]) — wenn davor nicht ein Licht- und Lüftungsgraben angelegt ist — auch seitwärts gegen das Eindringen von Erdfeuchtigkeit zu schützen. Der Fußboden jedes zum dauernden Aufenthalte von Menschen bestimmten Raumes muß mindestens 0,40 m über dem höchsten bekannten Grundwasserstande angelegt werden.

6. Dachräume[28]) dürfen zum dauernden Aufenthalte von Menschen nur dienen, wenn sie den Bestimmungen der Ziffern 1, 2 und 3 entsprechen,[29]) unmittelbar über dem obersten Stockwerke liegen[30]) und wenn sie und ihre Zugänge von den übrigen Bodenräumen durch feuersichere Wände abgeschlossen werden. Unter diesen Bedingungen dürfen oberhalb der fünf zum dauernden Aufenthalte von Menschen zugelassenen Geschosse im Dachgeschosse Waschküchen für den Hausbedarf hergestellt werden, auch wenn der Fußboden höher als 18 m über der Oberfläche des Bürgersteiges oder des Hofes liegt. Es muß dann aber in der Nähe der Waschküche eine Bedürfnißanstalt angelegt werden (§ 25).[31])

7. Jeder zum dauernden Aufenthalte von Menschen wirthschaftlich gesondert genutzte Gebäudetheil[32]) muß einen jederzeit leicht und sicher erreichbaren, feuersicheren Zugang zu zwei Treppen oder zu einer unverbrennlichen Treppe[33]) haben. Im letzteren Falle bleibt es der Polizeibehörde überlassen, im sicherheitspolizeilichen Interesse weitere Forderungen für die Treppenanlage und ihre Zugänge zu stellen.[34])

8. Grundstücke,[35]) auf denen sich zum dauernden Aufenthalte von Menschen bestimmte Gebäude befinden, müssen mit vorschriftsmäßigen, ausreichenden und für alle Betheiligten leicht zugänglichen Bedürfnißanstalten (§ 25), sowie mit genügend großen Behältern[36]) je für Abfälle und Asche (§ 21) versehen sein. Für derartige Gebäude kann die Herstellung von Dachrinnen[37]) und Abfallröhren gefordert werden.

Vorbemerkungen (1 bis 4.)

1. **Begriff und Bedeutung des Ausdrucks „zum dauernden Aufenthalte von Menschen bestimmte Räume".**

a. Darüber, wie Räume beschaffen sein müssen, welche zum dauernden Aufenthalt von Menschen benutzt werden sollen, lassen die Vorschriften in § 37 keinen Zweifel. Dagegen bieten für die von dem Gesetzgeber statuirte Scheidung der zum Aufenthalt von Menschen überhaupt bestimmten Räume in zwei Klassen die gewählten Ausdrücke „z. d. A. v. M. bestimmte und nicht bestimmte R." in materieller Hinsicht keinen durchgreifenden Anhalt. Allerdings ist die Klassifizirung gegen früher insofern wesentlich erleichtert, als eine ganze Reihe von Räumen von dem Gesetzgeber selbst der einen bezw. der anderen Klasse zugewiesen sind. (Vgl. § 37 Abs. 1, andererseits Ziffer 6 bez. der Waschküchen.) Für die Klassification aller übrigen Räume werden indeß nach wie vor allein die Verhältnisse des einzelnen Falles ausschlaggebend sein müssen und es kann nur darauf ankommen, wie sich im Einzelfalle die Thatsache der Benutzung der in Betracht kommenden Räume gestaltet, bezw. sofern es sich erst um deren Einrichtung handelt, bei einer ihrer Bestimmung entsprechenden Benutzung gestalten wird. (O. V. G. E. Bd. VIII S. 317, vom 6. u. 23. März 1888, Pr. V. Bl. IX S. 277 und 289, vom 10. September 1892 IV 372.) Dagegen berechtigt die bloße Vermuthung, daß möglicherweise in späterer Zeit Räume, die den polizeilichen Anforderungen an Wohn- und Schlafräume nicht entsprechen, mißbräuchlich zu anderen als den im Bauplan angegebenen Zwecken, insbesondere als Wohn- oder Schlafräume benutzt werden könnten, die Polizeibehörde nicht, die Anlage derselben überhaupt zu verbieten, und zwar selbst dann nicht, wenn sich der spätere Mißbrauch derselben seitens der polizeilichen Organe nur mit den größten Schwierigkeiten verhüten lassen sollte. Vgl. O. V. G. E. Bd. XIX S. 3?1, vom 17. October 1888 I 1110. Vielmehr hat sich die Polizeibehörde bei der Prüfung der Neubauprojekte lediglich darauf zu beschränken, in den Bauvorlagen die z. d. A. v. M. ungeeigneten Räume, um den Bauherrn von vornherein auf die Mängel derselben hinzuweisen, als solche zu bezeichnen. Es geschieht dies durch Eintragung eines „U." (ungeeignet) in grüner Tinte in den betreffenden Raum.

b. Wie muß sich nun der thatsächliche Aufenthalt von Menschen in Räumen gestalten, um ihn als einen dauernden im Sinne des Gesetzes und folgeweise die betreffenden Räume als z. d. A. v. M. bestimmte betrachten zu können?

Die B. P. O. vom 21. April 1853 enthielt besondere Anforderungen in gesundheitlicher Beziehung nur für Wohnräume, indem der § 88 derselben Folgendes bestimmte:

„Alle zum täglichen Aufenthalt von Menschen bestimmten Wohnräume müssen in neuen Gebäuden wenigstens 8 Fuß (2,51 m) und wenn solche in vorhandenen Gebäuden neu angelegt werden, wenigstens $7^1/_2$ Fuß (2,35 m) lichte Höhe erhalten. Alle Wohn- und Schlafräume mit weniger als 9 Fuß (2,82 m) lichter Höhe müssen zur Herstellung eines gehörigen Luftwechsels mit passenden Einrichtungen und mindestens mit Fenstern zum Oeffnen in hinreichender Zahl und Größe und mit von innen zu heizenden Oefen versehen sein."

Offenbar sind diese Bestimmungen bei Abfassung der B. P. O. vom 15. Januar 1887 als ungenügend angesehen und das erscheint denn auch durchaus begründet. Es ist nicht einzusehen, weshalb an Räume, die zwar nicht zum Wohnen, wohl aber zu einem Aufenthalt dienen sollen, der dem in Wohnräumen mindestens gleichsteht, geringere Anforderungen zu stellen sein möchten.

Im Gegentheil könnte es fraglich sein, ob nicht für die Mehrzal derartiger Räume, insbesondere für Arbeitsräume, in denen vielfach eine größere Anzahl von Menschen während des ganzen Tages sich aufhält und daneben die Luft sich in Folge der vorgenommenen Arbeit leicht erheblich verschlechtert, eher noch ein Mehreres in gesundheitlicher Beziehung zu fordern sei.

Bei der Ausdehnuug der früher nur für Wohnräume gegebenen Vorschriften auf Räume, die zum dauernden Aufenthalt von Menschen bestimmt sind, wird vorzugsweise an die erwähnten und ähnliche Räume gedacht sein. Um nun diese den Wohnräumen gleich behandeln zu können, ist erforderlich:

1. daß einmal der betreffende Raum in einer Weise benutzt werden soll, die den Aufenthalt der darin verkehrenden Personen als einen nicht blos vorübergehenden erscheinen läßt,
2. daß weiter diese Benutzung nicht nur vereinzelt in größeren Zwischenräumen, sondern im Wesentlichen fortgesetzt und stetig, zum Mindesten in einer durch die konkreten Verhältnisse bedingten regelmäßigen Wiederholung erfolgt.

Treffen aber diese beiden Momente zusammen, so liegt ein dauernder Aufenthalt von Menschen im Sinne der B. P. O. vor; dagegen kann nicht verlangt werden, daß die einzelne Person, die in dem Raume zu verkehren hat, sich regelmäßig darin im Wesentlichen den ganzen Tag oder gar mehrere Tage hintereinander aufhält; wollte man das als Bedingung aufstellen, so würde selbst für Wohnräume der dauernde Aufenthalt von Menschen in vielen Fällen geleugnet werden müssen. Wie bei den Wohnräumen die Glieder der Familie als eine Gesammtheit aufgefaßt werden müssen, so auch bei Arbeitsräumen diejenigen Personen, denen der Raum als Arbeitsstätte dient. Vgl. O. V. G. E. vom 26. Mai 1893 IV 493 und vom 23. März 1888 P. V. Bl. IX S. 289.

c. Nach den vorstehenden Ausführungen gehören nun zu den zum dauernden Aufenthalte von Menschen bestimmten Räumen in erster Linie die Wohn- und Schlafräume (vgl. O. V. G. E. Bd. VIII S. 317) sowie die Küchen; ferner Restaurationsräume, gewerbliche Betriebsstätten oder Werkstätten, und zwar nicht nur, wenn in denselben thatsächlich täglich den ganzen Tag über gearbeitet wird, sondern auch dann, wenn es nach Art des Gewerbes nicht ausgeschlossen ist, daß die betreffenden Gewerbetreibenden je nach Bedürfniß bald längere bald kürzere Zeit ununterbrochen täglich den Raum zum Gewerbebetriebe benutzen. Von diesem Gesichtspunkte aus erscheint beispielsweise die Bestimmung eines zum Betriebe des Backofens einer Konditorei dienenden Raumes als keine nur zum vorübergehenden Aufenthalt von Menschen geplante. Denn geht das darin betriebene Geschäft gut — und damit muß gerechnet werden — so wird jedenfalls an den Wochentagen der Raum längere Zeit hindurch zum gewerblichen Betriebe benutzt, er ist dazu bestimmt. (Vgl. O. V. G. E. vom 27. November 1895 IV 1665 und vom 16. September 1887 Pr. V. Bl. IX S. 69).

Für Bäckereien werden übrigens sowohl die sogenannten Backstuben, wie die Räume, in welchen sich die Backöfen mit dem dazu gehörigen Schieberaum befinden, als z. d. A. v. M. b. Räume behandelt.

Die Errichtung eines Backofens in den unter der Herrschaft der B. P. O. vom 21. April 1853 als Wirtschaftskeller polizeilich genehmigten Kellerräumen stellt sich als eine Veränderung der vorhandenen baulichen Anlagen dar, auf welche die Regel des § 40 Absatz 1 der vorliegenden B. P. O. Anwendung findet, daß sie nach Maßgabe der nunmehr geltenden Vorschriften zu bewirken bezw. zu beurtheilen ist. Vgl. O. V. G. E. vom 20. April 1888 II 443.

Desgleichen erscheinen Räume, in denen Kessel für den Schlächtereibetrieb aufgestellt werden, z. d. A. v. M. bestimmt, zumal erfahrungsmäßig auch die Zubereitung des zum Verwursten bestimmten Fleisches in demselben Raume zu erfolgen pflegt, in dem der Wurstkessel sich befindet; ferner die zur Beherbergung von Fremden bestimmten Räume in Hotels, Restaurationsräume und dergl.; Räume, in welchen Dampfkessel und Dampfmaschinen aufgestellt werden, mit Ausnahme der Kessel- und Maschinenräume, wenn sie nur Heizungs-Lüftungs-, Beleuchtungs- und Aufzugsbetrieben dienen (§ 37 erster Absatz) sind im Allgemeinen als z. d. A. v. M. bestimmt zu erachten, es sei denn, daß die Anlagen eine ständige Wartung während des Betriebes nicht erfordern, wie dies beispielsweise in der Regel der Fall zu sein pflegt bei dynamo-elektrischen Maschinen oder Gasmotoren.

Oeffentliche Badeanstalten sind schon mit Rücksicht darauf, daß das bedienende Personal dauernd darin verweilt, als z. d. A. bestimmte Räume anzusehen. Hotelbadeanstalten, welche lediglich zur Benutzung der Hotelgäste dienen und bei denen ein stetiger, etwa tagelang oder auch nur viele Stunden des Tages andauernder Aufenthalt des Personals in den Baderäumen im Allgemeinen nicht stattzufinden pflegt, werden im Allgemeinen nicht als z. d. A. v. M. bestimmte Räume zu behandeln sein. Vgl. O. V. G. E. vom 10. September 1889 P. V. Bl. XI S. 56.

Bezüglich der Behandlung der Waschküchen vgl. Anm. 31, der Kellerräume vgl. Anm. 26.

d. Ist die Genehmigung zur Errichtung eines Ofens oder Heerdes oder Backofens in einem z. d. A. v. M. nicht geeigneten (Keller-) Raume beantragt und ist nach Lage der Gesammtverhältnisse anzunehmen, daß thatsächlich die Anlegung einer Wohnung oder einer Küche oder die Einrichtung eines Arbeitsraumes, nicht bloß eines Lagerraumes beabsichtigt wird, der mit Rücksicht auf die zu lagernden Gegenstände einer gewissen Erwärmung bedarf, so ist die Polizei sehr wohl befugt, die Genehmigung zur Anlage des Ofens bezw. des Backofens für eine Bäckerei zu versagen.

Wenn verschiedene Arten der Benutzung eines Raumes in Frage stehen und die der Polizeibehörde zur Genehmigung unterbreiteten Vorlagen über die beabsichtigte Benutzung nichts erkennen lassen, so kann nur die Art der Benutzung, für welche geringere Anforderungen zu stellen sind, für genehmigt gelten, ohne daß es nöthig wäre, dies ausdrücklich auszusprechen, z. B. zu erklären, daß nur der Gebrauch zu Wirtschaftszwecken genehmigt sei. Die Genehmigung der an schärfere Bedingungen geknüpften Benutzungsart kann nur dann als vorliegend erachtet werden, wenn die Absicht dieser Benutzung erkennbar gemacht ist. O. V. G. E. v. 14. Oktober 1897, IV 1719.

e. Es mag in diesem Zusammenhange auch auf die Bestimmung im § 14 der Bekanntmachung des Reichskanzlers, betr. allgemeine polizeiliche Bestimmungen über die Anlegung von Dampfkesseln vom 5. August 1890 (R. G. Bl. S. 163), hingewiesen werden, wonach Dampfkessel, welche für mehr als sechs Atmosphären Ueberdruck bestimmt sind, und solche, bei welchen das Produkt aus der feuerberührten Fläche in Quadratmetern und der Dampfspannung in Atmosphären Ueberdruck mehr als dreißig beträgt, unter Räumen, in welchen Menschen sich aufzuhalten pflegen, nicht aufgestellt werden dürfen. Ein Verstoß gegen diese Bestimmungen liegt nicht nicht nur dann vor, wenn Theile des Kessels der a. a. O. bezeichneten Art, oder des Kesselmauerwerks unter bewohnten Räumen liegen, sondern auch dann, wenn bewohnte Räume oder gewölbte oder feste Balken-Decken sich über irgend einem Theile des Kesselbetriebsraumes befinden. Namentlich darf also nicht geduldet werden, daß so belegene Räume zum dauernden Aufenthalte von Menschen benutzt werden. M. Erl. v. 16. Mai 1899, M. f. H. u. G. B 4742. Innerhalb solcher Räume ist ihre Aufstellung unzulässig, wenn dieselben überwölbt oder mit fester Balkendecke versehen sind. Balkendecken sind als feste anzusehen, wenn außer den Dachträgern besondere durch die Dachkonstruktion nicht bedingte Balken oder Träger über dem Kessel eingebaut werden sollen, oder die zwischen den Dachträgern befindlichen Räume durch feste Bohlendecken, Gewölbe oder dergl. geschlossen werden. Leichte Verschalungen der Dachflächen sind zulässig. (Vgl. M. E. vom 25. März 1897, M. Bl. d. i. V. S. 85). An jedem Dampfkessel, welcher unter Räumen, in welchen Menschen sich aufzuhalten pflegen, aufgestellt wird, muß die Feuerung so eingerichtet sein, daß die Einwirkung des Feuers auf den Kessel sofort gehemmt werden kann. Dampfkessel, welche aus Siederöhren von weniger als 10 cm Weite bestehen, unterliegen diesen Bestimmungen nicht. Die Genehmigung zur Aufstellung der Sektional-Wasserröhren-Dampfkessel der Firma Balcock und Wilcox Ltd., deutsche Abtheilung zu Berlin, unter bewohnten Räumen ist, wenn nicht besondere Verhältnisse eine von dem Minister für Handel und Gewerbe zu ertheilende ausnahmsweise Genehmigung gerechtfertigt erscheinen lassen, zu versagen. Erl. d. M. f. H. u. G. v. 25. April 1898, M. Bl. d. i. V. S. 100. Vgl. im Uebrigen die Anmerkungen zu §§ 18 und 24 R. G. O. S. 17 und 20.

f. Zu den z. d. A. v. M. b. Räumen gehören auch die zum Aufenthalt für die Gäste bestimmten Räume der Gast- und Schankwirtschaften. § 33 der R. G. O.

In Ergänzung der zu diesem § auf Seite 28f. des Werkes enthaltenen Bemerkungen sind hier nachzutragen die Bestimmungen unter Ziffer 40 bis 43 der neuen Anweisung vom 9. August 1899 zur Ausführung der Gewerbeordnung Titel I, II, IV, V betr. die dem Antrage auf Genehmigung der Gast- und Schankwirthschafts-koncession beizufügenden Unterlagen pp.:

40. Den Anträgen auf Ertheilung der in den §§ 33 und 33a gedachten Genehmigungen ist eine Handzeichnung nebst Beschreibung von dem zum Betriebe des Gewerbes bestimmten Lokale in zwei Exemplaren beizufügen. Die Beifügung kann unterbleiben, wenn die den nachstehenden Vorschriften entsprechenden Unterlagen aus Anlaß einer früher ertheilten Genehmigung bei der genehmigenden Behörde bereits vorhanden sind.

Aus den Vorlagen muß hervorgehen:

a. Der vollständige Name, der Stand und der Wohnort des Antragstellers.

b. Die Bezeichnung des Grundstücks, auf dem das Lokal sich befindet nach Ortschaft, Straße, Hausnummer, oder sonst ortsüblicher Weise.

c. Die Lage, Beschaffenheit der zum Gewerbebetriebe bestimmten Räume, insbesondere auch nach Flächeninhalt und Höhe, ferner die Gewerbebestimmung der einzelnen Räume und deren Einrichtung im Allgemeinen.

Für die Handzeichnung ist ein Maßstab zu wählen, welcher eine deutliche Anschauung gewährt; der Maßstab ist auf der Zeichnung einzutragen. Die Zeichnungen sind von dem Antragsteller zu unterschreiben.

41. Der Antrag ist bei der Ortspolizeibehörde einzureichen. Diese hat nöthigenfalls nach Anfrage bei der genehmigenden Behörde zu prüfen, ob gegen die Vollständigkeit der Vorlagen etwas zu erinnern ist; finden sich Mängel, so ist der Antragsteller zur Ergänzung zu veranlassen.

42. Ueber den Antrag hat unter Mittheilung der Vorlagen die Gemeindebehörde und sodann die Ortspolizeibehörde sich gutachtlich zu äußern.

Betreffs der an das Lokal zu stellenden Anforderungen verbleibt es bei den bestehenden Vorschriften.

43. Wird die Genehmigung im Beschlußverfahren ertheilt, so bedarf es eines besonderen Bescheides nicht. Die Behörde fertigt vielmehr alsbald die Genehmigungsurkunde aus; in allen anderen Fällen erfolgt deren Ausfertigung erst, wenn eine rechtskräftige oder endgiltige Entscheidung vorliegt.

In der Urkunde sind die Art des Gewerbebetriebes sowie etwaige Einschränkungen genau zu bezeichnen. Die von dem Antragsteller eingereichten Zeichnungen nebst Beschreibungen sind mit den Ausfertigungen durch Schnur und Siegel zu verbinden. Sind Zeichnungen u. s. w. nicht eingereicht (Ziffer 40, Absatz 2) so genügt die Bezugnahme auf die früher ertheilte Genehmigungsurkunde.

Eine Ausfertigung der Genehmigungsurkunde ist dem Antragsteller, die andere der Ortspolizeibehörde zu übersenden.

Vor Aushändigung der Urkunde ist der Betrieb der Regel nach nicht zu gestatten.

2. **Rechtsverhältniß der bei Veröffentlichung (am 23. Januar 1887) der B. P. O. vom 15. Januar 1887 vorhandenen, z. d. A. v. M. bestimmten Räume:**

a. Vor Erlaß der B. P. O. vom 21. April 1853 gab es allgemeine polizeiliche Vorschriften über die Beschaffenheit, insbesondere die Höhe der z. d. A. v. M. bestimmten Räume nicht.

Die B. P. O. vom 21. April 1853 enthielt im § 88 (vgl. Anm. 1 b) besondere Anforderungen in gesundheitlicher Beziehung auch nur für „alle zum täglichen Aufenthalt von Menschen bestimmten Wohnräume sowie für Schlafräume." Der erstere Ausdruck ist nicht mit dem zuerst im § 37 der B. P. O. vom 15. Jan. 1887 gebrauchten Ausdruck „zum dauernden Aufenthalte von Menschen bestimmte Räume" zu identifiziren und sind daher auch Geschäfts- oder Arbeitsräume nicht zu den „zum täglichen Aufenthalt von Menschen bestimmten Wohnräumen" im Sinne jenes § 88 zu rechnen. Für die Beschaffenheit von Geschäfts- oder Arbeitsräumen gab es demnach vor Erlaß der B. P. O. vom 15. Januar 1887 keinerlei allgemeine Bestimmungen und zwar selbst für den Fall nicht, wenn die betreffenden Räume im Kellergeschosse angelegt waren. Vgl. § 89 der B. P. O. vom 21. April 1853 und O. V. G. E. vom 17. Oktober 1890 IV 1082.

b. Mit Rücksicht auf die gekennzeichnete Lage der gesetzlichen Bestimmungen wird bei der Beurtheilung der Frage, ob und inwieweit Gebäude oder Gebäudetheile, welche bei Erlaß der B. P. O. vom 15. Januar 1887 bereits vorhanden waren, z. d. A. v. M. fernerhin benutzt werden dürfen, zunächst zu unterscheiden sein, ob die betreffenden Räume jetzt als Wohn- bezw. Schlafräume oder lediglich als Geschäfts- und Arbeitsräume benutzt werden bezw. benutzt werden sollen.

Im ersteren Falle ist zunächst festzustellen, ob die fraglichen Räume zu diesen Zwecken genehmigt sind. Denn da § 88 der B. P. O. von 1853 die Benutzung als Wohn- und Schlafräume von der Erfüllung gewisser Bedingungen in Bezug auf die Höhe und sonstige Einrichtung abhängig macht und dadurch zu erkennen giebt, daß diese Benutzung nicht als etwas baupolizeilich gleichgültiges und dem Belieben des Hausbesitzers überlassenes betrachtet wird, hatte dieser schon damals die Pflicht, sich diese Erlaubniß zu erwirken. O. V. G. E. v. 14. October 1897 — IV 1719. Ist dies der Fall, so hat es dabei sein Bewenden, d. h. die Räume können auch ferner z. d. A. v. M. benutzt werden. In dieser Beziehung geben die genehmigten Zeichnungen einen positiven Anhalt dann, wenn in denselben die qu. Räume mit Feuerungsanlagen ausgestattet sind.

Andererseits bieten die Zeichnungen einen bestimmten negativen Anhalt dann, wenn die Räume ausdrücklich als Wirthschaftskeller, Lagerkeller, Bodenräume und dergl. bezeichnet sind oder wenn in denselben Feuerungsanlagen nicht angegeben sind, während solche in den übrigen bewohnten Räumen in derselben Zeichnung vorhanden sind. In solchen Fällen sind die Räume in Bezug auf ihre Benutzbarkeit als Wohn- bezw. Schlafräume nach § 37 der B. P. O. zu beurtheilen.

Ergeben die Akten keinen Anhalt, indem Zeichnungen nicht vorhanden oder in den vorhandenen überall keine Feuerungsanlagen angegeben sind, so bedarf es der Feststellung, ob die Räume am 23. Januar 1887 zu Wohn- bezw. Schlafzwecken benutzt wurden oder nicht. War Ersteres der Fall und entsprechen die Räume den zur Zeit ihrer Herstellung maßgebenden baupolizeilichen Vorschriften, so dürfen sie auch ferner z. d. A. v. M. benutzt werden; andernfalls, d. h. wenn auch nur eine dieser beiden Voraussetzungen nicht zutrifft, sind sie nach der jetzigen B. P. O. zu beurtheilen.

Als Geschäfts- und Arbeitsräume können zunächst alle diejenigen Räume benutzt werden, welche ausdrücklich dazu oder als Wohn- bezw. Schlafräume genehmigt sind, ferner aber auch alle diejenigen, welche am 23. Januar 1887 dazu thatsächlich benutzt wurden. Der Umstand, daß solche Räume etwa später eine Zeit lang wieder nicht z. d. A. v. M. benutzt worden sind, entzieht ihnen die bei Veröffentlichung der B. P. O. vom 15. Januar 1887 zu Recht bestandene Eigenschaft nicht.

Die vorstehenden Gesichtspunkte sind selbstverständlich dann nicht maßgebend, wenn überwiegende Gründe der öffentlichen Sicherheit die Anwendung der Vorschriften der nunmehrigen B. P. O. (§ 40 Ziffer 4) unerläßlich und unaufschiebbar machen.

Wenn für Räume, welche bis zum Erlaß der B. P. O. vom 15. Januar 1887 z. d. A. v. M. bereits benutzt waren, die Erlaubniß zur Vornahme baulicher Aenderungen nachgesucht wird, wird polizeilicherseits lediglich zu prüfen sein, ob dieselben den Bestimmungen der B. P. O. in bautechnischer Beziehung entsprechen. Der Umstand, daß die Räume den Vorschriften des § 37 der jetzigen B. P. O. nicht entsprechen, wird in der Regel keinen Anlaß geben können, die Weiterbenutzung der Räume zu Zwecken des dauernden Aufenthaltes von Menschen zu untersagen, sofern nicht die Anwendung der Bestimmung des § 40 Ziffer 4 geboten erscheint.

3. **Rechtsverhältniß der aus älterer Zeit stammenden Entresolwohnungen und Hängeböden.**

I. Nach älterem örtlichen Rechte bedurfte es zur Einrichtung einer sogenannten Entresolwohnung nicht einer vorgängigen polizeilichen Erlaubniß. Erst der § 88 der B. P. O. vom 21. April 1853 bestimmte, daß alle zum täglichen Aufenthalte von Menschen bestimmten Wohnräume in neuen Gebäuden mindestens 8 Fuß lichte Höhe erhalten müssen. Nach § 117 jener B. P. O. und § 40 Abs. 4 der B. P. O. v. 15. Januar 1887 und der vorliegenden B. P. O. kann daher das weitere Bewohnen von älteren, vor 1853 bewohnten Entresolräumen nur untersagt werden, wenn überwiegende Gründe der öffentlichen Sicherheit die Räumung als unerläßlich und unaufschiebbar erscheinen lassen. Vgl. O. V. G. E. vom 13. November 1884, P. V. Bl. VI S. 156 und vom 13. Mai 1890 P. V. Bl. XI S. 561. Die fernere Benutzung von Entresolräumen, die erst während der Gültigkeit der B. P. O. vom 21. April 1853 eingerichtet bezw. als Wohnräume in Benutzung genommen worden sind, ist nur dann zulässig und gegen ein polizeiliches Einschreiten geschützt, wenn die zu Wohnzwecken benützten Entresolräume den Bestimmungen des § 88 jener B. P. O. entsprechen.

II. Die Behandlung der Hängeböden, dieser spezifisch Berliner Einrichtung zur Unterbringung der Dienstboten, hat in der Praxis viel geschwankt.

Aus der Judikatur und der beim P. Pr. in dieser Hinsicht üblichen Praxis mag Folgendes hervorgehoben werden:

a) Die Benutzung von Hängeböden, welche vor Erlaß der B. P. O. von 1853 eingerichtet worden sind, z. d. A. v. M. kann nur auf Grund des § 40 Ziffer 4 der B. P. O. untersagt werden.

b) Sind in einem nach 1853 aber vor Erlaß der B. P. O. von 1887 erbauten Hause Hängeböden vorhanden, so kann allein aus dem Fehlen der Hängebodeneinrichtung in der bei den Acten befindlichen Bauzeichnung nicht zu Ungunsten des Eigenthümers gefolgert werden, daß der jetzt vorhandene Zustand schon um deswillen als ein illegaler zu behandeln sei; denn nach der B. P. O. vom 21. April 1853 bedurfte es keiner besonderen ausdrücklichen Erlaubniß für die Einrichtung von Hängeböden; auch hat die Praxis des P. Pr. unter der Herrschaft jener B. P. O. die Anlegung der Hängeböden der freien Entschließung des Grundstückseigenthümers überlassen und bei der Gebrauchsabnahme als eine alte Berliner Einrichtung regelmäßig unbeanstandet gelassen.

Ein illegaler Zustand liegt im einzelnen Falle mithin nur dann vor, wenn er auch nach den Bestimmungen der B. P. O. von 1853, insbesondere dem § 88 derselben (siehe Anm. 1a) unzulässig war. Nimmt man an, daß die Schlafräume im zweiten Satz des § 88, nicht unter den im ersten Satz aufgeführten „zum täglichen Aufenthalt von Menschen bestimmten Wohnräumen" mit einbegriffen seien, daß sie vielmehr als besonders qualificirte Räume neben den Wohnräumen aufgeführt sind, daß also darunter Räume verstanden sind, in welchen Personen, die ihr Wohnungsbedürfniß (wie die Dienstboten) anderswo befriedigen, lediglich zu Schlafzwecken sich aufhalten, so ergiebt sich zwar, daß für solche Schlafräume dann eine bestimmte Minimalhöhe nicht vorgeschrieben ist, daß aber bei solchen Schlafräumen, falls sie weniger als 9 Fuß lichte Höhe haben, für Herstellung eines gehörigen Luftwechsels durch Fenster zum Oeffnen in hinreichender Zahl und Größe gesorgt sein muß. Diese rechtliche Beurtheilung, auf welche zuerst in der O. V. G. E. vom 11. Januar 1896 — IV 75 — hingewiesen worden ist, ist neuerdings von dem P. Pr. als die in Zukunft zu beachtende angenommen worden mit der Maßgabe, daß die Hängeböden, um überhaupt einen Aufenthalt von Menschen noch allenfalls zu ermöglichen, in jedem Falle mindestens eine lichte Höhe von 1,60 m haben müssen. Außerdem sind also hinreichend große, ins Freie führende Fenster erforderlich.

c) Hängeböden, welche unter der Herrschaft der B. P. O. v. 15. Januar 1887 eingerichtet worden sind, müssen den im § 37 derselben für die zum dauernden Aufenthalte von Menschen bestimmten Räume gegebenen Vorschriften entsprechen. Durch die Festsetzung der lichten Höhe derartiger Räume auf 2,80 m ist die Anlegung von zum Schlafen der Dienstboten bestimmten Hängeböden erheblich erschwert.

d) Ein Hängeboden ist kein gesondert genutzter Gebäudetheil im Sinne der Ziffer 7 des § 37, vgl. Anm. 32. Die Benutzung eines solchen zum Schlafen kann daher auf Grund dieser Bestimmung nicht deswegen polizeilich untersagt werden, weil er mit der übrigen Wohnung nicht durch eine feststehende, unverbrennliche Treppe in Verbindung steht und somit zum dauernden Aufenthalt von Menschen nicht geeignet erscheint. Die Untersagung der Benutzung würde sich in einem derartigen Falle aber auch nicht aus sicherheitspolizeilichen Rücksichten aus § 10 II 17 A. L. R. begründen lassen. Eine gefahrfreie Zugänglichkeit muß indeß unbedingt gefordert werden.

Die Neuanlage von Hängeböden ist bei Einreichung des Baugesuchs durch Querschnitte zu erläutern.

4. **Polizeiliches Einschreiten gegen zum dauernden Aufenthalte von Menschen nicht geeignete Räume.**

a. Erscheint nicht sowohl der Zustand eines Gebäudes an sich als polizeiwidrig, sondern eine bestimmte Benutzung desselben, so kann die Einstellung dieser Benutzung oder eine entsprechende Abänderung der Baulichkeit (d. h. Versetzung derselben in einen den d. A. v. M. gestattenden Zustand) dem Eigenthümer auch in dem Falle aufgegeben werden, daß er die polizeiwidrige Benutzung nicht selbst vornimmt, sondern seitens eines Miethers oder sonstiger Gebrauchsberechtigten geschehen läßt. O. V. G. E. vom 27. Januar 1888 P. V. Bl. IX S. 262 X S. 37 und vom 28. Februar 1884 a. a. O. V. 221.

b. Der öffentlich-rechtlichen Verpflichtung des Eigenthümers, sein Haus in einem polizeilichen Zustande zu erhalten und auch die Benutzung desselben so einzurichten, daß die polizeilich zu schützenden Interessen — insbesondere Leben und Gesundheit — nicht gefährdet werden, sind allerdings in Bezug auf abgeschlossene Miethsräume gewisse aus dem Recht des Miethers von selbst folgende Schranken gezogen und bei dem Erlasse polizeilicher Verfügungen, welche die Räumung oder die Instandsetzung vermietheter Räume anordnen, wird auf jene Schranken unter Umständen Rücksicht zu nehmen sein. Es wird davon auszugehen sein, daß der aus der Natur der Sache sich ergebende Satz, daß eine polizeiliche Verfügung nichts Unmögliches verlangen darf, nicht nur die Fälle umfaßt, in denen das Verfügte thatsächlich nicht ausgeführt werden kann, sondern auch diejenigen, in denen sich die Ausführung aus rechtlichen Gründen als unthunlich erweist. (O. V. G. E. vom 10. März 1884 P. V. Bl. V S. 227.) Bei der Weigerung eines Miethers nun, die Wohnung, deren Räumung oder Instandsetzung dem Eigenthümer polizeilich aufgegeben war, zu räumen bezw. ihre Instandsetzung zu dulden, ist der Eigenthümer, wenn er nicht durch Selbsthülfe rechtswidrig in den Besitz des Miethers eingreifen will, außer Stande, in jene ohne Weiteres gegen den Willen des Miethers zu gelangen und sie räumen oder instandsetzen zu lassen. (O. V. G. E. Bd. XXIV S. 384.) Wenn allerdings diese Benutzung dem Miethsvertrage zuwiderläuft (wenn z. B. Lokalitäten, die ausdrücklich als Lagerräume vermiethet sind bezw. deren Nichtbewohnen kontraktlich ausbedungen ist, gleichwohl zum Wohnen benutzt werden), ist der Vermiether berechtigt nach fruchtlos erfolgter Abmahnung, entweder auf Unterlassung des vertragswidrigen Gebrauchs zu klagen (§ 550 B. G. B.) oder, sofern der vertragswidrige Gebrauch seine Rechte in erheblichem Maße verletzt, ohne Einhaltung einer Kündigungsfrist das Miethsverhältniß zu kündigen (§ 553 B. G. B., vgl. § 387 A. L. R. I 21 u. O. V. G. E. v. 27. Juni 1894 P. V. Bl. XVI S. 186). Den Erfolg eines derartigen Vorgehens abzuwarten, würde aber im Allgemeinen mit den polizeilichen, eine schnelle Erledigung erheischenden Interessen kaum vereinbar sein. Handelt es sich nicht um die Räumung kontraktwidrig benutzter Räume, sondern um die Instandsetzung vermietheter Räume, so würde der Vermiether im Civilprozeßwege die Duldung der polizeilich angeordneten Instandsetzungsarbeiten dem Miether gegenüber überhaupt nicht erstreiten können. Nun können aber privatrechtliche Abmachungen, wie ein Miethsvertrag, die Behörde unter keinen Umständen hindern, die im öffentlichen Interesse für geboten erachteten, rechtlich begründeten Anordnungen wie dem Hauseigenthümer so auch dem Miether gegenüber durchzuführen. (Vgl. O. V. G. E. Bd. I S. 363, Bd. XVI S. 393, Bd. XXIV S. 384, vom 10. März 1884, P. V. Bl. V S. 227, vgl. auch O. V. G. E. Bd. XXI S. 416 und vom 7. Januar 1893 P. V. Bl. XIV S. 442.) Wenn daher nach Lage der Verhältnisse anzunehmen ist, daß die von der an den Eigenthümer gerichteten Räumungs- oder Instandsetzungsverfügung betroffenen Miether derselben freiwillig nicht Folge geben werden, wird es zweckdienlich sein, direkt den Miethern die Räumung der betreffenden Lokalitäten bezw. wenn der Fall dazu angethan ist, alternativ die Duldung ihrer Instandsetzung innerhalb einer angemessenen Frist unter Androhung von Zwangsmitteln aufzugeben, gleichzeitig aber dem Eigenthümer ebenfalls unter Androhung von Zwangsmitteln zu verbieten, die Räume in ihrem jetzigen Zustande fernerhin je nach Lage der Verhältnisse, sei es überhaupt, sei es z. d. A. v. M. zu benutzen oder benutzen zu lassen (d. h. wieder zu vermiethen), bezw. ihm alternativ die Instandsetzung der Räume aufzugeben. Das Gebot, eine bereits geräumte Wohnung in gehörigen Stand zu setzen, geht über dasjenige hinaus, was die auf die Verhütung von Gefahren angewiesene Polizeibehörde anzuordnen hat. O. V. G. E. vom 27. 6. 1894. Pr. V. Bl. XV S. 560 und vom 28. März 1896 IV 538.

c. Die an den Miether gerichtete, die Räumung einer Wohnung anordnende Verfügung greift unmittelbar auch in die gesetzlich geschützten Interessen des Vermiethers, und stehen daher auch dem letzteren, sofern er in seinen Rechten verletzt zu sein glaubt, die Rechtsmittel der §§ 127, 128 L. V. G. gegen die an den Miether gerichtete Verfügung zu und zwar selbst dann, wenn ihm diese nicht abschriftlich mitgetheilt sein, oder er selbst keine entsprechende Verfügung erhalten haben sollte (vgl. O. V. G. E.

Bd. XXIII S. 320, auch Bd. I S. 327, Bd. III S. 218, Bd. V S. 412, Bd. VII S. 310). — Bezüglich der Berechtigung des Eigenthümers polizeiliche Hülfe gegen eine polizeiwidrige Benutzung von Räumen in Anspruch zu nehmen vgl. O. V. G. E. vom 27. Juni 1894 P. V. Bl. XVI S. 186. — Hat wegen dringender Gefahr die Räumung erfolgen müssen, so bedarf es zur Auflösung des Miethsverhältnisses nicht der vorherigen Kündigung; der Miethsvertrag ist vielmehr ohne Weiteres wegen Unmöglichkeit der Erfüllung aufgehoben. Entsch. d. Obertribunals Bd. III S. 15.

Wenn Räume in einem Hause wegen fehlender baupolizeilicher Genehmigung z. d. A. v. M. nicht benutzt werden dürfen, so ist dies ein physischer (§ 343 A. L. R. I 5, B. G. B. § 537) kein juristischer Mangel (§ 344 A. L. R. I 5, B. G. B. § 541) Erk. d. Reichsger. V. Civils. vom 21. November 1896, P. V. Bl. XVIII S. 138.

d. Bei einem Einschreiten gegen die Benutzung von z. d. A. v. M. nicht geeigneten Räumen wird den polizeilich zu schützenden Interessen genügt, wenn die Benutzung der ungeeigneten bezw. für gesundheitsgefährlich erachteten Räume verboten und die Befolgung des Verbots gesichert wird. Eine weitere Anordnung dahingehend, auch das Mobiliar aus den betreffenden Räumen herauszubringen, geht auch dann über die dem polizeilichen Einschreiten gezogenen Grenzen hinaus, wenn sich ein ordnungsmäßiges Instandsetzen der Räume thatsächlich nicht anders bewerkstelligen läßt, als wenn die letzteren vom Mobiliar geräumt werden und die Hinausschaffung der Möbel nur zu dem Zwecke verlangt wird, um die Instandsetzung zu ermöglichen. (O. V. G. E. Bd. XXVIII S. 401, P. V. Bl. XVI S. 600.) Wenn es sich indeß darum handelt, die angeordnete Räumung zu einer dauernd wirksamen zu machen, und Umstände für die Annahme sprechen, daß dies bei dem Belassen der Möbel in den verbotenen Räumen nicht zu erreichen ist, wird die Polizeibehörde auch für befugt zu erachten sein, auch die Hinausschaffung der Möbel anzuordnen. — In gleicher Weise ist, wenn Räume, welche nach Lage der gesetzlichen Bestimmungen nicht z. d. A. v. M. benutzt werden dürfen, um sie bewohnbar zu machen, ohne polizeiliche Genehmigung mit Oefen versehen sind, die Behörde befugt, nicht nur die Benutzung der Räume z. d. A. v. M. zu verbieten, sondern auch, um ihre Maßregel zu einer dauernd wirksamen zu machen, die Beseitigung der Feuerungsanlagen aus denselben anzuordnen, vorausgesetzt, daß thatsächlich die Oefen zu dem Zwecke gesetzt sind, und nicht nachgewiesen wird, daß der sonstige genau bestimmte Zweck, für welchen der Raum benutzt werden soll, ohne dessen Erwärmung nicht erfüllt werden kann. (O. V. G. E. vom 4. Juli 1894 P. V. Bl. XVI S. 186, E. Bd. XIX S. 37, sowie vom 13. November 1884, vom 22. Januar 1885 II 87 und vom 13. Mai 1896 IV 803.)

e. Bezüglich der Voraussetzungen der civilrechtlichen Haftung dafür, daß Wohn- oder Arbeitsräume als solche auch benutzt werden dürfen, vgl. Reichsgerichtserkenntniß (V Civils.) vom 15. April 1899, Pr. V. Bl. XX S. 391.

5. Die im einzelnen aufgeführten Arten von Räumen erschöpfen demnach keineswegs den Begriff der nicht zum dauernden Aufenthalt von Menschen bestimmten Räume; vielmehr können unter diesen Begriff sehr wohl auch anderen Benutzungszwecken dienende Räumlichkeiten fallen. Andererseits sichert die etwa aus der Bauzeichnung oder aus der baulichen Einrichtung sich ergebende Zweckbestimmung eines Raumes, der sich demnach zweifellos als nicht zum dauernden Aufenthalt von Menschen bestimmt charakterisirt, denselben nicht gegen ein polizeiliches Einschreiten im Falle mißbräuchlicher Benutzung. Aus sanitären Rücksichten dürfen Küchen der Gastwirthschaften und Restaurants, Werkstätten der Bäcker, Konditoren, Schlächter und Wurstfabrikanten, überhaupt Werkstätten zur Herstellung, Verpackung rc. von Nahrungs- und Genußmitteln nicht als Schlafräume benutzt werden.

6. Vgl. § 16.

7. Vgl. § 37 Ziffer 6.

8. Vgl. Anm. 1 c und § 25.

9. Weil derartige Betriebe im Allgemeinen keine dauernde Bedienung erheischen.

10. Die Ausnahme entspricht einem unzweifelhaften Bedürfnisse der fraglichen Betriebe.

11. Das „lediglich" schließt selbstverständlich eine zeitweilige oder vorübergehende Beschäftigung von Menschen in den zur Lagerung von Waaren und zur Aufbewahrung von Gegenständen bestimmten Räumen nicht aus, da das Lagern und Wiederhinausschaffen von Waaren naturgemäß eine zeitweilige Anwesenheit von Menschen in jenen Räumen bedingt. Findet indeß in den Lager- oder Aufbewahrungsräumen eine dauernde Beschäftigung von Arbeitern oder Kontoristen statt, oder dienen jene Räume gleichzeitig als Verkaufsräume, die die dauernde Anwesenheit einer oder mehrerer den Verkauf vermittelnder Personen erforderlich machen, können dieselben nicht mehr als nicht z. d. A. v. M. b. Räume angesehen werden.

12. Ausnahmen von diesen Bestimmungen zuzulassen, ist das P. Pr. nicht befugt, es kann vielmehr nur die Gewährung eines Dispenses in Frage kommen.

13. Die Anlegung von 6 oder mehr Geschossen ist somit an sich nicht ausgeschlossen, sofern nur nicht mehr als 5 übereinanderliegende zum dauernden Aufenthalte von Menschen bestimmt sind. Keller und Dachgeschosse, welche zum dauernden Aufenthalte von Menschen benutzte Räume enthalten, sind in die Zahl 5 mit einzurechnen. Es genügt, daß das Geschoß einen zum d. A. v. M. bestimmten Raum enthält, und ist es keineswegs erforderlich, um die Anwendung der gesetzlichen Bestimmung zu rechtfertigen, daß es ganz oder doch überwiegend dem genannten Zwecke dient. Ganz unerheblich ist es, ob die in den einzelnen Geschossen belegenen z. d. A. v. M. bestimmten Räume übereinander liegen. O. V. G. E. vom 4. Mai 1899 IV 773.

14. Auch dann nicht, wenn die zu dauerndem Aufenthalte von Menschen bewohnten Räume im Dachgeschoß liegen.

15. Eine Fensterfläche von $^1/_7$ der Grundfläche kann bei Berliner Zimmern oder anderen zu dauerndem Aufenthalt von Menschen bestimmten Räumen nicht ohne Weiteres gefordert werden; entscheidend ist vielmehr in jedem Falle, ob die Fenster nach ihrer Größe und Lage eine ausreichende Beleuchtung und Belüftung gewähren.

16. So würde beispielsweise die Anbringung von Fenstern in Wohnräumen unmittelbar unter der Decke über Kopfhöhe beginnend im Allgemeinen ebensowenig als eine zweckmäßige Lage erachtet werden können, wie Anbringung nicht besonders hoher Fenster unmittelbar über dem Fußboden, in der Decke (vgl. Anm. 18) oder in einer Ecke des Raumes, die Fenster müssen vielmehr den Zweck, den Raum ausreichend zu erleuchten und zu lüften, auch thatsächlich erfüllen.

17. Bezüglich der unmittelbaren Licht- und Luftzuführung vgl. § 25 Anm. 5 S. 217. Ob die Anforderung als erfüllt anzusehen ist, wird sich nur nach Lage des einzelnen Falles beurtheilen lassen, keinesfalls schließt die Bestimmung den Vorbau von Loggien oder dergl. grundsätzlich aus. (Vgl. O. V. G. E. v. 26. Mai 1893.)

18. Demnach ist die Anbringung der Fenster in der Decke als eine zweckmäßige Lage derselben im Allgemeinen nicht anzusehen. Nur wenn sowohl die Lage als die Zweckbestimmung der Räume (beide Momente zusammen) eine Beleuchtung unmittelbar von oben bedingen, dürfen die letzteren durch Deckenlicht erhellt werden. Das „Bedingen" wird nicht zu engherzig aufgefaßt werden dürfen, wenn nicht die Anwendung der an sich überaus zweckmäßigen Bestimmung durch eine sachwidrige Handhabung derselben verkümmert werden soll. Andererseits enthält die Fassung der Bestimmung für die Polizeibehörde die bindende Direktive, die Ausnahme nur nach gewissenhafter Prüfung der besonderen, dieselbe rechtfertigenden Verhältnisse des einzelnen Falles zuzulassen. Es können hierbei in Betracht kommen sowohl Räume, die unmittelbar unter dem Dache liegen, als auch Räume in dem

obersten Stockwerk eines Gebäudes unterhalb des Dachgeschosses, denen Deckenlicht durch einen den Bestimmungen des § 17 entsprechenden Lichtschacht zugeführt werden soll. Der Lichtschacht muß in diesem Falle aber von ausreichender Größe, d. h. genügendem Querschnitt sein.

19. Hierbei werden alle diejenigen Theile des Raums, welche die Durchschnittsgröße eines Menschen, 1,60 m nicht erreichen, außer Betracht gelassen, da in ihnen ein dauernder Aufenthalt von Menschen überhaupt ausgeschlossen ist.

20. Im gesundheitspolizeilichen Interesse wird die Erhöhung des Minimalmaßes der zum dauernden Aufenthalte von Menschen bestimmten Räume gewiß von 2,50 m auf 2,80 m im Allgemeinen nur mit besonderer Befriedigung begrüßt werden können. Sie ist von vielen Seiten, namentlich auch von den Vertretungen des Baugewerbes wiederholt als ein dringendes Bedürfnis bezeichnet und angestrebt worden. In der Praxis wird das erhöhte Maß im Allgemeinen kaum als eine Verschärfung empfunden werden, da Wohn- und Arbeitsräume bei Neubauten und zwar selbst in den einfachsten und entlegensten Stadttheilen in neuerer Zeit ohnehin eine das nunmehr geforderte Maß übersteigende lichte Höhe zu erhalten pflegen.

21. Diese durch die B. P. O. vom 15. Januar 1887 zuerst eingeführte Bestimmung hat eine wesentliche Verbesserung der in den Erdboden eingesenkten Wohnungen (der Kellerwohnungen) im Gefolge gehabt.

22. Oberfläche des Bürgersteiges oder des Hofes, in anderen B. P. O. auch wohl als Erdboden oder Terrainhöhe bezeichnet, bedeutet das nicht überbaute Terrain (die obere Fläche), welches das bebaute Terrain umgiebt. Ob der nicht überbaute Hof unterkellert ist, macht also keinen Unterschied; in diesem Falle bildet die Oberfläche der Unterkellerung zugleich die Oberfläche des Hofes, von der ab die Tiefe der Einsenkung zu berechnen ist. Vgl. O. V. G. E. vom 9. September 1890 IV 922.

23. Der Bauherr hat also bei Erfüllung der Bedingungen ein Recht auf Zulassung der tieferen Einsenkung.

24. Es genügt also nicht, daß etwa vor jedem einzelnen Fenster der in den Erdboden eingesenkten Räume ein besonderer Lichtschacht angelegt wird, vielmehr muß der Lichtgraben an der ganzen Außenwand der eingesenkten Räume ohne Unterbrechung entlang geführt werden, um einen wirksamen Luftwechsel innerhalb des Lichtgrabens zu sichern und die Reinhaltung des letzteren im gesundheitlichen Interesse zu erleichtern.

25. Die nunmehrige Fassung giebt zu Zweifeln keine Veranlassung mehr, bezügl. der früheren vgl. O. V. G. E. vom 9. Juni 1891, IV 575.

26. Bezüglich des Rechtsverhältnisses bezw. des Benutzungsrechtes der aus älterer Zeit stammenden Kellerräume ist Folgendes zu bemerken:

a. Es kommen hierbei in Betracht die §§ 88 (vgl. Anm. 1b) u. 89 der B. P. O. vom 21. April 1853. Letzterer lautet:

> „Kellergeschosse dürfen nur dann zu Wohnungen eingerichtet werden, wenn deren Fußboden mindestens einen Fuß (0,31 m) über dem höchsten Wasserstand, deren Decke aber wenigstens 3 Fuß (0,94 m) über dem Niveau der Straße liegen. Der Sturz des Fensters muß 2 Fuß (0,63 m) über dem Niveau der Straße liegen. Auch müssen die Mauern und Fußböden solcher Wohnungen gegen das Eindringen und Aufsteigen der Erdfeuchtigkeit geschützt werden."

Hiernach ist für Kellergeschosse unter den dort gegebenen Voraussetzungen lediglich die Einrichtung von Wohnungen, nicht aber von Geschäftsräumen oder sonstigen z. d. A. v. M. dienenden Räumen untersagt. Wurden also zur Zeit des Erlasses der B. P. O. vom 15. Januar 1887 Kellerräume zu irgend welchen Geschäfts- oder Arbeitszwecken benutzt, so darf eine derartige Benutzung auch fernerhin stattfinden (vgl. O. V. G. E. vom 17. October 1890 IV 1082 und Anm. 2b), sofern die Fortbenutzung nicht auf Grund des § 40 Ziffer 4 untersagt wird oder in Fällen der Ziffer 3 dieses § die Einstellung der Benutzung als Geschäfts- oder Arbeitsraum zur Bedingung gemacht wird.

Die Bestimmungen des § 89 haben aber nur solche Kellergeschosse im Auge, deren Fenster nach der Straße hinausgehen, und fehlt es somit für Kellerwohnungen mit Fenstern nach dem Hofe in jener B. P. O. überhaupt an einer Norm. Demnach kann ein Einschreiten gegen solche Kellerwohnungen (abgesehen von den Fällen der Ziffer 3 § 40) nur auf Grund des § 10 II 17 A. L. R. bezw. § 40 Ziffer 4 der B. P. O. erfolgen, gestützt auf die Erwägung, daß die Benutzung der fraglichen Räume zu Wohnzwecken die Gesundheit der Betheiligten zu schädigen geeignet sei; ob in diesem Falle zur Anlegung der Kellerwohnung seiner Zeit ein polizeilicher Consens ertheilt worden ist, ist unerheblich. Vgl. O. V. G. E. Bd. II S. 422, Bd. IV S. 373, Bd. XI S. 370 und vom 18. Januar 1889 II 64.

27. Stößt eine 50 cm unter der Erdoberfläche liegende Wohnung an einen Hofkeller, so brauchen, soweit dies der Fall, die Umfassungswände nicht gegen das Eindringen seitlicher Erdfeuchtigkeit geschützt werden, weil dieselben dann mit dem Erdreich nicht unmittelbar in Berührung kommen. Vgl. O. V. G. E. vom 9. September 1890 IV 922.

28. Bezüglich des Begriffes „Dachgeschoß“ vgl. § 28 Anm. 5d S. 233. In Dachräumen, welche keiner oder nur einer beschränkten Benutzung unterliegen, genügt es, die Balkenfache bis zur Oberkante mit glattgestrichenem Lehm auszufüllen, in den zu wirthschaftlichen Zwecken benutzten Dachräumen (zur Lagerung von allerlei Hausrath, Brennmaterialien pp.) sind über dieser Lehmfüllung die Fußböden mit Brettern zu dielen. Vgl. E. d. M. d. ö. A. vom 24. Oktober 1896, Centralbl. d. Bauverwaltung S. 493. Gipsestrich erfordert lange Austrocknung.

29. D. h. unter ihnen dürfen nur vier zum dauernden Aufenthalt von Menschen benutzte Geschosse vorhanden sein, ihr Fußboden darf nicht mehr als 18 m über der Oberfläche des Bürgersteiges oder des Hofes liegen, sie müssen trocken sein und durch Fenster von ausreichender Größe und zweckmäßiger Lage unmittelbar Luft und Licht von außen erhalten, dürfen auch, sofern ihre Lage und Zweckbestimmung eine Beleuchtung unmittelbar von oben bedingt, durch Deckenlicht erleuchtet werden, schließlich müssen sie eine im Durchschnitt zu berechnende Höhe von mindestens 2,80 m haben.

30. Dadurch ist also die Benutzung mehrerer übereinander angelegter Dachgeschosse zum dauernden Aufenthalte von Menschen ausgeschlossen.

31. Bisher war die Frage, ob eine einzelne Waschküche als ein zum dauernden Aufenthalte von Menschen bestimmter Raum anzusehen war, lediglich von Fall zu Fall nach Lage der besonderen thatsächlichen Verhältnisse zu beurtheilen. (Vgl. O. V. G. E. vom 26. Mai 1893 IV 493, vom 6. November 1888 II, vom 16. Februar 1890 IV 197.) Konnte es hiernach beispielsweise bezüglich der Waschküchen, in denen gewerbsmäßig gewaschen wurde, oder die wenigstens zu solchen gewerblichen Betrieben, wie Gast- und Schankwirthschaften gehören, in denen dauernd ein starker Verbrauch reiner Wäsche stattfindet, nicht zweifelhaft sein, daß sie als zum dauernden Aufenthalte von Menschen bestimmte Räume anzusehen seien, so bot doch die Beurtheilung einer ganzen Reihe anderer Fälle recht erhebliche Schwierigkeiten. Dieselben sind mit der nunmehrigen Bestimmung gelöst, indem in Zukunft die Waschküchen grundsätzlich ohne Rücksicht auf die thatsächlichen Verhältnisse des einzelnen Falles als zum dauernden Aufenthalte von Menschen bestimmte Räume zu behandeln sind. (Kommissionsverhandlung vom 23. December 1896.) Diese Regelung wird man vom sanitären Standpunkte aus im Interesse der Waschfrauen nur mit ganz besonderer Befriedigung begrüßen können. In geeigneten Fällen (in Villen und dgl.) muß im Wege des Dispenses geholfen werden. — Eine Bedürfnißanstalt auf dem obersten Treppenpodest wird unter Umständen, wenn sie in der Nähe der Waschküche liegt, genügen.

32. Unter einem gesondert genutzten Gebäudetheil ist in der Regel ein wirthschaftlich zusammenbenutzter Komplex von Räumen zu verstehen und von diesen Räumlichkeiten aus soll die nothwendige Treppe (bezw. die nothwendigen Treppen) jederzeit leicht und feuersicher erreicht werden können. Jeder einzelne Raum einer Wohnung braucht demnach auch keinen unmittelbaren Zugang zu der nothwendigen Treppe zu haben, auch ein Hängeboden nicht, da sich ein solcher nicht als ein in wirthschaftlicher Hinsicht gesondert genutzter Gebäudetheil darstellt. Vgl. O. V. G. E. vom 31. März 1894, Pr. V. Bl. XVI S. 173. Andererseits gilt die Bestimmung auch, wenn das Dachgeschoß zum dauernden Aufenthalt von Menschen gesondert genutzte Räume enthält. Vgl. Erk. d. Kammerger. Strafs. vom 2. Mai 1889, Jahrb. d. Entsch. d. K. G. Bd. IX Nr. 96 S. 236 ff. Die Stellung der Ziffer 7 in der Anordnung des ganzen § 37 läßt einen Zweifel in dieser Beziehung nicht zu.

33. Vgl. § 16 Anm. 1.

34. Wenn nur eine massive Treppe angelegt wird, ist jedenfalls der völlige Abschluß derselben gegen den Keller, unter gleichzeitiger Herstellung eines besonderen Kellereinganges von der Straße oder vom Hofe aus zu fordern, ferner eine angemessene Verbreiterung der Treppe. Ferner kann in Frage kommen die feuerfeste Gestaltung der Zugänge, feuerfeste Ueberwölbung der anschließenden Flure oder Anbringung selbstständiger Wellblechdecken über denselben mit Unterbetonirung unter der Balkenlage. Nicht kann gefordert werden der Abschluß durch Thüren nach den anschließenden Korridoren, doch ist auf die Anbringung von Glasabschlüssen im oberen Theile der Thüröffnungen hinzuwirken.

35. Also nur das Grundstück, nicht jedes auf demselben befindliche zum dauernden Aufenthalte von Menschen bestimmte Gebäude für sich.

36. Es müssen also getrennte Behälter für Abfälle und für Asche vorhanden sein.

37. Die Anbringung von Dachrinnen nach der Straßenfront zu kann auf Grund des § 6 b des Polizei-Verwaltungsgesetzes durch Polizei-Verordnung wie durch polizeiliche Verfügung gefordert werden, zur Beseitigung eines den Verkehr auf öffentlicher Straße belästigenden Zustandes. Vgl. O. V. G. E. vom 2. Juni 1891 und 10. Mai 1892 Pr. V. Bl. XIII S. 7 u. 464 vom 11. November 1896 — IV 1516 in Bochmann „Mittheilungen", 3. Jahrg. S. 285 O. V. G. E. Bd. XXXI S. 355. Die Ableitung der Dachabfallrinnen über den Bürgersteig nach der Straßenrinne gehört zur Hochbau-, nicht zur Straßenbaupolizei. A. a. O. Bei Anwendung der im § 37 Ziffer 6 ertheilten Ermächtigung wird sich die Polizeibehörde innerhalb der durch das Gesetz gezogenen Beschränkung halten müssen, so daß also die Anbringung von Dachrinnen nur bei solchen zum dauernden Aufenthalte von Menschen bestimmten Gebäuden wird gefordert werden können, welche unmittelbar an öffentlichen Straßen liegen, sofern nicht etwa der fortgesetzte Tropfenfall eine Gefährdung der Fundamente des Gebäudes befürchten läßt. (Vgl. Biermann a. a. O. S. 23; bez. der Konstruktion von Dachrinnen vgl. den im Centralbl. d. Bauverw. abgedruckten Erl. d. M. d. ö. A. vom 31. März 1887 — III 5153 — und den Nachtrag vom 16. Mai 1890 zur Geschäftsanw. für das techn. Bureau der Abth. für das Bauwesen i. M. d. ö. A. S. 37.)

§ 38.

Gewerbliche nicht unter § 16[1]) der Reichsgewerbeordnung fallende Betriebsstätten, stark besuchte Gebäude, Lagerräume.[2])

1. Besondere über die Vorschriften des Titels I hinausgehende[3]) baupolizeiliche[4]) Anforderungen[5]) kann die Baupolizeibehörde für Gebäude und Gebäudetheile stellen:

a. in denen Fabriken [6]) oder solche gewerbliche Betriebsstätten [7]) eingerichtet werden sollen, welche starke Feuerung [8]) [9]) erfordern, zur Verarbeitung leicht brennbarer Stoffe [10]) dienen, eine besonders große Belastung oder Erschütterung der Gebäude, [11]) einen starken Abgang unreiner Stoffe oder eine erhebliche Luftverschlechterung bedingen. Es gehören dahin namentlich:

Glüh- und Schmelzöfen aller Art, Schmieden, Tiegelgießereien, Theer- und Oelkochereien, Backöfen, [12]) Räucherkammern, Holzbearbeitungswerkstätten [13]) (Tischlereien, [14]) Drechslereien, [15]) Böttchereien, Stellmachereien u. dergl.), Druckereien, [16]) Färbereien u. dergl., [17])

b. welche zur Aufbewahrung einer größeren Menge brennbarer Stoffe [18]) bestimmt sind (Speicher, Lagerräume und dergl.), [19])

c. welche zur Vereinigung einer größeren Anzahl von Menschen bestimmt sind, und nicht unter die Polizei-Verordnungen vom 31. Oktober 1889 und 3. April 1891 [20]) fallen,

d. für die Grundstücke, auf welchen der Hauptshof zum Theil eine Glasüberdachung erhalten hat (§ 2 Ziffer 4).

Vgl. die abweichende Fassung der Charlottenburger B. P. O. vom 22. August 1898 unter Nr. 31 des Werkes.

2. Die an den Bau und die Einrichtungen solcher Gebäude oder Gebäudetheile zu stellenden besonderen Anforderungen [21]) betreffen vornehmlich: die Stärke und Feuersicherheit von Wänden, Decken, Dächern, Fußböden, Treppen, Feuerstätten und Schornsteinen, die Zahl und Konstruktion der Brandmauern, die Zahl, Breite und sonstige Anordnung der Treppen [22]) und Ausgänge, die Art der Aufbewahrung und Beseitigung brennbarer Abfälle sowie unreiner Abgänge, die regelmäßige Zuführung frischer Luft, die Unterhaltung von Brunnen und Wasserbehältern. Auch kann die Verwendung eiserner Oefen [23]) und freiliegender Rohre untersagt und die Heizung gewisser Räume nur von außen oder innerhalb massiver Vorgelege zugelassen werden.

3. In Wohngebäuden kann die Einrichtung von Tischlereien [24]) und anderen gleich feuergefährlichen Arbeitsstätten, sowie die Anordnung von Lagerräumen zur Aufnahme feuergefährlicher Waaren davon abhängig gemacht werden, daß sämmtliche oberhalb belegene Wohnungen mindestens einen mit den Betriebsstätten außer Berührung stehenden Treppenzugang haben und durch unverbrennliche Decken von den Arbeitsstätten und Lagerräumen getrennt sind.

4. Jede [25]) Aenderung der inneren baulichen Einrichtung der in Ziffer 1 erwähnten Gebäude und Anlagen bedarf der polizeilichen Genehmigung.

---

1. Vgl. S. 15 ff. insbes. Anm. 2 S. 16.

2. Lassen sich die besonderen Gefahren für Leben, Gesundheit und Besitz, welche sich aus gewissen Einrichtungen oder Gebrauchsarten von Gebäuden ergeben, selbst unter Berücksichtigung der im täglichen Leben gewöhnlichen Vorsicht und Sorgfalt nicht beseitigen, so ist die Polizeibehörde befugt, jene bestimmten Einrichtungen oder Gebrauchsarten überhaupt nicht zu dulden. (Vgl. O. V. G. E. vom 17. October 1888 I 1110.) Diesem allgemeinen Grundsatze entsprechend ist die Polizeibehörde auch durch den § 38 nicht behindert, die Zulassung der hier aufgeführten gewerblichen Betriebsstätten ohne Weiteres abzulehnen, falls aus dem Unternehmen Gefahren im Sinne des § 10 II 17 A. L. R. sich ergeben, welchen durch besondere über die Vorschriften des Titels I der B. P. O. hinausgehende baupolizeiliche Anforderungen nicht vorgebeugt werden kann. O. V. G. E. v. 13. Januar 1891 IV 44. Vgl. die Lehre von der Baugenehmigung VI Ziffer 12.

Da bei den auf Grund des § 38 polizeilicherseits gestellten Anforderungen nicht das Bauwerk als solches für gefährlich oder sonst unstatthaft erklärt wird, vielmehr der in demselben sich vollziehende Geschäftsbetrieb bezw. die besondere Benutzungsart desselben es ist, welche zu der polizeilichen Anordnung Anlaß giebt, können die besonderen Anforderungen nur in dem Falle bereits bei Ertheilung der Bauerlaubniß mit als Bedingungen in den Bauschein aufgenommen werden, wenn der beabsichtigte besondere Geschäftsbetrieb bezw. die beabsichtigte besondere Benutzungsart sich aus den Bauvorlagen ergiebt. Aber selbst wenn die Behörde bei Genehmigung des Baues in Wahrnehmung des öffentlichen Interesses gefehlt oder etwas versäumt haben sollte, so würde doch ihr Recht und ihre Pflicht fortbestehen, die in Rücksicht auf das Gemeinwohl erforderlichen Anforderungen jeder Zeit nachzuholen. Ein Verzicht auf nachträgliche Geltendmachung dessen, was das öffentliche Interesse verlangt, ist mit letzterem unverträglich, rechtlich unmöglich. Vgl. O. V. G. E. Bd. XI S. 365, II S. 422, IV S. 373.

3. Hiernach können sämmtliche im Titel I (§§ 1—26) enthaltenen Vorschriften verschärft, nicht aber gemildert werden. Jene Vorschriften enthalten das Mindestmaß desjenigen, was auch in allen Fällen des § 38 unbedingt erfüllt werden muß. Auch von den auf Grund des § 38 gestellten polizeilichen Anforderungen ist Dispens zulässig. Erl. d. M. d. ö. A. vom 14. Mai 1888 III 9102.

Zur Ausführung des § 38 ist die nachstehende Verfügung des Polizei-Präsidenten vom 1. Juli 1888 ergangen.

Bei Neu- und Umbauten der im § 38 der Baupolizeiodnung für den Stadtkreis Berlin vom 15. August 1897 bezeichneten Gebäude und Gebäudetheile sollen fortan in der Regel folgende Bestimmungen zur Durchführung gebracht bezw. als Bedingungen in den zu ertheilenden Bauscheinen gestellt werden:

1. Die Kellerräume dürfen nicht in unmittelbarer Verbindung mit den Räumen stehen, in denen die nothwendigen oder die auf Grund des § 38 Ziffer 2 a. a. O. besonders geforderten Treppen liegen;
2. Die Zugänge zu den Kellerräumen müssen von nicht überdeckten Höfen oder von der Straße aus angelegt werden;
3. Umfangreiche Keller sind durch Brandmauern in Abtheilungen von höchstens 500 qm zu trennen, deren jede zwei Zugänge von der unter 2 angegebenen Art besitzt;
4. Für gewerbliche Betriebsstätten, die zur Verarbeitung leicht brennbarer Stoffe dienen und für Geschäfts- oder Lagerräume, die zur Aufbewahrung einer größeren Menge leicht brennbarer Stoffe bestimmt sind, ist thunlichst die Abschließung derselben gegen Treppenhäuser zu fordern, deren Treppen zugleich zu Wohnungen oder zu Gebäudetheilen führen, welche zur Vereinigung einer größeren Anzahl von Menschen bestimmt sind, und nicht unter die Polizeiverordnungen vom 31. Oktober 1889 und 3. April 1891 fallen (vergl. c. Ziffer 1 des § 38 der Baupolizeiordnung). Sofern dies nicht angängig ist, muß durch Anlegung feuer- und rauchsicherer, von selbst zufallender Thüren der Verqualmungsgefahr vorgebeugt werden.

5. In denjenigen Fällen der Buchstaben a und b der Ziffer 1 des § 38 der Baupolizeiordnung, in welchen seitens der Polizeibehörde von der Anlegung einer zweiten Treppe nach Lage der Verhältnisse Abstand genommen wird, ist bei der Begutachtung des Bauprojektes Seitens der Bauinspektion zu prüfen, ob und in welcher Weise sich etwa die Anlage eines zweiten Rückzugsweges (Nothausganges) empfehlen würde. Hierüber würde in Frage kommen können: Verbindungswege nach anderen Gebäuden oder Gebäudetheilen desselben Grundstücks, Austritte auf Balkone, Nothausgänge auf anstoßende Dächer desselben Grundstücks, Feuerleitern und andere derartige einfache Einrichtungen, die mit einem verhältnißmäßig geringen Kostenaufwande hergestellt werden können.

6. Für die unter c Ziffer 1 des § 38 a. a. O. fallenden Gebäude und Gebäudetheile dürfen die Anforderungen hinsichtlich der Zugänglichkeit der Räume in keinem Falle über die in dieser Hinsicht in den Polizeiverordnungen vom 31. Oktober 1889 und 3. April 1891 gestellten Bedingungen hinausgehen. Vergl. insbesondere § 71 a. a. O.

4. Bezüglich der im gewerbepolizeilichen Interesse zu stellenden Anforderungen vgl. R. G. O. § 120a u. ff. S. 29.

5. Diese Bestimmung führt nicht zwingend dazu, der Polizei eine von dem Gewöhnlichen abweichende Stellung derart zuzuweisen, daß von ihr verlangt werden könnte, sie müsse ihre Anforderungen in die Form von detaillirten, präcisirten baulichen Vorkehrungen kleiden. Andererseits genügt es aber auch nicht, wenn eine die Genehmigung zu einem unter § 38 fallenden Gebäude oder Gebäudetheile versagende polizeiliche Verfügung nur erkennen läßt, daß die Entscheidung nicht auf Willkür beruhe, sondern sich noch auf polizeiliche Motive stütze. Denn aus dem Wortlaut des § geht soviel jedenfalls klar hervor, daß es bei Vorlage der unter diesen § fallenden Projekte nicht lediglich in das Ermessen der Polizeibehörde gestellt werden soll, sie abzulehnen, vielmehr soll dieselbe mindestens für den Baulustigen deutlich erkennbar machen, nach welcher Richtung hin — falls es überhaupt möglich ist — durch bauliche Maßnahmen den von ihr behaupteten Mängeln einer zur Genehmigung vorgelegten Anlage abgeholfen werden kann. (Vgl. O. V. G. E. vom 25. October 1892 IV 997.)

6. Bei Neueinrichtung von Fabriken ist namentlich darauf hinzuwirken, daß den Arbeitern mehrere Ausgänge aus den Arbeitsräumen ins Freie zu Gebote stehen, daß also bei Hochbauten Treppen und Ausgangsthüren in ausreichender Zahl angelegt werden, ferner, daß die Fenster die erforderliche Größe besitzen, um im Falle einer Feuersbrunst als Ausgang benutzt werden zu können, sowie daß Fenster und Thüren nach außen hin aufschlagen. Erlaß des Min. f. H. u. G. vom 28. Februar 1889, M. Bl. S. 41.

7. Eine gewerbliche Betriebsstätte setzt nicht nothwendig das Bestehen besonderer zum Gewerbebetriebe dienender Vorrichtungen voraus. Es genügt vielmehr die fortgesetzte Benutzung gewisser Räumlichkeiten für den bestimmten gewerblichen Zweck (vgl. Erk. d. Reichsger., II. Strafs., vom 17. December 1886, 3016/86); dieselben können auch nur pacht- oder miethweise oder anderweit der Verfügung des Unternehmers eingeräumt sein, O. V. G. E. vom 16. October 1896 II 1228. Ob eine Betriebsstätte als vorhanden anzunehmen ist, ist eine Thatfrage (O. V. G. E. Bd. XIV S. 123, Bd. XVII S. 252).

8. Vgl. auch Pol.-Verordnung vom 21. November 1890, betr. die Einrichtung von Metallbrennereien (Metallbeizen).

9. Vgl. § 369, 3 R. Str. G. B. S. 13.

10. Bei derartigen feuergefährlichen Betrieben wird es nicht allein auf die Thatsache der Verwendung leicht brennbarer Materialien ankommen, als vielmehr auf die konkrete Behandlung derselben gerade in den für diesen Zweck bestimmten Räumen, auf diejenigen Quantitäten von Material und diejenige Zahl von Arbeitern, welche gerade in dieser Betriebsstätte und in den gerade dort thatsächlich vorhandenen Räumen, wie solche nun einmal eingetheilt, ausgestattet und zugänglich sind, Aufnahme und Verwendung finden. Erst die

Gesammtheit dieser Umstände ermöglicht ein erschöpfendes Urtheil über die Frage, ob der Betrieb ein feuergefährlicher ist und somit die Stellung weiterer Bedingungen auf Grund des § 38 bezw. des § 10 II 17 A. L. R. angezeigt ist. Vgl. O. V. G. E. v. 13. November 1884, P. V. Bl. VI S. 78.

Bezüglich der nicht fabrikmäßigen Herstellung und Verwendung von Acetylen vgl. Polizeiverordnung vom 25. November 1897.

11. Beispielsweise Fall-, Hammerwerke. Vgl. Nr. 10 der Technischen Anleitung der Kreisausschüsse pp. v. 15. Mai 1895, M. Bl. S. 196.

12. Vgl. S. 251.

13. Hierzu ist ergangen die

Bekanntmachung vom 28. April 1887.

Auf Grund des § 38 der Bau-Polizeiordnung für den Stadtkreis Berlin vom 15. Januar 1887 wird betreffs der Herstellung, beziehentlich Einrichtung von Holzbearbeitungs-Werkstätten jeder Art und Größe, in welchen Feuerungsanlagen vorhanden sind, beziehentlich hergestellt werden sollen, Folgendes bestimmt:

1. Die Werkstätten müssen massive Umfassungswände haben.
2. Die Decken der Werkstätten sind, wenn sich oberhalb derselben Wohnungen befinden, feuerfest herzustellen; an hölzernen Decken ist alles Holzwerk zu berohren und zu beputzen; zur Erhaltung des Deckenputzes ist derselbe zweckmäßig mit gewelltem Eisenblech zu bekleiden.
3. Zur Erwärmung der Werkstätten bei Winterszeit oder zum Trocknen dürfen keinerlei Metallöfen oder metallene Röhrenleitungen benutzt werden. Die Oefen sind aus Stein oder Kacheln herzustellen und so einzurichten, daß sie nur von außen oder von einem feuerfest hergestellten Vorgelege von mindestens 1,50 m Höhe und 0,50 m Tiefe aus geheizt werden können. Etwa vorhandene eiserne Abdeckungsplatten an den Oefen müssen mindestens mit zwei in Verband, in Lehmmörtel gelegten Dachsteinsteinschichten bedeckt werden. Zur Abführung des Rauches von den Oefen zum Schornstein sind gemauerte Kanäle anzuwenden.

Für die vorgedachten Werkstätten, welche in einem oder mehreren mit einander verbundenen Räumen mehr als 30 qm Grundfläche aufweisen, gelten außerdem folgende Vorschriften:

a. In Wohngebäuden dürfen Holzbearbeitungs-Werkstätten, sowie die dazu gehörigen Lagerräume nur dann eingerichtet werden, wenn sämmtliche oberhalb derselben belegenen Wohnungen mindestens einen mit den Werkstätten und Lagerräumen gänzlich außer Berührung stehenden Treppenaufgang haben und durch feuerfeste Decken von denselben getrennt sind.
b. Die zu den Werkstätten gehörenden Treppen müssen feuerfest, die von diesen zu den Werkstätten führenden Thüren von Eisen, selbstthätig schließend und nach außen aufschlagend hergestellt werden. Die Thüren dürfen nicht an hölzernen Zargen oder Dübeln befestigt werden.
c. Für jede Werkstatt ist eine besondere Leimküche einzurichten, welche mit massiven Umfassungswänden zu versehen und zu überwölben ist; unter der Leimküche ist die Decke einschließlich des Fußbodens durchweg aus unverbrennlichem Material herzustellen. Die Leimküche ist von der Werkstatt durch eine eiserne Thür abzuschließen. Zwischen der Thür und dem Heerde der Leimküche muß ein Abstand von mindestens 0,50 m vorhanden sein.

   Sogenannte Leimkamine sind unstatthaft.
d. Jede Werkstatt muß ein abgesondertes Spähnegelaß haben, welches im Keller oder zu ebener Erde gelegen, durch massive Wände von allen übrigen Räumen geschieden und überwölbt sein muß. Dasselbe muß vom Hofe aus einen besonderen Zugang haben, der durch eine eiserne oder mit Eisen beschlagene Thür verschließbar ist.

Durch diese Bekanntmachung werden die Vorschriften der Polizeiverordnung vom 7. Juni 1866, betreffend die Anlage von Zwischendecken in Tischlereien, nicht berührt. (Siehe Anm. 14.)

Berlin, den 28. April 1887.

In Ziffer 2 ist vor „an hölzernen Decken" einzuschieben: „Im Uebrigen ist, wenn sich keine Wohnungen darüber befinden." Da vorstehende Bekanntmachung sich auf den § 38 der B. P. O. vom 15. Januar 1887 stützt, können ihre Bestimmungen auf Holzbearbeitungswerkstätten, welche vor Erlaß der Bekanntmachung angelegt worden sind, nur dann Anwendung finden, wenn überwiegende Gründe der öffentlichen Sicherheit es unerläßlich und unaufschiebbar machen (§ 40 Ziffer 4).

14. Bezüglich der Anlage von Zwischendecken (sogenannten Bamelagen) in Tischlerwerkstätten bleibt nach wie vor zu beachten die

Polizeiverordnung vom 7. Juni 1866.

Auf Grund der §§ 5, 6 und 11 des Gesetzes über die Polizeiverwaltung vom 11. März 1850 (G.=S. S. 265) verordnet das Polizei=Präsidium nach vorgängiger Berathung mit dem Gemeindevorstande für den engeren Polizeibezirk von Berlin unter Hinweis auf die Bekanntmachung vom 20. Juli 1859 — Amtsblatt Stück 31 — betreffend die Anlage von Tischlerwerkstätten, was folgt:

§ 1. Die Anlagen von Zwischendecken (sogenannten Bamelagen) zum Lagern von Brettern und dergleichen ist in den großen Tischlerwerkstätten, also solchen, welche in einem oder mehreren mit einander verbundenen Räumen mehr als 250 □ Fuß Grundfläche haben, nur nach vorher eingeholter polizeilicher Erlaubniß und Vorschrift gestattet.

§ 2. Bei den Neubauprojekten für Tischlerwerkstätten überhaupt ist die Anlage dieser Zwischendecken ebenfalls darzustellen und in der Berechnung entsprechend zu berücksichtigen.

§ 3. Zuwiderhandlungen gegen diese Vorschrift werden nach § 118 der Bau=Polizeiordnung vom 21. April 1853 bestraft.

Berlin, den 7. Juni 1866.

Königliches Polizei=Präsidium.

(gez.) von Bernuth.

15. Die Bekanntmachung vom 28. April 1887 (s. Anm. 13) wird für Drechslereien und gleichartige Holzbearbeitungswerkstätten von nur geringfügigem Betriebe nicht unbedingt und in vollem Umfange zur Anwendung gebracht. Vielmehr werden bei derartigen kleinen Betrieben die Anforderungen abhängig gemacht von dem Umfange des Betriebes, der Art der zu bearbeitenden Materialien, der Beschaffenheit und Menge der Abfälle, sowie der Art ihrer Verwendung. P. Pr. Verf. vom 7. December 1888.

16. Unter den Begriff der Druckereien fallen auch chromo=lithographische Anstalten. Vgl. O. V. G. E. vom 12. December 1894, IV 1548.

17. Dahin gehören beispielsweise Spinnereien. Bezüglich der Anlage und Einrichtung derselben vgl. den Erlaß des Ministers für Handel und Gewerbe vom 14. Februar 1894, B 1269 I M. Bl. S. 30.

18. Es wird bezüglich der Gegenstände der Aufbewahrung nicht unterschieden zwischen den Waren selbst und dem zum Verpacken, Aufstellen pp. benutzten Material; es kommt nur darauf an, daß die Stoffe, zu deren Aufnahme die Lagerräume bestimmt sind, in größerer Menge vorhanden und brennbar sind. So unterliegt beispielsweise ein Raum zur Lagerung von an sich unverbrennlichen Glaswaaren gleichwohl den erschwerenden Bestimmungen des §, weil die Verpackung und Lagerung von Glaswaaren allgemein in einem Glaswaarenlagerraum in Stroh oder Heu und auf Holzgestellen stattfindet, diese Materialien aber zu den „brennbaren" gehören und in einem Glaswaarenlager auch in größerer Menge nothwendigerweise aufbewahrt werden. O. V. G. E. vom 21. April 1891 VI 389.

§ 367, 6 R. Str. G. B. bestimmt:

„Mit Geldstrafe bis zu einhundertfunfzig Mark oder mit Haft wird bestraft:

6. Wer Waaren, Materialien oder andere Vorräthe, welche sich leicht von selbst entzünden oder leicht Feuer fangen, an Orten oder in Behältnissen aufbewahrt, wo ihre Entzündung gefährlich werden kann, oder wer Stoffe, die nicht ohne Gefahr einer Entzündung bei einander liegen können, ohne Absonderung aufbewahrt."

Zur Verhütung der Schaufensterbrände ist folgende Bekanntmachung erlassen:

Aus Anlaß der zahlreichen Schaufensterbrände mache ich darauf aufmerksam, daß die nachstehenden Maßnahmen geeignet sind, der Entstehung der Brände, durch die auch größere Gefahren für das Geschäftshaus entstehen können, vorzubeugen.

1. Es sind Einrichtungen zu treffen, durch die das Anzünden der Gasflammen unmittelbar nach dem Oeffnen des Hahns bewirkt oder ermöglicht wird. Sofern nicht die Gaseinrichtung des Schaufensters mit selbstthätigen Zündern oder Gasfernzündern versehen ist, muß thunlichst für jeden größeren Auslaß ein besonderer Hahn angelegt werden. Es dürfen also nicht zahlreiche Flammen, namentlich auch nicht die Rampenbeleuchtung zur Erwärmung des Schaufensters, von einem einzigen Hahne aus versorgt werden, weil alsdann vor der zeitraubenden Entzündung sämmtlicher Flammen eine größere Gasmenge ausströmt, durch deren explosionsartiges Entflammen die leicht brennbaren Stoffe des Schaufensters in Brand gesetzt werden.
2. Statt der üblichen Spiritusanzünder, von denen häufig brennender Spiritus abtropft, sind elektrische Anzünder zu benutzen.
3. Brennbare Stoffe sind zur Verhütung ihrer Entzündung von den Gasflammen mindestens 1 m in senkrechter, 0,6 m in seitlicher Richtung fernzuhalten.
4. Die Gasflammen müssen von den Holzdecken der Fenster genügend weit entfernt sein, namentlich ist beim Fehlen der Blaker große Vorsicht geboten.
5. Elektrische Glühlichtbirnen sind mit Schalen, Glocken, Drahtgittern u. dgl. zu versehen oder derartig anzuordnen, daß die unmittelbare Berührung der Birnen mit entzündlichen Stoffen ausgeschlossen erscheint.
6. Werden die Glühlampen mit Stoffen eingehüllt, so darf die Hülle nicht geschlossen werden, es muß vielmehr die Luft zwischen Birne und Stoff hindurchstreichen.
7. Elektrische Bogenlampen sind zweckmäßig mit Fangtellern aus Metall an Stelle der jetzt gebräuchlichen aus Glas zu versehen.
8. Die Leitungsdrähte müssen innerhalb der Schaufenster gut isolirt nnd außen durch Umspinnung geschützt sein.

Berlin, den 25. Januar 1898.

Der Polizei-Präsident.
von Windheim.

19. Für die Lagerung von Spirituosen von mehr als 50% Tralles bestimmten Lagerräume, sowie für die Beleuchtung dieser Räume, der Brennereien, Branntwein-Sammel-Gefäßräume und derjenigen Räume, in welchen Branntwein gelagert wird, trifft die Polizeiverordnung vom 13. October 1893 besondere Bestimmungen, vgl. auch O. V. G. E. Bd. XI S. 365, Pr. V. Bl. V S. 154, betr. poliz. Einschreiten lediglich auf Grund des § 10 II 17 A. L. R. gegenüber dem Lagern feuergefährlicher Objekte.

Bez. der Lagerung und Aufbewahrung von Aether, Kollodium, Schwefelkohlenstoff und anderen feuergefährl. Stoffen vgl. P. V. vom 30. April 1891, bez. der Lagerung von Holz und Brennmaterialien vgl. P. V. vom 10. April 1854.

20. Nicht unter die P. V. vom $\frac{\text{31. October 1889}}{\text{3. April 1891}}$ fallen beispielsweise Schulen, Krankenhäuser (s. S. 22), Gefängnisse, Gast- und Schankwirthschaften. S. S. 28 und 253.

Die Befugniß der Polizei, aus bau-, gesundheits- und sittenpolizeilichen Gründen Versammlungen eines Vereins zu verbieten, ist durch das Gesetz vom 11. März 1850 nicht beschränkt worden. Vgl. O. V. G. E. Bd. XXIII S. 402, 412, Bd. XXVI S. 406, vom 27. Oktober 1896 P. V. Bl. XVIII S. 183. Erk. d. Kammerger. v. 12. Augnst 1897, M. Bl. d. i. V. S. 197.

21. Unter Umständen auch die Anbringung von Blitzableitern, vgl. S. 175, Anm. 5 i.

22. Eine auf Grund dieser Bestimmung, abgesehen von den nothwendigen Treppen, polizeilich geforderte Treppe, ist selbst keine nothwendige im Sinne des § 16. Auf eine solche sind daher die an nothwendige Treppen zu stellenden Anforderungen nicht unbedingt auszudehnen, vielmehr bleibt es in jedem einzelnen Falle dem polizeilichen Ermessen überlassen, die nach Lage der Verhältnisse für zweckentsprechend zu erachtenden Anforderungen zu bestimmen.

Bezüglich der Forderung eiserner Thüren zum Abschluß von Fabrikräumen gegen den Treppenflur zur Sicherung der Treppe vgl. O. V. G. E. vom 13. November 1884, P. V. Bl. VI S. 78.

23. Vgl. Bekanntmachung vom 28. April 1887, Abs. 1 Ziffer 3 Anm. 13.

24. Vgl. ebendaselbst (Anm. 13) Abs. 2a.

25. Also selbst dann, wenn sie an sich nach § 27 nicht genehmigungspflichtig ist, z. B. die Errichtung einer Scheidewand (§ 10).

§ 39.

Gebrauchsabnahme.[1])

1. Gebäude und Gebäudetheile, welche zum dauernden Aufenthalte von Menschen oder zu Zwecken der im § 38 angegebenen Art bestimmt sind,[2]) dürfen nicht eher in Benutzung genommen werden,[3])[4]) als bis nach Vollendung der baulichen Einrichtung[5]) eine baupolizeiliche Prüfung vorgenommen[6]) und ein Gebrauchsabnahmeschein[7]) ertheilt ist.

2. Dieser darf in der Regel nicht früher als 6 Monate nach Ausfertigung des Rohbauabnahmescheins ertheilt werden.[8])

3. Im Uebrigen finden auf die Anmeldung zur Gebrauchsabnahme und das dabei zu beobachtende Verfahren die im § 33 für die Rohbauabnahme getroffenen Bestimmungen sinngemäße Anwendung.[9]) [10])

---

1. Es liegt im allgemeinen polizeilichen und insbesondere im sanitären Interesse, daß die Behörde sich, ehe solches durch das Beziehen der Wohnungen unmöglich gemacht oder erheblich erschwert wird, überzeugt, ob der Bau den bestehenden Bestimmungen oder den gestellten Bedingungen gemäß ausgeführt und in gesundheitlicher Beziehung zum Bewohnen geeignet ist, oder ob zu diesem Behufe noch weitere Arbeiten auszuführen und dementsprechende Auflagen zu machen sind; sie kann deshalb mit Recht verlangen, daß die Fertigstellung des Neubaues ihr mitgetheilt wird und das Beziehen der Wohnungen nicht eher stattfindet, bis sie ihre Zustimmung dazu ertheilt, d. h. konstatirt hat, daß polizeiliche Hindernisse dem Bewohnen des Hauses bezw. dem d. A. v. M. in demselben nicht mehr entgegenstehen. (O. V. G. E. vom 24. Mai 1892 Bd. XXIII S. 321, Pr. V. Bl. XIV S. 281.)

Die Bestimmung des Paragraphen giebt der Polizeibehörde die doppelte Befugniß, einerseits die vorzeitige Ingebrauchnahme zu hindern, andererseits die Räumung der vorzeitig in Gebrauch genommenen Räume zu erzwingen. Vgl. S. 68 ff. Daß im einzelnen Falle, um die vorzeitige Ingebrauchnahme rückgängig zu machen, seitens der Polizeibehörde nachgewiesen werden müßte, daß die in Benutzung genommenen Räume thatsächlich noch nicht genügend ausgetrocknet und demzufolge gesundheitsschädlich seien, ist nicht die Voraussetzung für ein auf die zwangsweise Räumung der vorzeitig in Benutzung genommenen Räume gerichtetes polizeiliches Einschreiten, vielmehr genügt, um ein solches zu rechtfertigen, allein die ausdrückliche Vorschrift der B. P. O. (Vgl. O. V. G. E. vom 17. Juni 1890, Pr. V. Bl. XII S. 28, und E. Bd. XIII S. 389). Hieraus folgt auch, daß sich der Eigenthümer der vorzeitig in Benutzung genommenen Gebäude oder Gebäudetheile gegen die zwangsweise Räumung derselben selbst durch den durch sachverständiges Gutachten geführten Nachweis, daß die Benutzung in gesundheitlicher Hinsicht unbedenklich sei, nicht mit Erfolg schützen kann, denn die Ingebrauchnahme ist in jedem Falle erst nach vorgängiger baupolizeilicher Prüfung und Ertheilung des Gebrauchsabnahmescheins zulässig. Auf einem anderen Gebiete bewegt sich die Frage, ob bei Erbringung eines derartigen sachverständigen, von der Polizeibehörde für zutreffend erachteten Gutachtens die Gebrauchsabnahmeprüfung vor Ablauf von 6 Monaten nach Ausfertigung des Rohbauabnahmescheines vorzunehmen ist; vgl. Ziffer 2 bezw. Anm. 8.

Das Verbot der vorzeitigen Ingebrauchnahme richtet sich sowohl gegen den ein solches Gebäude bezw. Gebäudetheil beziehenden Miether als gegen den Hauseigenthümer. Erk. d. Kammerger. Strafs. vom 1. October 1888 und vom 19. December 1887, Jahrb. f. Entsch. d. K. Bd. IX Nr. 95 S. 234 (vgl. P. B. Bl. X S. 12) und Bd. VIII Nr. 87 S. 199. Das Verbot trifft nicht bloß den Beginn, sondern auch die Fortsetzung des Verbotenen.

Durch die Bestimmung des § 39 in Verbindung mit der Strafbestimmung des § 44 ist die Ingebrauchnahme von z. d. A. v. M. bestimmten Räumen vor Ertheilung des Gebrauchsabnahmescheins bei Geldstrafe verboten. Unzulässig würde mit Rücksicht hierauf die Androhung einer polizeilichen Exekutivstrafe sein, durch welche die Ingebrauchnahme von Räumen der fraglichen Art vor der Gebrauchsabnahme verhindert werden soll (vgl. S. 67 ff.). Denn hier würde, abgesehen von der Identität der staatlichen Einwirkungsmittel auch eine objective Identität zwischen der gesetzlichen Norm, welche durch die Strafandrohung geschützt ist, und dem polizeilichen Befehle, um dessen Durchführung es sich handelt, vorhanden sein. Wenn dagegen nach der an sich strafbaren Ingebrauchnahme der an sich normwidrige Zustand der Benutzung fortgesetzt wird, so kann die Polizeibehörde ihre auf die Beseitigung dieses Zustandes gerichteten Verfügungen mit allen ihr zu Gebote stehenden Zwangsmitteln, insbesondere also auch mit Geldstrafen, durchsetzen, weil das von ihr mittelst Verfügung gestellte Gebot, die Benutzung aufzugeben, um damit den normwidrigen Zustand zu beseitigen, nicht identisch ist mit dem gesetzlichen Gebot, die Ingebrauchnahme überhaupt zu unterlassen. Dieser Grundsatz findet sich bestätigt in dem einen ganz analogen Fall behandelnden Min. Rescr. vom 25. März 1878 (gez. Friedenthal): „. . . .

Hiernach kann darin, daß eine Prostituirte wegen Beziehens einer ihr nach § 361 Nr. 6 R. Str. G. B. verbotenen Wohnung mit der in diesem Paragraphen angedrohten Kontraventionsstrafe bestraft, außerdem aber durch Executivstrafen angehalten wird, die verbotene Wohnung wieder zu verlassen, eine doppelte Bestrafung einer und derselben Uebertretung nicht gefunden werden." Siehe Rosin a. a. O. S. 116. Vgl. Erk. d. Kammerger. Strafs. v. 13. December 1888, Bd. IX Nr. 94 S. 233, auch Pr. B. Bl. XI S. 350.

2. Nicht zu den angegebenen Zwecken bestimmte Gebäude oder Gebäudetheile dürfen also ohne vorherige Gebrauchsabnahme in Benutzung genommen werden.

3. Das Vermiethen zu einem früheren Zeitpunkte kann polizeilicherseits weder verboten noch verhindert werden, denn es stellt lediglich einen privatrechtlichen Vertrag dar, dessen Wirkungen erst in dem Augenblick das Gebiet des öffentlichen Rechts berühren, wenn auf Grund desselben die gemietheten, aber nach den öffentlich-rechtlichen Bestimmungen noch nicht beziehbaren Räume thatsächlich bezogen werden. Der Vermiether bleibt dem Miether haftbar für den Schaden, der diesem daraus erwächst, daß er polizeilicherseits an dem Beziehen der gemietheten Räume verhindert oder zum Verlassen derselben gezwungen wird. Um das Publikum vor Schaden, Aerger und Unbequemlichkeiten zu bewahren, ist dasselbe durch die Presse wiederholt davor gewarnt worden, Miethsverträge über Räume in neu erbauten oder umgebauten Häusern für eine Zeit abzuschließen, zu welcher die von der Zustellung des Rohbauabnahmescheins laufende Frist von 6 Monaten für die Gebrauchsabnahme noch nicht verstrichen ist, da die Polizeiorgane angewiesen sind, jedes vorzeitige Beziehen unter allen Umständen zu verhindern; das Publikum thut daher gut, sich vor Abschluß des Miethsvertrages vom Eigenthümer den Rohbauabnahmeschein vorlegen zu lassen und nach dem Datum desselben die sechsmonatige Frist ungefähr zu berechnen. Auch die Polizei-Reviere geben Auskunft über den fraglichen Termin.

4. Ueberhaupt nicht; es dürfen also auch keine Möbel vor der Gebrauchsabnahme hineingebracht werden.

5. Zur baulichen Einrichtung des Gebäudes gehört auch die Entwässerungsanlage, nicht aber die Regulirung des Bürgersteiges, so daß also wegen noch nicht vollendeter Regulirung desselben der Gebrauchsabnahmeschein nicht verweigert werden kann. Die Verweigerung aus dem angegebenen Grunde würde sich überdies als eine rein wegebau-

polizeiliche Verfügung darstellen, zu deren Erlaß das Pol.=Präsidium überhaupt nicht zuständig sein würde.

6. Die Prüfung wird von dem zuständigen Polizei=Bauinspektor vorgenommen, ohne Zuziehung der Rathsmeister. Ueber dieselbe wird eine Verhandlung aufgenommen. Finden sich geringfügige Mängel, die der Bauherr binnen kürzester Frist beseitigen kann, wird der Termin nicht für fruchtlos verlaufen erklärt, indeß wird in derartigen Fällen das Protokoll erst nach Beseitigung der Mängel seitens des Bauinspektors dem Polizei=Präsidium mit dem Antrage, den Gebrauchsabnahmeschein für die genau zu bezeichnenden Positionen des Bauscheins zu ertheilen, überreicht. Werden keine Mängel festgestellt, so erfolgt die Ueberreichung des Protokolls sofort. Die Bauinspektoren sind ermächtigt, nach erfolgter Gebrauchsabnahme ein vorläufiges Bezugsattest zu ertheilen. Die Ertheilung wird in dem Protokolle vermerkt.

7. Das Katasteramt erhält für die Zwecke der Gebäudesteuerveranlagung in jedem einzelnen Falle eine amtliche Mittheilung von der Ertheilung eines Gebrauchsabnahmescheines oder der vorläufigen Erlaubniß zur Ingebrauchnahme eines Gebäudes.

8. Die Verkürzung oder Verlängerung der Frist ist demnach nicht ausgeschlossen. Ein Recht des Eigenthümers auf Verkürzung giebt es nicht; glaubt er, daß eine solche zu Unrecht polizeilicherseits abgelehnt ist, so steht ihm nur die Beschwerde an die Aufsichtsbehörde (für das Pol.=Präs. zu Berlin der Minister der öffentl. Arb.) zu. Die Ablehnung der Vornahme der Gebrauchsabnahmeprüfung wegen angeblicher Nichtvollendung der baulichen Einrichtung stellt dagegen ebenso wie die Verlängerung der sechsmonatigen Frist oder die Verweigerung der Ertheilung des Gebrauchsabnahmescheines eine mit den gesetzlichen Rechtsmitteln (§§ 127 ff. d. L. V. G.) angreifbare polizeiliche Verfügung dar, die polizeilicherseits in jedem Falle besonders zu begründen ist.

Eine Verkürzung der Normalfrist wird im Allgemeinen für Um= und Ausbauten von geringfügiger Ausdehnung, insbesondere wo ein Theil der die in Frage kommenden Räume umschließenden Wände aus altem Mauerwerk besteht, je nach den besonderen Verhältnissen angezeigt erscheinen. Im Uebrigen ist von der Regel nur unter besonders günstigen Umständen abzugehen; als solche kommen insbesondere in Betracht: die Lage des Gebäudes, die Bauzeit, das verwendete Baumaterial, künstliche Austrocknung und die Zweckbestimmung. Die Beurtheilung der Frage, um wie viel die Zwischenzeit etwa abzukürzen sein wird, kann nur von Fall zu Fall stattfinden.

Die Zwischenzeit wird gerechnet vom Tage des Rohbauabnahmeantrages an, sofern bei der Rohbauabnahme festgestellt ist, daß der Bau zur Zeit der Antragstellung thatsächlich fertig war.

9. Danach hat also der Bauherr die Gebrauchsabnahme bei der Baupolizeibehörde schriftlich zu beantragen, ist der Bauherr zum Termin vorzuladen und muß in demselben persönlich erscheinen oder in geeigneter Weise vertreten sein, darf die Abnahme wegen vorgefundener Mängel beanstandet werden, sollen Anträge auf geforderte Abnahme einzelner Bautheile nur ausnahmsweise berücksichtigt werden (vgl. Gebührenordnung § 3 II b). Vgl. im Uebrigen die Anm. zu § 33. Mit dem Antrage auf Gebrauchsabnahme, spätestens aber im Gebrauchsabnahmetermin selbst hat der Bauherr die Bescheinigung eines Bezirksschornsteinfegers über die Benutzbarkeit der Schornsteine und Feuerungsanlagen, desgl. den Erlaubnißschein der Oertl. Straßenbau=Polizeiverwaltung, Abth. II (Kanalisation zur Inbetriebnahme der ausgeführten Entwässerungsanlagen (vgl. § 27 Anm. 5) vorzulegen.

10. Die Ertheilung des Gebrauchsabnahmescheines hindert die Polizeibehörde nicht in der Wahrnehmung der ihr gesetzlich obliegenden Pflichten. Findet sich also, daß ein abgenommener Bau in diesem oder jenem Punkte den allgemeinen baupolizeilichen Vorschriften nicht entspricht, so kann die Polizeibehörde auch nachträglich dasjenige verlangen, was zur Beseitigung dieses ungesetzliches Zustandes geboten erscheint. O. V. G. E. vom 6. Januar 1891, P. V. Bl. XII 210.

Titel IV.

Allgemeine Bestimmungen.

§ 40.

Anwendungen der vorstehenden Bestimmungen auf vorhandene Gebäude.[1]

1. Auf Veränderungen[2][3][4] und Erneuerungen[5] von vorhandenen baulichen Anlagen finden in der Regel[6] die Vorschriften dieser Baupolizeiordnung Anwendung.

2. Werden vorhandene Gebäude oder Gebäudetheile, welche bisher nicht zum dauernden Aufenthalte von Menschen oder zu Zwecken der im § 38 angegebenen Art benutzt werden durften, hierfür bestimmt, so finden die Vorschriften der §§ 37 bis 39 Anwendung.[7]

3. Für bauliche Arbeiten, welche einzeln oder zusammen eine erhebliche Veränderung eines Gebäudes darstellen,[8] kann[9] die baupolizeiliche Genehmigung auch davon abhängig gemacht werden,[10] daß gleichzeitig die durch den Entwurf an sich nicht berührten Gebäudetheile,[11] soweit sie den Vorschriften dieser Baupolizeiordnung widersprechen, damit in Uebereinstimmung gebracht werden.[12]

4. Außerdem finden die Vorschriften dieser Baupolizeiordnung den zu Recht bestehenden[13] baulichen Anlagen gegenüber nur soweit Anwendung, als überwiegende Gründe der öffentlichen Sicherheit es unerläßlich und unaufschiebbar machen.[14]

---

1. Die auch im Preußischen Rechte anerkannte Regel von der nicht rückwirkenden Kraft der Gesetze (pos. VIII ff. des Publikationspatentes zum A. L. St.) besteht nur für schon erworbene Rechte, nicht aber für allgemeine abstracte Befugnisse und Rechtsnormen, aus denen Sonderrechte der Einzelnen nicht erworben werden können. Auch bei den in einer B. P. O. gegebenen baupolizeilichen Vorschriften handelt es sich darum, in den speciell angegebenen Beziehungen die Freiheit der Person und des Eigenthums der Betheiligten einzuschränken, keineswegs aber wird für die Letzteren ein Recht auf den polizeilich unantastbaren Zustand der nach Maßgabe der Verordnung hergestellten Anlage geschaffen. Demnach kann also einer später ergehenden B. P. Or. an sich sehr wohl eine rückwirkende Kraft beigelegt werden (vgl. O. V. G. E. vom 5. Januar 1892, P. V. Bl. XV. S. 222). Wie indeß das A. L. R. im Allgemeinen nur Vorschriften für Neubauten und Aenderungen bestehender Anlagen (§§ 65 ff. I 8) giebt, wird auch das auf der Grundlage dieser Bestimmungen entwickelte preußische Baurecht von der Regel beherrscht, daß die Anordnungen der Behörden (und zwar polizeiliche Verfügungen sowohl wie Polizeiverordnungen) in

Ansehung vorhandener Bauten nur ausnahmsweise Aenderungen verlangen dürfen. (O. V. G. E. Bd. IV S. 361, Bd. II S. 360, M. R. vom 2. December 1818, Annalen II 1148.)

2. Dieser Grundsatz wird auch in § 40 der B. P. P. für Berlin gewissermaßen als allgemein gültig vorausgesetzt und werden nur diejenigen Fälle ausdrücklich behandelt, in welchen ausnahmsweise unter Abweichung von demselben die neuen Vorschriften auf schon vorhandene Gebäude oder Gebäudetheile Anwendung finden sollen.

Der bei dem Erlasse jeder neuen Baupolizeiverordnung wiederkehrenden Erscheinung, daß sich in ihrem Geltungsgebiete eine Menge baulicher Einrichtungen finden, welche, obwohl berechtigter Weise vorhanden, doch den kodifizirten Anforderungen des neuen Rechtes nicht entsprechen, wird in der B. P. O. in sachgemäßer Vereinigung der öffentlichen und privaten Interessen dadurch Rechnung getragen, daß nicht nur für die Fälle des Neubaus, sondern in der Regel auch im Falle von Veränderungen und Erneuerungen von vorhandenen baulichen Anlagen die Befolgung der fortan geltenden Rechtsgebote gefordert wird (Ziffer 1), während ein sofortiger Umbau älterer Baulichkeiten nur in Fällen dringender Gefahr soll verlangt werden dürfen (Ziffer 4). (O. V. G. E. vom 26. October 1885, P. V. Bl. VII S. 109, vgl. O. V. G. E. Bd. IV S. 361, Bd. VI S. 316). Bezüglich der Anwendung neuer baurechtlicher Bestimmungen auf Bauten, welche auf Grund eines ordnungsmäßig ertheilten polizeilichen Konsenses bereits in der Ausführung begriffen sind (vgl. O. V. G. E. Bd. XXIV S. 362, vom 18. April 1893 und vom 8. December 1894, P. V. Bl. XIV S. 405 und XVI S. 184, vgl. auch S. 61 ff.).

3. Unter Veränderungen sind auch Umbauten zu verstehen.

4. Für die Anwendung dieser Bestimmung kommt es nicht darauf an, ob die Veränderungen und Reparaturen an sich einer polizeilichen Genehmigung bedürfen; auch ohne dies fallen sie unter die Vorschrift. O. V. G. E. vom 25. April 1893 Nr. 399.

5. Erneuerung bedingt den Ersatz alter Bautheile durch neue. Die Grenze gegenüber einer bloßen Reparatur wird nicht immer ohne Schwierigkeit zu ziehen sein.

6. a) Bezüglich der Bedeutung der Bestimmung sei auf Folgendes hingewiesen: Die Ziffer 1 besagt zunächst nur, daß die Veränderung selbst, die vorzunehmende bauliche Maßnahme, nicht gegen die neuen Bestimmungen verstoßen dürfe, womit z. B. die Einschränkung eines zu kleinen Hofraumes unter das vorhandene Maß allerdings unbedingt ausgeschlossen ist. Dagegen folgt aus der Bestimmung nicht, daß vorhandene Gebäudetheile, an denen Veränderungen vorgenommen werden sollen, zu dem Ende niedergelegt, gänzlich abgebrochen werden müßten, damit die zur Zeit mangelnde, nach der neuen Baupolizeiordnung erforderliche Größe des Hofraums hergestellt werde, da sonst an einem Gebäude, das mehr Grundfläche bedeckt, als nach § 2 zuläßig ist, jede Veränderung irgend eines Gebäudetheils, mindestens eines an den Hof grenzenden Gebäudetheils zu einem theilweisen Abbruch des Gebäudes nöthigen würde. Eine solche Auslegung findet in dem Wortlaut keine Stütze und verbietet sich von selbst. Vgl. O. V. G. E. vom 25. April 1893, P. V. Bl. XIV S. 513.

An dieser Auslegung der Ziffer 1 wird selbst dann festzuhalten sein, wenn die an dem Gebäude vorgenommene Veränderung sich als eine erhebliche im Sinne der Ziffer 3 darstellt, denn die daselbst gegebene weitergehende Bestimmung bezieht sich lediglich auf solche Gebäudetheile, welche durch den Entwurf an sich von der Veränderung nicht berührt werden, nicht aber auf diejenigen Gebäudetheile, welche selbst der erheblichen Veränderung unterzogen werden sollen.

Eine Ausnahme von der in Ziffer 1 aufgestellten Regel wird insbesondere grundsätzlich dann zuzulassen sein, wenn die an einem vorhandenen älteren Gebäude vorzunehmende Veränderung die Neueinrichtung von z. d. A. v. M. bestimmten Räumen an Höfen von nur 60 qm Grundfläche bezweckt. Vgl. im Uebrigen Ziffer 2.

b) Die Ablehnung, eine Ausnahme von dieser Regel zu gestatten, verletzt den Betreffenden nicht in seinen Rechten und kann somit nicht mit Erfolg zur Grundlage einer

Klage im Verwaltungsstreitverfahren gemacht werden. (Vgl. O. V. G. E. vom 3. October 1894 IV 1166.) Im Uebrigen räumt die hier gegebene Bestimmung je nach Lage des Falles bei Veränderungen und Erneuerungen bereits vorhandener baulicher Anlagen von der Beachtung der Vorschriften der B. P. O. absehen zu dürfen, der Baupolizeibehörde eine außerordentlich weitgehende Befugniß ein, die bei verständnißvoller Anwendung namentlich den älteren Besitz vor vielen Härten zu schützen geeignet erscheint.

7. Das heißt, bevor sie z. d. A. v. M. oder zu Zwecken der im § 38 angegebenen Art in Benutzung genommen werden, muß nach Vollendung der dazu erforderlichen baulichen Einrichtungen, für welche, sofern sie genehmigungspflichtig sind, zuvor die baupolizeiliche Genehmigung nachzusuchen ist, die Gebrauchsabnahme schriftlich beantragt und ein Gebrauchsabnahmeschein ertheilt werden.

8. Die neugewählte Fassung sucht die Schwierigkeiten, welche der im Absatz 3 des § 40 der B. P. O. vom 15. Januar 1887 enthaltene Ausdruck „erheblicher Veränderungsbau" der Judikatur des Oberverwaltungsgerichts bereitet hat, in etwa zu beseitigen, indeß voraussichtlich mit wenig Erfolg, denn bei allen bisher ergangenen Entscheidungen lag die Schwierigkeit in der Beurtheilung der Frage, ob die beabsichtigte bauliche Veränderung als eine „erhebliche" im Sinne des Gesetzes anzusehen sei, oder nicht. Diese Schwierigkeit ist nach wie vor geblieben, da auch die neue Fassung keine Definition des Begriffes „erhebliche Veränderung" enthält; die Entscheidung ist daher wie bisher auf Grund freier Würdigung der konkreten Verhältnisse des Einzelfalls zu treffen. (Vgl. O. V. G. E. vom 1. März 1889, P. V. Bl. X S. 636.) Was nun diese Würdigung anbetrifft, so wird bei der einschneidenden Wirkung, die der § 40 Abs. 3 an die Vornahme erheblicher baulicher Veränderungen knüpft, zunächst daran festgehalten werden müssen, daß nicht bloß ganz unbedeutende bauliche Aenderungen auszuschließen sind, sondern daß umgekehrt die Erheblichkeit des Veränderungsbaues klar zu Tage liegen muß (vgl. O. V. G. E. vom 24. Januar 1893 IV 83). In den meisten Fällen wird sodann der Frage — wenn schon keineswegs als der allein entscheidenden — näher getreten werden müssen, in wie weit die körperliche Gestaltung und die Zweckbestimmung des Gebäudes andere werden sollen. In ersterer Hinsicht kann indeß als erheblich keineswegs nur ein solcher Veränderungsbau angesehen werden, vermöge dessen das ihm unterworfene Gebäude ein wesentlich anderes wird (vgl. O. V. G. E. vom 1. März 1889, P. V. Bl. X S. 636), oder bei dem die zu der Veränderung an der Substanz des bestehenden Gebäudes nöthigen Aenderungen erhebliche sind, vielmehr wird es auch darauf ankommen, ob damit sich eine erhebliche Veränderung der bestehenden Räume dadurch vollzieht, daß ihre Bedeutung mit Bezug auf ihre Zweckbestimmung sich in erheblichem Maße erhöht und vermehrt. (O. V. G. E. vom 12. December 1894 IV 1548.)

Einen gewissen Anhalt für die Beurtheilung der Frage werden auch die Kosten bieten, die durch den beabsichtigten Veränderungsbau verursacht werden. (Vgl. das angezogene Erkenntniß vom 1. März 1889, sowie das O. V. G. E. vom 24. Januar 1893 IV 84.) Daß es genügt, wenn auch nur mehrere bauliche Arbeiten zusammen die erhebliche Veränderung darstellen, ist entsprechend der auch schon früher vom O. V. G. (vgl. das zuletzt angezogene Erk.) vertretenen Rechtsauffassung in der vorliegenden Fassung unzweifelhaft zum Ausdruck gelangt. Daß die baulichen Arbeiten, welche zusammen eine erhebliche Veränderung eines Gebäudes darstellen, auf Grund einer und derselben baupolizeilichen Genehmigung gleichzeitig vorgenommen werden müssen, ist keineswegs die Voraussetzung für die Anwendbarkeit der Bestimmung in Ziffer 3.

Unter Berücksichtigung der angeführten Gesichtspunkte hat das O. V. G. E. beispielsweise nicht als erheblichen Veränderungsbau betrachtet: bei dem Anbau eines Seitenflügels den Durchbruch zu einer Thür im Erdgeschoß und im ersten Stockwerk (E. vom 24. Januar 1893), die Verbreiterung einer Durchfahrt, die lediglich durch das Zurückziehen mehrerer, die erforderliche lichte Weite einengender Pfeiler erreicht werden sollte, die Herstellung von 5 Podestklosets (E. vom 24. Januar 1893 IV 84). Als erheblicher Veränderungsbau ist dagegen anerkannt der Ausbau eines Ladens bei Ausbruch von Schaufenstern und Senkung des bisherigen Fußbodens, wodurch die bisher als Wohnräume benutzten Kellerräume zu diesem Zwecke unbrauchbar wurden. (O. V. G. E. v. 1. März 1889, P. V. Bl. X S. 636.)

9. Die Stellung besonderer Bedingungen ist also in das polizeiliche Ermessen gestellt; sie wird in jedem Falle erfolgen, wenn die Zustände der von der Veränderung selbst nicht berührten Gebäudetheile eine Verbesserung dringend erwünscht erscheinen lassen.

10. Die hier gewählte Fassung läßt darüber keinen Zweifel, daß das Vorhandensein neuzugestaltender Gebäude nicht etwa im Sinne einer direkten Versagung des projektirten Veränderungsbaus verwerthet werden darf; vielmehr beschränkt sich die Bestimmung auf die Ermächtigung der Behörde, den Konsens zu diesem Bau an die Bedingung zu knüpfen, daß gleichzeitig eine Umgestaltung jener anderen Gebäudetheile erfolge — ein Unterschied, dessen prinzipielle Bedeutung und Tragweite auch nicht dadurch wesentlich abgeschwächt wird, daß im praktischen Erfolge — mittelbar — auch schon durch die hinzugefügte Bedingung die Ausführung des beabsichtigten Veränderungsbaus unthunlich werden kann. Vgl. O. V. G. E. vom 22. Juni 1888 P. V. Bl. IX S. 363). Die gestellten Bedingungen müssen klar, bestimmt und inhaltlich scharf umgrenzt sein. Besonders häufig pflegt bei erheblichen Veränderungsbauten namentlich älterer Gebäude die Bedingung gestellt zu werden, daß einzelne seither als Wohn-, Schlaf- oder Arbeitsräume benutzte Räume, welche aber dem jetzigen Baurechte nicht mehr entsprechen, in Zukunft zum d. A. v. M. nicht mehr benutzt werden dürfen, daß Bedürfnißanstalten verändert oder verlegt werden; aber selbst den vollständigen Abbruch von Gebäudetheilen ist die Polizeibehörde zur Bedingung zu machen wohl befugt, so kann sie beispielsweise, wenn in einem Hause, dessen Fronthöhe die Straßenbreite überschreitet, umfassende bauliche Veränderungen zur Herstellung von Läden vorgenommen werden, die Verminderung der Fronthöhe bis auf das nach § 3 der B. P. O. zulässige Maß zur Bedingung machen.

11. Auch in Ziffer 3 handelte es sich um die in Ziffer 1 genannten Veränderungen bereits vorhandener baulicher Anlagen, denen die weitergehende Wirkung dann zukommen soll, wenn sie erhebliche sind. Daß unter eine solche erhebliche Veränderung vorhandener baulicher Anlagen im Sinne der Ziffer 3 auch ein Umbau oder Erweiterungsbau fallen kann, ist klar, ein selbstständiges Gebäude aber, welches die vorhandenen älteren Gebäude in ihrem Bestande nicht verändert, kann nicht als ein Veränderungsbau, als eine Veränderung vorhandener baulicher Anlagen bezeichnet werden. Hieraus ergiebt sich, daß unter den Gebäudetheilen welche mit den Vorschriften der B. P. O. in Uebereinstimmung gebracht werden sollen, nur Theile eines vorhandenen Ganzen, und zwar desselben Gebäudes, das durch die beabsichtigten baulichen Arbeiten eine erhebliche Veränderung erleiden wird, zu verstehen sind, nicht aber Theile des „bebauten Grundstücks" überhaupt. Selbst bei einer erheblichen Veränderung der Bebauung eines Grundstückes kann demnach nur solchen Gebäudetheilen gegenüber von der Bestimmung unter Ziffer 3 Gebrauch gemacht werden, welche Theile eines Gebäudes sind, in welchem selbst eine erhebliche Veränderung beabsichtigt wird. (Vgl. O. V. G. E. vom 18. December 1891 IV 1200.)

12. Auch von den auf Grund dieser Bestimmung auferlegten Bedingungen ist Dispens zulässig. Vgl. Erl. d. M. d. ö. A. vom 19. Mai 1888 III 9102.

13. Damit ist in Uebereinstimmung mit der bisherigen Rechtssprechung des O. V. G. zum Ausdruck gebracht, daß die hier ausgesprochene Beschränkung in der Anwendbarkeit des neueren Rechtes gegenüber bestehenden baulichen Anlagen nur denjenigen bei Erlaß der B. P. O. vorhandenen zu Gute kommt, denen, falls es nach älterem Rechte für sie einer Erlaubniß bedurft hätte, eine solche Erlaubniß zur Seite steht. Einer illegalen Anlage gegenüber kommen — auch wenn die Rechtswidrigkeit nur darin besteht, daß die Herstellung

ohne die erforderliche Genehmigung erfolgt ist — die Bestimmungen der neueren Baupolizeiordnung zur Anwendung, da die Polizeibehörde, sobald sie zu der rechtlich vorgeschriebenen Prüfung der polizeilichen Zulässigkeit einer Anlage veranlaßt wird, diese nur nach Maßgabe des zur Zeit der Prüfung geltenden öffentlichen Rechts vornehmen kann. (O. V. G. E. vom 21. März 1890 IV 205, vom 24. Februar 1891 IV 197, vom 27. Januar und 20. März 1888 P. V. Bl. IX S. 262 und 279, vgl. auch O. V. G. E. Bd. IV S. 350, Bd. V S. 379 Bd. VI S. 258, 270, Bd. VIII S. 291, Bd. X S. 269, und vom 11. Januar 1896, Pr. V. Bl. XVIII S. 109, v. 14. October 1897 — IV 1719 —.)

14. Ob in der That überwiegende Gründe der öffentlichen Sicherheit die Anwendung der Vorschriften der B. P. O. schon bestehenden baulichen Anlagen gegenüber unaufschiebbar und unerläßlich machen, wird in jedem Falle einer besonders gewissenhaften Prüfung bedürfen, wenn anders der leitende Grundsatz, der das auf der Grundlage der landrechtlichen Bestimmungen entwickelte Baurecht (vgl. Anm. 1 und 2) beherrscht, gewahrt bleiben soll.

Die Polizei würde übrigens, selbst wenn die Bestimmung des § 40 Nr. 4 in der B. P. O. nicht enthalten wäre, auf Grund des § 10 II 17. A. L. R. mittelst polizeilicher Verfügung einzuschreiten befugt sein, sofern die im § 40, 4 bezeichneten Voraussetzungen vorhanden sind. O. V. G. E. v. 11. Juli 1898 — IV 1290 —.

§ 41.

Grenzveränderungen. 1)

Werden durch eintretende Veränderungen der Grenzen bebauter Grundstücke Verhältnisse geschaffen, welche den Vorschriften dieser Baupolizeiordnung zuwiderlaufen, 2) so sind die betreffenden Gebäude oder Gebäudetheile entsprechend umzugestalten oder zu beseitigen. 3)

---

1. An sich hat der Eigenthümer ein von der Gesetzgebung ausdrücklich anerkanntes Recht nicht nur zur Bebauung seines Grundstücks innerhalb der durch die specielle B. P. O. bestimmten Grenzen, sondern auch auf Veräußerung einzelner Theile seines Grundbesitzes. Eine B. P. O., welche dies Recht beschränkte oder gar ausschlösse, würde sich mit den allgemeinen gesetzlichen Bestimmungen in Widerspruch setzen und folgeweise rechtsungültig sein (§ 15 des Gesetzes vom 11. März 1850). Andererseits hat die Polizeibehörde bei der Prüfung des Baugesuchs nur mit den zur Zeit vorhandenen thatsächlichen Verhältnissen zu rechnen. (Vgl. O. V. G. E. v. Mai 1887, P. V. Bl. VIII S. 364.) Die polizeiliche Genehmigung zur Aufführung eines zweiten Gebäudes auf einem bereits bebauten, aber z. Z. noch einheitlichen Baugrundstücke muß also beispielsweise selbst dann noch ertheilt werden, wenn die Absicht des Hauseigenthümers bekannt ist, das neu errichtete Gebäude unter Abtrennung von dem Gesammtgrundstücke zu verkaufen und es alsdann unmöglich sein würde, den unbebaut gebliebenen Theil des Grundstücks so zu theilen, daß für jedes gesonderte Grundstück ein vorschriftsmäßiger Hofraum verbleibt. Der damit zugelassene thatsächliche Zustand birgt in sich die Quelle der einschneidendsten rechtlichen Consequenzen. O. V. G. E. vom 2. December 1890, P. V. Bl. XII S. 265.

Wenn eine B. P. O. einen Bau an bestimmte thatsächliche und rechtliche Verhältnisse als nothwendige Voraussetzungen knüpft, wenn beim Vorliegen dieser Verhältnisse die Polizei den Baukonsens ertheilt und nun der Eigenthümer nach ausgeführtem Bau die Verhältnisse so ändert, daß die nothwendigen Voraussetzungen der Uebereinstimmung mit dem geltenden Baupolizeirecht nicht mehr gegeben sind, so bedarf es an sich keiner besonderen Ermächtigung der Polizei, gegen diese gesetzwidrigen Zustände einzuschreiten; dies liegt ohne Weiteres in ihrer Aufgabe, die Beobachtung jenes Rechtes zu überwachen. (Vgl. O. V. G. E. Bd. X S. 389 und vom 8. Mai 1887, P. V. Bl. VIII S. 364.) Die

Bestimmung des § 40 ist daher lediglich der Ausdruck eines der Polizeibehörde ohnehin zustehenden Rechtes. Auch die Frage, ob es zu einer von dem Grundstückseigenthümer vorgenommenen Veränderung seines Grundstücks eines Baukonsenses bedurft hat, kann nicht entscheidend sein für das Urtheil darüber, ob die durch diese Veränderung geschaffenen, den geltenden baupolizeilichen Bestimmungen widersprechenden Verhältnisse eine Anforderung der Baupolizeibehörde, dieselbe mit diesen in Einklang zu bringen, rechtfertigen. Denn die Polizeibehörde hat nicht nur dann, wenn eine Bauerlaubniß bei ihr nachgesucht wird, sondern auch ohnedies von Amtswegen dafür zu sorgen, daß den bestehenden baupolizeilichen Vorschriften genügt werde. (Vgl. O. V. G. E. Bd. XX S. 389.)

Durch die Theilung eines früher einheitlichen Grundstücks wird die Polizeibehörde berechtigt, von dem Eigenthümer eines jeden dieser neuen selbstständigen Gebäudegrundstücke zu fordern, daß er sein Gebäude in einen den Vorschriften des nunmehr geltenden Baurechts entsprechenden Zustand bringe. O. V. G. E. vom 26. September 1896 IV 1498.

2. Die thatsächliche Voraussetzung einer auf Durchführung des Gebotes dieser Rechtsnorm abzielenden Verfügung ist eine dreifache:

1. es muß eine Veränderung der Grenzen eines bebauten Grundstückes vorgekommen sein,
2. es müssen zur Zeit des Erlasses der Verfügung Verhältnisse vorhanden sein, welche den Vorschriften der B. P. O. zuwiderlaufen,
3. es muß endlich der Vorgang zu 1 die Verhältnisse zu 2 geschaffen haben.

Fehlt es auch nur an einer dieser Bedingungen, so sind die thatsächlichen bezw. rechtlichen Voraussetzungen nicht vorhanden, welche die Polizeibehörde zum Erlasse einer auf den § 41 sich stützenden Verfügung berechtigen würden. (Vgl. O. V. G. E. vom 12. Juni 1888, P. V. Bl. XI. S. 473.)

Zu 1: Daß eine Grenzveränderung im Sinne des Gesetzes nicht lediglich durch eine im Grundbuche vorgenommene Abschreibung eines Grundstückstheiles bewirkt werden kann, ergiebt sich aus dem Begriffe des „Baugrundstückes", wie es in Anm. 4 zu § 1 entwickelt ist. Wie die Einheitlichkeit eines Baugrundstückes völlig unabhängig davon ist, ob dasselbe auf einem oder auf mehreren Grundbuchblättern eingetragen ist, so verliert ein Baugrundstück diese Eigenschaft auch nicht allein dadurch, daß es nach seiner Bebauung grundbuchlich in mehrere Theile zerlegt wird. Entscheidend für die Frage, ob eine Grenzveränderung eines bebauten Grundstückes eingetreten ist, bleibt vielmehr im Allgemeinen die Erwägung, ob ein Grundstückstheil seine wirthschaftliche Zugehörigkeit zu dem Grundstücke, mit dem er bisher zusammen ein Baugrundstück bildete, verloren hat. (Vgl. O. V. G. E. vom 27. Juni 1893 P. V. Bl. XV S. 621.) Im Uebrigen kann aber nur die Gesammtheit aller in Betracht kommenden thatsächlichen Verhältnisse entscheiden. Die Grenzveränderung kann nicht nur in einer Beschränkung, sondern auch in einer Erweiterung eines bebauten Grundstückes bestehen.

Zu 2: Die durch die Grenzveränderung geschaffenen Verhältnisse können den verschiedensten Vorschriften der B. P. O. zuwiderlaufen. Beispielsweise:

a. Nach Theilung eines Grundstücks erweist sich der bei dem Stammgrundstücke verbleibende Hof als unzureichend, und zwar kann dies in dreifacher Hinsicht der Fall sein; entweder entspricht er nicht mehr den an den Normalhof zu stellenden Anforderungen, d. h. er ist nicht mehr 80 qm bei 6 m kleinster Abmessung groß, oder aber er erweist sich in seiner Eigenschaft als unbebauter Grundstückstheil zu klein im Verhältniß zu der bebauten Fläche, oder aber seine Abmessung ist zu gering im Verhältniß zur Höhe der an ihm liegenden hinteren Gebäude. In den beiden ersten Fällen wird die polizeiliche Verfügung auf die völlige Beseitigung eines entsprechend großen Gebäudetheiles, im letzten Falle auf eine entsprechende Umgestaltung der zu hohen hinteren Gebäude, d. h. auf den Abbruch der obersten Theile dieser Gebäude zu richten sein. (Vgl. O. V. G. E. vom 2. December 1890, P. V. Bl. XII S. 265 auch O. V. G. E. Bd. XXXIII S. 409.)

b. Wenn in Folge einer Grenzveränderung Umfassungswände von Gebäuden, in welchen sich Oeffnungen befinden, unmittelbar an die neu geschaffene Nachbarsgrenze herantreten oder weniger als 6 m von derselben entfernt bleiben, ist die Polizeibehörde berechtigt und verpflichtet, die Umwandlung jener Umfassungswand in eine den Vorschriften im § 7 Ziffer 3 entsprechende Brandmauer zu verlangen, d. h. die sämmtlichen in der Wand befindlichen Oeffnungen sind zu vermauern, und ist die Wand selbst durchweg wenigstens 0,25 m stark und undurchbrochen durch alle Geschosse mindestens 0,20 m über Dach zu führen. Vgl. die oben bereits angeführten O. V. G. E. sowie die E. vom 20. Juni 1878 II 412 und Bd. IV S. 351.

Zu 3. Die Beobachtung dieser Bestimmung soll die Polizeibehörde davon abhalten, unter Durchbrechung der im § 40 gegebenen Vorschriften, bei einer Grenzveränderung ganz allgemein die Anforderung zu stellen, die bei derselben betheiligten Grundstücke überhaupt und in jeder Hinsicht mit den zur Zeit geltenden baupolizeilichen Bestimmungen in Einklang zu bringen, vielmehr soll das Recht des polizeilichen Eingriffes auf diejenigen thatsächlichen Verhältnisse beschränkt bleiben, deren Rechtswidrigkeit erst mit der Grenzveränderung und durch dieselbe entstanden ist. Wenn beispielsweise zwei Grundstücke, welche beide je einen unzureichenden Hof haben (vgl. oben unter 2a) ohne Veränderung der vorhandenen Baulichkeiten zu einem wirthschaftlichen Ganzen vereinigt werden, kann polizeilicherseits nicht verlangt werden, daß Gebäude oder Gebäudetheile, um für das vereinigte Grundstück einen vorschriftsmäßigen Hof zu schaffen, gänzlich abgebrochen oder der Breite des Hofes entsprechend neugestaltet werden, denn der rechtswidrige Zustand, um dessen Beseitigung es sich in diesem Falle handeln würde, war bereits vor der Grenzveränderung in gleicher Weise vorhanden und ist nicht erst durch diese geschaffen worden. Bei einer Neubebauung des vereinigten Grundstücks müssen naturgemäß die Bestimmungen der geltenden B. P. O. in vollem Umfange erfüllt werden.

3. Wird der die Umgestaltung oder die Beseitigung der betreffenden Gebäude oder Gebäudetheile anordnenden polizeilichen Verfügung nicht genügt, erweist sich die Ausführung durch einen dritten als unthunlich, haben die angedrohten und festgesetzten Zwangsstrafen gleichfalls keinen Erfolg, so hat die Polizeibehörde zweifellos das Recht, das fernere Bewohnen oder Benutzen der betreffenden Gebäude oder Gebäudetheile, unter Umständen sogar des gesammten Grundstücks zu verbieten, nöthigenfalls zu verhindern. (Vgl. O. V. G. E. vom 2. December 1890, P. V. Bl. XII S. 265.)

§ 42.

Ausnahmen.[1])

1. Ausnahmen von den Bestimmungen dieser Baupolizeiordnung können für alle öffentlichen Bauten,[2]) im Uebrigen aber, soweit sie in Vorstehendem vorgesehen sind, von der Baupolizeibehörde zugelassen werden.

2. Zur Ertheilung von Dispensen[3]) ist der Bezirksausschuß überall zuständig.

---

1. So lange materielle Normen über Beschränkungen der Baufreiheit durch Baupolizeiordnungen gegeben sind, hat man auch die Möglichkeit, von ihrer Beobachtung Ausnahmen zuzulassen, vorgesehen, weil es unmöglich ist, die allgemeinen Rechtssätze derartig zu geben, daß sich jeder konkrete Thatbestand unter sie ohne Härte und materielle Ungerechtigkeit subsumiren läßt. Der § 42 unterscheidet zwei Arten von Ausnahmen, nämlich einerseits solche, welche von der Baupolizeibehörde in den in der B. P. O. besonders vorgesehenen Fällen, und andererseits solche, welche von dem Bezirksausschuß ganz allgemein von sämmtlichen Bestimmungen der B. P. O. zugelassen werden dürfen. Bezüglich des letzteren, Dispense genannt, vgl. S. 84 und 86ff.

Die Zulassung von Ausnahmen ist in das freie Ermessen der Baupolizeibehörde gestellt. Demnach unterliegt die Entscheidung darüber, ob die Baupolizeibehörde im Einzelfalle von diesem Ermessen einen angemessenen Gebrauch gemacht hat, nicht der Entscheidung des Verwaltungsrichters. Allerdings wird auch bei der Prüfung von Anträgen auf Zulassung von Ausnahmen das pflichtmäßige Ermessen der Polizeibehörde vorausgesetzt. Insofern ist also die Befugniß der Polizeibehörde keine völlig ungebundene und unterliegt auch die Handhabung des polizeilichen Ermessens der Rechtscontrole im Verwaltungsstreitverfahren nach allgemeinen Rechtsgrundsätzen (§§ 127, 129 L. V. G.) insoweit, als die angefochtene Entschließung zu reprobiren ist, falls sie unverkennbar auf rechtlich nicht zulässigen oder thatsächlich jedes Anhalts entbehrenden Erwägungen, in diesem Sinne also auf Willkür beruht. (Vgl. O. V. G. E. Bd. VI S. 295, v. 19. October und v. 9. November 1886, P. V. Bl. VIII S. 74 und 53, v. 30. Juni 1891 IV 651.) Wenn indeß die Polizeibehörde es angemessen findet und es sich zur Regel gemacht hat, in gewissen gleichartigen Fällen, deren Behandlung an sich nach Maßgabe der diesbezüglichen Bestimmung eine Ausnahme zulassen würde, grundsätzlich die Bestimmungen der B. P. O. zur Anwendung zu bringen und also Ausnahmen von der Regel nicht zu gestatten, so wird eine dahingehende Auffassung keineswegs als eine solche zu erachten sein, die der objektiven polizeilichen Gesichtspunkte ermangelt. (Vgl. O. V. G. E. v. 3. October 1894 IV 1166.) Abgesehen von dem Falle willkürlicher Behandlung wird der Einzelne durch die Ablehnung der Polizeibehörde eine Ausnahme von der Regel zu seinen Gunsten eintreten zu lassen, in seinen Rechten nicht verletzt, da dem Einzelnen ein Recht auf Bewilligung einer Ausnahme nicht zusteht. Eine auf ein dem widersprechendes Fundament gestützte Verwaltungsklage wird somit eine Aussicht auf Erfolg nicht bieten, wie andererseits auch der Nachweis, daß die Polizeibehörde bei ihrer Entscheidung willkürlich gehandelt habe, nur außerordentlich schwer, in einer das Gericht überzeugenden Weise zu erbringen sein wird.

2. Der Begriff „öffentliche Bauten" kann unter Umständen zu Zweifeln Veranlassung geben; zunächst kommen in Betracht die öffentlichen Zwecken dienenden Bauten des Reiches, des Staates, der Kommunalverbände, der Kirchengemeinden, auch Synagogen. — Die Ertheilung eines Dispenses für öffentliche Bauten kann nunmehr nur noch in solchen Fällen in Frage kommen, in denen die Polizeibehörde die Zulassung einer Ausnahme abgelehnt hat.

3. Vgl. S. 74 ff.

§ 43.

Uebergangsbestimmungen.

1. Diese Baupolizeiordnung tritt am Tage der amtlichen Veröffentlichung [1]) unter gleichzeitiger Aufhebung der Baupolizeiordnung für den Stadtkreis Berlin vom 15. Januar 1887 in Kraft. Die auf Grund der letzteren erlassenen Bekanntmachungen bleiben bis auf Weiteres in Kraft, [2]) desgleichen die Polizeiverordnung vom 27. April 1894, betreffend die Baubeschränkungen der Schöneberger Wiesen u. s. w. [3])

Vgl. die abweichende Fassung der Charlottenburger B. P. O. vom 22. August 1898 unter Nr. 31 des Werkes.

2. Die nach der Baupolizeiordnung vom 15. Januar 1887 bereits ertheilten Bauscheine verlieren, sofern ihre Gültigkeit nach § 29 nicht früher erlischt, die Gültigkeit nach Ablauf von fünf Monaten vom Tage der Veröffentlichung dieser Verordnung ab, wenn nicht inzwischen der Bau begonnen ist, und bei Neubauten, wenn nicht inzwischen die Fundamente gelegt und die Kellermauern bis zur Erdoberfläche hergestellt sind.

---

1. Auf Grund der A. K. O. vom 8. Februar 1840 (G. S. S. 32), des § 5 Abs. 3 des Gesetzes über die Polizeiverwaltung vom 11. März 1850 und des § 144 Abs. 2 des L. V. G. ist nach eingeholter Genehmigung des Herrn Ministers des Innern durch Bekannt-

machung des Polizei-Präsidenten vom 25. Februar 1896 zur öffentlichen Kenntniß gebracht worden, daß von diesem Tage ab die ortspolizeilichen Verordnungen und Bekanntmachungen des Königl. Polizei-Präsidiums ausschließlich in der „Norddeutschen Allgemeinen Zeitung" mit rechtsverbindlicher Kraft veröffentlicht werden. Landespolizeiliche Verordnungen und Bekanntmachungen sind dagegen wie bisher durch das „Amtsblatt der Königl. Regierung zu Potsdam und der Stadt Berlin" zu veröffentlichen. (Vgl. O. V. G. E. vom 7. Juni 1887, Pr. V. Bl. VIII S. 318.) Da die Baupolizeiordnung eine ortspolizeiliche Verordnung ist, war sie hiernach in der „Norddeutschen Allgemeinen Zeitung" zu veröffentlichen. Dies ist geschehen in der Nr. 289 derselben vom 20. August 1897. An diesem Tage ist also die B. P. O. in Kraft getreten.

2. Vgl. die Bekanntmachungen Nr. 25, 26 und 27.

3. Siehe S. 281 ff.

§ 44.
Strafen.

Uebertretungen der vorstehenden Vorschriften werden, soweit nicht sonstige weitergehende Strafbestimmungen, insbesondere der § 367 Ziffer 12 bis 15, und § 368 Ziffer 3 und 4 des Reichsstrafgesetzbuches[1]) Platz greifen, mit einer Geldstrafe bis zu 30 Mark oder im Unvermögensfalle mit verhältnißmäßiger Haft geahndet.[2]) [3]) Daneben bleibt die Polizeibehörde befugt, die Herstellung vorschriftsmäßiger Zustände herbeizuführen.[4])

Berlin, den 15. August 1897.

Der Polizei-Präsident. von Windheim.

---

1. Vgl. S. 12 ff.

2. Vgl. Gesetz, betr. den Erlaß polizeilicher Strafverfügungen wegen Uebertretungen vom 23. April 1883 (G. S. S. 65.)

3. Strafen können durch den Einwand angeblicher Mittellosigkeit, welche die Beachtung bezw. Erfüllung baupol. Vorschriften unmöglich macht, nicht abgewendet werden. Ueber derartige Einwendungen ist nur im Verwaltungswege zu befinden. Erk. d. Kammerger. Straff. vom 16. 10. 1890. Jahrb. f. Entsch. d. K. G. Bd. XI Nr. 95 S. 262.

4. Eine Baupolizeiordnung wird nicht deshalb ihrem ganzen Inhalte nach ungültig, weil für die darin ausgesprochene Androhung einer das Maaß von 9 Mk. übersteigenden Strafe die Genehmigung des Regierungs-Präsidenten erforderlich, aber nicht ertheilt ist. Dieser Mangel berührt vielmehr nur die Rechtsgültigkeit der weitergehenden Strafandrohung. O. V. G. E. vom 19. October 1886 Pr. V. Bl. VIII S. 70, vgl. auch O. V. G. E. vom 1. März 1886 Pr. V. Bl. VII S. 215.

20.

Nachtrag

vom 11. August 1899 zur Baupolizeiordnung für den Stadtkreis Berlin vom 15. August 1897, betr. Baubeschränkungen der Schöneberger Wiesen (Hansa=Viertel) pp.

Polizei=Verordnung.[1][2])

Auf Grund des § 6 des Gesetzes über die Polizei=Verwaltung vom 11. März 1850 (G. S. S. 265) und der §§ 143 und 144 des Gesetzes über die Allgemeine Landesverwaltung vom 30. Juli 1883 (G. S. S. 195) wird hiermit unter Zustimmung des Gemeindevorstandes nachstehende Polizei=verordnung als Nachtrag zur Baupolizeiordnung für den Stadtkreis Berlin vom 15. August 1897 erlassen:

§ 1.

Die Grundstücke in denjenigen Geländen und an denjenigen Straßen, welche nachstehend aufgeführt sind, werden folgenden besonderen Baubeschränkungen unterworfen.

I. Gelände.

a) Die Schöneberger Wiesen zwischen dem Thiergarten, dem Park Bellevue, der Spree und dem Siegmundshof.

Die Vordergebäude dürfen außer dem Erdgeschoß, dessen Fußboden höchstens 2,60 m über dem Bürgersteige liegen darf, nur noch zwei Stockwerke, an dem Holsteiner und dem Schleswiger Ufer nur noch drei Stockwerke erhalten. Ueber dem Fußboden des Dachgeschosses darf die Front, gemessen bis zur Oberkante des Hauptgesimses und, wo die Anlage einer Attika beabsichtigt wird, bis zu deren Oberkante, die Höhe von 1,50 m nicht überschreiten.[3]) Diese Höhe gilt als die zulässige Fronthöhe im Sinne des § 3, insbesondere der Ziffern 2, 3[4]) und 4 der Baupolizeiordnung vom 15. August 1897.

b) Der von der Lichtenstein=Allee, der Cornelius=, Hitzig= und Stülerstraße umschlossene frühere Albrechtshof, sowie der von der Hitzig=, Rauch=, Friedrich Wilhelm= und Thiergartenstraße umschlossene Theil des früheren Hofjäger=Etablissements.

Sämmtliche Gebäude dürfen außer dem Erdgeschoß, dessen Fußboden höchstens 2,60 m über dem Bürgersteige liegen darf, nur noch zwei Stockwerke erhalten. Ueber dem Fußboden des Dachgeschosses darf die Front, gemessen bis zur Oberkante des Hauptgesimses und, wo die Anlage einer Attika beabsichtigt wird, bis zu deren Oberkante, die Höhe von 1,50 m nicht überschreiten.[3]) Diese Höhe gilt als die zulässige Fronthöhe im Sinne des § 3, insbesondere der Ziffern 2, 3[4]) und 4 der Baupolizeiordnung vom 15. August 1897. Die Vorderhäuser und Seitenflügel müssen mindestens 3,75 m von den Nachbargrenzen entfernt bleiben.[5]) Je zwei Nachbargebäude dürfen jedoch unmittelbar an einander errichtet werden, wenn jedes im Uebrigen den Bauwich von 2,75 m innehält und die Frontlänge der beiden Gebäude zusammen nicht mehr als 40 m beträgt. An ein Eckhaus darf an beiden Straßenseiten ein Nachbargebäude unmittelbar angebaut werden, wenn an jeder Straße die Front des Eckhauses und des Nachbargebäudes zusammen die Länge von 40 m nicht überschreitet und im Uebrigen beide Nachbargebäude den Bauwich von 3,75 m innehalten.

II. Straßen.

a) Hohenzollernstraße:

Die Bebauung muß durch Zwischengärten in der Weise unterbrochen werden, daß von den Grenzen zwischen den Grundstücken:

Nr. 4 und Nr. 6, früher Nr. 4 und Nr. 5, Nr. 9 und Nr 11, früher Nr. 5 und Nr. 6, Nr. 13 und Nr. 14, früher Nr. 8 und Nr. 9, Nr. 15 und Königin Augusta-Straße 49, früher Nr. 10 und Königin Augusta-Straße Nr. 49, Nr. 17 und Nr. 18, früher Nr. 12 und Nr. 13, Nr. 20 und Nr. 21, früher Nr. 15 und Nr. 16, Nr. 24 und Nr. 25, früher Nr. 19 und Nr. 20,

die Vorderhäuser und Seitenflügel auf jeder Seite mindestens 7,50 m entfernt bleiben.

b) Landgrafenstraße:

Die Vordergebäude und Seitenflügel müssen mindestens 5,34 m von den Nachbargrenzen entfernt bleiben.

Je zwei Nachbargebäude dürfen jedoch unmittelbar an einander errichtet werden, wenn jedes im Uebrigen den Bauwich von 5,34 m innehält und die Frontlänge der beiden Gebäude zusammen nicht mehr als 40 m beträgt; bei den Eckhäusern braucht in diesem Falle ein Bauwich nicht inne gehalten zu werden.

c) Regentenstraße:

Die Vordergebäude dürfen außer dem Erdgeschoß, dessen Fußboden höchstens 2,60 m über dem Bürgersteige liegen darf, nur noch zwei

Stockwerke, die Eckhäuser an der Thiergarten- und an der Königin-Augustastraße nur noch drei Stockwerke erhalten. Ueber dem Fußboden des Dachgeschosses darf die Front, gemessen bis zur Oberkante des Hauptgesimses und, wo die Anlage einer Attika beabsichtigt wird, bis zu deren Oberkante, die Höhe von 1,50 m nicht überschreiten. Diese Höhe gilt als die zulässige Fronthöhe im Sinne des § 3, insbesondere der Ziffern 2, 3 und 4 der Baupolizeiordnung vom 15. August 1897.

§ 2.

Auf den durch die Beschränkungen im § 1 betroffenen Grundstücken dürfen Fabrik- oder Speichergebäude nicht errichtet werden.[6])

§ 3.

Der Bezirks-Ausschuß kann durch Dispens Ausnahmen von den Bestimmungen dieser Polizei-Verordnung zulassen.

§ 4.

Die Polizei-Verordnung tritt mit dem Tage ihr Veröffentlichung unter gleichzeitiger Aufhebung der Polizei-Verordnung vom 27. April 1894 in Kraft.

Berlin, den 11. August 1899.

Der Polizei-Präsident.
von Windheim.

---

1. Diese Polizeiverordnung ist an die Stelle der durch § 43 Ziffer 1 der B. P. O. ausdrücklich aufrecht erhaltenen, nunmehr durch § 4 aufgehobenen P. V. vom 27. April 1894 getreten. Vgl. zu dieser letzteren O. V. G. E. vom 23. November 1886, P. V. Bl. VIII S. 110 und bezüglich der Vorgeschichte der P. V. das O. V. G. E. vom 21. Februar 1893 (E. Bd. XXIV S. 369), welches auch bezüglich der rechtlichen Bedeutung grundbuchlicher Eintragungen zu Gunsten der Polizeibehörde, sowie der Allerhöchsten Genehmigung, deren es wie nach dem früheren, so auch nach dem jetzigen öffentlichen Rechte (§ 10 des Gesetzes v. 2. Juli 1875) für Berlin und Umgegend bei der Feststellung von Bebauungsplänen bedarf, wichtige Rechtsgrundsätze entwickelt.

In die P. V. von 1894 wie in die nunmehrige sind außer den sogenannten Schöneberger Wiesen, d. h. dem jetzigen Hansaviertel, auf welche sich das vorbezeichnete Erkenntniß zunächst bezog, auch noch das Gelände des früheren Albrechtshofs und des Hofjägeretablissements, sowie die Hohenzollern-, Landgrafen- und Regentenstraße mit hineinbezogen worden, für welche ganz ähnlich wie bezüglich der Schöneberger Wiesen, in früheren Jahren gleichzeitig mit der Allerhöchst genehmigten Fluchtlinienfestsetzung gewisse Baubeschränkungen geschaffen worden waren; bezw. bildeten die zwischen den jeweiligen Grundstückseigenthümern und dem Polizeipräsidium vertragsmäßig vereinbarten Baubeschränkungen die Voraussetzung für die Allerhöchste Genehmigung des daraufhin vorgelegten Bebauungsplanes. Die eingetragenen Baubeschränkungen bestehen, was ihre privatrechtliche Bedeutung anbetrifft, auch neben der P. V. vom 11. August 1890 noch in vollem Umfange zu Recht. Soweit die Polizeibehörde ihre Anerkennung auch als öffentlich-rechtliche Rechtsnormen in sanitäts- oder feuerpolizeilichem Interesse für geboten erachtete, haben sie in die P. V. Aufnahme gefunden. Diese charakterisirt sich als lex specialis für die von ihr betroffenen Gelände und ändert insofern die als lex generalis anzusehende B. P. O. ab.

2. Die Rechtsgültigkeit der P. V. vom 27. April 1894 ist durch O. V. G. E. vom 4. December 1895 Nr. IV 1713 (in Sachen Dotti wider den Oberpräsidenten von Berlin) anerkannt, dessen Entscheidungsgründen eine über den vorliegenden Fall weit hinausgehende allgemeine Bedeutung hinsichtlich der rechtlichen Zulässigkeit von speciellen Baubeschränkungen, wie sie in der P. V. vom 27. April 1894 statuirt sind, beizumessen ist, ferner in dem O. V. G. E. vom 20. März 1897, IV 568, vom 7. März 1898 E. Bd. XXXIV S. 375, Pr. V. Bl. XIX S. 512. Vgl. auch O. V. G. E. vom 13. Januar 1894 Bd. XXVI S. 323, P. V. R. XV S. 275, sowie vom 28. September 1895 — IV 1322 — (landhausmäßige Bebauung in den Vororten), ferner O. V. G. E. Bd. XIII S. 395. Bezüglich der Berechtigung der Ortspolizeibehörde zum Erlasse gültiger Vorschriften lediglich für räumlich abgesonderte Theile des Bezirks vgl. O. V. G. E. Bd. XVIII S. 302. Auf Grund dieser die Rechtsgültigkeit der P. V. vom 27. April 1894 wiederholt anerkennenden Erkenntnisse kann auch an der Rechtsgültigkeit der neuen P. V., welche genau auf denselben polizeilichen Erwägungen wie jene beruht, nur einzelne für unzweckmäßig erkannte oder unklare Bestimmungen derselben beseitigt, nicht wohl gezweifelt werden.

3. Mit dieser neuen Fassung ist der zu fortgesetzten Beschwerden Veranlassung bietende Begriff „Zubehörräume" beseitigt und an die Stelle der schwer controlirbaren Nutzungsbeschränkung des Dachgeschosses eine bestimmte Höhenbeschränkung des über dem Fußboden des Dachgeschosses hinausgehenden obersten Frontheiles getreten; die gesammte Fronthöhe die in keinem Falle die Straßenbreite übersteigen darf, ist damit allerdings nicht absolut begrenzt, da für die unteren zwei bezw. drei Stockwerke sowie das Erdgeschoß keine Maximalhöhenmaaße vorgeschrieben sind. Da diese jedoch in der Praxis im Allgemeinen über 4,50 m nicht hinauszugehen pflegen, enthält die neue Bestimmung doch thatsächlich eine wirksame Höhenbeschränkung. Sie schließt in sich aber ferner auch eine gewisse Nutzungsbeschränkung. Denn da das Dach oberhalb der zulässigen Fronthöhe (d. i. 1,50 m über dem Fußboden des Dachgeschosses) über eine im Winkel von 45° so zu der Front gedachten Luftlinie nicht hinausgehen darf, lassen sich rechtwinklige, zum dauernden Aufenthalt von Menschen bestimmte Räume im Dachgeschoß nach der Straßenfront hinaus nicht mehr anlegen. Im Uebrigen aber können im Dachgeschoß z. d. A. v. M. bestimmte Räume, sofern sie den diesbezüglichen Bestimmungen im § 37 der B. P. O. entsprechen, unbeschränkt und ohne Rücksicht darauf, zu welchen Wohnungen des Hauses sie gehören, angelegt werden.

4. Die Anwendung der Ziffer 3 des § 3 der B. P. O. bedingt, daß sofern der Dachneigungswinkel zur Straßenfront über 45° hinaus bis auf 60° vergrößert werden soll, der über den Fußboden des Dachgeschosses hinausgehende Frontheil, dessen höchste zulässige Höhe 1,50 m betragen darf, eine entsprechende, nach eben jener Bestimmung zu berechnende Höheneinschränkung erfahren muß. Bei einem Dachneigungswinkel von 60° wird der über den Fußboden des Dachgeschosses hinausgehende Frontheil demnach nicht höher als etwa 0,90 m sein dürfen.

5. Es ist also die Freilassung eines sogenannten Bauwichs angeordnet, eine Bestimmung, die sich in zahlreichen Baupolizeiordnungen, namentlich größerer Städte wiederfindet. Bezüglich ihrer Rechtsgültigkeit vgl. O. V. G. E. Bd. XXIII S. 345 und 349. Die Verpflichtung zur Freilassung eines Bauwichs von bestimmter Breite schließt, jedenfalls soweit es sich um die Anwendung der vorliegenden P. V. handelt, die Errichtung einer Grenzmauer oder sonstigen Grenzeinfriedigung auf demselben nicht aus und ist auch in einem solchen Falle die Breite des Bauwichs nicht nur etwa bis an die Einfriedigung, sondern bis an die Grundstücksgrenze zu rechnen. Sofern in dem an den Bauwich angrenzenden Umfassungswänden des Vorderhauses oder Seitenflügels Oeffnungen (Thüren oder Fenster) angebracht werden sollen, muß die betreffende Umfassungswand mindestens

6 m von der Nachbargrenze entfernt bleiben. Es folgt dies schon aus dem einfachen Grunde, weil die Anordnung des Bauwichs begrifflich eine Verschärfung, aber keine Milderung der allgemeinen baupolizeilichen Bestimmungen, insbesondere des § 7 Abs. 3 der B. P. O., bedeutet; auch sind die Bestimmungen der B. P. O., zu der die P. V. vom 11. August 1899 lediglich einen Nachtrag bildet, nur insoweit für das Geltungsgebiet der letzteren abgeändert oder eingeschränkt, als das thatsächlich zum Ausdruck gebracht ist.

6. Vgl. bezüglich der Rechtsgültigkeit dieser Bestimmung O. V. G. E. Bd. XVIII S. 303, Bd. XXIII S. 349 ff. Bd. XXXIV S. 394 und M. Erl. v. 18. December 1898, M. Bl. 1899 S. 14. Danach ist rechtlich für zulässig zu erachten eine Vorschrift, daß in einem bestimmten Theile eines Communalbezirkes Fabrikgebäude und solche Anlagen nicht geschaffen werden dürfen, welche beim Betriebe durch Verbreitung schädlicher Dünste, bezw. starken Rauches oder durch Erregung ungewöhnlichen Geräusches, Gefahren, Nachtheile oder Belästigungen des Publikums herbeiführen. Bei Fabriken, d. h. umfangreicheren, in der Regel mit zahlreichen Maschinen betriebenen Werkstätten, wird dabei eine derartige Gefährdung als Regel vorausgesetzt. (Vgl. auch Biermann, Privatrecht und Polizei S. 155 ff.)

Die Wiederherstellung eines einzelnen zu einer Fabrik gehörigen, theilweise zerstörten Fabrikgebäudes ist nicht als Errichtung einer Fabrik anzusehen. O. V. G. E. Bd. XXIII S. 349.

Vgl. auch R. G. O. § 23, Abs. 3.

21.

Baupolizeigebührenordnung für die Stadtkreise Berlin und Charlottenburg vom 27. März 1896.

Vorbemerkung.

I. § 6 des Kommunalabgabengesetzes vom 14. Juli 1893 (G. S. S. 152) bestimmt:

Die Gemeinden, Amtsbezirke, Aemter und Landbürgermeistereien sind berechtigt, für die Genehmigung und Beaufsichtigung von Neubauten, Umbauten und anderen baulichen Herstellungen — Gebühren zu erheben.

Die Gebühren müssen so bemessen werden, daß deren Aufkommen die Kosten des bezüglichen Verwaltungszweiges nicht übersteigt.

Daß die auf Grund dieser gesetzlichen Bestimmungen von einer Gemeinde zur theilweisen oder vollen Deckung der Kosten der Baupolizeiverwaltung erhobenen Gebühren nichts Anderes sind, als eines der verschiedenen gesetzlichen Mittel zur Bestreitung der Gemeindebedürfnisse, daß deren Erhebung ein Akt des aus der staatlichen Finanzhoheit abgeleiteten communalen Besteuerungsrechtes, aber nicht eine Ausübung der von den Gemeinden verwalteten Polizeigewalt ist, erhellt aus den sonstigen Bestimmungen des Communalabgabengesetzes ohne Weiteres. Denn über die Gebührenordnung, deren Gesetz- und Zweckmäßigkeit hat nicht die Polizei-, sondern die Communalaufsichtsinstanz durch Ertheilung der Genehmigung zu befinden (§§ 8 und 77) und gegen die Rechtmäßigkeit der einzelnen Gebührenforderung geht die Beschwerde nicht an die Polizeiinstanzen sondern (§ 69) es ist der „Einspruch" zulässig, der bei dem Gemeindevorstand anzubringen ist. O. V. G. E. Bd. XXXI S. 94. (Vgl. wegen der Gebühren in den östlichen Amtsbezirken M. Erl. vom 3. März 1896, M. Bl. S. 43, sowie Runderlaß an sämmtliche Regierungs-Präsidenten, betr. die Aufstellung der Baupolizeigebührentarife der Gemeinden vom 1. September 1896, M. Bl. S. 162, Pr. V. Bl. XVIII S. 97.) Die Baupolizeigebührenordnungen sind demnach keine Polizeiverordnungen und haben mit der Handhabung des Baupolizeirechts nichts zu thun. O. V. G. E. Bd. XXX S. 377 und Bd. XXXIII S. 414. Die Baupolizeigebühr ist daher eine zwar aus Anlaß der Handhabung, aber nicht eine durch die Handhabung der Polizeigewalt entstehende Einnahme der Gemeinde.

II. Für diejenigen Gemeinden, in denen die Baupolizei nicht von den Gemeinden selbst sondern durch Staatsbeamte verwaltet wird, ist die Ermächtigung zur Erhebung von

Baupolizeigebühren ertheilt worden durch den Allerhöchsten Erlaß vom 30. December 1895 (G. S. S. 1896 S. 8);

Auf den Bericht vom 14. December d. Js. will ich genehmigen, daß auch in denjenigen Gemeinden und Landestheilen, in denen die Baupolizei durch Staatsbeamte verwaltet wird, für die Genehmigung und Beaufsichtigung von Neubauten, Umbauten und anderen baulichen Herstellungen allgemein Gebühren nach den in den §§ 6 und 7 des Kommunalabgabengesetzes vom 14. Juli 1893 ausgesprochenen Grundsätzen erhoben und die bezüglichen Tarife durch die Minister der öffentlichen Arbeiten und des Innern sowie den Finanzminister festgestellt werden.

Dieser Erlaß ist durch die Gesetzsammlung zu veröffentlichen.

Neues Palais, den 30. December 1895. Wilhelm.

Miquel. Thielen, Frhr. v. d. Recke.

An den Minister der öffentlichen Arbeiten, den Minister des Innern und den Finanzminister.

Bezüglich der Rechtsgültigkeit der A. K. O. vom 30. December 1895 vgl. Verhdl. des Hauses der Abgeordneten (37. Sitzung) vom 23. Februar 1897, S. 1107 ff. Art. 102 der Verfassung bezieht sich nur auf Gebühren der Beamten, nicht des Staates, während Art. 100 auf Gebühren, die für die Staatskasse erhoben werden, überhaupt keine Anwendung findet, sodaß also für die Staatskasse zu erhebende Gebühren sehr wohl im Verwaltungswege eingeführt werden können. Vgl. auch V. P. O. § 29 Anm. 6 und O. V. G. E. Bd. XXX S. 370.

Der Umstand, daß die Erhebung der auf Grund des Allerhöchsten Erlasses vom 30. December 1895 eingeführten Baupolizeigebühren durch Staatsbeamte verwaltet wird, ändert an der wirthschaftlichen und rechtlichen Natur dieser Gebühren, wie sie in Abschnitt I dargelegt ist, nichts, sodaß also auch hier die Erhebung der Baupolizeigebühr keine polizeiliche Angelegenheit ist und demnach auch die Genehmigung eines Baugesuchs nicht von der Bedingung, zuvor die für die Bemessung der Baugebühren erforderlichen Unterlagen einzureichen, abhängig gemacht werden darf. O. V. G. E. Bd. XXXIII S. 414. Rechtlich werden vielmehr auch diese Gebühren gleich den Steuern kraft des Staatshoheitsrechtes erhoben. (O. V. G. E. Bd. XVIII S. 27 ff.) und sind ebenfalls ein Ausfluß der Finanz- und nicht der Polizeihoheit, selbst wenn die entsprechende Leistungspflicht die verwaltende Thätigkeit der Polizei zur Voraussetzung hat. In Folge dieser rein thatsächlichen äußerlichen Beziehung zwischen Gebühr und Polizeiverwaltung wird jene nicht zu einer „mit dieser Verwaltung verbundenen Einnahme“ im Sinne des § 1 des Polizeikostengesetzes vom 20. April 1892. Demnach ist die Einnahme an Baupolizeigebühren bei Ermittelung der Minderausgabe des Staates für die Baupolizei behufs Festsetzung des ermäßigten Beitragssatzes einer Stadtgemeinde zu den Kosten der Kgl. Polizeiverwaltung § 6 a. a. O.) nicht zu berücksichtigen. O. V. G. E. vom 16. December 1896, Bd. XXXI S. 94, P. V. Bl. XVIII S. 225; vgl. auch M. E. v. 1. April 1896, M. Bl. S. 68.

Bezüglich der Rechtsmittel gegen die von Kgl. Polizeibehörden erhobenen Baupolizeigebühren siehe Anm. 19 zur V. P. G. O.

Nach Nr. 10b des Stempeltarifs zum Stempelsteuergesetz vom 31. Juli 1895 (G. S. S. 314) sind Ausfertigungen von Genehmigungen der zuständigen Behörden in Bausachen stempelfrei. Desgleichen sind Copien der polizeilich genehmigten Bauvorlagen sowie Abschriften der Baugenehmigungen (Bauscheine), auch wenn sie mit dem Vermerk, daß sie mit den Aktenexemplaren übereinstimmen, versehen sind, stempelfrei. Bescheid des Kgl. Hauptsteueramtes für inländische Gegenstände zu Berlin v. 13. August 1896 Nr. 14826.

Baupolizeigebührenordnung für die Stadtkreise Berlin und Charlottenburg.[1])

§ 1.

Für die Genehmigung[2]) und Beaufsichtigung von Neubauten, Umbauten und anderen baulichen Herstellungen sind die nachstehenden Gebühren zur Staatskasse zu entrichten:

I. [3]) beim Neubau von Gebäuden mit Ausnahme der unter II aufgeführten, von Hofkellern und sonstigen selbstständigen Kelleranlagen, für 100 cbm Rauminhalt 2 Mk., jedoch mindestens 30 Mk.;

II. [3]) beim Neubau von Gebäuden untergeordneter Bedeutung, z. B. von Stallgebäuden mit Ausnahme der gewerbsmäßig betriebenen Reit-, Fuhr-, Pensions- und Verkaufsstallungen, von Waschhäusern, Scheunen, Schuppen, Gewächshäusern, Kegelbahnen, Verbindungshallen und dergl., sowie von hallenartigen Gebäuden einfachster Konstruktion für 100 cbm Rauminhalt 1 Mk., jedoch mindestens 10 Mk.;

III. [4]) bei erheblichen Um- und Erweiterungsbauten dieselben Einheits- und Mindestsätze wie zu I und II, mit der Maßgabe, daß bei der Berechnung nur diejenigen Räume berücksichtigt werden, um deren Neuanlage oder Umgestaltung es sich handelt;[4])

IV. [5]) bei allen sonstigen baulichen Herstellungen[6]) [7]) 5 Mk.

Gebührenfrei[8]) [9]) ist die Genehmigung der Anlegung und Umänderung von Heiz- und Kochöfen[10]) von Asch- und Müllbehältern, Abort- und Sammelgruben, von Zäunen und von Baubuden nebst zugehörigen Aborten.

§ 2.

Der Rauminhalt der Behörde wird durch Multiplikation der für die Bebauung in Aussicht genommenen Grundfläche mit der Höhe — von der Kellersohle oder, wo ein Keller nicht vorhanden ist, von dem Fußboden des Erdgeschosses bis zur Oberkante des Hauptgesimses[11]) gemessen — festgestellt.

Die oberhalb des Hauptgesimses liegenden Gebäudetheile, sowie Balkone und Erker[11a]) werden nicht berechnet.

Bei Hofkellern und sonstigen selbstständigen Kelleranlagen ist die Höhe von der Kellersohle bis zur Erdoberfläche maßgebend.

Die über ein volles Hundert überschießenden cbm werden, falls ihre Zahl 50 und weniger beträgt, unberücksichtigt gelassen, wenn ihre Zahl 50 übersteigt, für ein volles Hundert gerechnet.

§ 3.

Außer den Sätzen des § 1 werden erhoben:

I. für Nachtragsprojekte, welche von den genehmigten Projekten wesentlich abweichen, die Mindestsätze des § 1 unter I. bis III.,[12])

II. a) für jede gesonderte Rohbauabnahme einzelner Bauarbeiten und Bautheile, sowie für jede Wiederholung eines fruchtlos verlaufenen Rohbauabnahmetermins die Mindestsätze des § 1 unter I. bis III.,[13])[14])

b) für jede gesonderte Gebrauchsabnahme einzelner Bauarbeiten und Bautheile, sowie für die Wiederholung eines fruchtlos verlaufenen Gebrauchsabnahmetermins
die Hälfte der Mindestsätze des § 1 unter I. bis III.,[15])

III. für Verlängerung[16]) des Bauscheines oder der Baugenehmigung jedesmal ein Fünftheil der Sätze des § 1 unter I bis IV.

§ 4.

Gebührenfrei sind:

1. die Bauten für Rechnung der Mitglieder des Königlichen Hauses und des Hohenzollernschen Fürstenhauses,
2. die Bauten des Preußischen Staates und des Deutschen Reiches, erstere einschließlich derjenigen Bauten, bei denen der Staat mit Patronatsbeiträgen, Gnadengeschenken oder sonstigen Beihülfen betheiligt ist.

§ 5.

Die Gebühren sind in den Fällen des § 1 und des § 3 unter I bei Aushändigung des Bauscheines oder der Baugenehmigung[17]), in den Fällen des § 3 unter II bei Aushändigung des Rohbau- bezw. des Gebrauchsabnahmescheines und in dem Falle des § 3 unter III bei Wiederaushändigung des mit dem Verlängerungsvermerke versehenen Bauscheines oder der Baugenehmigung, spätestens aber binnen zwei Wochen nach erfolgter Benachrichtigung zu entrichten.[18])[19])

§ 6.

Diese Gebührenordnung tritt am 1. April d. Js. mit der Maßgabe in Kraft, daß die Bestimmungen des § 1 auf diejenigen Bauten keine Anwendung finden, für welche die Genehmigung spätestens am Tage der Veröffentlichung der Gebührenordnung beantragt wird. Entscheidend ist dabei der Tag des Einganges des Baugenehmigungsgesuches bei der Baupolizeibehörde.[20])

Dagegen unterliegen vom 1. April d. Js. ab auch die bereits vor diesem Tage genehmigten Bauten den Bestimmungen des § 3.

Mit dem Inkrafttreten dieser Gebührenordnung kommen die bisher erhobenen Gebühren in Fortfall. Insbesondere werden besondere Gebühren für die Mitwirkung der Rathsmaurer- und Rathszimmermeister, sowie für die Thätigkeit der Stadtwachtmeister nicht mehr erhoben.

Berlin, den 27. März 1896.

Der Finanzminister.
Miquel.

Der Minister der öffentlichen Arbeiten.
Im Auftrage:
Schulz.

Der Minister des Innern.
In Vertretung:
Braunbehrens.

III. 4012. M. d. ö. A. I. 4950 I. F.-M. II. 4250. M. d. J.

Vorstehende Baupolizeigebührenordnung für die Stadtkreise Berlin und Charlottenburg wird hiermit veröffentlicht.

Berlin, den 30. März 1896.

Der Polizei-Präsident.
von Windheim.

---

1. Siehe unter II, S. 291 ff., die Anweisung der Polizei-Bauinspektionen zur Ausführung der B. G. O. vom 27. März 1896 und unter Nr. 22, S. 295, die Bekanntmachung des Polizei-Präsidenten vom 30. März 1896.

2. Die Gebühr für die Genehmigung von Neubauten ist nicht zu erheben, wenn der projektirte Bau entweder nicht oder doch nur unter solchen Bedingungen genehmigt ist, welche zu erfüllen der Bauunternehmer ablehnt. O. V. G. E. Bd. XXXII S. 95, Pr. V. Bl. XIX S. 19. Für die Prüfung, welche nicht zu einer Genehmigung geführt hat, dürfen also keine Gebühren erhoben werden. O. V. G. E. vom 8. April 1899, Pr. V. Bl. XX S. 378.

3. Zu § 1 I. und II. M. Erl. vom 20. April 1899, III. 5267. M. d. ö. A., I. 4553, F. M., II. 4700, M. d. J.:

1. Wenn auf einem Grundstücke mehrere Neu- und Umbauten entfernt von einander oder durch Brandmauern getrennt gleichzeitig errichtet werden, ist die Gebühr für den dazu ertheilten einheitlichen Bauerlaubnißschein nach dem zusammengerechneten Rauminhalte sämtlicher Gebäude zu berechnen. Gehören die Bauten verschiedenen Tarifklassen an, so hat die der Gebührenberechnung zu Grunde zu legende Zusammenstellung des Rauminhalts für die Baulichkeiten jeder Tarifklasse getrennt zu erfolgen.
2. Wohn- und Fabrikgebäude sind niemals als Gebäude von untergeordneter Bedeutung anzusehen, sondern fallen stets unter Ziffer I.
3. Die Stallungen solcher Gewerbetreibenden, welche, wie Holzhändler pp. die Pferde zum Betriebe ihres Gewerbes nebenher benutzen, sind nicht als gewerbsmäßig betriebene Stallungen anzusehen.

4. Zu § 1. III. M. Erl. vom 20. April 1899:

Erheblichere Um= und Erweiterungsbauten an solchen Gebäuden, die als Neubauten zu I oder II gehören, sind nach derjenigen Tarifnummer zu behandeln, unter welche das umzubauende Gebäude fällt. An Gebühren sind stets wenigstens die Mindestsätze der betreffenden Tarifnummer zu erheben.

5. Zu § 1. IV. M. Erl. vom 20. April 1899:

1. Für die Anlegung von Balkonen ist der unter dieser Ziffer festgesetzte Betrag als Gebühr zu erheben.
2. Die Errichtung von eisernen Gittern und Grenzmauern ist als „bauliche Herstellung" anzusehen.
3. Die Anlegung von Vorgärten — abgesehen von der Errichtung etwa damit verbundener gebührenpflichtiger Umwehrungen — ist nicht als „bauliche Herstellung" zu erachten und daher an sich nicht gebührenpflichtig.

6. Baugerüste werden nicht als bauliche Herstellungen im Sinne der Ziffer IV angesehen und sind daher nicht gebührenpflichtig, wohl aber größere eiserne Fahnenstangen mit Verstrebungen pp. im Innern des Dachraums. Schaukästen sind keine baulichen Herstellungen und daher gebührenfrei.

7. Die Anlegung neuer Bedürfnißanstalten ist gebührenpflichtig, dagegen bedarf die Anbringung eines bloßen Pissoirbeckens in vorhandenen Bedürfnißanstalten keiner baupolizeilichen Genehmigung und ist daher auch nicht gebührenpflichtig. Die Einrichtung von Badestuben in vorhandenen Räumen ist nur dann gebührenpflichtig, wenn gleichzeitig eine neue Feuerstätte angelegt wird.

8. Die nach §§ 19 bezw. 24 R. G. O. einer besonderen gewerbepolizeilichen Genehmigung bedürfenden gewerblichen Anlagen unterliegen nicht der Gebührenpflicht nach Maßgabe der B. G. O., auch wenn mit ihnen im Uebrigen gebührenpflichtige bauliche Ausführungen verbunden sind, vgl. S. 17 Anm. 1. Wird die Baugenehmigung auf besonderen Antrag gesondert ertheilt, so ist sie auch gebührenpflichtig.

9. Zur Wiederherstellung von durch Brand zerstörten Dachstühlen wird hergebrachtermaßen in der Regel nicht die Nachsuchung einer besonderen baupolizeilichen Genehmigung verlangt, wenn die Wiederherstellung genau in der früheren Weise erfolgen soll und sich dieselbe somit aus den in den Akten befindlichen Zeichnungen ergiebt. In diesen Fällen kann demnach auch keine Gebühr erhoben werden.

10. Zu § 1 letzter Absatz M. Erl. v. 20. April 1899:

Sofern die Aufstellung von Kochmaschinen nach der Baupolizeiordnung einer besonderen Genehmigung bedarf, ist deren Anlegung und Umänderung gebührenpflichtig, anderenfalls sind Kochmaschinen ebenso wie Kochöfen frei zu stellen.

11. Liegt das Hauptgesims an der Vorderfront und an der Hinterfront ein und desselben Gebäudes in verschiedener Höhe, so wird der Durchschnitt der beiden Höhen in die Rechnung eingestellt.

11a. Bezüglich der für die Anlegung von Balkons und Erkern nicht zulässigen Gebühr vgl. S. 190 Anm. e.

12. Für Nachtragsprojekte zu einem unter Ziffer I des § 1 fallenden Projektes sind 30 M., zu einem unter Ziffer II des § 1 fallenden Projektes sind 10 M. Gebühren zu erheben, ohne Rücksicht, ob das Nachtragsprojekt selbst für sich unter die Ziffer I bezw. II fallen würde.

13. Für jede gesonderte Rohbau= oder Gebrauchsabnahme ist der Satz von 30 bezw. 10 M. (bezw. $\frac{30}{2}$ und $\frac{10}{2}$ M.) zu erheben, je nachdem der gesondert abgenommene Bautheil zu einem nach Ziffer I oder nach Ziffer II des § 1 gebührenpflichtigen Gebäude gehört, bezw. selbst ein solches Gebäude ist. Es wird also auf Grund eines Bauscheins bezw. für

die für ihn bezahlte Baupolizeigebühr, immer nur ein Rohbau- und ein Gebrauchsabnahmetermin ohne Erhebung einer weiteren Gebühr abgehalten. M. Erl. v. 14. September 1898, III 14139 M. d. ö. A., I 12480 F. M.

14. Vgl. B. P. O. § 33 Anm. 7.

15. In denjenigen Fällen, in welchen die vorläufige oder endgültige Gebrauchsabnahme der für Bauwächter, Portiers, Hausverwalter, Vermiether u. s. w. bestimmten Wohnungen in neuerrichteten oder umgebauten Gebäuden gesondert beantragt und den Anträgen Folge gegeben wird, ist der hierfür auszufertigende Gebrauchsabnahmeschein unter Erhebung der für gesonderte Gebrauchsabnahmen festgesetzten und von der betreffenden Bezirks-Bauinspektion zu berechnenden Baupolizei-Gebühren zu ertheilen.

16. Bezüglich der rechtlichen Bedeutung der Verlängerung eines Bauscheins siehe B. P. O. § 29 Anm. 6 S. 237.

17. Das Verfahren ist demgemäß derart geregelt, daß gleichzeitig mit der Ertheilung des Bauscheines oder der Baugenehmigung eine diesbezügliche Benachrichtigung an den Antragsteller ergeht, mit der Aufforderung, binnen zwei Wochen nach Empfang dieser Benachrichtigung, den in derselben angegebenen Gebührenbetrag gegen Empfangnahme des Bauscheins (der Baugenehmigung) bei Vermeidung der zwangsweisen Einziehung an die Polizeihauptkasse zu zahlen. Mit dieser Benachrichtigung erreicht die polizeiliche Thätigkeit der Behörde ihr Ende. Erfolgt die Zahlung nicht binnen der angegebenen Frist, so wird die Gebühr im Verwaltungs-Zwangsverfahren beigetrieben und wird der Bauschein dann ev. gleich bei der Zwangsvollstreckung ausgehändigt. Vgl. § 14 des Ausführungsgesetzes zur deutschen Civilprozeßordnung vom 24. März 1879 (G. S. S. 281), Verordnung betr. das Verwaltungszwangsverfahren wegen Beitreibung von Geldbeträgen vom 7. September 1879 (Ges. S. S. 591), Anweisung zur Ausführung dieser Verordnung vom 15. September 1879 (geänd. Art. 25, vom 15. August 1885).

18. Verpflichtet zur Zahlung der Gebühr ist derjenige, der den Antrag auf Ertheilung der Baugenehmigung gestellt hat, worauf insbesondere die mit der Bauausführung Beauftragten zu achten haben und er bleibt für dieselbe haftbar, auch wenn er das Grundstück, auf welches sich sein Antrag bezog, inzwischen veräußert hat. Nur dann wird er von seiner Verpflichtung befreit, wenn der neue Erwerber mit seiner Zustimmung den Bauschein einlöst. Eine Zurücknahme des Baugesuchs vor ertheilter Genehmigung befreit in jedem Falle von der Verpflichtung zur Zahlung der Gebühr, da diese Verpflichtung nach § 1 der B. G. O. erst mit der Genehmigung entsteht.

19. Gegen die Festsetzung der Gebühr findet die Beschwerde an den Minister der öffentlichen Arbeiten und den Finanzminister statt. Bezüglich der Rechtsmittel gegen die Heranziehung zu von Gemeinden erhobenen Baupolizeigebühren vgl. das Kommunalabgabengesetz vom 14. Juli 1893 §§ 69 bis 76, zu von Amtsbezirken erhobenen M. E. vom 6. März 1896, M. Bl. S. 43.

20. Bei Baupolizeigebührenordnungen, in denen es an derartigen Uebergangsbestimmungen fehlt, ist für die Frage der Gebührenpflicht nicht der Zeitpunkt der Einreichung des Baugesuches, sondern derjenige der Ertheilung der Baugenehmigung entscheidend; dieser Rechtsauffassung steht der § 14 der Einleitung des A. L. R. nicht entgegen. (O. B. G. E. vom 27. November 1895 P. V. Bl. XVII S. 422.) Ist der Bauconsens vor der Geltung der B. G. O. beantragt, aber erst nach dieser ertheilt, so ist der Antragsteller gebührenpflichtig, sofern er seinen Antrag nicht vor der Bescheidung zurückgenommen hatte. O. V. G. E. Bd. XXXII S. 93 und Pr. V. Bl. XIX S. 176.

II. Anweisung der Polizei-Bauinspektoren zur Ausführung der Baupolizeigebührenordnung für die Stadtkreise Berlin und Charlottenburg vom 27. März 1896.

Zu § 1. Die Gebührenpflicht der in diesem § aufgeführten baulichen Ausführungen ist an die Voraussetzung geknüpft, daß die letzteren nach Maßgabe der Bestimmungen der

Baupolizei=Ordnung (vom 15. Januar 1887) überhaupt der baupolizeilichen Genehmigung bedürfen. Die Frage, ob dies der Fall ist, die bisher nur ein verwaltungsrechtliches, allenfalls ein strafrechtliches Interesse hatte, gewinnt somit eine finanzielle Bedeutung sowohl für denjenigen, der die Baugenehmigung nachsucht, als auch für die Staatskasse. Zweifel bezüglich der Genehmigungspflicht werden indeß voraussichtlich nur in denjenigen Fällen entstehen, in denen es sich lediglich um die Erhebung der festen Gebühr von 5 Mk. (Nr. IV) handeln würde. In den von den Gebührensätzen zu I bis III getroffenen Fällen wird die Genehmigungspflicht kaum jemals zweifelhaft sein.

Ob die Baugenehmigung vor oder nach der Ausführung der an sich gebührenpflichtigen baulichen Anlage nachgesucht und ertheilt wird, ändert selbstverständlich an der Gebührenpflicht selbst nichts. Auch bei allen nachträglich ertheilten Genehmigungen ist daher behördlicherseits die Gebühr festzusetzen und zu erheben.

Die Gebührenfestsetzung erfolgt auf dem Bauschein bezw. der Baugenehmigung.

Zu I. Unter den Gebührensatz von 2 Mk. für 100 cbm fallen, wie sich aus II ergiebt, auch die gewerbsmäßig betriebenen Reit=, Fuhr=, Pensions= und Verkaufsstallungen.

Für Gebäude bis zu 1550 cbm Rauminhalt ist durchweg der gleiche Mindestsatz von 30 Mk. zu entrichten. Bei der Gebührenberechnung auf dem Bauschein genügt daher in den Fällen dieser Art die Angabe:

„Gebühr nach § 1 Nr. I der Geb.=Ordn. für nicht über 1550 cbm Mk. 30."

In allen anderen Fällen hat die bezügliche Angabe zu lauten:

„Gebühr nach § 1 Nr. I der Geb.=Ordn. für . . . . cbm . . . . Mk."

Zu II. Aus den angeführten Beispielen ergiebt sich, daß unter Gebäuden untergeordneter Bedeutung in keinem Falle Wohngebäude zu verstehen sind, selbst wenn sie dem Rauminhalte nach verhältnißmäßig klein sind. Als Gebäude untergeordneter Bedeutung werden in der Regel solche Gebäude zu betrachten sein, welche mit Rücksicht auf ihren wirthschaftlichen untergeordneten Zweck auch technisch einfache Konstruktion aufweisen.

Bei hallenartigen Gebäuden einfachster Konstruktion ist in erster Linie an Gebäude mit großem Rauminhalt und ohne erhebliche Zwischentheilung gedacht, welche vorübergehenden Zwecken, wie z. B. Ausstellungen, Sänger=, Turner= und ähnlichen Festen zu dienen bestimmt sind.

Als „einfachste Konstruktionen" sind auf große Spannweiten freitragende Eisenkonstruktionen nicht anzusehen.

Die Gebührenberechnung auf dem Bauschein bezw. der Baugenehmigung hat zu lauten:

„Gebühr nach § 1 Nr. II der Geb.=Ordn. für . . . . cbm . . . . Mk.
bezw. für nicht über 1050 cbm 10 Mk."

Da Gebäude von untergeordneter Bedeutung nur in seltenen Fällen einen Rauminhalt von mehr als 1050 cbm haben werden, wird der Mindestsatz von 10 Mk. für alle unter Nr. II fallenden Gebäude voraussichtlich die Regel bilden.

Zu III. Nur erheblichere Um= und Erweiterungsbauten fallen unter diese Tarifposition, für unerhebliche ist nur der feste Satz von 5 Mk. (zu IV) zu entrichten.

Bei ersteren wird die Gebühr nach dem Rauminhalt derjenigen Räume berechnet, um deren Neuanlage oder Umgestaltung es sich handelt; es werden also nicht alle diejenigen Räume mit in Betracht gezogen, die etwa von dem Neu= oder Erweiterungsbau berührt oder durch denselben in Mitleidenschaft gezogen werden. Bei einem Ladenausbruch, bei dem der Fußboden gesenkt wird, kommt hiernach lediglich der Rauminhalt des neugeschaffenen Ladens, nicht der des darunter liegenden, von dem Umbau mit betroffenen Kellers in Betracht.

Wenn der Gebühr nach Nr. III „erheblichere" Um= oder Erweiterungsbauten unterliegen, so erstreckt sich die Gebührenpflicht also weiter als auf die „erheblichen Veränderungsbauten" im Sinne des Absatzes 3 des § 40 der Baupolizeiordnung.

Erheblichere Um- und Erweiterungsbauten werden der Regel nach durch Bauschein zu genehmigen sein. Da es sich bei Umbauten wohl nur selten um die Neuanlage oder Umgestaltung von Räumen handeln wird, die einen größeren Rauminhalt als 1550 bezw. 1050 cbm haben, wird voraussichtlich in den meisten der unter die Nr. III fallenden Fälle die Erhebung der Mindestgebühr von 30 Mk. bezw. 10 Mk. stattzufinden haben.

Auf dem Bauschein hat die Gebührenberechnung zu lauten:

„Gebühr nach § 1 Nr. III der Geb.-Ordn. für .... cbm .... Mk.
bezw. für nicht mehr als 1550 cbm 30 Mk.
" " " " " 1050 cbm 10 Mk."

je nachdem es sich um den Um- und Erweiterungsbau eines unter Nr. I oder Nr. II fallenden Gebäudes handelt.

Zu IV. Für alle nicht unter die Nr. I bis III fallenden baulichen Herstellungen, soweit sie überhaupt genehmigungspflichtig sind, sind 5 Mk. Gebühr zu entrichten. Hierher gehören also alle nicht erheblicheren Um- und Erweiterungsbauten, sowie alle sonstigen baulichen Herstellungen, bei denen es sich nicht um die Schaffung kubischer Räume handelt.

Von an sich genehmigungspflichtigen baulichen Herstellungen sind lediglich die am Schlusse des § 1 aufgeführten gebührenfrei, d. h. die Anlegung und Umänderung von Heiz- und Kochöfen, von Asch- und Müllbehältern, Abort- und Sammelgruben, von Zäunen und von Baubuden nebst zugehörigen Aborten. Zu den Baubuden sind auch die sogen. Baurestaurationen zu rechnen. Diese Bestimmungen sind streng zu beachten und ist die Zubilligung der Gebührenfreiheit in anderen nicht speciell im Vorstehenden aufgeführten Fällen unzulässig. Insbesondere ist nicht gebührenfrei die Anlage von Herden oder Kochmaschinen.

Die Gebührenrechnung auf der Baugenehmigung hat zu lauten:

„Gebühr nach § 1 Nr. IV der Geb.-Ordn. 5 Mk."

Werden durch einen Bauschein mehrere getrennte bauliche Anlagen genehmigt, die unter verschiedene Nummern des § 1 fallen, so ist die Gebührenberechnung auch getrennt aufzustellen. (Vgl. M. Erl. v. 20. April 1899, Anm. 3 zu § 1 B. G. O.) und hat beispielsweise zu lauten:

„Gebühr nach § 1 der Geb.-Ordn.

Zu Nr. I für ein Vorderhaus mit Seitenflügel und ein (getrenntes) Quergebäude von zusammen	13000	cbm Rauminhalt	260 Mk.
zu Nr. II für ein Stallgebäude von	600	" "	10 "
zu Nr. IV für eine Grenzmauer			5 "
		im Ganzen	275 Mk."

Ist durch den Bauschein oder die Baugenehmigung nur eine einzelne bauliche Anlage genehmigt, so ist deren nochmalige Bezeichnung in der Gebührenrechnung überflüssig.

Zu § 2. Multiplicirt wird die im Sinne der Baupolizei-Ordnung bebaute Grundfläche, wie sie sich aus dem Lageplan nach Abzug der nach den Höfen zu belegenen Balkone und Erker ergiebt, d. h. also die in Höhe der Erdoberfläche quer durch das Gebäude gelegte Fläche, mit der Höhe — gemessen von der Oberkante des Kellerfußbodens bezw. wo kein Keller vorhanden ist, von der Oberkante des Fußbodens des Erdgeschosses — bis zur Oberkante des Hauptgesimses. Ueber die Oberkante des Hauptgesimses hinausgehende Gebäudetheile, also nicht nur die Dachräume, sondern auch Mansardenräume, Aufbauten werden nicht berechnet, desgl. nicht Balkone und Erker.

Haben die einzelnen Gebäudetheile verschiedene Höhe, so muß jeder Gebäudetheil für sich berechnet und aus der Zusammenrechnung der einzelnen Theile der Rauminhalt des gesammten Gebäudes ermittelt werden. Das Einsetzen einer durchschnittlichen Höhe in die Rechnung ist unzulässig.

Bezüglich der Verpflichtung des die Baugenehmigung Nachsuchenden zur Berechnung des Rauminhalts auf dem Lageplan vgl. die Bekanntmachung vom heutigen Tage.

Die Verantwortlichkeit für die Richtigkeit der Rauminhaltsberechnung und in den den Bauinspektoren zur selbstständigen Erledigung überwiesenen Baugesuchen auch für die Richtigkeit der festgesetzten Gebühr tragen die Bauinspektoren.

Zu § 3. Zu 1. Die hier als gebührenpflichtig angesprochenen Nachtragsprojekte sind nicht zu verwechseln mit den Nachträgen, deren Nachbringung im Bauschein selbst aufgegeben ist und bei denen es sich um die Klarstellung einzelner, sich im Rahmen des genehmigten Bauprojects haltender baulicher Ausführungen handelt. Diese Nachträge sind gebührenfrei ebenso wie eigentliche Nachtragsprojekte, die von den genehmigten Projekten nur unwesentlich abweichen.

Die Gebührenberechnung hat zu lauten:

„Gebühr nach § 3 zu I. der Geb.-Ordn. 30 bezw. 10 Mk."

Zu IIa. Auf dem Protokolle über eine gesonderte Rohbau-Abnahme einzelner Bauarbeiten oder Bautheile, sowie auf dem Rohbauabnahme-Protokolle, wenn ein oder mehrere Rohbauabnahmetermine fruchtlos verlaufen sind, hat der Bauinspektor (im letzteren Falle unter Angabe der Zahl derselben) deutlich hervortretend, zu vermerken:

„Gebühr zu erheben (gesonderte Rohbauabnahme der näher zu bezeichnenden Bauarbeiten oder Bautheile)"

oder

„Gebühr zu erheben, ein (bezw. zwei u. s. w.) fruchtlos verlaufener Rohbauabnahmetermin."

An dem bisher üblichen Verfahren, im Falle kleiner, binnen kurzer Frist abzustellender Mängel den Abschluß des Rohbauabnahmeprotokolls kurze Zeit hinauszuschieben, ohne den Rohbauabnahmetermin als fruchtlos verlaufen zu bezeichnen, soll durch die Einführung der Gebühr nichts geändert werden.

Zu IIb finden die vorstehenden Bemerkungen sinngemäße Anwendung.

Zu III. Die Gültigkeit des Bauscheins erlischt durch einjährigen Nichtgebrauch, gegerechnet vom Tage der Aushändigung desselben an.

Bei eingehenden Anträgen auf Verlängerung von Bauscheinen oder Baugenehmigungen ist daher regelmäßig zunächst zu prüfen, ob seit dem Tage der Aushändigung bis zum Tage des Eingangs des Verlängerungsantrages noch kein Jahr vergangen ist.

Nur in diesem Falle kann der Bauschein bezw. die Baugenehmigung gegen Erhebung eines Fünftels der Sätze des § 1 unter I. bis IV. auf ein weiteres Jahr verlängert werden, anderenfalls ist ein neuer Bauschein bezw. eine neue Baugenehmigung unter Erhebung der vollen Sätze des § 1 auszufertigen.

(Der hier folgende Absatz enthält lediglich eine Uebergangsbestimmung.)

Zu § 4. Nicht gebührenfrei sind die Bauten der Stadtgemeinde oder sonstiger kommunaler Verbände, grundsätzlich auch nicht die dem öffentlichen Gottesdienste gewidmeten Gebäude (wie Kirchen), sofern nicht bei ihnen der Staat mit Patronatsbeiträgen, Gnadengeschenken oder sonstigen Beihülfen betheiligt ist. In den Fällen der letzteren Art muß es dem Bauherrn überlassen werden, den Antrag auf Gebührenfreiheit unter näherer Begründung desselben zu stellen.

Zu § 9. (Abs. 1 Uebergangsbestimmung, z. Z. nicht mehr von Interesse).

In Fortfall kommt die Gebühr für den großen Bauschein von 4 Mk. und für den kleinen Bauschein von 2,88 Mk., einschließlich je 1 Mk. Stadtwachtmeistergebühr. Die Stadtwachtmeistergebühren werden ebenso wie die Rathsmeistergebühren, und zwar letztere auch in den Fällen, in denen sie bisher von dem Bauherrn gezahlt wurden, aus der Polizei-Haupt-Kasse gezahlt.

Nicht berührt von der Gebührenordnung wird die Gebühr für die Anlegung von Lager- und Zimmerplätzen in Höhe von 1,63 M., die also fort erhoben wird.

Berlin, den 30. März 1896.

Der Polizei-Präsident.
von Windheim.

22.
Bekanntmachung.

Auf Grund des § 27 der Baupolizei-Ordnung für den Stadtkreis Berlin vom 15. Januar 1887 wird in Ergänzung der diesseitigen Bekanntmachung vom 29. Januar 1887 **zur Ausführung der Baupolizeigebührenordnung** für die Stadtkreise Berlin und Charlottenburg vom 27. März 1896 für den Stadtkreis Berlin das Folgende bestimmt:

1. Bei Nachsuchung der baupolizeilichen Genehmigung zum Neubau von Gebäuden u. s. w., welche unter die Nr. I und II des § 1 der Baupolizeigebührenordnung fallen, ist auf dem in 3 Exemplaren einzureichenden Lageplane außer der Berechnung der ganzen Fläche des Grundstücks und der Berechnung der davon zu bebauenden Fläche auch die Berechnung des Rauminhalts der zu errichtenden Gebäude einzutragen. Hierbei ist jedes selbstständige Gebäude für sich zu berechnen. Haben die einzelnen Theile eines und desselben Gebäudes verschiedene Höhe, so ist jeder einzelne Theil desselben Gebäudes für sich zu berechnen. Die Annahme einer Durchschnittshöhe für die sämmtlichen, thatsächlich verschieden hohen Gebäudetheile ist unzulässig.

Zur Ermittelung des Rauminhalts ist zu multipliziren die im Sinne der Baupolizeiordnung bebaute Grundfläche, wie sie sich aus dem Lageplane nach Abzug der nach dem Hofe zu belegenen Balkone und Erker ergiebt, d. h. also die in Höhe der Erdoberfläche quer durch das Gebäude gelegte Fläche, mit der Höhe — gemessen von der Oberkante des Kellerfußbodens bezw., wo kein Keller vorhanden ist, von der Oberkante des Fußbodens des Erdgeschosses, bis zur Oberkante des Hauptgesimses.[1])

2. Eine nach denselben Grundsätzen aufgestellte Rauminhaltsberechnung ist jedem Antrage auf Verlängerung eines vor dem 1. April 1896 ertheilten Bauscheins beizufügen.

3. Bei Nachsuchung der baupolizeilichen Genehmigung zu erheblicheren Um- und Erweiterungsbauten ist auf dem Bauplane eine Berechnung des kubischen Inhalts derjenigen Räume einzutragen, um deren Neuanlage oder Umgestaltung es sich handelt.

Berlin, den 30. März 1896.

Der Polizei-Präsident.
von Windheim.

---

[1]) Der Eintritt in die baupolizeiliche Prüfung des Gesuches darf von der Beibringung der lediglich Gebührenzwecke verfolgenden Rauminhaltsberechnung nicht abhängig gemacht werden. M. Erl. v. 12. October 1898 O. V. G. E. Bd. XXXIII S. 414.

23.
Anlage und Einfriedigung von Vorgärten.

Vorbemerkung.

Vorgärten im gesetzlichen Sinne giebt es nur da, wo von den Baufluchtlinien verschiedene Straßenfluchtlinien bestehen und die Straße dem Fluchtlinienplane gemäß hergestellt ist. Die Vorgärten sind nicht Theile der Straße, sondern ein Mittelglied zwischen Straße und Baugrund; sie entstehen erst mit der Bebauung des dahinter liegenden Grundstücks, zu dem sie gehören. (O. V. G. E. Bd. XXXIV S. 416.)

Polizei-Verordnung vom 27. October 1855.

Auf Grund der §§ 6 und 11 des Gesetzes vom 11. März 1850 über die Polizeiverwaltung und zur Ausführung der §§ 78 und 82, Titel 8, Theil I des Allgemeinen Landrechts verordnet das Polizei-Präsidium für den Bau-Polizeibezirk Berlins, was folgt:

§ 1.[1][2][3][4][5][6][7] Wo Vorplätze zwischen den Baufluchtlinien (vgl. § 10 und 12 der Berliner Bauordnung vom 21. April 1853) und den Bürgersteigen resp. Fahrdämmen der öffentlichen Straßen und Plätze zugelassen worden sind[8], dürfen[9] dieselben nur zu Gartenanlagen benutzt und nur mit einer aus Gitterwerk bestehenden Einfriedigung[10] versehen werden.[11] Zu Abweichungen von dieser Vorschrift ist besondere polizeiliche Erlaubniß erforderlich.[12][13][14]

§ 2. Wer den vorstehenden Bestimmungen entgegen handelt, oder den ihm dadurch auferlegten Verpflichtungen nachzukommen unterläßt, verfällt in eine Geldbuße bis zu 10 Thlrn. oder im Unvermögensfalle in eine Gefängnißstrafe bis zu achttägiger Dauer.

Berlin, den 27. October 1855.

Königliches Polizei-Präsidium.
(gez.) Lüdemann.

---

1. Bezüglich der Bedeutung und des rechtlichen Verhältnisses des Vorgartenlandes zum Straßenland wird auf den Kommentar von Friedrichs zum Baufluchtengesetz vom 2. Juli 1875, IV. Aufl. (insbes. S. 37 bis 47, 60, 70, 71, 199, 200) verwiesen. Hier folgen daher nur einige auf die praktische Anwendung der P. V. bezügliche Bemerkungen.

2. In rechtlicher Beziehung ist zwischen den für Berlin vor und nach Erlaß des Baufluchtliniengesetzes vom 2. Juli 1875 angeordneten Vorgärten nicht zu unterscheiden. Sie sind in keinem Falle Theile der Straßen.

3. Die Wirkung einer auf Grund des Gesetzes vom 2. Juli 1875 erfolgten Fluchtlinienfestsetzung tritt hinsichtlich der aus § 1 Abs. 4 resultirenden Anlegung von Vorgärten erst dann ein, wenn die Ausführung des Fluchtlinienplanes durch Anlegung der Straßen nach Maßgabe der geschehenen Fluchtlinienfestsetzung erfolgt ist (O. V. G. E. vom 20. Febr. 1895, Pr. V. Bl. Jahrg. XVI S. 475, E. Bd. XXVII S. 397.) Solange also eine Straße noch nicht dem Fluchtlinienplane gemäß hergestellt ist, kann die in dem Plane vorgesehene Einrichtung von Vorgärten öffentlich-rechtlich nicht erzwungen werden. O. V. G. E. Bd. XXXIII S. 422.

4. Jede ordnungsmäßig festgesetzte, von der Baufluchtlinie abweichende Straßenfluchtlinie, m. a. W. jede ordnungsmäßig festgesetzte Vorgartenanlage kann nur auf dem in dem Gesetze vom 2. Juli 1875 vorgeschriebenen Wege abgeändert werden. Damit ist insbesondere hinfällig geworden die durch den Allerh. Erlaß vom 26. Juli 1862 dem Minister für Handel (jetzt der öffentl. Arb.) ertheilte Ermächtigung, sowohl in Bezug auf den bereits festgestellten Bebauungsplan der Stadt Berlin, als auch in Bezug auf den noch festzustellenden Anordnungen über die Einrichtung jeder einzelnen Straße, insbesondere wegen Anlegung von Vorgärten zu treffen. (O. V. G. E. vom 20. Juni 1890, P. V. Bl. XI S. 572.)

5. Vorgärten sind Zubehörungen derjenigen Bauwerke, welche auf dem dahinterliegenden, angrenzenden Grundstücke errichtet werden; sie setzen begrifflich eine Bebauung des Grundstückes voraus und entstehen erst mit letzterer; auf einem unbebauten Grundstück kann ein Vorgarten im eigentlichen Sinne nicht angelegt werden (O. V. G. E. Bd. XVIII S. 371 und S. 376). Demgemäß wird die Anlegung des Vorgartens polizeilicherseits regelmäßig bei der ersten Bebauung des betreffenden Grundstücks gefordert und hat sich das Bauprojekt auf die Vorgartenanlage mit zu erstrecken (O. V. G. E., Bd. XVIII S. 381, Bd. XXV S. 379, Bd. XXXIII S. 422.) — Daß das zu errichtende Gebäude ein Wohngebäude sein muß, ist nicht die Voraussetzung für die Forderung. — Die Behauptung, daß ein Gebäude nicht an der Straße liege, weil es davon durch den Vorgarten getrennt ist, ist abwegig (O. V. G. E. vom 12. Mai 1893, II 522).

6. Wenn ein von einer Straße zu einer anderen Straße durchgehendes Grundstück nur an der einen Straße mit einem Vorderhause bebaut wird, wird in der Regel auch nur an dieser Straße die Anlegung eines Vorgartens zu fordern sein, es sei denn, daß

nach Lage der thatsächlichen Verhältnisse das an der einen Straße erbaute Haus gleichzeitig auch als an der anderen Straße liegend zu betrachten ist.

7. Aus der Zugehörigkeit des Vorgartens zum Baugrundstück und nicht zum Straßenland folgt, daß die Anlegung, Einfriedigung und Unterhaltung der Vorgärten zur Zuständigkeit des P. Pr. Abth. III, und nicht der O. Str. P. gehören; soweit städtische Interessen berührt werden, findet eine Mitwirkung der städtischen Baudeputation, Abth. II, in Vorgartenangelegenheiten statt (vgl. O. V. G. E. Bd. XVIII S. 371, 377, vom 3. April 1895, IV 536).

8. Da, wo durch einen Fluchtlinienplan die Anlegung von Vorgärten in Aussicht genommen ist, kann durch Polizeiverordnung die Art der Einrichtung der Vorgärten und ihrer Einfriedigungen geregelt werden; ohne entsprechende Fluchtlinienfestsetzung kann dagegen die Herstellung von Vorgärten nicht gefordert werden. O. V. G. E. Bd. XXXIII S. 422.

9. Die P. V. hat, wie aus dem Ausdruck „dürfen" leicht gefolgert werden könnte, die Anlegung des Vorgartens keineswegs in das Belieben des Grundstückseigenthümers stellen wollen. Letzterer ist vielmehr zur Herstellung einer aus Gitterwerk bestehenden Einfriedigung sowie von Gartenanlagen verpflichtet (vgl. die O. V. G. E. Anm. 8).

10. Gefordert wird die Einfriedigung des vor der Baufluchtlinie liegenden Terrains in der ganzen Ausdehnung gegen den Bürgersteig und die Nachbargrundstücke mit einem eisernen Gitter auf massivem Sockel von nicht über 0,75 m Höhe sowie die dauernde Unterhaltung als Garten. (O. V. G. E. Bd. XVIII. S. 371 ff. P. V. Bl. Jhrg. XI S. 273.) Ist auf dem Vorgartenlande des Nachbargrundstückes bereits eine seitliche Einfriedigung vorhanden, so kann auf die Errichtung einer zweiten derselben parallel laufenden Einfriedigung des daran anschließenden Vorgartens füglich verzichtet werden. Dagegen ist auch der Hauseingang gegen den Bürgersteig grundsätzlich durch ein Gitterthor abzuschließen. Hiervon wird, ebenso wie bei Zugängen zu Läden und Schaufenstern, nur ausnahmsweise abgesehen. Im Uebrigen bleibt die Herstellung von Wegen zu den Hauseingängen selbstverständlich dem Hauseigenthümer gestattet. Da die P. V. in dieser Hinsicht erschöpfende Bestimmungen nicht trifft, wird das im Einzelfalle Erforderliche durch polizeiliche Verfügung angeordnet. (O. V. G. E. vom 28. Februar 1890 IV 206, vom 3. März 1891 IV 211, P. V. Bl. Jahrg. XII S. 405, vom 29. Juni und vom 18. October 1892, P. V. Bl. Jahrg. XIV. S. 17 und S. 114.) Hierbei wird in allen Fällen das entscheidende Gewicht darauf gelegt werden müssen, daß der Charakter als Vorgarten unter allen Umständen gewahrt bleibt. Die Anlegung sogenannter „Erbbegräbnisse" wird thunlichst verhindert, vielmehr möglichst darauf gesehen, daß die senkrecht zum Bürgersteige laufenden Theile der Einfriedigung bis an die Gebäudefront durchgeführt werden.

11. Die Zweckbestimmung des Vorgartens schließt dessen Verwendung als Schanklokal im Grunde genommen aus. Wenn der Stadtausschuß die Erlaubniß zum Betriebe der Schankwirthschaft in einem Vorgarten ertheilt, so geschieht dies regelmäßig „vorbehaltlich der Befugniß des Polizei-Präsidiums über die Benutzung des Vorgartens für den Gewerbebetrieb zu bestimmen." Dies geschieht nach Maßgabe der P. V. vom 27. October 1855. Hiernach genügt also die vom Stadtausschuß ertheilte Konzession allein nicht, um in einem Vorgarten den Schankwirthschaftsbetrieb zu eröffnen. O. V. G. E. Bd. XVIII S. 367 und vom 23. Mai 1894, P. V. Bl. XV S. 583, vom 10. Mai 1894 ebenda 585, vom 6. Juli 1895 Nr. IV 1016.

Zur Errichtung von Lauben und Zelten, die in jedem Falle ohne gemauerten Sockel auszuführen sind, da sie andernfalls als Bauwerke vor der Baufluchtlinie zu behandeln sein würden, bedarf es einer besonderen polizeilichen Erlaubniß, bei deren Ertheilung auf die Interessen der Nachbarn thunlichst Rücksicht zu nehmen sein wird.

Unstatthaft ist die Verwendung des Vorgartens zu gewerblichen Zwecken und Verrichtungen, desgleichen zur Ausstellung von Gewerbserzeugnissen, insbesondere von größeren Gegenständen, wie Maschinen u. s. w. (O. V. G. E. vom 18. October 1892, P. V. Bl. XIV S. 114), desgleichen die Benutzung einer im Vorgartenterrain liegenden Einfahrt als Halte- und Futterplatz für Fuhrwerke und Zugthiere (O. V. G. E. vom 29. Juni 1892, P. V. Bl. XIV S. 17), sowie zum Aufstellen von Wagen zum Zwecke der Reparatur (O. V. G. E. vom 3. März 1891, P. V. Bl. XII S. 405) oder zum Lagern von Holz (O. V. G. E. vom 25. September 1882 II 762).

Die Anbringung von Schaukästen und Firmenschildern am Vorgartengitter erscheint mit den ästhetischen Zwecken, denen die Vorgärten bestimmungsgemäß mit dienen sollen, nicht vereinbar, ebensowenig im Allgemeinen die Anbringung größerer Firmenschilder im Vorgarten selbst; dies schließt nicht aus (O. V. G. E. vom 14. Februar 1893, P. V. Bl. XIV S. 514, vom 4. Juli 1896, Nr. IV 1127, betr. die Aufstellung einer Tafel, welche die Vermiethung einer leer stehenden Wohnung vorübergehend ankündigt), daß in geeignet erscheinenden Fällen die Polizeibehörde von dem Rechte, Ausnahmen zu gewähren, auch hier Gebrauch macht. Die Ausnahmen können sich auf die Einfriedigung wie auf die Art der Benutzung des Vorgartenlandes beziehen, das nach der Absicht des Gesetzgebers und nach der P. V. grundsätzlich **nur** zu Gartenanlagen benutzt werden darf.

12. Bezüglich der Handhabung des der Polizeibehörde im Schlußsatze des § 1 allgemein eingeräumten Rechtes zur Gewährung von Ausnahmen ist am 17. Januar 1887 mit Genehmigung der Ressortminister (Erlaß vom 8. September 1887 $\frac{\text{M. d. J. II 9446)}}{\text{M. d. ö. A. III 16096)}}$, eine Vereinbarung zwischen dem Polizei-Präsidium und dem Magistrat getroffen worden. Hiernach sind die sämmtlichen Straßen, für welche im Bebauungsplan von Berlin Vorgärten vorgesehen sind, in zwei Klassen eingetheilt worden, nämlich 1) in solche, bei denen unbedingt auf die Anlegung von Vorgärten zu halten ist (sogen. Verzeichniß I) und 2) in solche, bei denen die Anlegung von Vorgärten bedingungsweise erlassen werden kann (sogen. Verzeichniß II). Diese Eintheilung beruht auf der Erwägung, daß die Verkehrsverhältnisse in Berlin in den letzten Decennien einen derartigen Aufschwung genommen haben, daß Vorgärten auch da, wo sie im Bebauungsplane vorgesehen waren, vielfach, und namentlich in den lebhaft frequentirten Straßen als eine Belästigung und geradezu als Verkehrshinderniß empfunden wurden, so daß das allmähliche Verschwinden der Vorgärten in dortigen Straßen dem öffentlichen Interesse mehr entspricht als deren dauernde Erhaltung.

Bei den im Verz. I aufgeführten Straßen, für welche die Vorgartenpflicht bedingungslos bestehen bleibt, werden demnach Ausnahmen nicht mehr zugelassen, dagegen wird in den im Verz. II aufgeführten Straßen dem Grundeigenthümer durch polizeiliche Verfügung die Wahl gestellt, entweder das Vorgartenland vorschriftsmäßig einzufriedigen und als Garten zu unterhalten oder aber bürgersteigartig zu befestigen und lasten- und kostenfrei an die Stadtgemeinde aufzulassen. Im letzteren Falle wird die Zulassung der Ausnahme überdies an die Bedingung geknüpft, daß in entsprechender Anwendung der Bestimmung in § 14, Ziffer 8 B. P. O. die auf Vorgartenland befindlichen Vorbauten mit den Vorschriften über Vorbauten an Bürgersteigen in Uebereinstimmung gebracht werden. Des Weiteren wird in diesbezüglichen Fällen neben der unentgeltlichen Auflassung des bürgersteigartig befestigten Vorgartenlandes städtischerseits gefordert: a) unentgeltliche und pfandfreie Auflassung des etwa noch im Eigenthum des Antragstellers befindlichen Straßenlandes vor dem Vorgartenlande; b) Rückgewähr des dem Antragsteller oder seinem Erblasser für das Straßenland vor dem Vorgartenland etwa gezahlten Betrages, c) Rückgewähr des dem Antragsteller oder seinem Erblasser als Entschädigung für die Unbebaubarkeit des Vorgartenlandes bezw. die Werthverminderung des Baugrundstücks durch den Vorgarten gezahlten Betrages. (Vereinbarung zwischen P. Pr. und Magistrat vom 16. November 1892 und M. Erl. vom 4. April 1893 $\frac{\text{M. d. J. II 2858/9.)}}{\text{M. d. ö. A. III 6867.)}}$

Einer polizeilichen Verfügung, welche wahlweise die Abtretung des Vorgartenlandes an die Stadt verlangt, kann nicht wohl der Vorwurf gemacht werden, daß der damit verfolgte Zweck außerhalb des Gebietes der polizeilichen Fürsorge liege. Denn die Polizei hat in der That ein wesentliches Interesse daran, daß ein Terrain, welches dem öffentlichen Verkehr dient und sich äußerlich durch nichts von dem Bürgersteig unterscheidet, nicht im Eigenthum von Privaten verbleibe. Sie braucht es nicht zu dulden, daß der öffentliche Verkehr auf Terrain verwiesen wird, über welches ihr, weil es sich im Eigenthum von Privaten befindet, nur eine eingeschränkte Verfügungsmacht zusteht, und welches je nach Umständen vermöge seines privatrechtlichen Charakters dem öffentlichen Verkehr auch wieder ganz entzogen werden kann. Sollen in dieser Beziehung geordnete und gesicherte Verhältnisse geschaffen werden, so darf ein solcher Zwitter-Zustand nicht bestehen bleiben. (O. V. G. E. vom 3. April 1895, IV 536, vom 16. Mai 1881 II 747.)

Kommt der Grundstückseigenthümer keiner der beiden ihm zur Wahl gestellten polizeilichen Aufforderungen (Einfriedigung oder Abtretung) nach, so kann der polizeilicherseits auszuübende Zwang immer nur auf die Einfriedigung gerichtet werden, da nur diese Forderung in der P. V. vom 27. October 1855 ihre positive rechtliche Grundlage findet.

Durch die Abtretung des Vorgartenlandes an die Stadtgemeinde wird dasselbe noch nicht Bestandtheil der öffentlichen Straße; es ist vielmehr in öffentlich-rechtlicher Beziehung nach wie vor als zu dem dahinter liegenden Baugrundstücke gehörig zu betrachten, insbesondere bleibt die Straßenfluchtlinie als solche unverändert bestehen, was für die zuzulassende Fronthöhe von Bedeutung ist. (O. V. G. E. vom 14. Nov. 1896 Nr. IV 1837.)

13. Die P. V. bezieht sich ausschließlich auf definitiv festgesetzte Vorgärten. Diesen Charakter verliert das Vorgartenland selbst dann nicht, wenn es der Grundeigenthümer, um von der Verpflichtung der Einfriedigung und Unterhaltung frei zu werden, eigenthümlich an die Stadtgemeinde abtritt. (Vgl. Anm. 12.) Ein durchaus anderes Rechtsverhältniß liegt vor, wenn in einer Straße, für welche eine von der Baufluchtlinie abweichende Straßenfluchtlinie nicht festgesetzt ist, ein Theil des vor der Fluchtlinie liegenden, aber bereits im Eigenthum der wegebaupflichtigen Gemeinde befindlichen Straßenlandes dem Eigenthümer des daran anschießenden Grundstücks Seitens der Stadtgemeinde unter Zustimmung der Ö. Str. P. einstweilen zur Benutzung als Vorgartenland überlassen ist. Dann handelt es sich lediglich um sogenannte provisorische Vorgärten, die indeß öffentlich-rechtlich die Qualität von Straßenland besitzen. (Vgl. O. V. G. E. vom 20. Juni 1890 P. V. Bl. XI S. 572 und E. Bd. XXXIV S. 416.) An der Befugniß der Polizeibehörde, einstweilen von der Freilegung und Anlegung eines Straßentheils abzusehen und die nicht zur Straße gezogenen Flächen den Eigenthümern, oder wenn sie bereits an die Stadt abgetreten sind, den Eigenthümern der anschließenden Baugrundstücke zur Benutzung zu belassen, kann ein Zweifel nicht wohl bestehen. (Vgl. O. V. G. E. vom 10. März 1891, P. V. Bl. XII S. 554 und vom 13. Juni 1898 Nr. IV 1110.) Fälle derartiger provisorischer Vorgärten sind auch in Berlin keineswegs selten. In allen diesen Fällen ist aber die Verpflichtung zur Einfriedigung und Unterhaltung der betreffenden Straßentheile als Vorgärten keine öffentlich-rechtliche.

Ebensowenig besteht eine öffentlich-rechtliche Verpflichtung des Eigenthümers, das an der Straße liegende freie Terrain als Vorgarten gartenmäßig zu unterhalten, wenn — was Seitens der O. V. G. als rechtlich zulässig anerkannt worden ist — durch Polizeiverordnung angeordnet ist, daß da, wo Baufluchtlinien nicht bestehen, Gebäude — und zwar auch innerhalb der Ortschaften — nur in gewisser Entfernung von dem Rande öffentlicher Wege gebaut werden dürfen. O. V. G. E. Bd. XXVI S. 342, Bd. XXXIII S. 422.

14. Schließlich mag hier auch noch auf die Fälle hingewiesen werden, in denen an Straßen, in welchen keine von der Baufluchtlinie abweichende Straßenfluchtlinie existirt, ein Grundstück über die Baufluchtlinie in das eigentliche Straßenland hineinragt, ohne daß das Terrainstück bisher als Straßentheil hergestellt und dem öffentlichen Verkehr gewidmet ist. Hier kann dem Eigenthümer nicht verwehrt werden, sein Eigenthum durch Einfriedigung gegen das Publikum zu schützen. (O. V. G. E. Bd. X S. 298, Bd. XXII S. 372), während andererseits in Berlin wenigstens, mangels einer allgemeinen diesbezüglichen polizeilichen Bestimmung auch keine Verpflichtung zur Einfriedigung derartiger Grundstückstheile besteht, eine solche vielmehr im Einzelfalle nur bei dem Vorhandensein der im § 10 II 17 A. L. R. für das polizeiliche Einschreiten bezeichneten Voraussetzungen gefordert werden kann. (Vgl. B. P. O. § 1 Anm. 4e. S. 132.) Ebensowenig besteht eine öffentlich-rechtliche Verpflichtung, derartige Grundstückstheile in der Art der Vorgärten zu unterhalten.

24.
Baugerüste.

(Vgl. Baupolizei-Ordnung § 31).

1.
Polizei-Verordnung vom 14. September 1855.[1])
(Gerüstordnung.)

Auf Grund der §§ 6 und 11 des Gesetzes vom 11. März 1850 über die Polizeiverwaltung und zur weiteren Ausführung der Bestimmungen in Nr. 6, 7 und 8 § 344 des Strafgesetzbuches vom 14. April 1851, sowie des Titels 5 der Berliner Bauordnung vom 21. April 1853 verordnet das Polizei-Präsidium unter Aufhebung der Polizei-Verordnungen vom 1. Juli 1812 (Berliner Intelligenz-Blatt de 1812, Nr. 160), vom 16. April 1840 (Berliner Intelligenz-Blatt de 1840, Nr. 100) und vom 19. März 1844 (Berliner Intelligenz-Blatt 1844, Nr. 77) für den engeren Polizeibezirk, sowie für den Bau-Polizeibezirk von Berlin, was folgt:

§ 1. Die Stelle einer öffentlichen Passage oder einer außer dem Eigenthümer oder den betreffenden Arbeitern noch anderen Personen zugänglichen Oertlichkeit, welche durch Ausbesserung des Pflasters, der Wasserabzüge, Aufwerfung von Gruben, Ablagerung von Materialien, Aufstellung von Gerüsten, Aufwinden von Sachen, Herunterschaffen von Schutt und Abgang und dergleichen zeitweise der öffentlichen Benutzung ganz oder theilweise entzogen wird, muß zur Verhütung jedes Unglücks oder der Gefährdung von Personen, Thieren und Sachen äußerlich auffällig, nach Bewandtniß der Umstände durch Schutzwehren, Warnungszeichen, Erleuchtung kenntlich gemacht und das Publikum vor derselben gewarnt, resp. abgehalten werden.

§ 2. Jedwede ausschließliche Benutzung einer öffentlichen Passage muß durch eine feste und dichte Einfriedigung (Bretter-, Lattenzaun) bezeichnet, während der Dunkelheit und jederzeit bei Nacht hell erleuchtet[2]) und die in derselben angebrachten Zugänge müssen während der Arbeitseinstellung fest verschlossen werden.

§ 3. Zu jeder ausschließlichen Benutzung eines öffentlichen Weges ist die polizeiliche Erlaubniß vorher einzuholen:[3]) dieselbe wird zur Zeit von der polizeilichen Revierverwaltung und zwar nur auf einen begrenzten Raum und für eine bestimmte Zeit ertheilt.[4]) Der Polizei steht die Berechtigung zu, die Art der Schutzeinfriedigung vorzuschreiben.

§ 4. Liegen Gruben und Aushebungen des Erdreichs an oder in einem öffentlichen Wege, so müssen sie außer dem im § 98 der Berliner Bauordnung vorgeschriebenen Schutze in der Regel mit einem festen Bauzaun gegen die Straße umfriedigt werden. Dasselbe gilt von Neubauten und Gebäuden, welche abgetragen werden, wenn sie an oder in einem öffentlichen Wege liegen. Für Ausnahmefälle bedarf es einer besonderen polizeilichen Erlaubniß.

§ 5. Oeffentliche Anlagen, als: Denkmäler, Brunnen, Laternen, Prellpfähle, Gitter, Rinnsteine, Brücken, Hausnummern und dergleichen müssen bei jedem Bau, jeder Reparatur oder Reinigung ausreichend geschützt und vor jeder Beschädigung sicher gestellt werden. Bezieht sich die Bauausführung oder Reparatur nicht gerade auf die öffentlichen Entwässerungsanlagen (Rinnsteine, Kanäle 2c.) oder ist die Veränderung dieser Anlagen nicht durch den Bau selbst bedingt, so müssen diese Leitungen offen gehalten und es darf nichts ausgeführt werden, wodurch der freie Wasserabfluß gehemmt oder unterbrochen wird. Den mit der öffentlichen Straßenreinigung beauftragten Personen bleibt jederzeit der Zutritt zu den Leitungen unbehindert.

§ 6. Sollen Gerüste über einem öffentlichen Wege in der Art angebracht werden, daß unter den Gerüsten die Benutzung des Weges durch das Publikum frei bleibt, so muß in einer Höhe von mindestens 8 Fuß vom Boden ein Schutzdach zur Verhinderung des

Herabfallens von Materialen, Schutt und Flüssigkeiten auf die frei gelassene Passage angebracht werden. Dasselbe muß mindestens 2 Fuß über die größte Breite des Gerüstes nach dem Straßenraume hinüber stehen, von allen freien Seiten mit einer 2 Fuß hohen geschlossenen Brüstung versehen und mit $^{5}/_{4}$ Zoll starken und derartig über einander gelegten Brettern abgedeckt sein, daß durch die oberen Bretter die Fugen der unteren bedeckt werden.[5])

§ 7. Wenn trockener Schutt, der nach § 97 der Bauordnung unter keinen Umständen nach der Straße hin frei hinunter geworfen werden darf, beim anderweitigen Transport sehr stäubt und die Vorübergehenden auf der Straße oder die Nachbaren belästigt, so muß er zuvor angefeuchtet werden.

§ 8. Die im § 96 der Bauordnung bei Aushebung des Erdbodens, Aufführung von Grundmauern ꝛc. zur Sicherheit der Nachbargrundstücke vorgeschriebenen Sicherheitsmaßregeln sind von dem zu treffen, der den Bau als geprüfter Meister leitet; ist ein solcher nicht vorhanden, von dem, der die Ausgrabung vorgenommen oder angeordnet hat. Gruben, welche über 5 Fuß tief sind, müssen entweder eine ihrer Tiefe und dem umgebenden Erdreich entsprechende Dossirung erhalten, oder sie müssen fest ausgeschalt werden, damit das Nachstürzen des Erdreichs verhindert wird. Aus demselben Grunde muß das der Grube zunächst liegende Terrain bis auf das $1^{1}/_{2}$ fache ihrer Tiefe frei von schweren Materialien erhalten werden.

§ 9. Allein zulässige Gerüste zur Benutzung bei Bauten und Reparaturen sind:

1. verbundene
2. Stangen-
3. Bock-
4. Fliegende
5. Hänge-

} Gerüste.

§ 10. Verbundene Gerüste[6]) sind solche, die aus rechtseitigen, regelrecht bearbeiteten Hölzern vom Erdboden aus konstruirt sind. Diese Gerüste müssen unter Leitung eines Zimmermeisters nach den Regeln der Kunst bearbeitet, verbunden und aufgestellt werden. Sie dürfen bei allen Bauausführungen benutzt werden. Nur auf so konstruirten Gerüsten ist die Aufstellung einer Windvorrichtung zum Transport von Baumaterialien und anderen schweren Körpern zulässig.[7])

§ 11. Unter Stangengerüsten werden diejenigen verstanden, welche aus unbearbeiteten und mittelst Strängen oder Draht an einander befestigten Baumstangen bestehen. Bei ihrer Herstellung und ihrem Gebrauche sind folgende Vorschriften zu beachten:

a) Die dazu zu benutzenden Baumstangen (Spießbäume, Streichstangen, Netzriegel) müssen an ihrem oberen Ende mindestens einen Durchmesser von 4 Zoll haben.

b) Die Spießbäume müssen im Verhältniß zu der Höhe des zu berüstenden Gebäudes vom oberen Ende nach unten zu an Stärke zunehmen, mindestens 3 Fuß tief eingegraben und zur Verhinderung des Einsinkens auf starke, gut unterstopfte Bretterstücke gestellt und mit Erde und Steinen fest umstampft werden. Ihre Entfernung von einander und von dem zu berüstenden Gebäude darf nicht über 10 Fuß betragen. Soll ein Spießbaum durch Verbindung mit einem anderen verlängert (aufgesetzt, gepfropft) werden, so müssen die Enden beider Bäume auf eine Länge von mindestens 6 Fuß nebeneinanderstehen und wenigstens zweimal durch Draht oder eiserne Ziehbänder verbunden sein. Der obere Spießbaum muß auf einer Streichstange stehen und durch starke Knacken unterstützt oder von Streichstange zu Streichstange bis zum Erdboden auf ein festes Unterlager abgesteift sein. Die Steifen müssen so stark sein, oder so mit dem unteren Spießbaum verbunden werden, daß sie sich nach keiner Seite hin biegen können.

c) Mindestens an jedem Stockwerk des berüsteten Gebäudes, jedenfalls nicht mehr als 15 Fuß von einander entfernt, müssen zwischen den Spießbäumen Längenverbindungen angebracht werden. Hierzu dürfen, wenn sie nicht belastet werden, angenagelte Bretter, wenn sie jedoch belastet werden sollen, Streichstangen, d. h. Baumstangen von der unter a angegebenen Stärke benutzt werden.

Sie müssen an den Spießbäumen durch Kreuzbänder von Strängen befestigt und gegen den Erdboden, wie oben bei b angegeben, abgesteift sein.

Bei Rüstungen, die länger als drei Monate stehen, muß jedes dritte Kreuzband von Eisendraht gefertigt werden. Ist eine Streichstange nicht so lang, daß sie mit sämmtlichen Spießbäumen verbunden werden kann und wird deshalb das Anstoßen einer zweiten erforderlich, so müssen die Enden der zusammen gestoßenen Streichstangen nicht allein wenigstens 3 Fuß übereinander wegreichen, sondern es muß auch die Verbindung an einen Spießbaum bewirkt und müssen die zusammengestoßenen Streichstangen zweimal unter sich und einmal mittelst Strängen an dem Spießbaum befestigt werden.

d) Die Netzriegel, d. h. die Stangen, welche die Streichstangen mit Bauwerk verbinden und auf welche die Gerüstbretter gelegt werden, dürfen nicht über 6 Fuß von einander entfernt sein. Dieselben müssen so befestigt werden, daß sie sich weder auf den Streichstangen noch auf ihrem Auflager in oder an dem Bauwerk seitwärts bewegen können.

e) Der Gerüstbelag, d. i. die Gerüstbretter, welche den Fußboden der einzelnen Gerüstlagen bilden, müssen wenigstens $1^1/_4$ Zoll stark sein und so auf die Netzriegel gelegt und befestigt werden, daß die Bretter nicht aufkippen oder ausweichen können. Desgleichen sind sie so dicht an einander zu legen, daß dadurch das Durchfallen des Materials verhindert wird.

f) Eine Seitenverschiebung des ganzen Gerüstes muß durch Diagonalverstrebungen verhindert werden.

g) Die zur Verbindung der Gerüstlagen dienenden Leitern[4]) müssen aus gesundem Holz gearbeitet, mit unbeschädigten Sprossen versehen und an der Stelle, wo sie aufstehen, sowie an der oberen, wo sie anliegen, so befestigt werden, daß sie unten weder abrutschen noch oben überschlagen können. Das Biegen derselben muß durch befestigte Steifen verhindert werden.

Stangengerüste können zu Bauwerken jeder Art verwendet werden, doch darf auf ihnen eine Windevorrichtung nicht angebracht werden.

§ 12. Bockgerüste dürfen nur zu Rüstungen bis zu 15 Fuß Höhe, sonst aber zu allen Bauausführungen ohne Ausnahme benutzt werden. Die Böcke müssen durch Befestigung des Belages (Bretter), die Füße der Böcke durch Verstrebungen gegen das Verschieben gesichert und so stark angefertigt sein, daß sie die jedesmalige Belastung sicher zu tragen vermögen[7]). Wegen der Stärke des Belages, sowie der Entfernung der Böcke von einander gilt das im § 11 unter Littr. b und f Gesagte.

§ 13. Fliegende Gerüste sind solche, welche an stehenden Gebäuden auf Baumstangen oder Balken (Netzriegel) ruhen, die aus dem Gebäude vorgeschoben sind und nicht durch Steifen vom Erdboden aus gestützt werden. Die Netzriegel müssen gegen Gerüste, Balkenlagen, Gewölbe oder andere feste Gegenstände im Innern des Gebäudes so abgesteift und von solcher Stärke und Tragfähigkeit sein, daß eine Bewegung oder Schwankung derselben nach irgend einer Seite hin nicht stattfinden kann; sie sind mit einer 3 Fuß hohen Brüstung[8]) und mit einem Belag zu versehen, der so eingerichtet und befestigt sein muß, wie im § 12 unter Littr. c vorgeschrieben worden.

Diese Gerüste dürfen nur zu Reparaturen, zur Reinigung und weniger erheblichen Arbeiten an Façaden, Dächern uud Gesimsen gebraucht und mit Materialien nur soweit belastet werden, als zur Fortsetzung der Arbeit unumgänglich erforderlich ist.

§ 14. Zu gleichen Zwecken, insonderheit zum Abputzen der Häuser und unter denselben Bedingungen sind auch zu benutzen die beweglichen, aus zusammengestemmten Schwellen und Riegeln mit festem Belag konstruirten Hängegerüste[9]) d. h. Fußböden, welche mittelst Tauen an Balken (Auslagern) hängen, die aus bereits stehenden Gebäuden vorgestreckt sind; der Fußboden kann, je nach dem Bedürfniß, höher gezogen oder tiefer herabgelassen werden. Die Streckbäume zu diesen Gerüsten müssen mindestens 9 Zoll stark sein und höchstens eine Entfernung von 10 Fuß von einander haben. Die Riegelhölzer, welche den Gerüstbelag tragen, müssen mit eisernen Bügeln von mindestens $^3/_4$ Zoll Stärke an den von den Streckbäumen herunterhängenden Tauen befestigt sein. Der Belag muß aus $^5/_4$ Zoll starken, genau gefugten Brettern bestehen. Wegen der erforderlichen Brüstung, sowie wegen Absteifung der Streckbäume gelten die im vorigen § 13 über Brüstung resp. Netzriegel gegebenen Vorschriften.[2])

§ 15. Sofern Strafgesetze keine höheren Strafbestimmungen enthalten, sollen Uebertretungen der vorstehenden Schutz und Sicherheitsvorschriften — wenn Sachverständige mit der Bauausführung beauftragt waren, an diesen — wenn nicht solchen, sondern Tagearbeitern, die Ausführung der Arbeiten übertragen war, an dem Auftraggeber, und in Ermangelung eines solchen, an dem Ausführenden selbst mit der im § 344 des Strafgesetzbuchs vom 14. April 1851 (jetzt § 366 des Reichs-Strafgesetzbuchs) festgesetzten Geldbuße bis zu 20 Thalern oder im Fall des Unvermögens mit Gefängniß bis zu 14 Tagen geahndet werden.

Berlin, den 14. September 1855.

Königliches Polizei-Präsidium.
(gez.) Lüdemann.

---

1. Vgl. dazu die Instruktion der Polizeihauptmannschaften und Reviervorstände vom 22. Juli 1885, betr. die Errichtung von Baugerüsten und Bauzäunen und die im Verlage von Julius Springer zu Berlin erschienene Zusammenstellung der bezüglichen Vorschriften.

2. Die Verpflichtung des Bauherrn zur Beleuchtung eines Bauzaunes oder Gerüstes während der Abend- und Nachtzeit von eintretender Dunkelheit ab, beschränkt sich nicht auf das rechtzeitige Anzünden einer Laterne, sondern erfordert auch zweckentsprechende Sicherheitsvorrichtungen und Kontrolmaßregeln, um die Laterne während der vorgeschriebenen Zeit in Brand zu halten. Erk. des Kammerger. Straff. vom 2. März 1891, Jahrb. d. Entsch. d. K. G. Bd. XI Nr. 97, S. 264.

3. Ueber **Herstellung von Fahrbahnen zu Baustellen** trifft nähere Bestimmungen die

Polizei-Verordnung vom 26. Januar 1884.

Auf Grund der §§ 5 und 6 des Gesetzes über die Polizei-Verwaltung vom 11. März 1850 (G. S. S. 265) und der §§ 79 und 80 des Gesetzes über die Organisation der allgemeinen Landesverwaltung vom 26. Juli 1880 (G. S. S. 291 ff.) verordnet das Polizei-Präsidium mit Zustimmung des Gemeindevorstandes für den Stadtkreis Berlin, was folgt:

§ 1. Zum An- und Abfahren von Baugrund und Baumaterialien zu und von Baustellen, Lagerplätzen, Lehm-, Kies- und Sandgruben mit von Pferden gezogenen Lastwagen muß von der An- oder Abfahrtsstelle bis zur nächsten befestigten Straße eine das Erdreich bedeckende, feste Fahrbahn, welche stets in dem zweckentsprechenden Zustand zu erhalten ist, hergestellt und ausschließlich benutzt werden.

§ 2. Die Unternehmer von Bauten, sowie die Inhaber von Lagerplätzen und Gruben, welche die Herstellung und Instandhaltung der Fahrbahn (§ 1), sowie die Führer der Wagen, welche die Benutzung derselben unterlassen, oder vor deren Herstellung zu oder von den bezeichneten Stellen an- oder abfahren, werden mit Geldstrafen bis zum Betrage von 30 Mk. und im Unvermögensfalle mit entsprechender Haftstrafe bestraft.

§ 3. Ausnahmen von der Bestimmung des § 1 können vom Polizei-Präsidium auf Antrag zugelassen werden, wenn nachgewiesen wird, daß die Herstellung der Fahrbahn mit überwiegenden Schwierigkeiten verbunden ist und anderweitig Vorkehrungen zur Verhütung von Ueberanstrengung und Mißhandlung der Pferde getroffen werden.

§ 4. Auf Straßenbauten beziehungsweise Pflasterungen findet die vorstehende Polizei-Verordnung keine Anwendung.

Berlin, den 26. Januar 1884.

Königliches Polizei-Präsidium.
(gez.) von Madai.

4. Die zur Aufstellung von Stangenrüstungen erforderliche Genehmigung soll nicht früher als einige Tage vor dem festgesetzten Putztermin ertheilt werden.

5. Die Bestimmung beschränkt die Polizeibehörde nicht, soweit die Verkehrsrücksichten es erforderlich erscheinen lassen, auf Grund des § 31 Ziffer 2 der B. P. O. weitergehende Anforderungen zu stellen. Demgemäß wird jetzt regelmäßig, um einer Gefährdung der hohen mit Deckplätzen versehenen Wagen durch die Baugerüste bezw. die Bauzäune vorzubeugen, in die Genehmigungsverfügung die Bedingung aufgenommen: „Das Baugerüst bezw. der Bauzaun darf bis zu einer von der Bordkante des Bürgersteiges aus gemessenen Höhe von 4,40 m an keiner Stelle in den freien Luftraum über den Straßendamm ausladen.“ Hierher gehört auch die nachstehende Bekanntmachung betr. das

Hinaufwinden von Balken.

Bei den vielen Bauten im Innern der Stadt wird der Verkehr auf den Straßen dadurch erheblich gestört, daß Balken ꝛc. von der Straße aus durch Pferde auf die verschiedenen Stockwerke hinaufgewunden werden.

Zur Vermeidung dieses Verkehrshindernisses wird bei den an verkehrsreichen Straßen vorkommenden Bauten zu einem derartigen Hinaufwinden durch Pferde von der Straße aus die polizeiliche Erlaubniß vom 1. Februar 1874 ab nur noch in dringenden Fällen und während der Stunden der Nacht ertheilt werden.

Berlin, den 23. December 1873.

Königliches Polizei-Präsidium.
(gez.) von Madai.

Die Genehmigung zur Aufstellung von Baumaterialienaufzügen ertheilt direkt die Bauinspektion, an welche auch die Anträge unter Vorlegung der erforderlichen Zeichnungen und Beschreibungen zu richten sind. Verf. d. P. Pr. vom 8. November 1889. In der Genehmigung sind in jedem Falle Schutzvorrichtungen für die Bedienungsmannschaften vorzusehen.

6. Die Standfestigkeit verbundener Gerüste von mehr als 10 m Höhe gegen Winddruck ist durch statische Berechnung nachzuweisen. Die Gerüste sind nöthigenfalls durch Verankerung und Versteifung gegen Umkippen zu sichern. Runderlaß v. 6. April 1898, M. Bl. S. 97. Dazu Bekanntm. des Pol.-Präs. vom 29. Mai 1898.

7. Dazu ist erforderlich, daß die Böcke fest aus Kreuzhölzern gefertigt sind und sowohl an der inneren dem Hause zugewandten, als auch an der äußeren straßenwärts befindlichen Seite des Gerüstes untereinander durch Diagonalverstrebungen verbunden werden. Die Strebebänder können an den Böcken durch Nägel oder mittelst Strängen befestigt werden. Um die Füße der Böcke für Bockgerüste und für die unter Hängegerüsten aufzustellenden Schutzdächer gegen das Verschieben zu sichern, müssen die beiden Füße eines jeden Bockes mit dem denselben verbindenden Holm durch Streben fest verbunden werden.

8. Gemäß Verfügung des P. Pr. vom 13. Februar 1889 sind die Beläge aller anderen Rüstungen ohne Ausnahme an den Außenseiten mit mindestens 0,63 m hohen Brüstungen zu versehen. Die Aufstellung von eisernen Körben mit glühendem Koaks auf hölzernen Baugerüsten wird von den Polizeirevieren nur unter folgenden Bedingungen gestattet: 1. Die Körbe sind auf doppelter, in Verband gelegter Schicht von Mauersteinen, über welche eine dicke Schicht Sand aufzubringen ist, aufzustellen. 2. Die Körbe sind außerdem zur Verhütung des Umfallens mittelst Drathes in genügender Weise zu befestigen.

9. Vgl. die ergänzende Polizei-Verordnung vom 16. August 1882 unten unter 2.

10. Gleichfalls für Anstreicher- und Putzarbeiten, sowie für Dachausbesserungen sind seitens des Polizei-Präsidiums beispielsweise folgende besondere Arten von Rüstungen

zugelassen: a) die Kaufmann und Heiland'schen Stangenrüstungen mit eisernen Konsolträgern in Gemäßheit der Verfügung vom 31. März 1893 — 398 III G. R. b) die Kaufmann und Heiland'schen Leitergerüste mit Keildübelbefestigung nach Maßgabe der Verfügung vom 10. December 1894 — 1029 III G. R., c) Leitergerüste von Schmidt, d) desgl. des Dachdeckermeisters F. John, e) des Dachdeckermeisters Karl Greger, f) des Dachdeckermeisters A. Ibold, g) von Krüger, h) von Schubel, i) von Schürnagel, k) von Kriesten (fahrbare Leitergerüste) und Anderen unter ähnlichen Bedingungen wie zu a und b.

11. Als besondere Arten von Rüstungen sind ferner zugelassen: Hammermann'sche Schornsteingerüste und eiserne Gerüste zum Transport, bezw. Hinaufwinden von Geldschränken der Firma Arnheim, des C. Ottenroth und Hermann Krause.

2.

Hängegerüste.

Polizei-Verordnung vom 16. August 1882.

Auf Grund der §§ 5 und 6 des Gesetzes über die Polizeiverwaltung vom 11. März 1850 und der §§ 79 und 80 des Gesetzes über die Organisation der allgemeinen Landesverwaltung vom 26. Juli 1880 verordnet das Polizei-Präsidium mit Zustimmung des Gemeindevorstandes in Ergänzung beziehungsweise Abänderung des § 94 der Berliner Bau-Polizeiordnung vom 21. April 1853 und der Polizei-Verordnung vom 14. September 1855 (Amtsblatt der Regierung zu Potsdam vom Jahre 1855, Stück 40, S. 369) für den Stadtkreis Berlin, was folgt:

§ 1. Wer ein Hängegerüst anbringt oder benutzt, sei es in eigener Person oder durch von ihm angenommene Arbeiter, bedarf in jedem Falle hierzu einer schriftlichen polizeilichen Erlaubniß.[1])

§ 2. Derselbe muß einen mit der Handhabung von Hängegerüsten vertrauten Sachverständigen beauftragen, die Befestigung und Benutzung des Gerüstes dauernd zu beaufsichtigen, auch muß er dafür sorgen, daß das Gerüst nebst Zubehör in der in § 3 vorgeschriebenen Beschaffenheit sich befindet, und daß zur gleichmäßigen Bedienung der an demselben befindlichen Fahrseile stets soviel Arbeiter zu Verfügung stehen, als Fahrseile vorhanden sind.

§ 3. Das Hängegerüst nebst Zubehör muß aus gutem und genügend starkem Material bestehen.

Die Gerüstbrücke, deren Balken auf den hochkantigen Außenseiten mit Eisen beschlagen sein müssen, ist an der vorderen und hinteren Seite mit Brüstungen zu versehen. Jede dieser Brüstungen hat aus zwei starken, an den Zargen befestigten Latten zu bestehen, von denen die untere 0,50 m, die obere 1 m über dem Brückenbelag anzubringen ist. Die Latten müssen auf der Außenseite mit einer aus einem Stück bestehenden schmiedeeisernen Schiene beschlagen sein.

An jeder Brücke sind ebensoviel Führungstaue anzubringen, als Fahrtaue daran vorhanden sind. Erstere müssen durch an der Brücke befindliche eiserne Oesen hindurch gezogen, oben im Hauptgesims und unten im Erdboden sicher befestigt werden.

Zum Aufhängen des Gerüstes sind Auslager zu benutzen, welche jedoch bei Ziegel- und Schieferdächern durch sogenannte „Böcke"[2]) ersetzt werden dürfen.[3])

§ 4. Wer nach Maßgabe des § 1 der polizeilichen Erlaubniß bedarf, hat dieselbe bei dem Vorstand desjenigen Polizeireviers, in welchem das Hängegerüst Verwendung finden soll, mündlich unter Namhaftmachung und persönlicher Vorstellung des von ihm mit der Beaufsichtigung des Gerüstes beauftragten Sachverständigen nachzusuchen.

§ 5. Dieser Sachverständige muß, so lange die Befestigung und Benutzung des Gerüstes währt, dauernd bei demselben anwesend sein, auch während dieser Zeit den polizeilichen Erlaubnißschein, in welchem er selbst namhaft gemacht sein wird, bei sich führen und den Beamten der Polizeibehörde auf Erfordern vorweisen.

Er hat darüber zu wachen, daß die Befestigung und Benutzung des Gerüstes in einer sachgemäßen und den Bestimmungen dieser Verordnung entsprechenden Weise stattfindet und ist für die vorschriftsmäßige Beschaffenheit des Gerüstes nebst Zubehör mit verantwortlich.

§ 6. Wer die Anbringung oder Benutzung eines Hängegerüstes vornimmt oder vornehmen läßt, ohne die hierzu erforderliche Erlaubniß erlangt, oder ohne die Vorschriften der §§ 2 und 3 beachtet zu haben, wird, soweit nicht allgemeine Strafbestimmungen Anwendung finden, mit Geldstrafe bis zu 30 Mk., im Unvermögensfalle mit verhältnißmäßiger Haft bestraft.

Die gleiche Strafe trifft denjenigen, welcher die ihm als Sachverständigen nach § 5 zufallenden Pflichten verletzt.

§ 7. Diese Verordnung tritt mit dem 1. Januar 1883 in Kraft.

Berlin, den 16. August 1882.

Königliches Polizei-Präsidium:
In Vertretung: (gez.) von Heppe.

---

1. Der polizeilichen Erlaubniß bedarf nicht der Verleiher eines Hängegerüstes, sondern derjenige, der ein solches sei es in eigener Person oder durch von ihm angenommene Arbeiter anbringt oder benutzt.

2. Die Befestigung der die Rüstung tragenden Taue an den Dachsparren hat nicht mittelst Haken, die in das Holzwerk des Daches eingeschraubt werden, sondern durch Umschlingen der Taue um die festen Verbandstheile des Daches zu erfolgen. Die Dachdeckung ist an den betreffenden Stellen in dem erforderlichen Umfange jedes Mal abzutragen und sind so die Stellen, an denen die Befestigung erfolgt, stets freizulegen (Verf. d. P. Pr. vom 17. October 1887).

Bezüglich der Böcke der Schutzdächer unter den Hängegerüsten vgl. Anm. 7 zur Gerüstordnung S. 304.

3. Das Anbringen von Vorrichtungen zum Aufwinden von Materialien, wie Farbentöpfen rc., auf Baugerüsten ist unzulässig. Die zur Arbeit erforderlichen Materialien sind vielmehr mittelst einer Windevorrichtung hinaufzuschaffen, welche an einen besonderen Ausleger in geeigneter Weise unabhängig von dem Hängegerüst angebracht sein muß.

25.

Baumaterialien.

Bekanntmachung vom 21. Januar 1885, betr. die Sicherung der Stucktheile an den Façaden der Gebäude.

Bei jeder von den Hausbesitzern vorzunehmenden baulichen Veränderung, mit welcher eine Reparatur an der äußeren Façade eines Hauses verbunden ist, wird die Forderung gestellt, daß die an der letzteren vorhandenen Stucktheile durch einen Sachverständigen auf ihre gute Beschaffenheit und sichere Befestigung untersucht und die schadhaften Theile durch neue ersetzt, beziehungsweise die lose gewordenen von Neuem sicher befestigt werden und über diese Untersuchung und deren Ergebniß aber ein Attest des Sachverständigen dem Polizei-Präsidium vorgelegt wird.

An allen Häusern, wo Stucktheile abfallen, wird eine solche Untersuchung beziehungsweise Herstellung unverzüglich angeordnet werden.

Bekanntmachung vom 1. April 1887.

Auf Grund des § 19 der Bau-Polizei-Ordnung für den Stadtkreis Berlin vom 15. Januar 1887 wird hierdurch betreffs der Verwendung und Befestigung von Ziertheilen aus Stuck rc. an den Außenfronten der Gebäude zur näheren Erläuterung des § 11 ebendaselbst Folgendes bekannt gemacht:

Derartige Ziertheile dürfen nicht auf Holz, und zwar weder an hölzernen Gesimsen noch an Knaggen, Dübeln, Schalbrettern u. dergl. befestigt werden, sind vielmehr behufs ihrer sicheren Verbindung mit dem Mauerwerk auf eingemauerten oder sonst in dem Mauerwerk dauerhaft befestigten, geschmiedeten Eisen anzusetzen. Letztere müssen auch hinsichtlich ihrer Form und Stärke zum Tragen der Stuckttheile durchaus geeignet sein. Dementsprechend sind zur Befestigung von Hauptgesims-Konsolen, Verdachungs-Konsolen, Balkon- und Erker-Konsolen, Schlußsteinen und aller sonstigen weit vorspringenden Ziertheile starke, geschmiedete, eiserne Nägel oder Bankeisen, für besonders große und schwere Konsolen an Hauptgesimsen, Balkonen und Erkern aber stärkere konsolförmige Eisen zu verwenden. Das Mauerwerk, mit welchem die genannten Ziertheile verbunden werden, muß mindestens die Stärke von 25 cm haben.

Zur Befestigung größerer verzierter Flächen an den Unteransichten von Balkonen und Erkern sind geschmiedete eiserne Bolzen zu verwenden, welche in den massiv herzustellenden unteren Flächen dieser Bautheile oder in den Außenwänden des Gebäudes fest eingemauert und an ihren unteren Enden mit hinreichend breiten und starken Ansätzen versehen sein müssen, um die Ziertheile völlig tragen zu können. Steinpapp-Verzierungen an den Außenfronten der Gebäude sind nur zur Ausschmückung von Schaufenstern, Vorfenstern, Schauspinden und Schaukästen und nur in so geringem Umfange zulässig, daß eine Gefährdung von Menschen bei etwaigem Hinabfallen solcher Ziertheile ausgeschlossen erscheint.

In denjenigen Fällen, in welchen gemäß der Bekanntmachung vom 21. Januar 1885 ein Ersatz oder eine Neubefestigung schadhafter beziehentlich lose gewordener Ziertheile zu erfolgen hat, ist die Befestigung entsprechend den vorstehenden Bestimmungen auszuführen.

27.

Bekanntmachung vom 21. Februar 1887.

Auf Grund des § 19 der Baupolizeiordnung für den Stadtkreis Berlin vom 15. Januar 1887 wird hiermit bekannt gemacht, daß bei der baupolizeilichen Prüfung von Bauplänen und statischen Berechnungen die in Bezug auf die Belastung des Baugrundes und der Baukonstruktionstheile, sowie auf die Beanspruchung der zur Verwendung kommenden Baumaterialien bisher in Gebrauch gewesenen Annahmen, soweit solche nachfolgend aufgeführt sind, auch ferner bis auf weiteres Anwendung finden werden:

1. Eigengewichte der Baumaterialien.

Erde und Lehm f. d. cbm	1600 kg
Ziegelmauerwerk aus vollen Steinen	1600 „
desgleichen aus porösen Steinen	1300 „
desgleichen aus porösen Lochsteinen	1100 „
Sandsteinmauerwerk	2400 „
Granit und Marmor	2700 „
Kiefernholz	650 „
Eichenholz	800 „
Eisen	7500 „
Beton	2000 „

2. Eigengewichte und Belastung von Bautheilen.

Balkenlage in Wohngebäuden f. d. qm	250 kg
desgleichen einschließlich der Belastung f. d. qm	500 „
Balkenlage in Fabrik- und Lager-Gebäuden f. d. qm	250 „
desgleichen einschließlich der Belastung f. d. qm	750 „
Balkenlage in Getreidespeichern einschließl. der Belastung zum Nachweis f. d. qm	850—1000 „
Gewölbte Decke aus porösen Steinen in Wohngebäuden f. d. qm	350 „
desgleichen einschließlich der Belastung f. d. qm	600 „

Gewölbte Decke in Fabrikgebäuden einschließlich der Belastung f. d. qm	1000 kg
Gewölbte Decke unter Durchfahrten und befahrbaren Höfen einschließlich der Belastung	1250 „
Wellblechdecken einschließlich der Belastung zum Nachweis	500—1000 „
Gewölbte Treppen	500 „
desgleichen einschließlich der Belastung	1000 „
Dachflächen in der Horizontalprojektion gemessen, einschließlich Schnee- und Winddruck bei Metall- oder Glasdeckung gemäß der Neigung f. d. qm	125—150 „
desgleichen bei Schieferdeckung	200—400 „
desgleichen bei Ziegeldeckung	250—300 „
desgleichen bei Holz-Cementdeckung	350 „
Steile Mansardedächer	400 „

3. Zulässige Beanspruchung der Baumaterialien.

Schmiedeeisen f. d. qcm auf Zug	750 kg [1]
desgleichen „ „ „ Druck	750 „ [1]
desgleichen „ „ „ Abscherung	600 „
Gußeisen „ „ „ Zug	250 „
desgleichen „ „ „ Druck	500 „
desgleichen „ „ „ Abscherung	200 „
Bombirtes Eisenwellblech f. d. qcm. auf Zug	500 „
desgleichen „ „ „ Druck	500 „
Eisendraht „ „ „ Zug	1200 „
Eichen- und Buchenholz „ „ „ Zug	100 „
desgleichen „ „ „ Druck	80 „
Kiefernholz „ „ „ Zug	100 „
desgleichen „ „ „ Druck	60 „
Granit f. d. qcm auf Druck	45 „
Sandstein je nach der Härte f. d. qcm auf Druck	15—30 „
Rüdersdorfer Kalksteine in Quadern f. d. qcm auf Druck	25 „
Kalksteinmauerwerk in Kalkmörtel f. d. qcm auf Druck	5 „
Gewöhnliches Ziegelmauerwerk desgleichen f. d. qcm auf Druck	7 „
Ziegelmauerwerk in Cementmörtel f. d. qcm auf Druck	11 „
Bestes Klinkermauerwerk desgleichen f. d. qcm auf Druck	12—14 „
Mauerwerk aus porösen Steinen f. d. qcm auf Druck	3—6 „
Guter Baugrund f. d. qcm auf Grund	2,5 „

Abänderungen und Ergänzungen der vorstehend aufgeführten Annahmen, sowie Bestimmungen für Konstruktionen unter besonderen Verhältnissen bleiben vorbehalten.

---

1. Dazu ist nachstehender Erl. d. M. d. ö. A. vom 16. Februar 1899, III 19661/98 ergangen:

Bei Rücksendung der Anlagen des Berichts vom 28. November v. Js. (Nr. I E. 7296), betreffend die zulässige Beanspruchung von Baumaterialien, erwidere ich Ew./der (Tit.), daß fortan für Flußeisen allgemein eine Beanspruchung auf Zug und Druck von 875 kg für das qcm unbedenklich zugelassen werden kann; auch findet sich nichts dagegen zu erinnern, daß diese Zahl bei den Gliedern genau berechneter, zusammengesetzter Konstruktions-Systeme auf 1000 erhöht wird. Dagegen erscheint es nicht zweckmäßig, eine Beanspruchung des Flußeisens von 1000 kg für das qcm auch bei allen Trägern zuzulassen, deren volle freie Spannweite, von Auflagermitte zu Auflagermitte gemessen, in Rechnung gestellt wird, weil über die Länge der Auflager eiserner Träger allgemeine gültige Regeln nicht bestehen, und eine solche Bestimmung Veranlassung geben könnte, die Auflager in unzulässiger Weise einzuschränken.

Hiernach finden die Bestimmungen vom 16. Mai 1890 (III 8686) über die Aufstellung von statischen Berechnungen zu Hochbaukonstruktionen sowie über die hierbei anzunehmenden Belastungen und Beanspruchungen im § 6 eine entsprechende Ergänzung.

gez. Thielen.

Dazu Bekanntmachung des Pol.=Präsidenten vom 3. März 1899.

28.

Besondere seitens des Polizei=Präsidiums allgemein genehmigte Decken= und Treppenkonstruktionen.

I. Grundsätze für die Prüfung und Genehmigung.

Die Erfindung neuer Decken= und Treppenkonstruktionen hat im letzten Jahrzehnt einen großen Umfang angenommen; die Fortschritte der Technik machen sich auch auf diesem Gebiete bemerkbar und führen zu immer neuen Lösungen, die allerdings nicht immer die Eigenart besonderer neuer Erfindungen aufweisen, vielmehr vielfach als die Wiederholung älterer bewährter Konstruktionen mit geringfügigen Varianten erscheinen. Sämmtliche derartigen Konstruktionen müssen in Gemäßheit des § 6 der B. P. O. in allen Theilen nach den Regeln der Technik aus guten, zweckentsprechenden Baustoffen hergestellt werden und hinsichtlich ihrer Stabilität und Tragfähigkeit den in sicherheitspolizeilichem Interesse an Decken= und Treppenkonstruktionen zu stellenden Anforderungen genügen. Auf diese Gesichtspunkte hat sich die polizeiliche Prüfung neuer Decken= und Treppenkonstruktionen zu richten. Das praktische Bedürfniß verbunden mit der Schwierigkeit, in einem fertigen Gebäude die in demselben hergestellten Decken= und Treppenkonstruktionen auf die Erfüllung der polizeilichen Anforderungen zu prüfen, hat zur Ertheilung allgemeiner Gemehmigungen zur Herstellung bestimmter Konstruktionen an einzelne Unternehmer geführt. Grundsätzlich werden seitens des Polizei=Präsidiums aber Anträge auf Genehmigung solcher Konstruktionen ohne Weiteres zurückgewiesen, welche weder neu noch eigenartig sind.

Verwaltungsrechtlich stellt die Ablehnung, eine nachgesuchte allgemeine Genehmigung zur Ausführung einer bestimmten Konstruktion zu ertheilen, keine polizeiliche Verfügung im Sinne des § 127 L. V. G. dar, denn eine baupolizeiliche Verfügung setzt immer einen konkreten Baufall voraus. Auch auf die Behauptung, daß derjenige, dem die Polizei=Behörde die allgemeine Genehmigung zur Ausführung einer Decken= oder Treppenkonstruktion versagt hat, in seinen Rechten verletzt sei, kann die Klage im Verwaltungsstreitverfahren nicht gestützt werden, da der Einzelne ein Recht auf die Ertheilung einer allgemeinen Genehmigung nicht besitzt. In derartigen Fällen ist also lediglich die Beschwerde an die Aufsichtsbehörde zulässig.

Hinsichtlich der Zulassung, Prüfung, allgemeinen Genehmigung und Ueberwachung massiver Decken= und Treppenkonstruktionen wird Seitens des Polizei=Präsidiums nun nach folgenden Grundsätzen verfahren (Verf. v. 10. August 1898):

1. Außer den gewöhnlichen Gewölbekonstruktionen, als preußische Kappen, Kreuzgewölbe u. s. w., welche ohne besondere Genehmigung — soweit es sich nicht um große Spannweiten handelt — ausgeführt werden können, dürfen nur solche massiven Decken= und Treppenkonstruktionen zur Ausführung gelangen, welche vom Polizei=Präsidium allgemein genehmigt sind.

2. Die allgemeine Genehmigung wird nur bestimmten als zuverlässig bewährten Personen, Firmen oder Gesellschaften ertheilt, welche selbst, bezw. deren Vertreter der Polizeibehörde gegenüber für die bedingungsgemäße, gute Ausführung verantwortlich bleiben.

3. Die Genehmigung wird nur widerruflich ertheilt und wird zurückgezogen, wenn die genehmigte Konstruktion sich in der praktischen Anwendung nicht bewährt oder wenn der Unternehmer sich technisch als unzuverlässig erweist.

4. Bezüglich der geschäftlichen Behandlung der Anträge auf Genehmigung neuer Decken= und Treppenkonstruktionen vgl. die unter Ziffer 8 abgedruckte Verfügung vom 10. August 1828.

5. Die allgemeine Genehmigung giebt das Recht, die betreffende Konstruktion in den Stadtkreisen Berlin und Charlottenburg ohne Weiteres auszuführen. Jedoch sind die für den Einzelfall etwa erforderlichen Berechnungen vor der Ausführung zur Prüfung vorzulegen.

6. Sämmtliche Konstruktionen sind vor der polizeilichen Abnahme einer sorgfältigen Prüfung zu unterwerfen.

Zu dem Behufe sind Deckenkonstruktionen, sofern der Bezirksbaubeamte sich nicht bereits während ihrer Herstellung die Ueberzeugung von der sachgemäßen Ausführung verschafft hat, im Rohbauabnahmetermin an mindestens 2 Stellen aufzustemmen und daraufhin zu untersuchen, ob die Anordnung und Stärke der Konstruktionstheile sowie das verwendete Material der allgemeinen Genehmigung entspricht.

7. Bei Treppen ist vor oder während des Versetzens eine oder die andere Treppenstufe herauszugreifen, auseinanderzuschlagen und in gleicher Weise einer genauen Prüfung zu unterziehen.

Findet sich bei dieser Prüfung, daß die Konstruktion in nicht sachgemäßer, den Bedingungen der allgemeinen Genehmigung nicht entsprechender Weise hergestellt ist, so wird die allgemeine Genehmigung zurückgezogen, und hiervon den betheiligten Behörden und Kreisen Mittheilung gemacht.

8. Verfügung betreffend die geschäftliche Behandlung der Anträge auf Genehmigung neuer Decken= und Treppenkonstruktionen.

Königliches Polizei=Präsidium, Abtheilung III. — Berlin, den 10. August 1898.

Nachdem laut Ministerialerlaß vom 20. April 1898 — III 2145 — Probebelastungen und Prüfungen, auf Grund deren eine Genehmigung neuer Deckenkonstruktionen erfolgen soll, nur in der Königl. mechanisch=technischen Versuchsanstalt zu Charlottenburg ausgeführt werden dürfen und nachdem die Königl. Kommission zur Beaufsichtigung der technischen Versuchsanstalten durch Verfügung vom 2. Mai 1898 — T. V. A. 97 — bestimmt hat, daß nur solche Anträge auf Prüfung von Deckenkonstruktionen, welche von dem Polizei=Präsidium als förderlich für die Verbesserung derartiger Konstruktionen anerkannt und deshalb befürwortet werden, von der Versuchsanstalt angenommen und ausgeführt werden dürfen, so wird für die geschäftliche Behandlung sämmtlicher Anträge auf Genehmigung neuer Decken= und neuer Treppenkonstruktionen Folgendes bestimmt:

I. Derartige Anträge sind unter Beifügung der erforderlichen Zeichnungen und statischen Nachweise an die III. (Bau=)Abtheilung des Polizei=Präsidiums zu richten, welche die Anträge prüft und geeigneten Falls befürwortend an die Versuchsanstalt weitergiebt.

Den Anträgen sind beizufügen;

a) der Nachweis, daß die in Frage stehende Konstruktion praktische Verwerthbarkeit und eine gewisse Tragfähigkeit besitze, durch Vorlage von Zeugnissen über erfolgte Ausführungen oder von Protokollen über in Gegenwart einwandfreier Sachverständiger vorgenommene Probebelastungen; bei Deckenkonstruktionen in allen Fällen eine statische Berechnung. Dabei darf bei Betonkonstruktionen mit einer Beanspruchung des Mörtels auf Zugfestigkeit nicht gerechnet werden.

b) der Nachweis über die technische Befähigung, bez. Vorbildung und die geschäftliche Zuverlässigkeit desjenigen Unternehmers hierselbst, für welchen die allgemeine Genehmigung zur Ausführung der fraglichen Konstruktion ausgestellt werden soll;

c) die vom Antragsteller anerkannten „Bedingungen betreffend die Herstellung pp. von Decken auf dem Grundstück der Versuchsanstalt" (erhältlich in letzterer),

d) eine Erklärung, in welcher der Antragsteller sich verpflichtet von jeder Art von Decken-Konstruktionen 3 Versuchsstücke, von jeder Art von Treppen-Konstruktionen dagegen einen Lauf von 6 Stufen, von denen bei freitragenden Treppen nur die unterste in ihrer ganzen Länge und Breite unterstützt sein darf, der Versuchsanstalt zur Verfügung zu stellen (Verf. v. 26. September 1898) und in welcher er die Versuchsanstalt ermächtigt:
   1. die III. (Bau-)Abtheilung des Polizei-Präsidiums zu benachrichtigen, wann mit der Herstellung und Prüfung der Probestücke begonnen wird und
   2. der III. (Bau-)Abtheilung des Polizei-Präsidiums eine Abschrift des Prüfungszeugnisses auf seine Kosten direkt zuzustellen;

e) eine weitere schriftliche Erklärung, in welcher er sich verpflichtet, auch nach ertheilter allgemeiner Genehmigung Probebelastungen, welche das Polizei-Präsidium in Einzelfällen etwa verlangen sollte, sofort einschließlich der erforderlichen Absteifungen und sonstigen Nebenarbeiten auf seine Kosten vorzunehmen, auch bei jeder Rohbauabnahme bezw. vor dem Versetzen der Treppen auf Erfordern der Baubeamten die Decken bezw. einzelne Stufen an einzelnen Stellen auf seine Kosten derart freilegen bezw. aufstemmen zu lassen, daß die Art der verwendeten Materialien sowie die Stärke und Anordnung der einzelnen Konstruktionstheile deutlich erkennbar werden.

II. Hat die Versuchsanstalt den vom Polizei-Präsidium befürworteten Antrag erhalten, so vereinbart sie mit dem Antragsteller den Tag für den Beginn der Ausführung der Proben und zugleich auch Tag und Stunde für den Beginn der Versuche und theilt beide Termine rechtzeitig der III. (Bau-)Abtheilung des Polizei-Präsidiums mit, welche alsdann Baubeamte zur Teilnahme an den Versuchen abordnen wird.

III. Die III. (Bau-)Abtheilung des Polizei-Präsidiums stellt auf Grund des von der Versuchsanstalt erhaltenen Prüfungszeugnisses und der bauamtlichen Berichte die Bedingungen für die Ausführung fest und ertheilt die allgemeine Genehmigung zur Herstellung der fraglichen Decken- bezw. Treppenkonstruktion für die Stadtkreise Berlin und Charlottenburg.

IV. Der Antragsteller ist gehalten, nach ertheilter allgemeiner Genehmigung rd. 60 Exemplare der Zeichnung und Beschreibung der genehmigten Konstruktion dem Polizei-Präsidium zum dienstlichen Gebrauch bei der baupolizeilichen Prüfung sowie zur Mittheilung an Behörden pp. kostenlos zu übergeben.

Baltz. Kieschke.

II. Die besonderen allgemein genehmigten Decken- und Treppenkonstruktionen.

1. Monier-Decken und Wände sind zugelassen zur Herstellung absolut feuerfester Konstruktionen, auch zur Ummantelung eiserner Säulen ohne Luftisolirschicht. (Verf. des P. Pr. vom 18. Juni 1887 Nr. 55 III G. R.) Maßgebend für die Bemessung der Stärke von freitragenden Fußböden nach System Monier ist eine von dem Ingenieur G. A. Wayß vorgelegte Tabellensammlung. Die Verwendung zu Gewölben hat sich das P. Pr. indeß vorbehalten in besonderen Fällen von der Einreichung von Zeichnungen und statischen Berechnungen abhängig zu machen. (Verf. vom 8. Juni 1888 Nr. 13 III G. R. und vom 12. Mai 1893.)

Die allgemeine Genehmigung zur Ausführung von Monierdecken ist insbesondere ertheilt worden an:

a. das Gips- und Cementbaugeschäft von Emil Helm & Co., Berlin, Haidestr. 37/39. Verf. v. 26. Februar 1898;

b. den Rathsmaurermeister und Regierungs-Baumeister G. und C. Ganse, Berlin, Neue Königstr. 41. Verf. v. 12. März 1898;

c. den Architekten und Maurermeister Georg Nasse, Berlin, Elsholzstr. 3. Verf. v. 16. Juni 1898;

d. Boswau & Knauer, Berlin, Mansteinstr. 13. Verf. v. 29. Juli 1898;

e. P. Zöllner & Co., Berlin, Dennewitzstr. 19. Verf. v. 23. August 1898;

f. Schabe & Bahrt, Berlin, Yorkstr. 72. Verf. v. 23. August 1898;

g. die deutsche Cementbau-Gesellschaft vorm. Paul Stolte, Berlin, Dessauerstr. 30. Verf. v. 1. September 1898;

h. Julius Donath, in Firma Jul. Donath & Co., Berlin, Elsasserstr. 16. Verf. v. 29. April 1899

im Wesentlichen unter folgenden fast übereinstimmenden Bedingungen:

1. Die Genehmigung erstreckt sich ausschließlich auf die Anforderungen der Festigkeit und Feuersicherheit der Konstruktion und wird aus diesem Grunde nur die Verwendung von besten Materialien zugelassen.
2. Sofern eine Dielung nicht beabsichtigt wird, müssen die Decken gegen Abnutzung, Stoß und Einzellasten in sicherer Weise geschützt werden. In Fabrik- und Lagergebäuden soll im Allgemeinen ein 7 cm starkes Pflaster, in Wohngebäuden ein 3 cm breiter Cementestrich für ausreichend erachtet werden.
3. Bei Anordnung der Decken unter und über zum dauernden Aufenthalt von Menschen bestimmten Räumen dürfen die etwa zur Verfüllung benutzten Materialien durch keine der Gesundheit schädlichen organischen Bestandtheile verunreinigt sein.
4. Für jede derartige Deckenkonstruktion müssen statische Berechnungen und Grundrißzeichnungen der zu überdeckenden Räume dem Polizei-Präsidium in je 2 Exemplaren vorher eingereicht werden, in dieselben sind die erforderlichen eisernen Träger unter Angabe ihrer Entfernungen von einander einzutragen, auch ist der Nutzungszweck der Räume anzugeben. Mit der Ausführung der Decke darf unter keinen Umständen begonnen werden, bevor die Prüfung der vorgenannten Unterlagen beendigt und die Genehmigung zur Ausführung in jedem einzelnen Fall diesseits ausgesprochen ist.
5. Bei jeder Rohbauabnahme sind nach näheren Angaben des Baubeamten die Decken an einzelnen Stellen so freizulegen, daß die Stärke der einzelnen Konstruktionstheile sowie die Herstellungsweise der ganzen Konstruktion deutlich erkennbar sind.
6. Die allgemeine Genehmigung wird nur dem Antragsteller selbst ertheilt. Bei einem etwaigen Wechsel der Firmeninhaber bezw. bei einem Verkauf des Geschäfts oder der etwaigen Uebertragung der Ausführungen an einen General-Vertreter ist jedesmalig ein neuer Antrag hier zu stellen.

Bei Nichterfüllung der vorstehend unter 1 bis 6 aufgeführten Bedingungen wird unweigerlich die allgemeine Genehmigung zurückgezogen und den betheiligten Kreisen hiervon Mittheilung gemacht werden.

8. Deckenkonstruktionen aus Böcklen's Patent-Cementdielen laut Verf. vom 4. November 1893 768 III G. R. unter folgenden Bedingungen:

a. Die Konstruktion von aus 2 gebogenen Platten bestehenden, bis zu 1 m weiten Kappengewölben zwischen eisernen Trägern unter der Bedingung als tragende Decken, daß die Platten die in der eingereichten Berechnung angegebene Stärke von 7 cm erhalten und bis zur Höhe des oberen Flansches der eisernen Träger mit Beton übertragen werden. Ein zweckentsprechende Verankerung der Träger untereinander muß in allen den Fällen, in welchen große Belastungen und starke Erschütterungen in Frage kommen, hergestellt werden.

Diese Konstruktion wird als feuerfest erachtet.

b. Die geraden 7 cm starken Cementplatten werden zugelassen als Ersatz für Stakung zwischen der Balkenlage.

c. Die Cementdielen werden für die Konstruktion unbelasteter feuerfester Decken als geeignet angesehen.

Die Genehmigung ist ertheilt an Reg.-Baumeister C. Lange.

3. Zu Deckenkonstruktionen nach dem System „Holzer“ ist mit Rücksicht darauf, daß deren Festigkeit stets von der Güte des verwendeten Cements und der Sorgfalt seiner Verarbeitung abhängig ist, die polizeiliche Genehmigung zu der fr. Deckenkonstruktion in jedem einzelnen Falle unter Einreichung besonderer Zeichnungen und Berechnungen in 2 Exemplaren nachzusuchen. Auf diesen Zeichnungen und Berechnungen ist der für die Ausführung Verantwortliche zu bezeichnen. (Verf. v. 26. Februar 1895 55 III G. R.)

4. Unter denselben Voraussetzungen wie zu 3 werden „Könen'sche Rippendecken“ zugelassen. (Verf. vom 11. Juni 1895 961 III G. R. und vom 21. December 1896 891 III G. R. betr. die Ermittelung der Eigenlast der Decken pp.)

5. Kleine'sche Decke, genehmigt durch die Verf. vom 13. Juni 1895, 18. November 1897 und 12. Juli 1898 dem Reg.-Baumeister Stapf, Berlin, unter folgenden Bedingungen:

1. Bei Anordnung der Decke unter und über zum dauernden Aufenthalte von Menschen bestimmten Räumen dürfen die etwa zur Verfüllung benutzten Materialien durch keine der Gesundheit schädlichen organischen Bestandtheile verunreinigt sein (§ 11 Ziffer 2 B. P. O.)
2. Die bei den Deckenkonstruktionen zur Verwendung kommenden Materialien müssen hinsichtlich ihrer Festigkeit und sonstigen Eigenschaften den Beschreibungen und Zeichnungen genau entsprechen, welche mittelst Schreibens vom 12. November 1892 dem Polizei-Präsidium vorgelegt worden sind. Wenn insbesondere andere Ziegel, als die bei den obengedachten Probebelastungen verwendeten porösen Lochsteine der Greppiner Werke von 25 cm Länge, 12 cm Breite und 10 cm Höhe verarbeitet werden sollen, so ist zuvor durch eine Bescheinigung der Prüfungsstation für Baumaterialien der Nachweis zu führen, daß diese Materialien mindestens die gleiche Festigkeit wie die genannten Greppiner Steine besitzen.
3. Zulässige Spannweiten (d. h. freiliegende Länge der Deckenkonstruktion zwischen den als Auflager dienenden eisernen Träger):

Art der Benutzung	Deckenplatten aus porigen Lochsteinen in Cementmörtel mit Eiseneinlage		Deckenplatten aus Vollziegeln von Normalformat in Cementmörtel und mit Bandeiseneinlagen	
	15 cm stark	10 cm stark	1/2 Stein stark	1/4 Stein stark mit 1/2 Stein starken Verstärkungsrippen.
Wohngebäude . . . . bis	2,85 m	1,90 m	2,40 m	1,95 m
Geschäfts-, Lager- u. Fabrikgebäude, sowie Treppen-Konstruktionen . . . „	2,05 m	1,60 m	1,75 m	1,40 m
Hof- und Durchfahrtskeller „	.	.	1,50 m	Zur Vertheilung der Einzellasten ist eine Betonschicht von 15 cm Stärke aufzubringen.

4. Für jede auszuführende Deckenkonstruktion müssen statische Berechnungen und Grundrißzeichnungen der zu überdeckenden Räume vorher dem Polizei-Präsidium in je 2 Exemplaren eingereicht werden. In dieselben sind die erforderlichen eisernen Träger unter Angabe ihrer Entfernung von einander einzutragen. Mit der Ausführung der Decken darf unter keinen Umständen begonnen werden, bevor die Prüfung der statischen Berechnungen pp. beendigt und die Genehmigung zur Ausführung im Einzelfalle ertheilt ist.

Sofern eine Dielung nicht beabsichtigt wird, müssen die Decken gegen Stoß und Einzellasten in geeigneter Weise geschützt werden, wobei in Fabrik- und Lager-Gebäuden im Allgemeinen ein 7 cm starkes Pflaster oder ein Estrichbelag für ausreichend erachtet werden soll.

6. Deckenkonstruktionen aus Cementbeton mit Eisenfedereinlagen der Firma „Johannes Müller, Marx & Co." zur Herstellung von feuersicheren und belasteten Decken unter folgenden Bedingungen (Verf. vom 9. 11. 1895 — 452 III G. R.)

1. Bei Anordnung der Decken unter und über zum dauernden Aufenthalte von Menschen bestimmten Räumen dürfen die etwa zur Verfüllung benutzten Materialien durch keine der Gesundheit schädlichen organischen Bestandtheile verunreinigt sein (§ 11 Ziffer 2 B. P. O.)
2. Die zur Verwendung kommenden Cementbetondecken müssen hinsichtlich ihrer Konstruktion und ihrer Materialien den Beschreibungen und Zeichnungen genau entsprechen, welche mit dem Schreiben vom 20. Juli 1895 dem Polizei-Präsidium vorgelegt worden sind, und mindestens 8 cm bezw. 10 cm stark sein. Die durchgehenden Eisenanlagen dürfen höchstens 125 mm Abstand von einander bei einem Querschnitt von $^4/_{26}$ mm haben, die zickzackförmigen Einlagen müssen einen Querschnitt von $^1/_{26}$ mm haben.
3. Hinsichtlich der Belastung und der freitragenden Länge der Cementdielen zwischen den als Auflager dienenden eisernen Trägern gelten folgende Gewichts- und Maaßzahlen, welche nicht überschritten werden dürfen und wobei p die Gesammtbelastung (Eigengewicht der Konstruktion und Nutzlast) für einen qm, l die freitragende Länge der Dielen bedeuten.

A. bei graden 8 cm starken Decken:

bei p = 500 kg für 1 qm ist . . . . l = 2,10 m
„ p = 750 „ „ „ „ . . . . l = 1,70 m
„ p = 1000 „ „ „ „ . . . . l = 1,50 m
„ p = 1250 „ für Decken von Hofkellern und Durchfahrten für Wohnhäuser gewöhnlicher Art mit Ausschluß solcher für Fabriken und Lagergebäude rc. . . . . l = 1,30 m

B. Gewölbte Decken desselben Materials und mit den unter 2 genannten Eisenfedereinlagen werden bis zu 3 m Spannweite mit 10 cm Stärke im Scheitel, 15 cm Stärke am Widerlager und einer Pfeilhöhe von mindestens $^1/_{10}$ der Spannweite unter der Bedingung zugelassen, daß die eisernen Träger der Konstruktion in Abständen von mindestens 2 m verankert werden.

4. Für jede derartige Deckenkonstruktion müssen die Grundrißzeichnungen der zu überdeckenden Räume zuvor dem Polizei-Präsidium eingereicht werden; in demselben sind die erforderlichen eisernen Träger unter Angabe ihrer Entfernungen von einander einzutragen und ist der Nutzungszweck der Räume anzugeben.

7. „Donath'sche Cementeisendecken aus Cementbeton mit Einlagen von Profileisen und Rundeisenstäben zur Herstellung von feuersicheren und belasteten Decken unter folgenden Bedingungen (Verf. vom 11. 11. 1895 — 531 III G. R. an das Baugeschäft J. Donath & Co., Berlin):

1. Wie 1 in Nr. 6.
2. Die zur Verwendung kommenden Decken müssen hinsichtlich ihrer Konstruktion und ihrer Materialien den Beschreibungen und Zeichnungen genau entsprechen, welche mit dem Schreiben vom 16. Mai 1895 dem Polizei-Präsidium vorgelegt worden sind, und mindestens 8 cm bezw. 10 cm stark sein, ausschließlich des aufzubringenden Füllmaterials. Es wird ferner vorausgesetzt, daß nur gute Materialien, bester Cement und sorgfältigste Ausführung bei der Herstellung der Decken zur Anwendung gelangt.
3. Wie 3 in Nr. 6 mit folgenden Maaß- und Gewichtszahlen:

A. bei 8 cm starken Decken:

bei p = 500 kg für 1 qm ist . . . . l = 1,25 m

Bei jeder 500 kg für 1 qm übersteigenden Belastung ist die Verwendung von 8 cm starken Decken ausgeschlossen.

B. bei 10 cm starken Decken:

a) bei p = 500 kg für 1 qm ist . . . . l = 1,80 m
b) „ p = 750 kg „ „ „ . . . . l = 1,50 m
c) „ p = 1000 kg „ „ „ . . . . l = 1,30 m

4. Wie in Ziffer 4 in Nr. 6.

5. Ausgenommen von der Genehmigung ist die Verwendung dieser Decken über Hofkellern und Durchfahrtskellern; auch dürfen diese Decken in Form von Gewölben irgend welcher Art ohne besondere beim Polizei-Präsidium zu beantragende Genehmigung nicht ausgeführt werden.

6. Die Ausführung der Cementeisendecken ist auch in Form von etwa 25 cm breiten Dielen zugelassen durch Verf. vom 31. Mai 1898.

8. „F. J. Schürmann'sche Decken" A. aus Vollsteinen auf Wellblechschienen als feuersichere und belastete Decken unter folgenden Bedingungen (Verfügung vom 18. Juni 1896. 491 III G. R. an Höschen und Peschke):

1. Die Ausführung hat im Allgemeinen nach der dem Antrage vom 12. September 1895 beigegeben Zeichnung und Beschreibung zu erfolgen.

2. Bei Hofkellern sowie in Lager- und Fabrikgebäuden müssen die Decken zur Vertheilung der Einwirkung von Stößen und centrischer Belastung (Raddruck) mit einer mindestens 7 cm starken Pflasterung abgedeckt werden.

3. Wie 1 in Nr. 6.

4. Bei sorgfältiger Ausführung, Verwendung harter Mauersteine, eines Mörtels aus 1 Theil Cement, 1 Theil Kalk und 5 Theilen scharfem Sand und der Anordnung einer Schiene in jeder 4. Schicht sind folgende größte Spannweiten l von Trägermitte zu Trägermitte zulässig:

a) für Hofkeller pp:
750 kg Nutzlast und 350 kg Eigenlast = 1100 kg Gesammtlast l = 1,10 m
b) für Fabrik- und Lagergebäude:
500 kg Nutzlast und 350 kg Eigenlast = 850 kg Gesammtlast l = 1,25 m
c) für Wohngebäude:
250 kg Nutzlast und 350 kg Eigenlast = 600 kg Gesammtlast l = 1,50 m

Die Träger der Endfelder jedes Systems müssen verankert werden.

5. Wird die Ausführung der Decken bei Neu- oder Umbauten beabsichtigt, so ist dies in den bezüglichen Zeichnungen und Berechnungen näher anzugeben. In den Vorlagen muß die Stärke der Träger, sowie die Abdeckung (Schüttung, Pflasterung) nachgewiesen und die Nutzungsart der Räume bezeichnet werden.

B. aus Lochkeilsteinen in Stärken von 7,10 und 12 cm (Verf. v. 27. März 1897 an Höschen und Peschke) unter folgenden Bedingungen:

1. 3 und 5 wie zu A.

2. Sofern eine Dielung nicht beabsichtigt wird, müssen die Decken gegen Stoß- und Einzellasten in geeigneter Weise geschützt werden.

In Fabrik- und Lagergebäuden, sowie auf nicht befahrbaren Höfen soll im Allgemeinen ein 7 cm starkes Pflaster für ausreichend erachtet werden, für befahrbare Höfe und für Durchfahrten bleibt die Vorschrift besonderer Vorkehrungen der Genehmigung der eingehenden Entwürfe vorbehalten.

4. Bei sorgfältiger Ausführung, Verwendung harter Formsteine und eines Mörtels aus 1 Theil Cement, 1 Theil Kalk und 3 Theilen scharfem Sand sowie der Anordnung einer Schiene in jeder dritten Schicht sind folgende größte Spannweiten l von Trägermitte zu Trägermitte zulässig.

I. bei den 7 cm starken Decken; Eigengewicht einschl. Fußboden, Ueberdeckung pp. 250 kg.

a. in Wohngebäuden für eine Nutzlast von 250 kg . . . . . . l = 1,30 m
b. in Fabrikgebäuden für eine Nutzlast von 500 kg . . . . . . l = 1,10 m

II. bei den 10 cm starken Decken, Eigengewicht pp. 300 kg.

a. in Wohngebäuden für eine Nutzlast von 250 kg . . . . . . l = 1,95 m
b. in Fabrikgebäuden für eine Nutzlast von 500 kg . . . . . l = 1,55 m
c. auf Höfen für eine Nutzlast von 750 kg . . . . l = 1,35 m

III. bei den 12 cm starken Decken, Eigengewicht pp. 330 kg.

a. in Wohngebäuden für eine Nutzlast von 250 kg . . . . . . l = 2,15 m
b. in Fabrikgebäuden für eine Nutzlast von 500 kg . . . . . l = 1,80 m
c. auf Höfen für eine Nutzlast von 730 kg . . . . l = 1,60 m

Bei größter Spannweite und langen Trägern bleibt die Vorschrift von Verankerungen in den Endfeldern jedes Systems vorbehalten.

C. Unter den zu A und B angegebenen Bedingungen ist durch Verf. v. 3. September 1898 dem Reg.-Baumeister Stapf, Berlin, in seiner Eigenschaft als Mitinhaber der Firma Kleine & Stapf die allgemeine Genehmigung zur Ausführung der Schürmann'schen Decken, jetzt genannt Gewölbeträgerdecken, ertheilt worden.

9. „Förster'sche" gradlinige massive Decken als feuersichere und belastete Decken unter folgenden Bedingungen (Verf. vom 19. Juni 1896, 575 III G. R. an Stadtbaumeister O. Förster in Wernigerode.)

1. Wie 1 in Nr. 6.
2. Die bei Herstellung der Decke zur Verwendung kommenden Materialien müssen hinsichtlich ihrer Festigkeit und sonstigen Eigenschaften der Probedecke auf dem Grundstücke Mauerstraße 86/88 genau entsprechen.
3. Die Decke ist in demselben Umfange wie gewöhnliche gewölbte Mauerstein-Kappen zu verankern.
4. Hinsichtlich der Belastung und der freitragenden Länge der Decke zwischen den als Auflager dienenden eisernen Trägern gelten folgende Gewichts- und Maaßzahlen, welche nicht überschritten werden dürfen:

Es bedeuten p die Gesammtbelastung (Eigengewicht der Decke und Nutzlast) für einen qm, l die freitragende Länge der Decke:

Bei einer Stärke der Decke von 9,5 cm

a) bei p = 500 kg für 1 qm ist . . . . l = 1,20 m
b) „ p = 750 „ „ „ „ . . . . l = 1,00 m
c) „ p = 1000 „ „ „ „ . . . . l = 0,85 m

5. Wie 4 in Nr. 6.
6. Durchfahrts-, sowie Hof-Keller dürfen mit bloßen gradlinigen massiven Decken nach dem System Förster nicht überdeckt werden.

10. „Schweitzer's Patent-Gitterdecken und Fußböden" unter folgenden Bedingungen (Verf. vom 11. December 1896, 588 III G. R. an Alb. Lugino & Comp., Berlin):

1. Die Ausführung hat im Allgemeinen nach der in dem Prüfungs-Zeugniß der Königlichen mechanisch-technischen Versuchs-Anstalt Berlin-Charlottenburg vom 15. Februar 1896 enthaltenen Beschreibung zu erfolgen.
2. Bei Hofkellern, sowie in Fabrik- und Lager-Gebäuden müssen die Decken und Fußböden zur Vertheilung der Einwirkung von Stößen und centrischer Belastung (Raddruck) mit einer mindestens 7 cm starken Pflasterung abgedeckt werden.
3. Wie 1 in Nr. 6.
4. Bei sorgfältiger Ausführung und Verwendung guter Materialien sind folgende größte Spannweiten l von Trägermitte zu Trägermitte zulässig:

A. bei Decken:

p = 500 . . . . l rund 1,50 m
p = 750 . . . . l „ 1,23 „
p = 1000 . . . . l „ 1,06 „
p = 1250 . . . . l „ 0,95 „

B. bei Fußböden:

p = 500 . . . . l rund 0,97 „
p = 750 . . . . l „ 0,79 „

p = 1000 . . . . l rund 0,69 m
p = 1250 . . . . l „ 0,61 „

5. Wird die Ausführung der Decken und Fußböden bei Neu- oder Umbauten beabsichtigt, so ist dies in den betreffenden Zeichnungen und Berechnungen näher anzugeben, auch ist die Verantwortlichkeits-Erklärung des Ausführenden beizubringen. Aus den Zeichnungen müssen namentlich die Stärke der Träger, die Abdeckung (Schüttung, Pflasterung) und die Benutzungsart der einzelnen Räume hervorgehen.

11. „Dabbert & Hütten'sche Decken" unter folgenden Bedingungen (Verf. vom 30. Dezember 1896 — 3260 III an die Maurer- und Zimmermeister Dabbert und Hütten):

1. Wie 1 in Nr. 5.
2. Die auf Grund dieser Genehmigung auszuführenden Decken müssen hinsichtlich der Konstruktion und des Materials der vorgelegten Zeichnung genau entsprechen.
3. In Bezug auf die Belastung und die freitragende Länge der Decken zwischen den als Auflager dienenden eisernen Trägern gelten folgende Gewichts- und Maaß-Zahlen:

p = 500 kg . . . . l 2,30 m
p = 750 kg . . . . l 1,85 m
p = 1000 kg . . . . l 1,60 m
p = 1250 kg . . . . l 1,45 m

Diese Genehmigung erstreckt sich auch auf Hof- und Durchfahrts-Keller.

12. Donath'sche Decken. Verf. v. 23. Februar 1897, Nr. 998 III G. R. an die Firma „Berliner Spezial-Baugeschäft J. Donath & Comp. Berlin. Allgemeine Genehmigung zur Herstellung

a. von 14 cm starken Cement-Eisen-Decken aus Cementbeton mit Einlagen von ⊥ Eisen und Bandeisen-Versteifungen,

b. von Zackenblech-Decken mit Mörtelumhüllung,

c. von 20 cm starken Beton-Rippen-Decken aus Betongewölben mit 10 cm Scheitelstärke zwischen 20 cm von einander entfernt liegenden I Eisen N. P. 8.

13. Voutenplatten, bestehend aus Sandbeton (Mischungsverhältniß 4 Theile Sand und 1 Theil Cement) 10 cm in der Mitte stark nach den Auflagern zu etwa $^1/_2$ cm stärker werdend und sich voutenartig an den unteren Trägerflansch anschließend, zwischen eisernen Trägern mit Rundeiseneinlage von 10 mm Stärke in Entfernung von 60 mm, welche auf den oberen Flanschen der Träger liegen und um diese herum sowie in der Mitte der Spannweite nach unten gebogen sind. Verf. v. 12. Juni 1897, Nr. 566 III G. R. an die Aktiengesellschaft für Beton- und Monierbau, Berlin.

14. Deckenkonstruktionen aus Stolte'schen Cementdielen. Verf. v. 18. Januar 1898, Nr. 1414 III G. R. an Architekt Paul Stolte, in seiner Eigenschaft als Direktor der deutschen Cementbau-Gesellschaft, vormals Paul Stolte, Berlin.

15. Donath'sche Hohlstein-Decken mit rechtwinkligen Eisenstreifeneinlagen. Verf. v. 23. März 1898, Nr. 196 III G. R. an die Firma J. Donath & Comp., Berlin.

16. Steindecken nach dem System „Beny". Verf. v. 31. Mai 1898, Nr. 500 und 443 III G. R. an August Selchow in Köpenick.

17. Massive Decken ohne Eiseneinlage mit Formsteinen (Lochkeilsteinen) von Höschen & Peschke. Verf. v. 2. Juli 1898, Nr. 617, III G. R. an Höschen & Peschke, Berlin.

18. Behrens'sche Isolirgewölbe. Verf. v. 20. August 1898, Nr. 784 III G. R. an Hugo Behrens, Berlin.

19. Decken mit Rundeiseneinlagen von Höschen & Peschke. Verf. v. 6. October 1898, Nr. 799 III G. R. an Höschen & Peschke, Berlin.

20. Betondecken nach System Stolte. Verf. v. 23. Januar 1899, Nr. 869 III G. R. an den Direktor der deutschen Cementbau-Gesellschaft vormals Paul Stolte, Architekten Berlin, Paul Stolte.

21. Wilkens Viktoria-Decken. Verf. v. 2. Februar 1899 Nr. 62 III G. R. und v. 29. April 1899 Nr. 456 III G. R. an die Architekten F. W. und M. Müller, Berlin, in ihrer Eigenschaft als Inhaber der Firma F. W. und M. Müller und Inhaber der D. R. Patente Nr. 81135 und 82941.

22. Hundrieser'sche Massivdecken. Verf. v. 24. Februar 1899 Nr. 983 III G. R. an den Architekten Paul Hundrieser in Firma Hundrieser & Co., Charlottenburg.

23. Müller'sche Decken. Verf. v. 10. März 1899 Nr. 178 III G. R. an die Architekten F. W. und M. Müller, Berlin. Vorläufige Genehmigung.

24. Helm'sche Horizontal-Decken. Verf. v. 19. April 1899 Nr. 282. III G. R. an den Architekten Emil Helm, in Firma Emil Helm & Co., Berlin.

25. Donath'sche Beton-S-Blechstreifendecken. Verf. v. 29. April 1899, Nr. 491 III G. R. an Jul. Donath als Inhaber der Firma Jul. Donath & Co., Berlin.

26. Donath'sche Hohlstein-Winkeleisendecken. Verf. v. 29. April 1899, Nr. 488 III G. R. wie unter Nr. 25.

27. Otto'sche biegungsfeste Massivdecken. Verf. v. 6. Mai 1899 Nr. 414 III G. R. an Richard Otto als Inhaber der früheren Cementbau-Gesellschaft zur Verwerthung Otto'scher Patente.

28. Otto'sche Stampfbeton-Gewölbe. Verf. v. 6. Mai 1899 Nr. 565 III G. R. wie unter Nr. 27.

29. Otto'sche Steindecken mit Falzeiseneinlage aus porösen Vollsteinen. Verf. v. 6. Mai 1899 Nr. 566 III G. R. wie unter Nr. 27.

30. Düsing'sche ebene Decken. Verf. v. 15. Mai 1899 Nr. 283 III G. R. an Mauermeister W. Düsing, Berlin.

31. Müller'sche Decken mit gleichschenkliger Winkeleiseneinlage. Verf. v. 17. Juni 1899 Nr. 513 III G. R. an die Architekten F. W. und M. Müller, Berlin. Vorläufige Genehmigung.

32. Jschyrota-Treppenstufen. Verf. v. 3. März 1899, Nr. III G. R. an Blömendal & Grünberg als Inhaber der Firma „Internationale Sandsteingießerei Jschyrota" zu Treptow bei Berlin.

33. Czarnikow'sche Treppen. Verf. v. 25. März 1899 Nr. 304 III G. R. an M. Czarnikow & Comp., Berlin.

29.

Die bauliche Anlage und die innere Einrichtung von Theatern, Circusgebäuden und öffentlichen Versammlungsräumen.

Polizei-Verordnung vom 31. October 1889.[1])

Auf Grund der §§ 137, 139 und 43 Absatz 3 des Gesetzes über die allgemeine Landesverwaltung vom 30. Juli 1883 (G.-S. S. 195ff.), sowie der §§ 6, 12, und 15 des Gesetzes über die Polizeiverwaltung vom 11. März 1860 (G.-S. S. 265) verordne ich als Landespolizeibehörde für den Stadtkreis Berlin, mit Zustimmung des Herrn Ober-Präsidenten, was folgt:

---

1. Vgl. M. E. vom 18. November 1881, M. Bl. 1882 S. 9, die Feststellung von Sicherheitsmaßregeln zum Schutze des Publikums in Theatern und ähnlichen Lokalen betreffend, vom 12. October 1889 (M. Bl. S. 180.) Durch diesen Erlaß ist für sämmtliche Regierungsbezirke der Monarchie der Erlaß gleich lautender Polizeiverordnungen angeordnet worden. Vgl. ferner den M. E. vom 18. März 1891 (M. Bl. S. 19.) Die Beachtung der auf Grund dieser Erlasse ergangenen Pol.-Verordnungen, namentlich in ihrer Anwendung auf nur zeitweilig zu theatralischen Schaustellungen pp. benutzte Baulichkeiten ist neuerdings eingeschärft durch M. E. v. 5. September 1897 (M. Bl. d. i. V. S. 218 u. v. 27. Juni 1899 II 11287.)

I. Vorschriften für Neubauten und Umbauten.[1])

§ 1. Die Aufführung neuer und der Umbau bestehender Theater und Circusgebäude, sowie die Herstellung von öffentlichen Versammlungsräumen in Neubauten und Umbauten unterliegen nebst allen zu solchen Anlagen gehörigen Betriebseinrichtungen polizeilicher Genehmigung nach folgenden besonderen Vorschriften.

Die Bestimmungen der bestehenden allgemeinen Bauordnungen bleiben hinsichtlich der im ersten Absatz bezeichneten Anlagen insoweit in Kraft, als sie nicht im Widerspruch mit dieser Verordnung stehen.

A. Theater.

§ 2. Theater im Sinne dieser Verordnung sind diejenigen Gebäude, welche nach Zweck und Gesammtanlage dauernd zu Schauspielen oder zur Schaustellung von Personen bestimmt sind.[2])

Große Theater sind solche, welche nach den Bestimmungen dieser Verordnung auf Sitz- und Stehplätzen mehr als 800 Zuschauer aufzunehmen vermögen.

Alle übrigen Theater gelten als kleine.

1. Große Theater.

Lage und Verbindung mit der Straße.

§ 3. Die Theatergebäude müssen mit ihrer die Hauptein- und Ausgänge enthaltenden Front in der Baufluchtlinie einer öffentlichen durchgehenden Straße oder in einem Abstand von derselben liegen, welcher eine Bebauung der zwischenliegenden Fläche ausschließt. Der Abstand der vorerwähnten Front des Theatergebäudes von der gegenüberliegenden Straßenbegrenzung soll in der Regel mindestens 20 m betragen.

Dieser Abstand darf ausnahmsweise bis auf 15 m ermäßigt werden, wenn das Theatergebäude ringsum frei oder auf einem Eckgrundstück liegt oder, wenn eingebaut, mit einer zweiten öffentlichen Straße durch eine mindestens 3 m breite Durchfahrt in Verbindung gesetzt wird.

Bei Aufführung eines Theatergebäudes zwischen nachbarlichen Brandmauern sind zu beiden Seiten des Zuschauerhauses von der Trennungswand zwischen Bühnenhaus und Zuschauerhaus bis zur Eintrittshalle offene Höfe von mindestens 6 m Breite anzulegen und mit der öffentlichen Straße mittelst Durchfahrten von wenigstens 3 m lichter Breite und 3,5 m lichter Höhe zu verbinden.

In den Umfassungswänden des Bühnenhauses dürfen Thür- oder Fensteröffnungen nur da angelegt werden, wo der Abstand einer solchen Oeffnung von der Nachbargrenze oder von anderen Bauten auf demselben Grundstück, falls dieselben eine größere Höhe als 10 m bis zum Dachfirst haben, mindestens 9 m beträgt. Bei Schuppen und kleineren Bauten muß dieser Abstand mindestens 6 m betragen.

In den Umfassungswänden des Zuschauerhauses dürfen Thür- oder Fensteröffnungen nur da angelegt werden, wo der Abstand einer solchen Oeffnung von der Nachbargrenze oder von anderen Bauten auf demselben Grundstück mindestens 6 m beträgt.

---

2. Nach dem Erlaß vom 12. Oktober 1889 (M. Bl. S. 180) sind die Entwürfe für Neubauten aller großen Theater, solcher Circusgebäude, welche mehr als 1000 Sitzplätze und Stehplätze enthalten und solcher öffentl. Versammlungsräume, welche mehr als 1200 Personen aufzunehmen vermögen, vor Ertheilung der Bauerlaubniß dem Minister der öffentl. Arbeiten vorzulegen, es sei denn, daß derartige Gebäude nur zeitweilig für jene Zwecke hergestellt werden. Vorausgesetzt wird in letzterem Falle indessen, daß die Benutzung der Baulichkeiten sich auf die Dauer höchstens einiger weniger Monate erstreckt und daß die Bauten alsdann wieder beseitigt werden. M. Erl. v. 15. Juni 1899.

3. Auch Spezialitätentheater, sogenannte Varietétheater fallen unter den Begriff „Theater" im Sinne des § 2 der P. V. und unterstehen den Vorschriften der §§ 3 bis 43 und 79 daselbst. Auch für diese Theater gilt mithin das Verbot des Rauchens. Die Herren Ressortminister haben indeß die Regierungs-Präsidenten ermächtigt im Wege einer Polizeiverordnung die allgemeine Verordnung durch einen Zusatz zu § 3 i dahin abzuändern, daß das Rauchen gestattet ist, „wenn nur eine Bühne ohne Versenkung, Schnürboden und Schnürgalerie vorhanden ist und sämmtliche Kulissen, Soffiten, Hinterhänge, Versatzstücke, sowie der Vorhang aus unverbrennlichen Stoffen — im Gegensatz zu schwer entflammbaren — hergestellt sind. M. Erl. vom 18. April 1899. Als unverbrennlicher Stoff ist Asbestgewebe empfohlen. M. Erl. vom 15. September 1899.

Bauart.

§ 4. Die Umfassungswände eines Theatergebäudes, die Trennungswand zwischen Bühnenhaus und Zuschauerhaus, sowie die Wände, welche Treppen umschließen, sind aus Steinen, die inneren Scheidewände mit Ausnahme von Trennungswänden zwischen Logen entweder ebenso oder aus anderem unverbrennlichen Material herzustellen. Die Dachstühle sind aus Eisen herzustellen. Das äußere Deckmaterial muß gegen Uebertragung eines Feuers von außen her sicheren[4]) Schutz gewähren.

Das bei Eindeckung der Dächer etwa verwendete Holz (Schalbretter, Latten u. dergl.) ist durch Berohren und Verputzen, durch Behobeln oder auf andere geeignete Weise gegen schnelles Entflammen zu sichern.

Die Unterstützung, sowie der etwaige Belag[5]) des Schnürbodens über dem Bühnenraum müssen zum Schutz der eisernen Dachkonstruktion feuersicher ausgeführt werden.

Luftabzugsöffnungen und Oberlichter sind zwischen Decken und Dächern mit unverbrennlichen, 50 cm hoch über die Dachfläche hinausgeführten Einfassungen zu versehen. Ebenso müssen die Umfassungswände von Lichthöfen in feuersicherer[6]) Konstruktion 50 cm über die Dachfläche geführt werden. Lichthoffenster dürfen nicht aus Holz hergestellt werden. Unterhalb der äußeren Oberlichter sind Drahtnetze anzubringen.

Die Fußböden der Flure, Vorsäle und Korridore sind aus unverbrennlichem Material herzustellen. Ein hölzerner Fußbodenbelag ist nur statthaft, wenn er unter Vermeidung von Hohlräumen dichtschließend auf unverbrennlicher Unterlage liegt.

Die Decken der Durchfahrten, Flure, Korridore und Treppenräume sind aus unverbrennlichem Material herzustellen.

Das Kellergeschoß ist mit Ausnahme der unter der Bühne liegenden Theile zu wölben und darf, soweit in demselben Magazin- und Lagerräume angelegt werden, nicht in unmittelbarer Verbindung mit Korridoren und Treppenräumen stehen.

Alle Korridore und Treppenräume müssen unmittelbar von außen beleuchtet werden. Für Korridore sind Oberlichter ausgeschlossen.

§ 5. Freitragende Treppen sind verboten. Bei Treppen mit geraden Läufen dürfen Wendelstufen nicht angeordnet werden. Die Podeste derselben dürfen nicht schmaler sein als die Treppenläufe.

Die Treppenstufen müssen einen Auftritt von wenigstens 26 cm haben; ihre Steigerung darf höchstens 18 cm betragen.

Geschwungene Treppen müssen an den schmalsten Stellen mindestens 23 cm Auftritt erhalten.

Die Treppen sind auf beiden Seiten mit Geländern oder Handläufern zu versehen, welche keine freien Enden haben dürfen.

Verschläge unter Treppen sind verboten.

Bei hölzernen Treppen, soweit solche in dieser Verordnung nicht verboten sind, (§§ 6, 15, 21 und 22), müssen die Unteransichten mit Mörtel verputzt werden.

Bei Feststellung der vorschriftsmäßigen Abmessung einer Treppe soll die Weite zwischen den Geländern gemessen maßgebend sein.

§ 6. Wohnräume dürfen im Bühnenhause nicht höher als zur ebenen Erde angelegt werden; sie müssen Decken aus unverbrennlichem Material erhalten, durch massive Wände ohne Oeffnungen von den übrigen Gebäudetheilen abgeschlossen und lediglich von außen her zugänglich gemacht werden.

---

4. Zulässig sind demnach unverbrennliche Stoffe, sowie Zink- und Asphaltpappe. M. Erl. v. 21. Februar 1892.

5. Unter feuersicherem Belag ist Lehm- oder Gypsstrich, ein Belag mit Ziegeln, Gypsdielen, Xylolithplatten oder sonst einem unverbrennlichen Stoffe gemeint.

6. Unter der Bezeichnung „feuersicher“ sind, wo es sich um Wände und Decken handelt, Konstruktionen aus Werkstein, Ziegeln, Eisenfachwerk, Eisenwellblech oder aus verputztem Drahtgeflecht zu verstehen; Holzkonstruktionen sind nur dann als feuersicher anzusehen, wenn dieselben mit Mörtel verputzt, mit Eisenblech benagelt, mit Gypsdielen oder sonst einem unverbrennlichen Stoffe umkleidet sind. M. Erl. v. 21. Februar 1892.

Im Zuschauerhause ist die Anlage von Wohnräumen unter der Bedingung gestattet, daß ihr Fußboden nicht höher als 10 m über der Straße liegt und daß sie mit einer aus unverbrennlichem Material hergestellten, von den Kellerräumen abgeschlossenen und unmittelbar ins Freie führenden Treppe in Verbindung gebracht werden.

Die Anlage vermiethbarer Geschäftsräume, sowie allgemein zugänglicher Restaurationen und Konditoreien darf in einem Theatergebäude nur im Keller- oder Erdgeschoß und nur unter der Bedingung zugelassen werden, daß solche Räume Decken aus unverbrennlichem Material erhalten, durch massive Wände ohne Oeffnungen von den für den Theaterbetrieb benutzten Gebäudetheilen abgeschlossen und lediglich von außen her zugänglich gemacht werden.

Werden für das Theaterpublikum besondere Restaurationsräume vorgesehen, so dürfen dieselben, falls ihre Gesammtgrundfläche mehr als 50 qm beträgt, nicht höher als im Erdgeschoß liegen und müssen unmittelbare Ausgänge nach der öffentlichen Straße erhalten.

Diese Vorschrift findet auf Räume mit Verkaufstischen zur Verabreichung von Erfrischungen während der Vorstellungen keine Anwendung.

Die Anlage von Magazinräumen ist im Zuschauerhause, im Bühnenraum, auf dem Schnürboden und in den Bühnenkellern verboten.

Werden Magazinräume im Bühnenhause angelegt, so dürfen sie nicht in unmittelbarer Verbindung mit den für den Verkehr im Bühnenhause erforderlichen Gängen und Treppen stehen.

§ 7. Die Zugänge zum Dachgeschoß, deren mindestens zwei anzulegen sind, müssen mit feuer- und rauchsicheren, selbstthätig zufallenden, unverschließbaren Thüren versehen werden. Sind zur Herstellung dieser Zugänge Einbauten in den Dachraum erforderlich, so müssen dieselben aus unverbrennlichem Material ausgeführt werden.

Soweit ein Dachraum vorhanden ist, muß der Fußboden desselben durchweg feuersicher abgedeckt werden.

§ 8. Alle Theatergebäude sind mit Blitzableitern zu versehen.

An den Außenfronten und in Höfen sind nach näherer Bestimmung der Polizeibehörde eiserne, in einer Höhe von 3 bis 4 m über dem Erdboden beginnende Leitern für die Feuerwehr anzulegen.

Zuschauerhaus.

§ 9. Ueber dem Parquet dürfen höchstens 4 Ränge angelegt werden.

Die Decke des obersten Ranges muß überall mindestens 2,5 m über dem Fußboden der höchsten Plätze liegen.

Im Parquet und auf den nicht zu Logen eingerichteten Rangtheilen müssen die Sitzreihen unverrückbar auf dem Fußboden befestigt werden. Es dürfen nur Klappsitze, welche selbstthätig aufschlagen, oder Bänke verwendet werden.

§ 10. Die im Zuschauerraum zuläßige höchste Personenzahl ist von der Polizeibehörde nach folgenden Bestimmungen festzustellen:

Die Breite der Sitze muß mindestens 50 cm und der Abstand der Reihen von einander mindestens 80 cm betragen.

Verrückbare Sitze sind nur in Logen und zwar bis zur Zahl von 10 in jeder Loge zuläßig.

Die Zahl der Sitze in ununterbrochener Reihe neben einem Seiten- oder Zwischengang darf im Parquet und im ersten Rang 14, auf den übrigen Rängen 12 nicht übersteigen.

Für Stehplätze dürfen höchstens 3 Personen auf 1 qm Grundfläche gerechnet werden.

Auf Bänken sind die einzelnen Sitze durch Leisten von einander zu trennen.

§ 11. Die Breite der Gänge im Zuschauerraum, sowie die Anzahl und Breite der auf die Korridore führenden Thüren ist für das Parquet und für die nicht zu Logen eingerichteten Rangtheile nach dem Verhältniß von 1 m für 70 Personen zu bemessen. Diese Gänge und Thüren dürfen nicht unter 90 cm breit sein; es kann jedoch bei der ersten Sitzreihe des Parquets und der Ränge die Gangbreite bis auf 65 cm verringert werden.

§ 12. In den Gängen des Zuschauerraumes dürfen Klappsitze nicht angebracht und Stühle nicht aufgestellt werden.

Stufen in den Gängen innerhalb des Parquetraumes sind unzuläßig.

§ 13. Für das Parquet und die Ränge müssen Korridore angelegt werden, welche in der Regel ununterbrochen um den Zuschauerraum herum zu führen sind. Einbauten von Rangtheilen, welche die Korridore in der Mitte unterbrechen, können ausnahmsweise gestattet werden, sofern dabei für eine genügende anderweite Verbindung der beiden Korridorhälften Sorge getragen ist.

Stufen in den Korridoren sind nur ausnahmsweise zulässig.

Die Breite der Korridore muß in allen Fällen mindestens 3 m betragen, im Uebrigen jedoch nach dem Verhältniß von 1 m für 80 Personen bemessen werden.

§ 14. Für jeden Rang sind zwei besondere Treppen anzulegen, welche nur einen Zugang zu dem betreffenden Rang haben dürfen und einen unmittelbar auf die Straße führenden Ausgang erhalten müssen, wobei Freitreppen nur bis zu einer Höhe von 2 m über die Straße zulässig sind.

Für Parquet und ersten Rang sind gemeinschaftliche Treppen zulässig falls das Parquet im Erdgeschoß liegt.

Es müssen vorhanden sein:

für das Parquet: bis zu 300 Personen 2 Treppen von je 1,50 m Breite; bei mehr als 300 Personen soll die Breite nach dem Verhältniß von 1 m für 100 Personen berechnet werden;

für die Ränge: bis zu 270 Personen 2 Treppen von je 1,50 m; bei mehr als 270 Personen soll die Breite nach dem Verhältniß von 1 m für 90 Personen berechnet werden.

Werden für Parquet und ersten Rang gemeinschaftliche Treppen angelegt, so sollen ihre Breiten nach der Summe der Plätze im Parquet und ersten Rang und zwar nach den für die Ränge geltenden Verhältnißzahlen ermittelt werden.

§ 15. Wenn Theater zwischen nachbarliche Brandmauern eingebaut werden, so muß außer den vorgeschriebenen Treppen auf jeder Ranghöhe in den offenen Höfen (§ 3) je ein eiserner Laufgang von mindestens 1,25 m lichter Breite angelegt und durch wenigstens 2 Thüren mit den um die Ränge herumgeführten Korridoren in Verbindung gebracht werden. Von diesen Laufgängen sollen eiserne Treppen in gleicher Breite in den Hof hinabführen.

§ 16. Alle Ausgänge sind als solche mit großer Schrift kenntlich zu machen und ständig dem Publikum zur Benutzung zu überlassen. Die nächsten Wege zu den Ausgängen sind durch Richtungspfeile an den Wänden zu bezeichnen. Die Thüren und Treppen sind derart anzuordnen, daß die Mehrzahl der Besucher sich von der Bühne abwenden muß, um die Ausgänge zu erreichen.

Treppenpodeste, Flure und Korridore müssen von jeder Behinderung des Verkehrs freigehalten werden. Tische und Bordbretter dürfen auf Korridoren nur in Wandnischen angebracht werden. Sitze für Logenschließer müssen selbstthätig aufklappen.

§ 17. Alle Thüren sind nach außen aufschlagend derart anzuordnen, daß die geöffneten Flügel nicht in die Korridore und Treppenräume vortreten. Ist diese Forderung nicht zu erfüllen, so müssen die Thürflügel vollständig herumschlagen und an den Wänden durch selbstthätige Federn festgehalten werden. In solchen Fällen ist aber die vorgeschriebene Mindestbreite der Korridore (§ 13) um die Thürflügelbreite zu vergrößern. Die Anbringung von Schiebethüren ist verboten. Die Verschlüsse der Thüren müssen so eingerichtet sein, daß sie durch einen einzigen Griff in Höhe von etwa 1,20 m über dem Fußboden von innen leicht zu öffnen sind.

Die Anbringung von Vorhängen an Thüren, in Fluren und Korridoren bedarf besonderer Genehmigung. Derartige Vorhänge müssen an verschiebbaren Ringen aufgehängt werden.

§ 18. Alle Fenster müssen bewegliche, von innen leicht zu öffnende Flügel erhalten. Gitter vor den Fenstern sind nicht zulässig.

§ 19. Die Garderoben für die Zuschauer müssen in besonderen Räumen mit reichlich bemessenem freien Platz vor den Ausgabetischen eingerichtet werden. Wenn für die Garderobenräume Korridorerweiterungen benutzt werden, so muß das für den Korridor an sich vorgeschriebene Maaß (§ 13) in ganzer Länge vor den Ausgabetischen angemessen vergrößert werden.

Bühnenhaus.

§ 20. Der Schnürboden über dem Bühnenraum muß mindestens 3 m höher liegen, als die Decke des Zuschauerraumes.

Der Bühnenraum ist von allen übrigen Theilen des Bühnenhauses, sowie vom Zuschauerhause durch massive Wände, welche mindestens 50 cm über die Dachfläche geführt werden müssen, zu trennen. Alle Thüröffnungen in diesen Wänden sind mit feuer- und rauchsicheren, nach außen aufschlagenden Thüren zu versehen, welche selbstthätig zufallend konstruirt werden müssen und während einer Vorstellung nicht verschlossen werden dürfen. Thürverbindungen zwischen dem Bühnenhause und dem Zuschauerhause, sowie zwischen dem Bühnenraum und den übrigen Räumen des Bühnenhauses sind nur im Keller und in Bühnenhöhe gestattet.

Die Bühnenöffnung muß gegen den Zuschauerraum durch einen Schutzvorhang oder durch leicht und sicher bewegliche Schiebethüren feuer- und rauchsicher abgeschlossen werden können. Das Material solcher Schutzvorhänge und Schiebethüren muß unverbrennlich sein und an den schwächsten Stellen mindestens die Festigkeit von 1 mm starkem glatten Eisenblech besitzen. Ihre Konstruktion muß im Ganzen einen Ueberdruck von 90 kg auf 1 qm Fläche aushalten können, ohne daß bleibende Durchbiegungen eintreten.

Die Bewegungsvorrichtungen für die Schutzvorhänge und Schiebethüren sind so anzuordnen, daß auf mindestens zwei Stellen, deren eine auch bei einem Brande auf der Bühne noch sicher erreichbar sein muß, der Verschluß der Bühnenöffnung durch einen einzigen Griff bewirkt werden kann.

Die Anbringung einer kleinen Thür im Schutzvorhang ist zulässig, jedoch muß dieselbe selbstthätig schließend hergestellt werden.

§ 21. Sämmtliche Räume des Bühnenhauses müssen unmittelbar zugänglich an Korridoren von wenigstens 2 m lichter Breite liegen und durch mindestens zwei Treppen von je 1,30 m Breite Ausgänge ins Freie erhalten. Die Umfassungswände der Korridore und Treppenhäuser müssen massiv, ihre Decken und die Treppen selbst aus unverbrennlichem Material hergestellt werden.

Ist der zwischen den massiven Umfassungswänden gemessene Flächeninhalt einer Bühne (jedoch mit Ausschluß einer etwaigen Hinterbühne) größer als 300 qm, so muß für je 50 qm Bühnenfläche mehr die Breite der Korridore um je 10 cm und die Breite der Treppen um je 20 cm vergrößert oder die Anzahl der letzteren entsprechend vermehrt werden.

Vom Bühnenraum müssen mindestens auf zwei Seiten Thüren von wenigstens 1,5 m Breite auf einen Korridor oder unmittelbar ins Freie führen.

§ 22. Für die im Bühnenraum beschäftigten Arbeiter sind mindestens zwei aus unverbrennlichem Material hergestellte, mit Geländern versehene Treppen von mindestens 90 cm lichter Breite anzulegen, welche vom untersten Bühnenkeller bis auf das Dach zu führen, mit Wänden aus unverbrennlichem Material zu umschließen sind und in der Straßenhöhe mit einem Ausgang ins Freie verbunden sein müssen. Wendelstufen sind bei diesen Treppen unter der Bedingung zulässig, daß auch an der Spindel ein Geländer angebracht wird.

Unmittelbare Beleuchtung soll für diese Treppen nicht gefordert werden.

§ 23. Für den inneren Ausbau des Bühnenhauses sind tragende Konstruktionstheile aus unverbrennlichem Material herzustellen, im Uebrigen sind thunlichst unverbrennliche Stoffe zu verwenden. Alles Holzwerk ist, soweit es freiliegt, zu hobeln oder auf andere geeignete Weise gegen schnelles Entflammen zu sichern.

Vorhänge, Coulissen, Soffiten, Hinterhänge, Versatz- und sonstige Dekorationsstücke sind thunlichst aus unverbrennlichen oder schwer entflammbaren Stoffen herzustellen.

Die Zugvorrichtungen für die scenischen Verwandlungen sind, soweit als irgend möglich, aus Drahtseilen herzustellen.

Es ist durch geeignete Vorkehrungen zu verhüten, daß Personen in die Bahn der Gegengewichte und Fahrstühle treten können.

§ 24. Treppenpodeste, Flure und Korridore müssen von jeder Behinderung des Verkehrs freigehalten werden.

Die sofortige Alarmirung des gesammten Personals bei Entstehung einer Gefahr muß durch Signaleinrichtungen sichergestellt sein.

Beleuchtung, Heizung und Lüftung.

§ 25. Die Verwendung von Gas und von Mineralölen zu Beleuchtungszwecken irgend welcher Art ist in großen Theatern unstatthaft. Es ist vielmehr in allen Theilen eines solchen Theatergebäudes, mit Einschluß der etwa vermietheten, nicht zum Theaterbetriebe gehörigen Räume, elektrische Beleuchtung[1]) herzustellen. Hierbei muß die Beleuchtung des Bühnenhauses und des Zuschauerhauses so eingerichtet werden, daß bei Störungen des Betriebes ein völliges Dunkelwerden in beiden Räumen nicht eintreten kann.

§ 26. In allen Theilen des Zuschauerhauses und des Bühnenhauses, besonders auf den Korridoren, Treppen und Fluren, ist eine Nothbeleuchtung nach Vorschrift der Polizeibehörde herzustellen. Für diesen Zweck sind Kerzen oder Oellampen zu verwenden, welche in geeigneter Weise gegen Erlöschen durch Zug oder Rauch gesichert und an besonders vorzuschreibenden Stellen durch rothe Farbe kenntlich gemacht werden müssen. Die Nothbeleuchtung ist so anzuordnen, daß mit Hilfe derselben die Ausgänge erreicht werden können, selbst wenn die gewöhnliche Beleuchtung vollständig erlöschen sollte.

§ 27. Die Erwärmung des Zuschauerraumes und der Bühne mit ihren Nebenräumen darf nur durch eine Centralheizung erfolgen, deren Heizkammern nur von außen zugänglich, rings von massiven Wänden und Decken umschlossen, und von den übrigen Räumen des Bühnenkellers vollständig getrennt sein müssen.

Kanäle für die Leitung heißer Luft, sowie Hohlräume zur Unterbringung von Dampf- oder Wasserheizröhren müssen durchweg von Wänden aus feuersicherem Material umschlossen und so angelegt werden, daß sie von Staub gereinigt werden können. Austrittsöffnungen für Luft, welche auf mehr als 50° C. erwärmt wird, sowie Metallröhren zur Leitung von Dampf oder heißem Wasser müssen von brennbaren Stoffen mindestens 25 cm nach jeder Richtung hin entfernt sein.

Um das Eindringen von Rauch in das Zuschauerhaus und in das Bühnenhaus verhüten zu können, müssen alle Luftheizungs- und Lüftungskanäle mit rauchsicheren Verschlüssen versehen werden.

In einzelnen von der Bühne abgelegenen Räumen kann die Verwendung von Kachelöfen unter besonderer Vorsicht bei Anlage der Rauchrohre, der Feuerung und des Aschenfalles gestattet werden.

In den Magazinräumen ist die Anbringung von Heizvorrichtungen gänzlich verboten.

§ 28. Bei Kanälen zur Zuführung frischer und zur Abführung verbrauchter Luft ist besonderes Augenmerk darauf zu richten, daß sie zu schneller Verbreitung eines Feuers nicht beitragen können.

Im Dache über der Bühne sind möglichst nahe dem Dachfirst Luftabzüge herzustellen, deren Verschluß durch einen einzigen Griff von gesicherten Stellen aus geöffnet werden kann. Die Summe der freien Durchgangsflächen dieser Abzüge soll mindestens 5 Prozent von der Grundfläche der Bühne betragen.

In der Decke des Zuschauerraumes ist eine Luftabzugsöffnung anzulegen, deren untere Mündung mindestens 1 m höher als die Decke des obersten Ranges liegen, und deren Querschnitt mindestens 3 Prozent der Grundfläche des Zuschauerraumes betragen muß. Der Verschluß dieses Luftabzuges muß durch einen einzigen Griff von gesicherter Stelle aus geöffnet werden können.

Alle Treppenräume und Korridore müssen mit genügenden Lüftungseinrichtungen versehen sein.

Feuerlöscheinrichtungen.

§ 29. Das Theatergebäude ist, soweit eine öffentliche Wasserleitung vorhanden ist,

---

[1]) Bei elektrischen Beleuchtungsanlagen für hölzerne Schaltbretter durch solche aus unverbrennlichem Material zu ersetzen oder mindestens durch Asbestpappe zu sichern; die Leitungsdrähte dürfen nicht zum Aufhängen der Glühlampen benutzt werden. — Bei Errichtung staatlicher elektrischer Anlagen sowie bei Handhabung staatlicher Aufsichtsrechte sind die vom Verbande deutscher Elektrotechniker aufgestellten „Sicherheitsvorschriften für elektrische Hochspannungs- und für elektrische Starkstrom-Anlagen" — M. Erl. vom 28. October 1898 — zur technischen Richtschnur zu nehmen. Die in dem M. Erl. v. 20. September 1897 (M. Bl. S. 198) gegebenen „Vorsichtsbedingungen für elektrische Licht- und Kraftanlagen" des Verbandes deutscher Privat-Feuerversicherungs-Gesellschaften" bleiben, soweit sie nicht durch die neuen Sicherheitsvorschriften aufgehoben oder ergänzt werden, in Kraft.

an dieselbe anzuschließen. In Orten ohne Wasserleitung muß für Bereithaltung eines Wasservorraths in Behältern unter genügendem Druck Sorge getragen werden.

Jedes Theatergebäude muß mit Feuerhähnen und mit einer Regenvorrichtung für die Bühne versehen werden.

Einzelbestimmungen über Wassermengen und Druckhöhen, über Anbringung und Anzahl der Feuerhähne, sowie über die Bereithaltung sonstiger zweckdienlichen Löschgeräthschaften im Theatergebäude, über Erlaß und Durchführung von Betriebsvorschriften, welche die stete Dienstbereitschaft aller für das Theatergebäude vorgesehenen Feuerlöscheinrichtungen im Augenblick der Gefahr sicherstellen, bleiben der Polizeibehörde überlassen.

Die genannten Einrichtungen dürfen nur zu Feuerlöschzwecken und nicht anderweitig benutzt werden.

Das Theatergebäude muß mit einer entsprechenden Anzahl von Meldevorrichtungen versehen werden, durch welche bei Entstehung eines Brandes die örtliche Feuerlöschhilfe sofort herbeigerufen werden kann.

Betriebsvorschriften.

§ 30. Die Aufbewahrung von Dekorationen, Requisiten und dergleichen ist im Zuschauerhause, sowie in den mit der Bühne zusammenhängenden Kellerräumen überhaupt verboten und auf und über der Bühne nur insoweit gestattet, als dieselben zum unmittelbaren Gebrauch bestimmt sind.

Ein Werkstättenbetrieb von Tischlern, Malern oder anderen Handwerkern ist im Zuschauerhause nur im Kellergeschoß, insoweit als dasselbe nur von außen zugänglich ist, und im Bühnenhause nur in solchen Räumen statthaft, welche mit der Bühne, mit den Bühnenkellern oder mit den Räumen für das Personal keine unmittelbare Verbindung haben.

Derartige Werkstätten müssen gegen die Korridore durch rauch- und feuersichere Thüren abgeschlossen sein.

§ 31. Das Rauchen im Theatergebäude ist verboten, kann jedoch für einzelne Restaurationsräume, für Wohnungen und vermiethete Geschäftsräume gestattet werden.

§ 32. Die Verwendung von unverwahrtem Feuer oder Licht, von beweglichen Beleuchtungskörpern und von Feuereffekten im Bühnenraum ist nur, soweit als es die Vorstellungen nöthig machen, mit besonderer Erlaubniß zulässig. Eine derartige Erlaubniß kann für bestimmte Stücke ein für allemal ertheilt werden.

Im Uebrigen ist das Betreten der Theaterräume mit unverwahrtem Feuer oder Licht verboten.

Die Verwendung von Feuerwerk ist unzulässig.

Für Schüsse dürfen nur Pfropfen aus ungefährlichem Material, zum Beispiel Kälberhaar oder Asbestwolle, verwendet werden.

§ 33. Die Räume des Theaters, sowie die Dekorationen sind staubfrei zu halten und außerdem alljährlich nach vorgängiger Anzeige bei der Polizeibehörde mindestens einmal gründlich zu reinigen.

§ 34. Zwischen den zur Benutzung eingestellten Dekorationen und den Umfassungsmauern der Bühne muß ein Gang von mindestens 1 m Breite freigehalten werden, welcher auch bei Bewegung der Dekorationen nicht gesperrt werden darf. Der Raum zwischen der ersten und zweiten Coulisse muß für den Dienst der Feuerlöschmannschaften freigehalten werden.

§ 35. Das Oeffnen und Schließen des Schutzvorhanges oder der Schiebethüren soll während der Spielzeit täglich einmal in Gegenwart der Feuerwehr probeweise vorgenommen werden. Die Bühnenöffnung ist nach jeder Vorstellung durch den Schutzvorhang oder die Schiebethüren zu schließen und des Nachts geschlossen zu halten.

§ 36. Die Nothbeleuchtung muß bei jeder Vorstellung während des Zeitraumes von Oeffnung der Kasse bis nach vollständiger Leerung des Zuschauerhauses und des Bühnenhauses in Wirksamkeit sein.

§ 37. Im Kassenraum, in der Eintrittshalle und an auffälliger Stelle in jedem Korridor des Zuschauerhauses und des Bühnenhauses sind genügend große und deutliche Grundrißpläne des Theaters auszuhängen. In diesen Plänen müssen die Sitze, die zugelassenen Stehplätze, die Treppen, die Ausgänge, die Feuerhähne, sowie die Hauptleitungen für die Beleuchtung nebst den dazu gehörigen Absperrvorrichtungen angegeben werden.

Von diesen Plänen sind Abdrücke der Polizeibehörde nach Bedarf zur Verfügung zu stellen.

§ 38. Für jede Vorstellung muß eine lediglich der Polizeibehörde unterstellte Feuerwache anwesend sein, welche ihren Dienst mindestens eine Stunde vor Beginn der Vorstellung anzutreten hat, das Theatergebäude nicht früher als eine halbe Stunde nach Schluß der Vorstellung verlassen und zu anderen Zwecken nicht verwendet werden darf.

Für die übrige Zeit ist im Theater, so lange Aufführungen stattfinden, Seitens der Theaterverwaltung ein Wächterdienst unter sicheren Kontrollmaßregeln einzurichten.

§ 39. Die letzte Probe eines Stückes vor dessen erster Aufführung ist der Polizeibehörde rechtzeitig behufs Ueberwachung und Anordnung der etwa erforderlichen Sicherheitsmaßregeln anzuzeigen.

2. Kleine Theater.

§ 40. Auf kleine Theater finden die Bestimmungen in den §§ 3 bis 39 mit folgenden Abänderungen Anwendung:

Zu § 3. Der Abstand der die Haupt-Ein- und Ausgänge enthaltenden Front des Theatergebäudes von der gegenüberliegenden Straßenbegrenzung soll in der Regel mindestens 15 m betragen.

Bei besonderen örtlichen Verhältnissen kann im Wege des Dispenses ein geringerer Abstand zugelassen, auch von der Forderung, daß das Theater an einer öffentlichen Straße liegen muß, Abstand genommen werden.

Zu § 4. Die Dachstühle dürfen aus Holz konstruirt werden. Das äußere Deckmaterial muß gegen Uebertragung eines Feuers von außen her sicheren Schutz gewähren.

Die Treppenräume müssen Decken aus unverbrennlichem Material erhalten, im Uebrigen können die Decken durchweg, auch über Fluren und Korridoren, als Balkendecken konstruirt werden; es müssen dabei aber die Unteransichten mit Mörtel verputzt und die Fußböden dicht schließend unter Vermeidung von Hohlräumen verlegt werden.

§ 41. Die Beleuchtung durch Gas ist in kleinen Theatern unter folgenden Bedingungen zulässig:

Die Gasleitungen für das Zuschauerhaus, den Zuschauerraum und die übrigen Theile des Zuschauerhauses, sowie für den Bühnenraum und die übrigen Theile des Bühnenhauses sind in getrennten Gruppen anzulegen und die Absperrvorrichtungen so anzuordnen, daß sie von Unbefugten nicht erreicht werden können. Die Verwendung von Bleiröhren ist unzulässig. Die Leitungen sind derartig zu verlegen, daß sie gegen jede zufällige Beschädigung geschützt, aber für Untersuchung und Ausbesserung leicht zugänglich sind. Ueberall, auch in den Ankleideräumen für das Personal, sind nur unbewegliche Gasarme zulässig.

Die Entfernung zwischen Gasflammen und brennbaren Stoffen muß in senkrechter Richtung nach oben gemessen mindestens 1 m und in seitlicher Richtung mindestens 60 cm betragen. Falls diese Entfernungen nicht innegehalten werden können, müssen Schutzbleche angebracht werden; dieselben dürfen jedoch niemals auf verbrennlicher Unterlage befestigt werden.

Decken-Kronleuchter müssen doppelte Befestigung erhalten.

Die im Zuschauerraum, sowie auf Gängen und Treppen befindlichen Beleuchtungskörper müssen mit ihrer Unterkante mindestens 2 m über dem Fußboden liegen.

Die Gasflammen auf Gängen, in Treppenhäusern und in Aborten dürfen nur Hähne mit losem Schlüssel erhalten.

Die Gasflammen im Zuschauerhause sind mit Glocken oder Schalen zu versehen. Ausgenommen von dieser Vorschrift sind nur die Flammen an Decken-Kronleuchtern.

Alle zur Beleuchtung des Bühnenhauses dienenden Gasflammen sind mit Drahtkörben oder ähnlichen Schutzvorkehrungen zu versehen.

Die Soffitenrampen müssen außer einem Drahtnetz doppelte Schutzbleche mit Luftzwischenraum erhalten und zum Herablassen eingerichtet werden, so daß sie vom Bühnenfußboden aus angezündet werden können.

Zum Anzünden von Gasflammen dürfen nur elektrische Zünder verwendet werden.

Die Verwendung gewöhnlicher Gummischläuche zur Zuleitung von Gas, auch für kurze Entfernungen, ist verboten; es dürfen nur undurchlässige, auf die Rohre mit Gewinden aufzuschraubende Spiralschläuche gebraucht werden.

Die Gasmesser müssen in einem von massiven Wänden und unverbrennlichen Decken umschlossenen Raume, welcher unmittelbar von außen Luft und Licht erhält, aufgestellt werden.

Die Verwendung von Gas zu scenischen Zwecken bedarf besonderer Genehmigung.

Die Gasleitungen sind mindestens vierteljährlich einmal sorgfältigst auf ihre Dichtigkeit, sowie auf die ordnungsmäßige Beschaffenheit der Brenner zu untersuchen. Insbesondere ist darauf zu achten, daß bei Verminderung des Gaszustromes und Druckes behufs Verdunkelung einzelne Brenner nicht versagen.

§ 42. Wenn Gasbeleuchtung eingerichtet wird, treten in Bezug auf die Bestimmungen in den §§ 9—14 folgende Erschwerungen ein:

Zu § 9. Ueber dem Parquet dürfen nicht mehr als 2 Ränge angelegt werden.

Zu § 10. Die Zahl der Sitze in ununterbrochener Reihe neben einem Seiten- oder Zwischengang darf im Parquet 12, auf den Rängen 10 nicht übersteigen.

Zu § 11. Die Breite der Gänge im Zuschauerraum, sowie die Anzahl und Breite der auf die Korridore führenden Thüren muß nach dem Verhältniß von 1 m für 60 Personen bemessen werden.

Zu § 13. Die Breite der Korridore muß mindestens 3 m betragen, im Uebrigen jedoch nach dem Verhältniß von 1 m für 70 Personen bemessen werden.

Zu § 14. Es müssen vorhanden sein:

für das Parquet einschließlich seiner Logen:

bis zu 270 Personen 2 Treppen zu je 1,50 m. Bei mehr als 270 Personen ist die Breite nach dem Verhältniß von 1 m für 90 Personen zu berechnen;

für die Ränge:

bis zu 240 Personen 2 Treppen zu je 1,50 m. Bei mehr als 240 Personen ist die Breite nach dem Verhältniß von 1 m für 80 Personen zu berechnen.

3. Zeitweilige Baulichkeiten.

§ 43. Auf zeitweilige für Theatervorstellungen bestimmte Baulichkeiten sollen die im Vorstehenden für kleine Theater in Bezug auf eine schnelle und gefahrlose Entleerung abzielenden Vorschriften sinngemäße Anwendung finden.

Im Uebrigen bleiben die Forderungen in Bezug auf Bauart, innere Einrichtung und Betrieb solcher zeitweiligen Baulichkeiten je nach örtlichen Verhältnissen und je nach dem Umfang des Betriebes dem Ermessen der Polizeibehörde überlassen.

B. Circusanlagen.

§ 44. Circusgebäude dürfen der Regel nach nur auf freien Plätzen unter Beobachtung eines Abstandes von mindestens 15 m von jeder Nachbargrenze errichtet werden.

Ausnahmsweise darf ein Circus auf einem Eckgrundstück aufgeführt oder zwischen nachbarlichen Brandmauern eingebaut werden unter der Bedingung, daß auf zwei Seiten getrennte, in ihrer Gesammtbreite nach dem Verhältniß von 1 m für 150 Personen bemessene Verbindungen mit zwei öffentlichen durchgehenden Straßen für die Circusbesucher vorgesehen werden und außerdem eine besondere, wenigstens 4 m im Lichten breite Zufahrt zu den Stallungen angelegt wird.

§ 45. Für die Herstellung der äußeren und inneren Wände ist außer Massivbau und Konstruktionen aus unverbrennlichem Material auch ausgemauertes Fachwerk zulässig.

Balkendecken müssen mit Mörtel verputzt werden.

Zur Herstellung der Decke oder des Daches über dem Zuschauerraum sind hölzerne Unterstützungen zulässig.

Die Dachkonstruktionen dürfen sichtbar bleiben.

Das äußere Deckmaterial der Dächer muß gegen Uebertragung eines Feuers von außen her sicheren Schutz gewähren.

Freiliegendes Holzwerk an Stützen, Decken und Dächern muß in den Ansichtsflächen gehobelt werden.

Der Unterbau zur Unterstützung der Sitzreihen des Zuschauerraumes ist aus unverbrennlichem Material herzustellen.

§ 46. Stallungen und Thierkäfige, sowie Räume für das Personal und für die Aufbewahrung von Dekorationen, Requisiten und Futterbeständen müssen vom Zuschauerraum durch unverbrennliche Wände und Decken getrennt werden. Die Thüren in diesen Wänden sind feuer- und rauchsicher herzustellen.

§ 47. Die Räume unter den Sitzreihen des Zuschauerraumes dürfen als Garderoben für das Personal, sowie zur Aufbewahrung von Dekorationen, Requisiten und Futterbeständen nur dann benutzt werden, wenn sie von massiven Wänden und Decken umschlossen sind und mit feuer- und rauchsicheren Thüren versehen werden.

§ 48. Für die Anlage von Treppen gelten die in § 5 gegebenen Bestimmungen mit der Abänderung, daß bei Treppen innerhalb des Zuschauerraumes Geländer nicht gefordert werden.

§ 49. Auf jedem Circusgebäude sind Blitzableiter anzubringen.

§ 50. Vermiethbare Räume und Wohnungen dürfen in einem Circusgebäude nur im Keller oder im Erdgeschoß und nur unter der Bedingung eingerichtet werden, daß sie durch massive Wände ohne Oeffnungen und unverbrennliche Decken von den zum Circusbetrieb gehörigen Räumlichkeiten abgeschlossen und nur von außen zugänglich gemacht werden.

§ 51. Die im Zuschauerraum zulässige höchste Personenzahl ist von der Polizeibehörde nach folgenden Bestimmungen festzustellen:

Die Sitze müssen mindestens 50 cm breit sein und die Abstände der Sitzreihen wenigstens 80 cm betragen, sofern nicht mehr als 14 Plätze in ununterbrochener Reihe neben einem Seiten- oder Zwischengang angeordnet werden. Wird die Zahl 14 überschritten, so muß der Abstand der Sitzreihen auf 1 m vergrößert werden. Hierbei dürfen indessen höchstens 25 Sitze in ununterbrochener Reihe neben einem Seiten- oder Zwischengang angenommen werden.

Auf allen Bänken müssen die einzelnen Plätze durch Leisten abgegrenzt werden.

Für Stehplätze dürfen höchstens 3 Personen auf 1 qm Grundfläche gerechnet werden.

§ 52. Die Anzahl und Breite der Gänge, Treppen und Thüren im Zuschauerraum ist nach dem Verhältniß von 1 m für 120 Personen zu bemessen, wobei die geringste Breite eines Ganges, einer Treppe oder einer Thür nicht unter 90 cm sein darf.

§ 53. Korridore und Flure müssen mindestens 2 m breit sein, im Uebrigen ist ihre Breite, sowie die Breite der außerhalb des Zuschauerraumes belegenen Treppen und der Ausgänge nach dem Verhältniß von

1 m für 120 Personen bei einer Anzahl bis zu 900 Personen,
1 m für 135 Personen bei einer Anzahl von 900 bis 1500 Personen,
1 m für 150 Personen bei einer Anzahl von mehr als 1500 Personen

zu bemessen.

§ 54. In Bezug auf die Bezeichnung der Ausgänge, das Aufschlagen der Thüren und die Errichtung der Thürverschlüsse finden die Bestimmungen der §§ 16 und 17 Anwendung.

§ 55. Für die Beleuchtung eines Circusgebäudes ist außer elektrischem auch Gaslicht, sowie die Verwendung von Pflanzenölen und Kerzen zuläßig.

Die Verwendung von Mineralölen ist verboten.

Wird Gasbeleuchtung gewählt, so sollen dabei die im § 41 gegebenen Vorschriften entsprechend befolgt werden und insbesondere die dort für das Bühnenhaus angeordneten Vorsichtsmaßregeln bei Circusgebäuden auf die Stallungen, sowie auf die Räume für das Personal und für die Aufbewahrung von Dekorationen und Requisiten Anwendung finden.

§ 56. Eine ausreichende Nothbeleuchtung mittelst Kerzen oder Oellampen ist nach näherer Anweisung der Polizeibehörde einzurichten.

§ 57. In Bezug auf Heizung, Wasserversorgung und Feuerlöscheinrichtungen finden die für Theater gegebenen Vorschriften sinngemäße Anwendung.

§ 58. An Stroh, Heu und sonstigen Futterstoffen darf in einem Circus nur der für drei Tage erforderliche Vorrath gelagert werden. In Bezug auf das Rauchen im Gebäude, das Umgehen mit unverwahrtem Feuer oder Licht, die Verwendung von Feuerwerk, die Unterhaltung der Nothbeleuchtung, die Aushängung von Grundrißplänen, die

Einrichtung eines besonderen Feuerwehr- und Wächterdienstes, sowie auf die polizeiliche Ueberwachung der Vorstellungen sollen die für Theater in den §§ 31, 32, 36, 37, 38 und 39 gegebenen Bestimmungen sinngemäße Anwendung finden.

§ 59. Die Anlage eines zeitweilig aufzustellenden Circus darf nur auf einem freien Platze unter Beobachtung eines Abstandes von wenigstens 15 m von jeder Nachbargrenze gestattet werden.

Stallungen müssen vom Zuschauerraum getrennt derart angelegt werden, daß die Aus- und Eingänge für das Publikum möglichst entfernt von den Hauptthüren der Stallungen liegen.

Für die zulässige Anzahl von Sitz- und Stehplätzen, für die Anordnung der Gänge und Thüren im Zuschauerraum, für die Breite der Korridore, Treppen, Flure und Ausgänge sind die Bestimmungen der §§ 51, 52, 53 und 54 maßgebend.

Im Uebrigen soll die Polizeibehörde je nach den örtlichen Verhältnissen und nach dem Umfang des Betriebes entscheiden, wie weit sonst die für Circusgebäude erlassenen Vorschriften in Bezug auf Bauart, innere Einrichtung und Betrieb auch bei Anlage eines zeitweilig aufzustellenden Circus und für den Fall, daß ein Circus vorübergehend in einem sonst zu anderen Zwecken benutzten Gebäude eingerichtet wird, zu befolgen sind.

C. Oeffentliche Versammlungsräume.

§ 60. Als öffentliche Versammlungsräume im Sinne dieser Verordnung gelten alle baulichen Anlagen, welche zur gleichzeitigen Aufnahme einer größeren Anzahl von Personen zu öffentlichen Lustbarkeiten, öffentlichen Versammlungen oder zu ähnlichen Zwecken dienen sollen.

Baulichkeiten, welche ausschließlich für Gottesdienst oder Unterrichtszwecke bestimmt sind, werden von dieser Verordnung nicht betroffen.

§ 61. Wird für öffentliche Versammlungsräume ein selbstständiges Gebäude hergestellt, so muß der Abstand der die Haupt-Ein- und Ausgänge enthaltenden Front von der gegenüberliegenden Straßenbegrenzung mindestens 10 m betragen.

Das Gebäude darf gegen die Nachbargrenzen nur an denjenigen Theilen der Umfassungswände Thür oder Fensteröffnungen erhalten, welche von der Nachbargrenze oder von anderen Bauten auf demselben Grundstück mindestens 6 m entfernt bleiben.

§ 62. Für Versammlungsräume, welche Theile eines im Uebrigen für anderweite Zwecke bestimmten Gebäudes bilden, kann die Anlage besonderer Flure oder Durchfahrten vorgeschrieben werden, welche mit der Straße in Verbindung stehen und von anderen Theilen desselben Gebäudes durch massive Wände getrennt werden müssen.

§ 63. Versammlungsräume, welche mehr als 2000 Personen aufzunehmen vermögen, müssen nach verschiedenen Straßenzügen hin Ausgänge erhalten. Von dieser Forderung kann jedoch Abstand genommen werden, wenn zwischen den Hauptausgängen aus den Versammlungsräumen und einer öffentlichen Straße Vorplätze, Gärten oder Höfe von solchen Abmessungen liegen, daß sie die gesammte Personenzahl bei Annahme von 4 Personen auf 1 qm Grundfläche aufzunehmen vermögen.

§ 64. Die Umfassungswände und die inneren Wände, soweit sie Durchfahrten, Flure, Treppen und Versammlungssäle umschließen, sind in der Regel massiv oder unverbrennlich herzustellen. Hölzerne Fachwerkskonstruktionen sind zulässig, falls die Gefache ausgemauert werden.

Das äußere Deckmaterial der Dächer muß gegen Uebertragung eines Feuers von außen her sicheren Schutz gewähren.

Die vorgeschriebenen Treppen (§ 71) müssen in besonderen Treppenräumen liegen und letztere Decken aus unverbrennlichem Material erhalten.

Etwaige die Decken der Säle durchbrechende Lüftungsöffnungen oder Oberlichter müssen mit unverbrennlichen über die Dachfläche hinausgeführten Einfassungen versehen werden. Unterhalb der äußeren Oberlichter sind Drahtnetze anzubringen.

§ 65. Die Einrichtung von Lagerräumen für feuergefährliche Stoffe, von Fabriken oder Werkstätten für feuergefährliche Betriebe über oder unter Versammlungsräumen ist verboten. Auch dürfen derartige Räume nicht mit den für die Versammlungsräume dienenden Korridoren, Treppen, Fluren oder Durchfahrten in Verbindung stehen.

§ 66. Der Fußboden eines Versammlungsraumes darf nicht höher als 12 m über der Straße liegen.

Ueber einem Saalparquet sind höchstens 2 Galerien übereinander zulässig.

§ 67. Wird in einem Versammlungsraum die dauernde Einrichtung von Sitzen beabsichtigt, so muß die Breite eines Sitzes mindestens 50 cm und der Abstand der Sitzreihen wenigstens 90 cm betragen.

Bei Anordnung von Klappsitzen und bei befestigten Bänken kann der Abstand der Reihen auf 80 cm ermäßigt werden.

Die Zahl der Sitze in ununterbrochener Reihe neben einem Seiten- oder Zwischengang darf im Saalparquet 14, auf Galerien 12 nicht übersteigen.

Für Stehplätze dürfen höchstens 3 Personen auf 1 qm Grundfläche gerechnet werden.

Die Breite der Gänge innerhalb des Saalparquets und auf Galerien muß mindestens 90 cm betragen und ist im Uebrigen nach dem Verhältniß von 1 m für 120 Personen zu bemessen.

Die nach vorstehenden Bestimmungen zulässige höchste Besucherzahl ist durch die Polizeibehörde festzustellen.

§ 68. Für Versammlungsräume ohne feste Sitzreihen soll die Personenzahl, nach welcher die Breite der Thüren, Korridore, Treppen, Flure und Ausgänge zu bestimmen ist, so ermittelt werden, daß in der Regel auf 1 qm Grundfläche des Saalparquets 2 Personen und auf 1 qm Grundfläche der Galerien 3 Personen gerechnet werden. In einzelnen Fällen können jedoch ausnahmsweise mit Rücksicht auf die Lage und Benutzungsart der Versammlungsräume auf je 10 qm Grundfläche für das Saalparquet 15, für die Galerien 20 Personen gerechnet werden.

Wenn mehrere Versammlungsräume in einem Geschoß oder in verschiedenen Stockwerken gemeinschaftliche Korridore, Treppen, Flure oder Ausgänge haben, so sollen die erforderlichen Breiten derselben der Regel nach in der Weise ermittelt werden, daß die Personenzahl des größten Raumes ganz und die Personenzahl der übrigen Räume zur Hälfte der Berechnung zu Grunde gelegt wird. Es kann jedoch in einzelnen Fällen ausnahmsweise mit Rücksicht auf die Benutzungsart der Versammlungsräume eine geringere Gesammtziffer für die Berechnung zugelassen werden.

§ 69. Die Anzahl und Breite der Thüren ist nach dem Verhältniß von

1 m für 120 Personen bei einer Anzahl bis zu 600 Personen,
1 m für 135 Personen bei einer Anzahl von 600 bis 900 Personen,
1 m für 150 Personen bei einer Anzahl über 900 Personen

zu bestimmen.

Wenn die zuläßige Zahl der Besucher mehr als 600 Personen beträgt, muß der Versammlungsraum auf mindestens 2 Wandseiten Thüren erhalten.

Ausgangsthüren müssen nach außen aufschlagend derart angeordnet werden, daß die geöffneten Flügel nicht in die Korridore und in die Treppenräume vortreten. Ist diese Forderung nicht zu erfüllen, so müssen die Thürflügel vollständig herumgeschlagen und an den Wänden durch selbstthätige Federn festgehalten werden. In solchen Fällen ist aber die vorgeschriebene Mindestbreite der Korridore (§ 70) um die Thürflügelbreite zu vergrößern. Die Thürverschlüsse müssen so eingerichtet sein, daß sie durch einen einzigen Griff in Höhe von etwa 1,20 m über dem Fußboden von innen leicht zu öffnen sind.

Die Ausgangsthüren sind als solche mit großer Schrift kenntlich zu machen und dürfen während der Benutzung eines Versammlungsraumes nicht verschlossen werden.

§ 70. Die für die Entleerung eines Versammlungsraumes in Betracht kommenden Korridore und Flure müssen mindestens 2 m breit sein. Im Uebrigen gelten für ihre Breiten, sowie auch für die Breiten der Ausgänge die im § 69 für die Thüren angegebenen Verhältnißzahlen.

Flure oder Durchfahrten, welche zu Versammlungsräumen führen, müssen mindestens 3 m breit sein und im Uebrigen nach dem Verhältniß von 1 m für für 200 Personen bemessen werden.[1])

Wenn die Ausgänge aus Versammlungsräumen in einem Seiten- oder Hintergebäude auf einen Hof von solchen Abmessungen führen, daß er die gesammte Personenzahl bei Annahme von 4 Personen auf 1 qm Grundfläche aufzunehmen vermag, so kann die Breite der Flure oder Durchfahrten, welche diesen Hof mit der Straße verbinden, ausnahmsweise dem vorgeschriebenen Verhältniß von 1 m für 200 Personen gegenüber unter der Bedingung ermäßigt werden, daß der Hof in seiner ganzen Fläche lediglich für den Personenverkehr frei gehalten wird. Als äußerst zulässige Grenze soll dabei jedoch das Verhältniß von 1 m für 300 Personen gelten.

§ 71. Für Versammlungsräume, welche nicht mehr als 300 Personen im Ganzen fassen, soll eine Treppe ausreichend sein, welche aus unverbrennlichem Material hergestellt werden, mindestens 1,5 m breit sein und im Uebrigen nach Verhältniß von 1 m für 129 Personen bemessen werden muß.

Für mehr als 300 Personen müssen mindestens zwei Treppen angelegt werden. Die gesammte Treppenbreite ist dann bis zur Anzahl von 900 Personen nach dem Verhältniß von 1 m für 150 und bei mehr als 900 Personen nach dem Verhältniß von 1 m für 200 Personen zu bestimmen.

Galerietreppen dürfen niemals unmittelbar in den Saal ausmünden. Es sind vielmehr für solche Treppen stets besondere Flure oder Vorräume anzulegen und deren Ausgänge nach Lage und Entfernung von einander derart anzuordnen, daß bei gleichzeitiger Entleerung von Saal und Galerien Gegenströmungen nicht entstehen können.

Bei Galerien von höchstens 30 qm Grundfläche kann die Breite der Treppe bis auf 1 m ermäßigt werden.

Die Räume, in welchen die vorgeschriebenen Treppen liegen, dürfen mit Kellerräumen nicht in unmittelbarer Verbindung stehen.

Im Uebrigen gelten für die Anlage der Treppen im Einzelnen die Bestimmungen des § 5.

§ 72. Für den Fall, daß ein Versammlungsraum vorübergehend mit Bänken, Stühlen oder Tischen besetzt werden soll, sind die im § 67 für feste Sitzreihen vorgeschriebenen Gänge freizuhalten und fest abzugrenzen. Reihenweise gestellte Stühle oder Bänke sind mit Innehaltung eines Abstandes von mindestens 90 cm derart mit einander zu verbinden, daß sie einzeln nicht verschoben werden können.

§ 73. Versammlungsräume, welche eine ständige, mit verbrennlichen Coulissen, Soffiten, Hinterhängen oder Versatzstücken ausgestattete Bühne erhalten, — gleichviel ob die auf derselben veranstalteten Vorstellungen dem Publikum allgemein zugänglich sind oder nicht — sollen, sowohl wenn sie für sich ein selbstständiges Gebäude, als auch, wenn sie nur einen Theil eines im Uebrigen anderweit benutzten Bauwerkes bilden, nicht nach den in diesem Abschnitt, sondern nach den für kleine Theater gegebenen Vorschriften behandelt werden.

Es kann jedoch dabei, falls die Bühne elektrisch beleuchtet und mit einer Regenvorrichtung versehen wird, von der Forderung, daß der Zuschauerraum rings von einem Korridor umgeben sein muß, abgesehen werden.

Die höchste in einem derartigen mit ständiger Bühne ausgestatteten Versammlungsraum, und zwar im Saalparquet und auf Galerien im Ganzen zulässige Personenzahl darf 800 nicht überschreiten.

---

[1]) Mit Bezug auf diese Bestimmung ist im O. V. G. E. vom 12. December 1894 ausgeführt, daß Flure oder Durchfahrten, welche zu Versammlungsräumen führen, ohne Rücksicht auf die Zahl der in Betracht kommenden Personen in jedem Falle mindestens 3 m breit sein müssen. Die Durchfahrten müssen ferner, ohne Rücksicht ob die Versammlungsräume z. B. thatsächlich als solche benutzt werden, dauernd für den Personenverkehr frei gehalten und dürfen nicht zu irgend einer Zeit ihrem Zwecke durch Vorkehrungen entzogen werden, welche sie ihres Charakters als Durchfahrten entkleiden. O. V. G. E. v. 2. Januar 1899 Nr. IV 14.

§ 74. Solche Versammlungsräume dagegen, welche nur ein mit unverbrennlichen Coulissen, Soffiten, Hinterhängen oder Versatzstücken, sowie mit einem Vorhang aus schwer entflammbarem Stoff ausgestattetes Podium ohne Versenkung, Schnürboden und Schnürgalerien erhalten, sollen nach den in diesem Abschnitt gegebenen Vorschriften, jedoch mit der Maßgabe behandelt werden, daß die Lage und Breite der Gänge und Thüren im Zuschauerraum nach dem Verhältniß von 1 m für 90 Personen und die Breite von Korridoren, Treppen, Fluren und Ausgängen nach dem Verhältniß von 1 m für 120 Personen festgestellt werden.

§ 75. Zur Beleuchtung von Versammlungsräumen ist außer elektrischem und Gaslicht die Verwendung von Pflanzenölen und Kerzen zulässig.

Die Verwendung von Mineralölen ist nur mit besonderer Erlaubniß gestattet.

Wird Gasbeleuchtung gewählt, so müssen dabei die im § 41 gegebenen Vorschriften sinngemäß beobachtet werden.

Eine ausreichende Nothbeleuchtung ist nach näherer Angabe der Polizeibehörde einzurichten.

§ 76. Bei Anlage von Centralheizungen sind die im § 27 gegebenen Vorschriften zu befolgen.

§ 77. Bestimmungen in Bezug auf Wasserversorgung, Feuerlöscheinrichtungen und Stellung einer Feuerwache, sowie auf die Aushängung von Grundrißplänen bleiben dem Ermessen der Polizeibehörde überlassen.

§ 78. Bei Baulichkeiten, welche nur für vorübergehende Benutzung errichtet werden, finden von vorstehenden Bestimmungen die auf eine schnelle und gefahrlose Entleerung, sowie auf die Einrichtung und Unterhaltung einer Nothbeleuchtung abzielenden Vorschriften Anwendung, während die Festsetzung der sonstigen baulichen und Betriebsforderungen in jedem einzelnen Falle dem Ermessen der Polizeibehörde anheim gegeben bleibt.

Abschnitt II und § 85 Abs. 2 des Abschnitts III sind aufgehoben durch die nachstehende

Polizei-Verordnung vom 3. April 1891.

Auf Grund der §§ 137, 139 und 43 Absatz 3 des Gesetzes über die allgemeine Landesverwaltung vom 30. Juli 1883 (G. S. S. 195), sowie der §§ 6, 12 und 15 des Gesetzes über die Polizeiverwaltung vom 11. März 1850 (G. S. S. 265) verordne ich als Landes-Polizeibehörde für den Stadtkreis Berlin mit Zustimmung des Herrn Ober-Präsidenten was folgt:

A. Der Abschnitt II und § 85 Absatz 2 des Abschnittes III der Polizei-Verordnung vom 31. Oktober 1889, betreffend die bauliche Anlage und die innere Einrichtung von Theatern, Circusgebäuden und öffentlichen Versammlungsräumen, werden aufgehoben. An ihre Stelle treten nachstehende Vorschriften:

II. Vorschriften für bestehende Anlagen.

A. Theater.

79. Für bestehende Theater gelten folgende Mindestforderungen.

1. Die Trennungswand zwischen Zuschauerhaus und Bühnenhaus muß in Stein oder in einem anderen feuersicheren Material hergestellt sein. Die Bühnenöffnung muß durch einen Schutzvorhang oder durch sicher und leicht bewegliche Schiebethore, entsprechend den im § 20 Absatz 3 bis 5 gegebenen Vorschriften, feuer- und rauchsicher abgeschlossen werden können; von der Forderung des § 20 Absatz 4 kann ausnahmsweise abgesehen werden.

2. Im Bühnen- und Zuschauerhause müssen hölzerne Fachwerks- und Bretterwände — mit Ausnahme von Trennungswänden innerhalb des Zuschauerraumes, sowie von Trennungswänden zwischen Zuschauerraum und Corridoren oder anderen Vorräumen — auf beiden Seiten, dagegen Balkendecken und hölzerne Treppen an den Unteransichten mit Mörtel verputzt sein.

Ausnahmsweise kann bei dekorirten Balkendecken von einer Verputzung der Unteransichten abgesehen werden, wenn oberhalb der Decken ein feuersicherer Belag hergestellt ist.

Die Verputzung der Unteransichten hölzerner Treppen ist entbehrlich, wenn der Raum darunter durch feuersichere, weder mit Thüren noch sonstigen Oeffnungen versehene Verschläge abgeschlossen ist. Im Uebrigen sind Verschläge unter hölzernen Treppen unzulässig.

3. Treppenräume und Korridore müssen mit genügenden Vorkehrungen zum Abzuge des Rauches versehen sein.

4. Alle Treppen müssen Geländer oder Handläufer haben, welche auf beiden Seiten an den Treppen entlang führen und an den Enden jedes Laufes mit einer den Verkehr nicht hindernden Krümmung abschließen.

5. Ueber der Bühne und über dem Zuschauerraum müssen leicht und sicher zu handhabende Rauchabzüge vorhanden sein.

6. Rauchabzüge und Oberlichter müssen zwischen Decken und Dächern feuersichere Wandungen haben. Unterhalb der äußeren Oberlichter müssen Drahtnetze vorhanden sein.

7. Alle Ausgänge müssen als solche kenntlich gemacht sein und stets für die ungehinderte Benutzung bereit gehalten werden.

Die nächsten Wege zu den Ausgängen ins Freie müssen durch Richtungspfeile an den Wänden bezeichnet sein.

Alle Thüren müssen nach außen aufschlagend derart angeordnet sein, daß durch die geöffneten Flügel der Verkehr in den Korridoren und Treppenräumen nicht behindert wird. Die Thüren im Parquet wie in den Rängen dürfen sich nicht gegen die Richtung der das Theater von dort verlassenden Menschenströme öffnen, müssen soweit als thunlich herumschlagen und an den Wänden durch selbstthätig wirkende Federn festgehalten werden.

Die Beibehaltung von Thüren, welche den vorstehenden Anforderungen nicht entsprechen, ist ausnahmsweise zulässig, sofern sie nur von wenigen Personen benutzt werden oder durch ihre Abänderung eine Verbesserung des bestehenden Zustandes nicht zu erreichen ist.

Die Verschlüsse der Thüren müssen so eingerichtet sein, daß sie durch einen, in Höhe von etwa 1,20 m über dem Fußboden angebrachten Griff von innen leicht zu öffnen sind. Bei zweiflügligen Thüren kann ausnahmsweise zugelassen werden, daß jeder Flügel besonders in dieser Weise zu öffnen ist. Kanten- und Schubriegel sind ausgeschlossen.

8. Als die geringste zulässige Breite eines Sitzes soll das Maß von 45 cm und als der kleinste zulässige Abstand der Sitzreihen das Maß von 80 cm, bei selbstthätig aufschlagenden Klappsitzen das Maß von 70 cm gelten.

Die Zahl der Sitze in ununterbrochener Reihe neben einem Seiten- oder Zwischengange darf im Parquet und ersten Range 15, in den übrigen Rängen 12 nicht übersteigen.

Bei sonst günstigen Entleerungsverhältnissen sind Ausnahmen zulässig, wenn vorstehende Forderungen nur mit weitgehenden Aenderungen erfüllt werden können. Insbesondere kann in den Rängen, falls hier eine Verbesserung der Entleerungsverhältnisse durch Anlage von Zwischengängen nicht zu erreichen ist — je nachdem der Abstand der Sitzreihen das Maß von 80 cm, bei Klappsitzen von 70 cm übersteigt — eine verhältnißmäßig größere Anzahl, jedoch höchstens von 20 Sitzen in ununterbrochener Reihe neben einem Gange zugelassen werden.

Für Stehplätze dürfen höchstens 3 Personen auf 1 qm Grundfläche gerechnet werden.

9. Treppenpodeste, Flure, Korridore, sowie Seiten- und Zwischengänge sind von allen Verkehrshindernissen freizuhalten.

10. Die Lage und Breite der Gänge im Zuschauerraum, sowie die Anzahl, Lage und Breite der aus dem Zuschauerraum auf die Korridore oder Vorräume führenden Thüren muß der Forderung entsprechen, daß für 70 Personen 1 m lichte Breite vorhanden ist.

Ausnahmen hiervon können in einzelnen Fällen bis zur Grenze von 1 m für 100 Personen zugelassen werden.

11. Die außerhalb des Zuschauerraums belegenen Vorräume, Korridore, Treppen, Flure und Ausgänge müssen der Forderung entsprechen, daß für 120 Personen 1 m lichte Breite vorhanden ist.

Ausnahmen sind für die Parquetkorridore zulässig, falls dort den Thüren des Zuschauerraums gegenüber Ausgänge von entsprechender Breite unmittelbar ins Freie führen.

Wenn es nach der Anlage des Theaters ohne erhebliche Aenderung der Substanz des Gebäudes nicht möglich ist, die dem Verhältniß von 1 m für 120 Personen entsprechenden Breiten herzustellen, kann ausnahmsweise bei sonst günstigen Entleerungsverhältnissen das

Verhältniß von 1 m für 150 Personen und als äußerste Grenze das Verhältniß von 1 m für 200 Personen zugelassen werden.

Wenn die Ausgänge aus Theatern in Höfe oder Gärten von der im § 70 bezeichneten Größe führen, so kann die Breite der Durchfahrten, welche diese Höfe oder Gärten mit der Straße verbinden, ausnahmsweise nach dem Verhältniß von 1 m für 300 Personen bemessen werden.

12. Das Bühnenhaus muß mindestens einen besonderen, auf kurzem Wege ins Freie führenden Ausgang besitzen. Mit diesem Ausgange müssen die Bühne und die Garderoben für das Personal derart in Verbindung stehen, daß der Weg aus den Garderoben nicht über die Bühne führt.

Für das Personal müssen zwei Treppen, welche mit dem Ausgange aus dem Bühnenhause in Verbindung stehen, vorhanden sein. Ausnahmsweise soll nur eine Treppe genügen, falls sie ausreichend breit ist und das Personal auf ihr den Ausgang ins Freie schnell und sicher zu gewinnen vermag.

13. Die Verwendung von Mineralölen zu Beleuchtungszwecken irgend welcher Art ist verboten.

14. Theater, welche mehr als 1200 Zuschauerplätze enthalten, müssen unter Beobachtung der im § 25 gegebenen Vorschriften elektrisch beleuchtet werden.

Gasleitungen in solchen Theatern sind nach Einführung der elektrischen Beleuchtung mit Genehmigung der Polizeibehörde nur insoweit zulässig, als dies zur Erwärmung von Bügeleisen, Brennscheeren sowie zu besonderen scenischen Effekten unbedingt nothwendig ist. Werden außerdem noch Gasröhren im Gebäude belassen, so dürfen sie mit benutzten Gasleitungen weder im Gebäude noch auf der Straße in Verbindung stehen.

Ausnahmsweise kann von der elektrischen Beleuchtung auch bei Theatern mit mehr als 1200 Zuschauerplätzen abgesehen werden, wenn die Entleerungsverhältnisse günstige sind.

15. Für Gasbeleuchtung gelten die Bestimmungen des § 41, jedoch können von der Vorschrift, wonach die Räume, in welchen sich Gasmesser befinden, unmittelbar von außen Luft und Licht erhalten sollen, Ausnahmen gestattet werden.

16. In allen Theatern muß eine Nothbeleuchtung nach den Vorschriften des § 26 vorhanden sein.

17. Die Erwärmung des Zuschauerraumes und der Bühne mit ihren Nebenräumen, einschließlich der Garderoben und Ankleideräume, soll durch Centralheizungen erfolgen, für welche nachstehende Bestimmungen gelten:

a) Die Heizkammern müssen von außen her zugänglich sein: jedoch kann hiervon abgesehen werden, wenn sie rings von massiven Wänden, Fußböden und Decken umschlossen, sowie von den angrenzenden Räumen durch massive Vorgelege mit selbstthätig zufallenden, feuersicheren Thüren, oder durch sonstige Sicherheitsvorkehrungen getrennt sind.

b) Kanäle für die Leitung heißer Luft, sowie Hohlräume zur Unterbringung von Dampf- oder Wasserheizröhren müssen durchweg von Wänden aus feuersicherem Material umschlossen und so angelegt sein, daß sie von Staub gereinigt werden können.

c) Brennbare Stoffe müssen von Austrittsöffnungen für heiße Luft, sowie von Metallröhren zur Leitung von Dampf oder heißem Wasser entweder 25 cm nach jeder Richtung entfernt, oder — sofern dies mit Schwierigkeiten verbunden ist — in anderer Weise durch Schutzbekleidungen aus Drahtputz oder dergleichen gegen Erhitzung ausreichend gesichert sein.

In einzelnen, nicht unmittelbar mit der Bühne oder dem Zuschauerraume zusammenhängenden Räumen kann die Verwendung von Kachelöfen unter besonderer Vorsicht bei Anlage der Rauchrohre, der Feuerung und des Aschenfalles gestattet werden.

Die Anbringung von Heizvorrichtungen in den Magazinräumen ist überhaupt verboten.

18. In Bezug auf Wasserversorgung und Feuerlöscheinrichtungen sind die Vorschriften des § 29 maßgebend.

Von der Vorschrift, daß das Theatergebäude mit einer Regenvorrichtung versehen sein muß, kann Abstand genommen werden.

19. Für den Betrieb gilt Folgendes:

a) Die Aufbewahrung von Dekorationen, Requisiten und dergleichen ist im Zuschauerhause, sowie in den von der Bühne nicht feuersicher abgeschlossenen Räumen verboten und auf und über der Bühne nur insoweit gestattet, als jene Gegenstände für die unmittelbar bevorstehenden Proben und Vorstellungen gebraucht werden. Ausnahmen sind unter Anordnung der erforderlichen Sicherheitsmaßregeln zulässig.

Ein Werkstättenbetrieb von Tischlern, Klempnern, Schlossern und Schmieden ist im Zuschauerhause nur in solchen Räumen des Kellergeschosses zulässig, welche überwölbt und lediglich von außen zugänglich sind; im Bühnenhause nur in solchen Räumen, welche mit der Bühne, der Unterbühne und den Bühnenkellern oder mit den Räumen für das Personal keine unmittelbare Verbindung haben.

Werkstätten von anderen Handwerkern, Malern, Schneidern rc. sind im Zuschauer- und im Bühnenhause unter Anordnung der erforderlichen Sicherheitsmaßregeln, insbesondere für etwaige Feuerungseinrichtungen, statthaft.

Alle Werkstätten müssen gegen die benachbarten Räume durch rauch- und feuersichere Thüren abgeschlossen sein.

b) Das Rauchen im Theatergebäude ist verboten, kann jedoch für einzelne Restaurationsräume, für Wohnungen und Geschäftsräume gestattet werden.

c) Die Verwendung von unverwahrtem Feuer oder Licht, von beweglichen Beleuchtungskörpern und von Feuereffekten im Bühnenraum ist nur, soweit als es die Vorstellungen nöthig machen, mit besonderer Erlaubniß zulässig, welche für bestimmte Stücke ein für allemal ertheilt werden kann.

Im Uebrigen ist das Betreten der Garderoben, Magazinräume und des Zuschauerhauses mit unverwahrtem Feuer oder Licht verboten.

Die Verwendung von Feuerwerk ist unzulässig. Für Schüsse dürfen nur Pfropfen aus ungefährlichem Material, zum Beispiel Kälberhaar oder Asbestwolle, verwendet werden.

d) Die Räume des Theaters sind alljährlich nach vorgängiger Anzeige bei der Polizeibehörde mindestens einmal gründlich zu reinigen.

e) Zwischen den zur Benutzung eingestellten Dekorationen und den seitlichen Umfassungsmauern der Bühne muß ein Gang von mindestens 1 m Breite frei gehalten werden, welcher auch bei Bewegung der Dekoration nicht gesperrt werden darf. Das Gleiche gilt von der hinteren Umfassungsmauer, wenn sich dort der einzige Ausgang ins Freie (vergl. Nr. 12) befindet.

Von der vorgeschriebenen Breite des Ganges kann ausnahmsweise abgesehen werden, wenn sie sich ohne erhebliche Aenderung der Substanz des Gebäudes nicht erzielen läßt.

Der Raum zwischen der ersten und zweiten Coulisse muß für den Dienst der Feuerlöschmannschaften frei gehalten werden.

f) Das Oeffnen und Schließen des Schutzvorhanges oder der Schiebethore soll während der Spielzeit täglich einmal in Gegenwart der Feuerwache probeweise vorgenommen werden. Die Bühnenöffnung ist nach jeder Vorstellung durch den Schutzvorhang oder die Schiebethore zu schließen und Nachts geschlossen zu halten.

g) Genügend große und deutliche Grundrißpläne des Theaters sind nach Anordnung der Polizeibehörde zu fertigen, im Zuschauer- und Bühnenhause auszuhängen und in der erforderlichen Anzahl der Polizeibehörde zur Verfügung zu stellen.

h) Im Uebrigen sind für den Betrieb die Bestimmungen der §§ 36, 38 und 39 maßgebend.

B. Circusanlagen.

§ 80. Für bestehende Circusanlagen gelten folgende Mindestforderungen:

1. Der Zuschauerraum muß von den Stallungen, Lager- und Magazinräumen, sowie von den Räumen für Garderobe, Requisiten und Dekorationen feuer- und rauchsicher abgeschlossen sein.

2. Als die geringste zulässige Breite eines Sitzes soll das Maß von 45 cm und als der kleinste zulässige Abstand der Sitzreihen das Maß von 70 cm gelten, sofern nicht mehr als 15 Plätze in ununterbrochener Reihe neben einem Seiten- oder Zwischengange vorhanden sind. Im Uebrigen müssen in Bezug auf die Anordnung der Sitz- und Stehplätze die Vorschriften im § 51 erfüllt sein.

Bei sonst günstigen Entleerungsverhältnissen sind Ausnahmen zulässig, wenn vorstehende Forderungen nur mit weitgehenden Aenderungen erfüllt werden können. Insbesondere kann, falls eine Verbesserung der Entleerungsverhältnisse durch Anlage von

Zwischengängen nicht zu erreichen ist, — je nachdem der Abstand der Sitzreihen das Maß von 70 cm übersteigt — eine verhältnißmäßig größere Anzahl, jedoch höchstens von 25 Sitzen in ununterbrochener Reihe neben einem Gange, zugelassen werden.

In Bezug auf die Lage und Breite der Zwischengänge, Treppen und Thüren innerhalb des Zuschauerraumes gelten die Vorschriften des § 52 — und in Bezug auf die Breite der außerhalb des Zuschauerraumes belegenen Korridore, Flure, Treppen und Ausgänge sinngemäß die Vorschriften des § 79, Nr. 11.

3. Auf die Bezeichnung der Ausgänge, das Aufschlagen der Thüren und die Anbringung der Thürverschlüsse finden die Bestimmungen des § 79, Nr. 7 sinngemäße Anwendung.

4. Für die Einrichtung der Beleuchtung und Nothbeleuchtung sind die Bestimmungen der §§ 55 und 56 maßgebend, jedoch können bei Gasbeleuchtung von der Vorschrift, wonach die Räume, in welchen sich Gasmesser befinden, unmittelbar von außen Luft und Licht erhalten sollen, Ausnahmen gestattet werden.

In Bezug auf die Heizung, die Wasserversorgung und die Feuerlöscheinrichtungen finden die Bestimmungen des § 79, Nr. 17 und 18 sinngemäße Anwendung.

5. Für den Betrieb gilt Folgendes:

a) An Stroh, Heu und sonstigen Futterstoffen darf im Circus nur der für drei Tage erforderliche Vorrath gelagert werden.

b) In Bezug auf das Rauchen im Gebäude, das Umgehen mit unverwahrtem Feuer oder Licht, die Verwendung von Feuerwerk, die Unterhaltung der Nothbeleuchtung, die Aushängung von Grundrißplänen, die Einrichtung eines besonderen Feuerwehr- und Wächterdienstes, sowie auf die polizeiliche Ueberwachung der Vorstellungen gelten sinngemäß die im § 79 Nr. 19 unter b, c, g und h gegebenen Bestimmungen.

C. Oeffentliche Versammlungsräume.

§ 81. Für bestehende Versammlungsräume gelten folgende Mindestforderungen:

1. In Versammlungsräumen mit festen Sitzreihen darf die Breite eines Sitzes nicht weniger als 45 cm und der Abstand der Sitzreihen nicht weniger als 70 cm betragen, sofern die Zahl der Sitze in ununterbrochener Reihe neben einem Seiten- oder Zwischengange im Saalparquet 15, auf den Galerien 12 nicht übersteigt. Im Uebrigen müssen die Vorschriften des § 67 erfüllt sein.

Bei sonst günstigen Entleerungsverhältnissen sind Ausnahmen zulässig, wenn vorstehende Forderungen nur mit weitgehenden Aenderungen erfüllt werden können. Insbesondere kann auf den Galerien, falls hier eine Verbesserung der Entleerungsverhältnisse durch Anlage von Zwischengängen nicht zu erreichen ist, — je nachdem der Abstand der Sitzreihen das Maaß von 70 cm übersteigt — eine verhältnißmäßig größere Anzahl, jedch höchstens von 20 Sitzen in ununterbrochener Reihe neben einem Gange zugelassen werden.

2. Für Versammlungsräume ohne feste Sitzreihen sind in Bezug auf die Berechnung der Personenzahl die im § 68 gegebenen Bestimmungen maßgebend.

Bei vorübergehender Aufstellung von Bänken, Stühlen oder Tischen sind die im vorletzten Absatze des § 67 für feste Sitzreihen vorgeschriebenen Gänge freizuhalten und reihenweise aufgestellte Stühle oder Bänke mit Innehaltung eines Abstandes von mindestens 80 cm derart mit einander zu verbinden, daß sie einzeln nicht verschoben werden können. Von der letzteren Forderung kann abgesehen werden, falls die Stühle oder Bänke wegen einer unmittelbar nachfolgenden anderen Benutzung des Versammlungsraumes rasch fortgeräumt werden müssen.

3. In Bezug auf die Anzahl und die Breite der Thüren müssen die Vorschriften des § 69 — und in Bezug auf das Aufschlagen der Thüren, sowie auf die Thürverschlüsse und die Bezeichnung der Ausgänge die Vorschriften des § 79, Nr. 7 sinngemäß erfüllt sein.

4. Die Breite der Korridore, Flure, Treppen und Ausgänge darf in keinem Falle geringer sein, als die Berechnung nach dem Verhältniß von 1 m für 250 Personen ergiebt. Die Breite der Durchfahrten muß mindestens dem Verhältniß von 1 m für 300 Personen entsprechen.

5. Bei Versammlungsräumen, welche eine ständige mit verbrennlichen Coulissen, Soffiten, Hinterhängen oder Versatzstücken ausgestattete Bühne besitzen, sollen in Bezug auf die Breite

der Gänge und Thüren innerhalb des Saalparquets und auf Galerien, sowie auf die Breite der Korridore, Flure, Treppen und Ausgänge in der Regel die für den Neubau kleiner Theater gegebenen Vorschriften zur Durchführung gelangen. Ausnahmsweise können in einzelnen Fällen Ermäßigungen zugelassen werden, deren äußerste Grenze durch folgende Verhältnißzahlen bestimmt wird:

für die Breite der Gänge innerhalb des Saales und auf Galerien, sowie für die Breite der Ausgangsthüren daselbst durch das Verhältniß von 1 m für 100 Personen,

für die Breite der Korridore, Flure, Treppen und Ausgänge durch das Verhältniß von 1 m für 150 Personen,

für die Breite von Durchfahrten durch das Verhältniß von 1 m für 200 Personen,

und wenn die Durchfahrt mit einem Hofe oder Garten von der in § 70 bezeichneten Größe in Verbindung steht, durch das Verhältniß von 1 m für 300 Personen.

6. Für Versammlungsräume, welche nur ein Podium der im § 74 beschriebenen Art besitzen, gelten folgende Verhältnißzahlen als die äußerst zulässigen:

für die Breite der Gänge innerhalb des Saales und auf Galerien, sowie für die Breite der Ausgangsthüren daselbst das Verhältniß von 1 m für 120 Personen,

für die Breite der Korridore, Flure, Treppen und Ausgänge das Verhältniß von 1 m für 200 Personen,

für die Breite von Durchfahrten das Verhältniß von 1 m für 250 Personen.

und wenn die Durchfahrt mit einem Hofe oder Garten von der im § 70 bezeichneten Größe in Verbindung steht, das Verhältniß von 1 m für 300 Personen.

7. Für die Einrichtung der Beleuchtung und Nothbeleuchtung sind die Vorschriften des § 75 maßgebend. Bei Gasbeleuchtung können jedoch von den Bestimmungen des dort in Bezug genommenen § 41, wonach:

die Flammen mit Glocken oder Schalen versehen sein müssen, zum Anzünden der Flammen nur elektrische Zünder verwendet werden dürfen, und die Räume, in welchen sich Gasmesser befinden, unmittelbar von außen Luft und Licht erhalten sollen,

Ausnahmen gestattet werden.

D. Gemeinsame Vorschriften.

§ 82. Für bestehende Theater, Circusanlagen und öffentliche Versammlungsräume hat die Polizeibehörde die höchste in einer derartigen Anlage künftig zulässigen Personenzahl, vorstehenden Bestimmungen entsprechend, nach den vorhandenen Abmessungen festzustellen.

§ 82a. Bei Umbauten finden die im Abschnitt I für Neubauten gegebenen Bestimmungen Anwendung, doch können ausnahmsweise die im Abschnitt II für bestehende Anlagen festgesetzten Bestimmungen zu Grunde gelegt werden.

Als Umbauten im Sinne dieses Paragraphen sind bauliche Veränderungen, welche zur Erfüllung der Mindestforderungen der §§ 79 bis 81 dienen, nicht anzusehen.

§ 85, Absatz 2. Eine Verlängerung dieser Frist bis zum 1. Oktober 1893 ist im Wege des Dispenses zulässig.

B. Diese Polizeiverordnung tritt am 1. Mai 1891 in Kraft.

Berlin, den 3. April 1891.

Der Polizei-Präsident.
(gez.) Freiherr von Richthofen.

III. Allgemeine Bestimmungen.

§ 83. Diese Polizeiverordnung tritt mit dem 30. November 1889 unter gleichzeitiger Aufhebung aller entgegenstehenden Bestimmungen in Kraft.

§ 84. Die zur Genehmigung von Neubauten einzureichenden Zeichnungen müssen, abgesehen von den Angaben, welche die örtlichen Bauordnungen vorschreiben, die Anordnung der Sitz- und Stehplätze, die Heizungs- und Lüftungseinrichtungen und die Vorkehrungen zur Beleuchtung und Wasserzuführung durch Eintragung der in das Gebäude führenden Hauptleitung nebst Absperrvorrichtungen, sowie der Beleuchtungskörper und der Wasserentnahmestellen anschaulich machen.

Diesen Zeichnungen, welche in der Regel im Maßstab 1:100 dargestellt sein und alle wesentlichen Maße eingeschrieben zeigen müssen, ist eine Berechnung der für die Entleerung in Betracht kommenden Breiten der Gänge, Thüren, Korridore, Treppen, Flure, Ausgänge und Durchfahrten in zwei Ausfertigungen beizugeben.

§ 85. Die Besitzer von bestehenden Theatern, Circusanlagen und öffentlichen Versammlungsräumen sind verpflichtet, hinsichtlich der ihnen gehörigen Gebäude den Anforderungen der §§ 79, 80 und 81 innerhalb der Frist eines Jahres vom Zeitpunkt des Inkrafttretens dieser Verordnung zu entsprechen.

(Absatz 2 ist aufgehoben durch die Polizei-Verordnung vom 3. April 1891.)

Zum Zweck der Prüfung, ob den Anforderungen der §§ 79, 80 und 81 genügt ist, haben die Besitzer spätestens 3 Monate nach dem Inkrafttreten dieser Verordnung der Polizeibehörde revisionsfähige Zeichnungen der betreffenden Anlagen und zwar einen Lageplan, sowie Grundrisse und Querschnitte im Maßstab 1:100 in je zwei Ausfertigungen einzureichen.

In den Grundrissen müssen die in § 84 aufgeführten Einzelheiten nach genauer Aufmessung mit eingeschriebenen Maßen angegeben werden.

Diesen Zeichnungen ist eine Berechnung der für die Entleerung in Betracht kommenden Breiten der Gänge, Thüren, Korridore, Treppen, Flure, Ausgänge und Durchfahrten in zwei Ausfertigungen beizugeben.

§ 86. Für die Ertheilung der in den §§ 40 und 85 zugelassenen Dispense ist der Bezirksausschuß zuständig.

Sonstige Ausnahmen von den Bestimmungen dieser Verordnung dürfen nur, soweit sie im Vorstehenden ausdrücklich vorgesehen sind, von der Polizeibehörde gestattet werden.

§ 87. Uebertretungen der vorstehenden Bestimmungen werden, sofern nicht weitergehende Vorschriften des Reichs-Strafgesetzbuches Platz greifen, mit einer Geldstrafe bis zu 60 Mark oder im Unvermögensfalle mit verhältnißmäßiger Haft bestraft.

Berlin, den 31. Oktober 1889.

Der Polizei-Präsident.
(gez.) Freiherr von Richthofen.

30.

Grundsätze betreffend die polizeiliche Behandlung der gärtnerischen Anlagen und Einfriedigungen auf den Höfen.

Ausgehend von der Erwägung, daß aus sanitären und ästhetischen Rücksichten die Einrichtung gärtnerischer Anlagen auf den Höfen der Wohngebäude thunlichst zu fördern ist, wird das Königliche Polizei-Präsidium, Abtheilung III, hinsichtlich der Zulassung derartiger Anlagen sowie der Errichtung von Einfriedigungen derselben in Zukunft nach folgenden Grundsätzen verfahren:

1. Auf dem ganzen Hofraume, soweit derselbe nicht für die regelmäßige Passage oder für bestimmte wirthschaftliche Zwecke der Hausbewohner, wie Teppichklopfen u. s. w., in Anspruch genommen wird und soweit die ordnungsmäßige Entwässerung es zuläßt, ist die Anlegung von Rasenflächen, sowie die Anpflanzung niedriger Blumen und Sträucher gestattet, desgleichen die Aufstellung von Einfriedigungen jeder Art, wie Bordschwellen, Bordbretter, Bandeisen, Zäune, Drahtgitter u. s. w., sofern dieselben nicht mehr als 30 cm über die Erdoberfläche hervorragen.

2. Bei Grundstücken, welche eine Ein- oder Durchfahrt haben, wird je nach Lage der örtlichen Verhältnisse zur Durchfahrt der Feuerwehrfahrzeuge zwischen den Einfriedigungen die Freilassung eines Zwischenraumes von mindestens 2,30 m lichter Breite bezw. die Abschrägung der Bordschwellen auf diese Breite zu fordern sein.

3. Längs der Umfassungswände der den Hof umgebenden Gebäude ist im Interesse der erfolgreichen Durchführung der Rettungsmanöver der Feuerwehr durchweg ein Raum von 5 m Breite freizuhalten, welcher, abgesehen von den nach Nr. 1 zugelassenen niedrigen

Anpflanzungen und Einfriedigungen und der unter 4 weiter zugelassenen Ausnahme mit aufstrebenden Gegenständen, wie höheren Einfriedigungen aller Art, Zäunen, Mauern, Gittern, sowie Bäumen, mit dem Erdboden festverbundenen Lauben und dergl. nicht besetzt werden darf.

4. Indeß ist auch innerhalb dieses 5 m breiten Streifens die Errichtung einer senkrecht zur Gebäudefront laufenden, dieselbe in der Mitte eines Fensterpfeilers treffenden Einfriedigung gestattet, sofern zu beiden Seiten derselben vor der Gebäudefront belegen, je ein 5 m im Quadrat messender, den Bestimmungen unter Nr. 1 entsprechender freier Raum verbleibt. (Bezüglich der Höhe dieser Einfriedigungen vergl. Nr. 6.)

5. Der weiter als 5 m von den umgebenden Gebäudefronten entfernt liegende Hoftheil unterliegt hinsichtlich der Bepflanzung und Einfriedigung keinen Beschränkungen. Doch finden auch hier die Bestimmungen unter Nr. 2 und 6 sinngemäße Anwendung.

6. Die Einfriedigungen sollen in der Regel nicht höher als 1,20 m sein, bei Pergolas und sonstigen derartigen Anlagen kann eine Höhe bis zu 3,00 m je nach den örtlichen Verhältnissen gestattet werden.

7. Bezüglich der geschäftlichen Behandlung der fraglichen Fälle wird Folgendes bemerkt:

a) Einfriedigungen aller Art, also selbst die nur 30 cm über die Erdoberfläche hervorragenden, bedürfen, sofern sie sich als bauliche Anlagen charakterisiren, der baupolizeilichen Genehmigung. Dieselbe kann nur dann ertheilt werden, wenn noch genügende bebaubare Grundstücksfläche vorhanden ist und ein freier Hofraum von mindestens 80 qm Grundfläche, deren geringste Abmessung 6 m beträgt, verbleibt.

b) Abgesehen von den Fällen unter a bedarf es zur Errichtung von Einfriedigungen von nicht über 30 cm Höhe, ebensowenig wie zu derartigen niedrigen Anpflanzungen einer polizeilichen Genehmigung.

c) Alle höheren Einfriedigungen, auch wenn sie sich nicht als bauliche Anlagen charakterisiren, bedürfen einer besonderen polizeilichen Genehmigung der Abtheilung III, zu deren Ressort es gehört, für die bestimmungsmäßige Erhaltung der Hofräume Sorge zu tragen.

8. Das Polizei-Präsidium behält sich vor, in einzelnen Fällen nach Lage der besonderen örtlichen Verhältnisse weitergehende Beschränkungen in der gartenmäßigen Benutzung der Höfe eintreten zu lassen, namentlich dann, wenn selbst durch 5 m und weiter von den Gebäudefronten abbleibende Anpflanzungen oder Einfriedigungen den im Keller oder Erdgeschoß belegenen, zum dauernden Aufenthalt von Menschen bestimmten Räumen Licht oder Luft in unzulässiger Weise entzogen werden sollte.

9. Die vorstehenden Grundsätze werden zur Anwendung gebracht werden, sowohl, wenn es sich um die Ertheilung der baupolizeilichen Erlaubniß zu einer auf dem Hofe zu errichtenden Einfriedigung pp., als wenn es sich darum handelt, von Amtswegen gegen eine ohne eine solche Erlaubniß errichtete Einfriedigung pp. einzuschreiten.

Berlin, den 30. Oktober 1895.

Königliches Polizei-Präsidium,
Abtheilung III.

J. Nr. 351 III G. R. 95.

31.

Baupolizeiordnung für die Stadt Charlottenburg und Theile von Berliner Vororten vom 22. August 1898.

Vorbemerkung.

Die unter dem 22. August 1898 von dem Regierungs-Präsidenten zu Potsdam für die Stadt Charlottenburg und einzelne Vororte erlassene Baupolizeiordnung (Sonderbeilage zum 34. Stück des Amtsbl. der Kgl. Regierung zu Potsdam) stimmt dem Wortlaut nach im Wesentlichen mit der Berliner B. P. O. vom 15. August 1897 S. 126 ff. des Werkes überein. Sie ist, nur soweit sie von letzterer abweicht, nachstehend zum Abdruck gebracht.

Die Abweichungen beschränken sich auf die Einleitung, § 1 Ziffer 1, § 2 Ziffer 1, § 28 Ziffer 5, § 38 Ziffer 1c, § 43 und die Anlage A. An den betreffenden Stellen der Berliner B. P. O. ist am Rande auf die abweichende Fassung der Charlottenburger B. P. O. besonders hingewiesen.

Baupolizeiordnung (für Charlottenburg und Vororte).

Auf Grund der §§ 6, 12 und 15 des Gesetzes über die Polizeiverwaltung vom 11. März 1850 (G. S. S. 265) und des § 137 des Gesetzes über die allgemeine Landesverwaltung vom 30. Juli 1883 (G. S. S. 195 ff.) wird hiermit unter Zustimmung des Bezirksausschusses in Potsdam für die Stadt Charlottenburg mit Ausnahme desjenigen Theiles, welcher der Baupolizeiordnung vom 5. Dezember 1892 (Amtbl. S. 527) untersteht, für den mit dem Namen „Plötzensee" bezeichneten Theil des Forstgutsbezirkes Tegel und für die Gemeinden Rummelsburg, Lichtenberg, Stralau, Deutsch-Wilmersdorf, Schöneberg, Tempelhof, Rixdorf und Treptow, soweit diese innerhalb der Ringbahn liegen, nachstehende Polizeiverordnung erlassen:

§ 1.

Verbindung mit der Straße.

1. Der Regel nach dürfen Grundstücke bebaut werden, welche unmittelbar an eine öffentliche Straße grenzen.

(2 bis 4 siehe Berliner Baupolizeiordnung S. 127 ff.)

§ 2.

Zulässige Bebauung der Grundstücke.

1. Für die Berechnung des bebaubaren Theiles seiner Gesammtfläche wird das Grundstück durch Linien, welche zur Baufluchtlinie parallel laufen, in Streifen zerlegt. Der erste Streifen erstreckt sich — von der Baufluchtlinie ab gemessen — bis zur Tiefe von 6 m, der zweite bis zur Tiefe von 32 m. Der erste Streifen darf als voll ($^{100}/_{100}$), der zweite als $^{65}/_{100}$, in dem in Anlage A bezeichneten Gebiete als zu $^{60}/_{100}$ bebaubar in Rechnung gestellt werden. Ist das Grundstück tiefer als 32 m, so wird der hinter dem zweiten Streifen liegende Rest mit $^{50}/_{100}$ seiner Fläche als bebaubar in Rechnung gestellt. Die so als bebaubar ermittelten Flächeninhalte der einzelnen Streifen werden zusammengerechnet und ergeben die bebaubare Fläche des Grundstückes, welche unabhängig von der Streifentheilung vertheilt werden kann. Die Fläche hinter der zweiten Theillinie darf bis $^{65}/_{100}$, in dem in Anlage A beschriebenen Gebiete bis zu $^{60}/_{100}$ als bebaubar in Rechnung gestellt werden, wenn die von der Hoffläche bis zur Traufe gemessene Durchnittshöhe (§ 3 b) aller hinter dieser Theillinie zu errichtenden Gebäude das Maß von 10 m nicht überschreitet und der

zweite Streifen nur zu $^{65}/_{100}$, in den in Anlage A. aufgeführten Gebieten nur zu $^{60}/_{100}$ bebaut wird.

(2 bis 6 siehe Berliner Baupolizeiordnung S. 136 ff.)

§§ 3 bis 27.

(siehe Berliner Baupolizeiordnung S. 149 ff.)

§ 28.

Bauvorlagen.

(1 bis 4 siehe Berliner Baupolizeiordnung S. 229.)

5. Sämmtliche Bauvorlagen sind in je 3 Exemplaren — von dem Bauherrn und dem verantwortlichen Bauunternehmer unterschrieben — einzureichen. Durch ortspolizeiliche Bekanntmachung kann die Einreichung eines dritten Exemplares erlassen werden.

(6 siehe Berliner Baupolizeiordnung S. 230.)

§§ 29 bis 37.

(siehe Berliner Baupolizeiordnung S. 235 ff.)

§ 38.

Gewerbliche nicht unter § 16 der Reichsgewerbe-Ordnung fallende Betriebsstätten, stark besuchte Gebäude, Lagerräume.

(a und b siehe Berliner Baupolizeiordnung S. 262).

c. welche zur Vereinigung einer größeren Anzahl von Menschen bestimmt sind und nicht unter die Polizei-Verordnungen vom 15. November 1889 und vom 21. April 1891 fallen.

(d bis Schluß siehe Berliner Baupolizeiordnung S. 263.)

§§ 39 bis 42.

(siehe Berliner Baupolizeiordnung S. 269 ff.)

§ 43.

Uebergangsbestimmungen.

1. Diese Baupolizeiordnung tritt am Tage der amtlichen Veröffentlichung, unter gleichzeitiger Aufhebung aller entgegenstehenden Bestimmungen, insbesondere der Baupolizeiordnung vom 24. Juni 1887 in Kraft. Die auf Grund der letzteren erlassene Bekanntmachung vom gleichen Tage (Amtsbl. S. 255.) bleibt bis auf Weiteres in Kraft.

2. Die nach der Baupolizeiordnung vom 24. Juni 1887 bereits ertheilten Bauscheine verlieren, sofern ihre Gültigkeit nach § 29 nicht früher erlischt, die Gültigkeit nach Ablauf von fünf Monaten vom Tage der Veröffentlichung dieser Verordnung ab, wenn nicht inzwischen der Bau begonnen

ist, und bei Neubauten, wenn nicht inzwischen die Fundamente gelegt und die Kellermauern bis zur Erdoberfläche hergestellt sind.

§ 44.

(siehe Berliner Baupolizeiordnung S. 280.)

Potsdam, den 22. August 1898.

Der Regierungs-Präsident.

Anlage A.

Gebiete, in welchen nach § 2 Ziffer 1 der Bauordnung der zweite Grundstücksstreifen als zu $^{60}/_{100}$ bebaubar in Rechnung gestellt wird.

I. Von **Charlottenburg** der nördlich der Berlin-Hamburger Eisenbahn und der Spree belegene Gemarkungstheil.

II. Im **Kreise Teltow.**

1) von **Deutsch-Wilmersdorf**

a. der Theil, welcher durch eine Linie umschlossen wird, die nordöstlich vom Bahnhofe Friedenau-Wilmersdorf an der Schöneberger Gemarkungsgrenze beginnt, an dieser entlang bis zur Mitte der Nachodstraße, von dort auf der Mitte dieser bis zur Nassauischen Straße, auf deren Mitte entlang bis zur Badenschen Straße, auf der Mitte der letzteren bis zur Kaiserallee, auf der Mitte dieser bis zur Durlacher Straße, auf deren Mitte bis zur Kuppenheimer Straße, auf der Mitte dieser bis zum Bahndamme des Bahnhofes Friedenau-Wilmersdorf und an dem Bahndamme entlang bis zur Schöneberger Gemarkungsgrenze führt.

b. derjenige Theil, welcher durch eine Linie umschlossen wird, die am Bahndamme der Berliner Stadt- und Ringbahn in der Mitte der Kaiseralle beginnt und von dort auf der Mitte dieser Allee, den Kaiserplatz durchschneidend bis zur Hildegardstraße, auf der Mitte dieser bis zur Paretzer Straße, auf der Mitte dieser bis zur Mannheimer Straße, auf der Mitte der letzteren bis zur Brandenburgischen Straße, auf der Mitte dieser den Fehrbelliner Platz durchschneidend bis zur Kostnitzer Straße, auf deren Mitte bis zur Xantener Straße, auf der Mitte dieser bis zur Brandenburgischen Straße, auf der Mitte der letzteren bis zum Kurfürstendamm, auf dessen Mitte bis zur Johann Georgstraße, auf der Mitte der letzteren über den Hochmeisterplatz bis zur Schlesischen Straße, auf deren Mitte bis zur Berliner Stadt- und Ringbahn und an dieser entlang bis zur Kaiserallee führt.

2) von **Schöneberg** das Gebiet, welches durch eine Linie umschlossen wird, die an der Ringbahnbrücke beginnt, auf der Mitte der Hauptstraße bis zur Straße 93, auf der Mitte dieser bis zur Straße 96, auf der Mitte der letzteren bis zur Straße 58, auf deren Mitte bis zur Mühlenstraße, auf der Mitte dieser, den Platz R durchschneidend, bis zur Rostocker Straße, auf der Mitte dieser und der Heinrich Kiepertstraße bis zur Hohenstaufenstraße, auf der Mitte der letzteren bis zum Platze 1, über diesen hinweg in der Mitte der verlängerten Nachodstraße bis zur Wilmersdorfer Grenze, auf dieser bis zur Straße 52, auf deren Mitte entlang bis zur Hauptstraße führt.

3) Von **Rixdorf** der Theil der Cöllnischen und Rixdorfer Wiesen, welcher von der Kaiser Friedrichstraße, der Lohmühlenstraße, der Treptower Gemarkungsgrenze und der Berliner Stadt- und Ringbahn umschlossen wird.

4) Von **Treptow** der ganze innerhalb der Stadt- und Ringbahn belegene Gemarkungstheil.

32.

Einrichtung und Betrieb von Aufzügen (Fahrstühlen.)

Vorbemerkung.

Für die Stadtkreise Berlin und Charlottenburg ist seitens des Herrn Oberpräsidenten der Provinz Brandenburg unter dem 6. September 1898 eine Polizeiverordnung über die Einrichtung und den Betrieb von Aufzügen (Fahrstühlen) erlassen worden, zu der unter dem 24. desselben Monats die Bekanntmachung des Polizei-Präsidenten von Berlin, betr. die für die technische Untersuchung der maschinellen Theile der Aufzüge zu zahlenden Gebühren und unter dem 10. Februar 1899 eine Ausführungsanweisung ergangen ist. Die Aufhebung oder wesentliche Abänderung jener Verordnung dürfte indeß unmittelbar bevorstehen, nachdem die Herren Ressortminister mit Erlaß vom 4. September 1899 (M. Bl. S. 167) den Oberpräsidenten den hierunter abgedruckten Entwurf einer Polizeiverordnung, betr. die Einrichtung und den Betrieb von Aufzügen mit der Weisung haben zugehen lassen, die Einführung entsprechender Polizeiverordnungen in sämmtlichen Provinzen in die Wege zu leiten. Wenn auch anzunehmen ist, daß für Berlin und dessen nähere Umgebung einige Abweichungen von den Bestimmungen jenes Entwurfs werden zugelassen werden, bildet letzterer doch die einheitliche Grundlage für die übereinstimmende Regelung dieser schwierigen Materie in sämmtlichen Provinzen der Monarchie, ja es ist wohl zu erwarten, daß in einer ganzen Reihe von Provinzen der Entwurf ohne jede Abänderung als Polizeiverordnung zur Einführung gelangen wird.

Entwurf einer Polizei-Verordnung,

betreffend die Einrichtung und den Betrieb von Aufzügen (Fahrstühlen).

Titel I. Geltungsbereich der Polizei-Verordnung.

§ 1. I. Als Aufzüge (Fahrstühle) im Sinne der gegenwärtigen Polizei-Verordnung werden solche Aufzugseinrichtungen angesehen, deren Fahrkörbe, Kammern oder Plattformen zwischen festen Führungen bewegt werden.

II. Ausgenommen sind Schachtaufzüge in Bergwerken und Versenkvorrichtungen in Theatern.

Titel II. Eintheilung der Aufzüge.

§ 2. Die Aufzüge werden eingetheilt in:

1. Personenaufzüge, einschl. derjenigen Lastenaufzüge, auf denen Führer mitfahren dürfen,
2. Lastenaufzüge.

Titel III. Allgemeine Bestimmungen.

§ 3. I. Aufzüge sollen, soweit der Betrieb dies zuläßt, im Freien oder an der Außenfront der Gebäude oder in von massiven Wänden umgebenen Treppenhäusern oder Lichthöfen angelegt werden, und bedürfen unter dieser Voraussetzung keiner massiven oder dichten unverbrennlichen Umschließung der Fahrbahn.

II. Sollen dagegen im Innern von Gebäuden übereinander gelegene Räume durch Aufzüge verbunden werden, so muß die Fahrbahn der Regel nach in ihrer ganzen Ausdehnung durch massive oder dichte Wände aus unverbrennlichem Material abgeschlossen werden. Die Schächte müssen an ihrem oberen Ende unverbrennlich abgedeckt, oder mindestens 0,20 m über Dach geführt werden. In letzterem Fall kann der Schacht durch Glas mit darunter befindlichem Drahtgitter abgedeckt werden, doch muß der Schacht alsdann über der Dachfläche mit Entlüftungsöffnungen versehen werden.

Als unverbrennliche Wände gelten bis auf Weiteres nur Rabitz- oder Monierwände.[1])

III. Von der Vorschrift massiver oder dichter unverbrennlicher Schachtwände sind ausgenommen:

1. Aufzüge, welche im Innern von Gebäuden übereinander liegende Galerien verbinden,
2. Aufzüge, die nur zwei Geschosse verbinden, sofern die Fahrbahn an ihrer oberen Mündung einen feuersicheren Abschluß erhält, der auch aus Deckel- oder Klappverschlüssen bestehen darf.
3. Aufzüge, welche Kellergeschosse mit dem Erdgeschoß verbinden, sofern die Fahrbahn an ihrer oberen Mündung einen feuersicheren Abschluß erhält, der auch aus Deckel- oder Klappverschlüssen bestehen darf,
4. kleine Aufzüge (siehe § 26),
5. Gichtaufzüge in allen Arten von Betrieben,
6. Aufzüge in Windmühlen.

IV. Durchbrechungen von Decken außerhalb der Fahrbahn zum Zweck der Durchführung von Gegengewichten, Seilen, Ketten, Steuerungseinrichtungen und dergleichen sind, sofern der Querschnitt der Oeffnungen größer als 100 qcm ist, den Aufzugschächten gleich auszuführen.

§ 4. I. Lichtöffnungen sind in den Wandungen auch solcher Fahrschächte zulässig, welche massiv oder unverbrennlich umschlossen sein müssen.

II. Lichtöffnungen müssen in denjenigen Wänden, welche nach dem Freien zu liegen, durch Fenster verschlossen werden, welche von Unbefugten nicht geöffnet werden können. Lichtöffnungen in Wänden oder Zugangsthüren, welche den Fahrschacht nach Innenräumen zu begrenzen, müssen durch Drahtglas von mindestens 10 mm Stärke dicht und fest abgeschlossen werden. In letzteren Fällen dürfen die Lichtöffnungen eine Größe von 0,05 qm in jedem Geschoß nicht übersteigen.

III. Zugangsöffnungen zu massiv oder unverbrennlich umschlossenen Fahrschächten müssen einen feuersicheren Abschluß erhalten. Als feuersicher gelten auch hölzerne Abschlußvorrichtungen, die auf beiden Seiten mit Eisenblech beschlagen sind.

---

[1]) Als unverbrennliche Materialien würden eventuell auch Wellblech oder verstärktes Eisenblech zuzulassen sein.

Unzulässig sind dagegen: Holzwände mit beiderseitigem Blechbeschlag, beiderseitig verputzte Brettwände sowie Gipsdielen, Gipshohlplatten, Holzwollgipsdielen, Cementdielen, Schilfbretter, Magnesitplatten, Xylolithplatten, Kunsttuffsteinplatten, ferner Bruyn'sche Wände, Heister'sche Patenttrockenwände, Behrens'sche Patentwände und dergl. auch Holzwände und Holzdecken mit Asbestbekleidung.

§ 5. Der von dem Fahrkorb bestrichene Raum darf zur Lagerung von Gegenständen nicht benutzt werden und nur die zum Betriebe oder zur Revision erforderlichen Einrichtungen enthalten.

§ 6. I. Die Fahrbahn muß, sofern sie nicht gemäß § 3 mit dichten Wänden umgeben werden muß, gegen die Umgebung allseitig derart abgeschlossen sein, daß Menschen weder sich in die Fahrbahn hineinbeugen, noch durch ungeschützte Förderöffnungen in den Fahrschacht hineinstürzen können.

II. Thüren zu Aufzugschächten und umgitterten Fahrbahnen dürfen nicht in die Fahrbahn hineinschlagen. Thüren in Fahrkörben dürfen nicht aus der Fahrbahn herausschlagen.

III. Die Umwehrungen der Fahrbahn müssen der Regel nach aus einem nicht brennbaren Material hergestellt werden. Bestehen dieselben aus Drahtgeflecht, so darf dieses eine Maschenweite von höchstens 2 cm besitzen.

§ 7. I. Jeder Aufzug, der eine größere Förderhöhe als 2 m besitzt und zum Zweck der Be- und Entladung betreten werden kann, oder zur Beförderung von Personen (vergl. § 2 Ziffer 1) benutzt werden darf, muß entweder eine Fangvorrichtung oder eine unmittelbare am Fahrkorb angebrachte Senkbremse, die ihn mit gefahrloser Geschwindigkeit niedergehen läßt, besitzen und muß so eingerichtet sein, daß eine im Voraus für die Anlage bestimmte größte Geschwindigkeit nicht überschritten werden kann.

II. Fahrkörbe, welche durch einen Stempel unmittelbar gestützt werden, bedürfen einer Fangvorrichtung oder Senkbremse nicht, sofern unmittelbar am Treibcylinder eine Vorrichtung angebracht ist, die verhindert, daß der Fahrkorb beim Niedergang eine höhere als die festgesetzte Geschwindigkeit annehmen kann.

III. Die Fang- oder Bremseinrichtungen müssen so geschützt sein, daß sie durch das Ladegut oder durch unbefugte Eingriffe in ihrer Wirkung nicht behindert werden können.

§ 8. I. Jeder Aufzug muß mit mindestens einer Vorrichtung versehen sein, die ihn in seinen Endstellungen selbstthätig zum Stillstand bringt.

II. Für Handaufzüge genügt hierfür eine Hubbegrenzung in der Fahrbahn.

§ 9. I. Gegengewichte müssen geführt und so geordnet sein, daß sie ihre Führungen am oberen und unteren Ende nicht verlassen können.

II. Außerhalb der Fahrbahn liegende Gegengewichte sind wie erstere einzufriedigen (vergl. § 3 IV und § 6 I).

III. Bei Aufzügen, die durch einen unmittelbar tragenden Stempel bewegt werden, muß die Verbindung zwischen Stempel und Plattform derartig sicher hergestellt sein, daß die Plattform durch Gegengewichte nicht vom Stempel abgehoben werden kann.

IV. Die Befestigung von Seilen, Gurten, Ketten und dergl. am Fahrkorb darf nur durch sichere Gehänge erfolgen.

§ 10. Die Vorräume der Aufzüge und die von Personen benutzten Fahrkörbe müssen während der Zeit ihrer Benutzung ausreichend durch Tageslicht oder künstliches Licht beleuchtet sein.

Titel IV. Besondere Bestimmungen über die Einrichtung der Aufzüge.

A. Personenaufzüge, einschließlich derjenigen Lastenaufzüge, auf denen Führer mitfahren dürfen.

§ 11. Die Fahrkorbdecke muß derart beschaffen sein, daß sie den im Fahrkorb befindlichen Personen Schutz gegen herabfallende Theile des Triebwerks gewährt. Wo dies nicht der Fall ist, muß die Fahrbahn oberhalb der Triebwerkstheile sicher abgedeckt werden.

§ 12. I. Der Fahrkorb muß an denjenigen Seiten, welche keine Zugangsöffnungen enthalten, sowie nach oben von geschlossenen Wänden oder Drahtgitter von höchstens 2 cm Maschenweite umgeben sein.

II. Verschlußthüren am Fahrkorb sind nicht erforderlich, wenn die Schachtwände an den Zugangsseiten des Fahrkorbs in voller Geschoßhöhe durchgeführt, völlig glatt und nicht mehr als 5 cm vom Fahrkorb entfernt sind. Drahtwände von nicht mehr als 2 cm Maschenweite gelten als glatte Wände.

§ 13. I. Jede Zugangsöffnung zur Fahrbahn muß mit einer verschließbaren Thür versehen sein, welche bündig mit der inneren Schachtebene angebracht sein muß.

II. Jede Zugangsthür darf nur geöffnet werden können, wenn der Fahrkorb dahinter steht und zur Ruhe gebracht ist; der Fahrkorb darf nicht eher in Bewegung gesetzt werden können, bevor alle Zugangsthüren zur Fahrbahn geschlossen sind.

III. Von der Steuerungsverriegelung kann nur bei einflügeligen Zugangsthüren, deren Fläche 2,5 qm nicht übersteigt, Abstand genommen werden, wenn die Zugangsthüren zur Fahrbahn von außen sich nur mit einem besonderen Drücker öffnen lassen, wenn das Oeffnen durch besondere Verschlußriegel oder dergleichen in allen Fällen verhindert wird, in welchen der Fahrkorb nicht vor der Thür steht und wenn die Thüren von selbst zufallen, sobald sie losgelassen werden.

§ 14. I. Die Steuerungsvorrichtung des Fahrkorbs muß sich innerhalb desselben befinden. Die Bedienung darf nur vom Fahrkorb aus erfolgen können, abgesehen von den im § 29 Ziffer II und III vorgesehenen Fällen.

II. Jeder Aufzug ist zum selbstthätigen Anhalten in seinen Endstellungen mit zwei Einrichtungen zu versehen, welche unabhängig von einander in Wirksamkeit treten und mit dem Anhalten gleichzeitig die Betriebskraft aufheben. Eine dieser beiden Vorrichtungen muß unabhängig vom Schachtsteuerzuge in Thätigkeit treten.

III. Bei Anwendung von Fördertrommeln muß eine Vorrichtung an der Aufzugmaschine angebracht sein, welche das Sinken der Fahrbühne nach Ausrückung der Steuerung verhindert.

§ 15. I. Bei Aufzügen, die nicht durch eine unmittelbare Unterstützung bewegt werden, muß der Fahrkorb an mindestens zwei Seilen, Ketten oder dergleichen hängen, die derartig mit der Fangvorrichtung verbunden sein müssen, daß diese beim Bruch oder bei gefahrdrohender Dehnung eines der Tragorgane bereits in Thätigkeit tritt.

II. Seile, Ketten und dergleichen müssen so berechnet werden, daß nach dem Bruch eines der Tragorgane die übrigen mit nicht mehr als einem Drittel ihrer Bruchfestigkeit beansprucht werden.

III. Bei Seilen ist die höchste im Querschnitt entstehende Spannung aus der Zug- und Biegungsspannung zusammenzusetzen, welch letztere am Berührungspunkt von Seil und Rolle eintritt.

§ 16. Jeder durch Fördertrommeln bewegte Aufzug muß mit einer Schutzvorrichtung gegen Hängeseil versehen sein.

§ 17. Jeder Fahrkorb, dessen Fahrbahn durch dichte Wandungen umschlossen wird, muß mit einer außerhalb des Fahrschachtes hörbaren Signalvorrichtung und einem im Innern des Fahrkorbes anzubringenden deutlichen Hinweis auf diese Einrichtung versehen sein. Die Signalvorrichtung ist so anzubringen, daß sie von jedem Mitfahrenden bethätigt werden kann.

§ 18. I. An jeder Zugangsthür zum Fahrschacht und im Innern des Fahrkorbes ist ein Schild anzubringen, welches in deutlich lesbarer Schrift das Wort: Personenaufzug, sowie die zulässige Belastung einschließlich des Führers in Kilogrammen, die Zahl der Personen, welche gleichzeitig befördert werden dürfen und die Vorschrift, daß der Fahrstuhl nur in Begleitung eines Führers benutzt werden darf, enthalten muß.

II. Als Gewicht einer Person ist 75 kg anzunehmen.

§ 19. Solche Bremsfahrstühle in Mahlmühlen sowie Gichtaufzüge, auf denen ein Führer mitfahren darf, unterliegen den Bestimmungen der §§ 11—18 nicht, jedoch ist mindestens die unterste Schachtthür und der Verschluß der obersten Ladeöffnung von der Fahrkorbbewegung abhängig zu machen. Die Thüren in Zwischengeschossen müssen mindestens selbst zufallen, sobald sie losgelassen werden und dürfen sich von außen nur mittels besonderen Drückers öffnen lassen. Die Berechnung der Seile, Ketten und dergleichen muß bei Anwendung mehrerer Tragorgane gemäß § 15 Absatz III und IV, sonst gemäß § 23 erfolgen.

B. Lastenaufzüge.

§ 20. Der Förderkorb muß bei Aufzügen, deren Fahrbahn nicht in ganzer Ausdehnung von Schacht- oder Gitterwänden umschlossen ist, derartig beschaffen sein, daß das Ladegut nicht herausfallen kann.

§ 21. I. Jede Ladeöffnung muß mit einem Verschluß versehen sein, welcher verhindert, daß Menschen in den vom Förderkorb bestrichenen Raum hineinstürzen oder sich in denselben hineinbeugen können.

II. Die Verschlüsse müssen der Regel nach so eingerichtet sein, daß sie nur dann geöffnet werden können, oder sich öffnen, wenn der Förderkorb an der Ladeöffnung angelegt ist und daß sie sämmtlich geschlossen sein müssen oder sich zu schließen beginnen, wenn der Fahrkorb in Bewegung gesetzt werden soll.

III. Bei Aufzügen, welche keine durchgehende dichte Fahrschachtsumkleidung aus unverbrennlichem Material besitzen und zum Be- und Entladen nicht betreten werden, sowie bei Bauaufzügen, genügt ein fester nicht entfernbarer Abschluß der Ladeöffnung, sofern er derartig angebracht wird, daß Menschen nicht in den Fahrschacht stürzen oder sich in denselben hineinbeugen können.

§ 22. Die Steuerungsvorrichtung des Förderkorbs muß sich außerhalb des Fahrschachtes befinden. Die Bedienung der Steuerung darf vom Förderkorb aus nicht erfolgen können.

§ 23. I. Seile, Gurte oder Ketten müssen so berechnet werden, daß sie mit nicht mehr als einem Drittel ihrer Bruchfestigkeit beansprucht sind.

II. Bei Seilen ist die höchste im Querschnitt entstehende Spannung aus der Zug- und Biegungsspannung zusammenzusetzen, welch letztere am Berührungspunkte von Seil und Rolle eintritt.

§ 24. Jeder Aufzug, dessen jeweiliger Stand nicht außerhalb der Fahrbahn zu erkennen ist, muß in allen Fördergeschossen mit einer Zeigervorrichtung versehen werden.

§ 25. I. An jeder Ladeöffnung muß sich ein Schild befinden, welches in deutlich lesbarer Schrift das Wort: Aufzug, die zulässige Belastung in Kilogrammen, das Verbot des Mitfahrens von Personen, enthalten muß.

II. Bei Ladeöffnungen, deren Verschlüsse fest sind, ist außerdem ein Verbot betreffend das Hineinlehnen in den Fahrschacht, anzubringen.

§ 26. Auf kleine Aufzüge, die nicht betretbar sind (für Speisen, Akten, kleine Erzeugnisse der Industrie und dergleichen) von höchstens 100 kg Tragfähigkeit und nicht mehr als 0,7 qm Schachtquerschnitt, finden von den Bestimmungen unter Titel III nur diediejenigen der §§ 3, 6, 8, 9 und 10, unter Titel IV diejenigen der §§ 23 und 25 Anwendung.

Titel V. Betrieb der Aufzüge.

§ 27. I. Die Inhaber von Aufzügen bezw. die an ihrer Statt zur Leitung des Betriebes bestellten Vertreter, sowie die mit der Bedienung der Aufzüge betrauten Personen haben dafür Sorge zu tragen, daß Aufzüge, die sich nicht in gefahrlosem Zustande befinden, nicht im Betriebe erhalten werden.

II. Die mit der Bedienung der Aufzüge beauftragten Personen sind verpflichtet, während des Betriebes die Sicherheitsvorrichtungen bestimmungsmäßig zu benutzen und von hervorgetretenen Mängeln des Aufzuges dem Inhaber bezw. dessen Stellvertreter ungesäumt Anzeige zu erstatten.

III. Das Schmieren der Führungen, der Führungs- und Triebwerkstheile muß vom Innern des Fahrkorbs aus erfolgen, welcher entsprechende Einrichtungen besitzen muß.

§ 28. Der Fahrkorb darf erst dann in Bewegung gesetzt werden, wenn die sämmtlichen Zugangsöffnungen zur Fahrbahn und etwa vorhandene Thüren des Fahrkorbes geschlossen sind. Thüren von Fahrkörben, mit welchen Personen befördert werden, dürfen erst dann geöffnet werden, wenn der Fahrkorb an einer Förderstelle angelangt und die Abstellung der Steuerungsvorrichtung erfolgt ist.

§ 29. I. Aufzüge, mit welchen Personen befördert werden dürfen, einschließlich der Lastenaufzüge mit Personenbeförderung, dürfen nur in Begleitung besonderer Führer benutzt werden. Diese müssen mit den Einrichtungen und dem Betriebe des Aufzugs vertraut sein und ist dies durch einen von einem Sachverständigen (§ 31 Abs. I) schriftlich auszustellenden und in das Revisionsbuch § 31 Abs. II aufzunehmenden Befähigungsnachweis darzuthun. Führer für solche Aufzüge müssen außerdem in das Revisionsbuch die schriftliche Erklärung eintragen, daß sie die Bedienung des Aufzugs verantwortlich übernommen haben.

II. Die Begleitung des Führers kann erlassen werden, und es genügt die bloße Aufsicht desselben, wenn die Benutzung eines Fahrstuhls ausschließlich von bestimmten, nicht wechselnden Personen erfolgt, oder sofern nur zwei Geschosse miteinander verbunden werden.

III. Bei Personenfahrstühlen in Privatwohnungen, welche nur den Verkehr einer und derselben Wohnung dienen, kann auch die Aufsicht eines Führers erlassen werden, wenn der Hausvorstand nachweist, daß er mit der Führung, Einrichtung und Beaufsichtigung des Fahrstuhls vertraut ist und erklärt, die Verantwortung für die bestimmungsgemäße Benutzung der Sicherheitsvorrichtungen Seitens derjenigen Personen, die er zur selbstständigen Benutzung des Fahrstuhls zuläßt, zu übernehmen. Solche Fahrstühle sind indessen, abgesehen von den durch die zuständigen Sachverständigen (§ 31) vorzunehmenden regelmäßigen Untersuchungen, der ständigen Aufsicht eines zuverlässigen Fahrstuhlfabrikanten in mindestens jährlichen Fristen zu unterstellen.

§ 30. I. Die Fahrgeschwindigkeit von Aufzügen, welche Personen befördern dürfen, oder auf denen Führer mitfahren dürfen, soll 1,5 m in der Sekunde nicht überschreiten. Am Triebwerk muß eine Vorrichtung vorhanden sein, welche das Wachsen der Geschwindigkeit über dieses Maß hinaus bei der Abwärtsbewegung des Fahrkorbs verhindert.

II. Personen- und Lastenfahrstühle mit Geschwindigkeitsbremse (selbstthätiger Senkbremse) dürfen nach Loslösung des Seils vom Fahrkorb mit höchstens 1,5 m Geschwindigkeit in der Sekunde niedergehen.

Titel VI. Abnahme und Ueberwachung der Aufzüge.

§ 31. I. Einer vorgängigen Genehmigung des maschinellen Theiles eines Aufzuges bedarf es nicht, dagegen muß jeder neue Aufzug, bevor er in Betrieb genommen wird, einer technischen Untersuchung durch einen Sachverständigen dahin unterzogen werden, ob der Aufzug bezüglich seiner maschinellen Anlage den Bestimmungen dieser Verordnung entspricht. Der Antrag auf Abnahme ist von dem Aufzugbesitzer bei dem zuständigen Sachverständigen anzubringen.

II. Bei der Abnahme sind durch Fahrproben mit der höchsten zulässigen Belastung sämmtliche vorgeschriebenen Sicherheitsvorrichtungen einzeln zu prüfen. Die Zuverlässigkeit der Fang- oder Bremsvorrichtungen ist mit der höchsten zulässigen Belastung und mit dem leeren Fahrkorb bei der größten erlaubten Geschwindigkeit des niedergehenden Fahrkorbs zu prüfen. Bei dieser Probe müssen die Tragorgane vom Fahrkorb losgelöst oder mindestens soweit gelockert werden, daß sie schlaff sind. Fahrstühle mit Fangvorrichtung müssen sich nach Lösung oder Lockerung der Tragorgane festklemmen, nachdem sie höchstens 0,25 m tief gefallen sind.

III. Ueber den Befund der Prüfung ist von dem Sachverständigen eine schriftliche Bescheinigung auszustellen. Diese ist von dem Sachverständigen mit einem Exemplar der von dem Unternehmer der Anlage in zweifacher Ausfertigung zu beschaffenden und von dem Sachverständigen zu bestätigenden Zeichnung und Beschreibung des Aufzuges einem von dem Unternehmer zu beschaffenden Revisionsbuch anzuheften.

IV. Der Sachverständige hat diese Fahrstuhlpapiere der Ortspolizeibehörde zur Kenntniß zu übersenden, welche, wenn auch die baupolizeiliche Abnahme der Anlage zu keinen Bedenken Veranlassung gegeben hat, dem Unternehmer unter Beifügung der Fahrstuhlpapiere die Betriebserlaubniß für den Aufzug ertheilt.

V. Die von dem Sachverständigen auszufertigende Abnahme-Bescheinigung des maschinellen Theils der Anlage, die vom Unternehmer zu beschaffende Beschreibung des Aufzugs, der Befähigungsnachweis für Führer und das Revisionsbuch müssen den dieser Polizei-Verordnung beigefügten Mustern entsprechen. Das Revisionsbuch muß einen Abdruck dieser Polizei-Verordnung enthalten.

VI. Die Fahrstuhlpapiere sind von dem Inhaber des Aufzugs zur jederzeitigen Einsichtnahme für die Aufsichtsbeamten und Sachverständigen bereit zu halten.

§ 32. I. Die Aufzüge zur Beförderung von Personen, sowie die Lastenaufzüge, auf denen Führer mitfahren dürfen, sind in höchstens zweijährigen Zwischenräumen durch die Sachverständigen einer wiederkehrenden Untersuchung zu unterwerfen. Bremsfahrstühle in Mahlmühlen bleiben von den regelmäßigen Untersuchungen befreit, auch wenn Personen mit ihnen befördert werden dürfen.

II. Bei den wiederkehrenden Untersuchungen ist die Anlage in derselben Weise wie bei der ersten Abnahme zu prüfen. Den Befund der Revision hat der Sachverständige in das Revisionsbuch einzutragen.

III. Die zur Vornahme der Revision erforderlichen Vorkehrungen hat der Inhaber des Aufzugs nach rechtzeitiger Benachrichtigung durch den Sachverständigen auf seine Kosten zu treffen.

IV. Vorgefundene Mängel sind innerhalb einer von dem Sachverständigen zu stellenden Frist zu beseitigen, nach deren fruchtlosem Verlauf der Sachverständige der Ortspolizeibehörde von den vorhandenen Mängeln Anzeige zu erstatten hat.

V. Findet der Sachverständige den Aufzug in einem Zustande, welcher eine unmittelbare Gefahr einschließt, so hat er durch Vermittelung der Ortspolizeibehörde die sofortige Einstellung des Betriebes zu veranlassen, sowie daß dies geschehen, in das Revisionsbuch einzutragen.

§ 33. Als Sachverständige im Sinne dieser Polizeiverordnung gelten die von der Ortspolizeibehörde als solche zu bezeichnenden Personen.

Titel VII. Einführungs- und Uebergangsbestimmungen.

§ 34. I. Diese Verordnung tritt (ein Jahr Frist) am ..... unter gleichzeitiger Aufhebung aller etwa früher erlassenen den gleichen Gegenstand betreffenden Verordnungen und Aufhebung aller etwa entgegenstehenden Bestimmungen von Baupolizei-Verordnungen in Kraft.

II. Bis zu diesem Zeitpunkt in Betrieb gesetzte Aufzüge sind den Vorschriften der §§ 3—5 nicht unterworfen, dagegen kann bei wesentlichen Aenderungen der baulichen Anlagen gefordert werden, daß sie den Vorschriften a. a. O. entsprechend abgeändert werden.

III. Hinsichtlich der übrigen Bestimmungen sind Personenfahrstühle, einschließlich derjenigen Lastenfahrstühle, auf denen Führer mitfahren dürfen, innerhalb zwei Jahren nach dem Inkrafttreten dieser Verordnung mit den Vorschriften derselben in Uebereinstimmung zu bringen, und werden zu diesem Zweck in den ersten drei Monaten nach Ablauf der zweijährigen Frist einer Revision unterzogen, sofern sie nicht bereits früher unter Ueberwachung standen und sich in Uebereinstimmung mit den Vorschriften befinden.

IV. Für Lastenfahrstühle gilt das im Absatz III vorstehend Gesagte mit der Maßgabe, daß die Bestimmungen unter § 21 II auf bestehende, mit den Vorschriften nicht übereinstimmende Fahrstühle erst dann Anwendung finden, wenn am Fahrstuhl oder dessen baulichen Anlagen wesentliche Aenderungen vorgenommen werden, oder wenn der Fahrstuhl erneuert wird.

V. Aufzüge, welche bei Inkrafttreten dieser Verordnung bereits im Betrieb waren, bedürfen vor der Abnahme nicht der Ausfertigung von Zeichnungen und Beschreibungen. Die Abnahme-Bescheinigung ist jedoch aufzubewahren und erforderlichen Falls ein Revisionsbuch zu beschaffen.

VI. Die erste Abnahme der Bremsfahrstühle in Mahlmühlen kann innerhalb einer Frist von drei Jahren vorgenommen werden.

VII. Die höheren Verwaltungsbehörden sind befugt, die vorstehenden Fristen auf Antrag zu verlängern, auch von der Durchführung einzelner Bestimmungen dieser Verordnung bei bestehenden, sowie bei neu herzustellenden Anlagen Abstand zu nehmen.

VIII. Bei Aufzügen, welche für Bauten und andere nur vorübergehend benutzte Anlagen in Betrieb gesetzt werden, ist die Polizeibehörde befugt, von der Erfüllung der Bestimmungen, außer den im § 6 angegebenen ganz oder theilweise abzusehen.

Titel VIII. Strafen.

§ 35. Uebertretungen dieser Verordnung werden, wenn nicht nach den allgemeinen Strafgesetzen eine härtere Strafe verwirkt wird, mit einer Geldstrafe bis zum Betrage von 60 Mark bestraft.

33.

Arbeiterschutz im Baugewerbe.

I.

Die Bestimmungen des Titels VII, 1 bis III (§§ 105 bis 133 f) der Reichsgewerbeordnung finden auch auf die Bauarbeiter, in ihrer Eigenschaft als gewerbliche Arbeiter Anwendung, insbesondere dürfen nach § 105 b im Betriebe von Zimmerplätzen und anderen Bauhöfen, sowie bei Bauten aller Art Arbeiter an Sonn- und Festtagen nicht beschäftigt werden. Hierbei ist unter Bauhof eine auf eine gewisse Dauer berechnete Anlage zur Vorbereitung von Bauarbeiten (auch Steinmetzarbeiten), nicht etwa schon jeder mit einem Zaun umfriedete Platz (der Bau oder die Baustelle), auf dem ein Bau ausgeführt wird, zu verstehen, während andererseits die Ausdrucksweise „Bauten aller Art" erkennen läßt, daß das Gesetz alle Arten von Bauarbeiten treffen will und daß das Verbot der Sonntagsarbeit demnach gilt für Hoch-, Tief-, Wege-, Eisenbahn- und Wasserbauten, sowie für Erdarbeiten, sofern diese nicht Ausfluß eines land- oder forstwirthschaftlichen Betriebes, des Weinbaues oder des Gartenbaues sind, ferner nicht nur für Neubauten, sondern auch für Ausbesserungs- und Instandhaltungsarbeiten, z. B. auch für das Schornsteinfegergewerbe. (Anweisung v. 11. März 1895, M. Bl. S. 46 unter A. IV.)

Die Bestimmungen der §§ 120a bis 120e, welche sich mit den von den Gewerbeunternehmern zum Schutze der Arbeiter gegen Gefahren für Leben, Gesundheit und Sittlichkeit zu treffenden Betriebseinrichtungen befassen, finden, soweit es die Natur des Betriebes gestattet, nicht nur auf die auf Zimmerplätzen und Bauhöfen anderer Art, sondern auch auf die auf und bei Bauten aller Art beschäftigten Arbeiter Anwendung. Insbesondere hat auch der Bauunternehmer nach § 120a Abs. 4 „diejenigen Vorschriften über die Ordnung des Betriebes und das Verhalten der Arbeiter zu erlassen, welche zur Sicherung eines gefahrlosen Betriebes erforderlich sind." Bei den Vorrichtungen, welche zum Schutz der Arbeiter gegen in der Natur des Betriebes oder der Betriebsstätte liegende Gefahren zu treffen sind, kommen im Baugewerbe insbesondere die Gefahren in Betracht, welche das Besteigen von Gerüsten und Leitern, das Abladen und Aufbringen von Baumaterialien pp. mit sich bringen. Auf Grund des § 120b Abs. 4 kann die Anlegung von Bauaborten, auf Grund des § 120d Abs. 1 die Bereitstellung geeigneter Speiseräume auch für die bei Bauten beschäftigten Arbeiter polizeilicherseits gefordert werden. Zuständig im Wege der Verfügung die Ausführung derjenigen Maßnahmen anzuordnen, welche zur Durchführung der in §§ 120a bis 120c enthaltenen Grundsätze erforderlich und ausführbar erscheinen, sind die Ortspolizeibehörden (§ 120d), in Berlin der Polizei-Präsident. (Bek. v. 4. März 1892, M. Bl. S. 115.) Wenn sie aus eigener Initiative Verfügung treffen, werden sie in der Regel zuvor die gutachtliche Aeußerung des Gewerbeaufsichtsbeamten einzuholen haben, ev. werden der Medizinal- oder Baubeamte oder auch die Berufsgenossenschaft zu hören sein.

Die Bestimmungen der §§ 134 bis 139b der R. G. O. über die Verhältnisse der Fabrikarbeiter und die gewerbepolizeiliche Aufsicht finden nach § 154 Abs. 2 auch auf Arbeitgeber und Arbeiter in Zimmerplätzen und anderen Bauhöfen entsprechende Anwendung. Hiernach ist insbesondere eine Arbeitsordnung nach § 134a für solche Zimmerplätze und Bauhöfe zu erlassen, auf welchen in der Regel mindestens zwanzig Arbeiter beschäftigt werden.

Auf die Beschäftigung von Arbeitern bei Bauten finden die Bestimmungen der §§ 134 bis 139b keine Anwendung, es können jedoch, was indeß bisher nicht geschehen ist, die Bestimmungen der §§ 135 bis 139 durch Kaiserliche Verordnung mit Zustimmung des Bundesraths ganz oder theilweise auf Bauten ausgedehnt werden. (§ 154 Abs. 4.)

Nach den vorstehenden Ausführungen erstreckt sich die Aufsicht der Gewerbeaufsichtsbeamten zwar auf die Zimmerplätze und anderen Bauhöfe, die daselbst beschäftigten Arbeiter und die zu deren Schutze getroffenen bezw. zu treffenden Einrichtungen und Anordnungen, nicht aber auf die Bauten und die zum Schutze der bei diesen beschäftigten Arbeitern erforderlichen Einrichtungen. Sofern demnach die Ortspolizeibehörde auf Grund der §§ 120a bis 120d zum Schutze der auf Bauten beschäftigten Arbeiter irgend welche besondere Anforderungen gestellt hat, ist sie auch allein zur Kontrole ihrer Durchführung berufen und verpflichtet.

II.

Für den Arbeiterschutz im Baugewerbe sind des Weiteren von besonderer Bedeutung die von den einzelnen Baugewerksberufsgenossenschaften erlassenen Unfallverhütungsvorschriften:

Seit dem 1. Januar 1888 (Allg. Verordnung vom 26. December 1887 R. G. Bl. S. 537) werden alle Arbeiter, welche bei der Ausführung von Bauarbeiten beschäftigt sind, und nicht schon auf Grund des Unfallversicherungsgesetzes vom 6. Juli 1884 (R. G. Bl. S. 69) des Gesetzes, betr. die Ausdehnung der Unfall- und Krankenversicherung vom 28. Mai 1885 (R. G. Bl. S. 159), des Gesetzes, betr. die Unfall- und Krankenversicherung der in land- und forstwirthschaftlichen Betrieben beschäftigten Personen vom 5. Mai 1886 (R. G. Bl. S. 132) oder der auf Grund des § 1 Abs. 8 des Unfallversicherungsgesetzes von dem Bundesrath erlassenen Bestimmungen gegen Unfall versichert sind, gegen die Folgen der bei diesen Bauarbeiten sich ereignenden Unfälle nach Maßgabe der Bestimmungen des Gesetzes, betr. die Unfallversicherung der bei Bauten beschäftigten Personen vom 11. Juli 1887 (R. G. Bl. S. 287) versichert. Dies Gesetz hat die Versicherung insbesondere ausgedehnt auf alle Erd- und Wasserbauten, sowie die nicht gewerbsmäßig von Unternehmern oder auf eigene Unternehmung (Regie) betriebenen Bauten.

Nach §§ 78—86 der Unfallversicherungsgesetzes sowie § 44 des R. G. vom 11. Juli 1887 sind die Baugewerksberufsgenossenschaften befugt, mit Genehmigung des Reichsversicherungsamtes für den Umfang des Genossenschaftsbezirkes oder für bestimmte Industriezweige oder Betriebsarten oder bestimmt abzugrenzende Bezirke Vorschriften zu erlassen:

1) über die von den Mitgliedern zur Verhütung von Unfällen in ihren Betrieben zu treffenden Einrichtungen unter Bedrohung der Zuwiderhandelnden mit der Einschätzung ihrer Betriebe in eine höhere Gefahrenklasse, oder falls sich die letzteren bereits in der höchsten Gefahrenklasse befinden, mit Zuschlägen bis zum doppelten Betrage ihrer Beiträge.

   Für die Herstellung der vorgeschriebenen Einrichtungen ist den Mitgliedern eine angemessene Frist zu bewilligen;

2) über das in den Betrieben von den Versicherten zur Verhütung von Unfällen zu beobachtende Verhalten unter Bedrohung der Zuwiderhandelnden mit Geldstrafen bis zu 6 Mark.

Für Berlin und Charlottenburg kommen hiernach insbesondere in Betracht die „Allgemeinen Unfall-Verhütungsvorschriften für die Nordöstliche Baugewerksberufsgenossenschaft vom $\frac{15/6}{26/10}$ 1887 nebst Zusatz vom $\frac{26/6}{4/12}$ 1889“.

III.

Was speziell die Arbeiterfürsorge auf den Bauten selbst anbetrifft, so kommen hierfür zunächst die in den einzelnen Baupolizeiordnungen enthaltenen besonderen Bestimmungen in Betracht. Für Berlin ist in dieser Hinsicht insbesondere auf den § 32 der B. P. O. „Sicherungsmaßregeln bei der Bauausführung“ auf S. 240 ff. des Werkes zu verweisen. Von grundlegender Bedeutung für die weitere Ausgestaltung des Arbeiterschutzes auf Bauten ist indeß der unter dem 7. Juli 1899 Seitens der Herren Minister der öffentlichen Arbeiten, des Innern und für Handel und Gewerbe ergangene Erlaß nebst den ihm beigefügten Grundzügen für Polizeiverordnungen, betreffend die Arbeiterfürsorge auf Bauten.

1.

Berlin, den 7. Juli 1899.

Ew. $\frac{\text{Hochgeboren}}{\text{Hochwohlgeboren}}$ übersenden wir Grundzüge für Polizeiverordnungen, betreffend die Arbeiterfürsorge auf Bauten zur weiteren Veranlassung. Ihre Verwerthung im Einzelnen für den dortigen Bezirk hat sich nach dem vorhandenen Bedürfnisse zu richten. Wir bemerken jedoch, daß Anordnungen der in Ziffer 6 und 7 der Grundzüge gedachten Art überall, wo überhaupt offene Coaksfeuer zum Austrocknen der Räume in Neubauten verwandt werden, und wo im Winter Stuckateure pp. in Neubauten arbeiten, im Wege der Polizeiverordnung einzuführen sind.

Durch den Erlaß von Polizeiverordnungen ist ferner auf die Beschaffung von Unterkunftsräumen für Arbeiter (Ziff. 1, 2 und 5) hinzuwirken, soweit Bauausführungen in großen Städten in Betracht kommen. Auch für kleinere Städte und das platte Land in Gebieten mit starker industrieller Entwickelung hat dies zu gelten, doch bleibt es hier dem Ermessen Ew. Titel überlassen, zu entscheiden, für welche Gegenden und für welche Bauten die Regelung des Gegenstandes durch Verordnung zu erfolgen hat. In diesen Gebieten kann die Unterstellung der einzelnen Bauten unter die zu erlassenden Verordnungen von der Anzahl der bei dem Bau beschäftigten Arbeiter abhängig gemacht werden. Im Uebrigen — d. h in kleinen Städten und auf dem platten Lande ohne erhebliche Industrie — wird das in dieser Hinsicht etwa Erforderliche regelmäßig durch besondere polizeiliche Verfügung anzuordnen sein. Dabei empfiehlt es sich, die betreffenden Vorschriften bei Hochbauten als Bedingungen in den Bauerlaubnißschein, bei Tiefbauten in die orts- oder landespolizeiliche Genehmigungsurkunde aufzunehmen.

Die Anlegung der Bedürfnißanstalten für Arbeiter auf Bauten (Ziffer 1, 3, 4 und 5) wird durch Polizeiverordnung regelmäßig für größere Städte, anderwärts aber nur insoweit vorzuschreiben sein, als die Nothwendigkeit der Herstellung derartiger

Anlagen im einzelnen Falle besonders anzuerkennen ist. Im Uebrigen ist hier das Nöthige durch Verfügung anzuordnen.

Indem wir hinzufügen, daß, soweit Polizeiverordnungen im Sinne der Grundzüge bereits in Geltung sind, es bei diesen bewenden soll, ersuchen wir Ew. Titel, bis 1. Januar n. J. über das Veranlaßte gefälligst zu berichten.

Der Minister des Innern.	Der Minister der öffentlichen Arbeiten.
Frhr. v. d. Recke.	Im Auftrage. Schwenckendick.

Der Minister für Handel und Gewerbe.
In Vertretung. Lohmann.

2.
Grundzüge
für Polizeiverordnungen, betreffend die Arbeiterfürsorge auf Bauten.

1. Die Bestimmungen unter Ziffer 2 bis 5 finden Anwendung:

a) bei Hochbauten, wenn einschließlich der Poliere und Lehrlinge mehr als 10*) Personen zur Zeit der Rohbauausführung gleichzeitig auf dem Bau beschäftigt sind; während der Rohbauausführung vorübergehend beschäftigte Arbeiter, wie Zimmerleute und Staker, werden nicht in diese Zahl eingerechnet.

b) bei Tiefbauten, welche von Unternehmern ausgeführt werden, wenn an einer bestimmten Stelle des Baues mehr als 10*) Personen länger als 1 Woche gleichzeitig beschäftigt sind.

2. Zur Unterkunft für die an Bauten beschäftigten Arbeiter bei ungünstiger Witterung und in den Ruhepausen müssen Räume geschaffen werden, welche im Mittel mindestens 2,20 m im Lichten hoch, mit Wänden umschlossen und mit einem Dache versehen sind, und deren Grundfläche derart bemessen sein muß, daß auf jeden am Bau dauernd beschäftigten Arbeiter (vgl. Ziffer 1) eine Fläche von wenigstens 0,75 qm entfällt.

Der betreffende Raum muß einen festen, trockenen Fußboden haben und auf besonderes Erfordern der Polizeibehörde vom 15. October bis 15. März heizbar sein.

Für die dauernd auf dem Bau beschäftigten Arbeiter (Ziff. 1) sind in den Unterkunftsräumen Sitzplätze zur Verfügung zu stellen. Baumaterialien irgend welcher Art dürfen in diesen Räumen nicht gelagert werden.

Bei Tiefbauten müssen die Unterkunftsräume so belegen sein, daß der Beschäftigungsort eines jeden Arbeiters von der Unterkunftsstätte der Regel nach höchstens 750 m entfernt ist.

Für schwimmende Unterkunftsräume findet die Vorschrift über die nothwendige lichte Höhe keine Anwendung.

3. Bei Hochbauten müssen für die in Ziffer 1 bezeichneten Personen Aborte in solcher Zahl vorhanden sein, daß ein Abort für höchstens 25 Personen dient.

Die Aborte müssen derart eingerichtet sein, daß von außen nicht hineingesehen werden kann. Erforderlichen Falles sind vor den Thüren Blenden anzubringen.

Für Tiefbauten kann die Polizeibehörde die Herstellung solcher Aborte fordern.

4. Für die nach Ziffer 3 herzustellenden Aborte dürfen keine durchlässigen Gruben angelegt, sondern die Aborte müssen entweder an eine öffentliche Entwässerungsanlage vorschriftsmäßig angeschlossen werden, oder es müssen wasserdichte Tonnen, welche nach Bedarf rechtzeitig fortzuschaffen und durch leere, mittels Kalkanstrichs desinfizirte Tonnen zu ersetzen sind, aufgestellt werden. Diese Tonnen sind durch Sitz- und Stoßbretter zu verdecken. Bei freier von Wohngebäuden entfernter Lage der Baustellen kann die Herstellung einer Erdgrube gestattet werden.

---

*) Nach Lage der örtlichen Verhältnisse kann auch bereits für weniger als 10 dauernd beschäftigte Personen die Herstellung von Unterkunftsräumen gefordert werden.

5. Die Unterkunftsräume für die Arbeiter und die Aborte müssen genügend erhellt sein und sind stets in reinlichem Zustande zu halten.

6. Vom 15. November bis 15. März dürfen Stuckateur-, Putzer- und Töpferarbeiten in Neubauten nur dann ausgeführt werden, wenn die Räume, in denen gearbeitet wird, durch Thüren und Fenster verschlossen sind. Die nur vorläufige Anbringung derartiger Verschlüsse ist für genügend zu erachten.

7. In Räumen, in denen offene Koksfeuer ohne Ableitung der entstehenden Gase brennen, darf nicht gearbeitet werden. Solche Räume sind gegen andere, in denen gearbeitet wird, dicht abzuschließen. Sie dürfen nur vorübergehend von den die Kokskörbe beaufsichtigenden Personen betreten werden.

Die auf Grund der vorstehenden Rundverfügung zu erlassenden Polizeiverordnungen sind zur Zeit zum großen Theile noch in der Verbreitung begriffen.

IV.

Was die privatrechtliche Sicherstellung der Fürsorge der Bauunternehmer für das Wohl der Arbeiter während der Bauausführungen anbetrifft, so mag auf die vom Minister d. ö. A. unter dem 17. Juli bezw. 7. November 1885 erlassenen „Allgemeinen Vertragsbedingungen für Hochbauten" (M. Bl. d. i. V. S. 155 und 240, vgl. auch M. E. v. 28. Juni u. 19. August 1897, sowie v. 29. September 1897, M. Bl. d. i. V. S. 190) verwiesen werden, deren § 10, Abs. 2 in der durch Erlaß vom 22. Juni 1899 (M. Bl. S. 148) abgeänderten Fassung auch für die privaten Bauverträge als vorbildlich empfohlen werden kann. Der Abs. 2 des § 10 hat hiernach folgenden Wortlaut:

„Der Unternehmer hat, soweit es seinen Arbeitern nicht selbst möglich ist, angemessene Unterkunft oder Verpflegung zu entsprechenden Preisen zu finden, die dazu erforderlichen Einrichtungen auf eigene Kosten zu treffen. Er hat den in dieser Beziehung an ihn gestellten Anforderungen der bauleitenden Beamten zu genügen. Auch im Uebrigen hat er denjenigen Anordnungen zu entsprechen, welche zur Sicherung der Gesundheit seiner Arbeiter und zur Wahrung der Reinlichkeit von den bauleitenden Beamten getroffen werden. Abtritte sind an den ihm von den letzteren angewiesenen Plätzen herzustellen, regelmäßig zu desinficiren und demnächst wieder zu beseitigen. Der Unternehmer ist ferner verpflichtet, auf den Baustellen die zur ersten Hilfeleistung vor Ankunft des Arztes erforderlichen Verbandmittel und Arzneien nach den Weisungen der bauleitenden Behörde bereit zu halten. Die bauleitenden Beamten sind berechtigt, die ordnungsmäßige Ausführung der auf Grund der Bestimmungen dieses Absatzes getroffenen Anordnungen zu überwachen."

Zu § 11 der vorbezeichneten Vertragsbedingungen vgl. M. E. v. 12. Dezember 1891 (M. Bl. 1892 S. 49) betr. die Vertragsbedingungen für die Ausführung von Hochbauten und von Wasser- und Wegebauten in Bezug auf die Krankenversicherung der Arbeiter.

Bezüglich der Krankenversicherungspflicht der Angestellten und Arbeiter bei staatlichen Bauausführungen vgl. im Uebrigen M. E. vom 28. Juni 1897, M. Bl. S. 149.

34.

Muster 1: Concept zum Bauschein.

Zu Nr. . .
Anlagen und zwar:
Zeichnungen,
Berechnungen,
1 Formular 198,
1 Formular 325.
(Diese Nummer des Bauscheins ist vom Registratur-Vorsteher einzutragen.)
Jede mit Prüfungsvermerk versehene Anlage ist in der Kanzlei mit dem Vermerk „Genehmigt durch den Bauschein Nr. . .
B. w. o.
Kgl. Polizei-Präs., Abth. III“ zu versehen und zu unterstempeln.
In der Reinschrift zu 1 links unter die Unterschrift zu setzen:
Gebühr nach § 1 der Baupolizeigebührenordn. für die Stadtkreise Berlin und Charlottenburg vom 27. 3. 96.

Berlin, den ten 189

1. Bauschein Nr. . . .

Dem pp. . . . .
wird hierdurch unbeschadet der Rechte Dritter die polizeiliche Genehmigung ertheilt, auf dem Grundstücke
nach Maßgabe der beiliegenden mit Genehmigungsvermerk versehenen Zeichnungen und Berechnungen, sowie der baupolizeilichen Verordnungen und der nachstehenden allgemeinen Vorschriften und besonderen Bedingungen zu erbauen:

1. |
2. |

I.

Die allgemeinen Vorschriften,

deren Erfüllung insoweit ausdrücklich zur Bedingung gemacht wird, als sie den hiermit genehmigten Entwurf betreffen, sind in der angehefteten Anlage enthalten. (Siehe Anlage A.)

II.

Besondere Bedingungen.

Zu Ziffer . .
(Ganz zu streichen, sofern kein Vorgarten vorhanden ist.)

Das vor der Baufluchtlinie unbebaut bleibende Land des Grundstücks von . . . m Tiefe ist in Gemäßheit der Polizeiverordnung vom 27. October 1855 in ganzer Ausdehnung gegen den Bürgersteig und die Nachbargrundstücke mit einem eisernen Gitter auf gemauertem Sockel von nicht über 0,75 m Höhe einzufriedigen und dauernd als Garten zu unterhalten.

(Von hier ab zu streichen in den Fällen des Vorgarten-Verzeichn. I.)

Das Polizei-Präsidium ist indeß bereit, auf Grund des § 2 der vorbezeichneten Polizeiverordnung von der Einfriedigung und Unterhaltung des Vorgartens unter der Bedingung Abstand zu nehmen, daß

1. das Vorgartenland bürgersteigartig nach Maßgabe der Polizeiverordnung vom 17. Januar 1873 befestigt und an die Stadtgemeinde Berlin eigenthümlich abgetreten wird,
2. die auf dem Vorgartenland befindlichen oder projektirten Vorbauten mit den Vorschriften über Vorbauten an Bürgersteigen in Uebereinstimmung gebracht werden (Baupolizeiordnung § 14a),
3. die Erklärung, daß von dieser ausnahmsweisen Bewilligung (Ziffer 1 und 2) Gebrauch gemacht werden soll, Seitens des Bauherrn bis zur Rohbauabnahme abgegeben wird und die Abtretung an die Stadt spätestens bis zur Gebrauchsabnahme erfolgt.

| bedeutet, daß in dem Formular ein entsprechend weiter Zwischenraum zu lassen ist.

Ist bis zur Gebrauchsabnahme der Vorgarten nicht eingefriedigt, auch seine Abtretung nicht erfolgt, so wird die zwangsweise Einfriedigung und Unterhaltung des Vorgartenlandes, wie hierdurch angedroht wird, polizeilicherseits herbeigeführt und zu diesem Zwecke ein entsprechender Kostenvorschuß von dem Bauherrn eingezogen werden.

Einzurücken Gutachten der Bauinspektion vom . . . . von [bis]. (Siehe Anlage B.)

Seitens der Oertlichen Straßenbau-Polizeiverwaltung, Abtheilung I hierselbst, sind folgende weitere Bedingungen gestellt worden:

Einzurücken Schreiben der Oertlichen Straßenbau-Polizeiverwaltung, Abtheilung I, vom . . . . von [bis]

2. Abschrift des Bau-Scheines ist p. c. d. der Oertlichen Straßenbau-Polizeiverwaltung, Abtheilung I, hierselbst zu Nr. . . . Str. P. I . . . zu übersenden.

3. An

den . . . .

Herrn . . . .

P. D.-S. hier

. . . . Straße Nr. . . .

Sie werden benachrichtigt, daß zu . . . . auf dem Grundstücke . . . . Straße Nr. . . . ein Bau-Schein unter Nr. . . . ausgefertigt ist, welcher innerhalb 10 Tagen bei Vorzeigung dieses Schreibens gegen Entrichtung von . . . Mk. . . Pf. Baupolizei-Gebühren in der Polizei-Haupt-Kasse, Alexanderstraße 3/6, part., Zimmer Nr. 70, in den Stunden von 9—1 Uhr jeden Werktages (mit Ausnahme des letzten Tages jedes Monats) in Empfang zu nehmen ist. Nach Ablauf dieser Frist wird der Gebührenbetrag ohne weitere Zahlungsaufforderung zwangsweise von Ihnen eingezogen werden.

4. Der Polizei-Haupt-Kasse zur Kenntnißnahme und Rückreichung sofort nach erfolgter Abholung des Bau-Scheines eventl. nach 10 Tagen prompt.

. . . Mark . . Pf.

sind heute gezahlt und gehörigen Orts vereinnahmt, auch ist der Bauschein heute ausgehändigt worden. Vermerkt:

Berlin, den 18 . . . . . .

Königliche Polizei-Haupt-Kasse.

. . . . . .

Bei nicht erfolgter Zahlung der Gebühren geht die Sache vor Ausführung der weiteren Verfügungen zunächst wieder zum Secretariat.

5. Dem Polizei-Revier zur Kenntnißnahme und Eintragung in das Bau-Kontrol-Verzeichniß.

zu 5: Kenntniß genommen und eingetragen unter Nr. . . .

. . . . . Polizei-Lieutenant.

Die Rohbau-Abnahme-Prüfung hat unter Mitwirkung des Bezirksbaubeamten zu erfolgen.

Bei der Rohbau-Abnahme-Prüfung bedarf es der Mitwirkung des Bezirksbaubeamten nicht.

6. Der Bauinspection zur Kenntnißnahme und Eintragung in das Bau-Kontrol-Verzeichniß.

zu 6: Kenntniß genommen und eingetragen unter Nr. . . .

. . . . . Bau-Inspector.

7. Wieder vorzulegen mit Anzeige über Beginn des Baues eventl. 14 Tage nach Aushändigung des Bauscheines mit Revier-Anzeige, ob mit dem Bau begonnen ist.

Königliches Polizei-Präsidium, Abtheilung III.

Anlage A.

Allgemeine Vorschriften,

deren Erfüllung insoweit ausdrücklich zur Bedingung gemacht wird, als sie den durch den vorgehefteten Bauschein genehmigten Entwurf betreffen.

A. Baupolizeiliche.

1. Für die Ausführung sind die genehmigten Zeichnungen und Berechnungen, sowie die mit grüner Farbe eingetragenen Aenderungen maßgebend.

2. Nothwendige Durchfahrten müssen überall zwischen den weitesten Ausladungen, ausschließlich der Radabweiser (Bordschwellen) eine lichte Breite von 2,30 m und eine lichte Höhe von 2,80 m erhalten. (§ 1 Ziffer 3 der Baupolizeiordnung.)

3. Zwischen den Radabweisern (Bordschwellen) muß die Sohlenbreite der Durchfahrt mindestens 2 m betragen. Die Radabweiser (Bordschwellen) sind nach oben derart abzuschrägen, daß in Höhe von 0,25 m über der Fahrbahn die freie Durchfahrtsbreite von 2,30 m vorhanden ist.

4. Ein Grundstück mit nothwendiger Zu- oder Durchfahrt muß seiner Höhenlage nach so regulirt werden, daß es von der Straße aus für die Zwecke des Feuerlösch- und Rettungswesens überall befahren werden kann.

5. Die in den Grundrissen mit Br. bezeichneten Wände sind als Brandmauern nach den Bestimmungen des § 7 der Baupolizeiordnung 20 m hoch über Dach zu führen. In denselben anzulegende Verbindungsöffnungen müssen in den Dachräumen mit feuer- und rauchsicheren, selbstthätig zufallenden, nicht fest verschließbaren Thüren ohne Holzzargen versehen werden. (§ 7 Ziffer 3 u. 5.) Die Thüren müssen gegen gemauerte Schwellen und in Mauerfalze schlagen und dicht schließen.

6. (§ 11 Ziffer 1.)[1]

7. (§ 11 Ziffer 2.)

8. (§ 12 Ziffer 4.)

9. Dachaufbauten müssen wie die Dächer selbst feuersicher bekleidet werden.

10. Bei Ziegel- und Schieferdächern sind zum Schutze gegen das Herabfallen von Schnee und Eis längs der Traufen mindestens 20 cm hohe Schneebretter oder -eisen anzubringen.

11. Alle Vorbauten eines Gebäudes, welche mehr als 30 cm vor die Bauflucht vortreten, müssen von Nachbargrundstücken das $1\frac{1}{2}$ fache ihrer weitesten Ausladung an der Wurzel gemessen, mindestens aber 1 m und von einander das $1\frac{1}{2}$ fache der Summe ihrer weitesten Ausladungen entfernt bleiben. Risalite, geschlossene Vorbauten anderer Art und Erker desselben Gebäudes müssen eine Entfernung von mindestens 4 m von einander inne halten (§ 14a Ziffer 2).

12. (§ 14 Ziffer 3 Schlußsatz).

13. (§ 14 Ziffer 5).

14. An Höfen sind Balkone und offene Galerien, welche seitlich näher als 2,50 m an die Nachbargrenzen herantreten, gegen diese durch eine unverbrennliche, mindestens 2 m hohe Wand ohne Oeffnungen abzuschließen (§ 14b Ziffer 2).

15. Offene Balkone an Straßenfronten sind an die Kanalisation anzuschließen oder derart abzuwässern, daß das Wasser nach allen freien Seiten gleichzeitig abfließt.

16. Nur an Bürgersteigen von mindestens 3 m Breite dürfen horizontale Querstangen vor den Schaufenstern bis zu 20 cm, und nur an Bürgersteigen von mehr als 3 m Breite dürfen aufrechtstehende Vergitterungen der Kellerlichtschachte bis zu 30 cm vor die Bauftuchtlinie vortreten.

17. (§ 16, Ziffer 3).

18. Die Länge und Breite der in der Regel rechteckig anzulegenden Treppenpodeste muß — in der Mitte gemessen — mindestens gleich der Laufbreite der Treppe sein. Eine Abschrägung der Ecken der Podeste bis zur kreisförmigen Abrundung ist nur bei Treppen von mehr als 1,25 m Breite zulässig (§ 16, Ziffer 10).

---

[1]) Die wörtlich aus der Baupolizeiordnung übernommenen Bestimmungen werden hier nicht abgedruckt.

19. Der Auftritt der Stufen darf nicht unter 26 cm, die Steigung nicht über 18 cm betragen. Bei Wendelstufen darf der Auftritt am Spitzende bis auf 10 cm eingeschränkt werden. (§ 16, Abs. 4).

20. Die Stufen unverbrennlicher Treppen dürfen mit Holz belegt werden. (§ 16, Ziffer 8).

21. Die Treppenläufe sind, wenn sie zwischen Wänden liegen, mindestens an einer Seite mit Handgriffen, sonst mit Geländern zu versehen, deren Stäbe nirgends mehr als 20 cm von einander entfernt sein dürfen. (§ 16, Ziffer 5).

22. Die nach dem Dachboden führenden Verbindungsöffnungen in den massiven Umschließungswänden der Treppenhäuser müssen mit einer gemauerten Schwelle und mit feuersicheren, in Mauerfalze schlagenden, dicht schließenden Thüren versehen sein. Die Thüren müssen selbstthätig zufallen und Klinkenverschluß haben.

23. Die Thüren, welche von Lager- oder Fabrikräumen nach den feuerfesten Treppen führen, sind feuersicher und selbstthätig schließend herzustellen.

24. (§ 18, Ziffer 2).

25. (§ 18, Ziffer 3).

26. (§ 20, Ziffer 9).

27. Wrasenrohre müssen für ein oder zwei Küchen einen Querschnitt von 250 qcm, für jede hinzutretende Küche eine Vergrößerung von 50 qcm erhalten. (§ 20, Ziffer 18).

28. Die seitlichen Reinigungsöffnungen der Schornsteine in den Kellern und Dachböden dürfen nicht innerhalb von Verschlägen liegen, sondern müssen stets unmittelbar zugänglich sein.

29. Falls die Reinigung der Schornsteine vom Dach aus erfolgen soll und die Dachflächen auf die Länge von 5 m mehr als 1 m ansteigen, muß neben den isolirt, außer Verbindung mit den besteigbaren Schornsteinen, liegenden engen Schornsteinen bezw. neben jeder Gruppe solcher Schornsteine eine hinreichend große Aussteigeöffnung in der Dachfläche angelegt werden, deren Verschlußklappe seitwärts aufschlagen und eine Vorrichtung zum Feststellen haben muß. (§ 20, Ziffer 12).

30. Die Anlage von Wasserclosets ist nur auf Grundstücken gestattet, welche an die städtische Kanalisation angeschlossen sind.

31. (§ 25 Ziffer 2).

32. Die von den Treppenpodesten aus zugänglichen Bedürfnißanstalten sind mit feuerfesten Umfassungswänden, Fußböden und Decken zu versehen.

33. Bei Neubauten und größeren Instandsetzungsarbeiten, doch nur wenn die betreffenden Gebäude mehr als 6 m hoch sind und die Dachflächen auf die Länge von 5 m mehr als 1 m ansteigen, müssen während der Ausführung der Dachdecker- und Klempnerarbeiten unterhalb der Dachgesimse — und zwar nicht tiefer als 1 m unter denselben — Gerüste von mindestens 1 m Breite angebracht werden, welche in ihrer ganzen Länge mit Brettern dicht zu belegen und an der Außenseite mit einer mindestens 60 cm hohen Bretterbrüstung zu versehen sind.

34. Anderweite Vorkehrungen zum Schutze der Dachdecker werden nur ausnahmsweise zugelassen, sofern dieselben nach Urtheil des Polizei-Präsidiums für den angegebenen Zweck genügen. In diesem Falle ist die besondere baupolizeiliche Genehmigung unter Vorlage von Zeichnungen nachzusuchen.

B. Hinsichtlich der Construction und des Materials.

35. Die Fundamente müssen mindestens 0,50 m unter Kellersohle, bei nicht unterkellerten Gebäuden 1 m unter Terrain hinabgeführt und so breit angelegt werden, daß der gute Baugrund mit höchstens 25000 kg pro qm belastet wird.

36. Liegen die Fundamente im Bereiche des Grundwassers, so sind sie mit Cementmörtel oder mit hydraulischem Kalk zu mauern.

37. Das nachträgliche Ausheben von Erde unterhalb der Oberkante des Bankettmauerwerks ist unzulässig.

38. Die mit dem Buchstaben p bezeichneten Mauerpfeiler und die Mauertheile unter sämmtlichen eisernen Stützen müssen aus bestem Ziegelmaterial und reinem Cementmörtel hergestellt werden. Das Auflagermauerwerk der eisernen Träger muß aus mindestens 8 Schichten desselben Materials bestehen.

39. Werden die Frontwände oder einzelne Theile derselben mit besonderen Ziegeln verblendet, so ist die Verblendung gleichzeitig mit der Hintermauerung hochzuführen, sofern dieselbe einen Theil der vorgeschriebenen Mauerstücke ausmacht.

40. Ungleichmäßig belastete Bögen sind zur gleichmäßigen Vertheilung der darauf ruhenden Last je mit zwei eisernen Trägern genügender Stärke zu überdecken.

41. Die durch mehrere Geschosse gehenden $^1/_2$ Stein starken Wände sind in reinem Cementmörtel auszuführen.

42. Drahtputzwände müssen vor der Rohbauabnahme in ihren Eisenconstructionen aufgestellt werden.

43. Werksteintreppen müssen Tragwände von mindestens 38 cm Stärke erhalten.

44. Bei Aufstellung eiserner Stützen in mehreren Stockwerken übereinander sind dieselben unter sich und mit den Umfassungswänden zu verankern.

45. Nebeneinander liegende eiserne Träger müssen gemeinschaftliche Unterlagsplatten erhalten. Schornsteinwangen dürfen nicht als Träger-Auflager dienen. Träger und Wellbleche sind überall neben die Wangen der Schornsteine und Lüftungsrohre zu legen und dürfen an keiner Stelle die Wangen schwächen. Treffen Podestkappen gegen $1^1/_2$ Stein starke Fontwände oder gegen unzureichend belastete Mittelmauern, so sind 15 cm hohe ⊤Träger zur Entlastung davorzulegen. Die ⊤Träger der Podestkappen dürfen nicht auf Thürbögen ruhen. Die Verwendung von Eisenbahnschienen ist unzulässig.

46. Thürbögen müssen von den Schornsteinröhren überall mindestens $1^1/_2$Stein entfernt bleiben.

47. Rauch-, Wrasen- und Lüftungsröhre sind auf den Innenseiten glatt auszustreichen, auf den Außenseiten durchweg, also auch im Keller und Dachgeschoß, zu putzen.

48. Die Tragfähigkeit der mehr als 6,0 m freitragenden Holzbalken ist durch Rechnung nachzuweisen.

49. Für die Auswechselung der Balken dürfen nur Ganzhölzer verwendet werden. Wechsel und Balken sind durch mindestens 4 cm starke Trageeisen zu unterstützen, wenn die Wechsel Feuerungsanlagen oder mehr als einen Balken zu tragen haben. Die Balkenköpfe sind vom umgebenden Mauerwerke zu isoliren.

50. In Räumen zum dauernden Aufenthalt von Menschen, welche im Dachgeschoß liegen, sind die Sparren, die gleichzeitig die Decke bilden, auszustaken und die Staken mit Strohlehm zu umwickeln.

51. Die Unterwölbungen von Treppenläufen und Podesten sind in besten Steinen und reinem Cementmörtel herzustellen und müssen mindestens $^1/_{12}$ der Spannweite zur Pfeilhöhe erhalten.

52. Die Wellen von Trägerwellblechen, welche als feuerfeste Fußböden oder Decken dienen, sind mit Beton auszufüllen und im Scheitel 5 cm mit demselben Material zu überdecken, die rechnungsmäßig ermittelte Stärke der Bleche muß um 1 mm vermehrt werden.

53. Durchfahrts- und Hofkeller, sowie solche Keller, deren Decken unter Terrain liegen, dürfen nicht mit Wellblech überdeckt werden.

54. Die Durchfahrts- und Hofkellergewölbe sind durchweg 1 Stein stark zu wölben. Die letzteren sind bis zur Rohbau-Abnahme zum Schutze gegen das Eindringen der Tagewasser oberhalb mit Cement oder Asphalt wasserdicht abzudecken.

55. Diejenigen eisernen Stützen und freiliegenden eisernen Unterzüge im Innern von Gebäuden, welche auf den Zeichnungen mit gl. bezeichnet sind, müssen glutsicher ummantelt werden.

Transmissionsöffnungen in den Decken von Fabrikgebäuden sind mit einem feuerfesten Material auszufüttern. Die Transmissionen sind bis auf 1 m Höhe über den Fußboden mit feuerfesten Schutzkästen zu umgeben.

56. Fahnenstangen bedürfen der Genehmigung. Dieselben müssen aus Schmiedeeisen gefertigt, sicher befestigt und mit einem wirksamen Blitzableiter, der an der Hoffront hinabzuführen und bis 2,30 m über der Erdoberfläche gegen Beschädigung in geeigneter Weise zu schützen ist, versehen sein.

57. Von den massiven Hauptgesimstheilen ist vor Baubeginn eine Zeichnung im Maßstabe 1:10 vorzulegen, aus welcher der Steinverband und die Verankerung ersichtlich ist. Gleiches gilt von verbundenen Eisenconstructionen. Hinsichtlich der Befestigung der Stücktheile ist die Bekanntmachung vom 1. April 1887 (Siehe S. 306) genau zu beachten.

C. Sonstige:

58. Kellerräumlichkeiten, welche zum dauernden Aufenthalte von Menschen dienen sollen, müssen den Bedingungen des § 37 der Baupolizei-Ordnung entsprechen.

59. (§ 37, Ziffer 5).

60. Die Benutzung von Räumen zu Zwecken der §§ 37 und 38 der Baupolizei-Ordnung bezeichneten Art darf nicht eher erfolgen, als bis diese Räume den polizeilichen Anforderungen entsprechend hergestellt sind und bis auf Grund einer besonderen baupolizeilichen Prüfung der Gebrauchsabnahmeschein ertheilt ist. Diese Prüfung ist beim Polizei-Präsidium schriftlich zu beantragen.

61. Dem Antrage auf Rohbau-Abnahme ist die anliegende Bescheinigung auf Form. 325, dem Antrage auf Gebrauchsabnahme die anliegende Bescheinigung auf Formular 198 über die Benutzbarkeit von Schornsteinen nebst Zubehör ausgefüllt und unterschrieben von einem der hiesigen Bezirksschornsteinfegermeister beizufügen.

62. Spätestens in dem Gebrauchsabnahmetermin ist durch Vorlegung des von der örtlichen Straßenbau-Polizeiverordnung, Abth. II (Kanalisation), ausgestellten Inbetriebnahme-Erlaubnißscheines nachzuweisen, daß die Entwässerungsanlagen vorschriftsmäßig befunden sind.

Vor Beibringung dieses Scheins wird der Gebrauchsabnahmeschein (§ 39 Ziffer 1 der Baupolizei-Ordnung) nicht ertheilt.

63. Sollten sich aus der Anlage und Benutzung gewerblicher Feuerungen Uebelstände ergeben, welche zu begründeten Klagen Veranlassung bieten, so ist der Grundstückseigenthümer verpflichtet, alle diejenigen Vorkehrungen zu treffen, welche dem Polizei-Präsidium geeignet erscheinen, diesen Uebelständen abzuhelfen.

64. Während der Bauzeit ist eine auf allen Seiten umschlossene Abtrittsanlage für das Arbeiterpersonal vorzuhalten.

65. Wird die Errichtung von Baubuden, Baurestaurationen oder Bauaborten (vgl. S. 353 unter 2 Ziffer 3) beabsichtigt, so ist die Erlaubniß hierzu bei dem betreffenden Polizeirevierorstande unter Beifügung einer einfachen Lageplanskizze, aus welcher die Stelle sowie die Abmessungen der Anlage zu ersehen sind, schriftlich nachzusuchen.

66. Die Arbeits- und Verkehrsplätze in der Nähe des Baus sind mit Schutzdächern zu versehen.

67. In Räumen, in welchen Kokskörbe zum Austrocknen der Wände aufgestellt sind, darf nicht gearbeitet werden. Die Thüren solcher Räume müssen geschlossen gehalten bezw. die Thüröffnungen müssen durch dichte Bretterverschläge abgeschlossen werden. Der Zutritt zu diesen Räumen ist nur den die Kokskörbe Beaufsichtigenden gestattet.

68. Der Bauherr ist verpflichtet, etwa durch Anbringung einer Tafel mit entsprechender Aufschrift an geeigneter Stelle des Bauplatzes dafür Sorge zu tragen, daß den auf dem Bau beschäftigten Arbeitern die nächste Unfallmeldestelle — öffentlicher Feuermelder bezw. das nächstgelegene Polizeirevier bekannt ist oder bei dem Eintritt eines Unfalles sofort diese Meldestelle ersehen werden kann.

69. Ueber den Beginn der Bauarbeiten ist mindestens 48 Stunden vorher dem zuständigen Polizei-Revier unter Angabe des Datums und der Nummer des Bauscheins schriftliche Anzeige zu machen. (§ 30).

70. Zur Errichtung eines Bauzaunes an der Straße ist die Genehmigung der Bezirks-Hauptmannschaft, zur Errichtung von Baugerüsten die Genehmigung des Polizei-Revier-Vorstandes erforderlich.

71. (§ 33 Ziffer 1 und 2).

72. Für den Termin ist der Kommission zur Anfertigung des Protokolls ein mit Fenstern und Thüren versehener, möglichst zugfreier Raum zur Verfügung zu stellen.

73. (§ 34 Satz 1).

74. (§ 28 Ziffer 2).

75. (§ 29 Ziffer 3).

Anlage B. **Muster zum Gutachten der Bauinspektion.**

Berlin, den . . ten . . . . 1897.

Zu No.

(Die projektirten Baulichkeiten sind nach Länge, Breite und Höhe genau zu bezeichnen.)

Bei Prüfung des unterm . . . .
vom . . . .
vorgelegten Projekts zum Bau
1. . . . .
2. . . . .

auf dem Grundstücke . . . . Straße No. . .
fand sich Nachstehendes zu bemerken:

1. Wem ist die Baugenehmigung zu ertheilen?

2. Besondere Baubeschränkungen.

3. Besondere Bedingungen:
   1. Prüfung der Erfüllung der Bestimmung des § 1 der Baupolizeiordnung und auf Grund derselben etwa zu stellende Bedingungen.
   2. Prüfung der Berechnung der bebaubaren Fläche nach § 2 a. a. O. und auf Grund derselben etwa zu stellende Bedingungen.
   3. Prüfung der Höhe nach § 3 a. a. O. und auf Grund derselben etwa zu stellende Bedingungen.
   5. (Hier folgen die sonstigen Bemerkungen und sonst zu stellenden Bedingungen unter fortlaufender Nummer).

Ist die Gebrauchsabnahme erforderlich?
Ist die Verwendung der Formulare Nr. 325 und Nr. 193 erforderlich?
Meine Mitwirkung bei der Rohbauabnahme ist . . . . erforderlich?

Der Königliche Bauinspektor
. . . . .

Muster 2.

Muster zur gebührenpflichtigen Baugenehmigung.

Zu Nr. III — Berlin, den . . ten . . . 189 .

1. An den . . . . Herrn . . . . .
hier
Straße Nr. . .

Baugenehmigung Nr. . . .

Auf den Antrag vom . . . wird hierdurch unbeschadet der Rechte Dritter die polizeiliche Genehmigung zur

Anlagen und zwar
Zeichnung
Berechnung
Beschreibung

| bedeutet, daß in dem Formular ein entsprechend weiter Zwischenraum gelassen ist.

Die mit Prüfungsvermerk versehenen Anlagen sind in der Kanzlei mit dem Vermerk:

„Genehmigt durch Baugenehmigung Nr. . . vom (nebenstehendes Datum). Königliches Polizei-Präsidium, Abtheilung III"

zu versehen und zu unterstempeln.

Die Nummer der Baugenehmigung ist vom Registratur-Vorsteher einzutragen.

In der Reinschrift rechts unter die Unterschrift der Baugenehmigung zu setzen.

auf dem Grundstücke . . . . nach Maßgabe der in je einem Exemplar anbei zurückerfolgenden, mit Genehmigungsvermerk versehenen . . Zeichnung . . und statischer Berechnung . . unter folgende . . Bedingung . . ertheilt:

Die Gebühr beträgt nach § 1 Nr. . . . der Baupolizei-gebühren-Ordnung

2. An dieselbe Adresse wird zu 1 (nur in der Reinschrift auszufüllen.)

P. D. S.

Zur . . . . . . auf dem Grundstücke . . . Straße Nr. . . . . ist die Baugenehmigung unter Nr. . . . ausgefertigt, welche spätestens binnen 2 Wochen bei Vorzeigung dieses Schreibens gegen Zahlung von . . Mk. Baupolizei-Gebühren in der Polizei-Haupt-Kasse, Alexanderstraße 3/6, Erdgeschoß, Zimmer Nr. 70, in den Stunden von 9 bis 1 Uhr jeden Werktages (mit Ausnahme des ersten und letzten Werktages jedes Monats) in Empfang zu nehmen ist. Nach Ablauf dieser Frist wird der Gebührenbetrag ohne weitere Zahlungsaufforderung zwangsweise von Ihnen eingezogen werden. Wünschen Sie die Zusendung der Baugenehmigung durch die Post, so ist der vorbezeichnete Gebührenbetrag vor Ablauf von 2 Wochen an die Polizei-Haupt-Kasse portofrei einzusenden, auch ist die Nummer der Baugenehmigung, das Grundstück, welches sie betrifft, und Ihre Wohnung auf dem Abschnitte der Postanweisung genau und deutlich anzugeben.

Königl. Polizei-Präsidium, Abtheilung III.

5. Der Polizei-Hauptkasse zur Kenntnißnahme und Rückreichung sofort nach erfolgter Abholung der Baugenehmigung, sonst nach zwei Wochen prompt.

. . . . M.

sind heute gegen Aushändigung der Baugenehmigung gezahlt und gehörigen Orts vereinnahmt.

Vermerkt:

. . . . . .

Berlin, den . . ten . . 189

Polizei-Haupt-Kasse.

Dem Revier . . . zur Kenntnißnahme.

Der . . . Bauinspektion nachrichtlich.

Nach . . . Wochen dem Revier zur Anzeige, ob die Arbeiten ausgeführt sind.

Königl. Polizei-Präsidium, Abtheilung III.

Alphabetisches Sachregister.

(Die Ziffern geben die Seiten an.)

Anhalt. Buchdruckerei Gutenberg, e. G. m. b. H., Dessau.

FSC
www.fsc.org
MIX
Papier | Fördert gute Waldnutzung
FSC® C083411

Kolibri 360 GmbH
Ferdinand-Jühlke-Straße 7
99095 Erfurt, Deutschland
produktsicherheit@kolibri360.de